全国高等法律职业教育
系列教材

司法部法学教材编辑部审定

法律原理与技术

◇ 胡玉鸿／主编　苏晓宏／副主编

中国政法大学出版社

（第二版）

撰稿人（以撰写章节先后为序）
胡玉鸿 李克杰 庞 凌
谢祥为 白 晟 苏晓宏

敬 启

尊敬的各位老师：

感谢您多年来对中国政法大学出版社的支持与厚爱，我们将定期举办答谢教师回馈活动，详情见我社网址：www.cuplpress.com 中的教师专区或拨打咨询热线：010－58908302。

我们期待各位老师与我们联系

作者简介

胡玉鸿 1964年生，法学博士，苏州大学法学院教授、博士生导师。主要研究方向为法理学、法学方法论及行政诉讼法学。著有《法学方法论导论》、《司法公正的理论根基》两部，主编、参编《行政诉讼法教程》（全国高等法学教育通用教材）等教材、专著18种，在《法学研究》、《中国法学》等期刊发表论文80余篇。主持国家社科基金《和谐社会背景下的弱者保护研究》等省部级以上科研项目8项，获司法部、江苏省人民政府等单位省部级以上科研奖励6项。曾被评为全国司法行政系统“优秀教师”及江苏省“青蓝工程”中青年学术带头人。

苏晓宏 1963年生，法学博士，华东政法大学继续教育学院副院长，教授。美国Golden Gate University访问学者。主要研究方向为法理学、法律解释学、国际关系与国际司法制度。著有《法理学基本问题》、《变动世界中的国际司法》（主编）等；主编、参编《法理学》、《法理学导论》、《法理学专论》、《法理学原理》、《检察职能的现代化转型》等教材、著作多种；并在法学核心期刊上发表学术论文数十篇；主持省部级科研项目多项。

白　晟 1957年生，中国政法大学法学院副教授。参编《法理学》、《立法学》等教材数部，在《政法论坛》等刊物发表论文近十篇。

李克杰 1965年生，山东省政法管理干部学院副教授。主要研究方向为法理学。参与教育部“面向21世纪中等职业学校德育课程改革暨教材建设项目”之一《法律基础知识》教学大纲的研究和编写工作，主持司法部部级科研课题“高等法律职业教育与高等技术应用型法律职业人才培养模式研究”工作，参与山东省法学会“十五”重点课题“依法治国与法律人才培养”的研究；主编、参编《法律基础知识》、《基层法律服务》等数种教材；在《中国法学》、《法学论坛》等期刊发表专业论文多篇。

谢祥为 1968年生，江西省司法警官职业学院法律系主任，副教授。主要研究方向为法理学、行政诉讼法学。参编《国家赔偿法概论》、《商事活动法律指南》两部教材，在《法学》、《江西社会科学》、《江西法学》等期刊发表论文多篇。

庞 凌 1972年生，苏州大学宪法学与行政法学专业博士研究生，苏州大学法学院副教授。主要研究方向为法理学、司法制度。在《法学》、《法律科学》、《法商研究》、《法律适用》等期刊上发表论文30余篇；参与《法律基础（案例解析）》等教材的编写。

内容提要

全书以素质教育为纲，着重突出法律职业所必需的基本知识、基本原理、基本技能。在章节设计上，设绪论、本体论、发展论、运行论、技术论五个教学模块，全面分析了法律分析的逻辑起点、研究方法、基本原理、具体实践等问题，在教材体系上作了较大的革新，尤其是法律技术内容的设置，更为国内同类教材所首创。通过法律渊源识别技术、判例识别技术、法律注释技术、法律解释技术、利益衡量技术、漏洞填充技术、法律推理技术、法律说理技术等八大类技术的叙述与概括，全面展示了在法律适用过程中，相关技术使用的必要性、范围及其限度，有利于真正突出理论法学学科学以致用的特色。

全书的主要特色在于：①突出了法律职业教育对“素质”与“能力”的重视，并以此作为全书的指导思想，在教材体系设计以及相关内容的组合、提炼方面颇见功底；②兼顾了教材的理论性、应用性和技术性，力求通过教材内容的陈述，为学生掌握法律实践技能提供教学范本；③对法学理论的既有成果，能够做到合理吸收与借鉴，同时又大胆创新，不拘陈见。

第二版说明

《法律原理与技术》初版于2002年5月，其间被用于全国高等法律职业教育的统编教材，并被多所本科院校作为法律专业本科生、研究生的教材及参考读物，出版社亦多次重印。对于学界同仁的厚爱与支持，本书全体作者深感荣幸并致以谢意。根据出版社的要求，本次对教材予以全面修订，改写了原教材的部分内容，并就错字、错句等作了统一的校改。在内容上，基本上保留了原教材的面貌，只是考虑到法律技术（或称“法律方法”）的研究业已成为国内法学研究与法学教育的热点，增写了“法律技术总论”一章，以吸收学界最新的研究成果。

为方便教师和学生使用本教材，在每章前面增加了“学习目的与要求”，并附有复习思考题。

修订由各作者分别进行，最后由主编胡玉鸿定稿。

本书撰写分工情况是：

胡玉鸿：第一章、第二章、第三章、第四章（与李克杰合写）、第九章、第十章、第十七章、第二十章（与苏晓宏合写）、第二十二章、第二十五章。

苏晓宏：第十四章、第十五章、第十九章、第二十章（与胡玉鸿合写）、第二十一章。

白　晟：第十六章、第二十三章。

李克杰：第四章（与胡玉鸿合写）、第十一章、第十八章、第二十四章。

谢祥为：第七章、第十二章、第十三章。

庞　凌：第五章、第六章、第八章。

在教材修订的过程中，得到了中国政法大学出版社编辑们的大力支持，谨致谢忱。他们的辛勤劳动，使本教材增色不少。当然，由于时间较为仓促，学识水平有限，教材中还难免存在错误和不足，欢迎广大教师及学生批评指正。

作者谨识

2007 年 7 月

出版说明

进入21世纪,我国法律职业岗位的设置日趋科学、合理,经改革、改制建立起来的法学学科教育与高等法律职业教育并存并举,协调发展的法学教育体系已逐步完善,高等法律职业教育在全国已形成一定的规模。为了加强对高等法律职业教育的指导,进一步推动高等法律职业教育的顺利发展,司法部组织部分专家、学者编写了这套高等法律职业教育系列教材,供各有关院校使用。

本套教材根据教育部"高等职业技术教育应有别于学科教育,应具有更加鲜明的职业性、实践性和岗位针对性,应更加注重知识的有效传播"的要求,在编写过程中以实用性和指导性为原则,在强化基础知识、基础理论教育,突出职业能力和职业技能训练的前提下,重组课程结构,更新教学内容,突出了高等法律职业教育的办学特色,并力求切实起到帮助学生灵活运用知识、提高本职工作能力的作用,力求成为造就面向法院、检察院、律师事务所等法律实践部门应用型法律人才的必备读物。

本套教材调动了全国各有关院校,包括中国政法大学、南京大学、山东大学、四川大学、苏州大学、云南大学、西南政法大学、中南财经政法大学、江西财经大学、华东政法大学、西北政法大学、广东商学院、北京政法管理干部学院、上海政法学院、河北政法管理干部学院、山东政法学院、黑龙江政法管理干部学院、浙江政法管理干部学院、陕西政法管理干部学院、贵州政法管理干部学院、天津政法管理干部学院、福建政法管理干部学院、广西政法管理干部学院、湖南政法管理干部学院、辽宁公安司法管理干部学院、安徽警官职业学院、江西司法警官学校、山西省司法学校、福建司法学校、湖北省司法学校、江苏公安司法学校、广东司法学校、武汉司法学校、内蒙古司法学校等数十个单位的资深力量参与编写,并将分批陆续出版。第一批出版的有《民法原理与实务》、《诉讼原理》、《诉讼实务》、《刑法原理与实务》、《行政法原理与实务》、《经济法概论》、《法律原理与技术》、《法律论辩》、《中国宪法》、《法律文书》、《中国司法制度》、《案例分析方法原理与技巧》等12种。由于编写时间仓促,不足之处在所难免,欢迎广大读者批评指正。

司法部法学教材编辑部

2001年12月

第一版说明

根据高等法律职业教育的需要，在司法部的组织领导下，我们编写了《法律原理与技术》一书。本书编写人员于2001年5月在云南昆明确定了本书的编写大纲，并作了分工；同年11月，在江苏苏州讨论了初稿。根据集体讨论的意见，由各位编写人员对负责的部分重新进行修订，最后由主编胡玉鸿定稿。

本书撰写分工情况是：

胡玉鸿：第一章、第二章、第三章、第四章（与李克杰合写）、第九章、第十章、第十九章（与苏晓宏合写）、第二十一章、第二十四章。

苏晓宏：第十四章、第十五章、第十八章、第十九章（与胡玉鸿合写）、第二十章。

白　晟：第十六章、第二十二章。

李克杰：第四章（与胡玉鸿合写）、第十一章、第十七章、第二十三章。

谢祥为：第七章、第十二章、第十三章。

庞　凌：第五章、第六章、第八章。

在本书的编写过程中，得到司法部法规教育司、云南省司法厅及中国政法大学出版社的关心与支持。本书主编在北京参加清华大学司法改革研讨会期间，司法部法规教育司刘一杰司长、霍宪丹副司长专门拨冗听取了有关本书编写内容及计划的汇报，并提出了建设性的意见；法规教育司杨阳处长、郗文辉处长及万奇峰君给予本书编写人员极大的支持与鼓励，杨阳处长并专程至苏州参加统稿会；在统稿过程中，苏州大学法学院办公室主任邹学海给予了大力协助。此外，中国政法大学出版社的杜鹃老师、韩思艺老师为本书的编辑付出了辛勤的劳动。对上述单位、领导、同仁、朋友的关心、支持与帮助，本书全体编写人员表示衷心的谢意。

由于将原理与技术纳入统一的法理学教材体系，在国内尚属首次，因而本书在体系建构、内容表述上还有许多不成熟的地方。加之时间仓促、水平有限，书中定有许多不当之处，敬请读者批评指正。

编者谨识

2002 年 2 月

目　录

第一编　绪　论

第二编　本体论

第三编 运行论

第四编 技术论

第一编　绪　论

第一章　理论法学及其功能

✢学习目的与要求

本章是全书的导论,重点分析了:①法学研究的对象及其体系,论述了法学的词义、起源及科学性问题,涉及了法学研究对象上的学界争议,提出了以"人"为核心的法学理论体系的建构及法学的分科问题;②理论法学的形态及其使命,研究了理论法学的科学特质及构成要素,将理论法学具体划分为法学学、法哲学、法理学三大领域,并叙述了理论法学的基本使命;③法律技术在法学教育中的地位,突出了法律技术在法学教育中的应有地位,分析了法律技术的基本内涵及其范围。最后,就本教材的内容编排问题作了详细的交待,以明确本教材不同于同类教材的主要特性。

第一节　法学的研究对象及其体系

一、法学的概念

(一)法学的词义

按照约定俗成的说法,法学即研究法律的科学,因而"法学"又有"法律学"、"法律科学"等不同的名称。然而,这个看起来简单的定义,却也蕴含着可以无穷尽追问的内容。就以法学所包含的"法律"而言,法律是什么?是由国家所制定的普遍施行于民众的规则,还是包括实际上影响人们行为的社会规范?再以"科学"而言,什么是科学?一门学科,例如研究法律的学科,具有什么样的标准才能担当得起"科学"这一称谓?……以上这些都不是一个简短的定义所能包含的,我们也只能在此后的论述中,逐步地对这些问题展开论述。

西语中有关法学的称谓,最早见于拉丁文中的"Jurisprudentia",其原意是指"法律的知识"或"法律的技术"。可见,在最初法学是用于"知识"与"技术"两个层面,代表着人们对法律的概念性理解与技术性应用的理论阐述。但"知识"与"技术"未必存在着必然的关联,所以这种意义上的法理学并不一定就代表着体系化的知识与技术。真正将法学纳入科学范畴的努力，大致开始于古罗马。由查士丁尼所钦定的《法学阶梯》开宗明义地言道：“法学是关于神和人的事物的知识；是关于正义和非正义的科学。”[1]在这里，“知识”与“科学”代表着法学的本质追求：前者意味着法学必须提炼法律的概念、范畴及基本原理，后者则表征着将法学的知识串联成一个有机联系的整体，从而能够以科学的方法来加以认识、理解及应用。至于法学定位在“神和人的事物的知识”，主要是在人类的早期，“法律被认为是由神颁布的，而人则是通过神意的启示才得知法律的。”[2]而有关法学是“正义和非正义的科学”这一论述，可以说是承继了古希腊思想家将伦理置于政治、法律问题研究之中的传统，力求通过一个统一的学科来拟定正义的标准及实施的途径。

与西方不同，古代中国将法律定位为对非常态生活的调整，法律主要是用来惩治顽劣，以维护专制统治与社会秩序。因而，“法律”更多地是指刑法，所有与统治阶级伦理观念和社会标准不一致的行为，均以“犯罪”治之。正因如此，古代中国的法学主要是从“器用”的角度来探讨法律的问题，其立足点在于为君王提供治国的手段以及探讨维持社会秩序的技术性规则，因而，在先秦时人们多将有关法律的知识性研究称为“刑名之学”或“刑名法术之学”。商鞅改法为律后，国家法典一律称之为“律”，因而有关法律的学问也就有了“律学”的名称。特别是汉代以降，私家注律之风不断，客观上促成了人们对法律问题的关注与研究；而官方所设置的律博士以及科举考试中必需的“拟判”，尤其是官方法典正式将法律注疏作为立法的重要组成部分，[3]这在一定程度上推动了“律学”的发展。但是，与西方的“法学”不同，中国古代的“律学”更多的是关心法律条文的注释与个案中法律适用的技术，既缺乏法与正义关系的探讨，也较少系统的、理论化的知识体系，因而不少学者认为，中国古代只有律学而无法学，并且，律学

---

[1] [古罗马]查士丁尼：《法学总论——法学阶梯》，张企泰译，商务印书馆 1989 年版，第 5 页。我国学者郑戈也认为，“法律科学”是罗马人对西方文明作出的最重要的贡献，它使法律传统成为西方社会文化传统中的一个非常重要的组成部分。参见郑戈：“法学是一门社会科学吗?”，载《北大法律评论》(第 1 卷·第 1 辑)，法律出版社 1998 年版，第 5 页。

[2] [美]E. 博登海默：《法理学：法律哲学与法律方法》，邓正来译，中国政法大学出版社 1999 年版，第 3 页。当然，博登海默主要是就古希腊的法律思想作出上述评价，然而对于承继古希腊法律思想的罗马法学家而言，这一定义同样可以运用。

[3] 《唐律疏议·名例》对立法解释的重要性进行了说明：“今之典宪，前圣规模，章程靡失，鸿纤备举。而刑宪之司执行殊异。大理当其死坐，刑部处以流刑；一州断以徒年，一县将为杖罚。不有解释，触途睽误”。在这里，官方的正式解释是统一司法的重要途径。引文参见刘俊文：《唐律疏议笺解》(上)，中华书局 1996 年版，第 2～3 页。

本身与法学相距甚远。[1] 中国现代语言中所使用的“法学”一词，是从西语中译介而来。

（二）法学的起源

法学从何时起成为一门独立的学科？这是学习法学的人士所必须关心的问题。恩格斯在这方面有个经典的论述，他认为：“随着立法进一步发展为复杂和广泛的整体，出现了新的社会分工的必要性：一个职业法学家阶层形成起来了，同时也就产生了法学。”[2] 在这里，恩格斯指出了法学产生的两个必要条件：①立法本身的发展。法律调整的事务愈广泛，由此而形成的法律问题也就愈多，由此必须进行系统的研究、分类、诠释。这可以说是法学产生的客观条件；第二是出现了职业法学家阶层。任何学科的建立都必须依赖于研究者的自觉，没有职业法学家，法学作为一个学科就不可能形成。正如我国台湾学者李模所言，“法律学者的任务，也不仅限于在社会现象中做观察，归纳及演绎的工作，以形成理想的规范，更重要的是将业已形成的各种法律规范，适用于一个个日夜不断发生的社会事实。”[3] 这可以说是法学形成的主观条件。当然，法学由于探讨的是法律的存在基础与运作的合理性问题，因而必然与一个国家的学术环境相关。清末学贯中西的沈家本就曾言道：“法学之盛衰，与政治之治乎，实息息相通。然当学之盛也，不能必政之皆盛；而当学之衰也，可决其政之必衰。”[4] 法学的衰落必然标志着国家的衰败，沈氏的这一论断，直至今日仍然是至理名言。

有关法学起源的具体时代，由于学界本身对“法学”的认识不同，因而也有着不同的说法。庞德认为，现代的法律科学起源于 13 世纪，当时，“法律科学乃是神学的一个分支或神学的具体应用。它试图用哲学神学来维护由经院讲授的罗马法权威。”16 世纪，新教徒法学神学家将法律科学从神学中解放了出来，格老秀斯就是其中突出的代表。“在 17 和 18 世纪，法律科学与以共同的哲学基础作为各自的理论根据的政治学和国际法结合在一起。此后，法律科学被相继用于解释政治学的一般原则、法理学的一般原则以及国际法体系。”只是在 19 世纪，国际法成为独立的学科，法学也因此与政

---

〔1〕 梁治平先生曾引证国外学者伯曼（H. J. Berman）的观点，认为 11 世纪末和 12 世纪出现于西方的新的法律方法论——其逻辑，论题，推理式样，抽象概括之程序，以及它使得具体与普遍、个案与概念彼此发生关联的各种技术——乃是自觉将法律系统化，使之成为一门自主科学的关键所在。因而梁先生认为，“中国古代的律学之所以不是法学，而且注定不能够成为一门科学，首先是因为它完全不具有此种方法上的准备。中国历史上过于强烈的泛道德倾向从根本上取消了这种可能性，就像它使得职业化的法律家阶层自始便无由产生一样。”参见梁治平：《寻求自然秩序中的和谐——中国传统法律文化研究》，中国政法大学出版社 1997 年版，第 318、319 页。张中秋先生亦主此说，认为中国的传统法律学术是“律学”而非“法学”。参见张中秋：《中西法律文化比较研究》，南京大学出版社 1999 年第 2 版，第 231 页以下。

〔2〕 ［德］恩格斯：“论住宅问题”，载《马克思恩格斯选集》（第 3 卷），人民出版社 1995 年版，第 211 页。

〔3〕 李模：“法律的解释与适用问题”，载刁荣华主编：《法律之解释与实用》，汉林出版社 1984 年版，第 1 页。

〔4〕 沈家本：《寄簃文存卷三 · 法学盛衰说》，载《历代刑法考》（第 4 卷），中华书局 1985 年版，第 2143 页。

治学分开,而成为独立的学科。[1] 显然,庞德在此采取的是比较严格的标准,即法学不仅应当具备实质内容上的科学性,同时还必须是与其他学科完全独立的学科。但是,如果依照恩格斯所言的法学产生的条件,则可以大致断定,在古罗马时期即有了较为成熟的法学形态。

(三)法学的科学性

如前所述,"法学"也就是"法律科学"的简称,然而,法学究竟是不是一门科学,在现在来说,并非完全没有疑问。应当承认,任何学科都必然要致力于学科科学化的努力,因为从自然科学取得辉煌的成就以来,"科学"就不仅是一个学科成熟的标志,更是一种学者的信仰与学科生存的正当基础。那么,目前的法学是否就达到了"科学"的程度呢?

大致说来,将法学排除在"科学"之外的理由主要包括:"科学"以对客体的观察、测量、计算为基础,而"法学"主要是解释文本和行为的意义,而与意义有关的问题,既不能透过实验过程中的观察,也不能藉测量或计算来答复,而法学所要处理的却正好就是这样一些无法量化的问题;"科学"反映的是事物的因果律,而"法学"至多只能反映事物的准因果律;"科学"的方法是通过实验或资料的收集来进行,而"法学"只能应用演绎与归纳的方法进行研究,其结果既无法保证准确性,在理论上也不能证成;"科学"是一种事实判断,而"法学"则为价值判断,对于价值判断不能以科学的方法来审查。[2] 显然,上述有关"科学"的标准,主要是从自然科学上的标准而言的。实际上,如果以此作为标准,那么可以说,现今大量的社会科学以及人文科学,都难以纳入科学的范围。

然而,科学或者说自然科学是一种对自然物的研究,而包括法学在内的社会科学、人文科学则是一种面向人的研究,在这个方面,社会科学、人文学科的研究可以借助科学的研究方法来形成逻辑上的系统性,[3]但是,"人类的行动毕竟不同于物体的运动。人类社会的因果律无法藉由观察人类行动的外部特征而得知,而必须通过对行动之主观意义的理解和阐释来发现。"[4]就此而言,社会科学、人文科学中的"科学",只能采用较为宽泛的科学定义,因为"从最广义上讲,即从词源学和历史的角度来证明,科学只不过是(虽然这里没有简单的事物)'知识'。从最严格的意义上讲,科学只是某种类

---

[1] [美]罗斯科·庞德:《法律史解释》,曹玉堂、杨知译,华夏出版社1989年版,第43页。

[2] [德]拉伦兹:《法学方法论》,陈爱娥译,台湾五南图书出版有限公司1996年版,第89页以下、第133页以下、引论第1页以下。

[3] 正如美国学者穆恩就政治学所进行的分析那样:"政治学强调系统性,注重解释政治现象,因而不同于政治事实编纂者的活动。政治学家并非仅仅收集资料,他们旨在首尾一致地说明政治生活。"见J.唐纳德·穆恩:"政治研究的逻辑:对立观点的综合观",载[美]格林斯坦、波尔斯比编:《政治学手册精选》(上),竺乾威等译,商务印书馆1996年版,第151页。

[4] 郑戈:"法学是一门社会科学吗?",载《北大法律评论》(第1卷·第1辑),法律出版社1998年版,第25页。

型的知识，是根据专门方法的准则来获得和证明的知识”。[1] 从这个意义上而言，法学在长久的历史发展上，业已成为一种体系化的知识，具备了“科学”的应有资格：“按照法学的研究对象而言，它是对各种法律事件及其相关关系和分类等方面实践的认识；按照法学的应用方法来看，又是十分严谨的论述和仔细的分析，是演绎方法和归纳程序同时兼用（旨在摆脱大量法律条文背后的各种原理原则的影响）；按照法学的实践或教育目的而言，是要起到协调社会生活的作用，或者教育公民们懂得各种法律”。也就是说，对象的明确性、方法的严谨性以及法律的功能性都足以证成法学的科学性特质，“从以上几方面的意义来说，法学确实是一门科学”。[2]

二、法学的研究对象

（一）关于法学研究对象的一般观念

对法学研究对象的探讨，历来是西方法学研究的主题。例如自然法学派强调法的价值，认为法学研究主要是“为公正安排社会关系及解决社会纷争找到合理的交往模式或法律框架”；[3] 规范法学派则强调法的形式，否定法学应当去研究正义、公平等不确定的法律价值；社会法学派则重视法在社会中的实际作用，以法律功能、社会利益、法律实效等核心范畴架构法学的研究体系。

与西方关于法学研究对象的争论相比，我国法学界则似乎平静得多，一般而言，均将法学研究的对象定位在“法律现象”及其发展规律方面。而所谓法律现象，是指法律以及由法律引起的相关的各种社会现象。按照这种界定，法学的研究对象也可以分为三个层面：①法律，包括古今中外的各种法律规范和法律制度；②与法律这一特定社会现象相关的其他社会现象，例如人的法律行为、社会的普遍观念等等；③法律及法律现象的规律，这既包括法律产生、变化和发展的规律，也包括法律自身运行的规律。[4] 总起来说，我们现在业已走出了将“法律”仅定位在国家制定法这一层面上的老路，而将法学研究的触角伸向实际法律生活的各个方面。

（二）法学研究对象的“本末”问题

上述有关“法律现象”的定位，在学术界也引起了较大的争议。主要原因是：①“法律现象”一词能概括法律生活的全部吗？严格说来，“现象”意味着一种外部的行为表现形态，然而，有关法律问题的研究，则还包括人们对法律的信念、态度等等，“现象”一词似乎无法完全予以概括；②如果将法学研究的对象定位在“法律现象”，那么意味着法学研究的基本程式就是实验、观察以及对现象加以归纳，然而，法学作为人文社会科

---

〔1〕［美］德怀特·沃尔多：“政治学：传统、学科、专业、科学、事业”，载［美］格林斯坦、波尔斯比编：《政治学手册精选》（上），竺乾威等译，商务印书馆1996年版，第1页。

〔2〕［法］《拉鲁斯大百科全书》（第11卷），第6770页，转引自潘念之主编：《法学总论》，知识出版社1981年版，第42页。

〔3〕周永坤：《法理学——全球视野》，法律出版社2000年版，第3页。

〔4〕孙笑侠主编：《法理学》，中国政法大学出版社1996年版，第1、2页。

学的一个门类,其主要的研究手段是理论上的演绎与思辨,许多法律现象实际上也无从实验;③更为主要的,法学是一门涉及人与法律关系的科学,将法学研究的对象确定为"法律现象",就不可避免地会遗忘在法律背后的人及其活动,这样就可能造成法学研究方向的"迷失"。

实际上,人、人的活动才构成了活生生的法律现象,没有人的积极参与(极端地说,包括违法),法律永远都只能是一种静止的书面文件。即使"法律现象"这一范畴能够成立,那也可以断言,它是由人的活动造成的现象,而不同时期的人的心态及其行为方式的不同,也就导致了法律现象的千差万别。简单地说,如果只注意对人的行为所引发的外部的法律现象进行分析而不去研究这种现象如何得以产生,显然就是一种本末倒置的研究路径。被称为历史法学派的鼻祖并主张"民族精神"的萨维尼也承认:"法律规则都是为当事人所制定的,当事人的现实利益就是法律的公正目标的实现。因而当事人的利益不应该屈从于法律规则的统一性和一致性。"[1]也就是说,法律规则是统一的、普遍的,但生活在法律规则之下的人则是独特的、个别的,因而,法学的研究必须建立在对人的分析基础上,这既是它的出发点,也是它的归结点。我国台湾学者杨奕华在谈到此问题时即曾言道:"法理学乃是一门以人为本位的法学研究科目。法理之学的研究,必得归结于人理之学的研究,法律的道理,终究离不开人类自身,离不开人际间之互动关系,离不开人之求生存的社会场景。"[2]简言之,法学是一种人学,法学是"以人为本的学问"。[3]总之,人的法律生活是法学研究的出发点,而所谓"法律现象",也只不过是人在法律的场景中所表现出的各种不同征象而已,两者的关系不能颠倒。

(三)法学研究对象的重新界定

那么,法学的研究对象应如何界定呢?我们试着以这一框架来进行分析:法学是以人为起点,通过"人的模式"建构,提炼出"法律人"这一核心假定,从而就人的行为所引发的法律问题予以研究的学科。这一界定与以往的叙述存在的不同,可以通过以下几个方面体现出来:

1."人"是法学研究的逻辑起点。法学研究必须有一个"开端",而最确切的定位就是人本身。查士丁尼说道:"我们所适用的全部法律,或是关于人的法律,或是关于物的法律,或是关于诉讼的法律。首先要考察人,因为如果不了解作为法律的对象的人,就不可能很好地了解法律。"[4]人是法律的主体,也是法律的目的。在法学研究中,必

---

〔1〕[德]弗里德里希·卡尔·冯·萨维尼:《法律冲突与法律规则的地域和时间范围》,法律出版社1999年版,第65页。

〔2〕杨奕华:《法律人本主义——法理学研究诠论》,汉兴书局有限公司1997年版,第3页以下。相关论述请参见周永坤:《法理学——全球视野》,法律出版社2000年版,自序第2页。

〔3〕赵震江、付子堂:《现代法理学》,北京大学出版社1999年版,第3页。

〔4〕[古罗马]查士丁尼:《法学总论——法学阶梯》,张企泰译,商务印书馆1989年版,第11页。

须从对人的分析入手，来确定法学研究的路径、范围与陈述格式，也就是说，要通过人的模式的构建，来确定法学研究的基本框架。

2. 在法学研究中，必须以“法律人”作为其核心假定。所谓法律人，简单地说，即在人的模式背景之下，对法律生活中人的形象、类别所作的一种抽象归纳，这样，通过法律人的抽象，法学研究可以把众多的客体群变为具有实际意义的单一原子的基本单位，从而在纷纭复杂的法律现象背后，去寻求人们实施法律行为的内驱力和因果性，由此完成对法律世界的完整架构。[1]

3. 法律是为规整人的行为所制定的，而人的行为的多样性、复杂性也随之带动了立法的广泛性与复杂性。没有人的行为驱动，就不会有法律的发展与变化。正是从这个意义上而言，研究人的实际行为，相对于研究法律的静止性规定来得更加重要。大千世界五彩纷呈的法律现象，都是法律人的行为推动所致。自然，法律行为在绝大部分场合中表现为个别人的行为，但是，由于人的本性的相对固定性以及个人本身行为前后的一致性，我们又可以通过法律人这样一个综合人的多方面法律特性的核心假定，来提炼社会生活中法律行为的一般类型及其价值取向。

4. 如果说“人”是法学研究的终极目标、“法律人”及其行为的分析成为法学研究中必须予以完成的理论架构的话，那么，“法律问题”则是法学研究的直接对象。也就是说，同其他社会科学、人文科学一样，法学也是围绕着人的问题、人与社会的关系、人与法律的联系等方面来展开的，而其直接的分析视角，则是“法律问题”。

所谓“问题”，按照《现代汉语词典》的释义，主要包括四个方面：①要求回答或解释的题目；②须要研究讨论并加以解决的矛盾、疑难；③关键，重要之点；④事故或麻烦。[2] 科学研究中的“问题”，即第一个释义项中的“要求回答或解释的题目”。英国著名哲学家波普尔认为，“科学以问题开始，以实践问题或者理论问题开始”。[3] 一般来说，在人类认识的过程中，首先是实践问题引起了人们的关注，因而引发了理论上探究的必要。当然，一个真正有价值的研究问题，需要符合三个基本原则：①问题尚未回答或尚未完全回答；②问题有现实科学意义；③问题有回答的可能。[4] 这意味着“问题”并不是人们的奇思冥想，而是具有现实基础必须解决的疑难，同时，人们在现有的科学理论水平上，有可能对这一问题加以解答。

以“问题”的一般概念作基础，可以看出，所谓法律问题，也就是在人的法律实践中，具有科学价值而又尚未完全解决的需要解答的题目。例如波斯纳所列“法律是否以及在什么意义上是客观的（确定的、非个人的）和自主的，而不是政治性的和个人的；

---

〔1〕 胡玉鸿：“‘法律人’建构论纲”，载《中国法学》2006 年第 5 期。

〔2〕 中国社会科学语言研究所词典编辑室：《现代汉语词典》，商务印书馆 1996 年版，第 1322 页。

〔3〕 [英]卡尔·波普尔：《走向进化的知识论》，李本正、范景中译，中国美术学院出版社 2001 年版，第 66 页。

〔4〕 阎学通、孙学峰：《国际关系研究实用方法》，人民出版社 2001 年版，第 72 页。

法律正义的含义是什么；法官的恰当的和实际的角色是什么；司法中裁量的作用；法律的来源是什么；法律中社会科学和道德哲学的作用；传统在法律中的作用；法律能否成为一种科学；法律是否会进步；以及法律文本解释上的麻烦”[1]等，就可以视为最基本的“法律问题”。

当然，“法律问题”必然通过某种具体的法律现象体现出来，因而，我们也并不简单否定以往法学教科书中将法学研究的对象定位在“法律”和“法律现象”这一层面的合理性，因为正是它们使得所谓法律问题有所寄托，否则，就会导致与其他社会问题的研究纠缠不清。但是，以往的定位更多地考虑的是法律的客观性问题而忽视了法律中人的主观性存在，要使法学研究直接逼近生活的本源以及由此形成与其他学科的共融，就必须在学科中体现以人为本的基本立场。[2] 因而，严格意义上的法学研究对象的定位只能是“人”这样一个层面，而其表现内容就是“法律问题”。

三、法学的分科

法学的分科，是指依据一定的标准，在法学内部划分出一定的分支学科。显然，这是法学在经历了较长的时期，有了相当的知识积累之后才产生的现象。社会的分工愈加缜密，法律调整的事务也就愈加广泛，因而法学的分科也就成为必然。当然，依据什么样的标准来划分法学学科，不同的学者有着不同的认识。

例如周永坤先生认为，法学可以分为理论法学和应用法学两大类。理论法学包括法理学、法史学；应用法学则涵盖比较法学、国内法学（含宪法学、民法学、刑法学、行政法学、诉讼法学等）、国际法学、外国法学、超国家法学。[3] 赵震江、付子堂先生亦同意理论法学和应用法学的两分法，但将理论法学分为法理学、法社会学、比较法学等学科，将应用法学更细分为现实法学（包括国内部门法学和国际法学）、历史法学、边缘法学等类。[4]

李步云先生则认为，法学体系通常由七个法学部门组成：①理论法学，包括法理学、法哲学、法社会学、法伦理学、行为法学、比较法理学等；②法律史学，包括法律制度史学、法律思想史学；③部门法学，包括宪法学、行政法学、刑法学、民商法学等；④国际法学，包括国际公法学、国际私法学、国际经济法学等；⑤应用法学，包括立法学、司法学、法律解释学、法律政策学等；⑥边缘法学，包括法律心理学、法律教育学等；七是技术法学，包括刑事侦察学、法医学、司法精神病学等。[5]

---

〔1〕［美］波斯纳：《法理学问题》，苏力译，中国政法大学出版社1994年版，第1、2页。

〔2〕在学科的研究对象中加入人的因素，实际上也是社会科学的通例。我国台湾学者魏镛就认为，“社会科学是研究人类行为、人际关系以及人类及其生存环境之间的关系的科学。”参见魏镛：《社会科学的性质及其发展趋势》，黑龙江教育出版社1989年版，第5页。

〔3〕周永坤：《法理学——全球视野》，法律出版社2000年版，第7页。

〔4〕赵震江、付子堂：《现代法理学》，北京大学出版社1999年版，第5页。

〔5〕李步云主编：《法理学》，经济科学出版社2000年版，第3、4页。

陈兴良先生则认为,法学是一种知识形态,无论是理论法学,还是应用法学,都包含法哲学、法理学和法社会学三个层次。[1] 按照这种理解,任何部门法学也都相应地具有这三个层次,例如刑法学就可以分为刑法哲学、规范刑法学和刑法社会学。

我们认为,理论法学与应用法学的区分,并不足以反映法学的知识状态。例如法律史学,需要学者对历史上的法律思想与法律制度进行客观的归类、描述,从而达到"鉴古知今"、启迪后人的结果。从这个意义上说,法律史学既不能属于理论法学,当然也不是应用法学。在理论法学与应用法学之间,还有一个经验法学的层次。因而,法学可以大致地区分为理论法学、经验法学与应用法学三个部分。

1. 理论法学,是专门研究法学的基础原理、基本知识与基本方法的学科。这一部类又大致可以分为三类:即法学学、法哲学、法理学。相关内容将在后面予以叙述。

2. 经验法学,是专门研究人类法律活动的经验的科学。从内容上说,大致可以包括三个层面:①法律史学,研究历史的法律经验,又可分为中外法律制度史、中外法律思想史两类;②法社会学,研究现实的法律经验,力求通过法律实效的分析,研究法律在社会生活中的具体运作;③比较法学,研究法系的法律经验。简单地说,比较法学是立足于法律文化基础之上,对不同法圈的法律经验予以比较分析,从而为人类法律的完整与趋同提供经验基础。

3. 应用法学,也称部门法学,是专门研究现实中调控社会生活的部门法律的基本原理、知识的应用型学科,包括宪法学、行政法学、民商法学、刑法学、经济法学、诉讼法学、国际法学等主要门类。

还必须注意的是,即使就理论法学与应用法学的两分法而言,也应当注意其所依据的并不是人们对事物的认识次序和认识层次。认识论的顺序本身就预设了由具体到抽象的理论路径,但是,按照原来人们的理解,似乎理论法学属于抽象的层次,而部门法学则属于具体的层次,由此推断,部门法学的理论成分较低甚至可以不需要自己特有的理论,这显然不符合部门法学研究的实际情况。实际上,这种划分主要是根据学科所要解决的问题的不同来进行的。英国学者沃克将法律科学分为理论法律科学和应用法律科学两个部分。理论法律科学(也称纯法律科学)"致力于对有关材料的调查研究,以及对调查取得的知识进行吸收和加工",属于法律学者和法学家的领域;应用法律科学"主要涉及对实际问题的原则和规则的确认,这些原则和规则的运用及其结果",属于立法者、法官和法律实践者的领域。[2] 应当说,这较好地说明了理论法学和应用法学的差异。当然,沃氏所言的"理论法学",立足于英美法系的经验主义哲学传统,因而实际上包括了经验法学的内容。

---

〔1〕 陈兴良:"法学:作为一种知识形态的考察",载陈兴良主编:《刑事法评论》(第7卷),中国政法大学出版社2000年版,第238页以下。

〔2〕 [英]戴维·M.沃克:《牛津法律大辞典》,北京社会与科技发展研究所组织翻译,光明日报出版社1988年版,第545页。

第二节　理论法学的形态及其使命

一、法律理论的特质与理论法学的要素

（一）法律理论的科学特质

理论法学是用来叙述法律理论的学科，这应当是不言自明的；然而，什么样的内容陈述才能构成法律理论本身，这又不是能够随意作答的。在我们的法学研究中，虽然人们非常乐意使用"法律理论"一词，但究竟什么是"法律理论"反而成为一个被忽视的问题。然而，不弄清什么是法律理论，法学研究的目的与功能就难以实现。

科学哲学有关"理论"的分析，可以为我们发现法律理论的本质提供相应的借鉴。美国学者特纳认为，科学理论发端于这样一个假设：自然界，包括人类活动创造出来的社会世界，具有某些基本和基础的属性和过程，并可以用来解释具体环境下事件的消长。由此，科学最终寻求的目标有两个基本内容：①"获得抽象的和陈述规范的理论"。所谓"抽象"，意指理论必须超越具体情形和事件，寻求事物的一般属性和过程。从这个意义上说，"科学理论总是力求超越具体事件和时间的局限。理论是一般的、基本的、永恒的、普遍的。"所谓"规范"，则是指"理论"的陈述必须选择中性的、客观的和明确的术语来表达，这既是理论表达的必需，也是他人理解的前提；②"通过经验事实检验其可信程度"。理论的特点在于"可以根据具体情形采用不同的方法对其进行系统的检验。尽管科学理论的表述既抽象又形式化，但它并不远离和脱离经验现象。有用的理论都可以通过经验事实来概括"。[1] 如果不能以验证的方式来检测的观念，本身就难以成为科学的理论。

以此来观照法学理论，也同样是适合的。法律理论首先必须是"一般的"理论，它"意味着这个理论所追求的是为不论何处发现的法律赋予秩序。它所追求的是能预测法律的经验模式之原则与机制，不管这个模式发生在今天或过去，不管法律实质牵涉的地区与社会为何。"[2] 简单地说，所谓法律理论，就是能够对古今中外的各种法律制度给予一种普遍的解释，而不是只能适用于某个特定的民族或地区的法律制度。同样，法律理论也必须经受实践的检验。当一种法律理论已被证明为不适合社会的现实时，就应当将之逐出学科的领域。这在哲学上也称为理论的可检验性，它是保证理论成熟、客观的基本标准。

（二）理论法学的构成要素

"一般性"与"可检验性"构成了法律理论的科学特质，然而，"法律理论"本身只是

---

〔1〕［美］乔特森·特纳：《社会学理论的结构》（上），邱泽奇译，华夏出版社2001年版，第1、2页。

〔2〕［美］布雷克："法律社会学的界说"，载［美］伊凡主编：《法律社会学》，郑哲民译，巨流图书公司1996年版，第55页。

理论法学的构成要素之一,理论法学作为一种统一的学科形式,还必须具备其他相关要素。

一般认为,就学科的研究而言,它必须由七个基本的要素构成,即基本假定、概念、现象范围、特定理论、问题、检验方法和价值观念。[1] 基本假定是学科研究的逻辑起点,社会研究的通例是:任何一门涉及人的行为的社会科学,无不是以假定开始其论证过程的(法学上最著名的例子莫过于“社会契约论”的假设);[2]假定也同时蕴含着研究者的人文立场,它是研究者哲学思想的衍生物;概念是在对事物的外部特征加以列举后所得出的抽象定义,法律中概念的生成及其发展,往往推动着法学研究的纵深发展;现象范围涉及该学科与不同学科的研究领域,领域的界定,则依赖于研究者力图解决问题的广度与深度。例如法学与经济学的区分,代表了追求公正与追求效率的两种不同价值取向,而法学与经济学的渗透,则使经济分析方法在法学与经济学上同时得以使用;特定理论是根据科学方法在概念与概念之间进行推理、归纳,建立因果关系;问题则是指“主体为达到目的需要解决而尚未解决的矛盾。人们确定了认识目标以后,接踵而来需要考虑的就是为达到目标,思维应该如何起步。……任何理性认识的形成,都要从问题开始,并逐步展开其理论。对问题的抽象程度、抽象方式的不同,就会形成不同的学科理论。”[3]检验方法主要是通过何种方式来判定理论的可信程度(科学性程度)。法学理论的正确与否同样需要接受经验的和逻辑的检验;价值观念则是融入研究者研究目的的思想观念。

就这一框架而言,可能现行的许多法律理论都无法经受住这样严格的检验,但是,法学要成为一门科学,就必须在这些方面进行努力,否则,法学永远难逃“幼稚”的称谓。同时必须注意的是,以上所言,均是从理论法学的形式要素而言的,还必须注意的是,法学最根本的问题是要研究法律与人、法律与正义的关系。也就是说,对于法学研究而言,不仅要关注法律实际上是怎样的,更要注意法律应当是怎样的这一问题,从而使法律真正成为人民自由的保障。就此而言,对于上述法学理论的形式要素问题,学习法律的人自然要予以关注,但是,对于法律应当如何实现人类社会的理想,同样是必须注重的问题。

二、理论法学的具体形态

“法学形态,是指法学的具体表现形式,或法学之内部结构的组合形式”。[4] 就理

[1] 此为张宇燕先生引述国外学者 A. 斯齐曼斯基等著《社会学:阶级、意识和矛盾》一文的观点,见张宇燕:《经济发展与制度选择——对制度的经济分析》,中国人民大学出版社 1992 年版,第 30 页。

[2] 当代著名法学家哈特关于“自然法的最低限度的内容”实质上也是一种假定。根据哈氏的观念,这些假定的内容包括:①人的脆弱性;②大体上的平等;③有限的利他主义;④有限的资源;⑤有限的理解力和意志力。参见[英]哈特:《法律的概念》,张文显等译,中国大百科全书出版社 1996 年版,第 190 页以下。

[3] 王晖主编:《方法论新编》,上海财经大学出版社 1997 年版,第 140 页。

[4] 何勤华:《中国法学史》(第 1 卷),法律出版社 2000 年版,第 27 页。

论法学而言,究竟应当包含哪些学科,存在着较大的争议。例如,法律史学是不是理论法学的内容之一,法律社会学能否纳入理论法学的范围等等,都存在着见仁见智的观点。我们认为,从理论法学的特定意蕴而言,理论法学可以分为法学学、法哲学、法理学三个主要部分。

(一)法学学

法学学的问题,在学界早就有人提出,[1]其根据就在于对法学学科功能等问题的论述,很难在现行的学科分类中找到它的位置。实际上,法学作为一门独立的学科,本身就需要有一个分支学科来对其作出说明,从而分析、比较法学与其他学科之间的区别与联系。法学学的建立,既是法学本身说明自身的需要,也是法学教育所必须面对的问题。在国内的法学教材中,往往将法学学的内容置于法理学之中,由此形成法理学研究体系的驳杂与重复。

在我们看来,法学学大致包括以下几方面问题的研究:

1. 法学基本问题。主要偏重于法学研究对象、研究目的与功能的分析和研究。在研究对象上,法学学必须界定法学独特的研究对象与研究范围,以使法学能够清晰地与其他学科相界分;有关法学与其他学科的联系与区别,也是本部分所要涉及的内容。此外,法学学还必须明确法学研究的目的何在,以及叙述法学在国家治理、司法实践与学术繁荣方面的作用。

2. 法学学科划分。这部分内容要就理论法学、经验法学与应用法学的区分标准界定清楚,探讨三类学科不同的研究旨趣及研究对象,尤其是重视经验法学在法学中的地位和作用。对于三者之间合理的分工与互补关系,必须从理论、经验、实践的角度进行合理的说明与阐释,从而为建构统一的法学体系奠定理论基础。

3. 法学研究方法。以价值分析、实证分析为纲,阐述法学研究的基本方法与基本路径,探讨"理想法"的研究与"实在法"的研究所分别具有的重要意义,明确法学方法与法学流派之间的内在关联,并梳理法学研究中常用的价值预设、方法基础与操作手段,为学生掌握法学研究的基本方法提供基础知识。

4. 法学发展历史。探讨古今中外法学产生、演变的历史,归纳历史上主要的法学成就及基本命题,研究法学形成、兴衰的主客观条件,重点阐述当代主要法学流派对于法学问题的不同认识,以及客观描述中国当代法学的现状。有关法学家与法律职业共同体在国家法治建设方面的作用,也可以成为本部分研究的内容之一。

(二)法哲学

简单地说,法哲学的对象不外乎两个方面:一是回答法与人的关系问题,二是研究法与正义的关系问题。第一个方面涉及怎样的法律是符合人性的法律,第二个方面则围绕着法律如何促成社会正义的良好状态进行研究。可见,从根本意义上说,法哲学

---

〔1〕 刘作翔:《迈向民主与法治的国度》,山东人民出版社 1999 年版,第 390~394 页。

是哲学的一个分支,而不是法学的一个分支。其与哲学的其他分支学科的区别,根据学者的意见,主要是就"法律的根本问题、法律的根本难题"以"哲学方式反思、讨论,且可能的话,加以解答"。[1] 正因如此,法哲学的历史往往也就是人性、正义学说的历史。根据德国《布洛克豪斯百科全书》的界定,法哲学的研究范围主要集中在五个问题之上:

1."效力"问题,主要关注法律为什么有效的哲学问题。比如说,国家要求人们遵守法律的根据是什么?国家立法机关是否拥有权力将自己想要通过的任何一项决定都赋予法律效力?由此问题加以延伸,那就是要追问,立法机关究竟拥有多大的立法权限,例如,法律能否规定人们饮食的质量与休息的方式?

2."存在"问题,主要是就国家制定的法律的形成、改变和消失的一般趋势进行分析。国家法律为什么会有效力?国家法律又是以什么方式得以存在的?例如我们通常所言的法律效力、法律渊源问题,就是围绕着上述两个问题来进行分析。这同时也涉及国家强制人们服从法律的限度与程序问题,也包括国家制定的法律与社会上存在的规则如何协调的问题。

3."意义"问题,即探讨法律精神的形式与内容。例如我们通常所说的法律意识、法律观念与法律信仰,就代表着法律作为一种"精神观念"存在于人们的思想中。更为重要的是,法律的意义涉及法律的核心价值,即正义的问题,这就要求回答什么样的法律才能够促成正义的实现,从而带来社会民众对法律的尊重与自愿服从。

4."自由"问题,研究的是个人与社会之间的关系问题。毋庸讳言,法律作为国家制定的规则体系,必然在目的上寄寓维护秩序的基本愿望,但是,这就可能与个人的自由发生冲突。因而必须探讨个人在何种情形下必须承担违法的责任,也要关注在个人自由与社会秩序之间,究竟以何者为主。

5."平等"问题。人类社会的成员,由于智力、能力等各方面存在差异,因而实际上是不平等的,然而现代法律则是以普遍性的规定,来确定人们在法律面前一律平等。因而,法哲学的课题之一,就是要分析法律适用过程中,如何根据不同的个人情况来决定最为平等的法律措施。[2]

总之,法哲学所要探讨的问题,本身是超越现行法律体制而存在的,其理论核心,就在于关注什么是"正当法",以及我们如何认识及实现正当法。[3]

(三)法理学

在我国现今的法学教科书中,"法理学"的内容实际上与"法哲学"的内容大多混同

---

[1] [德]亚图·考夫曼:《法律哲学》,刘幸义等译,台湾五南图书出版有限公司2000年版,第7、8页。

[2] 德国《布洛克豪斯百科全书》(第15卷),第512、513页。转引自潘念之主编:《法学总论》,知识出版社1981年版,第45、46页。并请参见[德]拉伦兹:《法学方法论》,陈爱娥译,台湾五南图书出版有限公司1996年版,第83页。

[3] [德]亚图·考夫曼:《法律哲学》,刘幸义等译,台湾五南图书出版有限公司2000年版,第9页。

在一起。[1] 然而,也有不少学者建议对此进行明确的区分与界定,他们认为,"法理学是研究法的最一般的概念、范畴、原理、原则和规律",而法哲学的研究对象则是"法、法律制度和法律思想中的唯物论与辩证法问题"。[2] 我国台湾学者杨玉宏也指出,法理学与法哲学虽然皆以法律为研究客体,并且都以探讨法律的原则为任务,但两者仍有如下三点区别:①法理学是科学,法律哲学是科学的哲学,故独立于法理学而存在,乃是超科学的哲学;②法理学所探求的为法律所"共同的"原理原则,法律哲学则是探求法律的"最高与最后的"原理与原则;③法理学致力于科学的整合之研究,法律哲学则从事法的科学准则之探求。[3] 由此可见,将法理学与法哲学混淆,不仅冲淡了法学的最高价值追求,同时也使法理学负荷着其本身所不能完成的任务。

那么,作为与"法哲学"相区分的"法理学",其研究范围究竟应当包括哪些内容呢?我们认为,在这一问题上的前提认识是,法理学是就"实在法"而不是就"理想法"进行分析的学科。什么样的法律符合人性、正义,这是法哲学所要研究的问题,法理学主要是就国家制定和认可的法律加以分析。这种区分,有利于界定法哲学与法理学两个学科之间不同的研究范围。就此而言,法理学的研究内容主要有三个方面:

1. 法律的基本原理,研究法律存在、成立、发展、演变的基础理论,探讨法律的本质与主要特征,分析法律制度在人类生活中起源与生成的一般规律,概括法律发展的基本形态与内在动因,描述法律在社会中形成与运作的基本原理。

2. 法律的基本知识,主要是对法律的概念、范畴进行正确定位,以之作为了解整个实在法体系的观念基础;对法律渊源、体系、效力等予以客观描述,使学生明确现行法律制度的具体构成;对法律的要素、内容等进行分析,从微观的层次上了解法律存在的形式。

3. 法律的基本技术,主要是就法律适用过程中,使用何种技术来正确地裁决案件。法律技术的功能,主要是为裁判的正当性提供论证性的基础,因而这部分的内容,明显地反映了法理学"经世致用"的学科特征。

三、理论法学的使命

(一)传播和普及法律观念

对于任何国家的法治事业而言,法律观念的传播和普及,都是其基础与先导工程。法治虽然可以通过理性设计的手段在全社会推行,但是法治的效果究竟如何,又必须

---

[1] 当然也不独国内学者如此。美国著名法学家波斯纳对"法理学"的定义实质上也就是"法哲学"的定义。波氏指出:"所谓'法理学',我指的是关于法律这种社会现象的最基本的、最一般的和最理论化的分析。法理学所涉及的问题,所使用的视角,大部分与法律实务者的日常关心相距甚远。它所涉及的问题无法参照或根据常规的法律文件推理而加以解决,它所运用的视角也无法演绎出法律原理和法律推理。法理学的许多问题是跨越原理、时间和民族的界限的。"参见其所著:《法理学问题》,苏力译,中国政法大学出版社 1994 年版,序言第 1 页。

[2] 李步云主编:《法理学》,经济科学出版社 2000 年版,第 10 页。

[3] 转引自杨奕华:《法律人本主义——法理学研究诠论》,汉兴书局有限公司 1997 年版,第 3 页注。

仰赖人们的法律观念如何而定。不难设想，一个法律观念仅属于少数法学家和法律职业者的社会，要建立法治社会根本就无可能。“拥有稳定的、共通的法律体系的社会，都是法律概念普及的社会。”这正如一位法学家所言，“基本的法律概念并非全是法律学家专属的工具，而是任何需要与朋友接触之人的共同财产。在日常生活中，我们在购物、住旅馆或付款时，都会在有意无意间应用法律的概念。我们可以说法律概念为达到实际目的之工具，但是，它更是我们的生存、穷目所见的世界中，重要的成份。……它们更是传达这个世界是怎么一回事的讯息必备的工具。”[1]自然，法律观念的研究与普及，并非完全由理论法学所垄断，经验法学、应用法学同样也负有积极传播法律观念的使命，但是，理论法学本身就是通过观念的分析与陈述来建构其学科内容的，因而只有通过理论法学的学习，接受者才会有系统的、整体的、综合的法律观念体系。同时，它所“确立的法律理想可增进民众的法律信念，从而为法律的安定提供强有力的社会支持”。[2]

（二）促进法律制度的改革与完善

法律并非一成不变，法律必须适应社会的需要，这是法律发展史上的一条规律。正如学者所言，“法律为社会生活之规则，既因社会生活之需要而发生，自亦随社会生活之变迁而变迁，任何时代之任何法律，均在时常变动之中，立法者于制定法律之际，虽殚精竭虑，考虑周至，然人智有限，世变无穷，社会生活之变动，极为剧烈，各种法律亦因其社会背景之变迁，而时有变迁。”[3]然而，法律制度的修正与完善，都必须在理论的支持、指导下进行。任何一部为万世开太平的法典，都是有着强大的理论作为支撑的。《法国民法典》、《德国民法典》的辉煌，都是当时的法、德两国理论法学高度成熟的产物。例如学者在评价《法国民法典》时指出：“在风格和语言方面《法国民法典》堪称杰作。其表述的生动明确和浅显易懂，司法技术术语和没有交叉引证都颇受称赞，并且因此对法典在法国民众中的普及作出了实质性的贡献。”[4]显然，如果没有精深的法学研究与高超的立法技术，要达到这样的成就是不可想象的。正因如此，法学家在民族法律制度的改革与完善方面，厥功甚伟。他们通过周密的理论论证，为立法者合理安排法律的结构、确定法律的内容、并注意与其他法律的协调提供支持。而法学家在国家政治、法律生活中发挥作用的前提，则是其拥有理论法学的精深素养。同样，法律职业者在自己法律实践中所遇到的问题，通过他们的理论总结，也会为国家法律制度的改革与完善提供良好的实证材料。

（三）指导执法与司法实践

对于法律在社会实践中的运作而言，理论法学同样扮演着重要的角色。一方面，

---

[1] [美]卡特瑞尔：“法理学与法律社会学”，载[美]William M. Evan：《法律社会学》，郑哲民译，巨流图书公司1996年版，第35、36页。

[2] 周永坤：《法理学——全球视野》，法律出版社2000年版，第26页。

[3] 林纪东：《“中华民国”宪法释论》，大中国图书公司1981年版，第31页。

[4] [德]K. 茨威格特、H. 克茨：《比较法总论》，潘汉典等译，贵州人民出版社1992年版，第169页。

法律理论与法律实践本身就密不可分。德沃金言:“在法理学与判案或法律实践的任何其他方面之间,不能划出一条固定不变的界线。”法律实践必须提供说明性的理由,以支持相关的处理决定,然而,“任何实际的法律论证,不论其内容多么具体和有限,都采用法理学所提供的一种抽象基础,……因此,任何法官的意见本身就是法哲学的一个片段。”正是在这个意义上,德沃金将法理学称为判决的组成部分,“亦即任何依法判决的无声开场白。”〔1〕因此,行政和司法实践不能脱离理论法学的指导,否则就难以将“个别的现象”归结为“普遍的现象”,从而得出不正确的判断。〔2〕另一方面,“法理”本身就是法律的渊源之一。所谓“法理”,“系指自法律精神演绎而出的一般法律原则,为谋社会生活事物不可不然之理,与所谓条理、自然法、通常法律的原理,殆为同一事物的名称。”在实在法出现空缺、失误,或者出现疑难案件时,“法理”即可用作判决的依据。在这样一种场合,“法理的基本功能系在补法律及习惯法的不备,使执法者自立于立法者的地位,寻求就该当案件所应适用的法则,以实现公平与正义,调和社会生活上相对立的各种利益。”〔3〕正因为“法理”在法律实践中的重要作用,许多国家或地区的法律往往将“法理”作为明定的法律渊源之一,从而使理论法学与法律实践更加紧密地结合起来。

第三节 法律技术在法学教育中的地位

一、法学教育的目标与法律技术训练

(一)能力培养:法学教育的中心任务

英国著名的大法官柯克曾对国王言道:“我很清楚,您的理解力飞快如电,您的才华超群绝伦,但是,要在法律方面成为专家,一个法官需要花20年的时光来研究,才能勉强胜任。……法律乃是一门艺术,一个人只有经过长期的学习和实践,才能获得对它的认知。”〔4〕的确如此,法学不仅是理论的学科,更是实践的学科。当我们日益强调

〔1〕[美]德沃金:《法律帝国》,李常青译,中国大百科全书出版社1996年版,第83页。

〔2〕这里借用了革命导师的观点。马克思指出:“有没有一种法律,由于本身具有必然性,在应用于每一个别情况时都必定符合立法者的旨意,同时又绝对排除一切任性呢?要把这种毫无意义的课题叫做哲人之石,需要有莫大的勇气,因为只有极端无知的人才会提出这样的课题。法律是普遍的。应当根据法律来确定的案件是个别的。要把个别的现象归结为普遍的现象,就需要判断。判断是件棘手的事情。要执行法律就需要法官。”参见[德]马克思:“第六届莱茵省议会的辩论”(第一篇论文),载《马克思恩格斯全集》(第1卷),人民出版社1995年版,第180页。正因为法律不会自行运用,因而必须由法官根据法学的一般原理,来对法律和事实两方面进行解释,从而成为联结案件与法律的桥梁。

〔3〕王泽鉴:《民法总则》,中国政法大学出版社2001年版,第60页。

〔4〕强世功、赵晓力:“双重结构化下的法律解释——对八名中国法官的调查”,载梁治平编:《法律解释问题》,法律出版社1998年版,第244页。

法学教育应结合具体的司法实践时，我们实际上关注的就是：如何在法学教育的过程中，形成法律技术的科学训练步骤，从而真正使学生能够通过法学课程的学习，掌握分析和解决现实问题的能力。

对于法律应用人才的培养来说，它不是仅以知识的获取为目标，而主要是以获得职业能力为目标。这种培养目标可表述为：通过学习实用性职业理论和职业技术，培养具有一定水平的专业人员，以达到胜任特定的职业岗位要求。也就是说，作为培养法律职业工作者的先导工程的法学教育，本质上是以受教育者将来从业的职业岗位（岗位群）要求为培养框架，通过对行业岗位规范的考察，来确定培养目标的具体内容，同时根据就业岗位以及岗位目标所要求的能力基础来确定训练步骤。从法学教育的观点考虑，职业教育能力观的基本要素，主要体现在专业能力的养成教育上。

（二）专业能力的基本内容

专业能力指的是：具备从事职业活动所需要的技能与其相应的知识，包括单项的技能与知识和综合的技能与知识。对于每一个法律院校的学生来说，专业能力是基本生存能力，它是未来胜任职业工作甚至赖以生存的核心本领。对专业能力的具体要求，是形成未来职业者合理的智能结构，突出专业的应用性、针对性。就法律教育而言，专业能力的培养主要包括以下内容：

1. 法律概括能力。法律职业者必须既注意理论的进步又关注实践的发展，能够对众说纷纭的法学理论与千变万化的法律实践进行理论概括。在具体的法律实践中，法律职业者面对的是特定的个案，而各种案件都是由不同的证据材料来说明案件真实情况的，将各种证据通过思维形式加以综合，这就是概括能力的具体体现。没有这种概括，就无法把握案件的全貌，无法对错综复杂的案件进行归纳。

2. 法律分析能力。法律是一切执法活动的依据，因而，法律从业人员首先面对的就是不同的法律条文。如果无法理解法律规定的精神实质，无法确定条文的意蕴及与其他条文的关系，要做到正确执行法律就是空谈。在具体的案件中，分析能力更是必不可少。只有运用分析能力，才能对案件的存在背景、具体事实及证据材料进行完整的把握，从而正确地适用法律。

3. 语言文字表达能力。法律职业是与社会上不同的人打交道的一种职业，因此，正确、清晰地表达思想至关重要。对于检察官、律师来说，只有具备雄辩的演讲能力，才能使其法庭辩论具有感人的力量；对于法官而言，其所作判决能否提升民众的法律情感，正确合理地解决纠纷，也同样涉及语言文字能力的高低。总之，无论是从事何种法律职业，通过流畅的语言、文字来表达其主张，申明其理由，从而说服他人，都是必需的基本素质。

（三）法律技术教育与专业能力的培养

法律技术的培养与训练在以往的法学教学中备受忽视。在人们的观念中，法学教育只是一种知识的灌输，如何把这些理论知识应用于实践的司法工作中，那只能在以后的办案活动中逐步地“历练”，这些不属于法学教育的内容。然而，这种认识本身就是片面的。当一个法科毕业的学生，不知道如何对一个法律条文进行分析，或者对一个没有法律明文规定的案件，究竟怎样来依照法律原理作出判决，这能说我们的法学教育是成功的吗？实际上，法律技术的教育与训练不仅是法学教育的内容之一，在某种程度上更应当成为法学教育的主要内容。从这个角度而言，确定法律技术在法学教育中的重要地位，并从多个角度来提高学生分析法律问题、研究法律现象的能力，是至关重要的一环。

二、法律技术的概念及其基本特性

什么是法律技术呢？《牛津法律大辞典》对其所作的诠释是：“法官和律师的实践技能，以及利用和应用他们的知识决定争议或得出其他希望结果的手段。每一法律实践的领域都有一套实践技能和方法。在决定争议中，有关的技术是：拟具诉状、取证、解释立法，以及掌握先例。”[1]根据这一定义，“法律技术”的概念可作如下分析：

1. 法律技术是一种法律活动中的实践技能，也是从事法律工作所必需的基本手段。如果将法律实践的过程进行划分，那么明显包括两个基本部分：一是知识的应用；二是技术的采纳。从后者的角度而言，它是通过司法界约定俗成的技术规则，寻求解决案件的方法或手段的一种必经流程。以此而言，法律技术保证了法律职业的某种“精英”性质，将未经此种“历练”的人排除在外；同时，它也有利于职业共同体相关传统与价值的建立与维系，从而形成法律权威的社会基础。

2. 法律技术存在于任何一个法律领域之内，与具体的司法实践相始终。这一特点也是法学本身的特色使然。与其他类型的学科，例如与哲学、历史学相比，法学实质上是一种介乎人文科学和社会科学之间的学科，它既要注重法律的价值、本质等有关人类终极关怀的基本问题，同时又要涉及具体的法律操作和法律应用，具有“经世致用”的学科功能。[2] 如果要使法律成为一种理性的活动，就离不开相应的技术规则作为支撑，因为“技术”本身在某种程度上就是人类实践经验的总结，法律的进步在某种程度上也是法律技术的完善与人性化。

3. 法律技术从主要内容而言，又可以包括两个基本的方面，一是法律文本的理解；二是法律运作的规程。法律文本的理解是法律适用的基本前提，“法律解释之主要任务在于确定，该法律规范对某特定之法律事实是否有意义，从而一个法律规定应相对于一个待裁决或处理的事实加以阐释并具体化。由于这一缘故，真正的法律解释问题

---

〔1〕［英］戴维·M.沃克：《牛津法律大辞典》，北京社会与科技发展研究所组织翻译，光明日报出版社1988年版，第875页。

〔2〕即便以“法理学”这样一门理论成份特重的理论法学学科而言，也担负着大量的实践诉求。周永坤先生认为，法理学重要的社会功能包括：法学学科体系内的指导功能；促进法律实践理性化的功能；填补实在法空缺和纠正实在法失误的功能，以及解决疑难案件的功能。参见其所著《法理学——全球视野》，法律出版社2000年版，第26页。

与其说是从法律条文本身，毋宁说是从应去或拟去处理的案件所引起”。[1] 自然，法律条文是用来界定案件事实的，也就是通过“类”的意识，将具有共同特征的事项，用抽象、概括的语言浓缩于一个条文的规定中。然而，如果说立法是一种从具体到抽象的过渡，那么司法则是抽象到具体的还原。对于现实的社会而言，实际上很难找到与特定法律条文要求完全契合的案件。因此，要处理具体的个案，就必须使相关的法律条文能够被解释为与个案吻合；同样，法律条文的意义也只有通过个案的事实与处理，方能彰明。然而，法律解释必须受着基本的技术规则的制约，否则可能成为一种法官、律师任意解释的活动。从法律运作的角度而言，实践性的技术规则是保证案件得以正确处理的基本手段。例如我们通常所言的证据规则、说理技术等，都是与具体的司法实践难以割舍的。

在此还必须追问的是，“法理学”能够包含“法律技术”的内容吗？对此一问题的回答是肯定的。从法理学本身的结构来看，它包括本体论、方法论、运行论、技术论几个基本的组成部分。以传统的法理学教科书而言，立法、执法、法律解释、法律推理、利益衡量、漏洞补充等，都充斥着大量的技术内容。如何使学生掌握这类技术并且运用于模拟的案件分析工作，就成为理论法学教学的基本要求。

三、法律技术的主要内容

就理论法学的角度而言，我们所谓的“法律技术”的内容，举其大者，主要包括：

（一）*法律渊源识别技术*

法理学上的法律渊源可以说是一种规范的集合体。它既包括国家的制定法，同时又涉及法律的社会渊源，诸如习惯法、公共政策、社会价值、法理学说等等。因此，在法律渊源之间，首先就存在着识别的问题。它包括：①某一特定的个案应当适用何种规范。当两种规范的内容相悖时，如何选择其中的一个规范加以适用而排斥另一个规范。②当法律与法律之间存在着位阶关系时，如何选择其中的法律文件加以适用。例如，某一项事务的调整，存在着宪法、法律、法规、规章等不同层次，那么应当首先适用哪一个规则？我们常说的“上位法优于下位法”在这个问题上其实是不正确的，从法律适用的顺序而言，反而应当是“下位法优于上位法”。③特别法优于普通法、前法优于后法虽然是人们所熟知的法律渊源的适用规则，然而，何者为特别法和普通法，何者为前法和后法？特别是在上述两类规范之间出现竞合时，如何确定法律的适用，是法学教育必须提供的知识内容。有关判例的识别，广义上也可归入此类。

（二）*法律注释技术*

对法条的学习、理解，是学习法律的基础。然而，每一个法条都有着特定的历史背景、价值预设，如何在法条的文字中，发现法律的精神、意蕴，这是作为法律注释技术来说首先要予以解决的问题。同时，每一个法条在内容上又有其特定的范围、边界，它与

---

〔1〕 黄茂荣：《法学方法与现代民法》，自印本，1993 年版，第 279～280 页。

其他法条之间存在的关系,也是在法律注释技术中需要明确的问题。例如我们常说的"总则限制分则"、"前条限制后条"、"列举式规定限制概括性规定"等,实际上都是就每一个特定的法条在整个法律文本中的地位而言的。因而,从微观技术上分析法律的结构、层次,就成为法学教育中的一个基本问题。尤其是法条中所涉及的不确定法律概念,就是必须通过法律注释技术解决的一个主要内容。例如我们通常所言的公序良俗、诚实信用、滥用职权、显失公正等,就必须结合法条内容与司法实践来进行合理的概念确定。

(三)法律解释技术

法律解释是在法律的意义不彰明的情况下,执法者通过自己的智慧与经验来"补足"法律意义的一种活动。在这一部分研究中,可分析文义解释、体系解释、法意解释、比较解释、目的解释、合宪解释等纯法条解释的技术方法,同时吸取哲学、社会学的解释规则,分析法律原理上解释规则的逻辑一致性问题。必须注意的是,在法律解释技术中,还有一类与此相关但不完全属于法律解释范畴的问题,这就是法律行为的解释问题。对于法律行为的解释,不少学者均将其直接作为法律解释的对象,例如台湾学者杨仁寿就认为,法律行为的解释,其基本目的在于确定构成法律行为的"意思"要素,从而判定行为人的主观动机。当意思表示不明确或者不完整时,就必须通过法律解释的方法来加以阐释或者补充,从而真正明确行为人的主观意图。[1] 由此看来,对法律事实(或法律行为)的解释是必然的,但这与法律解释毕竟是两个不同的范畴。如果将司法活动分为"事实"与"法律"两个层面的话,"事实"主要是法官通过诉讼活动,再现案件发生的整个过程,对于这一问题来说,关键的不是推断当事人内心的动机,而是要对其表现于外部的行为在法律上进行评价,然后根据具体的法律来对其进行处理。显然,"事实"本身着重于陈述,与此不同,法律解释主要是进行判断。

(四)利益衡量技术

利益分配在立法中虽然有所安排,然而,在司法实践中往往存在着同为法律所承认的利益之间发生冲突的情况。在合法的利益之间发生冲突时,如何调适相互冲突的利益之间的关系,就成为执法与司法所必须面对的重要任务。那么,如何对冲突的利益确定其轻重而进行权衡与取舍呢?这里既有利益衡量的依据和正当性问题,同时也有利益衡量的技术规则问题。在长期的司法实践中,人们业已总结出许多利益衡量的技术规则,例如"比例原则"等,应当将这些技术纳入法学教育的视野,使理论教学不仅是法律观念的培养,更重要的是面向法律实践,为未来的法律职业者提供良好的技术指导。

(五)法律推理技术

"法律推理是人们从一个或几个已知的前提(法律事实或法律规范、法律原则、法

---

[1] 杨仁寿:《法学方法论》,台湾三民书局1987年版,第219页。

律概念、判例等法律资料)得出某种法律结论的思维过程”。[1] 在司法实践中,由于法律的技术性以及“事实”的不完全性,人们往往借助于推理的手段,来得出某个法律结论。然而,法律推理应当采取什么标准,法律推理有哪些主要的技术规则,特别是当法律推理涉及真理与价值的矛盾时,应如何加以协调,等等,都必须从法理学的角度加以审视。特别是许多需要在法理学上明确的概念,往往构成法律推理的前提,例如法律理由、法律目的等,这些都应当与法理学本身的教学结合起来,以充实法理学教学的实践内容。

(六)法律漏洞补充技术

就法律而言,任何法律(作为一个整体的文件)都不可避免地存在漏洞与空白,这是立法本身的缺陷使然。然而,在法律实践中,又不允许在法律出现缺漏时,司法者将案件推之不理,由此就产生了法律漏洞补充技术的必要。如何通过类推、目的性限缩与目的性扩张等技术手段来弥补法律的不足,成为法律漏洞补救的重要手段。当然,这具有很强的技术性内容,例如,在何种情形下才允许类推?立法目的在何种情形下必须予以限缩,何种情况下必须予以扩张,以及采用什么样的技术使这种类推、限缩、扩张合理化,这些都是必须予以认真研究的问题。

(七)法律说理技术

法律是一项民主的事业,法律也是一项说理的活动。法律上的说理,主要是通过决定书、判决书等影响人们权利义务分配的法律文件体现出来的。未来的法律职业者如何选择适当的法律理由来证成相应的法律结论,就成为法学教育中的重要内容之一。例如行政裁决书及判决理由书的书写方式及技术要求等,就必须通过总结出技术性规则的方式,使学生能据此进行训练,培养其说理的技巧,形成具有个性化的说理风格。

第四节　《法律原理与技术》的内容编排

一、本书为何以《法律原理与技术》命名?

从本书的内容可以看出,《法律原理与技术》与我国法学教材中的《法理学》内容相当,并且在容量上加大了实践环节与法律技术内容的安排。然而,为什么我们不依惯例将之称为“法理学”呢?这主要是考虑以下几个因素:

首先,突出本门课程的设置目的。正如我们在理论法学的功能中所言的,理论法学的主要任务就在于传播和普及法律观念,促进法律制度的改革与完善,并且指导执法和司法实践。从这个意义上而言,理论法学既是一种具有高度理论性的法学门类,

---

[1] 张保生:《法律推理的理论与方法》,中国政法大学出版社2000年版,张文显序第1页。

同时也是一种具有实用性的学科。而“原理与技术”较好地体现了本门课程的设置目的。“原理”意味着必须把法律的基本知识、基本概念和基本内容说清说透,“技术”则强调实用的层面,即通过原理的学习来掌握具体分析法律问题的能力与方法,从而学以致用。

其次,体现职业教育的基本特色。对于当代中国的法学教育来说,其主要任务是为社会输送合格的法律职业人才,或称为法律应用人才,因而,从职业标准入手,探讨现代法学教育的模式,就显得尤为重要。职业人才的造就离不开职业教育,只有在模拟的职业环境中,由学生通过对未来职业中可能出现的不同个案进行长时期的分析、判断,才可能真正形成法律家的素养,并培养出“同质性”的思维纽带。因而,“法学院所促成的一个倾向是将眼前的一切事情与以往发生者相类比。另一个倾向是所谓‘案例脑筋’,人们首先关注的是法律内容是什么以及依从或违背司法裁判的代价如何。”[1]职业教育本身也并不排斥法律知识的教育,法律能力与法律技术都是在法律原理支撑下才得以作为法律家的素养的。目前,法学理论上一般将法律人才分为法律理论人才与法律实践人才,这种区分是很不科学的。它人为地割裂了理论与实践的关联,实质上就是不承认“法学家”式的司法人员或者认同不经过正规教育即可从事法律工作的“法律家”存在。教材将“原理”与“技术”并列,也就是认为两者同为法律职业人员所必须具备的基本素养。

再者,考虑到本教材的实际情况。在内容上,本书与一般意义上的《法理学》教材并不完全一致。这主要体现在本书并非系统地阐述法律应有的基本原理,而是根据教学目标的定位,安排法律理论中最为主要的理论内容;同时,加大了法学方法论教学、法律实践分析的内容,特别是设专篇来叙述执法、司法实践中常用的几类法律技术,因而称之为“法律原理与技术”更为恰当。

二、本书在内容和结构上的安排

全书分四编,共24章,各部分内容的逻辑关联包括:

(一)“绪论”部分

在“绪论”一篇中,分三章来阐述“理论法学及其功能”、“法律分析方法”及“法律分析的逻辑起点”问题。本书是理论法学教学的核心部分,然而理论法学的理论特质及其功能究竟何在,首先是需要帮助学生正确认识的问题。法律分析方法一章是试图通过法学方法论及法律分析的基本方法与具体方法的陈述,培养学生良好的方法论意识。“法律调整的出发点”则是从前提上为学生提供一个整体分析的思路,即为什么法律是必需的,法律所担负的基本任务何在,这样有利于学生从总体上明确法律的基本原理。

(二)“本体论”部分

以哲学的语言来表述,所谓本体论就是运用以“是”为核心的范畴、逻辑地构造出

---

〔1〕[美]埃尔曼:《比较法律文化》,贺卫方、高鸿钧译,三联书店1990年版,第128页。

来的哲学原理系统。其基本特征包括:①从实质上讲,本体论是与经验世界相分离或先于经验而独立存在的原理系统;②从方法论上讲,本体论采用的是逻辑的方法,主要是形式逻辑的方法;③从形式上讲,本体论是关于"是"的哲学。[1] 而所谓"是",即是"关于一切实在的基本性质的理论或研究"。[2] 因而,就这个意义上所言的"法律本体论",主要是研究法律的基本原理,诸如法律的概念、法律的形式、法律的结构等法律的基本问题。

这一部分分"法律概述"、"法律形式"、"法律结构"、"法律内容"、"法律效力"、"法律实践"、"法律发展"七章。按照中国学生的思维习惯,本编先从"什么是法律"这一问题开始法学问题的探讨,同时就功能、价值、形式、结构、内容、效力这些基本范畴进行分析,使学生通过概念的学习,掌握法律的基本理论。本书将法律能力、法律行为、法律关系、法律争议几个范畴作为实践性概念来看待,因为它是人们进行具体法律活动所必需的法律条件:能力是行为的前提,行为是关系的基础,而法律关系能否真正地得以确定,又有赖于如何解决法律争议。"法律发展"一章则从法律的起源、历史类型、历史进化的纵向角度,明确法律在历史长河中的演进脉络。"法治国家及其构造"一节,则主要论述法律发展的最高形态——法治国家的内涵及其制度要件。

(三)"运行论"部分

法律的运行首先就必须有执行法律的主体,因而从"法律职业"一章开始本编的叙述,探讨了法律职业机构尤其是法律职业人员的主要理论问题;"法律程序"则考虑到程序本身的重要性以及与法律运行的密切关联,因而通过立法程序、行政程序与司法程序的论述,明确其对于法律运行而言的规则指导地位。在法律运行的基本环节,选择了适用、解释、裁决三个基本环节来概括。"法律裁决"是本书新增加的内容,因为法律运行最终的产品即法律裁决的形成,没有这一内容,整个法律运行的过程实际上是不完整的。"法律监督"则是对法律运行情况的整体监督,特别是权力制约与违宪审查两项制度,在法律监督制度中必须予以重点突出。

(四)"技术论"部分

这一部分是相对于其他法学教材而言的特色之一,相关内容业已在本章第三节中予以介绍,兹不赘述。当然,由于是首次将"法律技术"纳入理论法学的研究视野,因而在内容的确定以及技术规则的提炼上,必然也会存在着较多的不足,有待于在今后进一步予以完善。

---

[1] 俞宣孟:《本体论研究》,上海人民出版社 1999 年版,第 27 页。

[2] 英国《不列颠百科全书》(第 15 版),转引自俞宣孟:《本体论研究》,上海人民出版社 1999 年版,第 23 页。

复习思考题

1. 在法学研究与法学教育中，为何要将“人”作为法学研究的基本对象？其目的与意义何在？

2. 你认为法学分出“经验法学”是否合适？理论法学应当如何划分较为合理？

3. 结合你所了解的法律事例，阐述理论法学的基本功能。

4. 什么是法律技术？其在法学教育中所处地位如何？

5. 对于法学学科的学习而言，你认为应当确立怎样的学习态度？

第二章　法律分析方法

✣**学习目的与要求**

本章是有关法律分析方法的论述，重点分析了①法学方法论的基本理论，包括方法与方法论的界分及法学方法论内涵的界定等，论述了法学方法论在法学研究中的重要意义；②法律分析的基本方法，研究了价值分析方法、实证分析方法与社会分析方法的概念内涵、哲学预设及论证格式；③法律分析的具体方法，分析了比较分析法、社会调查法、历史考察法及经济分析法的概念、意义及其在法律分析中的具体应用。通过本章学习，可以从整体上明确法学研究与法律学习的基本方法，为加深法学原理的认识及提高法律分析能力奠定良好的基础。

第一节　法学方法论释义

一、法学方法论的含义

（一）“方法”与“方法论”

“方法”源于希腊语言，意味着在给定的前提条件下，人们为达到一个目的而采用的行动、手段或方式。[1] 严格说来，人类的活动，包括认识活动在内，都必然包含三个基本要素，这就是目的、前提和方法。目的是行为者拟要获得的结果；前提则是相关的外在条件，例如客观环境与主观认识水平；方法则是从前提达到目的的途径。由此可见，“方法”对于人类的认识活动而言，是须臾不可或缺的。从科学研究作为一种理性的、有目的的行为而言，它必然与“方法”紧密相伴。无论学者在研究活动中是否意识到自己在运用某种方法，可以肯定的是，一种有成效的研究必然是在一定的目的支配之下，通过相应的方法来实现对自然、社会和精神现象的解构。这既是理解事物的前提基础，也是研究者的研究成果为社会所接受的必要条件。

“方法”具有可操作性、可判别性、目的性、创造性与经济性等基本特征，这说明对于人们认识客观世界与精神世界而言，方法的确是非常重要的。它有利于人们根据不同的认识对象、不同的研究目的，而找寻到最为有效、简便和经济的研究方法。然而，

---

〔1〕［德］阿·迈纳：《方法论导论》，王路译，三联书店1991年版，第6页。

任何一种具体的研究方法都存在着不可避免的缺陷。关键问题就在于,“方法”并不能自己说明自己,它无法确定在何种情形下应当使用哪种方法,也不能预示在某项具体研究中,采用这种方法是否适当。同时,对于研究活动来说,最重要和最基本的,“还要求指明科学研究所遵循的纲领或规范:究竟用什么眼光看待世界,体现出什么样的传统和风格?”〔1〕因此,“方法”本身并不一定就能保证认识主体能够获得预期的结果,这就产生了对方法进行科学说明、解释的必要,而这些正是方法论的内容。“方法”与“方法论”相联系的意义正是在这个方面呈现出来:“方法论的任务是说明这样一种方法,凭借这种方法,从我们想象和认识的某一给定对象出发,应用天然供我们使用的思维活动,就能完全地、即通过完全确定的概念和得到完善论证的判断来达到人的思维为自己树立的目的。”〔2〕“方法”提供了“方法论”的体系基础,而“方法论”则重在说明方法在何种程度上具有恰当性,从而为人们思维提供相应的科学基础。

(二)确定法学方法论概念的理论基础

从学科发展的角度而言,法学方法论是在法学研究进入到一定阶段之后,“学科对本身进行的情况、思考方式、所利用的认识手段之反省。”〔3〕“反省”也就是“内省”,它体现了对法学研究的基本立场、研究步骤、分析框架、具体手段的审视。那么,怎样对“法学方法论”进行界定呢?在此我们先来考察国内现行教材、论著中就“法学方法论”所作的界定:

1.“法学方法论就是由各种法学研究方法所组成的方法体系以及对这一方法体系的理论说明。一般来说,法学方法论的内容可分为两个基本层次或方面。第一个层次是法学方法论的原则,它构成了法学方法体系的理论基础,并对其他方法的适用发挥着整体性的导向功能。第二层次是研究的具体方法,它构成了法学体系的主干部分,在解决具体的法律问题方面发挥着广泛的作用”。〔4〕

2.“方法这一概念指主体在认识作为客体的客观世界和事物,揭示其本质并阐明其一般规律的实践活动中,所遵循的一套原则、程序和技巧。马克思主义法学的方法论是建立在马克思主义哲学,即辩证唯物主义和历史唯物主义基础上的,它是法学研究的总的方法论。在此之下,法学还有自身的具体的方法论”。〔5〕

3.“方法是用以解决主体所面临的问题的技术性手段,而方法论则是对这种技术性手段的理论说明与概括。方法与方法论都有层次之分,如原则性方法、基本方法、技术性方法和特殊方法。方法与方法论也有主次轻重之别,不同法学流派可能有不同的

〔1〕 刘大椿:《比较方法论》,中国文化书院1987年版,第10、11页、第12页。

〔2〕 [德]克里斯托夫·西格瓦特:《逻辑》(第2版,第2卷),第3页。转引自[德]阿·迈纳:《方法论导论》,王路译,三联书店1991年版,第7页。

〔3〕 [德]卡尔·拉尔茨:《法学方法论》,陈爱娥译,台湾五南图书出版有限公司1996年版,第132页。

〔4〕 张文显主编:《法理学》,高等教育出版社、北京大学出版社1999年版,第34页。

〔5〕 沈宗灵主编:《法理学》,高等教育出版社1994年版,第14页。

法学方法。法学方法是指人们在认识和探寻法律、法律现象及其规律时所应当遵循的原则、程序和技巧”。[1]

4.“每一门学科都有自己特殊的研究对象和理论原则，在其发展过程中，逐渐形成各种特殊的方法来研究客体的某一方面的本质属性。……法学方法论是研究法现象的各种方法、手段、程序的综合性知识体系”。[2]

总的来说，现行的教材、专著一般将法学方法论作为由各种法学研究方法所组成的方法体系以及对这一方法体系的理论说明，或者将法学方法论定位在研究法律现象的各种方法、手段、程序的综合性知识体系。这说明，学者们已经注意到了法学方法与法学方法论的区别，将后者从哲学原理的角度加以指明；同时，均将法学方法论界定为方法体系（或知识体系），而不是某一具体应用的方法；有关方法论的具体论述，也注意到了哲学意义上的方法论与技术意义上的方法论的差异。然而，毫不讳言地说，这些界定及研究又是美中不足的，关键的问题就在于，有关方法论的界定实际上是一种欠缺学术立场的界定——以这样一种宽泛的内容而言，似乎每个研究人员在熟悉了学者们所揭示的方法论之后，均有可能根据这一“方法论”的内容得出相同或基本相似的法学结论。显然，这种界定有悖于方法论的积极意义，也忽视了方法论作为一种相对独立的知识体系所具有的理论特质。

1. 方法论与哲学世界观密不可分。每个人生活在世界上，对周遭世界必然会有自己的体会；并且无论这种认识是否全面、成熟，我们都可以说它有着自己的哲学思想。哲学是属于社会的，但也是属于个人的；有了自己的思想关注点，就必然会根据某种先在的“假定”对学科的基本理论进行分析、研究，这对于法学方法论而言也不例外。法学方法论虽然是一种法学思维形式的哲学概括，但它更融合着个人对法律的体验，或者说，它必须融入研究者的立场，因而，“假定”与“立场”实乃法学方法论必须具备的内容。

2.“方法论”是对研究者所使用的原则、程序和技巧的理论说明，因而它必然寄寓着功能性的目的，即旨在通过对法学理论建构的原则及对法律现象的批判，来表达研究者的行为取向。从这个意义上说，法学方法论的建构过程，也就是学者将其思想观念与价值立场融入方法论的创立之中，以此作为理论体系的出发点以及归宿。

3. 与前两个方面相关，法学方法论也必定是多元的。也就是说，因为学者的立场、观念与思想意识不同，因而其所建构的法学方法论也必定存在着差异。理论的多元必然导致方法论的多元，而这些正是学科得以繁荣的基本要求。以法学研究而论，正是在自然法学派、分析法学派、社会法学派等众多法学流派的竞争中，方法论的内容日益成熟，也都从法律分析的某一个方面丰富了法学的基本原理。同样，方法论上的多元

[1] 孙笑侠主编：《法理学》，中国政法大学出版社 1996 年版，第 9 页。

[2] 吕世伦、文正邦主编：《法哲学论》，中国人民大学出版社 1999 年版，第 612 页。

也是打破“文化霸权”的客观需要。通过不同的方法论的相互批判，一方面可以使方法论的建立者修正、补充原有方法论体系中的缺陷；另一方面，它通过建立不同的方法论类型，可以为人们选择适合自己价值观念的方法论提供余地。

（三）法学方法论内涵的界定

在对法学方法论作了这些前提性的界定之后，又如何来认识法学方法论究属何所指呢？我国台湾学者杨奕华先生在构建法学方法论研究范畴的基础上，提出了法学方法论的定义，值得推荐。他说：“法学方法论系以一套先设的假定为准据，确定基本的研究立场，从事法学理论之建构，进而以之探讨、诠释、批判法之存在与衍化现象、法之科学技术及法之实践功能等之研究态度之学科也。”[1]这一概念，较好地说明了法学方法论的主要理论特质：

1. 法学方法论首先必须有建立在某种哲学基础上的假定，这是方法论得以成立的基本前提。所谓假定，即从哲学思想出发，根据某种不言自明、理所当然的常识或公理性质的命题对学科所作的一种预设性的演绎推理的逻辑前提，[2]它构成了理论分析的基石。例如古典自然法学派以个人主义为其哲学基础，强调个人作为社会基本元素的独立性以及相对于社会的优先性，从而将其理论奠基于对个人地位、个人价值的肯认与弘扬之上。自然，就法学方法论本身而言，这种假定既可以是明确地加以预设的，也可能是学者价值观念不自觉的体现。但无论如何，缺乏哲学基础上的假定，法学方法论就容易与具体方法相混淆。

2. 法学方法论必须体现研究者的学术立场。“立场”可从两个方面言之：一是从形式上而言它是研究角度的指认，即从哪方面入手建立理论分析框架；二是从实质上而言它体现了研究者关注该学科及命题的思想意识。思想是理论的活力所在，法学研究者必须从关注人们生活的角度，分析“善法”及“良性法律机制”问题，也就是将学术立场体现为一种内在的，而不是外在的“法律观”。[3]“立场”的这两方面内容是统一的，但从主次关系而言，后一种立场制约着前一种立场：前者重在建立分析模式，而后者则渗透着研究者的人文意识。

3. 法学方法论必须体现对法学研究方法的程序设计与科学叙述。法学虽然具有浓厚的人文科学特质，然而，这并不意味着法学研究可以不讲科学，不采用通行的科学标准。要促成法学科学性的提高，就必须使所用的方法符合科学理论建构的一般原则，形成一个独立而完善的知识体系。因此，法学方法论的任务在于：它必须告诉人

---

〔1〕 杨奕华：“法学方法论研究范畴之商榷”，载杨建华教授七十诞辰祝寿论文集编辑委员会编：《法制现代化之回顾与前瞻》，月旦出版社股份有限公司1997年版，第153页。

〔2〕 张宇燕：《经济发展与制度选择——对制度的经济分析》，中国人民大学出版社1992年版，第30页以下。

〔3〕 赵戈：“法学是一门社会科学吗?”，载《北大法律评论》(第1卷·第1辑)，法律出版社1998年版，第19页。

们,为何必须在这一问题的分析上采取此种规则,从而有利于人们的批判与检验。

4. 法学方法论还必须具有实践功能性。从法学方法论与哲学的关系而言,法学方法论属于应用哲学的范畴。所谓“应用”,简单地说,即将方法论原理具体运用于社会实践。法学方法论的功能主要表现在两个方面:①评价功能,也就是将法学方法论的理论假定、研究立场及具体程序用于立法、司法、执法等实际工作中,以检验、批判现行法律中的主要问题。同时,就实践中的法律问题所暴露出的法学理论研究的缺陷加以修正,促进法学理论的进步;②实践功能。从实践领域而言,法学方法论主要是用于证成裁判的正当性,针对的对象就是“某种方法何以适用研究?何种所谓‘方法’实际上是无用的?”此类问题。[1] 例如在利益衡量的过程中,首先就必须设定利益衡量的基本规则,例如利益之间的位阶问题、利益优先的标准问题以及利益衡量的范围问题,否则,利益衡量就可能成为法院或者法官偏袒一方利益的借口。

二、法学方法论的内容体系

(一)法学方法论的意蕴

这一部分主要研究法学方法论的内涵、特征、价值;分析法学方法论必须确定的哲学立场,如“个人主义方法论”与“整体主义方法论”问题;明确法学方法论必须采取的基本理论预设。在这方面,可以借助相关材料,就自然法学派、历史法学派、社会法学派、分析实证法学派等法学流派的研究旨趣的不同,分析哲学立场、前提预设在法理学研究中的重要性。这一部分既在于阐释法学方法论的基本理论,同时也是体现学者个人特色的法学方法论所必需的理论先导。

(二)法学方法论的研究范式

在科学哲学上,“范式”指的是一种为学界所承认的研究模式,它为学者们所普遍接受,代表着一定时期学术上的基本研究格式。在法学方法论的研究范式中,最为重要的就是“人的模式”的建构,也就是说,法学研究必须重在架构法律中的人的形象。例如,在法律中预设的人是性善还是性恶,是自然人还是社会人。这些人的模式的确定,分别代表着学者不同的哲学观念,因而成为鉴别不同法学方法论的核心观念。

(三)法学方法论的具体内容

这一部分包括两个方面的内容,一是法学总体研究方法,如阶级分析方法、价值分析方法、规范分析方法、社会实证方法等,研究它们各自的分析角度与理论陈述格式,并比较其优劣;研究博登海默等法学家倡议建立“统一法学”的可能性与必要性问题;二是研究研究法学的具体方法,如社会调查、历史考察、经济分析、比较分析、语义解释等方法,揭示其各自的研究价值。

(四)法学方法论与部门法研究

关于这一部分可从三个方面进行探讨:①法学方法论对部门法研究的指导意义;

---

[1] 吕亚力:《政治学方法论》,台湾三民书局1979年版,序第2页。

②部门法学研究方法对法学方法论的理论补充；③分析法律行为的解释方法问题。总的来说，这部分的内容既有着在法学体系之上建构总体方法论的构想，同时也必须就不同的法律部门应当适用何种方法进行探讨。此外，法学方法论既包括对法律文本的解释方法，也包括对法律事实的解释方法，由此体现法学方法论的实践功能性。

三、法学方法论与法学研究

（一）法学方法论有助于分析法学研究的基本理论框架

法学与其他社会科学的共同点，即都是一种研究人的科学。然而，大千世界中人的林林总总的行为，又难以使社会科学之间有一个统一的关于研究人的行为、人的现象的标准。当然，研究人的科学必须从人本身开始，这是一个基本的前提：人造就了法律，因而法律问题最终也就是人本身的问题。为此，我们认为，在法学研究中，首先必须对"人"本身进行定位：人是自然的，抑或社会的？人是理性的，还是非理性的？人性本善还是人性本恶？等等。这些问题，既涉及哲学思想（先设假定），也关系到研究立场（基本价值取向），它应当成为学科研究的起点问题。历史上有影响的法学家及法学流派，无不是在哲学思想与基本立场的约束下，提出其具体的法律分析框架。例如自然法学派以个人为本位，通过自然状态、自然人、自然权利、社会契约等范畴构筑一完整的法学思想体系，而社会法学派则立足于社会的角度，将法律作为社会工程的一个内容。方法论指导下的理论框架的确立，对于学科研究起着关键的作用。西方法学流派的发展史，在很大程度上也就是法学方法论的竞争史。

（二）法学方法论的研究与应用，对理论法学研究的深化有着莫大的裨益

学科发展与深入的途径不外有二：一是继承，即对前贤的研究成果进行清理，吸收其精华，作为学术绵延与发展的"薪火"；二是借鉴，即借鉴其他学科所取得的成果，特别是方法论因解释框架、论述格式上的共通性而更应加以重视，必须大胆借鉴，为我所用。哈耶克就曾指出："在社会科学中，几乎没有哪个具体问题能够仅仅依靠一门学科作出恰当的回答。不但在政治学和法学中，而且在人类学、心理学，当然还有历史学中，我们应当了解的全部问题，超出了任何一个个人有能力了解的范围。"[1]这就意味着，法学研究同样不能固步自封，而必须虚心地学习其他学科的长处。学科进步的基础是开放，学科发展的动力是整合。在当今的时代，经济学、社会学、政治学等人文社会学科在研究方法上都有了长足的进步，这不仅表现在因方法论而表现出的不同分析框架所形成的不同流派，更主要的是这些方法均就人的行为、人的特性等进行了多面的分析，逼近于人生的真谛与社会的真相。法学研究要能与其他学科齐头并进，就必须借鉴、创造新的方法；在这种分析的方法中，尤其应当重视"人的模式"的构造，也就是要分析学科研究中是以什么样的人为其背景。我们在第一章中既已言及，法学是以

---

〔1〕［英］弗里德里希·冯·哈耶克：《经济、科学与政治——哈耶克思想精粹》，冯克利译，江苏人民出版社2000年版，第28页。

人为本的科学,必须重视对人的分析,因而,在法学方法论中设立人的模式,抽象出法律人的概念,这对于法学研究而言,有着极为重要的意义。

(三)法学方法论的研究,本身也是理论法学的必备内容之一

"藉著增强方法意识,方法论也想协助法学达成其实务上的任务。然而,其最初的目标在于获取法学知识。就此而言,它算是法理论学的一部分。"[1]这是因为,方法论本身是一种分析的方法,它不能脱离学科本身而独立,用一个不很恰当的比喻,正如机器操作的说明书如果离开了具体的机器则不能独立存在一样,法学方法论也依附着理论法学研究的过程。当然,从另外一个方面而言,理论法学研究不能忽视法学方法论的研究:首先,从哲学意义上说,"法理学"本身就是研究方法的一种,特别是在我国基本上将法理学与法哲学等同的语境下更是如此。德国学者拉伦茨在言及法学方法论与法哲学的关系时就曾指出:不管愿不愿意,方法论会导向哲学。"即使方法论本身没有意识到,每种方法论都有适切的法哲学。"[2]其次,法理学承载着"解决人们法的观念层面的功能",[3]这就意味着它必须探讨法的普遍原理和最高原理,为各个部门法学以及法史学提供理论根据和思想指导。要承担这一任务,就必须注重法学方法论的研究与更新。所谓部门法的研究必须受理论法学的指导,在关键意义上也就是一种方法论的指导。正因为理论法学确立了法学研究中的基本理论框架以及叙述格式,所以能够保证部门法学的研究在一定的学科预设、前提假定以及陈述规则方面,体现其前瞻性及客观性。从这个意义而言,理论法学只有将法学方法论的内容纳入其体系之中,才能够担负起提升人们的法律观念、促成部门法学研究规范化的任务。

当然,我们应当高度重视法学方法论的研究,积极评价法学方法论的意义,但不能颠倒"理论"与"方法"本身的关系。法学方法论终极的任务仍然是要服务于法学研究与法学实践,从这个意义而言,方法只是某种手段,是顺利达到目的的工具。与方法相比,理论本身则更为重要,它直接体现了学科解释社会现象的深度与力度,因而成为学科研究的主要方向。

第二节　法律分析的基本方法

一、价值分析方法

(一)价值分析方法的内涵

所谓价值分析方法,是一种从价值入手,对法律进行分析、评价的研究方法,其追问的基本问题是"法律应当是怎样的?"也就是说,这种分析方法以超越现行制定法的

---

〔1〕［德］卡尔·拉尔茨:《法学方法论》,陈爱娥译,台湾五南图书出版有限公司 1996 年版,第 137 页。

〔2〕［德］卡尔·拉尔茨:《法学方法论》,陈爱娥译,台湾五南图书出版有限公司 1996 年版,第 133 页。

〔3〕刘作翔:"法理学研究的一般特点及其功能",载《法律科学》1998 年第 6 期。

姿态，用哲人的眼光和终极关怀的理念，分析法律为何存在以及应当如何存在的问题，其终极目标就是建立一个符合人性与社会常态的"理想法"模型。

对法律中价值问题的重视，在西方有着极为悠久的历史传统。柏拉图与亚里士多德均是从"正义"这一基本价值入手，探讨法律的本质、特征以及功能的问题，由此形成了将法学研究与伦理学研究结合在一起的研究传统，也为日后斯多葛学派自然法学说的勃兴奠定了基础。古罗马及中世纪时期，自然法学说得到了进一步的发展；而在启蒙运动时期，洛克、孟德斯鸠等著名理论家高举"自然法"的大旗，弘扬理性、自由、平等、人权等价值理念，使用的方法也就是价值分析的方法。[1] 由这一分析方法所产生的著名论断就是"恶法非法"，它意味着，如果统治者所制定的法律是不人道、不正义的，那么，人民就有不服从的权利，因为严格说来，这样一类法律实际上违反了法律的基本品格，因而也就丧失了法律所具有的要求人们遵从的属性。这正如学者所言的，因为法律被定义为"为直接或间接地参与了制定法律的人们制定的行为准则"，"所以，只有在它们被我们承认是'合理的'时它们最终才能对我们有约束力。"[2]

价值分析的方法，在法律的发展史上曾经起过重大的作用。首先，它促成了立法事业的飞速发展。按照价值分析的理念，人类社会的良好法律完全可以通过人们自己的理性能力而获得。理性可以用来重新塑造社会，更毋论自我。伏尔泰就有一句关于"理性立法观"的名言："如果你想要好的法律，那么就烧掉你现有的法律，并去制定新的法律。"[3]《法国民法典》(《拿破仑法典》)就是人类社会运用理性能力进行法典编纂的范例。其次，它以自然法等价值观念作为法律的渊源之一，拓宽了法律渊源的范围。美国路易斯安那州的《民法典》(1870 年)第 21 条规定："对于所有的民事案件，法官必须根据公平原则审理和判决。在制定法无规定时，法官应根据自然法和理性，或者根据公认的习惯审判案件。"[4]由此自然法本身可以用来填补法律的空白；再次，在执法、司法的场合，价值分析或者说价值判断是确立法律责任的基础。例如法学上常引起争论的问题是，像纳粹德国时期，官员执行了希特勒政权所制订的法律而屠杀犹太人，这究竟构不构成犯罪？答案应当是肯定的。因为每个人都是具有独立、自由意志的生命个体，也因之具备因自己的行为承担法律责任的能力。所以"就单个人来说，

---

〔1〕 虽然"自然法"理论从渊源上说是一脉相承的，但也有学者指出，"十七八世纪的自然法论与中世纪的自然法论有重大的区别。中世纪的自然法论是以神作为理论的最后依据，近代的自然法论却以人类的理性作为理论的基础。近代的自然法学者关心的是法的目的，而不是法的历史与成长。他们企图依据自由与平等的一些原则，来建设一种新的法律秩序。他们宣称这法律秩序是理性与正义的永恒的表征。"参见林文雄：《法实证主义》(增订三版)，台湾三民书局 1982 年版，第 2 页。

〔2〕 [英]W. D. 拉蒙特：《价值判断》，马俊峰等译，中国人民大学出版社 1992 年版，第 340 页。

〔3〕 转引自[英]弗里德利希·冯·哈耶克：《法律、立法与自由》(第 1 卷)，邓正来等译，中国大百科全书出版社 2000 年版，第 26 页。

〔4〕 引自[德]罗伯特·霍恩等：《德国民商法导论》，楚建译，中国大百科全书出版社 1996 年版，第 64 页注。

他的行动的一切动力，都一定要通过他的头脑，一定要转变为他的意志的动机，才能使他行动起来”。[1] 从这个意义上而言，可以公正地断定，明知法律惨无人道而以执行命令（或者“法律”）为由付诸实施，当事人就是助纣为虐，难逃罪责。

（二）价值分析方法的基本假定

价值分析方法为何得以适用，还有赖于其所作的几个基本假定。综观自然法学家的著作，可以看出，它立足于这样一些前提预设：

1. 自然高于人为。“自然法”是一种“自然＋法”的理论陈述，然而，“自然”并不是纯粹的物质客体，而是一种寄寓着“神性”、“理性”的观念与秩序集合。依照“自然”的观念，人类的一切创作，包括法律制度在内，均为自然长成，或者仿效自然而作。以“自然”为依托的自然法，不仅是永恒的规范，并且是决定人为规则有效与否的检验标尺。[2] 在这样一种自然哲学的支配下，自然成为法律的母体，或者是判断法律的善恶的标准。著名思想家密尔就曾写下过这样一段名言：“没有哪个词像‘Law’这个词那样经常地与‘自然’连在一起使用；Law 这个词有两种不同的含义，其中的一种含义所表示的是‘是什么’，另一种含义所表示的是‘应当是什么’，我们常常谈到万有引力定律、运动三定律、化合物的定比定律、有机体的生命律等等。所有这些所表示的是‘是什么’。我们也常常谈到刑法、民法、名誉法、诚实法、公平法等；所有这些涉及的是‘应当是什么’，或某个关于‘应当是什么’的推测、感觉或命令。”[3] 显然，在密尔的观念内，“自然＋法＝自然法”的结构，构成了法律规则存立的正当基础。正是从这个意义上，学者们认为自然法理论实际上就是一种主张，“主张可以拿一个终极的尺度，一套理想的法律，来检验一切法律的效力。这个终极的尺度，这套理想的法律，可以比一切现有的法律更确定地被认知和评价。自然法是人类寻求正义之绝对标准的结果。”[4] 这个绝对标准的原型，就是为人们所熟悉和仰慕的自然秩序。也正因为“自然高于人为”，所以与“事物本质”、“理性”相对立的法律，均非真正的法律。

2. 人类必有共性。自然法之所以具有超越民族与时空而存在的效力，在自然法学家看来，就是因为人类存在着共同的本性。哲学家魏尔德（John Wild）在《柏拉图现代的敌人与自然法学说》一书中，总结了自然法学说关于人性三种伦理预设：①人有共通的本性；人性之特征决定人特有的倾向，而为他人所共具；人为实现其倾向以求本性完

---

〔1〕［德］恩格斯：“路德维希·费尔巴哈和德国古典哲学的终结”，载《马克思恩格斯选集》（第4卷），人民出版社1995年版，第251页。

〔2〕意大利学者登特列夫专门对此作过解释：人们之所以选择“自然法”用来指称他们的行为准绳与外在世界的规律，“乃是因为他们一直在追求一个不变的准绳或模型，这准则或模型，是由不得他们选择，而又能令人信服的。而‘自然’一词，正好非常适合用来表示这准则或模型之终极性与必然性。”见其所著《自然法》，李日章译，联经出版事业公司1984年版，第5页。

〔3〕［英］J. S. 密尔：“论自然”，转引自吴国盛主编：《自然哲学》（第2辑），中国社会科学出版社1996年版，第535页。

〔4〕［意］登特列夫：《自然法》，李日章译，联经出版公司1984年版，第95页。

整,必须遵循一定的规则,此等规则为一切人所共同适用;②人为顺利发展其本性而必须采取之行为方式,乃系以人性之本身为基础,而并非根据武断的命令或选择;③凡行为有助于发展或实现人之本性者,就是善的或好的;凡妨碍人性之发展或实现之行为,即系恶的或坏的。[1] 博登海默也指出,真正的法律秩序必须重视法律的基本价值,而其前提预设就是"存在着一些需要法律予以承认的人类共性"。因此,的确存在着一些最低限度的正义要求,这些要求独立于实在法制定者的意志而存在,并且需要在任何可行的社会秩序中予以承认。"这些要求中有一些必须从人的生理构造中寻找根源,而其他的一些要求则植根于人类所共有的心理特征之中。"[2]可以说,没有人类共性的存在,就不会有共同的道德信念,也就不会出现为所有民族、所有时代的人们所共同追求的法律价值。

3. 普遍的法律才适合人类的天性。据学者分析,这是哈耶克对自然法观点的重要补充。[3] 哈耶克认为,必须在"成文法或形式上的法律"与"公正和实体性质的法规"之间进行区分,普遍性的规则也有别于具体的命令。所谓普遍性的规则,就是真正的法律,它"必须意在适用于不能预见其详情的情况,因而它对某一特定目标,某一特定个人的影响事前是无法知道的。只是在这种意义上,立法者才可能说得上是不偏不倚。"[4]简单地说,普遍的法律在内容上是以共同的人类本性、本能为基础的,在创制的途径上,以一种无法预见其对立法者本人将产生何种结果的情况而确立。所以,要真正地形成法治国家,就应当有一个常常毫无例外地被适用的规则,这就是说,要使法律规则成为我们能够正确地预测别人的行动的指南,那"就需要它应当适用于一切情况"。[5] 人类社会之所以需要规则,就是因为在"普遍的"规则支配之下,相关的行为安排与利益考量才有安全性。

自然法正是由于担负着人类的普遍价值期望,因而一直作为与人类本性契合的法律理念而存在于法学的研究之中。古罗马时期的西塞罗脍炙人口的一段名言,就是论述自然法的普遍性的经典之作:"真正的法律是与本性相合的正确的理性;它是普遍适用的、不变的和永恒的;它以其指令提出义务,并以其禁令来避免做坏事。……罗马和

---

[1] 转引自马汉宝:《西洋法律思想主流之发展》,自印本,1998 年版,第 153 页。

[2] [美]E. 博登海默:《法理学:法律哲学与法律方法》,邓正来译,中国政法大学出版社 1999 年版,作者致中文版前言第 2 页、第 273 页。

[3] [美]斯蒂芬·L. 埃尔金:"宪政主义的继承者",载[美]斯蒂芬·L. 埃尔金、卡罗尔·爱德华·索乌坦编:《新宪政论——为美好的社会设计政治制度》,周叶谦译,三联书店 1997 年版,第 157 页。论者还指出,自从 1944 年哈耶克在《通向奴役之路》一书中提出这个观点以来,"从那以后已经修改了他的看法,但他的重要论点基本上未变"。参见同书,第 169 页。

[4] [英]弗雷德里希·奥古斯特·哈耶克:《通往奴役之路》,王明毅、冯兴元等译,中国社会科学出版社 1997 年版,第 77 页。

[5] [英]弗雷德里希·奥古斯特·哈耶克:《通往奴役之路》,王明毅、冯兴元等译,中国社会科学出版社 1997 年版,第 80 页。

雅典将不会有不同的法律，也不会有现在与将来不同的法律，而只有一种永恒、不变并将对一切民族和一切时代有效的法律；对我们一切人来说，将只有一位主人或统治者，这就是上帝，因为他是这种法律的创造者、宣告者和执行法官。无论谁不遵从，逃避自身并否认自己的本性，那么仅仅根据这一事实本身，他就将受到最严厉的刑罚，即使是他逃脱了一般人所认为的那种惩罚”。[1] 在这里，“真正的法律”之所以有效，就是因为它是“与本性结合的正确的理性”。

总之，承认“自然”有高于“人为”的价值，强调人类普遍的共性，并且认为普遍的法律才适合人类的天性要求，这构成了自然法分析法律问题的基本立足之点。

（三）价值分析方法的理论争议

对价值分析方法的批判，主要的理由包括：①理性、道德、正义等等价值往往因时、因地、因人而异，这正如博登海默所言：“正义有着一张普洛透斯似的脸，变幻无常，随时可呈不同形状并具有极不相同的面貌。”[2] 而在某种程度上，“法律应当是客观的，这一点是一个法律制度的精髓”。[3] ②“在用这种标准衡量人类法律时，每当法律不同于守法者眼中的永恒正义和正确的法律时，就必然在实际上具有效力并得到遵守的被称为实在法的人类法律和另一种理想化的、不变的、永恒法律之间做出了区分。”[4] 这样，由于每个人所持的价值信念不同，就可能导致守法难以成为社会普遍的准则，因为每个人都可以借口自己的行为必须符合良心准则而拒绝执行法律。③“自然法学说预先假定了神的存在，无论是异教的神，还是基督教的上帝和伊斯兰教的真主”。然而，信仰是无法用科学的方法来予以证明的，“所以，任何建立在以上帝存在为基础的观点都无法证明其正确性”。[5]

必须指出的是，尽管价值分析方法存在着这许许多多的缺陷，但仍然无法抹煞其存在的价值。首先，价值分析方法预设了在法律背后存在的终极价值，因而具有强烈的批判功能，可以用来反对国家所制定的“恶法”。这样，自然法就不仅仅是人们内心固守的一种信念，更是一种批判的理论武器，这有利于统治者改弦易辙，从善如流；其次，就法律的研究与学习而言，法律理念的培养比法律知识更为重要，而价值分析方法则使人们看到，制定法并不一定都具有“真正的法律”的品格，国家创制的法律很可能是违背人性、践踏人权的，从而使人们可以从法律本身的品质来探讨法律问题。换句话说，“恶法”之所以不再是法律，就是因为它违背了人性，与人们对法律的追求和期望背道而驰；再者，价值分析方法在司法中的运用，也说明价值理念对于填补实在法的空

---

〔1〕［古罗马］西塞罗：《国家篇·法律篇》，沈叔平、苏力译，商务印书馆1999年版，第101页。

〔2〕［美］E. 博登海默：《法理学：法律哲学与法律方法》，邓正来译，中国政法大学出版社1999年版，第252页。

〔3〕［英］G. D. 詹姆斯：《法律原理》，关贵森、陈静茹等译，中国金融出版社1990年版，第6页。

〔4〕［美］约翰·麦·赞恩：《法律的故事》，刘昕、胡凝译，江苏人民出版社1998年版，第127页。

〔5〕［英］G. D. 詹姆斯：《法律原理》，关贵森、陈静茹等译，中国金融出版社1990年版，第7页。

白以及纠正实在法的失误是功不可没的。二战以后的德国法院,审理了大量根据纳粹法律而进行的惨无人道的行为的案件,并于1952年2月12日,通过了联邦最高法院的一项判决,全面地否定了纳粹政权法律的有效性。判词云:"'第三帝国'之掌权者,曾公布无数规则,认为'合法'而构成'法律'。虽然,此等规则因为违反基本原则,并不具法律之性质。此等基本原则不需政府之承认,且强于政府之任何法规。政府公布之规则,如根本不在试图达成真实正义者,并不构成法律;符合此等规则之行为,仍属不正。"[1]

二、实证分析方法

(一)法律实证主义与实证分析方法

法律实证主义是自奥斯丁以来法学研究中的一个主要学派,而其在学术上的渊源,则可以远溯至霍布斯、休谟、边沁等人。法律实证主义反对形而上学的思辨方式和寻求法律终极价值的价值分析方法,"它把法律视为一个独立的、自治的系统,致力于维护法律体系内部的逻辑一致性。由于这种研究方法不追究法律规则本身的基础,而径自研究规则与规则之间的关系,所以又被称作法律教条学或教条论法学"。[2] 在法律实证主义者看来,法律就是法律,不论其正当与否,只要形式上是国家法律,就具有法律上的约束力。这种法律是实证的,因为它将自然法、习惯等逐出了法律的渊源之外,并且将政治、道德、宗教等对法律的影响交付于其他学科,因而清楚地界定了法学的研究对象。

凯尔森是实证分析方法的积极倡导者。在他看来,"法律问题,作为一个科学问题,是社会技术问题,并不是一个道德问题。"因而法和正义是两回事,实在法的科学必须同正义的哲学明确区分开来。"将法和正义等同起来的倾向是为一个特定社会秩序辩护的倾向。这是一种政治的而不是科学的倾向。"[3]那么,为什么价值分析方法是不科学的呢?在他们看来,首先,价值分析方法是一种主观的价值判断,"它宣称某个东西是一个目的,一个最终目的,其本身并不是达到一个进一步目的的手段",所以这些判断始终是由感情因素决定的;其次,自然法学说"认为有着一种不同于实在法的、比它更高而且绝对有效和正义的人类关系的安排,因为这种安排导源于自然、人类理性或上帝意志",这是一种将"上帝的意志"与"自然"等同起来的假定,难以证明,并且注定达不到科学的程度;再者,"迄今为止,被认为是自然法的,或者说等于正义的事物,大都是一些空洞的公式"。这样看来,价值分析方法的核心内容,即自然法是经不起推敲的,因而价值分析方法也就不是科学的方法。因而,凯尔森的理想是建立一种不受任何主观判断和价值观念掺杂在内的"纯粹法学",并认为这是实现法学科学化的

---

〔1〕 转引自马汉宝:《西洋法律思想主流之发展》,台湾大学法学丛书,1998年版,第189、190页。

〔2〕 郑戈:"韦伯论西方法律的独特性",载李猛编:《韦伯:法律与价值》(《思想与社会》(第1辑),上海人民出版社2001年版,第51页。

〔3〕 [奥]凯尔森:《法与国家的一般理论》,沈宗灵译,中国大百科全书出版社1996年版,第5、6页。

唯一途径。正如凯尔森自己所言:“正由于纯粹法学的批判反科学思想的性格,它才证明了本身是真正的科学。”[1]

(二)实证分析方法的理论特色

1. 方法论上的“纯粹性”。保持方法论上的纯粹性,是凯尔森所致力追求的目标之一。在他看来,当时的西方法学理论的研究都是一种极为不纯的研究:法学与心理学、社会学、伦理学、政治学等多个因素混杂在一起,因而,法学方法论首先就要界定法学与其他学科所不同的研究对象,并将一切非法学的因素从法学研究中驱逐出去。在他的成名作《纯粹法学》一书中,凯尔森开宗明义就提到:“如果它被称为是一个法律的‘纯粹’理论,那是因为它只探求一个以法律为取向的认识,也因为它基于此一认识,排除了所有不被确认为是法律的事物。也就是说,它想要使法学自所有与其无关的元素中解放出来。”[2]自然,所驱逐的不仅是与法律掺合在一起的心理、社会、政治现象,更需要将法律的分析方法与心理学的、社会学的、政治学的等其他学科的研究方法分别开来。凯尔森认为,“这种方法论上不同信仰的调和使法学的本质模糊不清,并使法学研究对象特有的限制性不复存在。”[3]可以说,这种维护方法论上“纯粹性”的努力是值得称道的。

2. 法学科学化的努力。对于凯尔森而言,强调法学方法论的纯粹性,更是一种追求法学科学化的努力。19世纪天文学、物理学、生物学等自然科学的发展,特别是细胞、能量守恒和转化规律、生物进化这三大发现,为人文学科的研究提供了榜样。将推理的结论建立在不容置疑的实证基础之上,并建立对客观事物与社会现象的定律性说明,这不啻是学者的最高追求。[4] 自然科学的成就启发人们思考:“既然自然科学的方法能使人对自然界有了这样多的了解,难道这些方法就不能被成功地用于社会领域吗?”[5]或许这种实证的风气,促使凯尔森力图将法学科学化。在《纯粹法学》一书中,凯尔森认为,要使法律成为独立的科学,就必须认识到:①法律科学是规范的科学。规范的内容是人类行为和人与人之间的关系。法律科学的对象是实证法,实证法可能是与理想中的法或者政治理念相矛盾的。②法律科学是非意识形态的科学。法律科学的任务是描述和理解规范而不是评价规范。③法律科学的分析方法是分析性质的。凯尔森将之称为“超越现实的逻辑”,即分析方法的特点是“形式的”而不是“经验的”。法律科学基本上是一种解释的学问,人的行为的法律意义只是在与法律规范相关的解

---

[1] 林文雄:《法实证主义》(增订三版),台湾三民书局1982年版,第243、244页。

[2] 转引自[德]亚图·考夫曼:《法律哲学》,刘幸义等译,台湾五南图书出版有限公司2000年版,第15页。

[3] 转引自张乃根:《西方法哲学史纲》,中国政法大学出版社1993年版,第317页。

[4] “在自然科学中,假如一种理论足以解释一个广大范围内的种种现象,我们就可以称它为定律。”参见[美]贝蒂·H.齐斯克:《政治学研究方法举隅》,沈明明等译,中国社会科学出版社1985年版,第27、28页。

[5] [美]伊恩·罗伯逊:《社会学》(上册),黄育馥译,商务印书馆1990年版,第16页。

释之中存在,因此法律规范的功能就如同一幅解释的图表。因此,凯尔森认为纯粹法学以研究"现实的法"为使命,力图使法律科学成为真正意义上的科学而不是政治学或者哲学的附庸。[1]

3. 事实与价值的区分。在凯尔森看来,法学只与事实相关,而与价值无涉。一种客观的研究只能以法律规范形式上的结构为对象,而非其内容,因为法律规范的内容无法经由科学上的认识而理解。对于为价值分析方法所钟爱的"正义"观念,凯尔森不以为然。他认为,正义就是一个意识形态概念,是一种反映个人或群体的主观倾向的价值偏爱的"非理性的理想"。凯尔森指出:"人们通常都认为,确实存在着像正义这样的东西,只是不能明确地予其以定义;显而易见,这种主张本身就是一种矛盾。对人的意志和行动而言,无论正义多么必要,它都是无从认识的。从理性认识的观点看,所存在的只是利益以及因此而产生的利益冲突。"[2]因此,凯尔森认为正义只是"人类的一个美梦",我们不知道,也将永远无法知道正义是什么。[3] 鉴于正义的不确定性,因此法学的研究对象不是别的,正是那些"具有法律规范性质的、能确定某些行为合法或非法的"规范。

(三)有关实证分析方法的批判

如上所述,以凯尔森为代表的纯粹法学,系统地论述了实证分析方法研究在法学研究中的应用,对于促成法学的科学化,提高人们对法学方法论的认识,应当说有着重大的贡献。学者将这种贡献归结为三个方面:①对于非科学信念的批评。实际上,就非科学、反科学信念的批判与消解,"对于建设科学的法学理论,当然是不可缺少的";②阐述了法律规范的理论结构。"凯氏的纯粹法学,层次分明,理路井然,将实证法的全部体系从基本规范以至各种下级法规范间的动态及静态关系,加以论理上明确的剖析与说明,其功绩是极为巨大。"三是对于传统法理论的批判。"从法规范的观点,凯氏检讨批评传统的法理论,如国家的性格、法律上的人格、公法与私法的理论等,都是非常具有独创性与启发性。在此一方面,凯氏的贡献也有很大价值,并对于当代的法理发生显著的影响。"[4]这些评价,应当说还是比较公允的。

然而,这样一种实证分析方法也引起了广泛的批评。首先在于,完全排除价值分析,导致法学研究只有法律的躯干而无法律的实质内容。"如果把法理学完全局限在对法律规范的考察上,这种法律规范的价值内容又由谁来关心呢?如此的纯粹法学,失落了法理学的人文关怀,沦落为一种纯技术的分析,难怪被指责为是一种工具主义

---

〔1〕 李步云主编:《法理学》,经济科学出版社2000年版,第700页。

〔2〕 转引自[美]E. 博登海默:《法理学:法律哲学与法律方法》,邓正来译,中国政法大学出版社1999年版,第121、122页。

〔3〕 [德]亚图·考夫曼:《法律哲学》,刘幸义等译,台湾五南图书出版有限公司2000年版,第14页。

〔4〕 林文雄:《法实证主义》(增订三版),台湾三民书局1982年版,第199、200页。

法学”。[1] 法学的研究是一种人文的研究，要完全实现“价值中立”，这既不现实，也不可能。例如在第二次世界大战时期，法西斯主义泛滥，然而法律实证主义解除了“法律家与一般国民对于纳粹惨无人道、专横跋扈、犯罪性法律的抵抗力”，同时，“战后对于清算纳粹法而产生的司法实务上各种案件的问题，法实证主义不能圆满解决”。[2] 由此可见，欠缺价值理念的分析，法学研究就只不过是一种毫无意义的智力游戏而已。

其次，为了证明法律规范的位阶，凯尔森假定了一个“基本规范”的概念，并认为这一基本规范“如同自然法律规范一般”，指出：“经由假设有一项具意义的、亦即无矛盾的规范秩序存在，法学已经超越了纯粹实证论的界限。放弃这一假设将意味着法学的自我解体。这牵涉到‘最低限度的形而上学’，缺少它‘法律的认识是不可能的’。”[3] 由此可见，凯尔森最终还是未能摆脱“事实”与“价值”严格区分的理论预设。正因如此，学者指出，凯氏的纯粹法学，虽然标榜“纯粹”，其实并不“纯粹”。因为基本规范包含社会的、政治的、伦理的要素在内，其本身显然是最不纯粹，所以由基本规范推演创设的下级规范，也必然不可保持纯粹。

再者，“至少是为了分析的目的，凯尔森把法律视作一种封闭的东西，就好像法律是在一个封闭且密封的容器中一般。”[4] 这也就是说，实证分析方法将法律当作一种自给自足的逻辑统一体，此种结论，“在实证法之内容与当时社会之实际需求或公平正义之观念互相配合之情况下，自属无懈可击”。[5] 然而，是法律适应社会，而不是社会适应法律，所谓“自我封闭”的体系只能是一种观念上的理想，在社会生活的变化大潮面前，这样的一种假定必然会崩溃。正如我们经常见到的那样，“法律漏洞”的存在不可避免，如果以实证法的立场来说，则没有补救的余地。

三、社会分析方法

（一）社会分析方法的宗旨

社会分析方法是随着社会学，特别是随着社会法学的兴起所产生的法律分析方法。法律既是一种静态的官方文件体系，同时又必须在社会中予以实施，由此造成法律问题的分析，既可以从规范的层面来进行，也可以从社会的角度来进行的交叉现象。当然，是用法学的眼光还是用社会学的眼光来分析法律问题，两者在前提和结论上并不相同。在前面一种方法当中，研究的命题主要集中于法律规范，而在后一个命题之中，则是要关注法律关系的参与者通过其行为使法律发生了何种变化。

---

〔1〕陈兴良：“法学：作为一知识形态的考察”，载陈兴良主编：《刑事法评论》（第7卷），中国政法大学出版社2000年版，第234页。

〔2〕林文雄：《法实证主义》（增订三版），台湾三民书局1982年版，第158、159页。

〔3〕［奥］凯尔森：《自然法学说与法律实证论之哲学基础》，转引自［德］亚图·考夫曼：《法律哲学》，刘幸义等译，巨流图书出版公司2000年版，第16页。

〔4〕［美］E. 博登海默：《法理学：法律哲学和法律方法》，邓正来译，中国政法大学出版社1999年版，第125页。

〔5〕马汉宝：《西洋法律思想主流之发展》，自印本，1998年版，第273页。

社会分析方法可以庞德的法学研究纲领作为代表,其内容包括:①研究法律制度和法律学说的实际社会效果;②结合社会学研究和法学研究,为立法作准备;③研究使法律规则生效的手段;④对法律史进行社会学的研究;⑤研究如何使各个案件能够合理地和公正地得到解决;⑥研究如何使法律的目的更有效地实现。[1] 从这个意义上说,社会分析方法着重分析的是法律的实然性问题,尤其是集中于法律的动态过程中的实然性问题,即考察和检验法的实际运行、法的实际效力、实际作用和实际效果。有学者指出,这种研究方法,填补了传统法学的一个盲点。[2]

此外,正如学者所指出的,价值分析方法和实证分析方法二者都是根据某种预先建构的标准(道德或逻辑)来评价法律规则的正确性或有效性的,而社会分析方法则是"实证性的",它关注于法律规则在人类的社会生活中实际发生作用的方式。在采取这种方法的研究之中,法律规则的制定、解释和实施过程都被看做是人类有目的的社会行动,而研究者的任务则在于揭示这些社会行动的"意义"。[3] 由此可见,社会分析方法将法律的研究范围引入了更为广泛而现实的社会生活之中,由此使得法学研究不是一种闭门造车式的研究,而是一种面向实际的法律生活的分析与理论建构。

(二)社会分析方法的核心范畴

1."活法"。"活法"是法律社会学的创始人和主要代表人物之一的埃利希首先提出并使用的概念。埃利希认为,无论现在和过去,"法发展的重心不在立法、不在法学、也不在司法判决,而在社会本身。"[4]因而,所谓"活法",即指"法以外在现实生活中实际上起法的作用的那些类法规则",它作为人类社会的"内在秩序",实际支配着社会实际生活,是人类行为的真正决定因素。[5] 埃利希认为,律师主要是与纠纷的解决有关,然而在法律所统治的大部分社会生活领域,纠纷很少出现,即使有,也往往求助于非专门机构来解决。法学家们主要是关心社会生活中的反常现象,而不是正常现象,另外即便讨论这些反常现象,他们所关心的也不是裁决争执的规章制度的整体结构,而是一些特殊而有限的规章制度,即指导法官或其他官员如何判案的规则。[6] 由此可见,在社会生活中被人们遵循的规则是真正的"活的法"。在埃利希看来,传统上将法律定义为一种由国家维护的强制性秩序,这包含四个要素,但其中有三个并非法律的必要因素,而必须排除在法律的概念之外:①它是由国家创立的;②它是法院判决的根据;

---

〔1〕 张文显:《西方法社会学的发展、基调、范围和方法》,载北京大学法律系法学理论教研室、中国经济体制改革研究所法律室编:《法律社会学》,山西人民出版社 1988 年版,第 70 页。

〔2〕 张文显:《二十世纪西方法哲学思潮研究》,法律出版社 1996 年版,第 110 页。

〔3〕 郑戈:"韦伯论西方法律的独特性",载李猛主编:《韦伯:法律与价值》(《思想与社会》第 1 辑),上海人民出版社 2001 年版,第 51 页。

〔4〕 转引自张文显:《二十世纪西方法哲学思潮研究》,法律出版社 1996 年版,第 132 页。

〔5〕 转引自马新福:《法律社会学导论》,吉林人民出版社 1992 年版,第 135 页。更为完整的引述可参见赵震江主编:《法律社会学》,北京大学出版社 1998 年版,第 14 页。

〔6〕 [英]罗杰·科特威尔:《法律社会学导论》,潘大松等译,华夏出版社 1989 年版,第 31 页。

③它是因判决而来的法律强制力的根据。只有第四个要素是要保留的,即法律是一种秩序化。[1] 国家制裁与社会生活在本质上是不相干的。现实生活中,多数人总是自愿地履行法律关系和社会组织所要求他们承担的义务,一般来说是按习惯行事,避免丢面子,避免在商业活动中失去顾客和信誉。人们真正的行为准则是职业道德或商业习惯。社会制裁的压力(如失去荣誉)与国家制裁方式(如处罚)相比,甚至更为严厉而不可抗拒。[2] 因此,从社会法学的角度言之,法律并非静止的法条,而是体现社会生活趋向与社会终极价值的"活的法律"。

2."经验"。美国著名法官霍姆斯在《普通法》中指出:"法律的生命不是逻辑,而是经验。一个时代为人们感受到的需求、主流道德和政治理论、对公共政策的直觉——无论是公开宣布的还是下意识的,甚至是法官与其同胞们共有的偏见,在决定赖以治理人们的规则方面的作用都比三段论推理大得多"。在这里,"经验"指称着法官根据时代的需要赋予旧的法则以新的含义,而这种过程大多都是自发而非自觉的过程:"在任何特定时代,法律的内容,就其本身而论,都完全可能与时人所以为便利的东西严丝合缝;但是它的形式和机理,以及它在多大程度上能够导致我们所希望达到的效果,则极大地依赖于过去。"[3]在常人的观念中,似乎通过法律的规定就可以得到一个绝对准确的结论,这也是人们惯于用逻辑思考的理由,然而,"确定性一般只是一种幻觉,而安宁并不是人类的归属。在逻辑形式的背后,存在着一个对彼此竞争的立法理由之相对价值及重要性的判断;确定,它经常是一种未经表达的无意识判断,但它却是整个过程的根基和神经"。[4] 这种判断就是"经验"。在司法活动中,法律经验特别体现为个体性的经验,正如卡多佐所言:"习性的自然且自发的演化确定了正确与错误的界限。如果对习惯略加延伸,就会将习惯与习惯性道德、流行的关于正确行为的标准、时代风气等同起来。""生活塑造了行为的模子,而后者在某一天又会变得如同法律那样固定起来。"[5]因之,法律属于实践智慧的范畴,是随着法官跋涉历程而不断变化的过程。法律中的经验作为一种实践智慧,构成了法律中流动的精神因素。

3."社会利益"。"社会利益"是庞德社会法学中的核心范畴。庞德的基本观念是,"人类,不管是个体或群体或是以任何关系相结合的团体,寻求满足自己的要求、请求或是需求,因此就必须考虑透过政治组成的社会力量来调节行为的关系与秩序。"这种"要求、请求或是需求",均可以用"利益"一词名之。利益可分为个人利益、公共利益与社会利益三类:"个体利益是指与个体生命有直接关联,并以个体名义提出的要求、请求和需求。而公共利益则指与政治社团之生命有关,并以社团之名义所提出的要求、

---

〔1〕 转引自沈宗灵:《现代西方法理学》,北京大学出版社1992年版,第272页。

〔2〕 赵震江主编:《法律社会学》,北京大学出版社1998年版,第15页。

〔3〕 [美]温德尔·霍姆斯:《普通法》,冉昊、姚中秋译,中国政法大学出版社2006年版,第1页。

〔4〕 [美]温德尔·霍姆斯:"法律的道路",张千帆等译,载《南京大学法律评论》2000年秋季号。

〔5〕 [美]本杰明·卡多佐:《司法过程的性质》,苏力译,商务印书馆1998年版,第38页。

请求或需求。他们通常被视为一个政治社团的宗旨。社会利益则指与文明社会的社会生活有关,并以社会名义去争取的要求、请求或需求。把它们视为整个社会的宗旨并不为过。"然而,与自然法学派所言利益不同的是,庞德强调"社会利益"在所有利益体系表中的首要位置:"当我们考虑要怎么看待这些要求或需求时,还有当我们在一个新的层面或新的情境中,寻求调停冲突及重叠的要求时,最重要的就是要把个体利益视为社会利益。"[1]由此可见,在方法论上,庞德实际上预设着"社会本位"的立场,个人利益之所以被视为社会利益,并非个人利益本身的突出地位,而是社会利益本身就可以代表个人利益。

至于"社会利益"的具体内容,庞德列举了六类:①要求公共安全的社会利益;②追求社会制度之安全的社会利益;③追求公共道德的社会利益;④追求社会资源保护的社会利益;⑤追求社会进步的社会利益;⑥追求个体生活的利益。庞德认为,上述列举的是现代法律中已被承认或者即将得到承认的社会利益,"从其功能来看,法律尝试着去满足、去折冲(即协调——引者注)、去调整这些重叠并经常互相冲突的要求或请求,……以便求取最大的整体利益或是在我们文明中最重要的利益,并将牺牲减少到最低。"[2]由此可见,这是一种具有功利主义因素的立场,但这种分析方法,不仅为法律上的利益衡量提供了标准,同时也为"社会法"作为一种新的法律部门的出现,奠定了相应的理论基础。

其他重要范畴,例如"法官造法"、"法律实效"等,限于篇幅,不再赘述。必须注意的是,由于社会法学派人物众多,成员复杂,因而所使用的概念与范畴也不尽相同。

第三节 法律分析的具体方法

一、比较分析法

比较法作为一个法律学科,主要适用于对不同国家法律制度的比较研究,而其基本前提又在于不同的国家有着不同的法律制度;比较分析法则是在法律比较时所采用的方法和手段,具体地说,"比较"是一个寻找材料的过程,即选择哪些国家之间的法律制度进行比较,以及选择何种内容的法律因素进行比较;"分析"则是将需要比较的材料按照一定的方法加以分析。这其中既可以使用价值分析的方法,例如比较不同国家间法律制度所蕴含的人权理念,也包括实证分析的方法,例如比较某些国家间有关特定犯罪的规定,等等。

---

[1] [美]庞德:"社会利益概论",载[美]伊凡主编:《法律社会学》,郑哲民译,巨流图书公司1996年版,第89、90、91页。

[2] [美]庞德:"社会利益概论",载[美]伊凡主编:《法律社会学》,郑哲民译,巨流图书公司1996年版,第103页。

对于法学的研究而言，比较分析方法是达到法学科学化的重要手段。正如《比较法总论》的作者所言，“运用惯常使用的法学方法，只是解释现行法律是否能够具有科学性（不论是精神科学或者社会科学），这确实是有疑问的。在法学上，特别是如同在法哲学、法律史、法律社会学和比较法出现的情况一样，只有超越本国现实法律规范之上的研究才能够称为科学”。[1] 这对于当代中国的法律制度而言，显得更加重要；特别是在经济全球化与建立社会主义市场经济的今天，如何通过比较来发现国外法律的长处，并使之移植于中国社会，就成为法学研究者的一项重要任务。当然，也正如学者所提醒的，“研究外国法应该在这样的一个范围内进行：即提供给立法者一张完整的法律现实的蓝图。这个成果只有对某种法律规定在外国实际运用和判例解释中所产生的一切效果进行研究之后才能获得。”[2] 至于比较分析的方法，具体又可分为宏观比较与微观比较、功能比较与概念比较、文化比较、静态与动态比较等几类。[3]

二、社会调查法

“调查研究也许是社会科学领域最常用的观察方法”。[4] 这是因为，任何学科的分析都离不开相应的实证材料，否则这种研究就是空中楼阁，毫无意义。法律与社会须臾不可分离，因而对于法学研究而言，更是必须立足于社会现实，致力于社会调查工作。

社会调查法是根据相应的研究目的，有计划、有步骤地实际考察某一研究对象，收集必要的资料，分析各种因素及其相互关系，以达到掌握情况、解决问题的目的。法律问题实际上就是社会问题的一种法律拟制化，因而所有法律问题的根源仍然在社会中，所以，进行相关的调查研究，对于法律的实证分析以至价值分析而言，是必不可少的手段。至于社会分析方法，如果缺少了社会调查这一形式，那就不是严格意义上的社会分析了。

有关社会调查大致可以分为三个方面的内容：①立法调查，即在制定相关法律之前，对法律制定的必要性、可行性进行调查，从而决定要否立法，如何立法；②社会渊源调查，所谓法律不只是国家的专利，社会生活中大量存在的风俗习惯、价值观念等，同样是法律的渊源。例如民国时期对民事习惯所进行的大规模调查，并由此形成的《民事习惯调查报告录》，就是相当可观的资料；③法律实效的调查，主要是调查现行法律在社会生活中的实际情况，分析法律实质效力存在的条件，并提出解决法律失效的具体办法。

三、历史考察法

马克思曾经指出：“极为相似的事变发生在不同的历史环境中就引起了完全不同

---

〔1〕［德］K. 茨威格特、H. 克茨：《比较法总论》，潘汉典等译，贵州人民出版社 1992 年版，第 6 页。

〔2〕［法］勒内・罗迪埃：《比较法导论》，徐百康译，上海译文出版社 1989 年版，第 35 页。

〔3〕沈宗灵：《比较法总论》，北京大学出版社 1998 年版，第 38 页以下。

〔4〕［美］艾尔・巴比：《社会研究方法》（上），邱泽奇译，华夏出版社 2000 年版，第 322 页。

的结果。如果把这些演变中的每一个都分别加以研究,然后再把它们加以比较,我们就会很容易地找到理解这种现象的钥匙"。[1] 这说明了历史分析方法对于揭示历史发展规律的重要性。而这种方法同样也适用于法律的分析,因为严格说来,"法律是凝结的历史,法律是以人类的史实为依据而发展的,所以对法律进行历史考察,联系历史实际来研究法律和法律现象,是合乎科学的方法。"[2]任何法律现象的产生、发展都有其历史根源,也都有其自身的规律,因而,要研究法律现象,发现其运行的规律,就必须对其作历史考察。其意义,一是厘清法律发展的脉络,从而在"文献"的意义上梳理相关历史资料;二是更为主要的,找出法律制度的发展规律与发展方向,从而有利于本国法律的改革与完善。

历史考察法在法学研究的历史中源远流长。孟德斯鸠《论法的精神》就是运用历史方法分析法律演进、发展规律的名著,由此明确了法律的精神并非空穴来风,而是有着其自身内在的生成规律。以萨维尼为代表的历史法学派,也是通过历史考察的方法得出"法是民族精神的体现"这一著名结论的。在关于立法与法学的当代使命的论述中,萨维尼指出:"在信史所及的最早时期,民法已经有明确的性质。它是与语言、风俗、制度相同具有民族的性格。不仅如此,这些现象并不是孤立的存在,它们不外乎各个民族的活力与作用不可分地结合在其本性中,并且仅以独特的风格呈现在我们的眼前。使它们成为一个整体的是民族的共同信念,内心必然的相同情感排除渊源于偶然的、恣意的一切想法。……由于时代的进展,法与民族的本质与性格有机的关连性已经获得证明,并且在这一点上法与语言也是可以相提并论的。……法是与民族一起成长,与民族的壮大而一起壮大,并且因为丧失其民族性而最后归于死亡。……总之,这观点是使用通用的,但并不十分适当的说法,一切的法都是以习惯法这种方式发展而成的。换言之,法首先是风俗习惯与民众的确信,其次是由于法学的著作而来的。因此,无论何处法并不是由于立法者的恣意,而是由于内在沉默作用的力量发展而成的。"[3]在这里,有关历史考察的意义、功能均可以说表现得一览无遗。当然,在历史考察的同时,并不仅仅是一种考古,一种描述,历史考察的目的也仍然在于对现实问题进行论证、分析。同样属于历史法学派一支的英国著名法学家梅因,通过对古代法的考察,得出了"所有进步社会的运动,在此处为止,是一个'从身分到契约'的运动"[4]的著名结论。

还必须注意的是,历史考察也是法官常常使用的方法,以图通过历史的考察来为当前的案件处理找出相应的根据。霍姆斯就曾经断言,"一项历史事件包容了很大的

---

[1] [德]马克思:"给《祖国纪事》杂志编辑部的信",载《马克思恩格斯选集》第3卷,人民出版社1995年版,第342页。

[2] 孙笑侠主编:《法理学》,中国政法大学出版社1996年版,第12、13页。

[3] 林文雄:《法实证主义》(增订三版),台湾三民书局1982年版,第4、5页。

[4] [英]梅因:《古代法》,沈景一译,商务印书馆1959年版,第97页。

逻辑价值”。1960 年，美国联邦最高法院不准许地方政府对散发匿名传单者实行惩罚。布莱克法官强调：这种宣传形式是我国历来广泛使用的，“匿名小册子、活页、手册或书籍一直在人类进步中扮演重要角色，甚至联邦党报也是以假名发行的。”[1]

四、经济分析法

经济分析方法即运用经济学的原理、范畴和方法来分析法律问题。应当说，法学家在研究法律时考虑经济因素的传统也是由来已久的，例如中国古代的思想家管子所阐述的“仓廪实则知礼节，衣食足则知荣辱”，实际上就将经济因素作为犯罪的一个主要原因。意大利著名刑法学家贝卡利亚在《论犯罪和刑罚》一书中，也把经济因素与犯罪问题联系在一起考虑。然而，自觉地运用经济分析的方法来研究法律问题，当属经济学家的自觉。1960 年科斯发表的《社会成本问题》、1961 年加尔布雷思发表的《关于风险分配和侵权法的若干思考》两篇论文，标志着经济方法研究法律的开端。有关经济学分析法学的代表作有波斯纳的《法律的经济分析》，罗伯特·考特、托马斯·尤伦的《法和经济学》，国内的专著有张乃根的《经济学分析法学》等。

经济分析法所使用的基本范畴主要有：①“经济人”假定。具体地说，经济人就是会计算、有创造性、能寻求自身利益最大化的人；不仅如此，所有人均在此列，没有例外。在此，经济人假定中似乎还暗含了关于人是理性的假定；②行为偏好。人是通过行为来实现自己的愿望和目标的。行为偏好则意味着每个人在设计自己的行为目标时各有不同的旨趣和心理。正是由于人的行为偏好不同，才导致了经济活动的多样化；也只有尊重并适当规制人类的偏好，社会才是自由的社会与健全的社会。这种分析对于法律而言也是有着重要意义的；③交易成本 - 效益。在古典经济学中，强调“看不见的手”在市场经济中的主导作用，然而，自由价格机制不是在真空中运行的，而是根据有关经济当事人之间的自愿交换和合约履行的规则和制度作出的，按照科斯的理解，交易费用是获得准确的市场信息所需要付出的费用，以及谈判和经常性契约的费用。由此提出了著名的科斯定理：若交易费用为零，无论权利如何界定，都可以通过市场交易达到资源的最佳配置。显然，现实生活中交易费用不可能为零，由此人们推出“科斯反定理”或“科斯第二定理”，即在交易费用为正的情况下，不同的权利界定，会带来不同效率的资源配置。这种分析对于利益衡量与法律成本的分析，有着非常重要的意义；④制度安排。制度是制度经济学的核心概念，制度从最广泛的意义上说，由三个具体因素构成：习惯、规则（包括法律）以及实施机制。因此可以说，制度经济学所涉及的问题，大部分也是与法律相关的问题；⑤公共选择。公共选择简单地说就是对公共物品的选择。公共物品一般被定义为那种其消费不能排他的物品。因此，公共物品既包括那些具有纯粹物品特征的物品，如国防等；也包括各种约束人们行为的制度规则，如法律。公共选择作为一个政治过程，要经过立宪、立法和行政、司法三个阶段。立宪

---

〔1〕［美］詹姆斯·安修：《美国宪法解释与判例》，黎建飞译，中国政法大学出版社 1994 年版，第 95、99 页。

阶段的选择是制定或改变根本性的法规,以约束人们的活动;在立法阶段,则是在现行规则和法律范围内展开集体活动;在行政和司法阶段,是将立法机构通过的法案付诸实施,执行立法阶段所通过的各项决策。公共选择还涉及投票者将自己对公共物品的偏好反映出去的途径。目前通行的途径主要有四种:通过投票表达;通过发言表达(包括书面发言和口头发言);通过进入或退出来表达(用脚投票);通过反叛表达。由此可见,公共选择的主题就是政治科学、法律科学的主题。

在法学中引入经济分析方法的意义主要是:①促进法学与经济学的联姻,充实法学的内容。法学与经济学能够互相交融的前提,是因为两者都属于研究人、研究人的行为的科学。尤其是随着现代社会的发展,法学与经济学在研究内容上相互交叉,融为一体。法学对宪政、立法、司法、行政及宏观调控的研究,已不专属于法学所特有的天地;同样,经济学,特别是新制度经济学与公共选择学派有关制度、公共选择的研究,对于从事法学研究的人来说,展示了一个新的天地。例如关于政府的"公共物品"理论,对于司法研究就具有重大的意义。②借鉴经济学的研究方法,促进法律学科的发展。中国的法学一直被称为"幼稚的法学",在这几年中,随着哲学思辨、经济分析、社会实证等研究方法的引入,局面已大有改观。然而,必须正视的现实是,法制建设落后于经济建设,法学研究落后于法制实践。这就迫使法学工作者必须在研究方法上再探索新的发展思路。③引入法律评价的经济价值观。例如公平与效率问题在法学研究中一再被提出,其本身就说明了经济分析方法可以用于法学研究。从经济学的意义上说,效率即优化资源配置的问题,公平即最优收入分配的问题。前者属经济运行机制问题,后者则为经济运行的社会环境问题。"效率"要求更充分地发挥个体的作用,追求财富或满足的最大化;"公平"的经济含义则是如何缩小差距,达到财富和利益的平等分配。在法律领域中,是求公平还是求效率,必须从宏观上进行分析和确定。

复习思考题

1. 在法律分析中,为何要注重法学方法论的学习与研究?
2. 试述价值分析方法的前提假定及其功能。
3. 在法律学习与研究中,应当如何吸收分析实证方法的长处并避免其可能存在的缺陷?
4. 在法律分析中,社会分析方法与价值分析方法、实证分析方法的差异何在?
5. 简述法律分析的具体方法。

第三章　法律中的人的形象

✣学习目的与要求

本章是有关法律中的人的形象的论述，重点分析了①法律分析的逻辑起点问题，确立了以人作为法律逻辑起点的可能性与必要性，从而提炼了法学即为人学的基本理念；②个人在法律中的基点地位，说明了现代法律必须以个人作为目的与价值的核心所在，并说明个人是以中人为标准来予以定位的法学原理；③个人在不同法律部门中的形象，分别以恶人、理性人、社会人为题，阐述了法律的忧虑、乐观与期待，从而彰显了法律与人的具体关联。通过本章学习，有利于明确法律的人性基础，明确法律中预设的人的形象，从而为部门法的学习奠定扎实的理论基础。

第一节　人是法律分析的逻辑起点

一、法学界关于法律分析逻辑起点的争论

（一）法律分析逻辑起点的概念及其设定的意义

学科的“逻辑起点”，或者称为“学科的开端”、“学科的出发点”，是理论研究中必须关注的问题。所谓“开端”，也就是“本原”、“根据”，即决定该学科理论体系的研究起点，同时也是区别于不同理论体系的标准。在学科研究中，可以说，缺乏逻辑起点的研究，学科就难以真正成为科学的学科。

对法律分析中逻辑起点的探讨，也可以说正是感于法学学科本身必须有一个基本的起点，才能展开学科的理论陈述。公丕祥先生指出：“任何科学的任务在于探求一定领域的规律，形成科学概念，建立理论体系，而任何一门科学（包括法哲学在内）在积累了一定数量的概念、范畴之后，总会提出一个如何系统化的问题，即如何构架一个科学的理论体系。”[1]而要建立这样一个体系，就必须确定理论体系的逻辑起点或开端。张文显先生则用“基石范畴”一语来替代“逻辑起点”，指出，“任何一种理论要想自成体系或形成学派，都必须有自己的理论基石，而理论基石的表现形态就是基石范畴。……基石范畴是一定立场、观点和方法的集中体现，因为它是一种理论体系（学派）区

---

〔1〕 公丕祥：《马克思的法哲学革命》，浙江人民出版社1987年版，第176页。

别于其他理论体系(学派)的标记”。[1]

由此可见,探讨法律分析的逻辑起点,并非是一种毫无意义的理论空谈,它涉及学科存在的基础,也是影响学科发展的重要因素。

(二)有关法律分析逻辑起点的理论争议

1. 权利义务论。这主要体现在张文显先生的著作当中。张先生认为,在法学研究中,权利和义务是法学范畴体系的逻辑起点。首先,马克思在《资本论》中确立了建构逻辑起点的三个条件:①必须是整个研究对象中最简单、最普遍、最常见的东西,是通过对客体具体分析所达到的最简单的规定;②在这最常见的东西中,包含着对象及其在整个发展过程中一切矛盾的胚芽,因而从它出发,经过一系列中介,能够逐步从抽象上升到具体;③作为逻辑起点,同时应当是对象的历史的起点。其次,“在全部法学范畴中,权利和义务最具备这三个条件”,原因是:“权利和义务是法律现象中最普遍、最常见的基本粒子”、“权利与义务的对立统一蕴含着法律现象内部一切矛盾和胚芽”、“权利和义务是法的历史起点”。因此,“遵循历史从哪里开始,思想进程也应当从哪里开始这一点被马克思纯熟运用而且取得巨大成功的认识方法,把对权利义务的分析作为法学的起点,无疑是最佳选择”。[2]

2. 法权论。这一观点为童之伟先生提出,而其所针对的对象又是源于对权利义务论的不满。童先生认为,权利义务法理学有五个方面的重大问题或重大缺陷:①理论上严重先天不足;②支撑理论体系的基础性研究薄弱;③对法学基本对象和范围的认定脱离实际,缺乏事实根据;④对社会法律生活最基本矛盾的估计不符合实际;⑤学科基本分析方法不适当。[3] 鉴于此种情形,童先生提出用“法权”一词来作为法学的核心范畴。在他看来,所谓法权,也就是从法学角度认知的,法律承认和保护的全部利益,它以某一社会或国家中归属已定之全部财产为物质承担者,表现为各种形式的法律权利和权力。也可以说,“法权”就是法定之权。[4] 那么,法权为什么“最有理由成为法学的核心范畴”呢?首先,法权概念包含的利益内容和财产内容是社会全部法律生活的现实基础;其次,法权概念内含的利益是社会全部利益中最为重要的部分,构成一个独立的分析单位,即法定的社会整体利益;再次,法权概念所内含的财产内容(归属已定之财产)是社会的全部财产中最为重要的部分;最后,法权概念标志的法律现实高于其他一切法律现象。因此,“法权这个概念既处在从权利和权力的完整表象开始

---

〔1〕 张文显:《法学基本范畴研究》,中国政法大学出版社1993年版,第11页。

〔2〕 张文显:《法学基本范畴研究》,中国政法大学出版社1993年版,第17、18页。

〔3〕 童之伟:“论法理学的更新”,载童之伟:《法权与宪政》,山东人民出版社2001年版,第136页以下。

〔4〕 童之伟:“以法权为中心系统解释法现象的构想”,载童之伟:《法权与宪政》,山东人民出版社2001年版,第36页。

的抽象过程的终点,同时又站到了从抽象概念向具体概念上升的逻辑过程的起点”。[1]

3. 行为论。这是文正邦先生主张的观点。文先生认为,之所以要将行为作为法哲学的逻辑起点,原因在于:①对人的行为的规范化要求是法由以起源的诱发动因;②行为是法律调整的直接对象,是法实现其价值功能的着眼点和立足点;③行为是法的根本内容——权利的载体,是把统治阶级意志和社会经济关系联结起来的中间环节;④行为是法律运行过程中的驱动器,是其中最活跃、最能动的东西。“由此可见,行为不仅是法哲学的逻辑起点,而且是贯穿法律现象中的一个最关键的要素,是法律产生、存在、发展、运行和发生作用的一个基本架件。”[2]

（三）法律分析逻辑起点争论的理论启示

以上介绍了我国法理学界有关法律分析逻辑起点的三种“范式”,应当说,这种争论本身就是学科成熟的标志,也是学科在发展中难以避免的阵痛。然而,它也带给了人们许多值得思考的理论问题,特别是在什么是逻辑起点、确定逻辑起点的方法论是什么等等基本的问题上,似乎还没有形成统一而成熟的意见。因而就必然使得争论往往出现“各说各话”的场面。概念的明晰与清楚定位,是进行平等对话的前提,否则就可能出现无谓的争论。

“行为论”的倡导者将之与“权利义务论”相对立,然而实质上两者有什么差别?“行为”要能成为法学研究的逻辑起点,那首先就必须是法律中的行为,因为人们除了法律行为之外,还可以进行其他不具有法律意义的行为;然而,一旦行为属于法律行为的话,那就与权利义务是一个事物的两面。因为“权利”与“行为”严格来说也是一个统一的整体:行为是权利义务的载体;权利义务是行为追求的价值。就法律规定的内容而言,是具体的权利与义务的规定;然而,权利与义务只是一种客观的存在,要使权利义务真正能够实现,就必须通过人的法律行为才能实现。从这个意义上说,法理学上区分法律事件与法律行为,其意义不仅在于确定法律事实的根据不同,关键的还是行为是否导因于权利义务人的活动。从这个意义上说,“权利义务”代表了法律“静”的一面,而“行为”则代表了法律“动”的一面。这些,完全可以借用张文显先生关于法律行为的一段论述来加以说明:“法的基本的、核心的要素是权利和义务。而所谓权利,不过意味着主体可以主动地做出一定行为,或者要求权利相对人做或不做一定行为;义务则意味着主体应当、必须作出一定行为,或不得作出一定行为。从这种意义上说,权利义务即行为。”[3]由此可见,概念本身的分析是至关重要的一环。

---

〔1〕 童之伟:“论法学的核心范畴与基本范畴”,载童之伟:《法权与宪政》,山东人民出版社 2001 年版,第 207、208 页、第 208 页以下。

〔2〕 文正邦:《当代法哲学研究与探索》,法律出版社 1999 年版,第 182 页以下。

〔3〕 张文显:《法学基本范畴研究》,中国政法大学出版社 1993 年版,第 125 页。

二、人作为法律分析逻辑起点的学科背景

随着"人学"禁区的突破(当然有很多波折),法学界也日益重视人与法律关系的研究,特别是重视人在法律中的地位的分析。例如杜飞进先生认为,"现代法学应当是人学",人的需要是法的依据、是法的出发点,也是法的目的、法的归宿。所谓"人",并不是观念上、抽象上的人,而是现实的人。为何这种"现实的人"可以成为法的核心呢?这是因为静态的现代法学体系中的一切法部门都围绕人这个中心而展开;同样,作为动态的法制运行的全过程也都离不开人。更为重要的是,法的价值的实现也离不开人。综上所述,无论从抽象意义看还是从现实意义说,"人都是最能集中反映和概括法的现象的普遍本质和联系的法学范畴,它在现代法学的范畴体系中具有原生的地位,而所有其他范畴相对于人这一原生的范畴而言,都只有派生的意义,它们只有在与人这一最高范畴相联系并以其为前提时,才可能在现代法学体系的建构中取得相对独立的意义。所以,从根本上说,现代法学应当是人学。只有从人入手,以实现人的目的为法学的最高目标,以推动人的全面解放和自由发展为法学的价值取向,以人的多方面多层次的不同需要为建构现代法学体系的内在逻辑依据,法学才能真正达到科学的境界。"杜先生并指出,主张以权利为核心来变革和重构传统法学理论体系,但不同意"权利本位论"者主张的把"权利"作为现代法学之最高范畴的观点,因为"权利"相对于"人"这一范畴而言,是由后者派生出来的。[1]

周永坤先生也主张,"法律必须将每一个人设定为独立、平等的个人",因为现代法律不是身份法律,其调整的主要立足点不是人的身份,而是个体间的关系。因此,在法理学的研究中,应当贯彻的是"主体际法理念",将法律看成是主体际关系的产生与调整工具,需要贯彻"主体际思维"、合作思维的方法。在现代社会,法律成为一种主体间合理交往、和平解决纠纷的合意或技术。在这种法理念里,法律是客观的规范,任何人如要利用规范以达到私利,必须为他人提供服务,压迫与掠夺不是法律。这一理念同样也对国家、法律提出了要求,法律发展的方向要从维护一己的统治的历史局限中走出来,成为为全社会谋福利的工具。维护、保障公民的权利不再是国家恩赐,而是国家应尽的责任和义务。作者认为,法治国家应当在法律范围内活动,对人民负有忠诚、服务的义务;国家主权不属于掌权者,而是归属于全体人民。在责任方面,国家应保障公民权利、义务之实现,维持社会秩序,促进文明;同时履行民事义务,并承担国家侵权行为的后果。[2]

由此可见,随着法学研究的深入,人们已不再满足于就法论法,而是要在法律中找到一切与人相关的问题,并将之体系化、科学化,用以解释、分析、评判法律现象。因为严格说来,对法律问题的认识,既是一种人对作为客体的对象的认识,但同时也是对于

---

〔1〕 杜飞进:"论现代法学之重构",《天津社会科学》1995 年第 1 期。

〔2〕 周永坤:《法理学——全球视野》,法律出版社 2000 年版。以上引述内容分别参见该书第 305、306 页、自序第 2 页、第 156、162、179 页。

人自身的认识。法律是因为人而存在的,没有人也就无所谓法律;然而,大多数法律对每个单个的人而言,又是一种先在之物,或者换句话说,法律不是由人们自己选择的,而是国家或者社会强加于他的。由此派生出一系列的问题:对人们自己并未表示赞许的法律,其约束人们的效力究竟来自于什么地方?如果人们试图对不公正的法律加以改变,这种权利根据又是什么?……实际上,这些都预示着同样一个问题:对法律的研究,不能仅就现行的条文进行注疏式的解读,而必须深入到法律内部,观察在法律背后中人的问题。

三、以人作为法学研究逻辑起点的理由

(一)法律与人本身的内在联系,是将人作为法学研究逻辑起点的客观基础

法律从何而来?我们当然可以说是由立法者来制定的;然而,当问到立法者凭什么制定这样的法律而不是制定那样的法律,那就会追溯到"人"的这一层面。法律的基础在于使得任何一个单个人的行为规范标准与他人相同,体现"社会一致性"原则。在客观上,法律往往表现为一种外在于人的行为规则,是由国家、社会通过制度以及习俗强加于人的一种外在规则,因而在人们的观念中,法律往往被描绘成"世俗的、合理的、功利的"。然而这毕竟是问题的表象,"一旦人们由书本上的法律深入到法律赖以制定、解释和适用的过程中去,他就会看到浸渍了法律的神圣性的标记",因为法律本身"不仅包含有人的理性和意志,而且还包含了他的情感,他的直觉和献身,以及他的信仰"。[1] 正是体现了人的期望与追求,法律才不是外在于人的行为规则,法律也才会有许多与人的习俗、天性相亲和的性质。任何为社会定规立制的法典,都是以相应的活生生的人为背景的,否则,法律就难以渗透到民众的情感中去,而成为人们所乐意遵从的规则。"法律不只是一整套规则,它只是在进行立法、判决、执法和立约的活生生的人。它是分配权利与义务,并据以解决纷争,创造合作关系的活生生的程序。宗教也不只是一套信条和仪式;它是对人生的终极意义和目标表现出共同关切的活生生的人。它是对各种超验价值之共有的直觉与献身。法律能够为社会提供一种结构,一种完型,它需要维持内部的聚合,它一贯与无政府状态为敌。"[2] 这就是说,法律之所以能够成为凝聚人们的一种精神力量,就在于它是建立在人类的共性基础之上,是人们对人生终极意义所表达出的共同关注。

(二)法律是人追求良好生活的保障,这是法学研究以人为逻辑起点的价值基础

法律与人为伴,法律的命运也就是人自身的命运,因而,对于以求生为基础的人类生活而言,在既定制度的前提下,如何使法律框架下的良好生活得以可能,就成为至关重要的一个问题。学者在区别伦理学与其他社会科学时,指出:"伦理学关心的是有社会的生活而不是有生活的社会,后者是政治、法律、经济学和社会学的主题。政治或法

---

〔1〕 [美]伯尔曼:《法律与宗教》,梁治平译,三联书店 1991 年版,第 28 页。
〔2〕 [美]伯尔曼:《法律与宗教》,梁治平译,三联书店 1991 年版,第 38 页。

律之类的科学所考虑的是社会机制的运作效力，然而一个高效的社会并不必然有良好的生活。"[1]"良好的生活"也可以用"幸福的生活"来取代，著名的美国独立宣言，就将"追求幸福"作为人们与生俱来的、不可放弃的权利，它"既不是任何政府的恩赐，也不是其他人所赠予的礼物"。[2]

在法律与良好生活的关系上，革命导师也留下了值得我们必须认真咀嚼的话语。马克思、恩格斯指出："既然人是从感性世界和感性世界中的经验中汲取自己的一切知识、感觉等等，那就必须这样安排周围的世界，使人在其中能认识和领会真正合乎人性的东西，使他能认识到自己是人。……既然人不是由于有逃避某种事物的消极的力量，而是由于有表现本身的真正个性的积极力量才得到自由，那就不应当惩罚个别人的犯罪行为，而应当消灭犯罪行为的反社会的根源，并使每个人都有必要的社会活动场所来显露他的重要的生命力。既然人的性格是由环境造成的，那就必须使环境成为合乎人性的环境。"[3]在这里，马克思、恩格斯所揭示的几个重要原理是：①让人认识到自己是人而不是国家或社会的附庸，是良好社会的标志，也是个人良好生活的前提；②个性是表现自身的一种积极力量，也是个人自由所赖以获得的能力保障；③社会成员的堕落往往意味着社会的堕落，因而对于社会而言，应当积极地进行改造，而不能一味采取严厉制裁的方式来归责于社会成员。

（三）法律只有在人们的参与下才是有效的规则，这可以说是以人作为法学研究逻辑起点的"功利"目的

可以合理地假定，任何立法者在制定法律时，都是希望其在社会生活中产生实际的效力。当然，这里所指的"效力"更多的是实质上而不是形式上的。这也牵涉到我们的法学研究中，虽然也经常言及"法律效力"问题，例如空间效力、时间效力、对人效力、对事效力等，但这些都只不过是法律外在的形式效力问题，法律是否能真正为人们所自觉遵行，这才是衡量法律是否有效的标志。正如拉德布鲁赫所言，"社会或国家的每项个别法律命令，只在它不'纯粹停留在纸上'时才能被视为'有效的'法律"。[4]

法律的有效性，就在于其与人们心态的契合程度。如果法律与人们一般的观念与期望相背离，那就可以断定，这种法律不仅是不公正的法律，同时也是不可能真正得到实施的法律，因为它本身就以对人民的背叛而宣告了它的命运。霍尔巴赫指出："为使某一种法律订得公正，就必须使之符合自然法，法律一旦同自然法发生矛盾，就会变成不公正的。社会仅仅有权把自然法应用于自己的日常需要，或者使自然法适用于它当时所处的特殊条件。社会在任何时候都不能违背自然法，更不能取消自然法，它硬要

---

〔1〕 赵汀阳：《论可能生活》，三联书店1994年版，第9页。

〔2〕 [美]卡尔威因、帕尔德森：《美国宪法释义》，华夏出版社1989年版，第4页。

〔3〕 [德]马克思、恩格斯："神圣家族"，载《马克思恩格斯全集》（第2卷），人民出版社1957年版，第166、167页。

〔4〕 [德]拉德布鲁赫：《法学导论》，米健、朱林译，中国大百科全书出版社1997年版，第20页。

那样做，那就会自取灭亡。"[1]自然法就是符合人们本性的行为准则，也就是体现了每一个生活在社会中的人的基本愿望和基本要求的行为准则。从这个意义上说，法律不能与人们的日常观念与基本需求相违背，否则，即使法律依靠强力来加以制定，同样是不能产生实质效力的。

由此可见，法律本身的有效，并不取决于统治者强制力的大小，而在于民众是否把法律视为与自身不可分离的规则。这正如韦伯所言的，法律是由人、并且为人制定的，因此，其效力并非来自于强制，而是来自于人们对其正当性的认可。由立法者明确颁布的法律在人类生活世界的规范体系中不仅是一种最后出现的形式，而且，无论是就其效力还是效力所及而言，都并非一种最重要的形式。社会生活的秩序并不是法律强加的，也不是法律能够强加的。[2] 法律无论是在制定还是在执行的过程中，如果不去考虑民众的反映和民众的期望，那么这种活动将不可能取得预期的效果。

(四)人的问题构成了法律需要解决的永恒的问题，这是以人为法律研究的逻辑起点的思想基础

法律因人的问题而生，法律也将因人的问题而发展变化。随着科技的发展、社会的进步，人的问题也以不同的形式出现，由此使得法律究竟如何调整社会成为一个至关重要的理论与实践问题。可以说，市场经济每前进一步，社会风险也就增加一分；科技越向前发展，人类所面临的危机似乎也就更为严重，而这些，与其说是"法律问题"、"社会问题"，倒不如说是人的问题。在法律的框架内解决这些问题，自然有许多的选择，但其中最为关键的，还在于对人的正确定位。例如"环境问题"业已成为世界共同关注的问题。多少个世纪以来，人类掠夺性地使用地球，开采资源，然而自然的报应就是生态失去平衡，自然环境恶化，从根本上危及人类的生存，对于这些问题，就必须在人与自然的关系上进行重新定位。因为使环境不能受到合理保护的思想基础，就是所谓的"人类中心主义"。因而，对于现代的环境保护而言，关键就是要将"自然"、"环境"等确定为与人平等的主体，否则，环境保护法所保护的不是环境，而是人类本身。

社会的发展过程，也就是不断制造社会问题的过程，由此呈现出人性的多样性与人类行为的复杂性。而包括法学在内的哲学思考，本身就是为了解决人的问题而存在的。美国哲学家杜威指出："法律是最保守的人类制度之一；但是通过立法和司法判决，它有时亦或快或慢地改变。工业的和法律的制度上改变所引起的人生关系上的种种改变反过来改变人性的表现方式，这个又引起制度上的进一步的改变，如此循环，以至无穷。"[3]或许这句话给我们最大的启发就是：法律制度与人性是一个互动的发展过程，法律改革与发展的动力与基础就是"人性的表现方式"的发展变化。

---

〔1〕［法］霍尔巴赫：《自然政治论》，陈太先、眭茂译，商务印书馆 1994 年版，第 30、31 页。

〔2〕郑戈："法律解释的社会构造"，载梁治平编：《法律解释问题》，法律出版社 1998 年版，第 80 页。

〔3〕［美］约翰·杜威："人性改变吗?"，载杜威：《人的问题》，傅统先、邱椿译，上海人民出版社 1965 年版，第 154 页。

第二节　作为法律基点的个人

一、个人的概念及其意义

所谓法律基点，也即法律的基础，或者说法律分析的最小单位。作为法律的基点的“个人”是与“群体”相对应的概念，也就是单个的自然生育之人。撇开人的社会意义不论，“个人”即指具有人体的形貌与精神，生活在特定空间与时间范围内的生命个体。

不可否认，“人的社会化”是一个自然的进程，也是一个必然的进程。“个人”这一概念并非意味着社会中的你、我、他处于孤立无助的境地；个人组成了社会，个人也就生活于社会中，由此出现了一系列社会群体——如单位、组织甚至国家，也形成了单位、组织、法人等群体性的法律概念。这样，对于既定的法律制度而言，面对的就是两种意义上的“人”：一种是自然人，即个人；另一种是自然人的集合并由法律赋予人的资格的群体，如法人、组织等。我们将“个人”作为法律的基点而不将“群体”也作为法律的基本分析单位，其理由何在呢？

1. 从个人与群体的关系看。社会肇始于个人，没有个人的社会是不存在的；群体是个人交往、生产、政治联合的需要，个人可以脱离群体而遁迹山林，但群体没有个人的参与则只是一种联合的外壳（无论是质的方面还是量的方面）。实际上，对于群体而言，它也应当是在保持个人独立性的前提下才能得以成立与完善。正如学者所言，群体的存在“不是要取消个人，而是个人的加强。当个人感到缺乏力量时，便联合成社群。生活在一个正常的社群中，人人应该是自由的。”[1] 显然，法律的调整首先是源于对单个人的行为的调控，特别是在初民社会，尚无现代意义上的同质的社群存在，家庭或宗族的行为均以个人的行为待之（我国唐律中尚有“凡一家之内犯罪，独坐尊长”的规定存在）。同样，当今的法律虽然也不乏“法人”（如民法）、“单位”（如刑法）、“组织”（如行政法）等群体概念，但其行为的形式仍不外乎是个人行为的集合，而并非认为这些群体就真能如人一样思考与行动。在我国，刑法对“单位”相关人员犯罪的双罚制，以及行政法中对国家工作人员的追偿制度等，就是将群体行为还原为个人行为的明证。这就说明，个人是法律生活中最基本的行为主体，群体则只是个人概念的扩大，是一种法律上的拟制。

2. 确定“个人”作为法律的基点，是体现法律特性的基本要求。法律是调整人与人之间关系的行为规则，但法律的规范性、可预测性等这样的要求只有针对个人才可望具有说服力，就群体而言则根本无法达到这样的要求。这一点，即便在政治哲学上反对个人主义学说不遗余力，而主张社会连带关系理论的法国著名法学家狄骥也主张：

---

〔1〕 钱满素：“个人·社群·公正”，载刘军宁、王焱编：《自由与社群》，三联书店 1998 年版，第 4 页。

“法律规则从其基础上来说具有社会性,在这种意义上,只是因为人在社会中生活,它才得以存在。法律规则又具有个人性,因为它存在于个人意识中;我们不接受任何社会意识的假设,规则同样是个人性的,因为它只适用于且只能适用于个人;行为规则只适用于有意识和意志的生命体;而至今为止没有证据显示除人类以外还存在具有意识和意志的其他生命体。”[1]

3. 将个人作为法律的基点,彰显了法律的目的。法律为人而立,法律也应为人而生。“一切人类行为的最终目的皆在于满足人的精神快乐需要,为物、为自然界,归根到底是为人,为了人的快乐需要的更好满足。”[2]法律作为一种人们用经验和理性设计出来的制度形式,担负的正是这样一种使命:为个人的幸福和自我发展奠定基础。就法律本身而言,“规范”并不是法律制定的目的,而只是为了用“和平的方式”获得人间“公平”的一种手段。因此,法律作为手段的地位,应当受制于法律的终极目的。[3]法律为人而生,法律不能异化为专制的工具;人是法律的目的,而不是法律的手段。就社会而言,法律应当为人们的生存创造良好的外部环境,提供确定的行为规则,维系社会的一般安全,创造人与人交往、合作的机会,平等地对待每一个人,尊重每个人的人格,并为个人的自我实现创造条件。[4]

二、个人与平等的关联

“个人”的概念,还为法律平等提供了根据。个人实质上蕴含着“同类人”的意义——“平等表达了相同性概念;……两个或更多的人或客体,只要在某些或所有方面处于同样的、相同的或相似的状态,那就可以说他们是平等的。”[5]如前所述,单个的人均具有一般人的体貌与精神,是与自然相对应的同类生命个体,人之所以生而平等,从自然平等的角度说,最有力的证据就是此人与彼人之间在体格、形貌上并无太大的区别。

英国学者布莱斯将平等分为四种:①公民的平等;②政治的平等;③社会的平等;④自然的平等。其中自然的平等是指“人类生来都有一样的五官,所以凡是人类总是一样的”。[6] 应当承认,平等主要是指政治的平等与社会的平等,自然平等只能是最低层次的一种平等,然而,由自然的平等可以推出公民的平等、政治的平等、社会的平等。从深层次的角度说,每个人都参与了缔结社会的活动,因而也就成为社会中平等的一员,因而也就应当有与他人相同的权利。“人权、基本权利的依据乃在于每个人都是缔结社会的一个成员。而社会又是与人须臾不可离开的,对每个人具有最高的价

---

〔1〕［法］莱昂·狄骥:《宪法学教程》,王文利等译,辽海出版社、春风文艺出版社1999年版,第11页。

〔2〕陈惠雄:《人本经济学原理》,上海财经大学出版社1999年版,第12页。

〔3〕黄茂荣:《法学方法与现代民法》,自印本,1993年增订第3版,第189页。

〔4〕美国著名心理学家马斯洛认为,人的需要体系分为五个层次,即:生理的需要、安全的需要、社交的需要、尊重的需要、自我实现的需要。转引自时蓉华:《社会心理学》,上海人民出版社1986年版,第94页。

〔5〕［美］乔·萨托利:《民主新论》,冯克利、阎克文译,东方出版社1993年版,第340页。

〔6〕转引自杨幼炯:《政治科学总论》,台湾中华书局1967年版,第203页。

值,因此,只要一个人生活在社会中,便为他人做了一大贡献:缔结社会。任何其他人的其他一切贡献皆基于此。"不仅如此,"每个人的这一贡献还是以自己蒙受相应的损失为代价的。因为人们结成任何一个集体,都会有得有失",其代价便是自然自由。[1]因而,相对于其他任何一切社会成员而言,每个人均有平等的法律地位是天经地义的。当然,法律上的平等并不排斥差别对待,即给予特殊人的一种不平等待遇,但在自然权利、基本权利方面,不应当有所差别。

三、"中人"——法律的标准

法律既是一种调控社会的工具或手段,面对的又是具体的民众,这样,在立法中就必须深入人们的社会实践,从中抽象出一般的法律规则。由此可见,法律在行为的归类及制裁方面,离不开当时的社会与具体的人。法律上的"个人"应当如何行为呢?这就牵涉到法律的标准问题。"标准"关系到法律的适用,也涉及民众对法律的理解与遵守,这也是法律的确定性所必需的。当然,法律的标准涉及法律规定的不同内容,我们关注的问题是,法律的标准以什么"类别"的"人"为背景?应当说,法律确定的标准,其承载的主体只能是"中人",[2]即普通人。大千世界,芸芸众生,生活于社会舞台上的大抵皆为普通人,因此,"法律原则首先是为我们所称的法律上的正常人所设定的。"[3]正常人即表明:法律所设定的标准,其对象既不能是圣贤般的"道德人",[4]也不能是所谓"刁民",前者为人们可望而不可即,失去了法律的实际效用;后者则为社会所不齿,冲淡了法律调整社会的意义。在法律中,一般通过三个方面来界定"中人"的标准:

1."中人"的理智程度。法律上将"理智的人"定位为"具有一般谨慎的人,是采用一般注意和技能的人。"显然,理智是法律拟定的一种通常人具有的标准,这种标准"排除个人评判的差异,并且,它也不受其行为与案件有关的特定个人的特性的影响……理智的人被推定为是既没有超常恐惧心,也没有超常的自信心的人。"[5]无庸讳言,这种"理智"标准并不注意各个个别人的特性,自然也使得"理智"的标准具有机器人般的机械性,但对于法律调整不特定的对象这一事实而言,又是可以理解的。法律不是针

[1] 王海明:"平等新论",载《中国社会科学》1998 年第 5 期。

[2] "中人"为孔子语:"中人以上,可以语上也;中人以下,不可以语上也。"(《论语·雍也》)荀悦在《申鉴》一书中,也使用了"中人"的提法:"君子以情用,小人以刑用。荣辱者,赏罚之精华也。故礼教荣辱以加君子,化其情也;桎梏鞭朴以加小人,治其刑也。君子不犯辱,况于刑乎?小人不忌刑,况于辱乎?若夫中人之伦,则刑礼兼焉。教化之废,推中人而坠于小人之域;教化之行,引中人而纳于君子之途。是谓章化。"(《申鉴·政体》)所谓"中人",即具有中等智力的人。《辞源》即径直解为"平常人"。

[3] [英]J. W. 塞西尔·特纳:《肯尼刑法原理》,王国庆、李启家等译,华夏出版社 1989 年版,第 62 页。

[4] "道德人是指那些崇尚道德,贬抑经济,安贫乐道的人。"参见李权时、章海山主编:《经济人与道德人》,人民出版社 1995 年版,第 1 页。

[5] [英]戴维·M. 沃克:《牛津法律大辞典》,北京社会与科技发展研究所组织翻译,光明日报出版社 1988 年版,第 751 页。

对特定的对象而设,而只能就社会上大抵相似的情况立制。例如,在我国刑法中,将故意犯罪定义为"明知自己的行为会发生危害社会的结果,但是希望或者放任这种结果的发生",这其中,"明知"即是从一般人的角度来立论的,这种"明知"虽然并不排除特定行业、特定人员所必需的专门知识,但关于一般犯罪中主观心理状态标准的拟定,则是以社会一般成员来作为概括对象的。

2."中人"的注意标准。在法律(特别是刑法与侵权法上),有关犯罪及侵权赔偿的问题上,往往要考虑当事人是否具有过失,它与故意一道,共同构成法律中的过错形态。英国学者哈特对过失的解释是:"行为人没有奉守任何有理智的正常人本来可以遵循的行为准则,而这一准则就是要求行为人采取预防措施,以免造成危害。无论从法律还是从非法律的意义上讲,'过失'这个词总是和没有做应当做的事情发生着本质的联系。"〔1〕显然,"过失"这一法律概念的价值不在于追求当事人主观上的认识,而是考虑其行为是否背离了法律对其提出的应对他人尽到适当注意的要求,因而,过失责任可简化为注意义务。贝勒斯提出了侵权法中的注意原则:"人们应该尽其注意,该注意为:与他们的年龄、经验及生理特征一致的合理谨慎之人在相同条件下所尽之注意。"〔2〕年龄、经验、生理方面等主、客观条件的组合,即是一个普通行为人的标准。

3."中人"的道德要求。个人具有较高的道德意识和正义观念,是其行为合法的主观基础。可以说,道德与法律并不存在天然的界限,道德的法律化是增强法律的正义性、权威性的必要手段,在我国现行的法律制度中,不少道德规范已经上升为国家的法律制度,要求全体民众认真遵守,或者直接作为选拔国家公职人员的一种条件;〔3〕同时,道德要求一旦成为法律规定,"它们对人们提出的要求比原有的规则为高,因为道德的题中之意就是对人作比法律更高的要求。"〔4〕这有利于积极引导公民向更高的道德水准迈进。但是,道德与法律毕竟是两种不同的行为规范,法律的道德化不仅模糊了法律与道德两者之间的界限,而且有可能使法律失去其强制性的基本属性,有碍于法制的权威性与严肃性。人既非天使,也不是恶棍,即使法律中的道德要求,也只能依"中人"的标准拟定。

---

〔1〕［英］哈特:《惩罚与责任》,王勇等译,华夏出版社 1989 年版,第 141 页。

〔2〕［美］迈克尔·D.贝勒斯:《法律的原则——一个规范的分析》,张文显等译,中国大百科全书出版社 1996 年版,第 269 页。

〔3〕例如我国《人民警察法》第 20 条规定:"人民警察必须做到:(一)秉公执法,办事公道;(二)模范遵守社会公德;(三)礼貌待人,文明执勤;(四)尊重人民群众的风俗习惯。"其他如《法官法》、《检察官法》中,也把"有良好的政治、业务素质和良好的品行"作为担任法官、检察官的必备条件。

〔4〕徐国栋:《民法基本原则解释》,中国政法大学出版社 1992 年版,第 10 页。

第三节 个人角色在法律中的分解

一、"恶人"——法律的忧虑

探讨法律的哲学基础,就不可避免要涉及人性善恶的问题。有关这一问题的文献、资料,可谓汗牛充栋。就西方法律文化而言,总的来说,是建立在"法律是节制人类罪恶情绪的工具"这一基础之上,其大致脉络又有两端:一是主张人性本恶,不靠刑法约束,任何社会都无法达成良好的秩序;二是认为自然创造人类,起初秉性善良,只因罪恶、腐败或其他内在的弱点,譬如贪婪,使人类真正原始的本性受到歪曲,以致需要靠法律严厉的惩罚加以控制。[1]

但是,"恶人"主要针对的是个人反社会的行为,而并非法律所及的一切领域均以"恶人"待之,例如私法领域,主要是依赖个人的理性去构筑法律关系,因而"惩恶"、"防恶"并非法律的主要任务。相反,在公法领域,特别是宪政制度与刑法制度方面,按照休谟的说法,将涉法主体均假定为"无赖",并在制度上构造对付"无赖"的办法,才能真正实现法律秩序。[2] 由此,实际上在法律设置中,立法中交错使用着"性恶"与"性善"的假定。就宪政制度而言,刘军宁先生就指出:"宪政主义立足于双重人性预设:对执政者,持性恶的假定,即休谟所谓的无赖假定,这样才能防止统治者作恶;对民众,持性善的假定,所以才要去尊重他们作为人所应有的尊严,去保障他们的自由、财产和权利。"[3]此段言论,就非常精当地指出了法律角色的多重定位及其理论意义。

我们认为,将公权力的行使者与危害社会者定位于"恶人",不仅是"个人"角色的经验性分解,同时在法学研究中还有其独特的价值:①价值上的"善"、"恶"虽为伦理学上的人性问题,但对人性的分析却是社会科学研究的必要条件。社会科学的研究正是在假定人性善恶的基础上,推演出一整套周密、细致、复杂的理论体系来。作为一种面向现实生活、针对具体个人的法律制度,它只能在权衡人性基础的立场上,按照人的现状、人的需求去构建具体制度。②"恶人"的假定有助于真正确定法制改革的进程与人的自主地位。每一次的法制改革,都是对以前法律积弊的否定,其伦理上的意义也在于制止人们恶性的泛滥。相反,强调人性本善,将"善"作为优先于"权利"的命题,认为普遍的"善"对个人权利的绝对优先性,始终存在着极权主义的威胁,因为"那些试图设计和改造人类未来的政治家、'社会工程师'都犯了一个严重而危险的错误,即对人类

---

〔1〕 [英]罗伊德:《法律的理念》,张茂柏译,联经出版事业公司1984年版,第4页。

〔2〕 何包钢:"可能的世界和现实的世界——解说休谟政治哲学的一个原理",载刘军宁、王焱、贺卫方编:《市场社会与公共秩序》,三联书店1996年版,第70页以下。

〔3〕 刘军宁:"共和·民主·宪政——探索市场秩序的政治架构",载刘军宁、王焱、贺卫方编:《市场社会与公共秩序》,三联书店1996年版,第40页。

理性的期望过高的'致命的自负'。他们也许有良好的愿望,但他们所追求的美丽社会蓝图一旦实现就会变成倾向于控制人们思想、压制个人自由的制度"。[1] ③"恶人"的假定还有利于解释我国未来的法治走向。党中央提出"依法治国,建设社会主义法治国家"的目标,然而,法治的宗旨与归宿均在于对国家权力实行控制,如果以"性善论"作为理论基础,就必然会出现一个无法解释的矛盾:我国的一切权力属于人民,国家机关也一概冠之以"人民"的称号;并且在理论上,社会主义国家实行的是最彻底的民主,所有的公职人员均按民主的形式选出,并由人民设定其权力行使的界限。这样,从逻辑上而言,人民自己选出的公仆不可能会异化为人民的暴君。但实践证明这种理论是无法自圆其说的,这里的关键就在于从理论上缺乏对行使权力的具体个人的人性分析。

二、"理性人"——法律的乐观

法律虽然以"个人"作为基点,但无庸置疑,法律的本意还是在于督促各个个别人按照法律的规定去缔结、形成法律关系,以使法律的规定在社会中得以实现。然而,什么人可以与他人形成法律关系,形成怎样的法律关系,都必须相应地具备法律上的资格。法律关于行为资格的设定,体现了"理性人"的设计;因而,作为个人在具体法律关系中的体现,"理性人"是针对行为人年龄、智力状况的一种综合估定。[2]

作为一项调控人们行为的规则,法律自然也期望人们通过理性的努力来达到法律的目的,从这个意义上说,法律上的"理性人"假设仍然包含这样几个主要内容:

1. 个人自治。这一观念渊源于资产阶级革命时期,是对普通人政治能力与政治权利的确认与赋予。人们将"人民主权"作为国家建制中一项不容置疑的原则予以承认,但必须注意的是,"个人自治"并不完全等同于"人民主权",这是因为"人民主权实际上并不等于人民中每个人的主权,而是每个人被其余的人控制。人民也很可能想要压制它自己的一部分,这也就是'多数暴政'。"[3] 为此,个人在法律与政治社会生活中的地位,更多地通过"消极自由"来体现。它表明,自由是一种不受他人阻挠的活动空间,自己可以去做的事情不会被别人所阻止,这正是一种从消极意义上划定自由与国家、社会关系的政治哲学。

2. 意志自由。从法学上而言,所谓"意志自由"指的是人可以成为自己的主宰,因而他在决定行为的方式、内容及场合等方面,拥有不受他人约束、限制的绝对自由。密

---

〔1〕 杨春学:《经济人与社会秩序分析》,上海三联书店、上海人民出版社 1998 年版,第 280 页。可同时参见俞可平:"从权利政治学到公益政治学——新自由主义之后的社群主义",载刘军宁、王焱编:《自由与社群》,三联书店 1998 年版,第 88、89 页。

〔2〕 "理性人"在法学著作中屡被提及。如《法律的经济分析》(上)"理性人标准"的提法,参见[美]理查德·A. 波斯纳:《法律的经济分析》(上),中国大百科全书出版社 1997 年版,第 215 页;《刑法的人性基础》关于"理性人"的分析,参见陈兴良:《刑法的人性基础》,中国方正出版社 1996 年版,第 2 页。

〔3〕 秦立彦:《面对国家的个人——自由主义的社会政治哲学》,泰山出版社 1998 年版,第 164 页。

尔把“意志自由”换用“个性”名之，强调个性就是个人具有独立意志，根据自己的经验、知识、性格与利益对外界事物作出判断，而不是根据他人、社会、传统、习俗作出判断。

意志自由在法律中表现得最为淋漓尽致的方面，即私法中的意思自治理论，它是对人的理性能力的一种法哲学概括。这种理论认为：“人的意志可以依其自身的法则去创设自己的权利义务，当事人的意志不仅是权利义务的渊源，而且是其发生的根据。”[1]由此出发，与谁订立契约，或者契约应包含什么样的内容，均为当事人自己的选择；也正因为该种选择源于自由的意志，因而这种选择（表现为契约、协议等形式）具有与法律同等的约束力。当然，意志自由在刑法、诉讼法等方面也有所体现。[2]

3. 行为期待。作为理性人而言，它应当明智地将其他人也同样作为理性人看待，由此产生了法律上的行为期待问题。从经济学的角度而言，人能作出自己的选择是因为拥有足够的信息，但是，在法律活动中，这种信息可以通过成文或不成文的法律规定而获得。因此，人们可以根据“法律规则”与他人“法律行为”的相对不变性，采取相应的行为方式。

合理的行为期待由此不仅是个人的理性能力问题，并且意味着在行为人与他人的交往过程中，可以过一种“理性”的生活。当然，这种期待是可期而非虚幻的，是务实而非乌托邦的。这就要求立法者在设计法律制度时，不能仅凭对人类善良品德的无限期望而立规定制，

4. 行为选择。从终极意义上说，理性不应当只是认识能力的问题，更主要的是行为中的理性问题，因而，行为选择构成“理性人”必备的内容。这意味着行为人对行为目的必须有正确的理解，对行为的后果有预见并作出权衡，而这些对法律来说尤为必要。现代社会法律进步的标志，或者说体现“理性人”假定的法律制度设计，一个重要内容就是以授权性规范的内容来规定人们可供选择的行为方式。权利、自由等法律规定以及“可以”、“允许”等法律字眼，无不是要求人们根据其自身的状况确定最明智的方案。

理性人的标准同时也说明，一个法律上的权利必须是对自己（当然也包括对社会）有利的行为，否则，行为人所做出的这一行为不但丧失了理性的色彩，甚至使这一行为是否具有“权利”的性质都值得怀疑，因为“权利”本身就内含“利益”的观念。例如，我们常讨论“人是否有自杀的权利”、“人是否有不休息的权利”等，自杀也好，不休息也好，均对行为人本身产生不利的结果，因而这些虽未为法律所明文禁止的行为也难以“权利”名之。

---

〔1〕 尹田：“契约自由与社会公平的冲突与平衡——法国合同法中意思自治原则的衰落”，载梁慧星主编：《民商法论丛》（第2卷），法律出版社1994年版，第251页。

〔2〕 刑法方面的体现，可参见陈兴良先生有关意志自由的论述，见其所著《刑法的人性基础》，中国方正出版社1996年版，第175页以下；诉讼法中许多制度的规定，实际上也蕴涵着意志自由的内容，如不告不理及撤诉制度等。

总之,“理性人——法律的乐观”这一命题的意义在于:首先,它表明法律对人的认识能力的一种乐观的估计,即认为个人有能力做出正确判断和决定,能够设计自己的生活,也能设计整个世界;其次,它还意味着,法律认为理性人能够根据法律的授权,创设法律关系,而不至于“滥用权利”。自然,这只是一种假设,但这种假设是必需的,它构成了现代民主政治社会的基本前提,因之成为尊重人、关心人、依靠人的法律精神的内在动力。

三、“社会人”——法律的期望

社会由个人组成,个人离不开社会,这是一个基本的常识。然而,对于在其中调整人们行为的法律规范来说,又扮演着何种角色呢?“我们非常习惯于把法律看成一种维持秩序的手段,以至于有可能忽视法律在帮助社会履行其职能方面的作用。法律通过保证人们可以预期他人怎样做而促进了人们的合作的努力。”[1]社会是由人群组成的,人不可能脱离社会而独立存在,同时,人要生活在社会中,就必须作为一个“社会学习者”和一个“社会参与者”而进入社会。这实际上也就是社会学意义上的“人的社会化”问题。按照学者的理解,人的社会化包括两个方面的含义:一是个人在社会中通过学习活动,掌握社会的知识、技能和规范;二是个人积极地参与社会生活,介入社会环境,参加社会关系系统,再现社会经验。从这个意义上说,“社会人”是个人在社会领域中的又一基本角色。[2] 自然,无论是在哲学理念上,还是在实际生活中,个人的孤独性(法律中隐私权的规定正源于此)、独立性(自主地处理个人的事务)均与“社会人”的角色定位相矛盾,然而,这恰恰是个人与社会关系中不可避免的矛盾与张力。

那么,在现代社会中,法律期望“社会人”的目标是什么呢?简单说来,它可以包含这样几个内容:

1. 社会救助。社会救助意指法律倡导人们,在其他社会成员发生危险、遇到困难时,要伸出援助之手。救助他人也即是救助自己,因为本人也可能遇到同样的危险或困难。社会救助的观念古已有之,它体现了法律期望民众相互救济的思想。在刑法中,正当防卫即为社会救助观念的具体体现,它授权行为人在国家公共利益和他人的人身、财产和其他权利面临不法侵害时,可以采取防卫手段制止侵害;正当防卫造成不法侵害人死伤或其他利益损害的,防卫人不负刑事责任。

自然,社会救助观念隐含着的基本前提之一,就是需要救助的人在特定的场合处于社会劣势的位置,否则,社会救助就难以成立。当然,这里所说的“劣势”,既包括特定的危险场合,例如被侵害,也包括因自然条件与社会环境所导致的身份、财产、地位

---

〔1〕［美］L. 布鲁姆等:《社会学》,张杰等译,四川人民出版社 1991 年版,第 647 页。

〔2〕有关“社会人”的提法,参见朱力宇:“论‘经济人’假设在法学研究中运用的问题”,载《法学家》1997 年第 6 期;［美］阿尔奇·J. 巴姆:“社会哲学:我的基本观点”,张小路译,载《社会科学研究》1998 年第 5 期。朱力宇先生根据辩证唯物主义原理,将“社会人”定义为具有物质实在性(肉体组织、客观需要、思维的信赖性)、实践性(劳动、创造、自我完善)。

与他人相较所处的不利情形。“社会人”的拟定，正是使其担负“解民倒悬”的角色。自然，这实际上也包括抑强扶弱的平均正义思想。

在当今中国，法律援助制度的建立可以说是社会救助的典范。所谓法律援助，“是国家对某些经济困难或特殊案件的当事人予以减、免费用提供法律帮助的一种法律制度”，[1]从表面上看，以国家或社会的力量支持某一案件当事人参与诉讼，这违反了“当事人在法律面前一律平等”的基本原则，但这一制度蕴含的精神实质则在于，为社会弱者提供一种法律上的帮助，这恰恰是社会公平的体现。正如学者所指出的：“任何被硬拖进法庭但因太穷而雇不起律师的人，除非为他提供辩护律师，否则不能对他保证一场公正的审判。”[2]并且，法律援助中由国家或社会提供的经费，似乎与人的社会职责毫不相干，但实质上，经费本身就源于“社会人”（或像西方社会常言的“纳税人”）的资产，承担法律援助服务的律师或法律工作者更是以“社会人”的身份充当为当事人提供服务的角色。

2. 社会合作。良性的社会是人与人彼此协作、共济群生的社会，然而，“似乎有理由假设，如果其他条件均相同的话，一个组织或群体的规模越大、越分散，促进社会团结的难题就越多，问题就越棘手，这是因为群体成员之间的社会距离或地理距离，毕竟是由群体的规模和复杂性所决定的。”[3]特别是随着工业化进程的加快，人口流动频率高、规模大，社会冲突的可能性也相应地增多，在这时，就必须发挥法律的整合作用，促进社会合作的条件与机会。“商业贸易就是依靠强制人们履行相互间的允诺的合同法，以及确保对土地和货物的权利的财产法来进行的。”[4]必须说明的是，尽管在法学上有法律预设的人为“陌生人”的提法，[5]但是，如果当事人确实争执的是法律上的利益，那么这种假设就没有太大的意义——人们自愿放弃利益本来即为法律所允许。同时，“社会合作”这一观念本身，就包含着个人对其某些自身利益的舍弃。当魏玛宪法将所有权界定为人们的一种义务时，它所表征的并非是国家权力对个人私权的否定与

---

〔1〕 肖扬：“建立有中国特色的法律援助制度”，载《人民日报》1996年5月14日。

〔2〕 [美]小查尔斯·J. 奥格利特里：“法律援助的作用及其与政府、法律职业者和法学教育的关系”，杨欣欣译，载司法部法律援助中心编译：《各国法律援助理论研究》，中国方正出版社1999年版，第532页。

〔3〕 [英]罗杰·科特威尔：《法律社会学导论》，潘大松等译，华夏出版社1989年版，第112页。

〔4〕 [美]L. 布鲁姆等：《社会学》，张杰等译，四川人民出版社1991年版，第647页。

〔5〕 [英]罗杰·科特威尔：《法律社会学导论》，潘大松等译，华夏出版社1989年版，第111页。斯坦·香德也认为，“在各种社会关系当中，纯粹的伙伴型关系不适用于用法律调整。在伙伴型关系中，各个成员之间的态度、感情，是由彼此之间的信任、情感所保证的，而不是由正义、由绝对遵守明确的义务等方法所保证的。”见其所著《西方社会的法律价值》，王献平译，中国人民公安大学出版社1990年版，第28页。我国学者苏力也持此观点，见其所著“二十世纪中国的现代化和法治”，载《法学研究》1998年第1期。

攫取，而是每个公民都为社会担当一份责任。[1] 当然，这种放弃某些个人私权的规定，其终极目的仍然在于为社会的共同福利作出贡献。“合作”的前提是参与各方都能从合作中获得利益，“通过妥协、协商，寻求合作的剩余利益。”[2]

3. 社会集合。从社会学的意义上说，社会集合的结果是形成社会共同体。单个的公民无法与国家的强大力量抗衡，只有组织起来才能成为制约国家的力量，也才能真正成为主权意义上的人民。宪法中规定了人民结社及组织团体的自由，这在西方社会也就形成所谓的利益集团。利益集团对于将公民凝聚成一个有着相互关系的社会团体，集合人民的力量，有着极为重要的意义。

总括以上关于人的模式的分析，可以用下图来加以表示：

法律原理中“人的模式”示意图

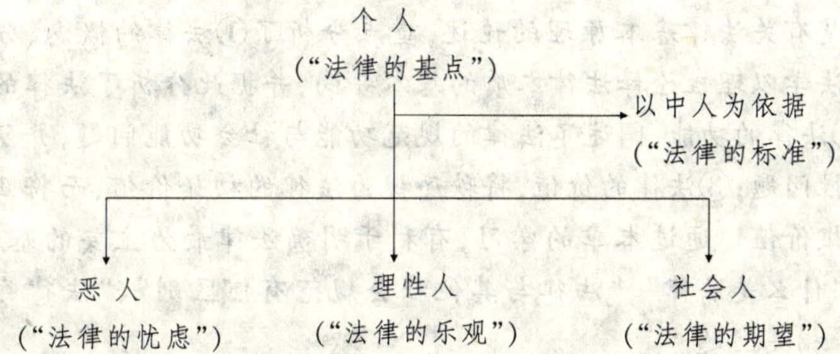

复习思考题

1. 在现代法学研究中，为何要将人作为法律分析的逻辑起点？
2. “个人”为何是法律的基点？这一命题的理论意义与实践意义何在？
3. “个人本位”与“权利本体”是否为相同概念？为什么？
4. 什么是法律上的“中人”？“中人”的预设对法律提出了怎样的要求？
5. 简述“恶人”、“理性人”、“社会人”的定位及其意义。

---

[1] 例如，我们在解释国家赔偿中为何立法行为实行赔偿豁免时，其主要理由就是：立法机关错误的立法行为所造成的损害是普遍性的，因而，它意味着每个公民都为国家承担了一份额外的负担，因而在国家赔偿的范围之外。

[2] 茅于轼：“何必较这个真”，载《读书》1996 年第 2 期。

第二编　本体论

第四章　法律概述

✣学习目的与要求

本章是有关法律基本原理的论述，重点分析了①法律的概念，分析了马克思主义法学以理性诠释法律本质的基本导向，并据此分析了法律的主要特征问题；②法律的功能，阐述了法律的规范功能与社会功能问题，并研究了法律的局限性问题；③法律的价值，将秩序视为法律的初始价值，而将正义视为法律的终极价值。通过本章的学习，有利于明确法律最为主要的基础原理，从而解决“什么是法律”、“法律与其他社会规范有何区别”、“法律存在的理由何在”等相关问题。

第一节　法律的概念

一、法和法律的词义

(一)古今中外法的意义概览

在我国古代汉语中，“法”和“律”最初是分开使用的，含义也不同，后发展为同义，直到十九世纪末二十世纪初西方文化大量传入我国时才广泛使用“法律”一词。

据我国历史上第一部字典即东汉许慎所著《说文解字》中记载，“法”的古体字是“灋”。“灋，刑也。平之如水，从水；廌，所以触不直者去之，从去。”从这一解释中可以看出，古代的“灋”和“刑”两个字是通用的。其基本含义有二：其一是公平，即“从水”；其二是惩罚，即“从去”。因而，法的本义是指一种判断是非曲直、惩治邪恶的规范。

《说文解字》也同时对“律”进行了疏释，该书云：“律，均布也。”清人段玉裁在其所著《说文解字注》中进一步解释说：“律者，所以范天下之不一而归于一，故曰均布也。”“均布”是古代校正音律的工具，把“律”比作“均布”，说明它有规范、统一行为之意。

早在秦汉时，汉语中的“法”与“律”二字就已同义，这从我国历史上最早解释词义的辞书《尔雅·释诂》篇中“法，常也；律，常也”就可看出。《唐律疏议》也说：“律之与法，文虽有殊，其义一也。”

我国古代称法为刑，如夏之“禹刑”、商之“汤刑”、周之“九刑”。至春秋战国时期，出现刑书、刑鼎、竹刑等成文的法典。魏相李悝，集诸国刑典，造《法经》六篇，改刑为法。商鞅变法，又改法为律，萧何继之作《九章律》。此后，历代封建王朝一般把刑典称为律，只有宋元两朝例外。宋朝称作“刑统”，元朝称作“典章”，但“律”之本义并未丧失。清末以来，国家法典则以“法”相称，国民党统治时期制定了内容较为系统全面的宪法、行政法、民法、民事诉讼法、刑法、刑事诉讼法，总称为“六法全书”。

英语中的 law 一词既可指广义和狭义的法律，还可指规律、法则等。在欧洲大陆各民族语言中，法和法律分别用两个不同的词来表达，如拉丁语中的 *Jus* 和 *Lex*，法语中的 *Droit* 和 *Loit*，德语中的 *Recht* 和 *Gesetz*，西班牙语中的 *Derecho* 和 *Ley*，意大利语中的 *Diritto* 和 *Legge*，等等。值得注意的是，这些词都是多义词，在表示广义的法的意思时还有权利、正义之意，在表示狭义的法的意思时还有规律、法则之意。从“法”这个词的词源意义上，可以看出中西法律文化上的差异：中国人的传统法观念是“法即刑”，把法律看做是惩罚人的工具；而西方人则更多地把法和权利联系在一起，认为法律是保护人们正当权利的工具。

（二）现代法学用语中的“法”与“法律”

根据以上的陈述可以看出，法与律、法律等均为同义词。然而必须明确的是，在现代法学用语中，“法”与“法律”往往又代表着不同的意义。一般而言，“法”多用来指称法的整体，泛指由国家制定或认可的、并由国家强制力保证其实施的全部法律规范的总和，例如宪法、法律、法规、规章等，“依法治国”、“依法办事”等词中的“法”就是这个含义。“法律”则有广义和狭义之分。广义的“法律”与法同义，例如我们经常言及的“法律研究”；狭义的“法律”则是法的渊源（或表现形式）中的一种，特指一国立法机关制定或认可的规范性法律文件，例如，在我国只有全国人大以及全国人大常委会制定的规范性文件，才能够具有狭义的“法律”这一资格，所以，宪法才明确规定，“地方性法规不得与宪法、法律、行政法规相抵触”。可见，狭义上的法律与法的关系是逻辑上的种属关系。

（三）法的应然和实然

在法律用语中，还经常要区分法的应然与实然问题。法的应然是指法应当是什么，法的实然是指法实际是什么。前者是法的理想状态，后者是法的现实状态。法的应然和实然的问题，在西方法学理论研究中占有重要地位，它是自然法理论始终关注的核心问题之一。早期的马克思也同样持这种观念，认为法律应当是“肯定的、明确的、普遍的规范，在这些规范中自由获得了一种与个人无关的、理论的、不取决于个别人的任性的存在。法典就是人民自由的圣经。"[1]正是以"真正的法律"、"良法"等观念为基础,马克思对专制社会中的法律进行了无情的揭露,从而为广大劳苦大众争取应然的权利。

在西方法律思想史上,特别注重应然法与实然法的分野。在西方人的观念中,"法"代表着自由、权利,寄寓着人们对法律的理想;而"法律"则为一种国家所制定的成文规则。对于社会而言,虽然法律是不可或缺的,然而,法律必须受着法的检验与约束。法国著名思想家霍尔巴赫即曾言道:"只有适合社会人的本性、责成他履行自己对其他社会成员的责任的法律才是完善的法律。"[2]这一观念到今天仍然有着重要的影响。例如新自然法学派就认为,法的应然与实然是不可割裂的,否则即难以避免像纳粹德国时期所制定的"恶法"的出现。可以说,这种法的二元观,对于我们运用"良法"的理念来评价现行的实在法,有着非常重要的理论意义与实践价值。如果只认同国家权力的至高无上,将国家所创制的法律视为只可遵循不可批驳、只可服从不可反抗的规则的话,那么,法学研究就是一种权力之术的研究,法学的人文精神也随之而丧失。法学的任务不只是应当关注法律实际上是什么,更应当关注法律应当是怎样的。

二、法律的概念

(一)法律概念学说的简要回顾

法律是古已有之的社会现象,而对法律的认识与理论抽象又往往是一个主观思辨的过程,所以在不同时代人们也就有不同的法律观念。这特别表现在法律的概念上,究竟"法律是什么",人们的分析角度及价值立场不尽相同,由此也导致在法律概念上认识的歧异。大致说来,有关法律的概念,主要的学说主要有以下几类:

1. 神意说,即认为法律是神的意志的体现。自然,这里所指的"神",可以是人们观念形态中存在的上帝,也可能是神化了的统治者。例如中国古代,皇帝称为"天子",是代表"天"来治理民间事务的,因而其所言所行,均是天意的具体体现。这也不独古代中国如此,例如著名的《汉谟拉比法典》就是假借神的意志而颁布的。[3] 一般而言,初期的人类社会由于对"权威"的追求,往往假借天、上帝的名义来颁行法律,从而为法律的神圣化披上了一层神秘的外衣。

---

〔1〕[德]马克思:"第六届莱茵省议会的辩论"(第一篇论文),载《马克思恩格斯全集》(第1卷),人民出版社1995年版,第176页。

〔2〕[法]霍尔巴赫:《自然政治论》,陈太先、眭茂译,商务印书馆1994年版,第414页。

〔3〕在宣示其立法目的时,国王汉谟拉比言道:"为使强不凌弱,为使孤寡各得其所,……为使国中法庭便于审讯,为使国中宣判便于决定,为使受害人得伸正义,我以我的金玉良言铭刻于我的石柱之上,并置于我的肖像亦即公正之王的肖像之前。"不仅如此,"其有涉讼的受害的自由民,务来我的肖像亦即公正之王的肖像之前,诵读我所铭刻的石柱,倾听我的金玉良言,使我的石柱为彼阐释案件,使彼获得公正的审判,使其心胸得以自由呼吸而大声言曰:'吾主汉谟拉比,诚人类之慈父;彼遵守其主马都克之言,为马都克上下征讨取得胜利,以悦其主马都克之心,永远为人群造福,并以公正统治国家'。"参见世界著名法典汉译丛书编委会编:《汉谟拉比法典》,法律出版社2000年版,第120、121页。

2. 规则说，认为法律即规则。如我国古代思想家管仲说："法律政令者，吏民规矩绳墨也。"我国清末法学家沈家本说："法者，天下之程式，万事之仪表。"现代西方法学中的法律实证主义者更明确地把法律定义为一个社会为决定什么行动应受公共权力加以惩罚或强制执行而直接或间接地使用的一批特殊规则。与规则相类似的还有"命令说"，即认为法律是国家的命令，主权者的命令。总之，这种观念强调国家权力在人类社会事务中的突出地位，因而视法律为一项国家颁布而人们只能服膺的规则体系。

3. 理性说。这是从法的本体而言的，认为法律是人类理性的体现。自然法学派多采此类学说，例如西塞罗即认为，"真正的法律是与本性相合的正确的理性；它是普遍适用的、不变的和永恒的；它以其指令提出义务，并以其禁令来避免做坏事。"[1]早期的马克思也将理性视为法的最基本的素质，[2]在马克思看来，法是"自由的肯定存在"，法是"人的行为本身的内在的生命规律，是人的生活的自觉反映"，[3]人们服从法律"也就是服从他自己的理性即人类理性的自然规律。"[4]自然，这也意味着法律只有反映了人们的理性才是真正的法律，否则，法律只不过是强权意志的宣泄而已。

4. 民族精神说。这是德国著名法学家萨维尼的学说。萨维尼认为："法律已然秉有自身确定的特性，其为一定民族所特有。如同其语言、行为方式和基本的社会组织体制。不仅如此，凡此现象并非各自孤立存在，它们实际乃为一个独特的民族所特有的根本不可分割的禀赋和取向，而向我们展现出一幅特立独行的景貌。将其联结一体的，乃是……这个民族的共同信念，对其内在必然性的共同意识。"[5]这就意味着，法律只是各个民族"民族精神"的呈现，它不依赖于国家权力的介入，而是铭刻在人们内心中的信念的结晶。

5. 社会说。这并非一种统一的学说，而是认为追溯法律的本源，应当从社会生活中去寻找。例如埃利希认为，无论现在和过去，"法发展的重心不在立法、不在法学、也不在司法判决，而在社会本身。"[6]因而他通过对法律实际运行情况的分析，提炼出了"活法"这一概念。美国著名法官霍姆斯则将法律视为"经验"的体现，在他看来，"法的生命不在于逻辑，它在于经验"，[7]也就是千百年来法官的司法方法与司法技术的

---

〔1〕［古罗马］西塞罗：《国家篇·法律篇》，沈叔平、苏力译，商务印书馆1999年版，第101页。

〔2〕参见陈学明："马克思早期法哲学观初探"，载中国法学文集编辑组：《中国法学文集》（第1辑），法律出版社1984年版，第91页。

〔3〕［德］马克思："第六届莱茵省议会的辩论"（第一篇论文），载《马克思恩格斯全集》（第1卷），人民出版社1995年版，第176页。

〔4〕［德］马克思："《科伦日报》第179号的社论"，载《马克思恩格斯全集》（第1卷），人民出版社1995年版，第228页。

〔5〕［德］弗里德里希·卡尔·冯·萨维尼：《论立法与法学的当代使命》，许章润译，中国法制出版社2001年版，第7页。

〔6〕转引自张文显：《二十世纪西方法哲学思潮研究》，法律出版社1996年版，第132页。

〔7〕转引自张乃根：《西方法哲学史纲》，中国政法大学出版社1993年版，第251页。

经验结晶。庞德则将法律视为社会工程的一个内容，认为，如果将法律的目的视为正义，则正义仍然必须体现于社会之中："我们以为正义并不意味着个人的德行，它也并不意味着人们之间的理想关系。我们以为它意味着一种制度。我们以为它意味着那样一种关系的调整和行为的安排，它能使生活物资和满足人类对享有某些东西和做某些事情的各种要求的手段，能在最少阻碍和消费的条件下尽可能多地给以满足。"[1]总的来说，社会法学派都力求从社会生活中发现法律的本质，因而其使用的理论视角也与传统的法理学有所不同。

（二）马克思主义有关法律的基本理念

马克思主义的创造人对法律也有着较多的论述，总的来说，他们既注重法律的应然问题，也注重法律的实然问题。前者主要体现在对法的本体、法的价值的研究，后者则主要是对资本主义法律的批判与鞭挞，以通过这些概念的创设，来为未来的人类社会设计出更为合乎人性的法律制度。

马克思主义认为，从本体上而言，法律是理性的体现。"理性"在马克思的著作中，或称为"事物的本质"，或者径直称之为"人类理性"。马克思在评价书报检查制度时，就把是否具有"理性"作为"真正的法"与"形式的法"的区别："预防性法律本身并不包含任何尺度、任何合乎理性的准则，因为合乎理性的准则只能从事物的本性（在这里就是自由）中取得。"[2]这样，所谓"理性"就意味着法律必须体现事物的内在规律，反映人民的普遍意志和要求。马克思指出："人们在研究国家状况时很容易走入歧途，即忽视各种关系的客观本性，而用当事人的意志来解释一切。"[3]这种观念过于夸大了人的主观能动性，而忽视了"理性"对法律的制约，因而在法律研究中，只能以"理性"作为切入点，分析某一特定的法律是否真的属于"良法"。正是在这样一个意义上，马克思就立法者的社会角色与社会责任作了界定："立法者应该把自己看作一个自然科学家。他不是在创造法律，不是在发明法律，而仅仅是在表述法律，他用有意识的实在法精神把精神关系的内在规律表现出来。如果一个立法者用自己的臆想来代替事物的本质，那么人们就应该责备他极端任性。同样，当私人想违反事物的本质恣意妄为时，立法者也有权利把这种情况看做是极端任性。"[4]因此，法律是一种被发现的过程而不是被创造的产物，因为在法律制定之先，"事物的本质"就业已存在，立法者的任务不过就

---

〔1〕［美］罗·庞德：《通过法律的社会控制·法律的任务》，沈宗灵、董世忠译，商务印书馆 1984 年版，第 35 页。

〔2〕［德］马克思："第六届莱茵省议会的辩论"（第一篇论文），载《马克思恩格斯全集》（第 1 卷），人民出版社 1995 年版，第 177 页。

〔3〕［德］马克思："摩泽尔记者的辩护"，载《马克思恩格斯全集》（第 1 卷），人民出版社 1995 年版，第 364 页。

〔4〕［德］马克思："论离婚法草案"，载《马克思恩格斯全集》（第 1 卷），人民出版社 1995 年版，第 347 页。

是把这种“事物的本质”揭示出来而已。[1]

那么,立法者制定的法律怎样才算是具备理性的法律呢?马克思、恩格斯就法律的主体、内容等方面进行了分析。从主体上而言,法律必须是人民意志的体现。马克思指出:“只有当法律是人民意志的自觉表现,因而是同人民的意志一起产生并由人民的意志所创立的时候,才会有确实的把握,正确而毫无成见地确定某种伦理关系的存在已不再符合其本质的那些条件,做到既符合科学所达到的水平,又符合社会上已形成的观点。”[2]在这里,“人民的意志”既是法律的基础,又是法律成立的根据。从内容上而言,立法应当反映社会利益而不是私人利益。当立法者在立法中将私人利益或少数人的利益塞进法律中时,就明显地背离了社会所赋予的立法机构的公共角色。实际上,“利益就其本性来说是盲目的、无节制的、片面的,一句话,它具有无视法律的天生本能:难道无视法律的东西能够立法吗?正如哑巴并不因为人们给了他一个极长的话筒就会说话一样,私人利益也并不因为人们把它抬上了立法者的宝座就能立法。”[3]从这个意义上来说,尽可能地排除私人利益对法律的干预,就成为“良法”得以成立的基础。当然,正如恩格斯所揭示的,“只要异化的主要形式,即私有制仍然存在,利益就必然是私人的利益,利益的统治必然表现为财产的统治。”[4]显然,要使私人利益真正服从公共利益,使法律真正成为公共利益的反映,这只有在消灭了私有制的社会才能做到。

以“理性”为纲,革命导师们对资产阶级的法律制度进行了无情的批判,马克思、恩格斯指出:“你们的观念本身是资产阶级的生活关系和所有制关系的产物,正像你们的法不过是被奉为法律的你们的这个阶级的意志一样,而这种意志的内容是由你们这个阶级的物质生活条件来决定的。”[5]在这里,革命导师实际上指明,如果法律仅仅是体现某一特定阶级的利益与意志,那么法律只不过是掠夺、奴役其他阶级的工具,这样的法律严格来说已失去了法的基本特性,而降格为一种工具性的阶级专政的工具。由此可见,当马克思主义者以追求人的自由、人的解放作为自己的历史使命时,其所设想的法律图景应当是反映理性的、体现人们愿望和要求的行为规则体系,而不是反映私人

---

〔1〕 孟德斯鸠所持的也是这种观念,他说:“在法律制定之先,就已经有了公道关系的可能性。如果说除了人为法所要求或禁止的东西而外,就无所谓公道不公道的话,那就等于说,在人们还没有画圆圈之前,一切半径都是长短不齐的。”参见[法]孟德斯鸠:《论法的精神》(上册),张雁深译,商务印书馆1961年版,第2页。

〔2〕 [德]马克思:“论离婚法草案”,载《马克思恩格斯全集》(第1卷),人民出版社1995年版,第349页。

〔3〕 [德]马克思:“第六届莱茵省议会的辩论”载(第三篇论文),载《马克思恩格斯全集》(第1卷),人民出版社1995年版,第288、289页。

〔4〕 [德]恩格斯:“英国状况——十八世纪”,载《马克思恩格斯全集》(第1卷),人民出版社1956年版,第664、665页。

〔5〕 [德]马克思、恩格斯:“共产党宣言”,载《马克思恩格斯选集》(第1卷),人民出版社1995年版,第289页。

利益或者阶级利益的暴力工具。

(三)法律概念的基本表述

那么,如何对法律作一定义上的陈述呢?在这里涉及的理论问题包括:①对法的定义应当是从应然的角度还是从实然的角度来进行定位?②对法的定义是就"国家"这一层面来进行,还是将实际上影响人们权利、义务安排的行为规则也纳入法律的范围?

就第一个问题而言,我们认为,法学研究本身即为一种应然性的研究,因而对于法律的定义就不应当仅仅从实然的角度出发,而必须体现"法律应当是怎样的?"这一研究主题,从而对法律的定义也必须从应然的角度来进行;就第二个问题而言,因为法律的根本性目的旨在形成良好的社会秩序,因而应当将能够促成这一秩序实现的社会规范也纳入法律的范围。按照这样两个基本标准,特别是遵守马克思主义有关法律问题的基本认识,我们认为,对法律可以进行如下界定:

法律是由国家和社会所形成的调节人们行为关系的行为规范的总和,它通过权利和义务的规定确立了人们的基本行为准则,并由国家强制力来保障执行。

法律的这一概念的具体内容,可以通过法律的基本特征表现出来。

三、法律的特征

从哲学的角度上讲,一事物的特征是指该事物区别于其他事物的征象和标志。法律既然是作为一种社会规范而存在的,自然具有其自身的特征。它表明了法律区别于道德规范、习惯规范、宗教规范、政党政策等其他社会规范的显著特点,也是法律的本质属性在现象上的体现。根据法律的概念,有关法律的特征可以大致通过四个方面表现出来:

(一)法律是出自国家和社会的行为规则体系

在传统上,法律多与国家相连。也就是说,任何时代的国家都是通过定规立制也即创制法律这一活动,来为社会民众提供基本的行为规则,从而确认社会成员的行为界限,维持统治秩序。自然,在古代社会,一般而言并无专职的立法机构,法律多以君主的名义颁布。资产阶级革命后,随着权力分立的制度得以普及,立法机关就承担起了创制法律的任务。而其基本形式,法学界将之概括为制定或者认可两类。

制定和认可是国家创制法律的两种途径。制定是指拥有立法权的国家机关按照法定的程序创制法律规范的活动。通过这种方式产生的法律,称为制定法或成文法。认可是指拥有立法权的国家机关赋予社会上已经存在的某种行为规范以法律效力。通过这种方式产生的法律,称为不成文法。国家认可法律主要有以下四种情况:①国家将社会上已经存在的习俗、道德、宗教教规等赋予法律的效力。这是最常见的一种认可方式。②国家通过承认或加入国际条约等方式,赋予国际条约等以域内效力。③对英、美等承认判例法的国家来说,通过对特定的判例进行分析,概括出一定的规则或原则,并把这些规则或原则作为以后处理类似案件的根据,从而赋予它们以法律的效力。判例的形成也就意味着国家对判例法的认可。④赋予权威法学家的学说以法律效力,即在法律没有明文规定的情况下,允许援引权威法学家的学说作为处理案件的依据。[1] 例如在古罗马时期,皇帝奥古斯都发布诏令,赋予特定的学者关于法律问题的解答以一定社会权威的权利。[2] 我国东汉末年,魏明帝也下诏令,规定官衙断案,只能引用经学大师郑玄所著《汉律章句》,"不得杂用余家"。[3]

法律由国家制定或认可,这同时也就带来了法律的权威性、普遍性和统一性。"权威性"是指法律体现了国家意志,因而具有约束民众的强制性力量,人们也不得怀疑法律的正当性而拒绝执行法律;"普遍性"则是指法律在一国范围内对一切人和组织发生效力;"统一性"则源于国家意志的统一性,它意味着在国家所及的主权范围内,法律体系是统一的,对法律的适用也应当保持连贯和前后一致。

然而必须注意的是,并非只有国家才能创制法律,社会也拥有法律规范的创制权限。例如美国宪法修正案第1条规定:"国会不得制定关于确立宗教或禁止自由信仰宗教的法律;不得制定剥夺言论自由或出版自由的法律;不得制定法律,剥夺人民和平集会及向政府请愿的权利。"这些规定是对国家立法权限的限制,它也同时说明,有关宗教信仰、言论、出版自由以及和平集会、请愿等行为,可以以社会通过业已存在的规则进行调节。当然,社会可能不像国家那样大张旗鼓地制定成文法律,它吸纳的是千百年来的行为方式、社会价值,由此将之固化成习惯、道德等行为规则,但这一渊源因为具有主体的认同性、传统的权威性等素质,因之比外在的正式成文规则或许更容易产生实效。一般而言,在现代社会,社会产生法律的形式主要有五类:①公民大会、人民大会直接制定法律,或全民公决法律案;②国际社会创制的法律,例如联合国所通过的《世界人权宣言》;③社会运行过程中产生的习惯,可以成为法律的渊源;④公认的价值观,例如法律中常见的"诚实信用"、"公序良俗"等;⑤权威性理论,即法学家的法律学说。[4] 总之,必须打破只有国家才能造法的观念,而必须从更为宽广的视角来分析法律的实际构成。

（二）法律是调整人们行为关系的行为规则体系

法律面对的是人们的行为,而不是人们内心的主观动机。"行为"是一个中性词,它意味着法律所针对的对象不是有名有姓的个人,相反,它是"无名氏"所表现出的外部行为及其社会后果。马克思就曾指出:"只是由于我表现自己,只是由于我踏入现实的领域,我才进入受立法者支配的范围。对于法律来说,除了我的行为以外,我是根本不存在的,我根本不是法律的对象。我的行为就是法律在处置我时所应依据的唯一的

〔1〕 孙笑侠主编:《法理学》,中国政法大学出版社1996年版,第3页。

〔2〕 何勤华:《西方法学史》,中国政法大学出版社1996年版,第44页。

〔3〕 程树德:《九朝律考》,中华书局1963年版,第190页。

〔4〕 周永坤:《法理学——全球视野》,法律出版社2000年版,第320、321页。

东西。"[1]因而,法律通过设定普遍性的行为规则,确定了人们行为的方向、模式和主要界限,从而使得社会民众有一个基本的行为准则,有利于安排自己法律上的权利与义务。

然而必须注意的是,就法律上的行为而言,它还必须具有几个基本要素,才可能构成法律调整的对象:①社会性,这是指一个行为必须是具有社会性的行为,才能够作为法律调整的对象,正因如此,说行为是法律调整的对象并不确切,严格来说,只有通过这一行为与社会所发生的联系,才能够作为法律调整的对象。这种联系用法律术语来说,也就是"行为关系"。一般而言,如果行为并不会影响到社会,就不可能成为法律调整的对象;②可评价性,这是指一个行为纳入法律调整的轨道有其必要。相对而言,如果是人们可以自主进行而无需国家介入的行为,不能作为法律调整的对象。例如隐私的问题就是如此。

法律的这一特征,也同时派生出法律的概括性。也就是说,作为一种抽象的行为规则体系,法律调整的是一般的人和事,它不能因不同的人而设定不同的规则。同时,法律在其有效范围内又是可以重复适用的,这使其有别于国家机关针对特定的人和事所作出的针对性决定,例如委任状、判决书等。

(三)法律是以权利和义务为主要内容的行为规则体系

法律对社会行为的调整,主要是通过安排权利以及义务的内容来加以实现的。权利意味着人们可以做什么,而义务则表征着人们不得行为的范围。[2] 这意味着国家的法律,就是通过规定可以怎样行为、应当怎样行为或者不得怎样行为的方式,来为人们提供基本的行为模式与行为标准。当然必须注意的是,在实体法与程序法中,权利与义务的规定是不同的。在实体法上,是对作为社会主体的人类成员,确定能够代表其社会地位与社会责任的权利与义务;而在程序法上,则是对作为"角色"的法律人的权利与义务作出规定。例如,在诉讼中当事人双方的权利与义务平等,这里所指权利、义务,就是指作为原告、被告、第三人的诉讼权利与义务,其与实体权利义务的根本性、普遍性是不同的。

法律的规定应当是以权利为本位抑或以义务为重心,在我国法理学上颇有争议。一般而言,从法律的发展历程上说,法律首先是通过义务的规定来调整社会的;然而,对于现代社会而言,则应当以权利为本位,来重塑人的主体性理念。

还必须注意的是,权利、义务的内容并不是法律与其他社会规范的本质区别,其他规范,如宗教规范、政党章程等,实际上也是通过规定其信徒、成员的权利与义务来调整其内部关系的,那么,法律上的权利与义务与其他社会规范规定的权利与义务有何区别呢?这主要体现在法律的第四个特征上,也就是说,如果侵犯了他人的法律权利

---

〔1〕 [德]马克思:"评普鲁士最近的书报检查令",载《马克思恩格斯全集》(第1卷),人民出版社1995年版,第121页。

〔2〕 有关权利与义务的具体界定,参见本书第七章。

或者不履行法律义务，就有可能受到国家强制力的制裁。这说明，特别是在制定法上所规定的权利与义务，具有践行性的特征，它一旦不能如期在社会生活中实现，国家权力就需要介入，以维护基本的社会秩序。

(四)法律是由国家强制力保证实施的行为规则体系

从实施方式上看，法律与其他社会规范的区别在于法律具有国家强制性，由国家强制力保证实施。其他社会规范在贯彻实施上虽然也有一定的强制性，如习惯规范的实施主要靠传统力量的强制，道德规范的实施主要靠社会舆论的强制，但这些社会规范的强制性仅靠一般的强制力来保证实施而不是靠国家强制力来保证实施的。所谓国家强制力是指为实现一定的统治目的而建立起来的军队、警察、法庭、监狱等国家暴力机构，由专门的国家机关按照法定程序来运用。国家强制力是一种强大的暴力性力量，是任何单个的组织和个人都无法抗拒的。法律以国家强制力作后盾，这就使法律的运行有了可靠的保障，不论每个人的主观愿望如何，他都必须要严格遵守法律，否则就会招致国家的干预，受到相应的法律制裁。不过，法律虽以国家强制力为其后盾，但这并不意味着在法律实施的全过程都必须直接依国家强制力。在正常情况下，国家强制力只是一种潜在的力量，只有当法律运行中出现了违法行为，国家强制力才开始介入，对违反者进行制裁。但是，人们不应该过分依赖国家强制力的运用。因为，在运用国家强制力的场合，人们是被迫才遵守法律的，其守法的主动性和积极性没有发挥出来，因而，很难保证法律得到充分的实施。

第二节　法律的功能

一、法律功能界说

“功能”一词，主要是社会学使用的术语。这一概念在社会学上主要有两种意义。一种意义指的是一个社会现象对于它所隶属的那个系统的客观结果。在这里，“功能”主要是从结果的意义上而言的。功能的另一种用法和数学上的使用相同。数学家运用功能的概念说明一个变量X的值取决于另一个变量Y的值。当我们说社会现象X是现象Y的函数时，X是按比例随Y而变化。[1] 将这一概念用于法律的场合，可以看出，所谓法律功能，是指法律作为体系或部分，在一定的立法目的指引下，基于其内在结构属性而与社会单位所发生的，能够通过自己的活动(运行)造成一定客观后果，并有利于实现法律价值，从而体现自身在社会中的实际特殊地位的关系。[2] 由此可以看出，就法律功能而言，它主要表明法律是如何影响社会的，又是如何通过其功能的显

〔1〕 卢少华、徐万珉：《权力社会学》，黑龙江人民出版社1989年版，第175、176页。

〔2〕 付子堂：《法律功能论》，中国政法大学出版社1999年版，第35页。

现而表明其在社会生活中的地位的。

目前,在我国法学界普遍存在着将法律功能与法律作用二者相混淆的观点。我们认为二者并不是同义词。因为,法律作用主要是立足于整体的、宏观的角度,体现法对人类社会发展所发生的作用;而法律功能则是法律作为一种规则体系,对于相应的社会关系所产生的一种结果。由此可见,法律作用与法律功能之间存在"外在"与"内在"、"实然"与"应然"的区别。法律功能是内在的,存在于法律本身之中;而法律作用是外在的,法律作用发挥的程度往往取决于相关的社会状况与制度安排。换句话说,法律作用并不存在于法律本身,而是存在于客观的现实社会中。同时,法律功能是应然的,它的立足点是在法律本身应当如何,而不是法律在实际中运用得怎样;法律作用是实然的,它的立足点是在社会中认识法律的实施状况,这是法律功能与法律作用的重要区别。

法律功能从不同的角度,依照不同的标准可以作出不同的分类。例如根据法律功能是从整体的角度出发,还是从部分的角度出发来看,可将法律功能分为法律的整体功能与法律的部分功能两类;根据法律的客观效果与立法目的是否一致,可将法律功能分为法律显性功能与法律隐性功能两类;从法律功能的性质上,又可将法律功能分为法律正功能、法律反功能、法律非功能三类。[1] 当然,最常见的分类则是将法律功能分为规范功能与社会功能两类。这是从法律功能作用的对象上来进行的分类:规范功能意指通过法律的规定,从而提供了人们一种行为的标准;社会功能则是指法律通过对人们行为的调整,而对社会结构、社会秩序所产生的效果。由此可见,法律的规范功能是一种直接功能,即对人的行为发生影响;而法律的社会功能则是一种间接功能,也就是法律通过调整人们的行为而对社会产生影响。[2]

二、法律的规范功能

(一)指引功能

法律的指引功能是指法律能够为人们的行为提供一个既定的模式,从而引导人们在法律所允许的范围内从事社会活动的功用和效能。指引功能是法律功能中最重要的功能,人们之所以要了解法律的内容,就在于找寻到法律对行为的肯认与禁止的态度,从而决定行为的取舍。同时,法律的目的也并不在于制裁违法,关键是引导人们正确地行为和从事社会活动,保证社会秩序的正常运转。

指引功能主要是对行为者本人的行为进行指引。其指引方式可分个别指引和一般指引。凡是对特定的社会活动主体包括自然人和法人的行为进行的指引,为个别指引;凡是对一般或普遍的社会活动主体的行为进行的指引,为一般指引。实际上,在规范意义上所讲的法律指引,多是一般指引;而在具体适用法的法律文件意义上讲的法

---

〔1〕 付子堂:《法律功能论》,中国政法大学出版社 1999 年版,第 41 ~ 62 页。

〔2〕 有关法律的规范功能与社会功能的不同,可参见孙笑侠主编:《法理学》,中国政法大学出版社 1996 年版,第 262 页。

律指引,多是个别指引。

法律指引功能的具体形式,又可以分为确定性指引与选择性指引两类。前者是指法律对某一行为模式进行了明确的界定,行为人如不遵从则可能要承担不利的后果,例如刑法上有关罪名的确定就是禁止行为人从事此类行为,这种指引功能相对而言,行为人并无选择的自由;后者则是法律上规定的行为模式是可以选择的,行为人可从有利于自己的角度,在法律规定的范围内择取一种最为可行的行为模式。例如行政诉讼法规定,对于不服侵犯人身自由的行政强制措施,受害人既可以在原告所在地法院起诉,也可以在被告所在地法院起诉。

(二)评价功能

法律评价功能是指法律作为一种规范,能够衡量、评价人的行为是否合法或有效的功用和效用。法律的制定,严格来说就是将社会上公认的价值准则纳入法律的内容之中,因而人们可以据此对他人的行为进行评价。由此可见,评价的客体是法律上的人(包括自然人、拟制人及国家)所进行的行为。在法治社会中,任何人的行为都必须接受法律的约束,因此,任何人所进行的具有法律意义的行为都应当是法律评价的对象。

在评价标准上,主要有合法与违法之分。当一个行为合乎法律规定时,我们就称之为"合法行为";反之,当一个行为违反了法律的规定时,我们就称之为"违法行为"。在特定的场合,如果人们没有按照法律作出应当作出的行为,也视为"违法"而给予负面的评价,例如行政机关不按法律规定发给人们许可证和执照。当然,这一评价标准能否完全实现,又取决于法律规定的完善程度。有时,为了弥补合法性评价的不足,法律的评价还可以通过"合理性"来进行。与合法性评价的基础不同,合理性评价主要是指对行为的正当性进行分析。例如司法机关所作出的有罪判决,虽然在法律规定的幅度范围内进行,但是,涉及处罚的轻重,就必须使用合理性评价标准。

在现实生活中,作为行为的评价标准除了法律以外,还有道德、纪律等其他社会规范。在一定情况下,它们与法律可以同时使用,例如民法上规定的"诚实信用"、"善良风俗"等,即可以视为是法律评价,也可以视为是道德评价。但应当注意的是,不能将它们互换使用,即不能用法律评价来取代道德评价等社会规范的评价,也不能用道德评价等来代替法律评价,否则就会混淆法律与其他社会规范的区别。

(三)预测功能

预测功能是指由于法律的存在,且对人们某种行为作出肯定或否定的评价以及由此而必然导致的法律后果,人们可以预先估计到自己行为的结果或他人将如何安排自己的行为,从而决定自己行为的取舍和方向的一种功用和效能。

预测功能对于法律的遵守具有极其重要的意义。根据法律规定,人们可以预先知道法律对待自己已经作出和即将作出的行为的态度以及所必然导致的法律后果,这样,人们就可以自觉、自主地调整自己的行为,从而获得满意的法律后果。通过法律预测功能,人们还可以判断他人的行为,对他人合法的行为可以予以道义上的支持、帮助,对他人的违法行为自觉予以抵制、斗争,从而提高全社会的法律意识水平。

预测功能对于法律的适用也具有重要的意义。司法官员或执法官员可以根据自己的预测,对相应的案件采取必要的、分别的法律措施。法律适用中的预测功能既是工作的需要,也是法律本身的要求。

预测功能在法律服务中也有极其重要的作用。作为法律服务者经常要为当事人提供法律上的预测服务,对法律关系的发展变化作出明智的判断,正确处理问题,解决纠纷,及时、合法、有效地维护当事人的权益。

严格说来,法律预测功能的发挥,也是法律本身信息功能的一种体现。法律作为一种既定的规则体系,使得人们可以通过法律的相关规定来安排自己的行为并期待他人行为的回应,这有利于节省社会成本,减少人们在作出行为时的深思熟虑之苦。这正如学者所指出的:"习惯、惯例和其他广义的制度都具有一种积极的信息功能,使我们得以在行为的某些方面免除有意识的深思熟虑之苦,从而能应付各种复杂情况及超载的信息,减少复杂的决策行为中所包含的计算量。不仅如此,惯例与正式制度,通过建立或多或少的固定化的人类行为的范式,或者设定人类行为的界限,或者订立人类行为的规则,或者约束人类行为,实际上还给人们提供有关其他当事人的信息。"[1]

(四)教育功能

法律教育功能是指通过法律的规定和实施,影响人们的思想,培养和提高人们的法律意识,引导人们积极依法行为的功用和效能。从这个意义上说,法律实施的过程,也就是法律发挥教育作用的过程;这种教育不仅影响到行为人本身,同时也对其他的社会成员产生相应的示范作用。

教育功能是法律的重要功能。法律教育功能的实现主要有三种形式:①通过人们对法律的学习和了解,发挥法律教育功能;②通过对各种违法犯罪行为的制裁,使违法犯罪者和其他社会成员受到教育,在自己以后的行为中自觉服从法律,依法办事;③通过对各种先进人物、模范行为的嘉奖与鼓励,为人们树立良好的法律上的行为楷模。当然,法律的教育功能必须通过影响人们的思想而得以实现。但是,一部法律能否真正起到教育作用或这种作用的程度,并不是源于国家的强制力所产生的威慑的效应,关键的是取决于法律本身的规定能否真正属于"良法"的范畴。当法律规定本身就是违反人性的时候,它不仅不会产生相应的教育作用,更有可能成为人们反抗暴政的导火线。这正如恩格斯所指出的,守法绝不是不惜任何代价的守法,[2]"如果有人企图借助新的非常法,或者借助非法判决和帝国法院的非法行为,借助警察的专横或者行政当局的任何其他的非法侵犯而重新把我们的党实际上置于普通法之外,那么这就使

---

〔1〕 杨春学:《经济人与社会秩序分析》,上海三联书店、上海人民出版社1998年版,第263页。

〔2〕 [德]恩格斯:"致理·弗舍",载《马克思恩格斯全集》(第39卷),人民出版社1974年版,第403页。

德国社会民主党不得不重新走上它还能走得通的唯一的一条道路，不合法的道路。即使是在英国人这个酷爱法律的民族那里，人民遵守法律的首要条件也是其他权力因素同样不越出法律的范围；否则，按照英国的法律观点，起义就成为公民的首要义务。”[1]

（五）强制功能

法律强制功能是指法律能运用国家强制力保障自己得以充分实现的功用和效能。法律强制的实施主体是国家，实施的对象是违法者的行为。

正如我们前面所言，法律的实施在很大程度上依赖于人们的自觉遵守；并且可以合理地设想，如果法律体现了广大人民的意志，那么法律也是可以为人民所自愿服从的。但是问题在于，社会上总有一部分人不会自觉地依照法律的规定办事，因而，法律就必须保留有强制功能，对违法犯罪者施予惩戒，以使被破坏的社会秩序得以恢复。因此，法律强制功能是法律不可缺少的重要功能，也是法律其他功能的保障。没有强制功能，指引功能就会降低，评价功能就会在很大程度上失去意义，预测功能的作用就会被怀疑，教育功能的效力也会受到严重的影响。

法律的强制手段是国家强制力的运用，这包括责令行为人进行某种行为或者对其施以法律上的惩罚。法律强制的内容在于保障法律权利的充分享有和法律义务的正确履行。法律强制的目的在于实现法律权利与法律义务，确保法律应有的权威，维护社会正义和良好的社会秩序。还必须注意的是，法律的强制功能不仅在于制裁违法犯罪行为，还在于预防违法犯罪行为，从而增进社会成员的安全感。

三、法律的社会功能

（一）维护统治秩序

无论在何种类型的社会，法律都必须用来调整社会关系，维护统治秩序。因而，法律必须在经济、政治、文化等各个领域发挥重要的作用。

1. 法律在经济领域的作用。在市场经济体制下，法律在经济领域的作用主要表现在：①规范市场主体及其行为。市场主体，即市场法律关系的参加者。必须承认各个不同的市场主体的法律地位。其次，要制定市场主体行为法（或称市场主体权利法），市场主体在法律允许的范围内，可自由地实施各种民事行为，缔结各种民事关系。要建立完整的财产权保障体系，明确产权归属。②规范市场经济秩序，使整个经济的运行能够在法律的轨道内进行，保证人们的交易安全，促进社会财富的增加；③加强宏观调控。一方面，市场经济不可能是无政府经济，在发展市场经济的条件下，政府必然而且必须执行某种管理和干预市场经济生活的社会职能。但另一方面，市场经济得以生存的关键，是要将直接管理转变为宏观调控，而这就必然要求重新构造政府的经济权

---

[1] [德]恩格斯：“给《社会民主党人报》读者的告别信”，载《马克思恩格斯选集》（第4卷），人民出版社1995年版，第403页。

力,规范政府行为,实现政府职能的转变。

2. 法律在政治领域里的作用,主要表现在以下几个方面:①确认国家制度,保障国家制度存在与延续,任何企图推翻国家制度的违法犯罪都被各国列为法律制裁的对象而给予应有的法律处罚;②组织国家机构,形成国家机构组织权限、权力形式、体制关系的依据,同时,国家机构的运行也必须依照法律的规定进行;③确立社会民主,为民主的存在与发展提供法律上的保证。要注重将社会民主制度形态的存在物转化成客观现实,并为民主的运作提供了程序保障和强制保障。④调整对外关系,维护国家主权,促进世界和平。

3. 法律在社会文化领域里的作用,主要表现在以下几个方面:①促进科技文化事业的进步,为科技文化事业的进步指明方向,设置措施,提供保障;②推广健康的主流道德,促进公民道德意识水平的提高,并为道德的实施提供有力的法律保障。

(二)执行社会公共事务

法律的社会公共事务功能,是法律基于其社会性或共同性,而对社会公共事务所具有的管理能力。正如恩格斯所指出的,"政治统治到处都是以执行某种社会职能为基础,而且政治统治只有在它执行了它的这种社会职能时才能持续下去。"[1] 由此可见,要维持一个稳定的国家和社会,必须充分发挥法律在调整公共事务方面的作用。

法律执行社会公共事务的功能主要表现在以下几个方面:①维护人类社会基本生活条件、保证社会劳动力的生息繁衍,如制定有关人口控制、自然资源、环境保护、交通通讯、人权保障法规以及其他基本社会秩序的法律;②维护生产和交换条件以及有关生产力和科学技术,如确定生产管理的基本形式,规定基本劳动条件等;③确定使用设备、执行工艺的技术规程,规定产品、服务质量和标准,对易燃、易爆、高空、高压进行严格管理,保障生产和生活安全,防止事故,保护消费者利益;④促进教育、科学和文化的发展,如制定专利法、商标法、科技进步法、教育法、教师法、义务教育法等;⑤预防社会冲突,解决社会问题,保全社会结构;⑥对不测事件的受难者予以救济和各种形式的社会保险。如,对地震、水灾等自然灾害的受难者以及贫困者、失业者予以救济和各种形式的保险。

随着社会生产的发展和社会制度的变革,特别是知识经济时代的到来,法律执行社会公共事务的作用将会日益增加。科技社会导致了法律公共功能的广泛性、新颖性和全球性。首先,随着科学技术的进步,人类的生存空间不断扩大,法律调整的空间也随之膨胀。高技术成果已使人类生存空间脱离地球表面进入茫茫的宇宙。法律的新部门不断涌现,目前已有的空间技术法就包括了外层空间法、航天法、太空法、宇宙法等方面的内容。这些新法律问题关乎人类共同的利益,无不体现着人类社会公共事务和法律公共功能的发挥。其次,科技革命使许多传统法律部门受到冲击,并产生了某

---

[1] [德]恩格斯:"反杜林论",载《马克思恩格斯选集》(第3卷),人民出版社1995年版,第523页。

些新的法律部门。与此同时,现代科技的发展使得许多社会问题成为全球性的问题,使得一个国家内的社会公共事务超出了国界而成为人类的共同事务。正如联合国社会发展研究所的一份研究报告所指出的那样:"世界社会比以往任何时期都更加错综复杂地连接在一起,而且这个全球化过程仍在加速进行。"[1]因此,法律的功能直接地表现为全球保护功能,体现了法律公共功能的公益性。

四、法律的局限性

以上我们简要介绍了法律的功能,然而必须注意的是,在这个问题上,人们长期以来就存在两种错误的看法:①"法律无用论",即否定法律功能和法律正向作用的错误法律意识。它要么完全否认法律的功能,甚至认为法律是限制人们主观能动性的障碍,因而主张人治,反对法治;要么是不完全否认法律的功能,但对法律采取实用主义态度。当法律对其有利,则作为其工具或手段加以运用;当法律对其不利,则无视法律的存在。其行为不是由法律来指引,而是以利益为核心,根据自己的需要而随意取舍,甚至违反法律也在所不惜。②"法律万能论",过分夸大了法律的功能和作用,强调法律无所不能,无所不在。这种观点混淆了法律与其他社会现象和社会规范之间的关系。

我们通过法律功能的分析,业已证明了"法律无用论"是极端错误的。然而也必须注意的是,"法律万能论"同样是不能成立的。就法律而言,它也的确存在着自身所固有的缺陷,主要表现在:

1. 法律只是调整社会关系的一种手段。法律是用以调整社会关系的重要手段,但并不是唯一的方法。在调整社会关系的手段中,除法律外,还有经济、政治、行政、思想道德、文化、教育、习惯、传统、舆论等。在有的社会里,宗教也是一个重要的手段。所以,在处理社会关系时要综合运用各种手段,以取得最大的社会利益。

2. 法律调整范围不是无限的,而是有限的。法律仅调整一定范围内的社会关系,在有些社会生活领域中,对有些社会关系或社会问题,法律是不适宜介入的。如,有关人们的一般私生活问题,在其不触犯法律的情况下,法律是不应当对其进行调整的。如果强制地使用外在的力量去解决内在的问题,不仅无效,反而会产生副作用。

3. 法律自身所具有的局限性。法律具有主观意志性,法律本身并不等于客观规律。法律是由人制定的,由于人的认识能力的限制,法律在制定出来时总会存在某种不合理的地方。同时,法律是对人们行为的一种抽象的概括,而现实生活中的问题却是具体的、多变的,法律不可能适应整个社会实践。法律也具有稳定性,不能朝令夕改、频繁改变,而社会生活是不停发展的,将相对稳定的法律适用于发展着的社会实践时,就有可能出现法律落后于实践的地方。因此,法律本身存在缺陷,或者说,法律存在漏洞、空隙是难以避免的。

---

[1] 联合国社会发展研究所:《全球化背景下的社会问题》,北京大学出版社 1997 年版,第 14 页。

4.法律的实施要受到人与物质条件的制约。“徒善不足以为政,徒法不足以自行”,不管法律制定的质量水平如何,法律对人和物都有依赖性。首先,无论何种法律,即使是制定得很好的法律,也需要有具有相当法律素养的人正确地去执行和适用。如果执法者不具备相应的专业知识和思想道德水平,法律是很难有效地实施的。其次,法律的实施还需要社会上绝大多数人的支持,这就要求他们具备一定的法律意识,尊重并相信法律。如果他们缺乏一定的法律意识,缺乏遵守法律的思想道德风尚和习惯,法律就不可能有效地实施。再者,实施法律还必须要有相应的社会、经济政治、文化条件的配合,需要有一定的物质装备、基础设施等物质条件。

总之,我们只有正确认识到法律本身所存在的局限,并采取相应的措施,才能充分发挥法律的作用。必须克服盲目崇拜法律的心理,正确适用法律机制和法律手段。

第三节　法律的价值

一、法律价值的概念

人们对于法律问题的认识与审视,大致可以包括两个基本的方面:①对法律问题进行符合其本来面目的反映和描述,这种认识也可以称为事实性认识;②人们必须从自身的需要出发,来衡量法律的存在与人的关系以及对人的价值和意义,这就是价值性认识。[1] 由此可见,将价值问题引入法学领域,不仅是人们对法律认识的深化,更为主要的,则是以人作为价值的主体,来对法律制度进行批判性的认识,从而有利于提高法律与人们生存、需要的关联度。

有关法律价值的概念,在国内法理学教科书中都有定义。简单地说,法律价值是指法这种规范体系(客体)有哪些为人(主体)所重视、珍视的性状、属性和作用。[2] 具体而言,法律价值这一范畴包含如下意义:①法律价值体现了一种主客体之间的关系,也就是说,它是由人对作为客体的法律的认识,从这个意义上而言,法律价值不是以人受制于法律,而是以人作为法律的本体这一关系得以存在的;②法律价值表明了法律对于人而言所拥有的正面意义,它体现了其属性中为人们所重视、珍惜的部分。日本学者川岛武宜也是这样理解法律价值的,他指出,在各种社会领域、社会集团、阶级等层次中,各种价值相互关联并形成为一定的体系,也即价值体系。“在这些价值之中,法律所保障的或值得法律保障的(存在着这种必要性)的价值,我们将其称之为‘法律价值’。”[3] ③法律价值既包括对实然法的认识,更包括对应然法的追求。也就是说,法律价值的研究不能以现行的实在法为限,它还必须采用价值分析、价值判断的方法,

---

〔1〕 陈金钊主编:《法理学——本体与方法》,法律出版社 1996 年版,第 263 页。

〔2〕 李步云主编:《法理学》,经济科学出版社 2000 年版,第 58 页。

〔3〕 [日]川岛武宜:《现代化与法》,王志安等译,中国政法大学出版社 1994 年版,第 246 页。

来追寻什么样的法律才是最符合人的需要的这一问题。正因如此，学者将法律价值的概念概括成三种含义：第一，指的是法促进哪些价值。这实际上就是法的本质与目的的问题；第二，指法本身有哪些价值。这实际上是指法不仅是实现一定目的的手段，同时它本身也有特定的价值；③在不同类价值之间或同类价值之间发生矛盾时，法根据什么标准来对他们进行评价。[1] 周永坤先生也将“价值”置于三个层次来考虑：价值是表征主客体关系的概念，客体对主体需要的满足；价值又是评价性概念，对主体的各种需要作出评价；价值又是伦理性概念，对主体本身价值的评价即对人格尊严的推崇。[2]

还必须注意的是，法律价值的概念并不等于法律作用或法律效用等概念，法律本身所有的各种属性，如法律的各种作用，法律的阶级意志性和强制性等，他们只是法律价值得以形成的基础和条件。法律价值反映了主体与法律之间特定关系，使法律更好地服从和服务于人。

二、法律价值的确定

法律价值究竟有哪些，这在国内法理学界是个众说纷纭的问题。学者对价值的理解不一，因而有关法律价值的阐述也就存在着较大的差异。现我们将国内法学著作中有关法律价值的“清单”列表如下，就此可见在这一问题上人们认识的不同：

作者及书名	法的价值“清单”	出版单位
乔克裕、黎晓平：《法律价值论》	自由、正义、秩序、安全、平等	中国政法大学出版社 1991 年版
沈宗灵主编：《法理学》	正义、利益	高等教育出版社 1994 年版
孙国华主编：《法理学》	自由、秩序、正义、效益	法律出版社 1995 年版
陈金钊主编：《法理学—本体与方法》	自由、平等、正义、秩序、效率	法律出版社 1996 年版
李其瑞、杨宗科主编：《法理学》	自由、正义、秩序、效率	中国民主法制出版社 1996 年版
张文显主编：《法理学》	秩序、自由、效率、正义	法律出版社 1997 年版
吕世伦、文正邦主编：《法哲学论》	正义、公平、自由、权利、秩序、效益	中国人民大学出版社 1999 年版
葛洪义主编：《法理学》	秩序、效益、自由、平等、人权、正义	中国政法大学出版社 1999 年版
卓泽渊：《法的价值论》	秩序、效益、文明、法治、理性、权利、自由、平等、人权、正义、人的发展	法律出版社 1999 年版
谢鹏程：《基本法律价值》	公平、效率	山东人民出版社 2000 年版

[1] 沈宗灵主编：《法理学》，高等教育出版社 1994 年版，第 46 页。
[2] 周永坤：《法理学——全球视野》，法律出版社 2000 年版，第 215 页。

作者及书名	法的价值"清单"	出版单位
万光侠:《效率与公平——法律价值的人学分析》	效率、公平	人民出版社 2000 年版〔1〕
葛洪义主编:《法理学》	秩序、自由、正义、效率	中国法制出版社 2000 年版
李步云主编:《法理学》	秩序、正义	经济科学出版社 2000 年版
张文显:《法哲学范畴研究》(修订版)	秩序、正义、自由、效率	中国政法大学出版社 2001 年版
公丕祥主编:《法理学》	利益、秩序、正义、自由、效率	复旦大学出版社 2002 年版
陈金钊主编:《法理学》	正义、秩序、自由、平等、效率	北京大学出版社 2002 年版
张文显主编:《马克思主义法理学——理论、方法和前沿》	秩序、自由、正义、效率	高等教育出版社 2003 年版
张文显主编:《法理学》(第 2 版)	利益、人权、秩序、自由、正义、效率	高等教育出版社、北京大学出版社 2003 年版
杨震:《法价值哲学导论》	秩序、正义、公平、自由、效率、安全	中国社会科学出版社 2004 年版
周永坤:《法理学》(第 2 版)	秩序、正义	法律出版社 2004 年版
付子堂主编:《法理学进阶》	秩序、利益、平等、自由、人权、正义	法律出版社 2005 年版

对上述 21 种著作有关法的价值体系的表述进行分析,可以得到以下相关数据:

法的价值指标	自由	正义	秩序	安全	平等	利益	效益	效率	公平	权利	人权	文明	法治	理性	人的发展
出现次数	16	19	18	2	6	4	4	12	4	2	4	1	1	1	1

综观上表所列可以看出,国内学者有关法的价值究竟应当包括哪些内容,存在着较大的差异。有些认为是价值的东西,本身很难说它就是价值,如文明、法治、理性、权利、利益等;有的价值虽然也可以成为法律的价值之一,但相对来说处于较低层次之上,如安全、平等、效益、效率等。本书认为,法的价值的内容可以是多方面的,但这些价值内容应该是有层次性的,并非处于同一层次。处于第一层次的应该是法律的两大基本价值,即秩序和正义,这不仅是因为在上述表格上其使用频率最高,更主要的是它代表了人类法律的最为本质的价值观念;其他价值内容相对而言处于较低的层次上,如正义中包含自由、平等、安全、效率和人权等内容。正如有的学者指出,"秩序的价值在于赋予或维系社会关系和社会体制的模式和结构,从而为人类的生活与活动提供必需的条件,正义所关注的则是这些模式与结构的性质、内容和目的,是人们追求社会生

〔1〕 国内有关法的价值的专著中,尚有严存生先生《法律的价值》(陕西人民出版社 1991 年版)和杜飞进主笔的《法律价值论》(陕西人民出版社 1992 年版)两书,但均将法律的价值等同于法律的作用,并未提出具体的法律价值目标,故不列入。

活公正合理的实质、质量和理想。正义的社会秩序意味着安全、平等和自由。"[1]博登海默也指出,一个法律制度若要恰当地完成其职能,就不仅要力求实现正义,而且还必须致力于创造秩序,因为"秩序的维持在某种程度上是以存在着一个合理的健全的法律制度为条件的,而正义则需要秩序的帮助才能发挥它的一些基本作用。为人们所要求的这两个价值的综合体,可以用这句话加以概括,即法律旨在创设一种正义的社会秩序"。[2] 因而,本书即将"秩序"与"正义"作为主要的价值予以论述,而不涉及其他价值问题。

三、法律价值的内容

(一)秩序

"秩序"是社会科学中常见的名词。据英国学者科亨的概括,西方学者有关"秩序"这一范畴的界定大体有如下说法:①社会的可控性,即存在于社会体系中的各种调控因素,包括限制和禁止性因素等;②社会生活的稳定性,如某一社会持续地维持某种状态的过程;③行为的互动性,这是指人们的行为具有相互引起、相互补充和配合的特点,因而不是偶然的、无序的;④社会活动中的可预测因素,因为在无序状态中,人们便无法预测社会活动的发展变化,难以进行各种活动。[3] 由此可见,"秩序"反映了事物的一种有条不紊的常态,表明了社会生活的规律性与稳定性。与"秩序"相对的反义词则是"无序",其意指一种纷扰不定的社会反常形态。

在法学上,博登海默对"秩序"也进行了定位,认为秩序"意指在自然进程和社会进程中都存在着某种程度的一致性、连续性和稳定性"。[4] 按照博氏的意见,秩序可分为自然秩序与社会秩序两类。[5] 当然,法学上所言秩序,主要是指社会秩序。它表明通过法律机构、法律规范、法律权威所形成的一种法律状态。由不同的人所组成的社会要得以维系其存在与发展,就必须确立基本的秩序形式,其中,法律在促成人类秩序的形成方面发挥着重要的作用,任何一种法律都是要追求并保持一定社会的有序状态。正如拉德布鲁赫所言,"所有秩序,无论是我们在生命伊始的混沌状态中所发现的,或是我们所要致力于促成的,都可以从法律引申出它们的名称。"[6]因此,法律总是为一定秩序服务的,也就是说,在秩序问题上,根本就不存在法律是否服务于秩序的问题。所存在的问题仅在于法律服务于谁的秩序、怎样的秩序。

---

〔1〕 乔克裕、黎晓平:《法律价值论》,中国政法大学出版社 1991 年版,第 145 页。

〔2〕 [美]E. 博登海默:《法理学:法律哲学与法律方法》,邓正来译,中国政法大学出版社 1999 年版,第 318 页。

〔3〕 [英]科亨:《现代社会理论》,转引自邢建国等:《秩序论》,人民出版社 1993 年版,第 2 页。

〔4〕 [美]E. 博登海默:《法理学:法律哲学与法律方法》,邓正来译,中国政法大学出版社 1999 年版,第 219 页。

〔5〕 有关自然秩序与社会秩序的差异,参见周永坤:《法理学——全球视野》,法律出版社 2000 年版,第 218、219 页。

〔6〕 [德]拉德布鲁赫:《法学导论》,米健、朱林译,中国大百科全书出版社 1997 年版,第 1 页。

"秩序"之所以成为法律的基本价值,是因为,首先,任何社会统治的建立都意味着一定统治秩序的形成。没有秩序的统治,根本就不是统治。因为在一片混乱之中,统治者的权力根本就无法行使,自然也就无法建立有效的社会管理模式。因而,法律的根本而首要的任务就是确保统治秩序的建立,因而秩序对于法律来说,无疑是基本的价值。其次,秩序本身的性质决定了秩序是法律的基本价值。秩序是人们社会生活中相互作用的正常结构、过程或变化模式,它是人们相互作用的状态和结果。任何时代的社会,人们都期望行为安全与行为的相互调适,这就要求通过法律确立惯常的行为规则模式,"因为只有在规则明确、恰当的条件下,才不至于陷入各行其是或无所适从的困境,才能避免各种行为关系间的摩擦和碰撞,使社会或集体进入有序状态"。[1]正是从这个意义上,法律、规则、秩序可以成为同义词;再者,秩序是法律的其他价值的基础。诸如自由价值、平等、效率等法律价值表现,同样也需要以秩序为基础。因为没有秩序,这些价值的存在就会受到威胁或缺乏必要的保障,其存在也就没有现实意义了。这正如庞德所说的"当法律秩序已经认定和规定了它自已要设法加以保障的某些利益,并授予或承认了某些权利、权力、自由和特权作为保障这些利益的手段以后,现在它就必须为使那些权利、权力、自由和特权得以生效而提供手段。"[2]

然而也必须注意的是,虽然秩序是法律的基础价值,但这并不等于秩序是法律的唯一价值。秩序是必要的,但秩序必须以合乎人性、符合常理作为其目标。也就是说,如果秩序是以牺牲人们的自由、平等为代价的,那么这种秩序就不是可欲的秩序。正是从这个意义上而言,现代社会所言的"秩序"还必须接受"正义"的规制。相对来说,秩序主要关系到社会生活的形式方面,而难以涉及社会生活的实质方面,因而,博登海默认为,"秩序……所注重的乃是社会制度和法律制度的形式结构,而正义则关注的却是法律规范和制度性安排的内容、它们对人类的影响以及它们在增进人类幸福与文明建设的价值。"[3]甚至我们可以这样认为,秩序是法律的原初价值,而正义则是法律的终极价值。

(二)正义

"正义"既是人们所不懈追求的价值评判目标,但同时也是一个变幻不定、歧义丛生的哲学、法学概念,正如博登海默所言:"正义有着一张普洛透斯似的脸,变幻无常,随时可呈不同形状并具有极不相同的面貌。"[4]当然必须注意的是,"正义"本身是个

〔1〕 邢建国等:《秩序论》,人民出版社1993年版,第33页。

〔2〕 [美]罗·庞德:《通过法律的社会控制·法律的任务》,沈宗灵、董世忠译,商务印书馆1984年版,第114页。

〔3〕 [美]E.博登海默:《法理学:法律哲学与法律方法》,邓正来译,中国政法大学出版社1999年版,第252页。

〔4〕 [美]E.博登海默:《法理学:法律哲学与法律方法》,邓正来译,中国政法大学出版社1999年版,第252页。

关系范畴,它存在于人与人之间的相互交往之中,可以说,没有人与人之间的关系存在,就不会有正义问题的产生。换言之,所谓“不正义”绝对不会存在于孤立的个人之上,公正只是一种在涉及利害关系的场合,要求平等地对待他人的观念形态。〔1〕正因如此,阿奎那在《神学大全》中将正义问题作为一种外部效果来论述,“因为正义或者我们根据正义而使用的东西都与其他通过正义使我们与之相连的人成比例。而每个人自己都是按照比例相等应归于他的。”〔2〕这一原则,也就是我们通常所言的“把各人应得的东西归予各人”。从实质内容上而言,正义又体现为平等、公正等具体形态。恩格斯指出,“平等是正义的表现,是完善的政治制度或社会制度的原则”。〔3〕这就是说,公正不仅是人类的一种“理想”,同时还表现在使这种理想与现实社会条件的结合。同时,“平等”本身就有一个“不平等”的他者存在,没有平等自然无所谓不平等,同样,没有不平等也无所谓平等。表面上看,这似乎是一种毫无意义的循环论证,但的确说明了平等本身作为正义内容的观念形式。马克思、恩格斯合著的《神圣家族》中,就这一问题作了论证:“平等是人在实践领域中对自身的意识,也就是人意识到别人是和自己平等的人,人把别人当做和自己平等的人来对待。平等是法国的用语,它表明人的本质的统一、人的类意识和类行为、人和人的实际的同一,也就是说,它表明人对人的社会的关系或人的关系。”〔4〕

在法律思想发展史上,法律与正义的关联一直是人们所探讨的问题。古希腊时期的柏拉图就已研究了法律与正义的关系,它将正义分为道德正义与法律正义两类。前者是个人和国家的最高美德,社会行为的普遍道德标准:“正义是智慧与善,不正义是愚昧和恶”。〔5〕法律正义则是诉讼正义,它体现为通过法律机器的正常运转而获得的后果或判决。在柏拉图看来,一个人品性中,都具有“较善”和“较恶”两部分。如果较善的那部分占优势,就控制住“较恶”的那部分,他就成为自己的主人;如果他接受不良的教育,或者受坏人的熏染,他便成为“自己的奴隶”。当恶性膨胀时,就只好服从外在的权威,这个外在权威就是法律。因而,法律是一种社会行为准则,它是公道与正义的标志。柏拉图的弟子亚里士多德继承了乃师的传统,也从法律与正义的关系上进行法

〔1〕因而公正也就是一种平等地分配权利义务的“利害关系”。亚里士多德即尝言道:“当人们是朋友时,他们不需要正义,而当他们是正义的人时,却也需要友谊,最实际的正义形式被认为是一种互助的品质。”转引自[美]莫蒂斯·艾德勒、查尔斯·范多伦编:《西方思想宝库》,《西方思想宝库》编委会译编,吉林人民出版社1988年版,第943页。朋友强调的是友爱,均衡地分配权利与义务可能就会与友爱本身相抵触。从这个意义上说,法律上的“陌生人”假设,也与正义的这一特性相关。

〔2〕转引自[美]莫蒂斯·艾德勒、查尔斯·范多伦编:《西方思想宝库》,《西方思想宝库》编委会译编,吉林人民出版社1988年版,第945页。

〔3〕[德]恩格斯:“《反杜林论》的准备材料”,载《马克思恩格斯全集》(第20卷),人民出版社1971年版,第668页。

〔4〕[德]马克思、恩格斯:“神圣家族”,载《马克思恩格斯全集》(第2卷),人民出版社1957年版,第48页。

〔5〕[古希腊]柏拉图:《理想国》,郭斌和、张竹明译,商务印书馆1986年版,第36页。

学问题的追问。在亚里士多德看来,正义可分为分配正义和改正正义两种:分配正义是指根据个人的功绩价值来分配财富、官职、荣誉等。谁的功绩和价值大,谁所分配的也就多;改正正义是指对任何人都一样看待,仅计算双方利益与损害的平等。这类正义既适用于双方自愿、平等的交换关系,也适用于法官对民事、刑事案件的审理。现代法学家庞德则将正义视为心理满足、制度建构以及理想关系的组合:“在伦理上,我们可以把它看成是一种个人美德或是对人类的需要或要求的一种合理、公平的满足。在经济和政治上,我们可以把社会正义说成是一种与社会理想相符合,足以保证人们的利益与愿望的制度。在法学上,我们所讲的执行正义(执行法律)是指在政治上有组织的社会中,通过这一社会的法院来调整人与人之间的关系及安排人们的行为;现代法哲学的著作家们也一直把它解释为人与人之间的理想关系。”〔1〕总之,无论对正义作何种界定与分类,可以肯定的是,法律如果离开了正义的德性,那么则将丧失法律的品格。

在法律上如何实现正义这一价值标准呢?大致说来,这包括以下数端:①正义是法律的基本标准。也就是说,法律只有合乎正义的准则时,才是真正的法律;如果法律充斥着不正义的内容,则意味着法律只不过是推行专制的工具。因此,在制定法律时,立法者必须以一定的正义观念为指导并将这些观念体现在具体的法律规定之中,维系正义的制度形态,同时引导广大民众崇尚正义、追求正义;②正义是法律的评价体系。这就是说,正义担当着两方面的角色:其一,它是法律必须着力弘扬与实现的价值;其二,它可以成为独立于法律之外的价值评判标准,用以衡量法律是“良法”抑或“恶法”。这就是正义观念固有的影响力,也是法学研究本身的任务。正如张千帆先生所云:“法学研究本身内在地带有价值判断,且法律的价值目标直接影响着法学研究。……法学研究……还被指望对作为公共政策的法律作出判断——也就是说,它应该比较不同的法律与政策选择,并告诉人们某项选择相对于其他选择而言对实现某种目标是不是最‘好’的。”〔2〕③正义也极大地推动着法律的进化。正义形成了法律精神上进化的观念源头,使自由、民主、平等、人权等价值观念深入人心;正义促进了法律地位的提高,它使得依法治国作为正义所必需的制度建构而存在于现代民主政体之中,从而突出了法律在现代社会生活中的位置;正义推动了法律内部结构的完善,它使得权力控制、权利保障等制度应运而生;正义也提高了法律的实效。法律的执行不仅要有利于秩序的维持,更主要的是要实现社会正义。〔3〕

还必须注意的是,不少人认为,正义没有绝对的标准,因而有关正义与法律的关联,也应当随各国的情况不同而采取不同的标准。这一观念是有害的。自然,正义作

---

〔1〕[美]罗·庞德:《通过法律的社会控制·法律的任务》,沈宗灵、董世忠译,商务印书馆 1984 年版,第 73 页。

〔2〕张千帆:“法学研究的新范式”,载《法学文稿》2001 年第 2 期。

〔3〕周永坤:《法理学——全球视野》,法律出版社 2000 年版,第 231、232 页。

为一种观念形态、社会理想，其内涵在不断地演化之中，但这并不意味着就可以借口特殊国情而背弃正义的一般要求。例如《公民权利和政治权利国际公约》第2条就明确规定："凡未经现行立法或其他措施予以规定者，本公约每一缔约国承担按照其宪法程序和本公约的规定采取必要步骤，以采纳为实施本公约所承认的权利所需的立法或其他措施。"[1]这也就意味着，《公约》所规定的内容，实际上就是一个普适性的正义标准，凡缔约国都必须保证予以落实。

复习思考题

1. 你认为如何来表述法律的本质较为适当？
2. 法律与其他规范相比较，有何主要的不同？
3. 试述法律的规范作用与社会作用的联系与区别。
4. 法律作用局限性的根源是什么？
5. 为什么说秩序是法律的初始价值，而正义是法律的终极价值？

---

〔1〕 转引自刘海年主编：《〈经济、社会和文化权利国际公约〉研究》，中国法制出版社2000年版，第312页。

第五章　法律形式

✢学习目的与要求

本章是有关法律形式问题的论述,重点分析了①法律渊源的基本理论,包括法律渊源释义和识别、法律渊源的种类、当代中国的制定法渊源问题;②法律的分类,主要介绍了实体法与程序法、一般法与特别法、公法与私法等基本的法律分类,揭示了不同法律分类的标准及其意义;③法律生成制度,阐释了法律生成特别是立法的一般理论,论述了我国的立法体制、立法原则和如何规范授权立法等问题;④法律位阶制度,阐释了法律位阶制度的概念,论述了法律位阶划分的标准,并对法律位阶的适用问题进行了分析。通过本章学习,能够较为清晰地认识法律形式的具体问题,深化对法律的理解。

第一节　法律渊源

一、法律渊源释义

(一)法律渊源的多种含义

法律渊源也称法律形式或法源,是一个在法理学上有着多种不同含义的法律名词。大致说来,人们在以下几个方面使用这一概念:①历史渊源,即法律的效力、形式与特定历史事件、历史行为的连续性或关系。如11世纪英国历史上的普通法是英国法的历史渊源、西方大陆法系的渊源是古代罗马法等;②实质渊源(本质渊源),也即法律的本源或根源,例如通常人们所言的"理性"与"正义"等,往往作为法律的基本标志;③效力渊源,也即法律拘束力和保护力的来源,一般是由国家权力、法律权威或民众认同而形成;④文件渊源,即记载法律规则、法律原则及权威性解释的文件。如英美法系的判例汇编、我国的各种法律法规汇编、权威的法学文献等;⑤形式渊源,即法律的具体表现形式,也称为法律的存在形态。简单地说,它是指国家或社会的法律规范以何种形式表现出来。在当今法理学上,人们主要是从形式渊源的角度来使用法律渊源这一概念。

此外,美国法学家格雷将法律渊源与法律予以区别,认为法律渊源"应当从法官们在制定构成法律的规则时所通常诉诸的某些法律资料与非法律资料中去寻找。”[1]换言之,法律渊源是法律的素材,是可以成为法律判决合理基础的资料。从这个角度而言,法律渊源不仅应当是法律的具体表现形式,还是可以成为司法判决依据的法律形式。这与我国现有的法学观念存在着差异。在我国法学界,言及法律渊源至多也就是从法律的具体表现形式着眼,重视的仅是静态层面的法律资料,而忽视了法官等法律职业者在法律渊源识别、择取上的主动性。实际上,任何一个不能为司法适用的规范严格来说也就不是法律渊源。就此而言,对法律渊源的进一步的定位应当是:由国家或社会所形成的,能被法官适用并对法官审判有拘束力或影响力的不同效力等级的法律规范的各种表现形式。

(二)法律渊源的主要功能和识别标志

法律渊源是一个兼具理论与实践、原理与技术的重要概念。在理论方面,法律渊源揭示了什么规范能成为有效的法律形式以及现行法律的效力来自于何种规则或权威的问题,有利于丰富和加深我们对法律的认识,特别是法律渊源的多元性这一观念,能够打破长期以来以制定法作为唯一渊源的传统;同时,法律渊源还涉及理性与经验、国家与社会、制度与个人等深层次的法理问题,是法律基本原理中不可或缺的重要一环。在实践方面,法律渊源理论可以提供法律识别技术,指导法律职业者进行法律甄别,以排解社会纷争;特别是某一规范的被适用,有利于将法律规则或社会规范纳入司法的视野,从而实现司法与社会的良性互动。

然而,什么样的规范能够成为法律渊源呢?这就牵涉到法律渊源的识别问题。我们认为,能够成为法律渊源的各种素材、资料至少必须具备以下条件:

1. 权威性。这是法律渊源得以成立的基本要素,也就是说,某一规范之所以能够作为法律的表现形式之一,关键就在于其拥有较为权威的规范来源。例如,它可能是由国家明文创制的,也可能是由社会明确公认的;可能是立法者通过正式文本所宣示的,也可能是由法官在裁判中作为司法准据所适用的。在远古社会,它甚至也可能是神意、天命的体现。总之,无论法律渊源以何种方式表示出来,但它总有着正当的权威基础,否则人民即无按此渊源行为的义务。

2. 司法适用性。如前所述,法律渊源的实践功能,即在于可作为判决的基本依据。法律的施行、法律的效力最终必然体现在司法上。任何不能被司法适用,不能影响法官裁判的规则、材料都无法真正对人们行为和社会关系加以指引和规范,无法体现它的效力甚至无法体现它自身的存在。在某种意义上,司法适用性成为区分“活法”与“死法”的标志。正如美国学者格林顿等所言:“法律渊源涉及的并非普通公民的行为受什么样的规则管辖,而是法院在解决具体纠纷时应该适用哪些法律的问题。”[2]只

---

[1] [美]博登海默:《法理学——法哲学及其方法》,邓正来、姬敬武译,华夏出版社1987年版,第394页。

[2] [美]格林顿等:《比较法律传统》,米健等译,中国政法大学出版社1993年版,第154页。

有从这个意义上去理解法律渊源，才能真正理解其理论实质。

3. 涉及对权利(权力)和义务关系的调整以及人们行为的常态。法律规范是以规定人们的权利和义务为主要内容的，作为法源的材料应当满足调整人们行为的安排、确定权利义务关系的需要。自然，这种调整可以是具体而直接的，如法律规则、习惯的调整；也可以是较为抽象的，如法律原则、价值观念的调整。

4. 公开性。能够成为法律渊源的规范还必须是公开的，即具有众所周知的特性，或者起码是与规则相关的人群知悉的，或有足够的渠道使大家可以知悉。因为对于理性人而言，他没有义务遵守自己无法知晓的法律，也无法循此进行自己的行为。将处于秘密状态的规则、材料视为法源适用是不公平和不正义的。当然在非民主社会中并不排除缺乏公开性的法源，如奴隶制时期的古代中国，即信奉"刑不可知则威不可测"的传统，通过秘密法来实施恐怖统治。

5. 内容的相对确定性。尽管最完善的法律规范也难免存在模糊和"空缺结构"〔1〕等不确定性，但法律是要反复适用的，应当具有普遍性和规范性。这些对于制定法框架内的法律规则、法律原则是如此，即使是社会渊源中的公共政策、公认价值也是如此。如果某一规范本身就是模棱两可、歧义丛生的，那么则无法满足于人们对其行为进行期待、预测的需要，因此也就丧失了法律渊源的基本特性。

应当指出的是，法律渊源本身是一个多元和开放的体系，上述识别标志因而也只具有相对意义。诚如博登海默所言："如果我们将有关承认规范性标准或安排为法律渊源的条件完全搞清楚并根本确定下来，那么我们社会中的法律范围就会被缩小到一个极不合理的狭窄余地。"〔2〕这就意味着，法律渊源本身有赖于人们的自主性选择，特别是法官应当积极地采纳为社会所认可并且具有正当合理性的规范，作为法律渊源的基本材料。

(三)法律渊源的历史发展

在古代中国，最早的法律渊源是习惯，以后逐步由习惯发展到习惯法、成文法。一般认为，中国最早公布成文法始于公元前536年郑国子产的"铸刑书"，〔3〕由此开我国成文法之先河。战国时期魏国李悝编纂的《法经》，则拉开了中国封建法典的序幕。秦统一中国后，制定法(成文法)开始成为主要法源。此后历代在编纂统一的法典之时(例如汉代《九章律》，唐代《永徽律》等)，也以"令"、"科"等作为辅助的法律渊源。同时，皇帝的诏、诰在封建专制政体之下，也是当然的渊源之一。然而必须注意的是，中国古代仍然为社会渊源保留了较大的空间，诸如习惯、"礼"等，均可以作为法官断案的依据。十九世纪清末，我国的法律渊源逐步向西方的大陆法系靠拢，形成了以宪法、法律、行政法规等制定法为主的法源形式。

---

〔1〕［英］哈特：《法律的概念》，张文显等译，中国大百科全书出版社1996年版，第121页以下。

〔2〕［美］博登海默：《法理学——法哲学及其方法》，邓正来、姬敬武译，华夏出版社1987年版，第458页。

〔3〕《左传·昭公六年》。

在西方，开始的法律渊源也是习惯，如古希腊的神谕，以后约在公元前621年执政官德拉古始制定成文法。在古罗马，法律渊源有成文法和不成文法两类。不成文法是习惯确立的法律；成文法则包括：人民大会制定的法律、平民决议、元老院决议、皇帝的法令、长官的告示和法学家的解答。[1] 在中世纪的欧洲大陆由于诸侯割据、宗教神权与世俗政权的两元分离，法律渊源也比较散乱。主要的有日耳曼法、罗马法、教会法、庄园法、商法、城市法、王室法等。[2] 近代以来西方国家的法律渊源趋于相似，在大陆法系国家以宪法为主，同时包括法律、授权立法等形式的制定法为主要法源；在英美法系国家判例法和制定法都是法源，习惯法、公认社会价值、权威学说等则以非正式法源形式起到补充作用。

中西法律渊源上最大的差异，可能要推自然法理念的不同。在中国，法律要么是由国家明文制定的，要么是由社会所自发形成的，纯粹的法律观念无法作为适用法律的依据。然而，在西方，很早就形成了自然法的理念，它可以成为人们正当行为的依据，也可以据此来评判现行法的正当性。

二、法律渊源的种类

与法律渊源含义的多样性相一致，法律渊源的种类由于受各国政治体制、国家结构形式、法律传统、历史文化、社会需求等诸多因素影响也呈多样化特点。但法律渊源理论的重点不仅在于明了多少类型的法源形式，更重要的是要确定各类法源的效力及主次顺序规则。因此西方法学者多将法律渊源区分为正式渊源与非正式渊源两类。正式渊源意指由国家权力的介入所形成的法律表现形式，如宪法、法律、行政命令、行政法规、条例、条约以及司法先例等；非正式渊源则指由社会所认同的行为规则，它们可以作为法律实践的基本依据，如正义标准、推理和思考事物本质的原则、个别衡平法、公共政策、道德信念、社会倾向等。[3] 借鉴这种分类，我们也将法律渊源分为正式渊源与非正式渊源两类。

（一）正式法源

1. 制定法。制定法一般是指由国家立法机关或经立法机关授权的国家机关制定通过的成文规范性文件。根据制定机关的不同制定法可分为议会制定法和授权立法；根据效力高低可分为宪法、法律、行政法规、地方性法规等。在西方，制定法是大陆法系国家的最重要的法源；在英美法系，“制定法只有在被应用到判决中才被视为法的渊

---

〔1〕［古罗马］查士丁尼：《法学总论》，张企泰译，商务印书馆1989年版，第7页。

〔2〕［美］伯尔曼：《法律与革命——西方法律传统的形成》，贺卫方等译，中国大百科全书出版社1993年版，第242页以下、第331页以下。

〔3〕［美］博登海默：《法理学——法哲学及其方法》，邓正来、姬敬武译，华夏出版社1987年版，第395～396页。

源”。[1] 我国历来就有编纂法典的传统，目前最重要的法律渊源也是制定法。同时要说明的是，在以往，制定法往往是与主权相关的，是一个独立国家行使主权的一种体现。然而，伴随区域一体化和全球化进程的加快，制定法的主体也正由一国立法机关向包括某些超国家组织在内的更广范围扩散，典型的如欧洲议会的制定法。

2. 判例法。判例法简单来说就是因法院判决而形成的法律。具体而言，是指最高法院或上级法院对某一案件判决中的判决理由（或称司法决定）对以后本院和下级法院同类案件的裁判具有约束力，判决理由因而具有与法律相当的地位，可以成为解决类似案件的法律依据。必须注意的是，所谓判例法并不是指整个判决书，而是仅指判定某项事实或者确定某项法律原则的判决理由。

在判例法制度中最重要的原则是“遵循先例”，其意思是维护先例和不反对已经固定的观点。这一原则在英美法系中有着悠久的传统，而其原因则如学者所归纳的，“平等、可预见、经济和尊敬”。[2] 也就是说，遵循先例既体现了同等事情同等对待的法律原则，又利于民众根据判例而预测自己行为的后果。同时，法官在面对类似案件时，只需沿用判例，可以节省司法成本；这一传统也有利于对前代法官的尊敬，从而延续司法传统。当然更为重要的是，这一原则可以防止法官任意作出判决，从而减少了法官自由裁量的危险性。当然，这一原则也不是绝对的，美国最高法院就经常背离先例而作出判决；英国最高司法机构——上议院过去一直恪守先例，然而在1960年代，这一做法开始松动，其原因在于，太严格的遵循先例可能限制法律的发展，并在特殊个案中无法实现公正。

判例法与制定法的主要区别表现在：①从产生方式看，判例法产生于诉讼，是法官创造的；制定法产生于事前预设，是立法机关创制的；②从产生原因看，判例法的形成是为裁判个案的需要，其效力一般具有后溯式性；而制定法是立法机关有目的有意识创制的，它着眼于未来，是希冀通过规则去改变现在的状况；③从表现形式看，判例法存在于判决理由中，且多是原则的阐述而非规范的法律条文形式；制定法则存在于法律文件中，具有严格的逻辑性、规范性、完整性并以条文或文件形式表现出来；④从具体适用看，由于遵循先例等特定的适用技术加之判例本身的具体性，判例法较为确定，法官适用的自由裁量余地相对较小；制定法是对一定社会关系的调整，涵盖的面广，内容比较抽象，它的具体涵义、适用与否，最终要由法官结合个案作出解释，因此制定法适用的余地、伸缩性相对较大。

判例法是英美法系国家的主要法源，大陆法系国家一般不认为判例是正式法源，但判例在大陆法系国家也一直发挥重要作用。“一系列含有对法律见解作出相同陈述

---

〔1〕 朱景文：《比较法社会学的框架和方法——法制化、本土化和全球化》，中国人民大学出版社2001年版，第167页。

〔2〕 朱景文：《比较法社会学的框架和方法——法制化、本土化和全球化》，中国人民大学出版社2001年版，第189页。

的判例，其效力几乎等同于英美法院的判例。……德国最高法院认为，一位律师如果无视法院官方报告中所发表的判决，那么他本人便应当就所产生的后果对其当事人负责。"[1]随着两大法系的日益靠拢，判例在大陆法系有的国家已经成为正式法源，如法国的行政法就是由行政法院判例和法律共同组成的。[2]

3. 习惯法。习惯法是以习惯形式存在着的法律。多数习惯法是由国家立法机关或法官认可的，但作为人们惯行的依据意义的习惯并不以这些国家权力的认可为条件："许多被承认是法律的东西，并不能真正称作国家权力的命令。……习惯被承认为法律，是因为长期以来人们接受它管理某些地区或某些行业的事务。"[3]在很多时候人们不进行诉讼或者不借助国家而根据习惯安排相互权利义务关系，这时的习惯就实际上起着法律的作用。当然，能够成为法律渊源的习惯，除了由立法者通过法律文本加以采纳之外，一般必须通过司法途径将其作为判决的依据。

习惯是人们行为经验的积累与总结，被人们赞誉为铭刻于民众的信念之中而非少数杰出人物自觉的创造。[4] 马克斯·韦伯指出："惯例应该称之为在一定范围内的人当中被作为'适用'而赞同的、并且通过对它的偏离进行指责而得到保证的习俗。"[5]习惯成为法律渊源，正是因为它创设了明确的、有强制性的权利义务关系，并且为人们所认同和遵守。在古罗马时代，人们就认为古老的习惯经人们加以沿用的同意而获得效力，就等于法律。[6] 习惯法作为最古老的法律渊源，在人类文明社会的早期曾是最主要的法源形式。近现代以来随着制定法、判例法的发展，习惯法地位日渐下降，其作用领域逐渐缩小。但这并不意味着习惯法的力量已经枯竭，在某些不宜由国家干预的领域，例如行业管理方面，行业规范仍然是重要的法律依据；同样，在制定法有缺漏的地方，习惯法可以成为有效的补充。

当然也不是所有的习惯都能成为法律，一个习惯要能被作为法源引用，必须具备以下条件：①习惯必须得到公众持续不断的遵守和实施从而成为惯行；②习惯内容合理并为相应领域的人所周知；③习惯涉及人们的权利义务；④习惯调整的领域是制定法没有规定的，或虽有规定但制定法作出了允许例外的明示的。[7] 此外现代社会还强调，习惯的效力不得及于惩罚性内容，例如刑事处罚、行政处罚等。

4. 国际条约。国际条约是国家及其他国际法主体间所缔结的确定相互间权利义

---

〔1〕［美］博登海默：《法理学——法哲学及其方法》，邓正来、姬敬武译，华夏出版社 1987 年版，第 420 页。

〔2〕［法］莫里斯·奥里乌：《行政法与公法精要》（下册），龚觅等译，辽海出版社、春风文艺出版社 1999 年版，第 1197 页。

〔3〕［美］詹姆斯：《法律原理》，关贵森等译，中国金融出版社 1990 年版，第 11 页。

〔4〕［美］埃尔曼：《比较法律文化》，贺卫方、高鸿钧译，三联书店 1990 年版，第 43 页。

〔5〕［德］马克斯·韦伯：《经济与社会》（上卷），林荣远译，商务印书馆 1997 年版，第 64 页。

〔6〕［古罗马］查士丁尼：《法学总论》，张企泰译，商务印书馆 1989 年版，第 11 页。

〔7〕周永坤：《法理学——全球视野》，法律出版社 2000 年版，第 43 页；陈金钊：《法律解释的哲理》，山东人民出版社 1999 年版，第 205 页。

务关系的协议。它的名称很多，如国际条约、国际公约、国际协定、议定书、宣言、换文等。就一国而言，凡是国家缔结或加入的国际条约（声明保留的除外）应对本国有约束力，在经过法定程序为有关国家机关认可后，成为本国的法律渊源之一。国际条约一般分为造法性条约和契约性条约，[1]能够成为法源的主要是造法性条约，即条约含有规范性内容，创设了新的规则或确认、改变了现有的一般国际法规则。而契约性条约一般限于特定事项的交易，不能成为法源，除非契约项下的交易被惯常化，变成惯例成为法源。随着全球化进程的加快，国际条约的法源地位日益突出，各国大多根据国际条约的内容来修正本国法律中与之相抵触的内容，这就说明，国际法优先正成为普遍的选择。

（二）非正式法源

如前所述，正式渊源多通过国家权力的媒介而形成，然而，国家并不能垄断法律渊源的创制权。一个民主的国家，既需要有高效的权力运转机制，同时又为人们的自治留下必要的空间，因而，在正式渊源之外，还必须有社会民众创造、遵循的非正式渊源存在。同时，由于制定法等正式法源不可避免的存在着模糊性和空缺结构，也必须用非正式渊源来弥补正式法源的缺漏，甚或结合个案纠正正式法源的讹误。严格说来，"如果没有非正式渊源的理论，那么在固定的实在法律的范围以外，除了法官个人的独断专行以外，就什么也不存在了。"[2]这深刻地说明了非正式渊源在司法过程中的重要地位。

1. 权威法学理论。权威法学理论是指著名法学家对法律问题的系统解释、论述。在西方，权威法学理论一直是法律渊源的重要组成部分。在古罗马，法律学说是裁判官和执政官进行法律活动的依据，法学家的意见只要不是违反成文法规定或者违背皇帝意愿的，就同皇帝的批复一样对审判员具有约束力。[3] 在注释法学派时代，权威学者的注释与罗马法具有相同的约束力，"不读阿佐的著作就不能上法庭"。即便今天，在西方国家权威法学理论依然有其立足之地：1907 年的《瑞士民法典》指示法官如果发现法律中的漏洞，要"接受公认的法律学说和司法传统的指引"；1942 年《意大利民法典》规定只要法官用其他确定法律的方法无法解决案件，他就须"依照本国法学界的一般原则处理"。《国际法院规约》第 38 条第（一）款第（卯）项规定：司法判例及各国权威最高之公法学家学说，作为确定法律原则之补助资料者，可以为法官裁判所适用。20 世纪中叶对二战战犯的审判，依据的也主要是自然法学派的法律学说。相比而言，西方大陆法系国家更为重视法律学说的作用，英美法系"法官更倾向于根据为他们所承认的同行以及前辈的意见和判决处理案件。只是到了最近，那些试图从大量的诉讼

---

[1] 王铁崖主编：《国际法》，法律出版社 1981 年版，第 27 页。

[2] [美]博登海默：《法理学——法哲学及其方法》，邓正来、姬敬武译，华夏出版社 1987 年版，第 425 页。

[3] [意]彼德罗·彭梵得：《罗马法教科书》，黄风译，中国政法大学出版社 1992 年版，第 18 页。

形式或先例中抽象出某些原则的学术论著才受到更多的注意。”[1] 总的来说,权威法学理论能够成为法律渊源,一方面是因为制定法必然存在着缺漏,因而需要通过法学理论的科学性、灵活性来疏释成文法的不合理性和僵硬性。同时,西方法律传统一直将法律和公平、理性、道理联系在一起,视法律的生命是建立在合理、正当基础之上的法律文化传统,也促成了权威法学理论在司法中重要地位的形成。

2. 公平、正义等公认的社会价值观念。公平、正义等社会价值观念一般是不具有法律约束力的,但当法官在解释宪法和法律文件中含混不清的条款时要求助于正义:“如果实在法完全不能解决法院所遇到的问题,那么正义标准必定在产生有关解决争议的令人满意的方法中起到重要作用”;[2] 同样,当审理某个案件存在着两个或两个以上的正式渊源时,有关公平、正义的考虑会对法官的选择起到决定性的权衡作用。[3] 正因如此,公平、正义等价值观念会对法官的审判行为产生重大影响,甚至成为其审判时优先采纳的依据。然而问题在于,法官能否以适用实在法会破坏正义为由而拒绝适用实在法呢?换言之,正义等价值观念能否优先于正式法源?对这一问题的争论是很大的。我们认为,除了极个别例外(如适用实在法会带来极其严重的不公正),一般情况下法官不能抛弃实在法。“依法审判”既是宪政国家的基本原则,也是法官司法过程中的自律性准则,所以,法官必须在实现正义与维护实在法之间进行某种折衷和平衡。“因为试图使每个案件都达到绝对的公正就不可能发展和保持一般规则;但是如果一个规则不断造成不公正的结果,那么它就最终将被重新塑造。”[4] 从前一方面而言,不能轻易向制定法挑战;就后一方面而言,当制定法存在着明显的缺陷时,法官就必须重塑法律的精神。

3. 公共政策。著名法学家德沃金将“政策”定义为:“它们规定一个必须实现的目标,一般是关于社会的某些经济、政治或者社会问题的改善。”[5] 由此可见,“政策”是一个范围极为广泛的概念,几乎涵盖了人类社会的所有实践领域。“政策”与“法律”的区别主要在于是否由立法机构以正式的法律创制程序生成而已。因为一般而言,政策起源于政治进程,是政治体系自身复杂而精细的平衡艺术的结果。[6] 而现代法律的生成则以民主制的立法制度为基础,是由民选的立法机关代表人民意志而拟定的行为规则。

由法律渊源的司法适用性而言,司法与公共政策的关系同样是复杂的问题。一方

---

[1] [美]埃尔曼:《比较法律文化》,贺卫方、高鸿钧译,三联书店 1990 年版,第 119 页。

[2] [美]博登海默:《法理学——法哲学及其方法》,邓正来、姬敬武译,华夏出版社 1987 年版,第 433 页。

[3] [美]本杰明·卡多佐:《司法过程的性质》,苏力译,商务印书馆 1998 年版,第 23 页。

[4] [美]本杰明·卡多佐:《司法过程的性质》,苏力译,商务印书馆 1998 年版,第 10 页。

[5] [美]罗纳德·德沃金:《认真对待权利》,信春鹰、吴玉章译,中国大百科全书出版社 1998 年版,第 41 页。

[6] [美]麦克斯·J. 斯基德摩、马歇尔·卡特·特里普:《美国政府简介》,张帆、林琳译,中国经济出版社 1998 年版,第 316 页。

面,作为重要的政府部门之一,“法院势必在制定政策方面起到作用。”而且“通过适时地提供判决,并且因此通过参加该制度政策产品的创制,司法机构维持了自身的存在和它在社会中的持久作用。”[1]在这种场合,司法机关主要通过两种方式来实施其政策功能:一种是消极否定式的,即通过宣布一项法律、法令、规则或政策无效来干预公共政策。例如由马歇尔大法官确定的美国司法审查制度,实际上就是通过否决国会立法或总统决定,来达到司法干预政策的目的。另一种方式则是积极主动式的,即直接主动地制定规则和政策。由于宗教、道德及其他文化的因素影响,诸如死刑、堕胎、同性恋等问题,长期以来困扰着国家的法律与政策。法院在这些问题上通过案件表明自己的态度,实际上也就是在直接地制定一种政策。这样做的好处是,有些问题公然由立法或行政机构加以干预,可能会引起舆论的指责及公众的不满,但通过具体个案的裁决,不仅保障了特定案件中当事人的权利,同时所受社会压力也较小,并且,作为公正化身的法院,其所作判决也更可能得到民众的支持。

但另外一方面,法院又不是主要的政策制定者而多以政策执行者的面目出现,[2]它必须受制于法治社会下的政治结构,执行立法机关与行政机关的政策决定。司法的特性决定了这种政策执行的合法性与依附性,因此,在涉及某一个的场合,司法机关必须以包括法律在内的公共政策作为衡量的根据,[3]通过公共政策的贯彻实施,来保证法院与政治结构和社会的合拍。正因如此,“在实践中,法院常以公共政策为由宣布这个或那个不能予以执行或这样或那样的结果必须予以禁止,以此来衡量各种社会利益。”[4]甚至于有的学者认为“在确定各种审判要点的正当范围中,政策因素常起作用,……这类考虑是不可避免的,……应把它们作为审判程序中的一种成分。”[5]而“公共政策”之所以对司法活动有这样长久的生命力,就是因为公共政策往往代表着民众对社会安全、社会秩序与社会公正的期望,法院如果不顾及相关的社会心态,则司法活动就有可能与民众的实际生活相脱离。我国《民法通则》第 6 条也规定:“民事活动必须遵守法律,法律没有规定的,应当遵守国家政策。”有时,公共政策会与法律原则出现交叉,在这时,法律原则应当优先于公共政策。因为法律原则应该得到遵守是因为

---

〔1〕 [美]埃尔曼:《比较法律文化》,贺卫方、高鸿钧译,三联书店 1990 年版,第 252 页、第 162、163 页。当然,即使司法机关能够制定政策,“它的作用与专门的立法者或政策制定者的作用”也是不同的,因为“它主要的是面对社会关系的变化,合理地运用和发展法律原则,在诉讼案件或有关请求中确认和加强既定的法律原则。”参见[英]罗杰·科特威尔:《法律社会学导论》,潘大松等译,华夏出版社 1989 年版,第 274 页。

〔2〕 张国庆先生就曾指出:“严格说,法院判决并不是完全意见上的公共政策。但由于法院裁决确立的某些原则对社会公众利益的分配形成了具有权威性的规制,因此从国家的角度看亦属于公共政策的范畴。”见其所著:《现代公共政策导论》,北京大学出版社 1997 年版,第 36 页。

〔3〕 从严格意义上说,法律就是一种最具普遍性的公共政策。

〔4〕 [美]罗斯科·庞德:《法律史解释》,曹玉堂、杨知译,华夏出版社 1989 年版,第 157 页。

〔5〕 [美]詹姆斯·安修:《美国宪法解释与判例》,黎建飞译,中国政法大学出版社 1994 年版,第 144 页。

它是公平、正义的要求,或者是其他道德层面的要求,而公共政策更多的是功利的考虑,因此法官面对违背法律原则的公共政策,或如果适用会与基本正义标准相左的公共政策应当具有否决权。[1]

此外,道德规范、宗教规范等在不同国家或地区也会直接、间接对法律实践产生影响,作为非正式法源的组成部分存在。如宗教规范在政教合一国家中法源地位是非常高的。由此也可看出,法律渊源的种类是多样的,"没有一种制度完全依赖制定法,也没有完全由不成文法和法院判决组成的制度。"[2]一个发达的法律秩序拥有各种各样的法源应是理所当然的。

三、当代中国的制定法渊源

(一)宪法

宪法是我国最主要的法律渊源,在法源中居于最高地位。宪法是全体人民意志的体现,规定的是国家生活中最根本的政治、经济和社会制度。宪法的核心内容又可通过权利、权力两个方面体现出来,宪法规定了公民的基本权利,是公民权利的保障书;宪法又是以确立权力分工与权力限度为其主要内容的,因而是一切国家权力的渊薮。在法律渊源中,宪法具有最高法律效力,居于法律渊源的顶端,为其他规范性法律文件的创立提供依据,因而也多以"母法"名之,凡与宪法相冲突的法律法规均无法律效力。新中国成立以来,先后制定了四部宪法,即1954年宪法、1975年宪法、1978年宪法和1982年宪法,现行宪法又经1988年、1993年、1999年和2004年四次修改,通过了共31条修正案。值得注意的是我国宪法的最高地位、效力尚未在实践中完全实现,宪法甚至还不能成为法院审判的直接依据,这种极不合理的状况在法治建设中亟待彻底改变。

(二)法律

法律是我国仅次于宪法的法源,它是由全国人民代表大会及其常委会制定的规范性文件。根据宪法规定,法律分为基本法律和基本法律以外的法律两种。基本法律由全国人民代表大会制定和修改,内容涉及调整国家和社会生活中最基本和重要的关系,如刑法、民法、刑事诉讼法、民事诉讼法等。基本法以外的法律由全国人民代表大会常委会制定和修改,调整除应由基本法调整以外的国家和社会生活某一方面的关系,如专利法、证券法、消费者权益保护法等。此外,全国人民代表大会及其常委会所作出的具有规范性内容的决议、决定也是法律。如1998年第九届全国人大常委会通过的《关于惩治骗购外汇、逃汇和非法买卖外汇犯罪的决定》等。

---

〔1〕［美］博登海默:《法理学——法哲学及其方法》,邓正来、姬敬武译,华夏出版社1987年版,第450页;［美］A. L. 科宾:《科宾论合同》(一卷版)(下册),王卫国等译,中国大百科全书出版社1998年版,第722页以下。

〔2〕［美］埃尔曼:《比较法律文化》,贺卫方、高鸿钧译,三联书店1990年版,第27页。

(三)法规

作为法律渊源的法规包括行政法规、地方性法规、军事法规和司法法规四种形式。

1. 行政法规。行政法规是国务院为了履行行政管理职责,根据宪法和法律制定的内容涉及政治、经济、教育、科技等各方面的规范性文件,在我国法律渊源中地位和效力低于宪法和法律。行政法规的名称一般采用条例、办法和规定三种。另外,在实践中,由国务院部门制定而由国务院批准的规范性法律文件,一般也将之作为行政法规看待。还必须注意的是,国务院所创制的规范性法律文件,如果是经由国家最高权力机关通过立法授权而创制,所形成的法律文件就具有"准法律"的地位,一般而言其效力高于普通的行政法规。

2. 地方性法规。地方性法规由于立法权来源、权限大小和内容的不同又可进一步分为一般地方性法规、经济特区法规、自治条例和单行条例三类。

一般地方性法规是指省、自治区、直辖市以及省级政府所在地市、经济特区所在地市和经国务院批准的较大的市的人大及其常委会在法定权限内根据本地区的实际制定的适用于辖区内的规范性文件。它不得与宪法、法律和行政法规相抵触,并要报全国人大常委会和国务院备案。由于我国幅员辽阔、人口众多、地区发展不平衡,因此地方性法规一方面可以因地制宜发挥地方的主动性、积极性;另一方面可以弥补中央立法的不足,有其存在的合理性、必要性。目前,地方性法规和地方性规章已经成为我国数量最大的法源。

经济特区法规是指经济特区所在地的省、市的人大及其常委会根据全国人大的授权决定,制定的在经济特区范围内施行的规范性文件。它不同于前述一般地方性法规,经济特区法规属于授权立法,内容范围限于经济领域。经济特区法规根据授权可以对法律、行政法规、地方性法规作变通规定。

自治条例和单行条例是根据宪法和民族区域自治法的规定,民族自治地方的人民代表大会依照当地民族的政治、经济和文化特点制定的规范性文件。自治条例和单行条例可以对法律和行政法规作出变通规定,但不得违背法律或行政法规的基本原则,不得对宪法和民族区域自治法的规定以及有关专门就民族自治方面地方所作的规定作出变通规定。自治区制定的自治条例和单行条例要报全国人民代表大会常务委员会批准后生效。自治州、自治县制定的自治条例和单行条例要报省或自治区的人民代表大会常务委员会批准后生效,并报全国人民代表大会常务委员会备案。自治条例与单行条例不同,自治条例是有关地方实行民族区域自治的总的规定,类似民族地区的地方宪法;单行条例通常是对自治地方某类社会关系的具体规定。

3. 军事法规。军事法规是由中央军事委员会制定的效力及于武装力量内部的规范性文件,它也是我国法律渊源之一。军事法规根据立法权来源的不同可分为自主性军事法规和授权性军事法规。[1] 当然必须注意的是,军队国家化是宪政的基本原则之一,军事权严格来说属于行政权的内容之一,因而军事法规的存在有无合法性而言,仍然是值得探讨的问题之一。

4. 司法法规。司法法规是根据法律的具体授权,最高人民法院就被授权事项(通常是有关法院内部管理、运作方面的内容)制定的规范性文件。[2] 在西方国家,最高法院大多有制定程序规则的权力,而在我国,则一般是通过单行法律来授予最高人民法院创制某一类规范性法律文件。例如,《法官法》第9条第2款规定:"本法施行前的审判人员不具备前款第六项规定的条件的,应当接受培训,具体办法由最高人民法院制定";第52条第2款规定:"人民法院的书记员的管理办法,由最高人民法院制定。"其他如根据《民事诉讼法》的规定,最高人民法院制定的《人民法院诉讼收费办法》;根据《人民法院组织法》制定的《人民法院法庭规则》等。司法法规不同于我国目前的司法解释。司法法规是一种授权立法,其内容主要集中在法院运作及内部管理涉及的某些程序性、操作性事项,基本不涉及一般公民、法人的权利义务;而我国的司法解释实质是法院以解释为名主动造法,它对公民法人的权利义务起着直接而全面的影响。现行的司法解释不具有司法解释固有的司法性、个案性、被动性的特征,而是法院进行的规范预设,甚至在形式上都采用的是立法的法条形式,它实际是法院在人大立法后的"二次立法",是对人大立法权的僭越。

(四)规章

规章包括部门规章、地方规章和军事规章。部门规章是指国务院所属各部、各委员会、中国人民银行、审计署和具有行政管理职能的直属机构按照宪法、法律和行政法规的规定,在本部门的权限范围内发布的具有规范性的规章、命令、指示等文件。它的效力低于宪法、法律和行政法规。

地方规章是指省、自治区、直辖市以及省级政府所在地市和国务院批准的较大的市的人民政府在其权限范围内制定的适用于本地区的规范性文件。它不得与宪法、法律、行政法规以及地方性法规相抵触。

军事规章是中央军事委员会各总部、军兵种、军区根据法律和中央军事委员会的军事法规、决定、命令,在其权限范围内制定的在武装力量内部实施的规范性文件。

根据《行政诉讼法》第53条的规定,法院审理行政案件时,规章只是作为"参考"而非"依据",因而它们的法源地位较低。

(五)国际条约和国际惯例

这里的国际条约是指我国同外国缔结或我国加入的双边、多边条约、协定等文件,并经过条约批准程序后,在国内具有法律效力,成为我国的法律渊源。国际惯例在我

---

[1] 周永坤:《法理学——全球视野》,法律出版社2000年版,第52页以下。

[2] 广义的司法法规还可包括最高人民法院和中国人民检察院根据授权制定的内部管理运作方面的规范性文件。这里我们采用狭义的司法概念,特指法院法规。

国法律和国际条约没有规定的领域，且不违背我国的社会公共利益的条件下也是我国的法律渊源。如《民法通则》第142条规定：在涉外民事关系的法律适用中，“中华人民共和国法律和中华人民共和国缔结或者参加的国际条约没有规定的，可以适用国际惯例。”但是，国际条约和国际惯例是否能够成为处理我国非涉外的一般国内社会关系的法律渊源；以及在此情况下国际条约的效力是否依然高于国内法？这在我国目前法律中尚难找到明确依据。

综上所述，我国大陆目前的法源制度几乎排斥所有其他法源而独尊制定法，究其原因：①对中华法系以制定法为主的历史传统的承继；②近代以来中国法制现代化运动借鉴的是西方大陆法系的德国和同样重视制定法的前苏联；③强烈的国家主义观念和希冀通过建构完美规则来改造社会的理想的影响；④法律和权力联系过于紧密，视国家权力为法律产生的唯一力量。当然由于法律实践的需要，制定法以外的法源种类虽大都不被承认，但在实践中也非毫无作用。如判例尤其是最高法院的判例（严格来说在我国应称案例）虽无直接的约束力，但对法官审判活动是有影响力的；未为国家认可的习惯在制定法空缺的领域里法官必然要加以考虑；权威法律学说在新型或疑难案件的“司法会诊”中也会对法官有所裨益。可以预见的是伴随民主法治的发展、全球化进程的加快，中国的法律渊源无论形式还是内容都将更加民主、理性、科学，进一步与国际接轨，真正满足法律实践的需要。

第二节 法律分类

法律的分类是指按照一定的标准将法律分成不同的类别。由于可以从不同角度、不同标准对法律作出划分，因而法律的分类有多种，如根据适用范围的不同可将法律分为一般法与特别法；根据法律表达形式的不同可分为成文法和不成文法等。法律分类的意义主要在于有利于人们更好地认识法律，探寻不同类别法律的特点、规律并对法律实践有所帮助。

一、成文法与不成文法

这是以法的表达形式、创制方式为标准对法律所作的分类。成文法是有关国家机关制定和公布的，以成文形式出现的法律，也称制定法。不成文法是指具有法律效力的不以法条等成文形式存在的法律。不成文法主要是指习惯法。判例法虽然也有成文的形式，但它不具有法律条文的清晰、明确性，因而一般将它归于不成文法。虽然成文法和不成文法各有优劣，例如成文法更为明确但可能失之僵硬，而不成文法虽然不确定但具有较大的生存空间，然而现代各国由于对立法权的推崇，更倾向于采用成文法为主要形式。

二、根本法与普通法

这是根据法律的地位、效力和内容的不同对法律所作的分类。根本法即指宪法，它具有最高的地位和法律效力，规定的是国家的基本制度、公民的基本权利义务以及国家权力等最重要的问题。根本法的制定、修改有严格的程序。普通法是指宪法以外的法律，它规定的是社会关系某个领域的问题，其产生依据和效力来源于根本法，内容不得与根本法相抵触，是根本法的子法。根本法与普通法的划分在不成文宪法国家并不存在。

三、实体法与程序法

这是依据法律内容的不同所作的分类。实体法主要是以规定人们实体权利义务为主的法律，如刑法、民法等；程序法是以规定保证实体权利义务得以实现的有关程序为主的法律。当然就程序法而言，它也包括权利义务的规定，例如起诉权、申请回避权等。然而必须注意的是，这与实体法上规定的权利与义务并不等同：①实体法上的权利与义务是代表一个公民在国家社会生活中地位的权利和义务，具有根本性，而程序法上的权利与义务则是为了保障实体权利义务的实现而设，具有派生性；②实体法上的权利与义务是一种人（公民）的权利与义务，而程序法上的权利与义务则多指一种法律角色（例如原告、被告）的权利与义务；③实体法上的权利与义务一般而言是永久性的权利与义务，而程序法上的权利与义务则只有介入程序过程的当事人才能经历，并且只存在于诉讼过程。当然，实体法与程序法的区分是相对的，实体法中总是内在包含着程序，程序法中也有实体权利义务。

四、一般法与特别法

通说认为，一般法与特别法的划分是以法律的适用范围为标准的。一般法是针对一般人、一般事、一般时间、在全国普遍适用的法；特别法是针对特定人、特定事、特定地区、特定时间内适用的法。[1] 但是，一般法与特别法的区分远非那么简单。首先，一般法与特别法是共生的概念，也就是说没有脱离一般法的特别法，反之亦然。其次，一般法与特别法存在着多种情形：①两部法律整体上存在一般法与特别法的关系；②两部法律中的某些条款存在一般法与特别法关系；③两部法律的某些条款互为一般法与特别法关系；④区分一般法与特别法主要标准不仅是适用范围，更重要的是其内容。特别法是对一般法调整的全部或部分社会关系的特别具体化规定，在此基础上甚至可以作出与一般法规定相左的规定。两种法律是建立在内容相关基础上的原则与具体、一般与特殊的不同。只有内容存在相关性或者存在原则与具体关系的两个法律才能称为一般法与特别法。正如我国台湾学者管欧所说：就同一事件规定的范围较为宽泛，且为一般性质的规定者为普通法，规定的范围较为狭小，且为专有的特殊的规定者为特别法；就同一事件的某一部分内容，规定较为简略者为普通法，规定较为详尽者为特别法。[2] 我们认为管先生的这两个标准较好的区分了一般法与特别法。

---

〔1〕 张文显：《法理学》，法律出版社 1997 年版，第 88 页。

〔2〕 管欧：《法学绪论》，自印本，1982 年增订第 44 版，第 125、126 页。

由于同一位阶的特别法效力优于一般法的原则存在，区分特别法与一般法对法律选择很有意义。

五、国内法和国际法

这是根据法律的生成主体和适用范围的不同进行的分类。国内法的生成主体一般是该国的立法机关、法院等组织，它适用于主权管辖内的一切组织、个人甚至在某些法律关系中包括国家本身，主要调整国内的社会关系。国际法主要是由参与国际关系的国家(地区)相互协商缔结的国际条约、国际惯例、权威公法理论等组成，它旨在调整国家与国家间的关系。国际法生成主体和适用范围主要是国家，当然国际组织、个人在特殊情况下也可以成为国际法的主体。伴随区域一体化进程，区域性的世界法正在形成。最明显的例子出现在欧洲，欧洲议会制定的法律、欧洲法院的判例，不仅调整欧洲国家间的关系，而且可以调整欧洲各国国内社会关系，并具有高于成员国国内法的效力。这是既不同于国内法又不同于国际法的一种新型法律形式——世界法的雏形。

六、公法与私法

公法和私法的划分开始于古罗马。在当时，公法调整政治关系以及国家应当实现的目的，其主旨在于"罗马国家的稳定"；私法则调整公民个人之间的关系，为个人利益确定条件和限度，"涉及个人福利"。乌尔比安在《学说汇纂》中写道："它们有的造福于公共利益，有的则造福于私人。公法见之于宗教事务、宗教机构和国家管理机构之中。"[1]这是从学理上第一次区分公法与私法。当然，由于罗马皇帝垄断了公法领域，罗马法学家只能研究私法，因而古罗马发达的是私法而非公法。直到17、18世纪，随着资本主义商品经济的发展，公法、私法的分类才为大陆法系国家承继，成为最重要的法律分类，并对他们的立法、司法等法律实践活动和法学理论研究产生重大影响。大陆法系国家之所以重视公、私法的划分除了经济因素以外，至少还有以下几个方面的原因：①统治者和被统治者的关系存在特有的因素，不同于私人间的关系，需要特别规定；②强调私人遵守法律比较容易，而国家由于掌握权力，要强制国家尊重法律比较不易。[2] 可见公、私法的区分是和保护公民权利和个人权利本位的法律观联系在一起的。而英美法系则不重视这种分类，他们将法律分为普通法和衡平法。[3] 在我国，新中国成立以来由于多种原因一直不承认私法，反对公法私法的区分，其理论依据在于社会主义的一切社会关系都具有公共性，法律也必然都是公法。但改革开放以来，随着市场经济和法学的发展，这种认识逐步被人们抛弃。越来越多的人认识到在我们这样一个国家主义盛行、个人主义缺失、公法文化异常发达的国度里，重视发展私法对市

---

〔1〕 [意]彼德罗·彭梵得：《罗马法教科书》，黄风译，中国政法大学出版社1992年版，第9页。

〔2〕 [法]勒内·达维德：《当代主要法律体系》，漆竹生译，上海译文出版社1984年版，第74页以下。

〔3〕 英美法系不承认公法私法的分类，并非因为它不重视个人权利的保护，恰恰相反，他们认为国家公权力机关和公民应当遵守相同的法律，国家机关不能谋取法律特权。可以说大陆法系和英美法系在维护个人权利，限制国家权力方面是殊途同归的。

场经济、民主法治建设具有重要意义。特别是人权保障机制,尤其需要通过私法的完备来建构。

公私法的分类多数学者都接受,但它的划分标准却争议较大。主要学说有:①利益说,也称目的说。该学说以法律保护的利益为划分标准,凡是保护公共利益的是公法;保护私人利益的是私法。该学说的缺陷在于公共利益和私人利益并无绝对的界限,在两者一致或共存时难以对法律准确划分。如刑法一般认为是公法,其保护的是公共利益,但它又何尝不是对私人利益的保护呢? ②主体说。该学说认为凡是法律调整的一方或双方为国家或其他公法人的即为公法;凡法律调整的双方均为公民或私法人的即是私法。这一学说的缺陷也很明显,国家既可以出现在公法中,又可以存在于私法领域。"如果国家在没有事先征询我们意见的情况下让士兵在我们的住所宿营,那么它就是以公法为基础;如果国家将其机关设在我们的房中,而这房产又是我们自己租赁给国家的,那么这实际便是以私法为依据。"[1]这就说明以国家是否为主体一方的划分是不确切的;③权力说。也称意志说。该学说认为公法是调整权力服从关系,不允许公民、法人自由意思存在的法律;私法则是调整平等主体间通过各自自由意思表示所形成的关系的法律。这种学说虽然考虑了自由意志问题,然而在现代社会中,公法调整的国家与公民的关系并不完全是权力式的命令与服从关系,而是一种对等的主体关系,因而权力说难以成立;④自由说。该学说认为,"公法是指受约束的决策的法,而私法是指自由决策的法"。[2] 也就是说,所谓公法,意味着每一个决策都必须负担陈述理由的义务的法律,例如法院的判决必须有判决理由;所谓私法,是指人们自由决策而不需要说明决定理由的法律。如所有权人处理自己的财产,他不需要对任何人说明为何这样处分的理由;某人选择购买甲生产的商品而对同等质量的乙的产品不予理睬,并不构成法律上的歧视。

综合上述各学说,我们认为:公法是有关国家机关的组织、权限以及控制国家权力行使的法律。私法是有关调整平等主体间的基于自由意志形成社会关系的法律。公法通常包括宪法、行政法、刑法、诉讼法等;私法主要是指民商法律,如物权法、合同法、继承法、婚姻家庭法、海商法、票据法、公司法、保险法等。

值得注意的是第二次世界大战以来,西方国家加强了对经济、社会生活的干预,法学思潮上发生了由"个人权利本位"向"社会权利本位"的转变,法律制度上也随之而呈现出"公法私法化"和"私法公法化"的特点,这对公法、私法二元架构的法律体系带来了极大的冲击,由此形成了新的法的分类——社会法。"社会法与市场经济的竞争性所带来的社会公害、风险因素相关,主要功效在于限制市场不公平竞争,限制市场引起的公害,使风险分散、转移,让公众来承担风险以减少损失,体现社会互助合作精神,保

〔1〕 [德]拉德布鲁赫:《法学导论》,米健、朱林译,中国大百科全书出版社 1997 年版,第 57 页。

〔2〕 [德]迪特尔·梅迪库斯:《德国民法总论》,邵建东译,法律出版社 2000 年版,第 14 页。

障社会公共利益。"[1]如果说传统的公法、私法分别与国家利益和个人利益相连，那么社会法则与社会公共利益相关。社会法保障的社会公共利益是一种与个人利益、国家利益并列的独立的利益，它的主体是公众，即公共社会，既不能与个人相混淆，也不是国家所能替代的。[2]

第三节 法律生成

一、法律生成释义

法律生成是指法律在社会中的产生形成过程，是法律产生、形成的形式，它既包括诸如制定法的生成——法律创制，也包括习惯、判例等法律的生成。[3] 因其指称的是单个的法律的形成方式及其过程，所以有别于指称整体法律产生发展的法的起源的概念。法律生成的主体是多元的，既可以是立法者、行政官员、法官，也可以是法学家、社会大众（如全民公决）甚至是国际组织。在不同历史时期、不同政治制度不同文化传统的国家，参与法律生成的主体及其作用呈现很大差异，但总的来说，职业立法者、法官、法学家等法律职业者在法律生成中的作用越来越重要。法律生成的形式是多样的，可分为自发形成和自觉形成（习惯法、公平正义等公认价值是自发形成的，而制定法、判例法则是人们有目的地建构的结果）；互动型（如习惯）、宣示型（如制定法）和判断型（如判例法）生成等。[4] 法律生成的结果是形成各类法律渊源，它为人们行为和社会关系的调整提供了相应的规则和原则。

现代社会法律生成的最主要的样式是立法，然而正如哈耶克所言，法律分为内部规则（自由的法律）和外部规则（立法的法律），前者是一种"自生自发的秩序"的形态，而后者则是一种"理性建构秩序"的形式，不能以立法所形成的外部规则来侵扰、替代内部规则。[5] 所以，立法不能包含和代替其他法律生成方式，因为国家没有也不可能垄断法律生成的权力，在民主和多元化的社会中，法律生成的方式应是多元并存的。还必须注意的是，与习惯、判例等法律的生成相比，立法的民主、正当性容易发生变异。因为习惯、判例存在的基础是人们的认同，是在内容合理的基础上建立权威并通过人们对它的实际遵守来显示它的存在的。而立法的效力、权威主要决定于制度安排，其

[1] 孙笑侠："论传统法律调整方式的改造"，载《法学》1995年第1期。

[2] 孙笑侠："论法律与社会利益"，载《中国法学》1995年第4期。孙先生在该文中还对社会公共利益的具体内容作了归纳。

[3] "法律生成"这一概念是周永坤先生提出的，用以涵盖、补充以往法理学教材中的"立法"、"法律创制"等概念。参见周永坤：《法理学——全球视野》，法律出版社2000年版，第328页以下。

[4] 周永坤：《法理学——全球视野》，法律出版社2000年版，第328～332页。

[5] 邓正来：《研究哈耶克法律理论的一个前提性评注》，载[英]弗里德利希·冯·哈耶克：《法律、立法与自由》（第1卷），邓正来等译，中国大百科全书出版社2000年版，序第44页。

内容是否正确,大多是建立在立法机关权威基础上的一种"正确"的推定。鉴于立法涉及的范围广、影响大并可能发生"立法专横"的情形,因此法律生成领域的研究重点,应当是对立法的监督限制,以保证立法的民主、科学,防止假借人民的名义而形成"多数暴虐"。实际上,"当法制转变为立法者统治时,总的来说,也就打开了通向最巧妙的压制形式的方便之门:以法律的名义,进行压制。"[1]为此本书有关法律生成的研究,主要是集中于立法领域。

二、立法的概念和特点

立法也称法律创制、法律制定,通常是指一定的国家机关按照宪法、法律赋予的职权,通过专门程序制定、修改、废止法律的专门活动。[2] 与我们习惯用法不同的是,不仅制定法律属于立法的范畴,修改原有法律或者废除某项法律,同样也应当纳入立法这一概念之中。

立法是古已有之的活动,然而,其存在形态与是否有常设的立法机关并无必然的联系。在古代,所谓立法往往是临时性的,例如中国多在开国皇帝时代制定一代法典,而西方虽有民众大会的形式来立法(例如古希腊),但也并不是严格意义上的立法机构。现代意义上以保障人权、控制权力为目的的立法概念与立法实践,则是迟至资产阶级革命后出现的。资产阶级在建立国家政权之后,按照权力分立、权力制约的原则,确立了代议民主制度,由议会专事立法。其意义,既在于为人民主权提供一个保留的场所,同时也为法律的持续性制定与修改提供了相应的制度建置。法律本身也是具有可塑性的,它必须适应于不同时期社会生活条件的发展变化,因而,立法机构作为一个常设机关,"它的主要功能是修正和改写我们的法律,从而使这些法律在每个时期最适宜于在生存斗争中帮助共同体。"[3]

现代国家的立法一般具有以下特点:①立法是依职权进行的活动。这一方面表现为立法只能由享有立法权的机关进行,而立法权的取得,在现代社会强调必须有合理依据和正当性,一般是通过宪法规定来加以确定;另一方面,享有立法权的机关也只能在职权范围内进行立法。这是法治国家对包括立法权在内的国家权力控制的要求和具体体现。例如我国的《立法法》就对享有立法权的机构规定了相应的立法权限;②立法是严格依照法定程序进行的活动。立法是为社会进行制度设计,涉及面广并且影响重大,失之毫厘将谬之千里。为保证立法的科学性、民主性,防止不良法律的产生,立法必须遵循严格的程序。在这一方面,立法辩论制度是一个非常重要的程序设置。通过持有不同立场的立法代表对法律表示的不同意见,有利于提高立法质量,也容易反

---

〔1〕［美］乔·萨托利:《民主新论》,冯克利、阎克文译,东方出版社1993年版,第336页。

〔2〕古代社会的君主"以言立法、以言废法"和当代某些超国家组织的立法具有某些特殊性,可能难以为上述概念所涵盖。

〔3〕［英］卡尔·皮尔逊:《科学的规范》,李醒民译,华夏出版社1999年版,第78页。

映不同地区、不同行业的人民的愿望和要求;[1] ③立法是包括制定、认可、修改和废止法律在内的活动。立法不仅是指制定法律的活动,而且是一个动态的系统工程。它包含伴随社会变迁而对原有法律的补充、修改、甚至废止等活动;④立法是旨在创造普适性规范的活动。这也是立法不同于司法和行政的一大特点。司法、行政是事后对法律的运用,而立法则是着眼于事前的制度预设,为未来提供可以普遍适用的规范。立法针对的不是具体特定的人和事,而是一般的人和事,因此,立法创造的是具有普遍约束力的规则,而非个别的命令决定。[2]

三、立法体制

立法体制即国家立法权限划分的制度,是指安排不同立法主体的权限及其组织体系的制度架构,它主要解决的是中央与地方、整体与局部的立法权限分工。一国的立法体制主要受到国家政体和国家结构形式的影响。国家政体对立法体制的影响表现为:在专制政体下,立法权为专制者独揽或因专制者的允诺而定;在民主政体下,立法体制也体现民主特征,必须由民意代表机关专事立法。国家结构形式对立法体制的影响则体现在:单一制国家的立法体制一般是一元的,即立法权由中央统一行使。但也有单一制国家允许地方享有一定的从属于中央的地方立法权,如当代中国大陆。而实行联邦制的国家的立法体制则都是多元的,除联邦有立法权外,联邦的成员也有相当的立法权,两者的立法权限由联邦宪法加以明确。如美国宪法第10条修正案规定:"本宪法所未授予合众国也未禁止各州行使的权力,皆由各州或人民保留之。"瑞士、德国、加拿大等联邦制国家都有类似规定。

对于我国的立法体制,学界有"一元说"、"两元说"、"多元说"和"一元多级说"等不同的观点,我们赞同"一元多级说",即作为单一制的国家,我国立法体制是一元的,全国人大及其常委会行使国家立法权。但是,允许其他国家机构在宪法、法律规定的范围内创制规范性法律文件,当然,其他立法主体的立法权都受制于全国人大及其常委会,两者之间是隶属而非并列关系。至于具体的立法权限的划分,根据《立法法》的规定,主要表现在以下几个方面:

1. 全国人民代表大会及其常委会行使国家立法权。全国人民代表大会制定和修改刑事、民事、国家机构的和其他的基本法律。全国人民代表大会常委会制定、修改除应由全国人民代表大会制定的法律以外的其他法律,在全国人民代表大会闭会期间对

---

[1] 这是就立法辩论对于立法质量本身的作用而言,实际上,立法辩论对于代表(议员)的作用也是明显的。我国学者孙哲认为,立法辩论具有三大功能:①提案人可以通过辩论加强与其他议员的沟通;②通过辩论,支持和反对同一提案的议员们都可以争取时间,发现和动员更多的人站在自己的立场上,从而获得更大的利益;③通过辩论,议员可以了解国会和国家事务的发展,从而积累自己的从政财富,为日后选举准备材料。参见孙哲:《左右未来——美国国会的制度创新和决策行为》,复旦大学出版社2001年版,第111、112页。

[2] 当然这种区分不能绝对化,比如作为个别决定的判例,其中的法律理由可能具有普遍约束力;又如在纯粹法学代表凯尔森看来个别命令决定本身也是法律。

全国人民代表大会制定的法律进行部分补充和修改,但是不同该法律原则相抵触。《立法法》同时规定了立法保留制度,对其他立法主体权限加以限制。[1]

2. 国务院根据《宪法》和法律,制定行政法规。其权限包括:①为执行法律的规定而需要制定行政法规的事项;②《宪法》第89条规定的国务院行政管理职权的事项。应当由全国人大及其常委会制定法律的事项,国务院根据授权决定可以先制定行政法规,经过实践检验,在制定法律的条件成熟时,国务院应当及时提请全国人大及其常委会制定法律。

3. 享有地方性法规制定权限的地方人大,可以就下列事项作出规定:①为执行法律、行政法规的规定,需要根据本行政区域的实际情况作具体规定的事项;②属于地方性事务需要制定地方性法规的事项。民族自治地方的人大可以制定自治条例和单行条例。自治条例、单行条例可以依照当地民族的特点,对法律和行政法规的规定作出变通规定,但不得违背法律或行政法规的基本原则,不得对宪法和民族区域自治法的规定以及其他有关法律、行政法规专门就民族自治地方所作的规定作出变通规定。

4. 国务院工作部门可以制定部门规章,其所规定的事项应当属于执行法律或者国务院的行政法规、决定、命令的事项。地方政府的规章则可以就下列事项作出规定:①为执行法律、行政法规、地方性法规的规定需要制定规章的事项;②属于本行政区域的具体行政管理事项。

总体而言,我国《立法法》有关立法权限的划分是较为粗糙的,同时在制度上也存在着许多弊端,例如国务院和地方人大就法律未作规定的事项"先行立法"的问题,实际上对立法体制的严肃性必然会带来极大的损害。

四、授权立法

授权立法是指国家立法机关将其部分立法职权授予行政机关、地方国家机关以及其他不享有立法权的组织,由这些机关、组织依据授权进行立法活动。授权立法是职权立法的对称,它包含立法机关为将立法职权合法转移而制定的授权法和依据授权法获得立法权的受权机关制定法律两个环节。授权立法中多数是授予行政机关的,也有授权地方国家机关的,如我国有全国人大授权经济特区所在地的人大制定法规;也有授予法院的,如制定司法规则;甚至还有授权其他组织的,如美国国会在1887年通过的《州际商业法》授权美国独立管理机构之一的州际商业委员会以立法权。

授权立法产生的原因是多方面的,但首先应注意的是,授权立法的出现是与法治

[1] 根据《立法法》第8条的规定:"下列事项只能制定法律:国家主权的事项;各级人民代表大会、人民政府、人民法院和人民检察院的产生、组织和职权;民族区域自治制度、特别行政区制度、基层群众自治制度;犯罪和刑罚;对公民政治权利的剥夺、限制人身自由的强制措施和处罚;对非国有财产的征收;民事基本制度;基本经济制度以及财政、税收、海关、金融和外贸的基本制度;诉讼和仲裁制度;必须由全国人民代表大会及其常务委员会制定法律的其他事项。"

国家追求对权利保护、对权力控制和分权观念导致的立法主体特定化、[1]民主化分不开的。只有人民选举的,具有民主基础的议会才能够对共同体利益作出重大决定,特别是颁布普遍的、对公民具有约束力的行为规范。[2] 这样行政机关等其他国家机关只能根据法律的授权而不是自己的绝对权力进行立法活动。在缺乏分权的制度中,至多只存在形式上而非实质意义的授权立法。与此同时,由议会专事立法的体制随着经济社会发展,也日益暴露出诸多不足:①议会有限的工作时间无法满足社会发展对法律的需求;②现代社会需要的法律不少具有很强的专业性,缺乏专业知识基础的议会往往难以胜任;③社会发展中的新问题均要等待议会滞后的立法,显然与追求高效和对社会进行及时有效的调整的价值取向以及当代行政职能扩张的现实不合。这些因素使议会不得不在必要时将某些立法职权交付他人,授权立法在某种程度上是民主与效率的妥协,希冀在民主法治基础上最大限度实现效率。

授权立法一旦失控则有可能使其他权力异常膨胀,从而侵蚀立法权并毁坏法治,因此立法机关应当加强对授权立法(尤其是授权行政机关)的控制和监督,规范授权立法行为。一般认为,授权立法必须遵循以下原则:①法律保留原则,指对于某些重要事项只能由立法机关以法律形式进行立法,不得将其授权于其他机构。此原则既在于限制行政机关权力又是对立法机关的约束,它侧重于保障公民权利。②明确性原则。该原则要求授权决定应当明确授权的目的、范围,不能模糊授权或一揽子授权。“如果在授权法中没有规定任何标准制约委任之权,行政机关等于拿到了一张空白支票,它可以在授权的领域里任意制定法律。”[3]③合法性原则,指接受授权的机关必须严格按照授权目的和范围行使该项权力,并不违反其他相关法律尤其是宪法等上位阶法。④授权不可转让原则。受权机关只能自己行使授权进行立法,不能将该项权力转让给其他机关。⑤授权及时收回原则。授权立法可以说仅为权宜之计,授权事项一旦立法条件成熟,授权机关应及时收回授权,制定法律并终止授权立法。

五、立法原则

立法原则是立法者立法时应当遵循的准则。立法原则的内容和功能在不同社会发展阶段是不尽相同的。在帝王专制时代,立法原则最重要的内容和功能莫过于维护王权;近现代民主社会立法原则则着力于保障民主法治,引导和控制立法者的行为,保证立法民主和立法质量。我国许多法学著述中的立法原则多偏重于对立法方法、立法经验的总结。

由于立法原则涉及政治、伦理、法律等诸多因素,人们概括立法原则也不尽一致,

---

〔1〕 当然立法主体特定化也不可能绝对,即便在三权分立体制下议会是行使立法权的主要机构,但不排除行政、司法拥有的有限的立法权。除授权立法外,如美国总统有对法案的审批否决权,司法也有审查立法的权力,这些似可视为消极立法权。

〔2〕 [德]哈特穆特·毛雷尔:《行政法学总论》,高家伟译,法律出版社2000年版,第105页。

〔3〕 [美]施瓦茨:《行政法》,徐炳译,群众出版社1986年版,第33页。

甚至多列少列几条都未尝不可。当然这也不排斥可以达成一些立法的基本原则、最低要求。如立法不能溯及既往、法律内容要明确，不互相矛盾等。尤其在追求民主法治成为全球潮流的当代社会，通过立法原则控制引导立法者已为人们共识，相应地会形成一些普遍的立法原则。比如在立法追求的价值方面要遵循：民主原则、平等原则、自由权利保障原则、最大多数人最大幸福的社会功利原则；在形式方面的有：法律位阶原则、明确性原则、相对稳定性原则、不矛盾原则、公开性原则和无溯及力原则等。[1] 这些立法原则对于防止立法权的滥用、维护民主、提高立法质量造就法治社会需要的良法是十分重要的。

六、法典编纂

法典编纂是指有立法权的国家机关将现有的大体属于同一部类的法律规则和原则进行整理、修改、补充、废止，在此基础上编制成一部统一法典的活动。由于要对现有法律进行修改、补充、废止，并以形成法典为目标，因此法典编纂系立法活动，只能由立法主体进行，这是法典编纂与将现行法律按照一定标准进行排列汇编成册的法律汇编活动的主要区别。

我国有法典编纂的历史传统，自李悝编纂《法经》之后，历代王朝几乎都编纂了自己的法典，如《秦律》、《汉律》、《唐律》、《大清律》等，国民党政府时期进行了六法体系的法典编纂工作。新中国成立以来，我国先后完成了宪法典、刑法典等的编纂。法典编纂在西方也很早就出现了，如在古罗马帝国时期查士丁尼皇帝编纂的《查士丁尼民法大全》，它对近千年罗马法发展的精华进行了整理总结，对后世的法律发展影响很大。近代以来在理性主义思潮的影响下建构一个内部和谐一致、没有矛盾甚至没有缺漏的法典成为立法者和思想家的追求。1804 年《法国民法典》和 1896 年的《德国民法典》就是法典编纂高潮下的产物。法典编纂是西方大陆法系国家的重要法律传统和特点。在英美法系国家过去一般不进行法典编纂，但也有例外的，如 1787 美国宪法。在当代，随着两大法系的相互靠拢，英美法系国家也更多地进行法典编纂。

法典编纂之所以为多数国家所接受，在于它能及时消除法律文件间的矛盾并弥补现有法律的疏漏，实现法律部门规范的系统化，便利人们对法律的了解掌握并为司法执法等法律适用活动提供相对确定的标准和依据。但法典编纂也有其缺陷，表现在：①希冀编纂法典解决一切法律问题过于理想化，十全十美的法典是不可能制定出来的；②法典编纂工作十分复杂，耗时费力，周期长，难以适应社会发展的要求，往往法典一出来就被证明落后于时代，这在立法基础较为薄弱、立法技术不很高明的情况下更是如此；③编纂法典考虑更多的是法律体系与法律结构的完整，与着眼于处理个案等具体问题的法律实践的需要难免会有脱节。因此 20 世纪尤其下半叶以来，西方国家在理论和立法实践中对法典编纂的重要性产生了怀疑，有的学者甚至认为，“无论是在

---

〔1〕 周永坤：《法理学——全球视野》，法律出版社 2000 年版，第 343 页以下。

理论上还是实践上,20 世纪的法律都越来越不被看做是一个连贯一致的整体、一个体系和一个法令大全了,而越来越被视为一盘大杂烩,一大堆只是有共同的技术连接起来的支离破碎的特殊的判决和彼此冲突的规则。"〔1〕在进行法典编纂的同时,他们也寻找其他完善法律的方法和手段。

第四节 法律位阶

一、法律位阶释义

法律位阶,是一种规制一国法律渊源内部效力等级秩序的制度预设。简单地说,法律位阶是要确定不同的法律渊源不同的等级地位,从而使法律渊源能够形成一个内部和谐、等级有序的规范整体。从这一概念可以看出:①法律位阶的存在是以法律渊源的多元化为前提的,如果一个国家的法律渊源只有一种,那也就无需法律位阶制度来进行调整;②法律位阶制度的目的是要形成法律体系的纵向结构,即从纵向的维度来安排法律间的效力和适用关系。在这样一种制度之下,每一种法律渊源都有自己的位置(等级),并服从于上一位阶的法律渊源;③法律位阶一般仅指制定法位阶,不包括非正式法律渊源。非正式法源与正式法律渊源不属于同一个层次的问题,两者之后只有适用的优先性之分而无效力的大小性之别。此外,国际法与国内法的关系问题,一般而言也不属于法律位阶调整的对象,因为法律位阶是以独立的国家作为主体单位的,它能够调整的前提就在于国家能够对相关的规范性法律文件进行制度性安排,而这些对于国际条约来说是无法做到的。

法律位阶制度的产生和存在,源于法律秩序是内部和谐的整体这一预设。周永坤先生即尝言道:"理性的人所创制、遵循的法律必须是按严密的逻辑组成的体系"。〔2〕这是因为,在法律生成的过程中,虽然有许多经验性的因素制约着法律的内容与形式,然而从总体上而言,法律的创制都是人们为解决自身的问题及调整社会而深思熟虑的产物,法律与法律之间不应抵触、矛盾,否则即可能导致一个规范对另一个规范的排斥。〔3〕同时,法律的发展过程又是个逐步累积的过程,也就是说,随着法律涉及的社会事务越来越广泛,法律同时在"质"与"量"两个方面处于不断的膨胀、扩张之中。然而,

---

〔1〕[美]伯尔曼:《法律与革命——西方法律传统的形成》,贺卫方等译,中国大百科全书出版社 1993 年版,第 44 页。

〔2〕周永坤:《法理学——全球视野》,法律出版社 2000 年版,第 108 页。

〔3〕自然,这是就相对稳定的社会秩序而言。但实际上,"不同的法系以及同一法系中的不同成员之间赋予这些渊源的重要性却明显不同。尽管一般地说来文化的差异是这种偏重的决定性因素,但是历史发展情形、国家的稳定或动荡、缓慢的经济转变或者一种技术上的突破都可能促使人们援用某种而非另一种渊源。"参见[美]埃尔曼:《比较法律文化》,贺卫方、高鸿钧译,三联书店 1990 年版,第 42 页。

对于一个自成体系的法律制度而言,质的变化应当呼应着人们的自然需求,量的发展也不能导致“政出多门”而使得公民的行为缺乏安全,因此,就有了法律秩序的需要。[1] 这一要求意味着,从理论上而言,“法律秩序必须是没有冲突的,不允许同时作相反的规定。”[2]否则,人们的正常生活与交易秩序就会在纷繁复杂而又规定不一的行为规范面前“无所措手足”,同样,司法机关也会因为法律依据的混乱而导致极不公平的判决结果。

此外,法律位阶制度得以运作必然还存在一个假设,即存在终极性的基础规范(恰如凯尔森所言的“基础规范”[3]),每一规范性文件都能从更高规范中找到依据,最终的依据就是基础规范。[4] 因为只有存在具有最高效力的基础规范,才会使法律的效力等级可以从基础规范中寻找到相应的依据。如果诸法律渊源是在同一平面上并立的,那就不会存在法律位阶制度。当然所谓的基础规范正如凯尔森所言只是一种逻辑演绎上的理论预设,然而这种预设对法律秩序的建构却是必不可少的。在现代社会,人们将“宪法”视为根本大法,具有任何规范性法律文件所不得挑战的地位,因而,任何与宪法相违背的法律渊源都是无效的。

法律位阶制度具有非常明显的理论和实践意义,对于法律秩序的维护和法治国家的建设都是十分重要的。法律位阶安排了法律内部纵向秩序,解决了在法律渊源之间发生冲突时的处理规则以及在常态下的适用规则,维护了法律的安定。同时,法律位阶对立法、执法、司法活动而言既是一种指引又是一种限制,它一方面使这些行为有所依据——它所适用的是不与上位阶法相矛盾的法律渊源;另一方面,又是限制了他们自由裁量权的行使——不得适用有悖上位阶法的法律渊源。此外,由于法律位阶的运作有赖于宪法的最高效力存在,因此这一制度有助于确立和维护宪法的权威。

二、法律位阶的划分标准

如前所述,法律位阶是指安排不同法律渊源之间的效力位阶,而在现代社会中法律效力的高低主要依存于制定法律的主体的权力的性质和来源。在一个国家内部,权力总是分层的,权力性质、来源的不同就表现为权力的等级性。不同等级的权力参与了法律创制活动,直接导致了法律位阶的形成。所谓的上、下位阶法律渊源的存在,正

---

〔1〕 当然,这是从法律的内部秩序而言,意味着一种和谐、安定的制度安排。但学术界所使用的“法律秩序”一语,则多从法律的外部秩序着眼,指法律调整社会后所形成的政治、经济、社会等各方面的一种有条不紊的状态。

〔2〕 [德]哈特穆特·毛雷尔:《行政法学总论》,高家伟译,法律出版社2000年版,第70页。

〔3〕 凯尔森认为,法律秩序是一个不同级的诸规范的等级体系。这些规范的统一体是由这样的事实构成的:一个规范(较低的那个规范)的创造为另一个规范(较高的那个规范)所决定,后者的创造又为一个更高的规范所决定,而这一回归以一个最高的规范即基础规范为终点,这一规范,作为整个法律秩序的效力的最高理由,就构成了这一法律秩序的统一体。参见[奥]凯尔森:《法与国家的一般理论》,沈宗灵译,中国大百科全书出版社1996年版,第141页。

〔4〕 胡玉鸿:“法律位阶制度的前提预设”,载《浙江学刊》2006年第2期。

是由于创制这一渊源的权力在来源、性质上的不同而表现出的等级差异造成的。从这个意义上说，权力的等级性是法律位阶划分的主要标准和决定因素。这一标准可以细化为以下三种情况：

1. 人民权力高于一切国家机关的权力，因而宪法居于法律位阶的顶端。这也就是人民主权政治理念的实践。人民主权意味着：人民是国家的主人；国家权力来源于人民的自然权利的让渡，是由人民主权派生出来的，国家权力必须保证人民权利的实现，国家权力受人民的监督，对人民负责。人民主权原则的法律表现首先就是人民制定代表人民意志、安排人民与国家间关系的最高大法——宪法。根据宪法，不同的国家机关享有不同的国家权力，进行着包括立法在内的各项管理活动。但这些活动都不得违背人民主权，它们所创制的规范性法律文件因之也就在效力上低于宪法。

2. 立法机关的权力高于其他国家机关的权力。立法机关（议会）是民选的民意代表机关，是人民主权原则的具体体现，其他国家机关的活动都需以立法机关制定的法律为依据。在我国立法机关被确定为国家最高权力机关，在西方一般也将议会置于国家机关的首位作为"主权的看守机关"，如英国的"议会至上"原则。因此立法机关制定的法律成为宪法之下的第二位阶的法律文件。

3. 中央权力高于地方权力。在单一制国家，中央与地方的关系表现为地方要服从中央，地方权力来源于中央的授权或至少是来自中央的承认。如我国宪法规定，中央与地方国家机构职权的划分，遵循在中央的统一领导下充分发挥地方的主动性、积极性的原则。因此中央立法一般高于地方的立法。在联邦制下，为维护国家的统一，通常也强调联邦法律的效力优先。如美国宪法第6条规定："本宪法与依照本宪法制定的合众国法律，以及以合众国的名义缔结或将要缔结的条约，均为国家最高的法律，即使与任何州的宪法或法律相抵触，各州法官仍应遵守。"[1]

根据上述标准，可以大致确定我国法律位阶制度的基本情况，如果以序号代表位阶高低的话，那么可以表示为：①宪法；②法律；③法规；④规章。或者借用数学符号，表示为：宪法 > 法律 > 法规 > 规章。

三、法律位阶制度的运用

（一）法律位阶的适用顺序

法律位阶的适用顺序，主要是指在对某一事项的调整，存在着两个或两个以上不同的法律渊源时，应当适用哪个法律渊源的问题。在适用顺序上，应当是"下位法优先适用于上位法"，也就是说，法律位阶的适用规则强调的是，当上、下位阶法律对相同事项调整并无冲突时，除非缺乏适当的下位阶规则可资适用，否则应优先适用下位阶法而非上位阶法。比如《江苏省保护消费者权益条例》如果与《消费者权益保护法》不相冲突，在江苏省区划内的消费者权益保障问题应优先适用江苏省的条例。因为以上位

---

〔1〕 胡玉鸿："试论法律位阶的划分标准"，载《中国法学》2004年第3期。

法为依据制定的下位法，是为实施上位法而制定的，是上位法内容精神的具体化，并较前者更具明确性、可操作性和可预见性。“适用的优先性来自在各个规范均更为具体、更可实施的法律的约束力。如果决定机关直接适用具有普遍包容性的基本权利或者宪法原则，就会损害这种规定。”[1] 此外优先适用上位法亦将使得下位法的制定毫无意义。

（二）法律位阶的冲突规则

这是指不同法律位阶之间的法律渊源发生合法的冲突时，应当适用哪个渊源的问题。在这里又可以分为三种情况：

1. 不同位阶的法律渊源之间的冲突。处于合法冲突的法律渊源由不同等级的权力机关制定，那么适用上位法优先适用于下位法的原则，这也称为效力等级规则，例如我国《立法法》在第 78 ~ 80 条就是以效力标准来确定宪法、法律、行政法规、地方性法规的适用顺序的。

2. 同一位阶的法律渊源之间的冲突。公认的规则有二，即特别法优先适用于普通法，后法优先适用于前法。《立法法》第 83 条对这两个规则进行了阐述：“同一机关制定的法律、行政法规、地方性法规、自治条例和单行条例、规章，特别规定与一般规定不一致的，适用特别规定；新的规定与旧的规定不一致的，适用新的规定。”同时，对新的一般规定与旧的特别规定之间不一致的法律和行政法规，分别由全国人大常委会和国务院作出裁决。

3. 位阶出现交叉时的法律渊源之间的冲突。《立法法》第 86 条规定了如下几种情况：①地方性法规与部门规章之间对同一事项的规定不一致，不能确定如何适用时，由国务院提出意见，国务院认为应当适用地方性法规的，应当决定在该地方适用地方性法规的规定；认为应当适用部门规章的，应当提请全国人民代表大会常务委员会裁决；②部门规章之间、部门规章与地方政府规章之间对同一事项的规定不一致时，由国务院裁决；③根据授权制定的法规与法律规定不一致，不能确定如何适用时，由全国人民代表大会常务委员会裁决。

复习思考题

1. 什么是法律渊源？法律渊源的种类主要包括哪些？
2. 如何识别一般法与特别法？这种法律分类有什么意义？
3. 公法、私法的含义及其划分标准是什么？区分公法、私法有什么意义？
4. 现代立法的主要特点是什么？如何规范授权立法？
5. 什么是法律位阶？划分法律位阶的主要标准是什么？

---

[1] [德]哈特穆特·毛雷尔：《行政法学总论》，高家伟译，法律出版社 2000 年版，第 73 页。

第六章 法律结构

✣学习目的与要求

本章是有关法律结构问题的论述，重点分析了：①法律的微观构成，论述了法律微观构成的三大要素：法律原则、法律规则和法律概念；②法律的宏观结构，主要阐释了法律部门、法律体系的相关问题；③法系及其比较意义，阐释了法系的概念，论述了西方两大法系的主要区别，通过法系比较揭示其对法律移植和法律继承的意义；④区域法和世界法，主要论述了区域法和世界法的含义及其实践。通过本章学习，能够掌握法律从微观到宏观的主要结构，并对不同法律文化下法律结构的问题以及全球化时代下的区域法和世界法问题有所了解。

第一节 法律的微观构成

一、法律微观构成概述

当我们在日常用语中使用“法律”一词，并指称某些规则属于法律时，实际上已蕴含着什么样的规则才属于法律这样一个标准。如果将法律看作是一个相对逻辑自足的系统，那么，法律的微观构成，也就是法律的要素，其指构成这一系统所不可缺少的并且相互联系的各种因素。它是从微观层次认识法律的结构，与法的概念、特征等一起有助于人们理解法是什么的问题，并对提高立法质量、准确司法、执法等有所帮助。法律微观构成不同于法律渊源，法律渊源是指法律的各种形式，解决的是法律识别问题，而法律微观构成是任何形式的法律从内部而言所不能欠缺的各种构成因素。

以系统与部分的关系来衡量，那么可以看出，法律要素具有如下主要特征：①个别性和局部性。就法律要素中的每一个具体要素而言，都是构成该系统的个别元素，可以作为一个独立的单位而存在。但同时它们的性质取决于所处的系统，只有在法律系统中，法律要素才具有法的性质和意义。如“禁止盗窃”作为一项法律规则，只有在法律系统中才有相应的法律意义，否则就只是对人们行为的道德要求；②多样性和差别性。法律要素应当是多种类别而非单一的，同时各种要素在法律构成系统中的地位、作用不同，呈现出差别性。在法律要素中，有的要素处于主导、支配地位，有的要素则处于从属、被支配的地位；③不可分割性。法律构成要素虽有个别性，但作为法律的构成部分又具有不可分割性,某一要素的改变可能会带来其他要素乃至法律整体的变化;对某一要素的违反会引起法律整体的反应。例如法律原则的改变必然会导致一系列法律规则和概念的相应变化。“法律要素作为法律系统的构成元素,相对于该系统来说,必须设定它是不可分割的,即必须作为非复合体看待。”〔1〕

在西方对法律微观结构的研究是法理学的一个中心问题。大致形成了以下几种影响较大的代表性观点:

1. 命令模式论。这一模式是由英国学者约翰·奥斯丁提出的,他也是最早对法律构成要素进行系统研究的学者。在奥斯丁看来,一个准确意义上的法的基本要素,以及这些基本要素所包含的某些内容,都可以通过“命令”这一名词来加以概括,而“命令”同时也就包括了“制裁”与“义务”两个基本内容,或者说,命令、义务、制裁是不可分割的相互联系的术语。〔2〕

2. 规则模式论。这一模式是由英国的新分析法学代表人物哈特倡导的。哈特在批判奥斯丁的命令模式论的基础上提出了规则模式论,认为法律是由主要规则和次要规则结合而成的。主要规则是对社会成员规定义务、责任的规则;次要规则是授予权利、权力的规则,它包括承认规则、改变规则和审判规则三种。〔3〕

3. 规则、原则、政策模式论。该说是美国新自然法学派的德沃金提出的。德沃金认为哈特将法律仅仅归结为规则是过于简单的,它忽视了法律中的非规则成分,与法律实践的复杂性和错综性不相符合。尤其在疑难案件审判中常常要借助于规则以外的标准如法律原则和政策来作为司法的依据。〔4〕 德沃金认为政策是综合性的,是指促进或保护整个社会的某种集体目标的一种政治决定;原则是分配性的,是指尊重和保障个人权利的一种政治决定。

4. 律令、技术、理想模式论。这是美国社会法学派代表人物庞德提出的理论。庞德认为如果把法律理解为一批据以作出司法或行政决定的权威性资料、根据或指示,那么,法律就是由律令、技术和理想三种要素构成的。〔5〕 法律的“律令成分”包括规则、原则、概念和标准。“技术成分”是指解释和适用法的规定、概念的方法和在权威性法资料中寻找审理特殊案件的根据的方法。“理想成分”是指公认的权威性法律理想,它反映了一定时空条件下的社会秩序的理想图画,反映了法律秩序和社会控制之目的是什么的法律传统,并成为解释和适用法令的背景。

---

〔1〕 张文显:《法学基本范畴研究》,中国政法大学出版社1993年版,第51页。

〔2〕 [英]约翰·奥斯丁:《法理学的范围》,刘星译,中国法制出版社2001年版,第155、156页、第23页。

〔3〕 [英]哈特:《法律的概念》,张文显等译,中国大百科全书出版社1996年版,第83页、第95页以下。

〔4〕 [美]罗纳德·德沃金:《认真对待权利》,信春鹰、吴玉章译,中国大百科全书出版社1998年版,第40页以下。

〔5〕 [美]罗·庞德:《通过法律的社会控制·法律的任务》,沈宗灵、董世忠译,商务印书馆1984年版,第23页。

上述西方法律构成要素理论是从法律价值、技术等不同角度提出的,大都有其合理性,值得我们借鉴。目前我国法学界基本上是从形式方面来研究法律微观构成要素,而以法律原则、法律规则和法律概念作为这一微观构成的必备内容。

二、法律原则

(一)法律原则概述

在汉语中,“原”通“源”,有根本、本源、起初等意思;“则”就是规则、准则,“原”、“则”合用通常是指人们说话或行为应遵循的标准、根本准则。法律英语中,“原则”的含义包括:(1)法律的诸多规则或学说的根本的真理或学说,这是法律的其他规则或学说的基础或来源;②确定的行为规则、程序或法律判决、明晰的原理或前提。[1] 根据这一界定,可以就“法律原则”进行基本的定位:法律原则是指能够作为法律规则的基础或本源的综合性、稳定性原理和准则。从这个概念可以看出,在法律要素中,法律原则具有法律基本原理的地位,它为其他要素提供了一个前导性的说明,并在沟通法律规范与社会的联系中起着非常重要的作用。也就是说,法律原则虽然常常以抽象的语言表达出来,但与社会却存在着千丝万缕的联系,许多抽象的法律原则就是社会生活的直接要求以及社会价值的反映。有的法律原则虽为立法者或法官所创制,但仍有其社会根源,甚至可以说体现了社会公理。总之,法律原则是法律的精神支撑,统领着其他法律要素。

法律原则的特征体现在:①概括性。作为法律要素的核心,法律原则是从广泛的社会现实和社会关系中抽象出来的,它的覆盖面和适用范围十分广泛。一条法律原则通常不仅是对某一确定的具体社会关系的调整,而且可以调整多种类型的行为,甚至可以涉及社会关系的各个领域,因而具有高度概括性;②稳定性。法律原则最直接体现了法的精神本质,集中反映一定时期的社会利益和法律调整目的,是社会重大价值的积淀,具有高度稳定性。只要法的本质没有重大变化,法律原则就不会轻易改变。有些公理性原则甚至可以在不同时空、不同法本质条件下生存。它非但自身不变,并且作为“应然”要求,它还会推动整个法律向符合法律原则的方向发展变化;③特殊的不可违反性。一般而言,在法律中并不直接规定违反法律原则的后果,但这并不意味着人们可以随意违反法律原则而不承担责任。实际上,法律原则具有特殊的不可违反性。因为法律原则体现的是社会的根本价值(例如法律面前人人平等),如果对之加以违反,则无法建立起人们所期望的社会秩序。法律原则的这种强制性是通过相关的法律规定来实现的。例如宪法上的法律统一原则,就可以通过立法监督制度来保障实施。

(二)法律原则的分类

1. 基本原则与具体原则。这是根据法律原则调整的社会关系的范围不同所作的

---

[1] 转引自徐国栋:《民法基本原则解释——成文法局限性之克服》,中国政法大学出版社 2001 年版,第 8 页。

分类。虽然法律原则均有抽象性、一般性,但其程度不同,“一个原则可能受到另一个更一般的原则的支持。”[1]作为涵盖社会关系范围最广、内容更为一般的基本原则是法律对各种社会关系进行调整时所依据的最基本的准则,是整个法律的指导思想和出发点,反映了一国法律的基本价值倾向。基本原则如法律面前人人平等、罪刑法定原则等。具体原则是法律对某一领域的社会关系进行调整时所依据的准则,它以基本原则为基础,是基本原则在部门法中的具体化。如诉讼法中的公开审判原则、行政诉讼中不适用调解原则等。

2. 政策性原则和公理性原则。这是根据法律原则产生的依据、基础的不同作出的分类。“政策性原则是国家关于必须达到的目的或目标,或实现某一时期、某一方面的任务而作出的政治决定,一般来说是关于社会的经济、政治、文化、国防的发展目标、战略措施或社会动员等的问题的。”[2]例如我国《宪法》第25条规定的“国家推行计划生育,使人口的增长同经济和社会发展计划相适应”就属政策性原则。政策性原则通常具有时代特征并与特定国家社会根本利益紧密相关。“公理性原则是从社会关系的本质中产生出来的、得到广泛承认并被奉为法律的公理。”[3]例如宪法中的“公民在法律面前一律平等”、民法中的“自愿、公平、等价有偿、诚实信用”就是公理性原则。公理性原则直接来源于人们对自身社会的认识和经验的总结,为人们所普遍接受,具有极强的权威性。它是诸多法律规则的原理和精神的高度概括和集中体现,并在很大程度上具有超越时空的普遍性。

(三)法律原则的功能

1. 法律原则在法律创制中的功能。这主要表现为指导法律创制和维护法律体系的和谐。法律原则是国家进行法律调整的指导思想,它体现了法律的总体精神,是法律制度的基础。因而法律原则对于法律创制具有指导和约束作用。法律原则尤其是宪法原则是所有法律规则制定的依据,各种具体的法律规则正是通过原则而组合成为一个有机的整体;同时,由于法律体系是由诸多法律部门的不同主体制定的法律规则构成的,因而法律体系内部法律规则的冲突、矛盾在所难免。此时,法律原则提供给立法者对相应规则进行修改完善的标准,从而有助于实现法律体系内部的和谐统一。

2. 法律原则在法律实施中的功能。这主要表现为:①法律原则是法律职业者正确理解法律,进行法律解释和法律推理的基础或出发点。执法、司法机关等法律适用主体要正确实施法律,必须对法律内容本身尤其是具体法律规则有准确的理解和把握;而要理解法律规则,就必须先要理解法律原则,因为规则是在原则的指导下制定的,法律原则是法律规则生成的重要依据。同样,在执法、司法过程中,要将抽象的法律规则

---

〔1〕[美]迈克尔·D.贝勒斯:《法律的原则——一个规范的分析》,张文显等译,中国大百科全书出版社1996年版,第13页。

〔2〕张文显:《法学基本范畴研究》,中国政法大学出版社1993年版,第56页。

〔3〕张文显:《法学基本范畴研究》,中国政法大学出版社1993年版,第56页。

适用于具体的个案事实,就必须对法律进行解释并进行法律推理。此时,法律原则无疑是法律解释和推理的权威依据和出发点,它限制了对法律可能作出的不同解释或推理,使这些活动与法律目的更相吻合,保证法律的正确施行;②法律原则可以在一定程度上弥补法律的漏洞,甚至直接作为法律适用的依据。法律规则总难免会有遗漏和缺憾,这正是哈特所称的"法律的空缺结构"。当纠纷发生而法律又有缺漏时,法律原则自然成为弥补漏洞的重要手段。此外,有些法律原则甚至直接可以作为审判的依据,如我国法院中常以宪法规定的男女平等作为判决的依据就是如此;③法律原则是判断和控制自由裁量权合法行使的依据。法律适用中自由裁量权的存在是必然的,然而,对自由裁量权的行使若不加控制,则极易导致权力的滥用,因此在赋予特定主体以自由裁量权的同时也应对其行使的正当性、合法性加以控制,在这时就必须借助于法律原则对自由裁量权进行评判。如刑法的罪刑法定原则、行政法的行政合理性原则,就是评价执法、司法中自由裁量权的行使合法与否的依据。

3. 法律原则在守法方面的功能主要体现在有助于人们正确理解法律、增强法律的可预测性和规范人们的行为。对于参与法律生活的人们而言,正确理解法律原则有助于他们规范自己的行为,提高依法办事的自觉性。这是由于法律规则以法律原则为基础,具有一定程度的可操作性。当法律上缺乏某一事项的具体规定时,行为人可以把法律原则作为自己的行为准则。从另外一种意义上说,法律是人们行为的指南,具有导向功能,然而没有法律原则,法的导向价值与法的目的就难以实现。借用经济学的术语,法律原则就恰如经济运行中的"宏观调控",展示了法律所要达到的终极目的。

三、法律规则

(一)法律规则概述

1. 法律规则的概念。规则是为形成社会秩序而由权威部门颁行或社会自发生成的人们行为的准则,它体现了对人们行为进行规整的需要,因为秩序本身就是以"整齐"、"划一"作为基础的。规则一般分为技术规则(自然规则)和社会规则两种。法律规则属于社会规则之一,是指具体规定人们法律上的权利、权力、义务及相应的法律后果的准则,或者说是明确赋予一个事实状态以法律意义的一般性规定。法律规则是构成法律的最主要的要素。[1] 相对于其他社会规则而言,法律规则具有确定性、权威性、稳定性等特点,是现代社会构建社会秩序的最主要依据。

同样必须注意的是,西方资产阶级革命时期,启蒙思想家在理性主义思潮影响下,认为法律规则应当像自然规则一样精确、确定,为人们的行为提供不变的、可以感知的规则类型,但这实际上就混淆了法律规则与自然规则的区别。实际上,两者之间的差

[1] 但这里所言"主要"是从量上而言的,也就是说,对于法律而言,其基本内容就在于为人们提供相应的行为规则,因而法律的内容主要的就是规则性的规定。然而,这并不意味着在法律要素的组成之中,规则是最根本、最重要的,如前所述,法律原则是法律规则制定的出发点和准绳,从这个意义上说,法律原则优先于法律规则。

异是很明显的:①法律规则规定人的行为,自然规则涉及物质运动规律;②法律规则是"人造的",自然规则是客观存在的;③法律规则强调的是规范性,它所确认的两个因素之间联系的意义是"应当",法律规则也往往因存在例外规则而被违反;自然规则遵循因果律,它所确认的两个因素之间的联系的意义为"是",自然规则是不可违反的;④法律规则能促成社会秩序的和谐,因而其目的在于求善和安定;而自然规则则重在求真,它以穷尽事物的本来面目为依归。正如我们常言的"证据的概然性"一样,如果只有在找寻到了所有真实的证据之后才能作出判决,那么诉讼不仅是一种机械运动,同时也因为证据永远只可能大致地反映案件的真实而无法进行这种活动。

2. 法律规则的特征。与法律原则等其他法律构成要素相比,法律规则具有以下特征:①概括性程度低。法律规则虽然也是就一般的人和事作出普遍性的规定,具有规范必需的概括性,然而,这种概括性相对于法律原则来说,程度较低。这是因为规则适用必须有特定的条件、特定的对象,而不像原则那样,可以就社会生活的某一方面作出整体性的规范,因而,法律规则覆盖的社会关系的面较窄,只具有微观的指导性;②可预测性。法律规则内容的确定性程度高,它通过行为模式和相应法律后果的逻辑联系使人们能藉此预测自己和他人可能的行为及其后果。"预测"本身也包含着一种行为上的期待,例如由于合同法律规则的存在,所以面对任何一个陌生的交易伙伴,人们仍能期望通过法律的规则而要求对方履行合同义务;③直接适用性。法律规则内容的相对明确,使执法、司法等法律职业者可以径直适用法律规则处理法律案件。并且一般而言,如果有法律规则存在并且该规则不违背法律原则或法律精神的话,不允许直接适用法律原则来处理案件。这是为了保障法的安定性所致。

3. 法律规则的确定性与模糊性。法律规则作为一种由语言构成的规范,既具有确定性又不可避免地具有模糊性。法律规则所使用的语言文字含义在多数情况下是确定的,否则人们就无法交流,更无法根据法律预测和规范自己的行为。但是,正如诠释学所指明的,语言是个扩散性的意义总体,法律规则中语言的含义自然也无法保证都能够同样为人所理解,加之立法技术的影响,法律规则总会存在歧义和空缺结构,正因如此,法律职业者首先必须作为法律规则的解读者,来揣摩该规则所涉及的意义问题。正如哈特所言:"事实上所有的法律制度都以不同的方式协调两种社会需要:①需要某种规则,这种规则能够由私人可靠地适用于他们自己,而不需要官员的指导或对社会问题的权衡;②对某些问题需要留待精明的官员的选择来解决。"[1] 前者言及的是法律规则的确定性,而后者则是针对法律规则的模糊性而言。正因为法律的模糊性不可避免,因而强调法律职业者在司法过程中的创造性功能显得极为重要。

4. 法律规则与法律原则。法律规则与法律原则虽同为法律的基本要素,但两者存在着诸多区别。①法律规则的要求是具体的,它可以用明确的命令和禁令加以系统地

---

〔1〕[英]哈特:《法律的概念》,张文显等译,中国大百科全书出版社1996年版,第130页。

表述,[1]以行为模式和法律后果的规定为其内容,从而较为确定。而法律原则虽也对人们行为产生指引,但其具有不确定性,"原则的要求具有更高程度的一般性,因而需要依照具体场合作解释。"[2]②法律规则是以完全有效或完全无效的方式适用的,它要么被遵守,要么被违反。如果一条规则所规定的事实是既定的,那么,或者这条规则是有效的,在这种情况下,必须接受该规则所提供的解决办法;或者该规则是无效的,在这种情况下,该规则对裁决不起任何作用。[3] 例如,要求一个不是死者亲笔所写的遗嘱需有两个证人是一个法律规则,那么,一个遗嘱只有一个证人就是无效的。但法律原则不是以要么有效要么无效的方式适用的。一个原则可以在某些情况下适用在其他情况却不适用。即使原则规定的适用条件被满足时,它也不会自动发生相应的法律后果。例如,在英美法系国家,法律尊重"任何人不得从其错误行为中获利"这一法律原则,但这并不意味着法律决不允许任何人从他的错误行为中获利。事实上,人们常常完全合法地从其错误中获利。例如西方民法中的占有时效和我国民法中侵权或违约行为因诉讼时效届满而不受法律追究的情形。因此法律原则通常仅仅用以说明某种决定的理由,而非强迫必须作出某一决定。正如德沃金所言"一个规则对于一个预定的事件作出一个固定的反应;而一个原则则指导我们在决定如何对一个特定的事件作出反应时,指导我们对特定因素的思考。"[4]③在法律体系内部,法律规则之间若发生冲突,则意味着其中一条必然是无效的,至于谁无效则由规则以外的因素解决;而法律原则之间发生冲突矛盾,并不导致某个原则的失效。解决两个原则的冲突,必须考虑有关原则分量的强弱。[5] 在一个场合某个原则可能占优,在其他场合又可能相反。

当然,作为法律微观构成的两大要素,法律规则与法律原则又是存在许多联系的。法律规则通常由法律原则证成和统领,原则"居于规则或先例之上而控制规则或先例的适用"。[6] 同样,法律原则也可视为在总结人类法律规则的基础上所抽象出的法律原理,它是"总结许多更小的具体规则的广泛和一般的规则,是以一般抽象的语言表达

---

[1] [英]A. J. M. 米尔恩:《人的权利与人的多样性——人权哲学》,夏勇、张志铭译,中国大百科全书出版社1995年版,第24页。

[2] [英]A. J. M. 米尔恩:《人的权利与人的多样性——人权哲学》,夏勇、张志铭译,中国大百科全书出版社1995年版,第24页。

[3] [美]罗纳德·德沃金:《认真对待权利》,信春鹰、吴玉章译,中国大百科全书出版社1998年版,第43页。

[4] [美]罗纳德·德沃金:《认真对待权利》,信春鹰、吴玉章译,中国大百科全书出版社1998年版,中文版序言第18页。

[5] [美]罗纳德·德沃金:《认真对待权利》,信春鹰、吴玉章译,中国大百科全书出版社1998年版,第46页。

[6] [日]中山龙一:"二十世纪法理学的范式转换",周永胜译,载《外国法译评》2000年第3期。

的规则。”[1]同时法律原则的落实也有赖于规则的实施。

（二）法律规则的结构

法律规则的结构指法律规则由哪些要素逻辑地组合而成的，因此又称法律规则的逻辑结构。对这一问题学界有不同观点，其中影响较大的是传统的三要素说和新起的二要素说。

传统的三要素说认为法律规则（法律规范）是由假定、处理、制裁三部分组成。“假定”是指法律规则的适用条件和情况；“处理”指法律规则中要求怎么做、不能怎么做、允许怎么做的部分；“制裁”是违反规则的法律后果。这种观点具有逻辑性强、较为简明等特点。但它把“制裁”作为法律规则的要素之一，认为缺少“制裁”就不是法律规则，显得失之过窄。同时，在法律后果上，它只注意到否定性法律后果而未考虑肯定性法律后果，明显限制了法律后果的丰富内涵，至多只能用于分析义务性法律规则。而且三要素说容易使人们对法本身产生错误认识，似乎法律就是制裁惩罚，是单纯依赖强制来施行的。

二要素说认为法律规则由行为模式和法律后果两部分组成。行为模式有三种类型，即可以、应该、禁止这样行为；法律后果包括肯定性后果和否定性后果两种。肯定性法律后果是对行为方式的合法性、有效性的肯定或奖励；否定性法律后果是对违反行为模式要求的行为方式给予的否定制裁等不利的后果。相比其他学说，二要素说较为合理并能涵盖各种法律规则情况。

（三）法律规则的分类

1. 授权性规则、义务性规则和权义复合性规则。这是按照法律规则调整方式和内容的不同作出的分类。授权性规则是规定人们可以为或不为一定行为以及要求他人为或不为一定行为的法律规则。它是赋予公民、组织以权利、自由的规则，对被授权主体不具有强制性，而是使之获得了行为选择的自由。被授权主体可以通过行使权利来维护或改变自己的法律地位，也可以放弃权利。授权性规则一般以“可以”、“有……权利”、“有……自由”等词语表达。

义务性规则是规定人们必须为或不得为一定行为的法律规则。由于义务包括积极性义务（积极地作为）和消极性义务（消极地不作为），因此将义务性规则和禁止性规则并列是不科学的，禁止性规则是为义务性规则所包含的。义务性规则区别于授权性规则的最主要特点是其强制性，面对“不利”自己的规则要求，义务主体不具有行为的选择权。义务性规则是社会成员正当权益、社会秩序维护的需要，是授权性规则实现的保障。义务性规则通常以“应当”、“必须”、“不得”、“有……义务”、“禁止”等词语表达。

---

〔1〕［美］弗里德曼：《法律制度——从社会科学角度观察》，李琼英、林欣译，中国政法大学出版社1994年版，第46、47页。

权义复合性规则是兼具授予权利、权力和设定义务双重属性的法律规则。它包括权力义务复合和权利义务复合两种。前者如法律关于国家机关及其工作人员的职权的规定。拥有职权的主体可以为一定行为或要求他人为或不为一定行为,他人只能服从,同时此种权能又是职权主体不能选择或处分的。因此它既是权力又是义务。对于特定的相对人而言该类规范主要凸显出权力特征,要求相对人予以服从;而对于国家、全体人民而言则显现出义务本质,要求国家机关及其公职人员必须依法办事。后者如宪法关于公民劳动权、教育权的规定,它既是公民的权利又是公民的义务。权力义务复合的职权性规则是面对不同主体承担国家管理和权力控制的双重任务的需要而设立的,有其存在的合理性;然而,权利义务复合性规则却不尽合理。以受教育权为例,它是权利还是义务?权利义务的复合使权利、义务是否还有各自独立的意义,如果复合后权利或义务各自并不具有独立意义,而是权利为义务吸纳或者相反,则这种复合式规定是不合适的。

2. 强制性规则和任意性规则。这是按照法律规则内容的刚性程度不同作出的分类。强制性规则是指所规定的权利义务具有确定、肯定的性质,不允许任意变动的规则。如《行政处罚法》第9条规定"限制人身自由的行政处罚,只能由法律设定"就是典型的强制性规则。前述义务性规则大都是强制性规则。

任意性规则是指允许由当事人在规则规定的范围内确定具体权利义务的规则。如《婚姻法》规定"离婚时,如一方生活困难,另一方应给予适当的经济帮助。具体办法由双方协议;协议不成时,由人民法院判决。"

3. 确定性规则和非确定性规则(委任性规则和准用性规则)。这是按照法律规则内容确定性程度不同作出的分类。确定性规则是指明确规定了行为规则的内容,无须援引其他规则来确定本规则内容的法律规则。作为人们行为准则的法律应力求内容的确定,因此,确定性规则是法律规则的最常见形式。

非确定性规则是指一个法律规则的内容需要结合其他规则的规定方能确定的规则形式,又分为委任性规则和准用性规则两类。其中,委任性规则是指没有明确规定行为规则的内容,而授权某一机关加以明确规定的规则。如《选举法》第53条规定:"省、自治区、直辖市的人民代表大会常务委员会根据本法可以制定选举实施细则,报全国人民代表大会常务委员会备案。"准用性规则是指没有直接明确某一行为规则的内容,而是明确指出可以援引其他规则来确定该规则内容的法律规则。如《民事诉讼法》第157条规定:"第二审人民法院审理上诉案件,除依照本章规定外,适用第一审普通程序。"

应当指出的是上述分类只具相对意义。法律规则是对任意的否定,它总是具有某种确定性的。委任性规则作为一种授权规则本身是确定的(授予谁以权力),只是因授权受权者制定规则而使相关规则内容有所依赖从而变得不直接确定。准用性规则则是立法者为避免重复烦琐而作的技术处理,因所需参考的相关规则是确定的,因而准用性规则其实也是确定的。

4. 调整性规则和构成性规则。这是按照法律规则所调整的行为在逻辑上是否独立于该规则,对法律规则作出的分类。调整性规则是对已经存在的行为方式进行调整的法律规则,它所调整的行为在逻辑上独立于规则,其功能在于对行为模式的控制。如婚姻法中规定父母必须抚养未成年子女。构成性规则是指以本规则的产生为基础而导致某些行为方式的出现,并对其加以调整的规则,他们调整的行为在逻辑上依赖于规则。如民法中的财产制度由有关取得、使用和转让的法律规则构成。

四、法律概念

(一)法律概念的含义

法律概念是对各种法律事实进行概括,抽象出它们的共同特征而形成的权威性范畴。法律概念作为法律结构的基本要素之一,它是把法律调整所欲描绘或规范对象的特征予以穷尽列举,并基于某种设想(规范意旨)就其已被认识之特征加以取舍,并将保留下来的特征设定为充分而且必要,同时把要调整的事实涵摄在概念的运用中。[1] 从这个意义上来说,法律概念的形成具有编纂性,它是立法者在舍弃概念所不必要的特征后形成的,反映了立法者对其反映对象的肯定与否定。例如,谢怀栻先生指出,民法里有各种行为,如合同、遗嘱、结婚等,"法律行为"这一概念,把许多种行为概括在一起,从而使整个民法成为一体。[2] 这样,通过法律概念,混沌的事实状态得以清晰,相关的概念脉络得以形成。由此可见,法律概念本身虽不能将一定的事实状态与法律后果相联系,但是,每一概念都有确定的法律意义和应用范围,能够用来统摄各种情况,特定的原则、规则也只有与概念结合才可能被适用。

法律概念有的来自法律家的创造,如时效、除斥期间、不可抗力、留置权等非日常用语的特殊概念。更多的法律概念则来源于日常生活,然而,作为法律概念的词汇大多因在立法场合中被特定化,而与日常使用的含义有别。如"所有权"这一用语与日常用语中讲的"那片山林归我所有"的含义不同,至于"善意"、"恶意"等法律概念,更不能以日常用语来对之加以诠释。

(二)法律概念的分类

法律概念按照不同标准可以作出不同分类。按照法律概念所涉及的因素,可以分为:①主体概念。这是关于法律关系主体方面的概念,包括自然人、拟制人等。如公民、法人、法官、代理人、行政相对人、诉讼当事人、中止犯、累犯、国际组织等等;②关系概念。这是关于法律关系主体间权利、权力和义务关系的概念。如立法权、司法权、行政权、人身权、财产权、诉讼权、抗辩权、给付义务、履约义务、法律责任等等;③客体概念。这是有关物品及其质量、数量、时间和空间等无人格的概念。如标的、国家财产、

---

〔1〕 陈金钊:《法律解释的哲理》,山东人民出版社 1999 年版,第 263 页。

〔2〕 谢怀栻:"大陆法国家民法典研究",载易继明主编:《私法》(第 1 辑·第 1 卷),北京大学出版社 2001 年版,第 27 页。

土地等等;④事实概念。这是关于导致法律关系产生、变更和消灭的事件和行为的概念。如出生、死亡、正当防卫、违约等等;⑤其他概念。即上述四种概念无法包容的其他法律概念,如法律的一般条款、正当程序、公平等理念。

(三)法律概念的功能

法律概念是用来对法律事实进行定性的,这既包括确定事件、行为和客体等方面的"自然性质"和"社会性质",又确定它们的"法律性质",从而为人们认识和评价法律事实提供了相应的认识标准,为相应法律规则和法律原则的运用创造前提条件。表面看,法律概念不直接对人们行为产生影响,似乎不如规则、原则重要。然而,不借助法律概念,法律规则和法律原则根本就无法运作。另外,在没有明确的法律规则可以适用时,以法律概念为基础,适用法律原则也可弥补规则缺漏。如我国《反不正当竞争法》中关于不正当竞争概念的一般条款就可作为判断是否属于不正当竞争行为的依据。就法律的规范功能而言,人们也只有借助法律概念才能表达和理解。

从深层次来看,立法者设计法律概念总是有目的的,法律概念总是内在地包含着一定的法律价值,例如我国宪法中虽然使用"公民"、"个人"等词汇来表示自然人,然而,"个人"概念却往往是在贬义上使用,即将其视为"反社会的个人"。同时必须注意的是,法律概念不仅是法律价值判断中的思考手段,还是对其结果进行传递的手段。[1] 法律概念总是传递一定的价值信息,并减轻主体考虑多种价值可能性的思维负担。例如民法中的"限制行为能力人"这一概念,就不能仅从字面意义出发,而必须理解这一概念的确立是旨在促进私法自治以及保护弱者这些价值的实现。因而凡有利于限制行为能力人的交易,在法律上应予认可。在适用法律时,法律职业者必须通过法律概念所传递的信息来正确适用相应的法律规则。此外,法律概念还使法律成为专门化的概念体系,提高了法律的专业化、科学化程度,并促进法律工作的职业化。

第二节　法律的宏观结构

一、法律宏观结构概述

法律的微观构成是确定作为法律而言最基本的内部构成要素,而法律宏观结构则反映的是众多法律要素按照一定标准和原则整合成的诸多有着内在逻辑联系的法律部门的整体。它是从宏观、系统的角度考察法律的构成问题。法律的宏观结构,在法学上也称为法律体系,即由不同的法律部门组合而成的一国法律的有机整体。法律宏观结构研究有助于整体把握法律的存在结构和分析不同法律要素的组合,对于立法规划的制定、司法实践工作、法典编纂、法律汇编、法学研究规划制定等均有重要作用。

---

[1] [日]川岛武宜:《现代化与法》,王志安等译,中国政法大学出版社1994年版,第260页。

尽管法律宏观结构或法律体系这些概念的产生是近现代法学理论发展的产物，但古代的思想家就已尝试对法律结构进行宏观分析。如古希腊的亚里士多德就将法律分为基本法和非基本法；罗马法学家将法律分为公法和私法。近代理性主义则直接催生了将法律进行宏观分类的思想。法国拿破仑首创宪法、刑法、民法、商法、刑事诉讼法和民事诉讼法的六法体系。中国古代自秦以降，素有将国家重要法律内容编撰在一部统一的法典的习惯，以期“鸿纤备举”，“垂范后世”。

二、法律部门

（一）法律部门的概念

法律部门，又称“部门法”，是指按照一定的标准和原则划定的同类法律规则、原则等要素组成的结构形式。它是法律宏观结构的最重要的单位形式，是法律体系的组成部分。在法律部门内部也有自身的结构，它由具体法律制度组成的数个子部门法构成，而具体法律制度又由一定的法律规则、原则等基本要素构成。正是上述联系形成了法律由微观到宏观的逻辑结构的传递。

法律部门的形成离不开作为成文法的规范性文件，很多法律部门就是以该部门法名称命名的（如刑法部门与《刑法》），但必须注意，这二者之间并非同一概念。一方面，法律部门并不仅由这些与部门法名称相同的法律文件组成，还包括大量其他名称不同但有着相同调整对象和调整方法的法律文件。如刑法部门除了刑法典以外，还包括单行的刑事法规、非刑事基本法律中的刑事条款等。另一方面，以某一部门法名称命名的法律文件中也不排除少量属于其他法律部门的规则的存在，例如《民法通则》第110条规定：“对承担民事责任的公民、法人需要追究行政责任的，应当追究行政责任；构成犯罪的，对公民、法人的法定代表人应当依法追究刑事责任。”此外，有些法律部门则没有或难以编纂法典，如行政法部门和经济法部门。

（二）法律部门的划分标准

按照学界的通说，法律部门的划分标准主要是法律调整的对象，其次则是法律调整的方法。

法律的调整对象即法律所调整的社会关系。法律是调整社会关系的行为规范，而社会关系是多种多样的，在内容、性质上多有不同，因而法律调整的方法、原则也就不一。因而，当不同的社会关系成为法律调整领域之后，它们就构成法律部门形成的基础，从而形成不同的法律部门。例如，民法部门就是由调整有关平等主体之间的财产关系和人身关系的法律构成的。调整对象是法律部门划分的主要标准，也是区分此法与彼法的关键。

必须注意的是，法律调整的对象虽是法律部门划分的基础，但作为唯一的划分标准是不够的。因为它无法解释一个法律部门调整多种不同的社会关系的情况（如宪法部门和刑法部门均调整多种社会关系）；也不能解释同一社会关系为不同法律部门调整的现象（如经济关系既为经济法部门又为行政法部门、民法部门、刑法部门等调整）。

所以划分法律部门还需辅以法律调整的方法作为标准。法律调整方法主要是指确定法律制裁的不同方法、确定法律关系的不同主体以及法律关系主体之间的不同权利义务关系的形式。如将以刑事制裁方法为特征的法律文件划分为刑法部门;将以补偿为主的民事责任方式的法律文件划分为民法部门。

要科学合理划分法律部门除需遵循上述划分标准外,还应该考虑一些其他因素。首先应当明确划分法律部门的目的。我们认为法律部门的划分旨在通过将同类或相同调整方法的法律规则、原则等要素整合在一起,从而利于人们认识理解法律,以区别属于不同部门的法律特点,确立不同的法律调整机制,方便法律的运作。划分法律部门应循此目的进行而不能为了划分而划分。其次,划分法律部门还应当考虑整体性、均衡性和立足现实,兼顾未来等原则。整体性原则要求划分结果能囊括一国现行法律的全部;均衡性原则要求划分部门法应保持不同部门间法律要素在数量和规模上的大体均衡;立足现实,兼顾将来原则要求划分部门法以现行法律为主,同时也要考虑正在或即将制定的法律。

最后,我们应当认识到划分法律部门的相对性。这表现在:①宪法作为"法律之母"统摄其他一切法律,调整几乎所有重要的社会关系,因此它与其他法律部门的界分只具有相对意义;②许多法律文件从不同角度可归入不同法律部门。如专利法从国家对专利的审批管理来看有行政法的内容特点,从专利权内容、专利权人与其他人的关系、对专利权的保护看又可归入民法部门;③法律部门是发展的、动态的概念,它会随着法律本身和人们认识水平的发展而发展。如随着经济发展,经济法从民法、行政法中分离出来;随着环境保护问题日益突出、环保意识的增强将来可能会出现又一新的"环境法"法律部门。

三、法律体系

(一)法律体系释义

法律体系,又称"法的体系",是指由一国现行法律部门所组成的有机联系的统一整体。在这个概念中,需要理解的有两个问题:①法律体系的基本单位即法律部门,虽然法律规则、原则是法律体系的最终基础,[1]然而,从法律的宏观结构而言,法律体系是在不同的法律部门基础上得以形成的;②法律部门虽然是法律体系的基础,但并不意味着有了法律部门就会有法律体系,法律体系概念的存在,表明这些法律部门之间是有机联系的、相互统一的整体。

法律体系具有以下特点:①高度的组织性。以微观形态存在的法律规则、原则数量众多,但任何单一的规则都难以组织起对社会关系的有效调整。因此必须将众多的规则、原则合理地组织起来,形成一系列有机联系的各种法律制度、法律部门,充分发

〔1〕 日本学者将法律体系定义为"法律规则和其原则基础组成的独特体系。一个法律体系由定义明确的概念组成,这些概念为了功能一致起见又被整合进一个逻辑结构。"参见[日]千叶正士:《法律多元——从日本法律文化迈向一般理论》,强世功等译,中国政法大学出版社 1997 年版,第 173 页。

挥每一规则、原则的作用又高度重视它们之间的联系。因此,将法律微观构成要素整合而成的宏观结构必然要具有高度的组织性;②相对独立性和整体性。法律宏观结构表现为各个法律部门的总和。每一法律部门都是以某一类社会关系为调整对象的,调整不同社会关系的法律规则构成不同的法律部门,因而法律宏观结构表现出各自独立的特征。但同时在一个法律体系中的各个法律部门又不是决然分立的,相反,它们内部存在着密切的联系。各法律部门调整的社会关系本身就是一个具有内在统一性的有机整体,这要求不同的法律部门必须有着共同的法律精神、调整目的,所以法律宏观结构又呈现出整体性特征;③现实性和开放性。法律体系是建构在一国范围内的现行所有法律部门的基础之上的,具有现实性特点。但一个完善的法律宏观结构必须为法律部门的发展预设框架并留有空间,且在经济、法律全球化的时代,每一国的法律体系都应该包含被本国吸纳的国际法,并存有进一步与域外的法律文明交流的适应能力,呈现开放性特点。

(二)当代中国的部门法体系

对于当代中国现行的法律体系具体包括哪些法律部门人们认识并不完全统一,[1]但一般可分为宪法、民商法、行政法、经济法、刑法、劳动与社会保障法、自然资源与环境保护法、诉讼法等法律部门。

1. 宪法部门。宪法法律部门在我国法律体系中处于中心、主导地位,它奠定了其他法律部门的指导原则。宪法部门规定国家各种基本制度、原则、公民的基本权利和义务,国家机关的组织、职权等内容。在宪法部门中最重要的法律文件是宪法典和宪法修正案。除现行宪法之外,宪法法律部门还包括以下宪法性法律:①国家机关组织法。主要是指中央和地方权力机关、行政机关、法院、检察院的组织方面的法律制度,涉及这些机构的组成及其职权问题;②选举法,是指选举各级人大代表方面的法律规定;③立法法;④立法授权法,即全国人大及其常委会通过的授权国务院和地方政权行使本应属于国家立法权限范围内的规范性法律文件的创制权的法律;⑤民族区域自治法;⑥特别行政区基本法;⑦有关公民基本权利的法律,如《国籍法》、《义务教育法》、《残疾人权益保障法》、《妇女权益保障法》、《未成年人保护法》等等;⑧有关国家行为和公民权利的国际公约。如我国在 1998 年签署的《公民权利及政治权利国际公约》等。

2. 民商法律部门。民商法律部门是指调整平等主体间的财产关系、人身关系和商事关系的规范性文件所构成的法律部门。世界上多数国家的民商法都采法典化形式,其间又有民商合一和民商分立两种。我国民商法发展一直较为落后,但改革开放尤其是确立发展市场经济体制以来,这一法律部门在我国发展迅猛。虽然尚未制定《民法

---

〔1〕 争议主要集中在婚姻法部门、经济法部门、国际法部门、军事法部门等法律部门能否独立存在。参见周永坤:《法理学——全球视野》,法律出版社 2000 年版,第 85 页以下。

典》或《商法典》,但已经拥有以《民法通则》为核心并辅之以一大批民商事的单行法律、法规及其他法源形式。如《婚姻法》、《继承法》、《合同法》、《公司法》、《著作权法》、《专利法》、《收养法》、《担保法》、《拍卖法》、《海商法》、《票据法》、《证券法》等。此外,中国加入或缔结的国际条约中也含有大量民商事的内容。

3. 行政法律部门。行政法律部门是指有关调整国家行政管理活动中形成的社会关系和对行政权的控制、对行政相对人进行救济的法律。由于行政法调整对象极为广泛,行政管理活动的复杂多变,很难像宪法、民法、刑法等法律部门那样进行法典化。因而这一法律部门多以单行法律、行政法规等组成。属于这一法律部门的有《行政处罚法》、《行政复议法》、《行政监察法》、《国家赔偿法》、《治安管理处罚法》、《公务员法》等一般行政法,另外还有大量专门行政法,如《档案法》、《药品管理法》、《海关法》、《高等教育法》等。

4. 经济法律部门。经济法律部门是指调整国家在协调经济运行过程中发生的经济关系的法律文件的总和。由于经济法与民商法、行政法都对经济关系进行调整并有所交叉,因此关于经济法的调整对象以及它能否成为独立的法律部门学界争议较大。此外,部门法意义上的经济法与日常使用中泛指的经济法也不同,后者是将一切与经济活动相关的法律都统称为经济法。在我国经济法律部门主要包括《反垄断法》、《反不正当竞争法》、《消费者权益保护法》、《信贷法》、《物价法》、《产品质量法》、《会计法》、《审计法》、《农业法》等。

5. 刑法法律部门。刑法法律部门是指有关犯罪和刑罚的法律部门。它与行政法律部门、民商法律部门、经济法律部门的区别在于调整方法的特殊性——以刑罚处罚的方法调整社会关系。我国刑法部门主要指1997年的刑法典;全国人大及常委会的单行刑事法规,如《全国人大常委会关于惩治骗购外汇、逃汇和非法买卖外汇犯罪的决定》;非刑事法律的刑事条款,如专利法中涉及刑事犯罪的条款;以及相关国际公约条约。

6. 劳动与社会保障法律部门。劳动与社会保障法律部门是指有关调整劳动关系以及社会保障和社会福利关系的法律的总和。随着市场经济的发展,竞争日益激烈,劳动者权益的保护、劳动者与用人单位关系的法律调整、社会保障、社会福利的立法越来越被重视。我国目前这方面的法律主要有1994年制定的劳动法、1992年的工会法、矿山安全法以及一些行政法规、规章,这一法律部门中许多重要领域和社会关系还亟待立法。

7. 自然资源与环境保护法律部门。自然资源与环境保护法是保护自然资源和生态环境的法律部门。自然资源保护主要涉及对各种自然资源的规划、合理开发、利用、治理和保护;环境保护主要是指保护环境、防治污染和其他公害。属于这一法律部门的法律文件主要有:《森林法》、《草原法》、《渔业法》、《矿产资源法》、《土地管理法》、《环境保护法》、《水污染防治法》、《大气污染防治法》、《固体废物污染环境防治法》等,此外还包括我国加入的相关国际公约,如《南极条约》、《保护世界文化和自然遗产公约》、《生物多样性公约》等。

8.诉讼法律部门。诉讼法律部门指有关诉讼程序的法律部门。它是规定在诉讼过程中各个诉讼主体的诉讼权利和义务的法律。这一法律部门以民事诉讼法、刑事诉讼法和行政诉讼法为主,此外还有一些规定诉讼程序的单行法律和司法法规(如诉讼收费办法、法庭规则等)和国际条约。

第三节　法系及其比较意义

一、法系的概念

法系是19世纪末20世纪初西方法学家首先使用的概念,在比较法学中具有重要意义。为了便于研究世界各国的法律制度的共性及差异性,比较法学家使用了“法系”这一概念对法律加以分类,用它来涵盖具有相同或相似的法律传统和实践的法律体系,这样,“当代世界上的法,虽然为数众多,但却可以分成数目有限的法系,因此,我们不必阐述每一法的细节,而只阐述这些法分属的几个法系的一般特征,就能达到自己的目的。”[1]如果说法律体系只是立足于一个国家内部的法律结构的构造,那么法系则是通过跨国法律制度的研究,来发现、比较不同国家之间法律制度的个性与共性。

在英文中,法系常用“Genealogy of Law”、“Family of Law”、“Legal Family”表示。其中,Genealogy是生物学中的系谱学、家系、族谱等有着渊源联系的事物组成的整体,其词根gene是基因的意思;Family也是家庭、家族这一含义。因此,法系是西方学者借助于生物学和人类学分类的术语对法律进行比较研究的概念。[2] 正如1900年法国比较法学家塔德所言:“比较法要作为一门科学应当建立一种分类,要把所有不同类型法律体系都包括进去,进行真正的分类,就像人类知识的高级部分,如植物学、动物学、矿物学、人类学等学科一样。”[3]以后,法系作为比较法学中运用的概念,被广泛使用,成为比较法学中的基本范畴。

法系虽为普遍使用的概念,但对其含义的界说并不一致。沈宗灵教授认为:法系是指具有某种共性或共同传统的(如宗教、法律发展史、法律渊源方面的某些特征)一些国家或地区法律的总称。[4] 英国法学家沃克认为:法系是比较法学家根据法律渊源、形式、方法和立法技术的一般相同点,并根据历史起源和互相借鉴而对世界上的各

---

〔1〕［法］勒内·达维德:《当代主要法律体系》,漆竹生译,上海译文出版社1984年版,第22页。

〔2〕故法系又称“法族”,德国、日本有些学者也称之为“法圈”。

〔3〕转引自朱景文:《比较法社会学的框架和方法——法制化、本土化和全球化》,中国人民大学出版社2001年版,第75页。

〔4〕沈宗灵:《比较法总论》,北京大学出版社1987年版,第37页。

种法律制度进行的归结或划分。[1] 德国的比较法学家茨威格特和克茨认为:法系是根据一个法律秩序在历史上的来源与发展、法律方面占统治地位的特别的法学思想方法、特别具有特征性的法律制度、法源的种类及其解释、思想意识因素诸要素对各国或地区的法律体系所作的一种分类。[2] 借鉴各家观点,我们认为法系是指有着相同法律传统或存在渊源关系、在法律制度及其运作上相似的数个国家(地区)法律所组成的法律大家族。[3]

尽管法系是借鉴生物分类法而形成的概念,但却并不存在类似生物学上的实体的法系,通常法系的分类只具有学理上的意义。由于影响法系形成的因素很多,包括政治、经济、宗教、地缘、意识形态、历史渊源、法律技术、法律传统等林林总总的不同变量,因此划分法系的标准往往是多元而不是单一的。加之时代的不同、划分选择的部门法的不同也都对法系分类产生影响(如同日本法在中世纪属远东法系,现在是大陆法系一样),因此法系的分类只具有相对性。1884 年日本法学家穗积陈重提出"法律五大族"的分类,即印度法族、中国法族、回民法族、英国法族和罗马法族,以后又增加了日耳曼法族和斯拉夫法族,扩展到七大法族。1928 年美国西北大学教授威格摩尔在《世界法系综论》书中按照出现的时间顺序划分出 16 种法系,[4] 并将法系分为"活法系"和"死法系"。1964 年法国的比较法学家达维德在《当代世界主要法律体系》一书中,根据法律概念与技术因素、思想意识因素两个标准将法系分为:罗马—日耳曼法系、社会主义法系和普通法系以及其他法系(包括伊斯兰法、印度法、远东法、马达加斯加和非洲各国法系)。1977 年德国比较法学家茨威格特和克茨在《比较法总论》中按照法律体系的样式构成要素把法系分为八种:罗马法系、日耳曼法系、北欧法系、普通法系、社会主义法系、远东法系、伊斯兰法系和印度法系。此外还有按照种族、语言等标准的分类。我国学界相对比较赞同达维德的分类。

二、西方两大法系

(一)西方两大法系的概念及其形成

西方两大法系是指大陆法系和英美法系,这是当今世界影响最大的两大法族。

大陆法系是以罗马法为基础、以《法国民法典》和《德国民法典》为范本产生和发展起来的各国法律的总称。由于它是以罗马法为基础的,以民法为主要标志,以法典化为形式,所以又称罗马法系、民法法系、法典法系、罗马—德意志法系。属于大陆法系

---

[1] [英]戴维·沃克:《牛津法律大辞典》,北京社会与科技发展研究所组织翻译,光明日报出版社 1988 年版,第 328 页。

[2] [德]茨威格特、克茨:《比较法总论》,潘汉典等译,贵州人民出版社 1992 年版,第 129 页以下。

[3] 最近几十年来,西方有的比较法学家试图用"法律传统"、"法律文化""法律制度"等概念与法系混同,我们认为这是不合适的,它们毕竟有着许多不同。

[4] 分别是:埃及法系、梅索不达米亚法系、希伯来法系、中国法系、印度法系、希腊法系、罗马法系、日本法系、阿拉伯法系、凯尔特法系、斯拉夫法系、日耳曼法系、海商法系、教会法系、大陆法系、英美法系。

的国家和地区主要有:法国、德国为代表的欧洲大陆国家,包括比利时、意大利、西班牙、荷兰、卢森堡、葡萄牙、奥地利、瑞士和希腊;曾是法国、德国、葡萄牙和荷兰四国殖民地或受其影响的国家和地区,如亚洲的日本、土耳其、泰国、非洲的埃塞俄比亚等。可以说,大陆法系的影响波及整个世界。大陆法系渊源于古代罗马法,经11~16世纪的罗马法的复兴、18世纪的资产阶级革命,最后于19世纪发展成为一个世界性的法系。其间,以罗马法为基础制定的1804年《法国民法典》对大陆法系的形成起了关键作用。它将简单商品经济最完备的法律——罗马法加以改造,运用理性的力量,以简明、严谨的法律词句对近代资本主义民事关系作了较为全面的规定。以后出现的资本主义民法典都多少受其影响,甚至直接以其为蓝本。1896年制定的《德国民法典》则是另一部对大陆法系有重大影响的法典。虽然它也受到《法国民法典》的影响,但由于时间相隔近一个世纪,且正值资本主义走向垄断时期,资产阶级加强了对社会经济生活的干预,因此两部法典也有显著区别。如在主导思想方面,《法国民法典》侧重强调保护个人权利、自由,《德国民法典》更侧重强调社会利益;在立法技术方面,后者也更为发达,立法语言和风格也不尽相同。正是因此,大陆法系内部又可分为法国支系和德国支系。

英美法系是继承日耳曼法传统,以英国中世纪以来的普通法为基础、以判例法为主要形式发展起来的各国法律的总称。英美法系又称普通法系、判例法系、英国法系等。这一法系的范围除英国(不包括苏格兰)外,主要包括曾是英国历史上的殖民地、附属国的国家和地区,如美国、加拿大、印度、巴基斯坦、孟加拉、缅甸、马来西亚、新加坡、澳大利亚、新西兰以及非洲的个别国家和地区。[1] 英美法系是在罗马法之外独立地发展形成的。在1066年之前英国主要流行的是日耳曼人的习惯法,1066年诺曼人入侵英国后,诺曼公爵威廉为加强中央集权,派出官员在全国巡回审理与王室利益有关的案件,这些官员根据国王的敕令、道德原则结合当地习惯处理案件、进行判决,从而形成了通行于全英的法律——普通法。在16世纪根据衡平原则对普通法进行补充和校正的衡平法兴起,17世纪资产阶级革命对英国法律影响很大,到18、19世纪,随着英国殖民主义扩张,英国法被传入这些殖民地、附属国,最终英美法系发展成为世界主要法系之一。美国独立后,由于与英国法有着较大差别,因此英美法系又可分为英国支系和美国支系。

(二)西方两大法系的比较

虽然两大法系作为资本主义法律制度的典型代表,都服务于资本主义的市场经济和民主政治,其主要内容和原则是相同或相似的。但由于两者各自的历史背景、形成过程,他们也有着明显的区别。主要有:

---

[1] 有些国家和地区由于历史原因而兼具两大法系的特点,如菲律宾、南非、英国的苏格兰、美国的路易斯安那州和加拿大的魁北克省等。

1. 法律渊源方面的差别。在大陆法系国家，制定法是其重要的法律渊源，判例一般不被作为正式的法源形式，[1]对法官审判没有法律约束力，至多只是作为参考材料。在英美法系，判例是重要的法律渊源，根据遵循先例原则，上级法院的判例对下级法院及本院类似案件的审判具有约束力。当然英美法系也承认制定法的法源地位。

2. 法典编纂方面的差别。大陆法系国家强调人的理性力量，希冀将调整某一领域社会关系的法律规则、原则系统化，因而重视法典编纂，将重要的法律部门法典化。英美法系则视经验为获取知识的主要形式，认为无法编纂出完美无缺的法典，因而不倾向于法典形式，其制定法一般都以单行法律、法规形式出现。当然，英国与美国在这方面做法也有所不同。相对而言，美国法典形式的制定法较多。

3. 法律分类方面的差别。大陆法系国家法律的基本分类是公法和私法，公法指宪法、行政法、刑法、诉讼法等，私法指民法和商法。英美法系国家法律的基本分类是普通法和衡平法，并无公法、私法的划分。

4. 法律适用技术方面的差别。在大陆法系国家，法官审理案件，除确定事实外，法官首先考虑的是制定法的规定，而且十分重视对制定法的解释（法律解释受到制定法本身的严格限制，必须尊重并发现立法者的原意），将制定法的规定作演绎式推理进行裁判。在英美法系国家，法官确定案件事实后，首先考虑的是以前类似案件的判例，将本案与判例加以比较，运用“区别技术”找到可以适用于本案的规则、原则，具有归纳式的特点。

5. 在诉讼程序方面的差别。大陆法系有“职权主义”特点，诉讼中多采用纠问制审判方式，法官积极主动发挥作用，处于主导地位。英美法系则采“当事人主义”，诉讼中采用控辩制审判方式，发挥争辩双方的作用，法官作用相对消极，处于中立的裁判者的地位。

6. 在法律哲学基础方面的差别。大陆法系以近代理性主义为哲学基础，贯彻从抽象到具体、从理论到实践的唯理论原则。英美法系则以近代的经验主义为哲学基础，贯彻从具体到抽象，从实践到理论的经验论原则。[2] 大陆法系更多把实现社会正义的希望寄托在立法者身上，重视就制度进行抽象思维，重视法学家在造法中的作用（被称为法学家法），企图制定出完美无缺、解决所有社会问题的法律来，法官的任务就是严格适用法律。英美法系则更多地把实现社会正义的希望寄托在职业化、高素质的法官身上，由法官根据具体案件进行从判决到判决的摸索，法官不是机械的法律宣示者、判决的复印机，他不仅适用法律还可以创造法律发展法律，在这一点上普通法就是法官法。

---

〔1〕 行政案件的审判是个例外，在法国、德国的行政法中判例也是法源。参见王名扬：《法国行政法》，中国政法大学出版社1988年版，第17页；另见［德］哈特穆特·毛雷尔：《行政法学总论》，高家伟译，法律出版社2000年版，第66、67页。

〔2〕 董茂云：《比较法律文化：法典法与判例法》，中国人民公安大学出版社2000年版，前言第4页。

此外,两大法系在法学教育、法律概念、法院体系等方面还有不少差别。但必须看到,伴随世界经济全球化、法律全球化,两大法系间的差别正在逐渐缩小。如法律渊源方面大陆法系越来越重视判例的作用,以判例弥补制定法的不足,尤其是上诉制度的存在,使得法官必然考虑上级法院已有的判决;英美法系面对大量案件,判例法主义也难以为继,明显出现依赖制定抽象的法律规范的倾向。最近无论在英国还是美国都可以看到制定法已有取代判例法成为第一位法源的趋势。[1] 在法律适用方面大陆法系已不再认为事先制定的法典可以像自动贩卖机那样运作,投入事件就能得到相应的判决。他们开始确信法律的规定不过就是假定判决,是一种具有广泛解释余地的基本规定而已。[2] 因此法官甚至可以脱离法律的规定进行法律解释,法官权力随之扩大。因此说两大法系正在逐渐融合,当然由于多方面的原因,上述差别在短时间内也不会根本改变。

三、法系比较与法律移植和法律继承

法系的出现固然要以各国法律制度的发展为前提,也不排除统一宗教、地缘甚至意识形态的影响,然而,如果各国均将自己的法律制度视为最完美并具有普适性,排斥域外法律文化,那么法系也就无从产生。因此,法系的出现是人类法律文化交流、相互借鉴的产物,也是法律文明中开放心态和宽容精神的产物。透过法系的分类,各法系所分别具有的特殊的法律思维、法律逻辑、具体制度呈现出的差别性,就为法律移植和继承提供了可能。人类的法律文明和其他文明一样本身是相互借鉴并累积式发展的,只要避免对本国现行法律制度、法律的国民性、民族性、阶级性之类的绝对化或作排他式的孤芳自赏,也不对强势文化卑躬屈膝、照单全收,法律移植和继承就会在推动一国法律进步方面发挥重要作用。

法律继承作为现行法对历史上的旧法的承接和继受,是对历史上优秀法律文明、法律文化的传承。法律发展史、法系的形成过程都反映了法律继承的必要性,如大陆法系的法国民法典对罗马法的继承、苏联及东欧社会主义国家对旧法律制度的继承等。因此凡是能够与科学、民主、法治相融的旧法律制度中的一切积极因素包括具体的法律概念、技术、法律规则、原则都应在可继承之列。法律作为一种文化是无法割断与历史的联系的,不同时代法系间的比较也有助于法律继承。

法律移植是与法律继承相似的问题,它的基本意思是“在鉴别、认同、调适、整合基础上,引进、吸收、采纳、摄取、同化外国的法律,使之成为本国法律体系的有机组成部分,为本国所用。”[3] 以纵向考察,人类法律发达史很大程度上就是一部法律移植史,各个法系的形成本身也直接是法律移植的结果。法律总体上作为全人类文明成果的共性也决定了法律移植是必然的。而法系间、各国法律制度间的差异,法律发展的不

〔1〕 [日]大木雅夫:《比较法》,范愉译,法律出版社 1999 年版,第 136 页。

〔2〕 [日]大木雅夫:《比较法》,范愉译,法律出版社 1999 年版,第 126 页。

〔3〕 张文显主编:《法理学》,法律出版社 1997 年版,第 210 页。

平衡性的现状又使法律移植既是可能的更是必要的。法律移植对于法制相对落后国家迅速实现法制现代化,对于不同法系、不同法律制度国家法律的相互学习、借鉴和融合,对于法律全球化运动都是十分有益的。当然法律移植时要注意整合必要的社会环境,防止出现移植排异现象。

第四节　区域法和世界法

一、区域法、世界法释义

随着不同法域之间人们的国际交往日益频繁、经济贸易活动的全球化以及比较法学的深入发展,区域性及全球法律统一运动迅速加快,已经或将要成为国家法基础上的更宏观的法律结构形式的区域法、世界法因之也变得越来越重要。区域法也可以看做是区域性的世界法,是区域性的超国家组织生成的既调整区域内国家间关系又调整各个国家内部关系的法律,是世界法的雏形。其效力高于各主权国家自己国内的立法。世界法是法律发展的最高阶段,"其形式特征是法律的全球统一性和普遍性,协调人类生活的大部分法律规范已达于一致,形成全球性法律、国家法、社会自治法三个层面的世界法律体系;它的内容特征是高度理性化,法律的意志和感情色彩降至最低程度,是真正全球人人平等、自由的法律。"[1] 区域法、世界法与国家法的区别主要在于形式上它们突破了传统国家法的地域限制(虽然国家法在某些情况下也有域外效力),实现地区、全球法律原则、规则的统一(这并不排斥国家法作为次级规则原则的存在),大大降低不同国家之间人们的交往成本;在内容上则更多地从区域乃至全人类共同利益出发——人类一家,真正实现最大多数人的最大幸福,体现法律对人类的终极关怀。区域法、世界法与国际法相比,在基本精神、目的任务方面相同或相似,国际法数量的增加、调整范围的扩大、权威的增强本身就是法律世界化的表征。但两者区别也很明显:①从涉及的领域、范围来看,前者远较后者广阔,可以说凡是国家法可以介入的领域,区域法、世界法均可涉及;②从调整的关系来看,前者不仅可以调整国家与国家间的关系,而且可以直接调整国家内部的社会关系,并成为国家法的上位阶法;后者大多只能调整国家与国家的关系,其要发生约束国家内部关系的效力,一般需要国内法的确认;③国际法总体上是比较"软的法律",维护国际法权威、国际法的施行的机制相对不足;区域法、世界法从已在践行的欧盟法来看,它们有完整的法律运作机制,其法律效力、权威是有保障的,相信未来的世界法会建立足够的权威机制。

世界法的理想是人类社会久已有之的社会理想,其源头一直可以追溯到古希腊的斯多噶学派。在斯多噶学派看来,自然法是世界性的、与生俱来的一些基本原则,它是

---

〔1〕 周永坤:"世界法及法的世界化探索",载《东吴法学》1996 年号。

世界各地的人都必须遵守的。此时的自然法实际上就是世界法。类似的例证还有在古罗马人们对自然法、万民法的肯定、中世纪以基督教教义形式出现的"世界法",康德法哲学的逻辑终点也是世界法。近现代以来,世界法始终是人类美好的追求。今天世界法理想几乎成为全球共识。同时也必须看到,世界法理想在当代的勃兴以及世界法、区域法的出现,也是有着相应的物质和精神方面的基础的。生产力的发展和现代科学技术的进步,使得广袤地球变成人间村落,人类交往日益频繁,尤其是市场经济体制带来的经济全球化,为降低交易风险和成本,客观上产生了对经济活动加以调整的法律的全球化的需求;生产力发展、科技进步又使得诸如经济利益、生态环境、资源保护、人类和平安全等全球共同利益凸显;伴随物质科技进步的同时,人们的精神领域也趋于形成更多共识,在保持多元化的基础上,尊重人的平等、保障基本人权、维护社会正义等最低限度的普适的伦理价值正在形成。这些都催生着区域法、世界法的出现。

二、区域法、世界法的实践

区域法、世界法在今天已不再仅仅停留在理论层面,欧盟法的出现和国际法、国内法的世界化表明区域法、世界法正在成为时代的潮流。

1992年在荷兰马斯特里赫特签订的《欧洲联盟条约》,宣告欧盟成立;1999年签订《阿姆斯特丹条约》将欧洲一体化由经济向社会政策、人权法治等领域扩展,从而使得欧洲法律统一运动加快,由欧盟的各个条约、欧盟机构制定的法律、欧洲法院的判例组成的欧盟法的出现正式宣告欧洲范围的区域法成为现实。欧盟法效力高于各成员国议会的法律,正如英国学者指出的"从某种意义上讲,我们现在已经有了一部由各项欧洲条约组成的成文宪法,而与该宪法违背的法律今后均将无效。"[1]可以说欧盟法为我们提供了区域法律一体化的范式。

虽然世界法仍然是未来的法律,它的实现尚有待于全人类的共同努力,但欧盟法等区域法的出现表明区域性的世界法已经生成。同时法律世界化步伐也在加快,这突出表现在:国际法主体范围由国家扩大到各种国际组织甚至个人;在内容上由调整国家间关系扩展到包括政治、经济等的全球性的人际关系;在法律精神方面反对强权,倡导全球平等的世界;国内法则出现全球范围的趋同,普遍承认国际法的优先地位或将其内化为国内法,以及国际法强制力的取得与国际司法组织的建立等。[2] 这些变化无疑是世界法正在形成的信号和标志。

应当指出,在法律一体化进程中不同法律文化、不同法系间的平等交流对话、相互借鉴是非常重要的。欧洲法律一体化就是在比较、整合两大法系的欧洲成员国的法律和国际法基础上形成的。因此区域法、世界法决不应是一种强势法律制度、强势文化的全球霸权化。区域法、世界法应该是摒弃任何强权政治、任何种族主义的,在平等、

---

〔1〕［英］P. S. 阿蒂亚:《法律与现代社会》,范悦等译,辽宁教育出版社、牛津大学出版社1998年版,第105页。

〔2〕周永坤:《法理学——全球视野》,法律出版社2000年版,第515~518页。

相互尊重基础上实现的法律理想。正如德国学者拉德布鲁赫在阐述国际法的产生前提条件时指出的那样，"这些国家有建立在文化共性之上的彼此间的尊重。当一个民族以唯一正统自居，视其他民族为野蛮人而认为自身肩负统治世界的使命时，无法产生基于平等的国际法。"[1]当前，国际社会尤其要警惕单极的世界化的倾向。

复习思考题

1. 什么是法律原则？它与法律规则有哪些不同？

2. 什么是法律部门？划分法律部门的主要标准是什么？

3. 当代中国法律体系包括哪些主要法律部门？

4. 西方两大法系的主要区别是什么？西方两大法系对我国法治建设有哪些借鉴意义？

5. 什么是区域法、世界法？它与国际法是什么关系？

---

[1] [德]拉德布鲁赫：《法学导论》，米健、朱林译，中国大百科全书出版社1997年版，第153页。

第七章　法律内容

✣学习目的与要求

本章主要对法律的内容进行了论述，重点分析了①权利与义务的基本理论，包括权利与义务的概念、权利与义务的分类以及权利与义务的相互关系；②权力与职责的基本理论，包括权力与职责的含义、权力与职责的内容和权力与职责的相互关系；③责任与制裁的基本理论，通过对法律责任与法律制裁的含义以及两者之间相互关系的解说，论证了行政处罚、刑罚实际上属于法律责任而不属于法律制裁。通过本章学习，能够了解法律的主要内容，掌握法律内容之间的逻辑关系，正确把握权利与权力的界限。

第一节　权利与义务

一、法律权利

(一)法律权利概述

法律权利是法学的基本范畴之一，也是架构法律内容的重要因素。没有权利，也就无所谓法律。但对于什么是法律权利，却是众说纷纭，莫衷一是，由此形成了“资格说”、“主张说”、“自由说”、“利益说”、“法力说”、“可能说”、“规范说”、“选择说”等多种学说。[1] 应当承认，这些理论都从不同侧面反映了法律权利的基本特征。因为权利是由利益、主张、资格、权能、自由等五要素所组成的，而“以其中任何一种要素为原点，以其他要素为内容，给权利下一个定义，都不为错。”[2]关键是突出权利的何种属性。我们认为，法律权利是由法律所保障的，人们所享有的为一定行为、不为一定行为或者要求他人为一定行为、不为一定行为的自由和利益。而这种自由和利益本身即包含了主张、资格以及权能等要素。由此可见，法律权利具有如下特点：

1. 法定性。法律权利必须由法律加以规定，任何没有法律依据的权利都不能称之为法律权利，这是法律权利与纯粹的道德权利、习惯权利的重要区别。法律对权利的确认主要是通过明示与默示两种方式进行的。所谓明示，即法律明确规定了权利主体

---

〔1〕 关于法律权利的主要观点以及对这些观点的述评，参见张文显：《法哲学范畴研究》(修订版)，中国政法大学出版社 2001 年版，第 300 ~ 309 页。

〔2〕 夏勇：《人权概念起源》，中国政法大学出版社 1992 年版，第 44 页。

所享有的权利,如我国宪法规定的公民所享有的基本权利。所谓默示是指法律尽管没有规定权利主体的具体权利,但根据"法无禁止即授权"的原则,可以推定权利主体所享有的权利。

2. 自主性。法律权利是法律赋予权利人的一种可能性,因此权利是否行使取决于权利人的主观意志。权利人可以在不违背法律的前提下对自己的权利进行处置。权利人可以对权利加以行使、放弃,甚至还可以进行转让(包括财产上的抵押)。当然,权利人在进行权利处分时,其方式应与权利自身的特性相符。例如选举权可以放弃但不能转让;人身自由权不得用作抵押等。

3. 有限性。权利的有限性是指权利人行使权利的范围是有限的。权利意味着自由,但是自由并不是绝对的。权利人行使权利时必须以不妨碍其他人行使权利为限,否则即构成违法。在实践中,超出法定边界行使权利的表现形式有:①超出法律所规定的权利范围行使权利,即权利人行使了不该行使的权利。如利用宪法所确认的检举、控告、申诉权而进行诬告、陷害。②在法定的权利范围内不正当地行使权利。如当事人在诉讼过程中相互串通损害国家利益。上述情形即构成权利的滥用。

4. 不可分割性。权利是由各种不同的要素所组成的,这就决定了权利无法被分割。因为,如果把某一要素分离出来,也就不再是权利了。质言之,对于任何一种权利,即使进行分割,那么权利要素却是不变的,因而权利的性质也就无法改变。如对于财产权,不管如何分割,财产权不可能成为其他权利。

权利与自由是两个非常近似的概念,实践中也常常被人们所混淆。要准确地理解法律权利,必须理清权利与自由的关系。对于什么是自由?法国《人权宣言》作了较权威的解释:"自由就是指有权从事无害于他人的行为。因此人的自然权利的行使,只能以保证社会上其他成员能享有同样权利为限制。此等限制仅能由法律规定之。"[1]《人权宣言》不仅指出自由的含义,而且说明了权利与自由的关系。自由虽然隐含着权利,但自由并不就是权利;权利意味着自由,但权利并不等于自由。自由有正当自由与不正当自由之分,但权利一般不能用正当与否来加以衡量。当然,在日常的法学用语中,人们一般也用"自由"来指称"消极权利",例如宪法上规定的言论自由、出版自由、宗教信仰自由等,它意味着只要国家不加以干预,这种权利就能够得到实现。

(二)法律权利分类

1. 应有权利与实有权利。以法律权利的存在形态为标准,可把法律权利分为应有权利与实有权利。[2] 应有权利是"通过实在法律明确规定或通过立法纲领、法律原则

---

〔1〕 转引自[法]莱昂·狄骥:《宪法学教程》,王文利等译,辽海出版社、春风文艺出版社 1999 年版,第 181 页。

〔2〕 从权利的存在形态来看可以分为应然权利、习惯权利、法定权利与实际权利等。但就法律权利来讲同样存在应有权利与实有权利。

加以宣布的、以规范与观念形态存在的权利”，[1]它表明的是国家的一种态度；而实有权利则是经法律运作后公民所实际享有的权利。在任何社会，应有权利与实有权利都不可能达到完全一致，因此划分这两者的意义在于：尽可能使国家立法接近保障所有应有权利的实现，从而体现民主社会中人民的主人地位。

2. 绝对权利与相对权利。绝对权利与相对权利的划分依据是权利的效力范围。绝对权利所针对的对象是权利人之外的一切人。也即是说，权利人之外的一切人均负有不妨害权利人行使权利的义务。因此，绝对权利也称为对世权，如物权等。相对权利的对象是特定的义务人，权利人只能请求特定的义务人为一定行为或不为一定行为，而不能向该义务人之外的第三人主张权利，如债权等。在行使方式上，绝对权利的实现方式表现为，只要权利人之外的一切人不进行非法干预即可，而相对权利的实现方式是必须有特定的主体加以配合，否则即不能实现。

3. 基本权利与普通权利。基本权利与普通权利的划分，主要是根据法律权利所体现的社会关系的重要程度所作的分类。所谓基本权利是指由国家宪法及基本法律所确认的，作为公民应当享有的最起码的权利。它既是公民在社会生活关系中地位的具体体现，同时也是判断一个国家法治水平的重要标志。基本权利主要包括平等权、政治自由权、人身自由权以及社会经济权利等。普通权利是指由宪法以外的一般法律所确认的权利。例如，民事法律所规定的民事权利等。基本权利与普通权利都属于法律权利的范围，但是基本权利要高于普通权利。一般说来，基本权利是普通权利的基础，没有基本权利，也就无所谓普通权利。

4. 实体权利与程序权利。以法律权利的内容为标准，法律权利可分为实体权利与程序权利。实体权利是指权利人所享有的直接利益，而程序权利则是指为实现实体权利而设立的权利。在两者的关系上，实体权利是权利人所直接追求的，是最终的目的所在。程序权利是权利人用来实现实体权利的手段。例如，人身权、财产权都是实体权利，为保护人身权、财产权而享有的诉讼权利则是程序权利。但两者也是紧密相连的，没有程序权利，实体权利无法实现；而没有实体权利，程序权利只能成为法律的虚构。

（三）法律权利的限制

权利意味着自由，但自由总是相对的。因此，对权利进行必要的限制已成为世界各国的通例。但是对于法律权利的行使却是经历了绝对主义向相对主义的转化。在18世纪以前，权利的行使奉行绝对主义。罗马法就有“凡行使权利者，无论对于何人，皆非不法”的法谚。但是自19世纪末以来，社会权利思想渐成主流，认为权利系社会的制度，如果权利的行使完全无视他人及社会利益，则构成权利滥用。此后世界许多国家对权利都进行了相应的限制。对法律权利的限制主要包括内部限制与外部限制

[1] 张文显主编：《法理学》，法律出版社1997年版，第117页。

两种途径。内部限制起源于德国魏玛宪法。该法第153条规定:“所有权负有义务,其行使应同时有益于社会公共利益”。它要求权利的行使实行公益优先原则,必要时可以牺牲个人利益以维护社会公益。内部限制很容易成为以社会公益之名而剥夺个人权利之实的理论依据。外部限制是在承认权利行使之自由性的前提下,以公法措施适当限制权利之不可侵犯性,以权利不得滥用等原则限制权利行使的自由性。外部限制由于较好地解决了个人利益与公共利益之间的关系,因此成为现代法治国家的通行作法。[1]

对权利进行必要的限制已是人们的共识。但是对权利的限制至少应当解决两个问题,即限制的对象以及限制的标准。①权利限制的对象。前文已经涉及,权利具有不可分割的特点。就权利存在的方式而论,只有“有”或“无”两种可能,不存在第三种情况。在法律上就表现为权利的赋予与剥夺。尽管权利可以用“多少”、“大小”等加以修饰,但无论是“多少”还是“大小”都不能成为判断是否构成权利的标准。如言论自由权,不管国家如何对之加以限制,只要不被剥夺,都改变不了其性质。因此,我们认为,权利本身不存在限制的问题,权利限制实际上是指对权利的行使包括行使的资格、行使的范围、行使的方式、行使的条件等方面进行限制。如游行示威必须在公安机关指定的场所内进行;正当防卫必须是在“使国家、公共利益、本人或者他人的人身、财产和其他权利免受正在进行的不法侵害”的条件下才视为合法。②权利限制的标准。对权利进行限制的标准很多,但公民权利与国家权力的关系是首先应当考虑的问题。因为权力的对象总是直接或间接指向公民的权利,在两者的关系上,它们就像两个互通的气球,当标志着权利的气球被无限挤压时,必然导致国家权力的膨胀而牺牲公民的权利。因此,国家对公民权利进行限制时,必须遵循以下标准:首先,限制是必需的;其次,限制是应当的;再次,限制是适当的。[2]

应当注意的是,权利限制与权利剥夺是两个不同的概念。权利剥夺可分为暂时性的剥夺与永久性的剥夺。无论是何种剥夺方式都标志着权利人对某项权利的不再享有,当然更不得行使。两者的区别表现在,权利剥夺意味着权利的丧失,它强调的是当事人不但不能享有,而且不能行使权利;而权利限制既不表明权利的丧失,也不表明当事人权利不能行使,它强调的仅仅是权利的行使应当符合法律的规定。区分两者的意义就在于警示人们应当认真对待权利限制。因为对个人权利不加节制地进行限制,那无异于是对权利的剥夺,最终结果将导致国家权力的恣意妄为。

(四)人权

自从1789年法国《人权宣言》第一次以法律的形式提出“人权”口号以来,人权就一直成为世界各国人民所努力追求的目标,同时也成为判断一个国家公民享有权利程

---

〔1〕 梁慧星:《民法总论》,法律出版社1996年版,第251页。

〔2〕 胡玉鸿主编:《行政诉讼法教程》,法律出版社1997年版,第89页。

度的一个重要标准。但由于各国的具体国情并不相同,对人权的理解也各不相同,因此,对人权的解释也就无法达成一致。但不管如何解释,人权的基本属性却是相同的。这些属性包括:

首先,人权是一种道德权利。所谓道德权利是指作为人所应该享有的权利,是人应该享有的最基本的权利。如果没有这些权利,“人不能成其为人或继续是人,就失去了人存在的标志。”[1] 因此,“人权概念不是一种理想概念,而是一种最低限度标准的概念。更确切地讲,它是这样一种观念:有某些权利,尊重它们,是普遍的最低限度的道德标准的要求。”[2]

其次,人权是一种自然权利。人权是人自出生时就享有的权利,它不需要任何国家或组织所施舍,“其根源是人的人性;其规则是公正;其保证是法律;其道德的极限正如格言所说:己所不欲,勿施于人”。[3] 当然,人权必须有法律的保障才能得以实现。离开了法律,人权必将成为一句空洞的政治口号。

再次,人权是一种普遍权利。人权是人存在的标志,因此人权是任何人都享有的,那种只有部分人才享有的权利,不能称之为人权。只有那些获得了普遍的、超出个别国家的范围的性质的权利,才能称之为人权。

人权具有平等性、多样性等特点。所谓平等性,是指人与人享受人权的范围是相同的。正如《世界人权宣言》第2条所表述的,“人人有资格享受本宣言所载的一切权利和自由,不分种族、肤色、性别、语言、宗教、政治或其他见解、国籍或社会出身、财产、出生或其他身分等任何区别。”所谓多样性,是指判断人权的标准呈多样化。由于人权在各国的内容并不相同,因而判断人权的标准也是不同的。如有发达国家的人权标准与发展中国家的人权标准;有资本主义国家的人权标准与社会主义国家的人权标准等。

二、法律义务

(一)法律义务的概念

法律义务是指义务人根据法律的明确规定或者依据法律的规定而由当事人相互约定的,为配合权利的行使而应当作出或抑制一定行为的约束手段。法律义务是与法律权利相对应而存在的,没有法律义务也就无所谓法律权利,两者构成了法律的基本内容。但应当注意的是,法律义务不同于法律责任。法律责任是以法律义务为前提的,没有法律义务也就没有法律责任。但是法律义务并不必然导致法律责任的产生,当义务人履行了法律义务时也就不存在法律责任。法律义务具有如下特点:

---

〔1〕 张文显主编:《法理学》,法律出版社 1997 年版,第 125 页。

〔2〕 [英]A. J. M. 米尔恩:《人的权利与人的多样性——人权哲学》,夏勇、张志铭译,中国大百科全书出版社 1995 年版,第 7 页。

〔3〕 转引自[法]莱昂・狄骥:《宪法学教程》,王文利等译,辽海出版社、春风文艺出版社 1999 年版,第 181 页。

1. 法定性。法律义务的法定性表明,凡是当事人履行的义务必须是法律明确加以规定的,或者是依据法律的规定而由双方加以约定的。而且不管是何种义务都应当具有明确性、具体性。对于法律没有规定的义务,当事人可以拒绝履行,这是法律义务的显著特点。尽管权利也具有法定性,但义务不像权利那样可以推定,作为当事人的义务是禁止类推的。不但如此,对于国家机关没有法律依据违法要求当事人履行义务的,可以诉诸法律,寻求行政或司法的救济途径。

2. 强制性。强制性是法律义务的最本质的特征。法律义务的强制性表现在:①当事人应当自觉地履行法律义务,这是由法律义务的内在属性所决定的。不履行义务就意味着对权利的侵犯;②法律义务是以国家强制力作为潜在保障的,当义务人拒不履行法律义务时,国家将采取强制措施促使当事人履行义务。因此,对于法律义务,当事人自觉地履行是唯一正确的选择。

3. 不可处分性。法律义务意味着一种强制性,属于"应当"的范围,因此义务人只能履行,不能放弃,更不得转让、抵押,否则将要承担更多的义务。尽管在实践中存在企业与企业或机关与机关的撤、并而引起权利义务的转移,但这显然不是对义务的处分。

(二)法律义务的种类

法律义务是与法律权利相对应的,因此,法律义务除可作与法律权利相应的分类之外,还可根据法律义务的其他属性作如下分类:

1. 以义务履行的方式不同可分为作为义务与不作为义务。作为的义务也称为积极的义务,是指要求人们实施一定积极行为的义务。作为义务的实质是要求人们实施一定积极行为,即应为义务。不作为的义务也称为消极的义务,是指要求人们不实施一定行为的义务。不作为义务的实质是抑制人们实施一定的行为,即不应为义务。作为义务一般出现在命令性规范中,而不作为义务则往往由禁止性规范加以规定。另外,判断这两类义务的标准是不同的。在作为义务中,"应为而不为"构成违法,在不作为的义务中,"不应为而为"构成违法。

2. 以义务的来源不同可分为法定义务、约定义务以及预先义务。法定义务是指由法律直接规定义务人应当履行的义务,如服兵役的义务;约定义务是指根据法律的规定,当事人通过合同或其他形式的协议而由双方协商确定的义务。[1] 预先义务是指由于义务人的先行行为而应承担的义务。这类义务既不是来源于法律的直接规定,也不是来源于合同的约定,而是由于义务人自己的行为而引起的。如义务人携带邻居小孩外出时,就负有保障该小孩人身安全的义务。

3. 以义务存在的方式可分为一般义务与特殊义务。所谓一般义务即义务的一般形式,其特点在于必须与权利相对应而存在。如在法律关系中,一方的权利是另一方

---

〔1〕 这类义务主要是根据法律中的"当事人另有约定的除外"条款而产生的。

的义务,而一方的义务正是另一方行使的权利。所谓特殊义务是指法律在确定权利的同时又规定为义务。这类义务的特点是与权利相伴随而合而为一。如劳动和受教育,宪法在规定为权利的同时又规定为公民的义务。

三、权利与义务的关系

1. 权利义务的平等关系。权利义务的平等关系是针对权利义务的主体而言的。"公民在法律面前人人平等"是我国宪法所确立的基本原则。该原则的意蕴是,公民资格是判断权利义务的唯一标准。只要具有公民资格,就平等地享有权利,同时平等地履行义务。对任何一个公民而言,权利义务都具有平等性。

2. 权利义务的依附关系。"没有无权利的义务,也没有无义务的权利",这是对权利与义务依附关系的科学解释。权利的实现必须以他人履行义务为前提,任何义务的被拒绝都是对权利的一种侵犯,而义务的履行也正是他方行使权利的需要,否则权利无法实现。因此,无论是权利还是义务都不能独立存在,它们相互依存,互为条件,共同构成了法律的基本内容。

3. 权利义务的等值关系。权利与义务在总体上是相等的。"如果既不享有权利也不履行义务可以表示为零的话,那么权利和义务的关系就可以表示为以零为起点向相反的两个方向延伸的数轴,权利是正数,义务是负数,正数每展长一个刻度,负数也展长一个刻度,而正数与负数的绝对值总是相等的。"[1]

4. 权利义务的主次关系。在任何一个社会,法律的内容总表现为权利和义务,只不过在不同的社会中,法律所确认的侧重点不同。由此而形成了"权利本位说"与"义务本位说"[2]的争论。总的来说,"权利与义务二者在法律结构中的对应关系从来就不是等量齐观的:或者向义务倾斜,或者向权利倾斜"。[3] 在专制社会中,法律多以义务来科以人们行为的标准,而在今天的民主社会,法律最主要的内容就是要确认权利的神圣性,保障公民行为的自由与安全。

第二节　权力与职责

一、国家权力

(一)国家权力的概念

国家权力是指国家凭借和利用对资源的控制,以使社会上的公民、法人或者其他

---

〔1〕 徐显明主编:《公民权利义务通论》,群众出版社 1991 年版,第 65 页。

〔2〕 权利本位说认为,权利是第一性的,是义务存在的根据和前提。义务来源于权利,义务从属于权利。法律设定义务的目的是为了保障权利的实现。义务本位说认为,义务是第一性的,从实效上讲,义务更为重要,法律的重心主要在于约束,权利要以义务来保障。

〔3〕 黄稻主编:《社会主义法治意识》,人民出版社 1995 年版,第 66 页。

组织服从其意志的一种社会力量和特殊影响力。这一定义表明了国家权力具有如下几重特性:①权力现象存在于人与人的社会关系中,是人类社会得以存在、发展的基本维系力量,具有任何社会都不可缺少的社会管理功能;②国家权力是和职位、组织机构结合起来而形成的一种相对稳定的社会意志,代表着一定阶级及其成员对社会的控制能力,具有权威性和影响力;③国家权力是通过表面平等的社会机制而确立起来的一种不平等的命令与服从的社会关系。权力一般都以命令——服从的轨迹运行,命令、服从既是权力的本质,也是权力实际存在的重要条件;④权力的功能在于它是一种价值控制和资源控制,即权力主体控制着价值和资源的支配权,这是实现权力主体意志、目标和利益的工具和手段。

(二)国家权力的要素

国家权力要素是指国家权力作为一种社会关系必须具备的因素。一般认为,国家权力要素由权力主体、权力对象、权力目的、权力手段、权力结果等因素组成。

1. 国家权力主体,即国家权力的拥有者和实施者。国家的一切权力属于人民,国家权力来源于人民的委托,因而,可以把人民称为权力的原始主体。接受人民委托而行使国家权力的,包括国家机构、社会组织以及公民个人。国家为了管理公共事务,设立了不同的国家机关并赋予其职权,这些机关因而取得了对公民、法人或者组织的命令、强制的权力。有时,国家关于某些社会事务的管理权力,还授权一定的社会组织来行使。当然,国家机构和社会组织都是抽象概念,权力的行使都是由具体的公民个人来进行的,因而也就成为权力的实际主体。

2. 国家权力的对象,即国家权力实施时所针对的对象。由于权力关系表现为人与人之间的社会关系,因而权力对象也就是受权力主体行为约束的公民、法人和其他组织。这由此也就出现了民主社会中难以化解的悖论:在权力的本原上,每一个公民都是主权的拥有者;而在权力的实施场合,每一个公民又都必须接受国家权力的约束。

3. 国家权力的目的,即国家权力实施所要达到的目的。权力的运行总是同一定的目的相联系的,其实质无非是实现某种利益。这种利益可以是公共性的,也可以是权力者个人的。但在法治国家里,要求的是一切权力的行使都必须以保护人民的利益为宗旨。我国宪法即把按人民的意愿办事、"为人民服务"作为国家权力运行的根本目的。

4. 国家权力手段,即实施国家权力的各种措施。一般说来,权力主体通过三种形式实施权力:①规范性手段,即通过制定、发布规范性文件的形式,设定权力对象的行为边界,为公民、法人和其他组织进行自己的行为提供了一个模式、标准和方向;②强制性手段。在权力对象无视国家规定时,权力主体可以运用国家强制力对权力对象进行人身、财产等方面的强制或处罚;③奖励性手段,即权力主体为表彰、鼓励权力对象有益于国家、社会和人民的行为所给予的奖励与报酬。

5. 国家权力结果,即实施国家权力的效益和后果。这是权力运行的最终结果,也是衡量权力运行是否正当的客观标准。大体上说来,权力运行的结果包括三种情况:①权力运行的结果符合国家设定权力的目的,体现了人民的愿望和要求;②权力在实际运行中由于局部地发生与权力目的相背离的现象,造成了滥用权力的情况;③权力主体在实际运行权力时不按正常分工和程序运转,产生了越权、侵权等现象。

(三)国家权力与法律权利的区别

1. 行使主体不同。国家权力的行使主体为特定的主体,即国家机关及其工作人员以及法律规定的其他组织和个人;而法律权利的行使主体则为一般的公民、法人或者其他组织;

2. 法律要求不同。对于权力主体来说,国家权力必须依法行使,不得放弃或非法转让,并且行使权力即意味着要承担相应的法律责任;但是,权利主体在大多数情况下可以放弃其权利,行使权利也不意味着必然承担责任。

3. 推定规则不同。国家权力只以法律明文规定(授权)为限,不允许对国家权力作扩张解释和推定;而权利并不以法律明文规定为限,在一定的原则前提下可以从权利、义务、职权、职责、法律原则以及事实状态中推定公民所享有和应当享有的权利。

4. 运行方式不同。国家权力的运行自始至终与强制为伴,权力主体在行使权力时可以依法使用国家强制力;法律权利的运行则是一种自觉的行为,一般情况下即使主体权利受侵犯也不能对相对一方使用强制力,而只能请求国家强制力保护。

5. 自由度不同。从国家权力的角度说,国家机关及其工作人员不能行使法律未规定的权力,否则即构成越权;但法律权利不同,一般来说,公民不得行使法律明文禁止的权利,但法律未明文禁止的,原则上公民都有权行使。

6. 社会功能不同。国家权力的社会功能主要是为了保护有利于统治阶级的社会关系和社会秩序;法律权利的功能主要在于维护权利主体的自由。

(四)国家权力的分工与内容

1.权力分工的概念。所谓权力分工,是指按照一定的标准和原则,对不同的国家机关所享有的职权范围及权力限度进行法律上的界定,以保证国家机关之间各司其职又相互配合的政治法律制度。

权力分工是历史发展的必然产物,也是政治文明和社会进步的标志。当社会发展到一定的阶段,随着国家管理事务的日益增多,必然要求对国家机构的职能进行合理的界定;同时,由于公共权力是相对脱离人民的,当权力给人民带来损害甚至巨大灾难时,人民也就必然要求对权力进行分工并加以限制。早在古希腊时代,亚里士多德就将国家职能分为议事、行政、审判三个方面,并将之确定为一切政体必备的三个要素。在资产阶级时期,权力的分工思想被洛克、孟德斯鸠等思想家完善为“三权分立”理论,成为反对封建专制、建立资产阶级政权的锐利思想武器。在这一思想理论指导下,资产阶级国家建立了自己的政治体制,其中尤以美国的三权分立最为典型。

权力可以分工,权力必须分工,这是为现代各国的政权建设所证明了的真理。当然，由于各国的具体情况不同，分工的类型也有着不同的情况，或分工统一，或分权制衡，但毕竟为人们解决权力集中并由此产生的独裁专制问题提供了新的思路。在社会主义国家，权力分工问题在宪法中也是有明确规定的。以我国而论，宪法规定了国家权力机关、行政机关、审判机关、检察机关、军事机关各自的权限范围，并规定其成员不得互相混杂，体现了权力分工理论在实践中的应用。

2. 权力分工的内容。①横向分工，即处于同一层次之间的国家立法、行政、司法等权力机关之间的分工关系。在我国中央机构中，权力机关行使国家立法权，国务院行使国家行政权，人民法院和人民检察院行使国家司法权，各有自己不同的职权范围；②纵向分工，指中央与地方之间的权力划分。所谓中央，是指国家政权在全国范围内的领导机构，而地方则是中央以下各级行政区域的统称。例如《立法法》中有关立法权限的规定，即可视为一种权力的纵向分割；③内部分工，这是指立法、行政、司法机关内部的权力分工问题。此种分工也包括纵、横两个方面的权限划分。诉讼法中对人民法院受理第一审案件作了规定，这可以理解为审判权的纵向分工；行政管理法律、法规对该法所涉及的主管部门一般都有明确的规定，这也可以理解为行政权的一种横向分工。实际上，内部严格的职权划分是必需的，在某种意义上，它是国家权力整体分工能否得以实现的一个基本前提。

3. 权力分工、权力限度和权力制约。权力分工的实质即在于限制权力。具体地说，权力分工一是为了防止权力集中于少数人或个别机关手中；二是不允许任何权力可以不经法律的确认取得合法地位。权力分工的必然延伸，就是要进一步确定每一国家机关的权力界限，即权力限度问题。

权力分工是与权力制约紧密地联系在一起的。权力分工是前提，没有权力分工，也就无所谓权力制约；权力分工的必然结果则是权力制约，只有对权力主体、权力运行情况及运行结果进行合理的监督、控制，才能保证权力分工在法律上的实现。[1]

4. 国家权力的构成。以上所言权力分工问题，其结果就是在国家的政治、法律制度中形成了不同的、既彼此独立又相互制约的权力类型。大致说来，人们公认的国家权力有三种基本类型：①立法权，即国家立法机关所享有的各种权力的总和。必须注意的是，立法权的中心内容是创制国家法律，包括立法创议权、通过法案权、法律修正权等。但除此之外，还行使财政权（主要是财政预算与决算权）、人事任免权、法律监督权以及按惯例应由立法机关行使的其他权力；②行政权，是指国家行政机关执行法律、管理国家行政事务的权力，具有执行性、法律性、强制性、优益性与不可处分性等特点。所谓执行性，是指行政权从根本上说，是执行国家法律和权力机关意志的权力；法律性则是行政权的行使必须有明确的法律依据；强制性指的是行政权力的运作以国家强制力为后盾；优益性是指行政主体在行使行政权时，依法享有一定的优先权，例如在紧急

---

〔1〕 有关权力制约的内容，请参见本书16章第3节。

状态下,可以不受程序限制,对公民先行扣留;不可处分性则是指行政权力不可放弃、转让。行政权的内容大致包括:为执行法律而行使的立法方面的权力,例如制定行政法规、规章等;领导、管理国家社会经济和文化建设;管理外交、军事事务;举办社会福利和提供社会服务;③司法权。司法权从狭义的角度而言,也即审判权,"是指在具有现实或可能的相反利益的当事人之间,涉及法律问题的实际而且实质性的争执案件中,宣布判决和执行判决的权力"。[1] 司法权具有国家性、独立性和中立性的特点:国家性意味着司法排除私力救济;独立性则是指法院独立于立法、行政机关;中立性则是在案件审理过程中,法院作为公断人,而独立于诉讼当事人及诉讼利益之外。有关司法权的内容,主要包括:审判性职权,即对民事、刑事、行政等案件的审判权;辅助性职权,例如西方国家有的法院还有公证结婚、执行遗嘱等职权。

二、法律职责

(一)法律职责的含义

从汉语的角度上而言,职责是指职权和责任。但在法学上,职责是与职权相对应的概念。职权是国家机关依法享有的、实施国家管理活动的资格和权能,它是国家权力的转化形式。当国家机关依法获得了国家权力时,也就具有依法行使的权利。而职责则是指国家机关在行使职权过程中必须承担的法定义务。因此,职权与职责实际上表现为法律上的权利义务关系。这种权利义务关系可具体表述为:行使国家权力既是国家机关的权利,同时也是国家机关的义务。

法律职责与法律责任是两个既相互联系同时又存在很大区别的概念。[2] 就国家机关而言,法律职责是引起法律责任的前提,没有法律职责的存在,也就不会有法律责任的存在。国家机关所承担的法律责任都是由于不履行或怠于履行其法律职责而产生的。法律职责与法律责任的区别表现在:①从性质上看,法律职责本身是由于职权而带来的一种法定义务;而法律责任本身不属于义务,它只是由于当事人违反法定义务而引起的法律后果。②法律职责只是行使国家权力的国家机关才承担;而承担法律责任的主体不限于国家机关,公民、法人或者其他组织也可以成为责任主体。③法律责任存在自由裁量的领域。如"已满14周岁不满18周岁的人有违法行为的,从轻或者减轻处罚"。不但如此,在有的法律责任中,如果有正当理由还可以免除法律责任;而法律职责在任何情况下均不能免除,只要存在国家权力就有相应的法律职责。

(二)法律职责的特点

1. 法定性。法律职责的法定性表明,无论国家机关承担何种职责以及拒不履行职责所带来的后果,均由法律予以明确规定,法律是设定职责的唯一依据。如《国家安全法》第13条规定:"国家安全机关及其工作人员在国家安全工作中,应严格依法办事,

---

〔1〕 [美]卡尔威因·帕尔德森:《美国宪法释义》,徐卫东、吴新平译,华夏出版社1989年版,第138页。

〔2〕 对法律责任的具体论述,请参见本章第3节。

不得超越职权、滥用职权,不得侵犯组织和个人的合法权益。”除却法律,任何人都不得为国家机关设定具体的职责,也不得违法要求国家机关承担其所不应承担的职责。对于国家机关违反职责所应承担的法律后果也同样是法定的。

2. 义务性。法律职责是法律上的义务在国家机关行使权力过程中的体现和转化形式。因此,从性质上说,法律职责其实就是义务,是国家和人民对国家机关行使权力所作的具体要求。从国家机关取得权力的方式上看,国家与国家机关之间存在着授权法律关系。国家是法律关系的权利主体,而国家机关则是法律关系的义务主体。国家在授予国家机关以权利的同时,也就意味着国家机关必须承担依法行使权力的义务。

3. 强制性。法律职责的强制性是由职责的义务性所决定的。其强制性表现在:①对于法律规定的依法行使权力的职责,国家机关必须履行,否则就要受到法律的制裁;②法律职责不能被放弃或者作其他形式的处分。国家机关工作人员一旦自由处分其职责,即构成渎职,应当承担相应的法律责任。

(三)法律职责的内容

就法律职责的内容而言,由于法律的性质各不相同,因而对职责的具体规定并不相同。但不管法律如何表述,只要撇开法律规定的形式,法律职责的本质内容不外乎以下三个方面:

1. 积极行使国家权力。国家权力是国家赋予国家机关行使的,权力的特性要求国家机关对权力不得放弃,也不得作任何形式的处分,否则即构成渎职。这就要求国家机关必须积极行使国家权力,这也是国家机关存在的目的与价值。对于国家机关任何消极对待权力的行为,都将承担一定的法律后果。例如,根据《行政处罚法》第62条的规定,执法人员玩忽职守,对应当予以制止和处罚的违法行为不予制止、处罚,致使公民、法人或者其他组织的合法权益、公共利益和社会秩序遭受损害的,对直接负责的主管人员和其他直接责任人员依法给予行政处分;情节严重构成犯罪的,依法追究刑事责任。

2. 合法行使国家权力。合法行使国家权力要求国家机关必须完全按照法律的有关规定行使权力,严禁以非法律因素作为行使权力的依据。就具体的对象而言,国家机关能否行使权力、如何行使权力都必须以法律作为判断的标准。以处罚权而论,行政机关对当事人的行为能否处罚以及如何处罚都应当依据国家有关的法律、法规。例如,根据行政处罚法第3条第1款规定:“公民、法人或者其他组织违反行政管理秩序的行为,应当给予行政处罚的,依照本法由法律、法规或者规章的规定,并由行政机关依照本法规定的程序实施”。

3. 合理行使国家权力。任何国家权力,都是羁束权力与自由裁量权力的结合。羁束权力的行使属于合法性问题,而自由裁量权力的存在则是合理性问题。这一要求表明,国家权力的行使不仅要符合法律规定,更要符合法律的目的与精神,符合人类的公正、正义观念。尽管国家无法提供统一的标准来判断权力是否得到了合理的行使,但我国现行的许多法律、法规都规定了国家机关应当合理行使国家权力的义务。如《行政处罚法》第4条规定,设定和实施行政处罚必须以事实为依据,与违法行为的事实、性质、情节以及社会危害程度相当。对于滥用职权的行为,法律同样设定了相应的制裁措施。

三、国家权力与法律职责的关系

国家权力与法律职责是法律上的权利与义务在国家机关上的转化形式,权利与义务的相互依存这一特性也就表明,权力与职责同样是不可分割的。因此,法律在授予国家机关权力的同时,也就是责令其承担相应的法律职责。权力与职责都不能孤立存在,国家权力必然伴随法律职责,而法律职责应当以国家权力为前提。法律不允许无权力的职责,也不允许无职责的权力,这正是权利义务统一的高度体现。

另外,国家权力与法律职责还具有密切的对应性。"如果说行政职权与行政职责的不可分割性是一个'质'的关系,那么,它们之间的对应性便是一种'量'的关系。"[1]这种对应性表现在,①任何国家机关的职权都对应着相应的职责,如行政权力与行政职责;司法权力与司法职责等;②国家机关的任何一种职权都对应着一种职责,如行政处罚权对应着行政处罚职责、行政许可权对应着行政许可职责等。

国家权力与法律职责尽管存在很大的联系,但是两者的区别也是很明显的。①概念的归属不同。国家权力属于权利范畴。一切权力属于人民,这是实行宪政的基础和前提,从这一层次上讲,国家权力正是来源于公民的权利;而法律职责则属于义务范畴,是对国家机关行使国家权力所作的一种约束。②作用的方式不同。国家权力是国家赋予国家机关对社会事务进行管理的一种手段,对任何权力国家机关都必须行使,因此权力总体现出积极性的特色;而职责则是对国家机关行使权力的一种"管制",是为了防止出现负面影响而采取的措施,因而体现出消极性的内容。

第三节　责任与制裁

一、法律责任

(一)法律责任的概念

法律责任作为法律的基本范畴概念,从立法上说,是判断立法是否完备的标准之一;从执法上说,它是保障法律实现的重要措施。研究法律责任对于落实国家制定的法律具有重要意义。对于法律责任的概念,学术界有着不同的理解,由此形成了义务

---

〔1〕 胡建淼:《行政法学》,法律出版社1998年版,第227页。

说、处罚说、责任能力说及法律地位说、后果说等许多学说。[1] 我们认为,一切法律责任都由于行为人所实施的某种行为所引起,因此,要正确认识法律责任的概念,必须解决好以下几个问题:①行为主体与法律责任;②行为性质与法律责任;③行为后果与法律责任。下面分别对上述三个问题进行阐述。

1. 行为主体与法律责任。行为主体是指作出某种法律行为或者事实行为的主体,具体包括公民、法人或者其他组织。一般说来,承担法律责任的主体也即是作出某种行为的主体,这也是责任自负原则的具体体现。但在有些情况下,承担法律责任的主体并非是行为的主体。如《国家赔偿法》第7条第5款规定:“赔偿义务机关被撤销的,继续行使其职权的行政机关为赔偿义务机关;没有继续行使其职权的行政机关的,撤销该赔偿义务机关的行政机关为赔偿义务机关。”该条表明,承担法律责任的机关并非是实施侵权行为的行政机关,而是由于行政机关的变更而导致法律责任主体的变更。在我国民事法律责任的承担中,也有无行为能力实施的行为,由其监护人承担的规定。

2. 行为性质与法律责任。行为人作出某种行为是引起法律责任的前提条件,没有行为也就不可能产生法律责任。行为包括行使权利的行为与履行义务的行为,但不管是何种行为,从其性质上都可以纳入合法行为与违法行为当中。违法行为导致法律责任的产生,这已是人们的共识,但合法行为同样可以引起法律责任。典型的表现是行政法领域中的行政补偿。[2] 行政补偿责任作为法律责任之一,其产生的原因是行政合法行为,这一点与行政赔偿不同。行政赔偿责任则必须是行政违法行为,没有行为的违法,则没有赔偿责任的产生。由此看来,法律责任产生的原因不一定是违法行为,合法行为同样可以产生法律责任。

3. 行为后果与法律责任。从理论上说,任何人实施了一定的行为并构成了对他人合法权益的损害,都必须承担法律责任,这是法律所确立的基本原则。法律责任从其本质上说,是行为人承担的不利后果。但是法律责任中的不利后果到底是什么,这是我们必须加以解决的。因为法律责任本身就是明确、具体的,而不是含糊不清的。我们认为,从法律上说,法律责任的后果可以从权利与义务两方面加以归结。事实上,法律对人的控制实际上就是利用权利与义务对人的控制。而权利与义务总是可以用一定的数量关系来表示的,因此,法律责任中的不利后果也就是对行为人权利的被限制、被剥夺以及义务的增加等。

---

[1] 义务说认为,法律责任是由于违反法定义务而引起的带有强制性的义务,即由于违反第一性的义务而招致的第二性义务;处罚说认为,法律责任实际上是处罚、惩罚、制裁;责任能力说及法律地位说认为,法律责任是应负法律责任的地方及责任能力;后果说认为,法律责任是指一切违法者,因其违法行为,必须对国家和其他受到危害承担相应的责任。参见葛洪义主编:《法理学》,中国政法大学出版社1999年版,第443、444页。

[2] 行政补偿是行政机关合法行使行政权力而给行政相对人的合法权益造成损害时所给予的法律救济,典型的如房屋拆迁、土地征用等。

综上所述,我们认为,法律责任是行为人由于实施的某种行为危及国家、社会和个人的利益时,依照法律规定所应承担的一种不利后果。这种不利后果具体表现在权利被限制、权利被剥夺以及义务被增加等。

(二)法律责任的基本属性

1. 法律责任的法定性。法律责任从其后果上说,是对行为人人身权、财产权的限制或剥夺,因此法律责任必须严格按照法律规定的条件进行。任何违反法律规定而要求人们承担法律责任都是非法的。法律责任的法定性表明:①给予法律责任的机关是法定的,即必须由专门的国家机关确定法律责任;②法律责任的对象是法定的,即只能针对违法的当事人来施行,对于违法行为人之外的任何人均不能给予法律责任,即应禁止法律责任的"株连";③确定法律责任的依据是法定的,即要遵循"法无明文规定不为罪"、"法无明文规定不处罚"等法律原则。

2. 法律责任的强制性。法律责任的本质实际上是要求行为人对其行为负责,承担相应的法律义务。强制性就成为法律责任的基本特征,当事人必须履行法律责任中所确定的义务,否则即可能招致国家强制力的制裁。因此,法律责任是以国家强制力作为后盾的,没有国家强制力,法律责任也就无法得以落实。但必须注意的是,国家强制力为法律责任的履行提供了可能性而不是必然性,当责任人自觉地履行了法律责任所确定的义务时,则无须国家强制力的介入。

3. 法律责任的时效性。法律责任的时效性是指国家机关追究当事人的法律责任时必须在一定的期限内进行,超过该期限的,不能再追究法律责任。例如,《行政处罚法》第29条规定:"违法行为在二年内未被发现的,不再给予行政处罚。"这里的"二年"即为法律责任的时效。法律上设定时效制度,主要是考虑到行为人如果在较长的时间内不再有类似违法行为,法律上所追求的秩序也已经得到了满足。

4. 法律责任的逻辑性。法律责任的逻辑性反映在对法律责任的归结上。法律责任的产生既不是天赋的,也不是均摊的,而是由于法律上所规定的应承担责任的行为(包括合法行为、违法行为及事实行为)所引起的。如果没有这种行为,也就无所谓法律责任。因此,实施了此种行为,是法律责任产生的逻辑前提,而承担相应的法律责任则是实施该种行为的逻辑后果。

(三)法律责任的承担条件

1. 主体条件。主体条件实际上就是法律责任的具体承担者应当具备的条件。没有主体,法律责任自然无从落实。但作为法律责任的主体还必须符合下列条件:①承担法律责任的主体必须是"人"。从国内法而言,承担责任的主体包括公民、法人或者其他组织;从国际法的角度上讲,主要是指国家这一抽象的政治实体。离开了人,法律责任无从谈起。西方国家针对动、植物所作的判决,除了有利于弘扬某种价值外,对法律责任本身是没有任何意义的。②承担法律责任的主体必须具备相应的责任能力。法律责任的承担是与行为人的精神、智力状况相连的。一般说来,没有责任能力,也就没有法律责任。当然,在不同的法律责任中,责任能力的判断标准是不同的。在刑事责任中,以公民是否达到14周岁作为承担责任的界限,而在民事责任中,则是以是否达到10周岁作为其标准。即使发生法律责任的转移,作为直接承受法律责任的人同样必然要具有相应的行为能力。

2. 行为条件。行为是指人的具有社会意义的作为与不作为的身体状态。它表明了行为不仅是人的实际行动,而且这种行为具有社会意义,即能够引起一定的法律关系的产生、变更与消灭。作为法律责任中的行为,必须注意以下几点:①从行为方式上看,包括作为与不作为。无论是作为还是不作为都可引起相应的法律责任;②行为不仅包括法律行为,而且包括部分事实行为。如国家工作人员暴力殴打造成当事人身体伤害的,国家对此应当承担赔偿责任;③行为的过错在不同的法律责任中,其要求是不同的。在过错责任中,行为的发生必须存在故意或过失;而在无过错责任中,即使当事人的行为没有过错仍然要承担法律责任。

3. 结果条件。一般说来,法律责任的承担必须以损害的发生为结果要件,没有损害原则上不承担法律责任。[1] 损害是指给权利和利益造成不利益的状态,即损害发生之后的情形,与损害发生之前的状态相比较,受害人所受到的不利益,就是损害。作为法律责任中的损害必须是确定的,即损害是真实存在的,而不是当事人主观臆想的、虚构的。违法行为必须造成一定的损害结果。损害的表现形式多种多样:有人身损害与财产损害;有精神损害与物质损害;有直接损害与间接损害等。损害的种类不同,在解决具体法律责任时的意义也就不同。例如,同属精神损害,在国家赔偿中实行免责,而在民事赔偿中则属于赔偿的范围。

4. 关系条件。关系条件实际上就是违法行为与损害结果之间存在的因果关系。所谓因果关系,是指"侵权损害原因和结果之间的相互联系,它是存在于自然界和人类社会中的各种因果关系的特殊形式"。[2] 也就是说,若某一现象的出现,是因为另一现象的存在所引起,则两现象之间就具有因果关系。因果关系是确立法律责任的基础和前提,如果在损害结果与违法行为之间没有因果关系的,则不能要求承担法律责任。因为,责任自负原则表明,任何人只对自己的行为负责,对于他人所造成的损害概不承担法律责任。法律责任中的因果关系具有客观性的特点,也就是说,这种因果关系是客观存在的,而不是人们主观臆想的,那种假想的因果关系不能作为承担法律责任的条件。

---

〔1〕 以损害结果作为承担法律责任的条件,突出表现在民事责任、国家赔偿责任等领域。但在整个法律责任体系中,也有的只要实施了违法行为,无论是否造成危害后果均要承担法律责任,如刑法中的危害国家安全罪等。

〔2〕 王利民:《侵权行为法归责原则研究》,中国政法大学出版社1992版,第372页。

二、法律制裁

(一)法律制裁的概念

法律制裁是指由特定的国家机关对违法者依其所应承担的法律责任而实施的强制性的惩罚措施。它具有如下特征:

1. 法律制裁的主体是特定的国家机关,只有国家机关才能进行法律制裁。因为,制裁意味着必须使用国家强制力,用国家强制力这一强制手段迫使责任人履行义务,国家机关因之成为法律制裁的唯一主体。

2. 法律制裁的依据是法律责任。法律责任是法律制裁的前提条件,没有法律责任就没有法律制裁。法律制裁的目的就是为了落实法律责任所确定的义务,因此,法律制裁是法律责任得以实现的保证。国家机关在进行法律制裁时,应当根据法律责任中的义务种类和性质采取不同的制裁方式。如民事法律责任只能使用民事法律制裁手段;行政法律责任只能采用行政法律制裁措施。如果制裁所选择的方式与法律责任不相吻合,那么制裁本身就属于违法制裁。

3. 法律制裁的本质是国家强制力。如果说,法律责任是以国家强制力作为潜在的保障,那么,法律制裁则是国家强制力最为直接的体现。法律制裁是以当事人拒不履行法律责任中的义务而由国家所采取的惩罚措施,因此,没有国家暴力作为后盾,法律制裁只能是一句空话,国家权威也就丧失殆尽。

(二)法律制裁的实证分析

在传统的法理学教材中,尽管强调法律责任与法律制裁是两个不同的概念,但在具体内容上,却把法律责任等同于法律制裁。典型的例子是把行政法中的行政处罚与处分、刑法中的主刑与附加刑等刑罚措施以及民法中的恢复原状、赔偿损失、支付违约金等(以下简称行政处罚等)作为法律制裁。如果按照这种理解,一个合理的推论是:要么是行政处罚等作为法律责任本身就是法律制裁,要么是行政处罚等既是法律责任,同时又是法律制裁,不管是何种理解,都是我们所不能认同的。我们认为行政处罚等实际上是法律责任而不是法律制裁。理由是:

1. 把行政处罚等理解为法律制裁与现行的立法相矛盾。我国现行的立法已经明确了行政处罚等为法律责任。如,《民法通则》第 134 条规定,承担民事责任的方式主要包括停止侵害、排除妨害、赔偿损失等;《行政处罚法》第 7 章也将行政处分与刑罚定位为法律责任。该法虽然未对行政处罚予以明示,但从逻辑推论中不难得出行政处罚为法律责任的结论。因为,既然刑罚为法律责任,那么我们就无法将行政处罚从法律责任中剔除。从法律所作的明确规定看,以上被人们视为法律制裁的,实际上为法律责任。

2. 把行政处罚等理解为法律责任将与法律责任和法律制裁的关系理论相矛盾。众所周知,法律制裁是以法律责任为依据和前提的,不确定当事人的法律责任,国家机关无法进行法律制裁。尽管法律责任属于一种当事人所承担的不利后果,但这种不利后果也应当是明确、具体的，而不应是含糊不清的。如果把行政处罚等作为法律制裁，那我们不禁要提出"法律责任是什么"的疑问。事实上，按照这种思维定势，是无法确定具体的法律责任的。

3. 如果将行政处罚等作为法律制裁，将会架空法律责任，从而使法律责任变得毫无意义。法律责任是违法行为与法律制裁的中间环节，没有法律责任，两者无法联系起来。换言之，如果把行政处罚等作为法律制裁，那么，对于当事人的违法行为只要直接使用法律制裁即可，法律责任的设置也就变得"画蛇添足"。这显然既不符合法制理论也不符合执法实践。

通过以上的分析，不难发现，无论是行政处罚还是刑罚抑或是民事赔偿都不属于法律制裁，而应属于法律责任的组成部分。但法律责任的实现却是一个比较复杂的问题，"就国家来说，是法律责任的执行——实施法律制裁，强制责任主体接受并实现法律责任。"[1] 因此，法律制裁实际上是在国家机关强制执行法律责任时才产生的，没有国家的强制执行，也就没有法律制裁。从这一层次上讲，强制执行措施中的惩罚性措施即表现为法律制裁。

（三）法律制裁的种类

法律制裁与法律责任并非是一种一一对应的关系，法律责任并不必然引起法律制裁。事实上，有些法律责任是不存在法律制裁的。无需法律制裁的情形主要包括三类：①责任人自动地履行了法律责任，这是不产生法律制裁的最为主要的领域；②法律责任本身的属性决定了无须法律制裁，如警告、剥夺政治权利等。由于警告本身没有可履行性，因此也就没有法律制裁可言；③虽然责任人拒不履行法律责任，而国家机关所采取的强制执行措施本身不带有惩罚性，但法律责任却可实现，如强制划拨。另外，对于法律责任而言，法律制裁可能呈现交叉的情形。也即是说，对于不同的法律责任，可能适用于同一种法律制裁。如罚款，既可能适用于行政责任的执行，也可能适用于民事责任的执行。正是由于法律制裁呈现混杂性，因而也就无法绝对地划分刑事、民事、行政制裁。就我国目前的法律规定来看，法律制裁主要包括以下几类：

1. 强制支付迟延履行利息或迟延履行金。按照我国民事诉讼法第 232 条的规定，被执行人未按判决、裁定和其他法律文书指定的期间履行给付金钱义务的，应当加倍支付迟延履行期间的债务利息。被执行人未按判决、裁定和其他法律文书指定的期间履行其他义务的，应当支付迟延履行金。

2. 罚款。罚款是指当事人拒不履行法律责任而由有关机关采取的强制性惩罚措施。罚款作为法律制裁在许多领域都存在着。如《行政诉讼法》规定，被告行政机关拒不履行司法判决的，可以对该行政机关按日处以 50 元至 100 元的罚款；《行政处罚法》同样规定了对不履行行政处罚决定的责任人每日按 3% 加处罚款。民事诉讼法中也有

---

[1] 张文显：《法哲学范畴研究》（修订版），中国政法大学出版社 2001 年版，第 141 页。

类似的规定。

3. 拘留。拘留是指责任人拒不履行法律责任,由行政机关或司法机关予以限制其自由的一种惩罚措施。《治安管理处罚法》第62条第2款条规定:“偷越国(边)境的,处五日以下拘留或者五百元以下罚款。”拘留在其他法律责任的实现中同样起着重要作用。但是,应当把法律制裁中的拘留与行政处罚中的拘留区别开,因为两者具有不同的法律性质。

另外,在刑罚执行过程中,对于拒不服从管教、抗拒改造的罪犯,刑罚执行机关可以对其实行“禁闭”等,这同样属于法律制裁。应当注意的是,如果责任人拒不履行法律责任的行为已触犯刑律,构成犯罪,司法机关对此也已定罪判刑,这已不属于法律意义的法律制裁,而是一种新的法律责任。

三、法律责任与法律制裁的关系

法律责任与法律制裁是法学的基本范畴之一,它直接影响到法律能否得到完全实施。没有法律责任与法律制裁,法律上的权利义务必将成为一纸空文。在两者的相互关系中,法律责任是法律制裁的前提条件;而法律制裁则是法律责任的潜在保障。因此,从一定意义上说,法律责任与法律制裁是保障法律权威的重要手段。但两者又是相互区别的,主要表现在以下几方面:

1. 概念的归属不同。法律责任是一个法律明示的概念,在我国现行的许多立法中,都直接使用了“法律责任”一词,如《行政处罚法》、《行政复议法》等;而法律制裁则是法律默示的概念,事实上,在我国现行的立法中并未出现“法律制裁”这一用语,它仅是学者们根据法律的基本属性而推导出的概念。因此,从这个意义上说,法律责任是法定概念,而法律制裁则属于学理概念的范围。

2. 确定的主体不同。法律制裁的主体必须是特定的国家机关,其他任何组织和个人都不能对当事人进行制裁;而法律责任的确定不一定是国家机关。刑事责任与行政责任的确定一般需国家机关确定,但有的民事责任则可以根据法律的规定由当事人进行协商。比如,支付违约金,只要当事人双方在不超出法律所规定的范围内进行违约金具体比例的协商,就被视为符合法律的规定。

3. 两者的性质不同。法律责任的性质是由于行为人实施了侵犯他人合法权益的行为时所承担的不利后果,其具体体现权利的限制与剥夺、义务的增加;而法律制裁则是保证法律责任得以实现的一种强制手段。当责任人拒不承担履行法律责任所设定的义务时,则必须依靠国家强制力强制履行,使法律责任不至于成为虚设。因而法律制裁的实质是国家权力的具体体现。

复习思考题

1. 如何理解法律权利、义务及其相互关系？
2. 如何理解法律权利与国家权力的相互关系？
3. 简述国家权力与法律职责的相互关系。
4. 承担法律责任的条件包括哪些？
5. 如何区分法律责任与法律制裁？

第八章　法律效力

✣学习目的与要求

本章是有关法律效力问题的论述，重点分析了①法律效力的基本理论，包括法律形式效力和实质效力的概念、法律效力的根源、法律效力的冲突；②法律的形式效力，主要是从时间、空间、对人、对事四个方面，揭示了法律形式效力的具体体现问题；③法律的实质效力，主要阐释了实质效力的实现标准和实现机制问题。通过本章学习，能够较为清晰地明确法律效力概念的内在本质，了解当代中国法律效力的主要内容。

第一节　法律效力的界定

一、法律效力的含义

在我国法学界，"法律效力"一词在不同意义上使用着，有的指规范性法律文件的约束力，有的指非规范性法律文件的效力，有的指法律的效力范围，还有的指行为的合法有效性。我们认为，法律效力应包括形式效力与实质效力两个方面：从形式效力上而言，它源于国家权力的权威性，也就是说，通过国家权力所生成的规范性法律文件，对其所规制的对象具有约束力与保护力；从实质效力上而言，则是指法律为人们所自愿服从的程度。这就意味着，真正有效的法律是能为主体所认同并被内化[1]的规则体系，为人们所自觉遵从。因此，形式效力仅指法律的外在权威，而实质效力则表征着法律是否为人们自觉遵守，这是衡量法律是否真正具有效力的标志。

就法律的形式效力而言，它不应仅局限于指约束力，也应体现为对合法行为的确认力、保护力。虽然约束力从另一角度看可能包含着保护力的含义，但我们认为突出保护力有助于对法律效力乃至法律的完整理解，更符合权利法时代的需求。当然不管是约束力还是保护力，法律形式效力总是需要国家权威、国家强力作为后盾的，在现代社会中尤其需要司法活动的支持，甚至可以说没有司法效力，不能通过司法途径践行的法律几乎等于没有法律效力。尽管人们也可以通过自觉行为使法律效力得以体现，

---

〔1〕 "内化"在社会学上也称为"社会化"，是指社会规则为人们所知悉、尊重，并由此成为主体的一种行为习惯。

但法律效力的权威后盾始终是需要的。必须指出的是,法律形式效力虽然依赖于国家的强制力量,但并不意味着法律效力就是国家强制力本身。

法律效力中的"法律"是指具有普遍约束力的规范性法律文件,不应包括非规范性法律文件。非规范性法律文件的效力实际是规范性法律文件适用的具体后果,是规范性法律文件效力的延伸和体现。法律效力与法律效力范围也不能等同。法律效力是对人们的约束力、保护力,而法律效力范围只是这种约束保护力存在的领域,不是法律效力本身。至于某种行为的合法性、有效性实质是行为在法律上被认同后法律对它的约束或保护,它仍是规范性法律文件效力的体现。

正确理解法律效力还需要区别法律效力与法律实效,法律效力与法律生效条件(法律的有效条件)等概念。法律实效是指生效的法律在实际上被人们遵守或被有权机关执行和适用,它属于实然范畴,用于分析法律的实施状况;法律效力(主要指形式效力)则是法律生命的过程与存在的表现,属于应然范畴。两者的联系在于,法律效力总是要通过一定的实效表现出来的。凯尔森对于效力与实效有精辟的论述:"规范只能在属于一个规范体系、属于一个就其整个来说是有实效的秩序的条件下,才被认为是有效力的。因而,实效是效力的一个条件;它只是一个条件,而不是效力的理由。规范并不是由于它是有实效的所以才有效力;如果一个规范所属的秩序,就其整个来说,是有实效的话,这个规范就是有效力的。"[1] 法律效力与法律生效(法律的有效条件)也是不同的。法律生效条件解决的是符合什么条件的法律才是有效力的,它用以判断某一法律议案是否具有法律效力,而非法律效力本身。

二、法律效力的来源

法律为什么是有效力的,或者说其效力从何而来,这在西方是一个争议颇大的问题。自然法学派认为,法律效力是一个"伦理的观念",法的效力最终来自道德约束力,符合正义、道德是法律效力的来源;社会法学派认为法律效力是一个"事实的观念",人们事实上按照法律办事,法律就是有效力的,那些从未对或不继续对社会生活起实际控制和指导作用的法律规则就不能被看做是有效力的法律;现实主义法学派认为,效力是一个"心理的观念",法的效力取决于法对人们施加的心理影响和人们接受其约束的心理态度;实证主义法学派认为法律效力是一个"逻辑的观念",凡是有立法权的机关所创制的规则就是有效力的法。[2] 属于实证主义法学派的凯尔森则认为,一个规范的效力来自另一个较高的规范,而最终法律效力来自一个"基础规范"。[3]

上述争论从不同的视角揭示了法律效力的来源,都有其合理性,但也都不无缺陷。如凯尔森的理论可以用来分析单个法律但无法解释整体意义的法律的效力来源,并且他的"基础规范"的效力来源也无法用逻辑观念解释;社会法学派的实效论虽然看到了

---

〔1〕 [奥]凯尔森:《法与国家的一般理论》,沈宗灵译,中国大百科全书出版社1996年版,第44、45页。

〔2〕 张文显:《二十世纪西方法哲学思潮研究》,法律出版社1996年版,第433、434页。

〔3〕 [奥]凯尔森:《法与国家的一般理论》,沈宗灵译,中国大百科全书出版社1996年版,第124页以下。

法律效力的来源与法律实效的联系,但显然过于倚重这种联系,甚至是将两者等同。我们认为法律效力来源是多种因素复合的,不同时代的不同性质的法律是不完全相同的。从单一法律进行形式上的效力来源分析可以适用凯尔森的理论,从整体法律的角度而言,在民主制度下生成的自治型法,其效力直接源自于造法机关的权威;由于这些机关的权威又是来自人民的授权,故其实质是人们的认同和事实的遵守;专制体制下生成的压制型法,其效力则主要来自主权者的强制和民众最低限度的遵守。

三、法律效力竞争的选择规则

由于多种因素的存在,不同的法律其效力会有层级、先后的竞争关系。当不同的法律对同一人、同一事发生效力冲突时,法律效力层级和先后竞争关系就会对法律选择适用产生决定性影响。因此确定法律效力竞争的选择规则就显得十分重要。

对法律效力竞争关系产生影响的因素主要有:①制定主体。法律制定主体的地位高低、权力的等级差异会影响法的效力层级;②制定时间。就同一调整领域或同类调整关系而言,同一主体制定在后的法律的效力要优于制定在前的法律的效力;③法律内容。同一主体制定的内容较为原则、多为一般规定的法律的效力要低于内容较为具体、针对性明确的法律。④其他因素。如法律性质等。

以上各种因素导致法律效力的竞争会在多个维度展开,解决法律效力竞争也就存在着多项制度及原则。主要的有:

1. 上位法优先适用于下位法。也就是说,对于处于不同位阶之间的法律,如果涉及法律竞合的情况下,必须先适用上位法。当然必须注意的是,这是以下位法同样是合法有效作为前提条件的,如果下位法公然与上位法相抵触,那么其本身就不具有合法性。

2. 特别法优先适用于一般法。这是在一般法与特别法之间进行法律选择的原则,即"特别法优先适用于一般法"。但是该原则必须是在特别法与一般法处于相同位阶时方可适用,对于不同位阶的特别法与一般法(如省级人大制定的特别法与全国人大的一般法)之间发生的冲突,应当适用法律位阶制度进行法律选择。

3. 后法(新法)优先适用于前法。一般而言,后法制定颁布会明令废止前法,也就不存在何者优先的问题。只有在后法生效后,前法并未被废止时,由于后法应被推定为更适应新的情况以及更符合立法者当前的意志,故以后法优于前法为选择规则。自然这一原则也必须是在同一位阶的新旧法间才能适用。

当然,在实践中还有可能存在特别法优先与后法优先原则竞合的情况,即新的一般法与旧的特别法之间发生冲突的问题,在这种情形下,应当是适用新的一般法还是旧的特别法呢?正如本书第5章所言,《立法法》对此作了规定,但其方式是以国家机关裁决的形式来确定何者适用。我们认为,这一法律规定使人们无法事前对冲突的法律进行效力预测,也无法进行行为方式的选择,有悖法律的确定性要求。我们的观点是:在两者发生冲突时,应确立"后法优先适用于前法"优先于"特别法优先一般法"的原则。因为,既然后法(一般法)作出与前法(特别法)不同的规定,根据立法者制定、修改法律应是建立在对所有相关法律作出了理性考虑和应有谨慎关注基础上的这一合理假定,我们应当推定立法者是注意到了在前的特别法的规定的,而其之所以要作出与其不同的新的一般法的规定,就是意在改变旧法。

4. 国际法优先于国内法。国际法与国内法的关系理论上存在着一元论与二元论的争论。主二元论者认为,国际法与国内法的渊源、主体和内容都不相同,他们规制的是两种不同的法律秩序,两者间不存在效力等级关系。主一元论者认为,国家是国际社会的一员,国际法与国内法属于同一法律秩序。一元论中又有国内法效力优先和国际法优先的不同观点。主国内法效力优先者认为国际法只有得到国内法的承认和主权国家强制力的支持才真正成为法律,这种观点是以"绝对主权说"和"国家至上"的思想为基础的,显然与今天人类的实践与民主思想不合。主国际法优先的观点则是建立在"相对主权说"和"世界主义"思想基础上的,是法律和社会发展的方向。

从"条约必须被信守"的人类古老公理而言,一旦某一国家缔结或参加国际条约,就意味着它必须保证条约在本国范围内的实施,否则国际法实际上就成为一纸空文。因而,国际法优先适用,体现了对自己承诺的遵守,也意味着对国际社会的尊重。中国在加入 WTO 后,更需要确立国际法优先理念,及时修正国内法,以迅速适应世界经济竞争的要求。

当然,在一个承认国际法效力的国家中,国际法与国内法也并不总是存在冲突,只有国际法内容对国家的国内事项有所涉及并不同于国内法的规定时,才会发生效力冲突。对同本国传统或国情严重不合的国际法内容,各主权国家也仍可以声明保留从而排除它的适用。在宪法领域国际法优先应当慎重,因为宪法是人民主权原则的体现,是民意的最集中的反映,是公民与国家关系的界分,国家无权任意处分。涉及与国家宪法冲突的国际法规则国家一般不得接受,除非经过与修宪要求相同的机关批准。此外应当强调的是,国际法效力优先规则的真正确立,必须建立在国际法内容的合理正当和国际法规则形成机制的真正民主和平等基础上,使国际法成为主体间平等对话的理性成果。

此外,法律效力竞争选择原则还有法律文本优于法律解释、总则优于分则等类型。应当指出的是,我国目前有关法律效力竞争选择理论基本限于解决法律与法律间的冲突(包括国际法与国内法的冲突、一国法律间的冲突),对于一部法律内的原则与规则、总则与分则、此规则与同类的彼规则的冲突如何解决,鲜见系统论述,这是在今后的法学研究中应当引起高度重视的。

第二节 法律的形式效力

法律的形式效力是从形式上考察法律效力的存在,或者说法律在一定的时空对一定的人和事发生的约束力和保护力。它包括法律的时间效力、空间效力、对人效力和对事效力。其中“属人和属事这两个范围先于属地和属时的范围。后两个范围只是一个人应遵守某种行为所在的地域和所处的时间。”〔1〕

一、法律的时间效力

法律的时间效力是指法律在什么时间范围内具有效力,它包括法律何时生效、何时终止效力以及对法律生效前的事件和行为有无溯及力的问题。

1. 法律的生效时间。法律生效时间一般要考虑法律的具体性质和实际需要,从有利于法律的施行这一角度来确定。在我国现行法律中,生效时间规定的主要方式有:①自公布之日起生效,如《国籍法》、《农业法》、《人民银行法》等即采这一方式。这种生效方式只适合于已为人们熟知、以使人们受益为主或社会急需的法律,对于设置处罚、制裁类的法律一般不宜使用。②规定具体生效时间,通常是在公布后经过一定时间开始生效。如 1997 年 3 月 14 日公布的刑法,该法第 452 条规定:“本法自 1997 年 10 月 1 日起施行。”这是多数法律的生效方式,它在法律公布后生效前有一段时间让人们可以学习了解法律,从而利于法律的施行。③以特定事件的发生为标准确定生效时间。如《企业破产法(试行)》第 43 条规定:“本法自全民所有制工业企业法实施满三个月之日起试行。”此类生效方式的规定旨在协调法律间的衔接,但会增加人们了解某法生效时间的负担,况且法律间的衔接应尽可能在立法规划中解决,因此这一生效方式也不宜普遍采用。此外,在我国法律生效的情形中,还有法律在试行期间也具有法律效力的规定。如 1982 年《民事诉讼法(试行)》、1986 年《破产法(试行)》等。法律试行在我国法制建设初期有其存在的理由,但今天以法治要求来审视,“试行生效”与“正式生效”在内容、后果上没有任何区别,“试行生效”并无存在的合理性,今后应尽可能杜绝这类情况。

2. 法律效力终止的时间。法律效力的终止可以分为明示废止和默示废止两种类型。具体形式有:①新法生效,旧法效力终止。如 1982 年宪法虽未明确规定 1978 年宪法的失效,但新宪法生效之时,也即旧宪法失效之时。②新法中规定废除旧法。如 1999 年《合同法》第 428 条规定:“本法自 1999 年 10 月 1 日起施行,《经济合同法》、《涉外经济合同法》、《技术合同法》同时废止。”③通过专门决定、决议废止法律。④法律本身规定的有效期限届满,法律自动失效。这在中国与他国缔结的国际条约中最为普遍。⑤法律规定的特定任务的完成而自行失效。如我国历史上的《土地改革法》在土地改革结束后即自行失效。

3. 法律溯及力。法律溯及力又称法律溯及既往的效力,是指法律对其生效前发生的事件和行为是否适用的问题,如果适用就具有溯及力;如果不适用就没有溯及力。法律溯及力问题在不同国家、不同历史时期有着不同的处理原则。1787 年美国宪法第

〔1〕 [奥]凯尔森:《法与国家的一般理论》,沈宗灵译,中国大百科全书出版社 1996 年版,第 46 页。

1 条第 9 款规定的“溯及既往的法律不得通过”,成为最早确立法不溯及既往原则的立法。近代以来各国在此问题上大都采用“从旧”原则即坚持法律不得溯及既往。因为有理性的人们只能按照现有的法律规范自己的行为,他无法预见自己的行为是否符合尚未制定的法律。如果法律溯及既往就破坏了法律的可预见性、法律的安定和社会秩序的稳定。而且以今天生效的法律处罚过往的行为,这是对公民人权的侵犯和对理性的蔑视,是极不公正的。这正如凯尔森所言:“追溯力法律之所以被人认为是应加反对的和不希望有的,就因为有种情况伤害了我们的正义感,那就是:对一个人,由于一个他不能知道这会引起制裁的作为或不作为,而施加一种制裁,尤其是一种刑罚。”[1]

当然,因为确立法律不得溯及既往的原则是旨在实现对公民的保护,防止国家权力主要是立法权的滥用,所以法律如果溯及既往可以更有利于保护公民权利,并且不会对已经稳定了的社会关系造成损害,可以采取溯及既往的规定。例如,刑法中通行的“从旧兼从轻”就是如此。我国《立法法》第 84 条规定:“法律、行政法规、地方性法规、自治条例和单行条例、规章不得溯及既往,但为了更好地保护公民、法人和其他组织的权利和利益而作的特别规定除外。”同时,诉讼法由于只涉及程序问题而不关系到实体问题,一般来说也是允许溯及既往的。

二、法律的空间效力

法律的空间效力即法律在多大的空间范围内存在效力。根据法律内容和制定机关的不同,空间效力可分为域内效力和域外效力两方面。

1. 法律的域内效力,是指法律在主权范围内所有领域的效力,包括陆地、水域及其底土、上空以及延伸意义的领土。全国性法律一般在全国范围内具有法律效力,如法律、行政法规等;地方性法规和地方规章、自治条例、单行条例等在一国部分地区生效。

2. 法律的域外效力,即法律不仅在本国管辖空间内有效,而且在域外也有一定效力。这是伴随国际交往的频繁特别是经济全球化带来的各国法律的联系日益紧密的结果。一国法律在对他国具有域外效力的同时,也要接受他国法律的域外效力。如我国刑法、民法通则都有相应的域外效力的规定。

三、法律的对人效力

法律的对人效力指法律对哪些人发生法律效力。这里的人包括自然人和团体人(法人和独立的非法人组织)。确定法律对人效力的原则主要有:①属人主义原则,即凡是本国人,不论其在国内还是在国外,都一概适用本国法;本国领域内的外国人、无国籍人都不适用所在国法;②属地主义原则,即一国法律对它主权管辖范围内的一切人都有效力,而不论他的国籍;本国人在外国,则本国法律不对他生效;③保护主义原则,即指以保护本国利益为基础,不论行为人的国籍和所在地域,只要其行为损害了本国利益,都要适用该国法律;④结合主义原则,即以属地主义为主,以属人主义、保护主

[1] [奥]凯尔森:《法与国家的一般理论》,沈宗灵译,中国大百科全书出版社 1996 年版,第 47 页。

义为补充的效力原则。由于国际交往的增多,各国都既要保护本国利益又要尊重他国主权,单采属人、属地、保护主义中任何一种都不合适,因此当代各国法律在对人效力上大都采用结合原则。我国也采用这一原则。

值得注意的是,随着经济发展、社会进步和人类交往的增多,国际社会整体利益乃至全人类利益日益凸显,一些国家为维护国际社会安定和全人类共同利益,联合打击国际犯罪,缔结相关国际公约从而确立了普遍主义的对人效力原则。根据该原则,对于诸如劫持飞机罪、海盗罪、灭绝种族罪、制造贩卖运输毒品等反人类犯罪、恐怖主义犯罪等跨国犯罪,不论犯罪分子是否是本国人,也不论其行为是否危害本国,各国都可以依据国际公约进行适用。这是法律对人效力发展的新特点,在区域法律一体化、法律全球化进程中,这一对人效力原则相信将会得到更大的发展。

我国法律的对人效力包括两个方面:

1. 对中国公民(包括法人或者其他组织)的法律效力。中国公民在中国领域内一律适用中国法律;中国公民在国外,中国法律能否对其发生效力比较复杂。原则上根据属人主义仍能适用,但当中国法律与公民所在国法律冲突时,要区别不同情况来确定是否适用中国法。

2. 对外国人的法律效力。这又可分为两种情况:①中国法律对在中国境内的外国人,除法律另有规定的以外,一般都适用中国法。所谓法律另有规定,如享有外交特权和豁免权的人可以不适用中国法,而由外交途径解决;又如宪法中公民的政治权利一般不适用于外国人。②中国法律对在中国境外的外国人,除法律另有规定以外,一般不适用中国法。如刑法规定,外国人在中国领域外对中国国家或公民犯罪,而按照本法规定的最低刑为三年以上有期徒刑的可以适用本法。又如外商投资企业和外国企业所得税法规定,外国企业在我国境内未设立机构、场所而有来源于中国境内所得的应在中国缴纳所得税。

四、法律的对事效力

法律的对事效力是指法律对何种事项发生效力,是法律效力的事项维度。它强调法律只对其所规定的特定事项发生效力,而对不属于该法所规定的事项则无效力。例如行政处罚法只对属于行政违法并应受到行政处罚的行为适用,而对构成刑事犯罪的行为则不适用。刑法中关于盗窃的法律规定只能适用于盗窃行为,而不能比照适用于与盗窃类似的其他行为。法律的对事效力有助于提高法律的规范性、可预测性,防止法律的滥用。

尽管我们可以在理论上对法律效力分为时间、空间、对人、对事四个方面的效力范围,但在法律实际运作时,上述各项内容总是结合在一起,而制约着法律的效力范围的。

第三节　法律的实质效力

一、法律实质效力的含义

法律形式效力是通过对一定时空范围的人和事的约束或保护来化解社会冲突，打击违法行为、保护正当利益体现的。但法律效力不应当只表现为对个别案件、行为的强制约束力和保障力等外在的形式效力，更重要的要体现出实质效力，即法律借助其形式效力达到强化社会主体对法律及其承载的社会价值的认同，从而使得主体自动放弃和改变可能存在的对社会秩序、法律制度的无视、蔑视和对抗的心理和行为，增强与社会的共容性并将法律要求内化为自觉守法行为。质言之，法律实质效力指法律内化为主体的价值认同并真正被人们所自觉遵守。它也是衡量法律是否真正有效的最终标志。现代法治国家普遍注重对法律实质效力的追求，而不停留在法律形式效力的实现上。因为法律的形式效力表征法律所具有的仅仅是外在的权威性，法律实质效力则已渗透到人们的内心，转化为人们的自觉，它能使法律内在价值、社会秩序得到更有效的实现。

二、法律实质效力实现的标准

法律效力总是表现为对人的影响，从人与法律效力实现的关系而言，法律效力的实现大体可以分为两种情况，①依赖强制力为后盾的他律的实现；②主体自觉的实现。依赖强制的他律得以实现法律效力是低层次的，它又包括两种情况。其一，是直接运用强制力来实现法律效力；其二，在法律强制力威慑下，人们出于自发的习惯、对强制惩罚的畏惧或其他功利考虑而守法，此时法律的要求、法律效力虽然也得以实现，但具有外在的压迫性，法律所蕴涵的价值要求尚游离于主体之外。正如哈特言道的对法律规则的“外在观念”：主体拒绝这种规则，仅从外在观点出发把规则作为可能惩罚的征兆才关心这些规则。[1] 离开外在强制力，这样的法律也许并不会为人们所遵守，法律效力也无法实现，因而这样的法律只具有形式效力。第二种法律效力则依赖主体自觉的实现。此时的法律并不是依赖强制而发生效力，主体也不是基于对法律的畏惧或功利的考虑而守法，而是基于对法律的认同，即法律的要求已经内化为主体自觉行为的一部分；法律不再被看做是外在强制的东西，而是与主体的法律观念与法律信仰融为一体。也正如哈特所言的接受规则和自愿合作以维护规则的法律的内在观点。[2] 这表明法律拥有了实质效力。因此法律效力的最终实现、法律实质效力实现的标准应是法律、社会秩序的要求内化为主体的内在信念、价值认同和自觉用法、守法甚至护法。

---

〔1〕［英］哈特：《法律的概念》，张文显等译，中国大百科全书出版社1996年版，第92页。

〔2〕［英］哈特：《法律的概念》，张文显等译，中国大百科全书出版社1996年版，第92页。

诚如有些学者所指出的"法的实行不得仰仗'外加的强制'而要争取发自内心的服从。真正健全的法治只有以国家方面的'认知性'和人民方面的'合意性'为两轮方能够畅行无阻。"[1]"如果法律正义不能内化或转化为个体内在的价值准则和价值目标,就不可能最终得到实现。"[2]"法律只在受到信任,并且因而并不要求强力制裁的时候,才是有效的。"[3]

必须注意的是,法律实质效力的实现不同于法律一般地被大家遵守和适用,它必须表现为主体对法律的价值认同、主体的自由意志与法律的要求达于高度统一。这也就表明了法律实质效力与法律实效并非同一个概念:法律实效指法律在实际中被人们遵守和适用,它主要用以表征法律形式效力实现的客观状况,而不包含守法者、法律适用主体对法律是否真正认同等主观方面的因素。当然,法律实质效力与法律形式效力还是有着一定联系的,内容合理、正当的法律其形式效力自然比较理想(也即具有法律实效),因而也会影响主体对法律的看法并提升主体的守法精神。如法律现实的制裁和制裁威胁所形成的强制压力会强化主体对法律和社会秩序的内容、要求的认识,降低主体行为的任意性和无意触犯法律的可能性,也可以使特定主体及其他社会成员感受到挑战法律秩序的"成本",从而提高主体行为选择的理性化程度,为外在法律要求向主体内心认同的渗透转化、法律实质效力的实现打下基础。同样,法律实质效力的实现,必然包含形式效力的兑现。法治作为一种理想,在很大程度上也就是寄寓着人们将法律形式效力与实质效力相统一的追求。

三、法律实质效力实现的机制

法律实质效力的实现机制,主要涉及法律的正当性和主体对法律的信仰(自觉守法精神)两大环节。其中法律的正当性是至为关键的。法律效力英文译为 Validity Of Law,其中 Validity 就有正当、合理、有效等含义。法律的正当性是法律被普遍接受、认同和信任的前提和基础。一个内容缺乏正当性基础,单纯依靠强制力保证实施的法律,至多只具有形式效力,其实质效力则可能与立法者的目的相悖,人们非但不会产生对它的内心认同甚至会自觉、不自觉地加以抵制。"当强制力发动、运作时及其以后,它要受正当性的评价,被证明为正当性的强制的效力得到肯定,被证明为不正当的强制将受到抑制或否定。"[4]因此,法律实质效力实现机制是建立在良法诉求基础上的。正如先哲亚里士多德在揭示法治时言及的:"法治应该包含两重意义:已成立的法律获得普遍的服从,而大家所服从的法律又应该本身是制定得良好的法律。"[5]只有蕴涵

---

〔1〕 季卫东:"法律秩序的传统与创新",载[日]川岛武宜:《现代化与法》,王志安等译,中国政法大学出版社 1994 年版,代译序第 8 页。

〔2〕 曹刚:《法律的道德批判》,江西人民出版社 2001 年版,第 152 页。

〔3〕 [美]伯尔曼:《法律与宗教》,梁治平译,三联书店 1991 年版,第 43 页。

〔4〕 周永坤:《法理学——全球视野》,法律出版社 2000 年版,第 326 页。

〔5〕 [古希腊]亚里士多德:《政治学》,吴寿彭译,商务印书馆 1965 年版,第 199 页。

着公平、正义精神,合乎人性,体现着对人类关爱理念的良法才会具有实质效力。尽管并不存在判断良法的确切标准,尽管人们对公平正义的认识多有差异,但最低限度共识的良法标准还是可求的。能够实现实质效力的良法在内容上应体现对人的尊重,对人的正当需要的满足,遵循人类交往和合作应有的一些基本原则,公正地分配人们的权利和义务。人是万物之尺度,法律来自人的需要,法律只有记载、反映、保障主体的需要,才能使主体产生对良法的认同。在形式上,良法的要求如新自然法学的代表之一富勒所言的"法律的内在道德",也就是法律必须具备如下素质:法律的一般性、法律公布、法律不溯及既往、法律的明确性、法律内部不矛盾、法律的稳定等。[1]

法律要内化为主体的价值认同、自觉合法行为而实现实质效力,除了对法律的良法要求外,离不开主体自觉的守法精神、法律信仰。把法律效力理解为法律所固有并不随法律之外的任何意志而转移,是法律本身的存在及其约束力的观点是值得商榷的。即便良法,缺少了主体的守法精神,法律实质效力同样不能实现。我国 1954 宪法的实践就是例证,正当合理的权威宪法被主体守法精神的淡漠而消弭于无形;同样,内容合理的交通法规由于人们守法精神的缺乏而在我国普遍未被自觉遵守。日本著名法学家川岛武宜尝言道:一定程度的守法精神存在的必要性对于近代法来说,并不仅仅是"弥补不足的穷极之策",而是为了积极地使近代法实际发挥作用本来就不可缺少的条件。[2] 因此,培养人们的守法精神、法律信仰是法律实质效力实现机制不可或缺的一部分。"法律必须被信仰,否则它将形同虚设。""没有信仰的法律将退化成为僵死的教条。"[3]当然法律信仰、守法精神都是建立在良法基础上的,只有良法的运作才会增强人们对法律的亲和力。而主体的守法精神、法律信仰则是法律的正当性转化为法律实质效力的桥梁,通过法律信仰实现法律效力从形式到实质的飞跃。正如伯尔曼所言:"所有法律制度都不仅要求我们在理智上承认一社会所倡导的合法美德,而且要求我们以我们的全部生命献身于它们。所以,正是由于宗教激情,信仰的飞跃,我们才能使法律的理想与原则具有普遍性。……当它(社会)把它的财产法和刑法仅仅建立在人性和社会必要性的合理观念之上,而不同时建立在对普遍价值的宗教般献身之上的时候,则它就会置身于这样一种重大的危险之中——它完全丧失了保护财产和谴责并惩罚偷窃行为的任何能力。"[4]

此外,公民的道德修养、法律运作机关的工作状况、社会法治环境、法律形式效力的实现情况等,也会对法律实质效力的实现机制产生影响。尤其是实现形式效力的活动,"应尽可能充分地展示和阐释作为法律评价依据的具体社会秩序的原则和要求,并借助于适当的形式扩大展示和阐释的效果,强化冲突主体和其他社会成员对这些原则

---

〔1〕 转引自张文显:《二十世纪西方法哲学思潮研究》,法律出版社 1996 年版,第 64、65 页。

〔2〕 [日]川岛武宜:《现代化与法》,王志安等译,中国政法大学出版社 1994 年版,第 51 页。

〔3〕 [美]伯尔曼:《法律与宗教》,梁治平译,三联书店 1991 年版,第 28、64 页。

〔4〕 [美]伯尔曼:《法律与宗教》,梁治平译,三联书店 1991 年版,第 54、55 页。

和要求的认识”,[1]从而为法律实质效力的实现创造条件。

法律的实质效力的实现使“死法”成为“活法”,它是对法律的理性、正义的回应,并使良好质地的法律成为人们生活目的和意义的一部分。因此,法治国家的建设必须重视法律实质效力实现机制的构建,为法律真正发挥效力创造条件。

复习思考题

1. 试述法律效力的主要内涵。
2. 法律效力与法律实效有什么区别和联系?
3. 解决法律效力竞争的主要规则有哪些?
4. 什么是法律溯及力?法律能否溯及既往?为什么?
5. 如何理解法律实质效力?如何保障法律实质效力的实现?

[1] 顾培东:《社会冲突与诉讼机制》,四川人民出版社1991年版,第36页。

第九章　法律实践

✣学习目的与要求

本章是有关法律实践的分析与论述，重点研究了①法律能力问题，分析了权利能力与行为能力概念的意义及其缺陷，进而提出以公民能力、职能能力、民事能力、责任能力与诉讼能力来取代传统的权利能力与行为能力范畴的设想；②法律行为问题，论述了法律行为的含义与特征，着重区别了法律行为的主观要素与客观要素，并就法律行为的种类进行了区分；③法律关系问题，研究了法律关系的概念与特征，分析了法律关系的主体与客体，描述了法律关系产生、变更与消灭的具体过程；④法律争议问题，探讨了法律争议的内涵与特征，分析了法律争议的产生原因，论述并比较了解决法律争议的各种不同方式。通过本章学习，有利于明确法律在人们生活中的具体实践过程，从而让学生认识到对于法律的了解不仅是纸面上的条文分析，还需注重其在社会关系与社会生活中的实践过程。

第一节　法律能力

一、权利能力、行为能力及其作为法律能力的局限性

(一)权利能力与行为能力的概念

法律以权利与义务、权力与职责、责任与制裁作为其基本内容，然而，上述这些内容要得以实现，又离不开相应的“能力”作为支撑。也就是说，对于静态的法律规定而言，必须借助于相关当事人所具备的某些资格、技能或者知识，才能真正在社会生活中得以实现。例如，合同法中规定的“契约自由”，表面上看，只不过是以法律的形式确定了当事人双方平等选择交易伙伴、平等协商合同内容等方面的自由，但实质上，对于法律这一理念的实现，事实上还必须借助于当事人的智慧与决断能力，同时，有关的信息是否完全，也同样制约着这一“自由”能否真正体现立法者的目的，而达到一种“最好的合同”的境界。

在法律上，一般通过权利能力和行为能力来界定行为人作出法律行为时所需要的能力范围。

所谓权利能力，就是由法律所确认的享有权利或承担义务的资格。这是参加任何

法律关系都必须具备的基本条件。简单地说，权利能力实际上就是一种在法律上规定哪些人可以作为法律关系主体的资格，没有这种资格的人，就无法成为法律关系的主体。例如，在奴隶制社会，奴隶被视同为物或财产，[1]只是法律关系的客体，因而不具有相应的权利能力。正是从这个意义上，权利能力又等同于法律人格。正如学者所言，"法律人格指自主拥有法律关系之人的能力，对自然人(人类)而言，这一资格源于人类尊严和对人的尊重，而不单是一种单纯组织技术。从伦理上说，承认人人皆有法律人格是基于人生而自由，生而在尊严和权利上平等。"[2]也就是说，法律人格正是通过权利能力的存在而得以彰显，它意味着每个自然人都拥有一份法律上的尊崇与荣誉，也有着法律所承认的缔结法律关系的正当资格。当然，法律人格与权利能力也并不能完全对应，例如未达到一定年龄的人不得行使结婚权、选举权等。

所谓行为能力，是指法律所承认的，由法律关系主体通过自己的行为行使权利和履行义务的能力。在法律上具备行为能力的人，意味着它可以独立地进行相关的法律行为。然而，与权利能力所不同的是，行为能力的确定本身并非如"法律人格"那样泛化，是普遍地施于每一个人的行为资格；相反，行为能力意味着行为人对该行为有着正常的判断能力与识别能力。例如在契约法中，"只有那些经过自身的智力发育、对事物的理解力达到最起码的标准，并拥有一定的知识，因而被法律认定为有'行为能力'的人，才能承担合同义务。"[3]从这个意义上说，行为能力是以承认行为人有着独立行为的实际能力为标准而进行确定的。这点就与权利能力存在着明显的差异。一般来说，权利能力始于出生，终于死亡；而行为能力还必须同时考虑行为人是否有真正自己作出行为的"实际能力"。因而，有权利能力的人不一定有行为能力，但具有行为能力的人，首先就必须拥有权利能力。法律上之所以作出这种不同的规定，严格说来也是为了保护弱者的需要。[4] 例如未成年人易受诱惑或者欺诈，精神病患者对自己的行为无法判断等等，就必须通过行为能力的设定来加以特别的保护。

(二)权利能力与行为能力的确定

在法律上，有关权利能力与行为能力的确定，虽然都是通过法律来进行的，但在方式上则存在着差别。

权利能力由于是与人的资格或公民的资格联系在一起的，因而一般是由宪法来作出统一的规定。例如我国《宪法》第33条明确规定："凡具有中华人民共和国国籍的人都是中华人民共和国公民。"由此，宪法对中华人民共和国公民所规定的基本权利与基

---

[1] 例如罗马法就规定，"奴隶是根据万民法的制度，一人违反自然权利沦为他人财产之一部"。参见[古罗马]查士丁尼：《法学总论——法学阶梯》，张企泰译，商务印书馆1989年版，第12页。

[2] [葡]*Carlos Alberto da Mota Pinto*：《民法总论》，林炳辉等译，澳门法律翻译办公室、澳门大学法学院1999年版，第104页。

[3] [德]康拉德·茨威格特、海因·克茨："行为能力比较研究"，载《外国法译评》1998年第3期。

[4] 周永坤：《法理学——全球视野》，法律出版社2000年版，第133页。

本义务,就作为一种权利能力,而由所有的中国公民所享有。当然,这并不排除在某些特别情形下,就特殊权利能力由其他部门法来作出专门性规定。例如,婚姻法上规定的结婚条件,就可视为一种特殊的权利能力。

一般而言,自然人的权利能力始于出生,终于死亡。我国民法学者认为,所谓“出生”应具备两个条件:①“出”,即胎儿应完全脱离母体,成为不依赖母体而获得独立生命的人;②“生”,即胎儿在出生时应为活产。[1] 对于尚在母体中的胎儿,法律上多不承认其有权利能力,但考虑到胎儿一旦出生就可能成人,胎儿的利益实际上也就是婴儿的利益,故在某种情况下就由法律另行规定,给予保护。例如我国《继承法》第28条规定:“遗产分割时,应当保留胎儿的继承份额。胎儿出生时是死体的,保留的份额按照法定继承办理。”同样,自然人在死亡之后,失去了参与法律活动、缔结法律关系的可能性和必要性,因而自然人的权利能力终于死亡。至于死者的权益仍然受到保护的问题,可以视为对死者的一种特殊保护。例如我国《著作权法》第20条规定:“作者的署名权、修改权、保护作品完整权的保护期不受限制。”

自然人的行为能力则不像权利能力的确定那样简单,因为它还必须考虑行为人是否具备作出某种法律行为的实际能力,否则,就可能使得无法判别自己行为的性质及其后果的当事人陷于不利的处境。在法律上,行为能力的划分通常包括三种情况:①成年且神智正常之人,法律上肯定其具有完全的行为能力;②尚未成年但已满一定的年龄的人和患有某种精神疾病但尚具有一定识别能力的人,法律上规定他们具有限制行为能力,只能独立处分与其能力相适应的权利和义务;③对于尚未达到一定年龄的幼童和完全丧失识别能力的精神病人,法律上认为他们不具有行为能力,其自行处分自己权利和义务的行为,在法律上均为无效。

有关法人的权利能力与行为能力与自然人不同,始于成立,终于终止,且权利能力与行为能力具有一致性。

(三)权利能力与行为能力概念的缺陷

由上述的论述可知,权利能力与行为能力的确定,对于明确法律行为的有效性以及法律关系的稳定性方面,具有非常重要的意义。没有合格的主体,就不会有合法的法律行为和法律关系。但是,权利能力与行为能力能否具有解释一切法律行为与法律关系的力量呢?看来问题不是这么简单。

首先,权利能力与行为能力的概念只能用来解释合法行为而不能用来解释违法行为。也就是说,权利能力与行为能力的概念本身即为合法行为而设,它用以判断行为人所作的行为是否具有合法性,但是,对于作出违法行为的人而言,根本就不受权利能力和行为能力的限制。换句话说,即使不具有权利能力和行为能力的人,也同样可以进行违法乃至犯罪的活动。例如外国人对我国公民或者国家的犯罪,以及未成年人的

---

[1] 马俊驹、余延满:《民法原论》(上),法律出版社1998年版,第100页。

违法犯罪等，均无法用权利能力或者行为能力来解释。

其次，权利能力与行为能力只能用来解释私法行为，而不能用来解释公法行为。严格说来，权利能力与行为能力本身就是为了人们的日常交往和交易所设定的一种法律资格，相对来说，进行公法上的行为，其要求比诸私法上的行为来说，需要更强的识别与判断能力。例如，在我国，公民获得选举权的条件必须是年满十八周岁；担任国家主席则要求年龄在45周岁以上。不仅如此，对于法律上相关的行为主体能否进行公法上的行为，法律一般是采用推定的方式来进行。例如，因为法院是代表国家行使审判权的国家机关，因而在理论上即可以推定，只要是依法成立的法院，即"天然地"具有诉讼能力。其法律依据即在于法院组织法的相关规定。一般而言，在现代的民主国家不能作出这样的假设，即国家可能设立了一个实质上根本无法主持诉讼的国家机关来作为法院，受理刑事、民事、行政案件。同样的原理也适用于法官。法官作为职业法律家，自然应当以具有比常人更高的素质及能力才能适于此任。由联合国大会批准的《关于司法独立的基本原则》第10条在关于法官资格的规定上，即明确宣布："获甄选担任司法职位的人应是受过适当法律训练或在法律方面具有一定资历的正直、有能力的人。"[1]

由此可见，将法律上的能力完全地用"权利能力"和"行为能力"来加以概括，实际上无法解释清楚相关法律活动所需要的能力标准，因而这一概念不具有适用上的"普遍性"。有鉴于此，我们提出用"法律能力"这一范畴，来统括法律上需要人们能力条件的用语。[2]

二、法律能力的概念及其要素

所谓法律能力，是指行为主体在进行法律行为时所必须具备的资格要件。从这个意义上而言，法律能力也就是法律场合中人的理性能力的另一种说法。正如德国法兰克福学派所言：理性不应该仅仅体现在人们对目的与实现这一目的之间关系的调节上，还应该体现在对目的的正确理解和把握上，体现在对有目的之行为的后果的预见和权衡上。一句话，理性是一种人类选择与调节自我行为的能力，其中包括对目的之选择和确认（即确定生存的目标）。它是人类超出动物而独具的一种认识和思维能力，正是这种能力的存在，不仅使我们能够调整达到目的之手段，而且使我们能够建立价值体系，对目的本身作出判断和取舍。因此，完整意义的"行为中的理性是阐述行为的理由并依此行动的能力及其运用"。[3] 由此可见，法律能力包括以下几个基本要素：

（一）认知能力

所谓认知能力，简单地说，就是行为人对于自己的行为具有辨别与判断的能力。

---

〔1〕 转引自王以真主编：《外国刑事诉讼法学参考资料》，北京大学出版社1995年版，第5页。

〔2〕 当然必须注意的是，法学上也往往将"法律能力"等同于"权利能力"，参见[葡]Carlos Alberto da Mota Pinto：《民法总论》，林炳辉等译，澳门法律翻译办公室、澳门大学法学院1999年版，第100页。但本书所言"法律能力"，不同于权利能力或者行为能力。

〔3〕 转引自杨春学：《经济人与社会秩序分析》，上海三联书店、上海人民出版社1998年版，第228页。

具体来说,包括三个方面的内容:①对于自己所处的境况以及外界环境有清醒的认识;②对于行为与结果之间存在的因果关系有大致的了解;③对于特定行为能够明确其是否符合现行法律规定。[1] 不具备认知能力的人,其行为不会有相应的法律意义。例如幼童由于无知而作出的损害或者伤害行为,由于行为人实际上不具备认知的基本条件,因而该行为就不属于法律上的违法行为。认知能力从形式上而言,往往体现为行为人具备相关的知识、技能和经验,例如相应的法律知识和法律技能(如诉讼中的辩论能力)。当然,有关"法律上的错误"并非行为人可以免责的要件,因为法律本身即以普通人作为基本的参照系数,因而法律的内容能够由人们的日常经验所证成。因此,具备相应的认知能力,人们的行为才是有目的性的,而如果把利益作为人们的法律追求的话,那么,行为、认知能力与利益就构成了一个完整的法律运动过程:"人的利益依赖于他所选择追求的目标,而他所选择的目标依赖于他的欲望,欲望依赖于他的价值观和意识判断。理性的人并不把'因为我渴求它'作为行动的充足理由和确证基础。只有当他用其所有的知识和价值来确证这种欲望之后,才会把它作为目标,力图通过行动来达到它。他不会追求自相矛盾的目标,或者把这种自相矛盾的目标视为是自己的利益。"[2]

(二)选择能力

选择能力是指在多个不同的方案中,行为人能根据具体情形进行判断,从而选择最佳方案的一种能力。"个体必须选择能提供他的个性、事实、一般要求和具体环境的最佳可能结合的程序,即是说,根据三种要素(特殊事实、一般要求和具体环境),他必须以最高的价值输入进行决策,并使之运转。"[3] 严格说来,在自由行为的领域,法律上多以"理性人"作为基本预设,即假定人能够追求自身利益的最大化。[4] 例如法律中规定的"合同自由",即意味着行为人能够选择最恰当的合作伙伴,也能够寻求到最佳的合作方式。选择能力又是以"自由意志"为前提的,它意味着在无外在强力的控制之下,行为人可以进行理智的判断。如果行为本身是在缺乏自由意志的情形下所为,那么该种行为就不是真正意义上的理性行为。当然,在选择能力方面,同时也受着信息是否完全的限制。如果行为人所知的信息不完全,那么就无法进行最佳的判断。例如在选举权的行使上,对于候选人的情况不了解,就无法真正选出代表自己的合格代表;签订合同时,如果对于合同另外一方的情况不了解,就无法实现"最好的合同"这一立法目的。

---

〔1〕 黄丁全:《刑事责任能力研究》,中国方正出版社2000年版,第8页。

〔2〕 杨春学:《经济人与社会秩序分析》,上海三联书店、上海人民出版社1998年版,第238、239页。

〔3〕 [匈]阿格妮丝·赫勒:《日常生活》,衣俊卿译,重庆出版社1990年版,第27页。

〔4〕 这正如康德所言:"当某人就他人事务作出决定时,可能存在某种不公正。但当他就自己的事务作决定时,则绝不可能存在任何不公正。"转引自尹田:"契约自由与社会公正的冲突与平衡——法国合同法中意思自治原则的衰落",载梁慧星主编《民商法论丛》(第2卷),法律出版社1994年版,第258页。

（三）义务能力

如果说认知能力与选择能力是从积极的意义上来表示进行法律行为所需的基本资格的话，那么，义务能力则是从消极的角度来表明行为人必须对在自由意志下进行的选择承担相应的义务或者责任。理性的人既要为自己的利益选择最好的行动方案，同时也必须对自己的选择承担相关的责任，只有在这种情形下，正常的交往或者交易才能顺利地进行。哈耶克甚至将这种能力的普遍存在作为自由社会的基本标志之一，指出："只有在个人既作出选择，又为此承担起基本责任的地方，他才有机会肯定现存的价值并促进它们的进一步发展，才能赢得道德上的称誉。"[1]因而，一个有道德感的个人与组织，必须以相应的社会义务作为其行为的目标。在法律中，这种责任多以消极性责任体现出来。例如，国家机关违法损害公民的合法权益，由此即引起国家赔偿责任；同样，行为人作出违法行为，由此也必须承担相应的违法责任。义务能力是人的理性的一种具体表征，"理性的人总是从自我的角度来考察自己所应承担的责任，积极寻求实现所确证的目标的条件和手段。他既不停留在对境遇抱怨之中，也不把责任推给他人或社会。"[2]这种安排表面上说是一种强行性的要求，但实际上又是与自由意志联系在一起的。正如马克思所言，"刑罚应该是一种感化或恫吓的手段"。由此他推崇康德以及黑格尔的刑罚理论，康德以承认人的尊严作为其刑罚理论的基点，而黑格尔"不是把罪犯看成是单纯的客体，即司法的奴隶，而是把罪犯提高到一个自由的、自我决定的人的地位。"[3]从这个意义上说，刑罚作为一种责任措施，并非由外部强加于罪犯身上，而是罪犯对自身的教育。

三、法律能力的主要类型

（一）公民能力

这是指公民作为"政治人"参与政治活动所需的能力。对于现代的民主国家而言，无不承认"人民主权"这一根本性的原则，因而在法律上，对于公民能力所设定的限制较少。例如我国《选举法》第 3 条即规定："中华人民共和国年满 18 周岁的公民，不分民族、种族、性别、职业、家庭出身、宗教信仰、教育程度、财产状况和居住期限，都有选举权和被选举权。"唯一的例外是"依照法律被剥夺政治权利的人"不得享有选举权和被选举权的资格。个中的关键在于，"政治活动不能像经济活动那样给每一个人都提供报酬和刺激，除非在这个社会中，政治活动取代了经济活动，或经济活动已经被彻底

---

〔1〕［英］弗里德里希·冯·哈耶克：《经济、科学与政治——哈耶克思想精粹》，冯克利译，江苏人民出版社 2000 年版，第 62 页。

〔2〕杨春学：《经济人与社会秩序分析》，上海三联书店、上海人民出版社 1998 年版，第 239 页。

〔3〕［德］马克思："死刑。——科布顿先生的小册子。——英格兰银行的措施"，《马克思恩格斯全集》第 8 卷，人民出版社 1961 年第 1 版，第 578、579 页。同样的思想也出现在毛泽东的言谈之中。1965 年 8 月 8 日，毛泽东在接见外宾时专门提到："犯了罪的人也要教育，……要把犯罪的人当人，对他有点希望，对他有所帮助，当然也要有所批评。"转引自黎国智主编：《马克思主义法学论著选读》，中国政法大学出版社 1993 年版，第 233 页。

政治化。公民在处理公共事务(如选举)时,总不如处理私人事务(如购买住房)那么审慎,那么认真地运用理性能力”。[1] 当然,如果把民主视为一项大众的事业,那么就必须要求公民具有较高的政治热情、较多的政治知识以及政治才能,这样才能防止出现无视民众利益的“精英政治”。正因如此,宪政学者往往把“理想公民的能力”视为立宪政体的标志。“立宪政体的公民们必须能够判断谁是真正致力于制定好的法律和谁是或似乎是被雇用的文痞。公民们必须能够挑选出那些未来的立法者,这些立法者所理解的立法是,至少部分地是,一个审议的过程,而且他们或者有必要的技能搞好立法工作,或者愿意学习这些技能。”[2] 在这里,理想的公民必须为自己找到合适的代表者,使他们能够为公益而履行立法的职责。

(二)职业能力

这是指担任国家公职所必需的职业资格。相对于公民能力而言,这是一种必须具有特定知识与才能的人才能胜任的要求。虽然从理论上来说,人民政府也就是普通人可以参与管理的政府,但现代管理事务的专业性、技术性日益加强的趋势,又使得根据社会分工原则,只有部分人才能出任公职。因而,法律上对于职业者就必须有着较高的行为标准的要求。例如,在我国修正后的《法官法》第 9 条第 1 款中,就担任法官者的年龄、身份状况、学历、法律实践年限等方面均提出了不同于“常人”的规定,特别是“良好的政治、业务素质和良好的品行”,更是对法官从业资格的一种高标准的要求。实际上,法律职业本身就是一种需要专门的素质才能担负的工作,适度的专业化是其职务所必需。这些能力起码包括:①法律概括能力。法律职业者必须既注意理论的进步又关注实践的发展,能够对众说纷纭的法学理论与千变万化的法律实践进行概括。在具体的法律实践中,法律职业者面对的是特定的个案,而各种案件都是由不同的证据材料来说明案件真实情况的,将种种证据通过思维形式加以综合,这就是概括能力的具体体现。没有这种概括,就无法把握案件的全貌,无法对错综复杂的案件进行归纳;②法律分析能力。法律是一切执法活动的依据,因而,法律从业人员首先面对的就是不同的法律条文。如果无法理解法律规定的精神实质,无法确定条文的意蕴及与其他的条文之间关系,要做到正确执行法律就是空谈。在具体的案件中,分析能力更是必不可少。只有运用分析能力,才能对案件的存在背景、具体事实及证据材料进行完整的把握,从而正确地适用法律;③语言文字表达能力。法律职业是与社会上不同的人打交道的一种职业,因此,正确、清晰地表达思想至关重要。对于检察官、律师来说,只有具备雄辩的演讲能力,才能使其法庭辩论具有感人的力量;同样,无论是从事何种法律职业,通过流畅的文字形式表达其主张,申明其理由,从而说服他人都是必需的。

---

[1] 刘军宁:“大道容众,大德容下”,载《读书》1996 年第 2 期。

[2] [美]斯蒂芬·L. 埃尔金:“宪政主义的继承者”,载[美]斯蒂芬·L. 埃尔金、卡罗尔·爱德华·索乌坦编:《新宪政论——为美好的社会设计政治制度》,周叶谦译,三联书店 1997 年版,第 164、165 页。

(三)民事能力

即权利能力与行为能力,主要是指行为人在从事日常的民事行为时所必须具备的资格。相关内容见前文的论述。

(四)诉讼能力

诉讼能力是指行为主体在法律活动过程中,根据法律规定理性地为自己利益辩护、维护自己的合法权益,并以明智的方式来进行诉讼行为的能力。这里涉及的几个基本内涵是:①诉讼主体。非诉讼主体的诉讼行为不纳入考量的范围之内;②诉讼过程。司法过程是一个"亲历性"的过程,相关的诉讼行为应当能够公诸于法庭,并接受社会的评判与监督;③利益诉求。也就是说,诉讼能力主要是关系到当事人合法权益的保护,"凡不够标准的人作为无诉讼能力人,不准他们自己进行诉讼,以防把不能独立地充分主张和保护自己利益的人与他人同等对待而遭受不利的后果。"〔1〕④主体要素。即有诉讼行为能力的人必须能够以"明智的方式"来进行诉讼行为,这是立足于社会上一般人正常的"理性"标准而言的,而其主要的立足点又在于行为人能否亲自、有效地实施诉讼行为,以维护自己合法的权益,申请自己正当的主张。这样,有时虽然可能是诉讼中的当事人,但未必就能行使诉讼行为。例如无行为能力人和限制行为能力人则只有由其法定代理人才能提起或撤回诉讼,其行为才能产生法律上的效果。顾培东先生认为,评价冲突主体是否具备实施诉讼行为的能力不应以主体在资格上是否能够从事某一诉讼行为为根据。"充足的行为能力条件应当包括:①主体对行为的后果有充分的了解,并且能够理智地作出行为的选择,亦即主体具有保证行为质量的能力;②主体具有实施相应诉讼行为的体能条件;③主体具有实施相应诉讼行为的经济能力,能够承付实施行为本身所需要的经济成本。"〔2〕其中典型的例子即为辩论能力问题。作为法律平等地赋予控辩双方的权利形式,辩论权的行使应当紧密地结合个案,就事实和法律问题进行有利于自己的陈述,"当当事人不能进行明了诉讼关系所必要的陈述时,法院只好作出该人禁止陈述的裁定,这时他就失去辩论能力。"〔3〕这也同时说明,诉讼能力本身又可以分为完全的诉讼能力与不完全的诉讼能力两种基本类型。

(五)责任能力

在法学上,将行为人对其所实施的违法行为承担相应的法律后果的能力称为责任能力。有的学者认为,责任能力与行为能力完全一致,"完全行为能力人即完全的责任能力人,限制行为能力人即限制责任能力人,而无行为能力人即无责任能力人"。〔4〕然而这种理解是不准确的。行为能力与责任能力是两个完全不同的概念,表现在:①前提条件不同。行为能力是为行为人实施法律行为而设定的,而责任能力则是为违法

---

〔1〕［日］兼子一、竹下守夫:《民事诉讼法》,白绿铉译,法律出版社 1995 年版,第 33 页。

〔2〕柴发邦主编:《体制改革与完善诉讼制度》,中国人民公安大学出版社 1991 年版,第 151、152 页。

〔3〕［日］兼子一、竹下守夫:《民事诉讼法》,白绿铉译,法律出版社 1995 年版,第 34 页。

〔4〕张文显主编:《法理学》,法律出版社 1997 年版,第 166 页。

行为的责任负担而设。前者存在于行为人可以自由行为的领域，而后者则多与消极性的法律后果相连；②具体要求不同。对于行为人的行为能力，法律上一般有较为严格的要求，而对于责任能力而言则要求较低。例如《拿破仑法典》第1310条就明确规定："未成年人因其侵权行为或准侵权行为所发生的损害赔偿债务不得取消。"③行为能力衡量的因素是年龄与理智程度，而责任能力则更多的关注行为人能否承担此一后果。严格说来，责任能力包括两个基本的内容：一个是能否承担责任；另一个是承担法律责任的轻重。例如在刑法上，不足18周岁的未成年人以及怀孕的妇女均不得判处死刑，在这个意义上，责任能力并不以年龄或者理智程度为限。

第二节　法律行为

一、法律行为的含义与特征

（一）"法律行为"的语源

从法律发展的历史来看，"法律行为"作为一种制度及法律概念是从合同、遗嘱等民事制度中逐渐发展和演变而来的。在奴隶制、封建制时期，法律虽然创设了实质意义的法律行为制度（特别是罗马法），但并没有抽象出"法律行为"的概念。法律行为制度的产生和完善，是在商品经济从萌芽到发达的历史进程中完成的。

据学者考证，现代民法中的法律行为概念和系统的法律行为理论均始自德国。海瑟在1807年出版的《民法概论——潘德克顿学说教程》一书中首先赋予法律行为概念以设权意思表示行为的内涵。继海瑟之后，萨维尼在《当代罗马法体系》第3卷中将法律行为概念和理论进一步精致化。此后，《萨克森民法典》和《德国普通法》均规定了法律行为制度。1896年颁布的《德国民法典》更以专章、59个条文的篇幅规定了法律行为制度，并在世界民事立法上产生了重大影响。[1]

中国法律中的"法律行为"一词，是从日文中转译而来。在我国民事立法史上，1911年的《大清民律草案》及以后的《中华民国民法典》均有关于法律行为的内容。新中国成立后，1986年制定的《中华人民共和国民法通则》以专章规定了民事法律行为，初步确立了我国的法律行为规则体系。

（二）法律行为的概念

关于法律行为的界定，在法理学研究中本不存在太大的争论，传统意义上均将其作为一个涵盖一切能够引起法律关系产生、变更和消灭的人的有意识行为的统称。但是，随着《中华人民共和国民法通则》的发布，法律行为的概念就出现了歧义。民法通则第54条规定："民事法律行为是公民或者法人设立、变更、终止民事权利和民事义务

---

〔1〕 董安生：《民事法律行为》，中国人民大学出版社1994年版，第30～32页。

的合法行为。”这就出现了两种不同的理解：如果说法律行为只是合法行为，则当然不包括违法行为；如果说法律行为只是一种能产生法律后果的行为，那么它是否合法就需要作进一步判断，因而就可以分为合法行为与违法行为。

民法通则中法律行为的概念是否科学，这有待于民法学者的论证。按照法理学的通行说法，法律行为是指由法律规定和调整的，能够引起法律关系产生、变更和消灭的人的有意识活动。包括合法行为与违法行为。所谓能够引起法律关系的产生、变更和消灭，是从其功能意义上来说的，并非必然导致产生、变更、消灭这些现象的行为才能称之为法律行为。当然，如果一种行为根本不可能引起法律关系的产生、变更和消灭，那自然是法律行为之外的其他行为。

（三）法律行为的特征

1. 意志性。法律行为是人们有意识的活动，它代表着行为人对行为结果的期望与追求。从法律行为制度的起源来看，其本意也是通过行为主体独立的意思表示，构建契约、遗嘱等双向的法律关系。在民法上，一般把行为人、意思表示、行为内容三项作为法律行为的构成要素，但是，没有意思表示的自然人或法人只是普通的社会成员，同样，行为内容也只能由人按照自己的意志设计并付诸行动。显然，在法律行为中，人的意志反映了法律行为的本质，是法律行为得以成立的基本前提。没有人的意志，就没有法律行为。

2. 法律性。法律是通过规定人们的行为模式来实现对社会的调控的，因而，法律上权利和义务的规定只不过是人们行为的具体界限而已。法律行为以法律的存在为前提，在法律行为中，主体的资格、行为方式均由法律设定，同时又受法律控制。行为人实施的是法律所提倡、鼓励的行为，国家法律予以保护；反之，行为人对其不良的法律后果必须承担法律责任。

3. 价值性。①法律行为体现了一定的人们对价值的追求，因而在实施某种法律行为或如何实施行为方面，表现了行为主体的价值取向。没有利益驱动，行为主体就不会作出某一行为。②法律行为表现了主、客观之间的联系，行为人的需要、价值只有在社会中才可望得以满足，同样，社会价值的实现有赖于各个主体的活动。没有法律行为，就既没有个人价值，也没有社会价值。③对法律行为的评价是一种价值评价活动。立法机关将社会公认的价值准则融入法律之中，从而据以判断行为主体行为的合法性与合理性。

4. 实践性。法律行为并不纯粹是个理论的概念，它更是一个动态的法律范畴。简单地说，法律之所以创设法律行为制度，就是期望通过这一行为，形成社会中实际的法律关系。从这个意义上说，法律行为是联结法律能力与法律关系的纽带。相应的法律能力是作出法律行为的前提，而法律行为的目的又在于形成法律上的权利与义务关系。由此可见，只有把法律行为置于动态的法律环境中，这一概念的内涵才能得以体现。

二、法律行为的主客观要素

(一)法律行为的主观要素

法律行为的主观要素,是指构成法律行为的主观要件。它包括行为主体、行为意识以及行为意识在法律上的具体评价。

1. 行为主体。所谓行为主体,即法律行为的行为人,包括国家、国家机关以及公民、法人和其他组织。任何法律行为的成立,总是通过一定的人的具体活动来实现的,因而行为主体为任何一个法律行为的必备要件。从法律上说,一定的行为主体与行为模式相对应,也就是说,有什么样的行为主体,法律上就有与其年龄、身份、地位等条件相对应的行为模式。同样,行为主体的不同是导致法律行为性质、后果、效力不同的重要条件。

2. 行为意识。行为意识是指行为人在进行法律行为时的主观心理状态。虽然在法律上关乎的主要是人的行为,但是,全面地评价一个行为,只有结合当事人的主观心理状态进行分析才能得出科学的结论。从法理上说,行为意识主要分为需要、动机、目的三个层次。

需要是驱使行为主体进行法律行为的推动力。“人的需要即是人的生存和发展的一切需求,是一种需求未被满足的心理状态。需要的对立面是满足,需要与满足的矛盾构成人的生存本性。”[1] 作为一定社会成员意志的体现,法律以满足人们正常的物质、精神需要作为自己的使命。同时,需要的客观性也表明了法律行为的特定性。法律行为只是人们在特定环境中为获得生存、发展这一客观需要所进行的行为,它随着人类社会的发展、人们需要的变化而发生变化。

动机则是直接推动个体活动以达到一定目的的内部动力。每个人的行为都是在一定的动机支配下引起的,并指向于一定的目的。因此,动机是个人行为的原动力,它使人们能够明确其行为的意义,并为个人的行为提出一定的目标。在法律上,行为动机如何具有重要的意义。

目的是在一定动机的驱使下,行为人通过对客观环境的条件分析,在行为之前拟定的通过实施行为所要达到的某种结果。以行为是否实施来看,目的是动机的强化和具体化,决定了行为的方式、方法、结果,因而,目的较动机更加直接地反映了行为人的思想,对行为起着更为直接和决定的作用。

3. 过错。过错是人们对行为人行为意识在法律(以及道德)上的否定评价。过错分为故意和过失两种情形。所谓故意,是指明知自己的行为会发生危害社会的结果,但是希望或者放任这种结果的发生,因而实施违法行为的一种心理状态。过失则指的是行为人应当预见自己的行为可能发生危害社会的结果,因为疏忽大意没有预见,或者已经预见但轻信能够避免,以致发生危害社会结果的心理状态。

---

〔1〕 武步云:《马克思主义法哲学引论》,陕西人民出版社 1992 年版,第 142 页。

（二）法律行为的客观要素

法律行为的客观要素是指法律行为成为具体的外部行为的基本表现形式，包括行为方式、行为客体、行为结果等方面。行为客体在论述法律关系时再作分析，这里只涉及行为方式与行为结果问题。

行为方式指法律行为的表现形式，包括程序、手段等方面的内容；而行为结果则是行为作用于一定的事物后所形成的后果。一般来说，任何行为都是在一定的目的支配下追求结果的运动，结果因而也成为行为的完成与终结状态。在法律行为中，每一个具体的行为都通过行为的结果表现出来，成为国家法律评价其合法与否及确定相应责任的前提。正是在这个意义上，人们不仅把结果看成是法律行为的完成的最终环节，也是法律行为的全部要素在客观条件下的浓缩和凝结。此外，在法律中还要求行为与结果之间有因果关系，即行为是结果发生的原因，否则，此种结果就无法归诸行为人。

三、法律行为的种类

（一）主体因素上的划分

这是指按主体的不同及参与行为的程度对法律行为进行的分类。按照这一标准，法律行为可以分为个人行为、集体行为与国家行为；单方行为与双方行为；自为行为与受托行为三类。

1. 个人行为、集体行为和国家行为。个人行为是指由公民（包括外国人、无国籍人）按照自己的意志所实施的法律行为。由于公民是法律关系的主要参加者，因而法律行为大多均为个人行为。在有些法律关系中，也只有个人的行为能够引起法律关系的产生、变更和消灭，例如婚姻、家庭关系。

集体行为“是人们有组织的、基于某种共同意志或追求所作出的趋向一致的行为”。[1] 集体行为是有组织的行为，这是它与个人行为最大的不同；集体行为反映了一定集团、组织的共同利益和共同需要，因而它超越于个人意志之上。在法律上，法人或者其他组织在权益受他人侵犯的情况下，可以向人民法院提起诉讼，这就是其成员共同意志的一种体现。

国家行为，人们在两种意义上使用。从狭义的角度说，国家行为是指“一国在处理与其他国家关系，包括该国与另一国国民的关系中，作为政策所执行的行政行为。”[2] 例如国防、外交等行为；从广义的角度说，国家行为是指国家机关及其工作人员代表国家进行管理，行使职权的行为。例如立法行为、行政行为、司法行为等。本书从广义的角度来使用国家行为的概念。

2. 单方行为与双方行为。单方行为是指由行为人一方的意思表示或作为即可成立的法律行为。必须注意的是，这里所讲的单方，并非指单独的一个人，而是说明某一

---

〔1〕 张文显：《法学基本范畴研究》，中国政法大学出版社 1993 年版，第 150 页。

〔2〕［英］戴维·M. 沃克：《牛津法律大辞典》，北京社会与科技发展研究所组织译，光明日报出版社 1988 年版，第 13 页。

行为无须征得他人的同意即可成立的行为,例如行政机关对违反行政管理法规当事人的处罚,就是一种单方行为。双方行为是指在行为人双方有共同的意思表示下方可成立的法律行为。例如合同关系须由当事人双方自愿签订方可成立。双方行为不同于共同行为,共同行为是两个或两个以上的行为主体就共同的利益所进行的一致行为,如二个以上的原告共同对被告提起诉讼。显然,共同行为从实质上说,仍然是一种单方行为。

3. 自为行为与受托行为。自为行为是指行为主体自行进行的与其权利义务相一致的行为,在这一行为的进行过程中,没有其他行为主体的参与。一般来说,行为人的行为都是由其自己实施的,但是,在某些情形下,行为人的行为由其所委托的其他人(委托人)实施,委托人根据被委托人的意志进行的行为就是受托行为。例如行政机关将行政职权委托给某一组织行使,该组织进行的行为就是受托行为。在法律上,受托行为由被委托人承担法律责任。

(二)行为性质、对象上的划分

这是指按行为的从属地位及所针对的作用对象所进行的分类。按照这一标准,可以分为主行为与从行为;基本行为与补助行为;抽象行为与具体行为三类。

1. 主行为与从行为。主行为与从行为是按两种行为是否具有相互关联而言的。主行为是彼此关联的行为中无需相关行为存在即能成立的行为,从行为则指在彼此关联的行为中须以相关行为为前提的行为。例如为保证借贷合同得以履行而订立的保证合同,借贷合同为主行为,保证合同为从行为。主行为是从行为的前提和基础,如果主行为不能成立,从行为自然也就失去其效力。

2. 基本行为与补助行为。基本行为,是在相关联行为中具有独立的实质内容,但却以相关行为为要件的行为。例如在民事代理行为中,限制民事行为能力的行为在征得法定代理人的同意后可以成立,因而限制民事行为能力人实施的行为就是一种基本行为。与基本行为相对应的是补助行为,它指的是在相关联行为中不具有独立的实质内容,仅作为基本行为生效要件的行为。例如上述法定代理人的同意行为即是。

3. 抽象行为与具体行为。抽象行为是针对不特定对象而作出的、具有普遍法律约束力的行为;具体行为则是针对特定对象而作出的法律行为。前者如行政机关制定发布具有普遍约束力的决定、命令,后者如人民法院针对特定的罪犯所作出的判决。两者在行为主体、调整对象以及行为效力等方面存在差异。

(三)构成要件上的划分

这是从法律对行为的成立是否规定了必要的法律条件方面进行的分类。从这个意义上划分,法律行为可主要分为三类,①要式行为与非要式行为,②诺成行为与实践行为;③无条件的行为与附条件的行为。

1. 要式行为与非要式行为。这是按法律行为的成立是否需要有一定形式或生效要件所进行的分类。要式行为是指必须具备法律规定的特定形式才能成立的行为,例如订立合同,除即时清结的以外,必须采取书面形式。非要式行为是指无需具备某种特定形式就能成立的行为。非要式行为的特点是,行为人的意思表示应当采用何种形式进行,法律上没有特殊的要求,而交由行为人自行选择。在大多数情形下,法律规定的都是非要式行为。

2. 诺成行为与实践行为。诺成行为是指只要双方或多方当事人的意思表示一致就可成立的行为。例如在民事法律中,只要双方行为人意思表示一致,买卖行为即可成立。实践行为则是除双方意思表示一致外,还须交付一定的实物、财产或者行为方能成立。例如赠与行为就必须在交付财产后才能成立。

3. 无条件的行为与附条件的行为。无条件的行为是指行为人作出的不附加任何条件的行为,例如行政机关对灾区发放救济物资的行为。附条件的行为是指行为人作出的附加某一特定条件的行为。例如行政机关在批准某一工厂投产时,要求该工厂在一定期限内应当建设好防污工程的行为。

第三节　法律关系

一、法律关系的概念与特征

(一)法律关系的概念

法律的实际运作,从某种意义上说即是形成人与人之间的法律联系。在法学上,将法律在调整人们行为过程中所形成的权利义务关系,称之为法律关系。

作为社会关系的一种,法律关系既具有一般社会关系的共性,但也有着自己所特有的个性。从共性的角度说,法律关系同样也是一种人与人之间的关系,并且,法律关系的原型也就是人们自然形成或能够形成的法律上的联系。前者如父母与子女的关系,依附于家庭关系而得以存在;后者如合同关系,是把经验中人们的交易关系法定化。当然,法律关系之所以冠以"法律"之名,又有着自己所特有的性质,其生存、变化均有赖于相关法律的规定。

(二)法律关系的特征

1. 法律关系是一种思想意志关系。从哲学上而言,人们之间的关系可以分为两类,①物质关系,泛指与一定生产力发展相适应的生产关系,体现为人与人之间在社会生产过程的一种联系;②思想意志关系,即通过人的思想意志和思想意识所形成的人与人之间的关系。法律关系之所以属于思想意志关系,主要是因为作为法律关系前提的法律体现了人的意志,同时在法律关系缔结的过程中,又必须由主体的意志参与其中。

2. 法律关系是受法律约束的社会关系。既然是一种法律关系,那么,明显地可以看出,对于法律关系而言,其前提即在于法律的存在。没有相应的法律作为依据,社会关系就难以形成为法律关系;同样,有关法律关系的主体、客体、内容以及法律关系的产生、变更和消灭,也都是以法律的规定为基准的。从这个意义上说,法律制约着法律关系的形成与相应内容。

3. 法律关系是主体之间的一种权利与义务关系。权利与义务构成了法律关系的内容,也是法律关系存在的价值与意义。任何法律关系,都是通过确定双方不同的权利与义务而形成的,以解决在相关的社会关系中,人们可以行为的范围以及必须承担的责任。自然,其他社会关系也同样存在权利与义务关系,如一般意义上的友谊关系、家庭关系等,但是,法律关系与之不同的,则是通过国家强制力来保证法律关系的实现。当人们不按照法律规定的内容行使权利和履行义务时,就必须由国家强制力来予以干预。必须注意的是,国家、国家机关也是法律关系中常见的主体,因而这一特征也同时包含国家权力与个人权利之间的法律关系。

(三)法律关系的要素

1. 法律关系的主体,即法律关系的参加者。既然名之为"关系",明显地主体必须是两个或两个以上。同时,对于法律关系主体而言,还必须具有相应的法律能力,否则,即丧失了作为法律关系主体的资格。

2. 法律关系的内容,即法律上的权利与义务关系。必须注意的是,一般意义上的法律权利与义务既具有公共性,即表现为社会上的其他人必须尊重该权利与义务的规定,但同时也具有个人性(私人性),许多权利的授予本身并不是为创设法律关系而设定的,如隐私权、住宅权的规定等。作为法律关系内容的权利与义务关系,是一种必须在实际上运作的权利与义务,它表明只有通过权利的行使或者义务的履行,双方或多方的法律上的关系才可能实现。

3. 法律关系的客体,即主体之间权利与义务所共同指向的对象。法律关系是一种目的性关系,当事人之间之所以缔结法律关系,本身就是要实现一定的法律目的,而作为目的的归宿,又是以某种外在的对象为基础的。因此,没有法律关系的客体,权利和义务就失去了具体对象,而变成一种毫无实际内容的社会关系。

(四)法律关系的种类

1. 从法律关系的内容而言,可以分为权利关系、权力关系与权利—权力关系。权利关系是指发生于平等主体之间,通过法律规定而确认其各自的权利、义务所形成的法律关系,例如婚姻关系、合同关系等;权力关系则是指国家权力之间所发生的权力分工与制约关系,例如立法监督关系、司法审查关系;权利—权力关系则是发生于公民、法人或者其他组织与国家之间的法律关系,例如行政许可关系、诉讼法律关系等。必须注意的是,这类关系与我们所要言及的隶属型法律关系并不等同,虽然像行政许可等,也包括一定的管理者与被管理者在内,然而,并非所有的权利—权力关系都是隶属型法律关系,例如诉讼法律关系,就是国家权力与个人权利之间通过互动而得以形成及发展的。

2. 从法律关系主体的地位而言，可以分为平权型法律关系与隶属型法律关系。前者是主体平等的行为人之间所形成的法律关系，例如债权债务关系；后者则是指有着隶属关系的主体之间所形成的法律关系。例如行政中的上下级关系、父母和子女的关系、学校与学生的关系等。必须注意的是，随着人权意识的日益发达，隶属性法律关系并不像以往那样可以免于法律的介入。例如特别权力关系理论的衰微，证成了上、下级法律关系仍然可以通过司法救济来给予干预；父母对子女的管教以及学校对学生的管理，也都必须在法律的范围内进行。

3. 从法律关系的作用与地位的不同，可以分为第一性法律关系（也称为主法律关系、原生法律关系）和第二性法律关系（也称从法律关系、派生法律关系）。前者是一种不依赖其他法律关系即可独立存在的法律关系类型，例如行政处罚法律关系；后者则是一种必须以第一性法律关系为基础才能够得以形成的法律关系。例如行政处罚中的违法者拒不执行行政机关所作的处罚决定，行政处罚机关就可以采取行政强制执行措施。在这时，行政强制执行法律关系就是第二性法律关系，因为没有行政处罚法律关系的存在，就不会出现这类法律关系。

4. 从法律关系的主体能否自由表达其意志而言，可以分为先在的法律关系与选择的法律关系。前者是一种不依据主体自由意志的表达，或者根本无从表达其意志所形成的法律关系，例如公民与国家的关系、子女与父母的关系，对于处于这一关系中的"公民"或"子女"而言，这种法律关系是既定的而不是由其能加以选择的；后者则是通过主体意志的平等表达所形成的法律关系，例如经平等协商，通过意思表示而形成的合同法律关系。

二、法律关系的主体

法律关系的主体，即法律关系的参加者，也就是在法律关系中享有权利和承担义务的人。任何法律关系都是将发生于人与人之间的社会关系法律化，因而，没有主体的存在，根本就不可能形成法律关系。

法律关系主体的种类，大致可以确定为如下几类：

1. 自然人，即基于自然规律而出生并生存的人。[1] 这是法律关系中最为常见的主体，这有许多法律关系，如婚姻法律关系、人身权法律关系等。应当注意的是：①自然人作为法律关系主体，是以其法律上的人格为前提的。所谓人格，从法律上而言，即指一种主体资格，也就是自主拥有法律关系的人的能力。对自然人而言，这种资格源于人类尊严和对人的尊重，而不单是一种组织技术。[2] 在古罗马，奴隶不被承认拥有人格，因而就只能作为法律关系的客体；而在现代社会，普遍的人格承认是社会的基本趋势。《经济、社会和文化权利国际公约》第16条即明确规定："人人在任何地方有权被

---

〔1〕 尹田主编：《民法教程》，法律出版社1997年版，第23页。

〔2〕 ［葡］Carlos Alberto Da Mota Pinto：《民法总论》，林炳辉等译，澳门法律翻译办公室、澳门大学法学院1999年版，第104页。

承认在法律前的人格”。[1] ②自然人与公民的概念并不等同。自然人是从人的自然性来加以定位的,而公民则可以说是一个政治、法律概念。作为公民,它首先是与国家发生关系,因为只有拥有某一国家国籍的人才能够被称为该国的公民,从这个意义上,公民这一概念表明了个人对于国家的依附性。真正民主、开放的法律制度,不能仅对公民授予权利,而是应当对作为自然人的个人授予权利。因而,不仅本国公民可以作为法律关系的主体,外国人、无国籍人也同样可以作为法律关系的主体;③自然人作为法律关系主体的前提,还在于它拥有权利能力和行为能力,这一问题在本章第1节已经作了阐述。

2. 拟制人,也称为团体人,是指在法律上被认为具有法律人格、能享受权利、承担义务的、除自然人以外的任何实体。[2] 在我国现行法律中,这种“人”多以“法人或者其他组织”称之。

法人是指具有民事权利能力和民事行为能力,依法独立享有民事权利和承担民事义务的组织。根据我国《民法通则》第37条的规定,法人必须具备的条件包括:依法成立;有必要的财产和经费;有自己的名称、组织机构和场所;能够独立承担民事责任。从具体形态上而言,法人又可以分为企业法人、机关法人、事业法人和社会团体法人四类。其他组织则是指不具备法人资格但又从事一定活动的组织。例如依法登记领取营业执照的私营独资企业、合伙组织、合伙联营企业等。

3. 国家。从广义上说,国家也可属于法人的一种类型,但由于国家作为法律关系主体具有特殊性,因而本书将其单列。一般而言,在法律关系的场合,国家在以下情况下可以成为法律关系的主体:①对外关系的唯一主体;②国有财产的唯一所有者;③民事法律关系的主体,例如发行公债和履行债务的行为;④国家赔偿责任的义务主体。国家必须对其所属的国家机关及其工作人员在行政、司法活动中违法侵犯并损害公民、法人或者其他组织合法权益的行为承担赔偿责任。

三、法律关系的客体

法律关系的客体,也即法律关系主体权利和义务所共同指向的对象。人们缔结法律关系的目的,总在于追求对自身有利的某种结果,而这种结果往往也通过“客体”这一对象体现出来。自然,并非所有的事物都可以成为法律关系的客体,学者认为,能够作为法律关系客体的事物,必须具有三个基本条件:①它必须是一种资源,能够满足人们的某种需要,即具有价值性;②它必须具有一定的稀缺性,因而不能被需要它的人毫无代价地占有或者利用;③它必须具有可控制性,即能够为人力所控制并加以利用。[3] 当然,能够作为法律客体的对象还必须具有法定性,也就是说,它是法律允许可以作为法律关系客体对象的。在法律上,禁止流通物或者限制流通物,一般而言就不

---

〔1〕 转引自刘海年主编:《〈经济、社会和文化权利国际公约〉研究》,中国法制出版社2000年版,第317页。

〔2〕 周永坤:《法理学——全球视野》,法律出版社2000年版,第129页。

〔3〕 张文显主编:《法理学》,法律出版社1997年版,第167页。

能成为法律关系的客体。

有关法律客体的种类，大致而言有四种主要形式：

1. 物。物是存在于人身之外，能满足权利主体的利益需要、并能为权利主体所支配和利用的物质实体。[1] 在民事法律关系中，物是最典型的法律关系客体。诸如房屋、车辆、家用电器等，均可以成为法律关系的客体。

2. 智力成果，也称为知识产品，是指通过人们的智力活动所创造的精神财富。它包括文学、艺术和科学作品、发明、发现、专利、商标等。在现代高科技日益发展的情况下，智力成果在法律关系客体中的比重日益增加，加强对智力成果的保护也成为国家和社会刻不容缓的任务。

3. 行为，是指法律关系主体所共同指向的作为或不作为。有的学者认为行为不是法律关系的客体，而只有“行为结果”才能够作为法律关系主体间权利与义务的对象。[2] 这实际上是混淆了作为客体的行为与作为法律关系手段的行为的区别。任何法律关系的实现，自然要借助相应的行为才能完成，例如履行买卖合同的行为就是如此，但这种行为并非法律关系的客体，而只是使得法律关系得以成立的外部手段。实际上，“人们的行为在法律关系的客体中占有特殊的地位。它们可以成为与其他客体无关的‘独立客体’。”[3] 例如承运法律关系、雇佣法律关系等，其客体就是以行为的样态出现的。诉讼法律关系中的证人作证，也可以视为是以作证行为作为法律关系的客体。

4. 非物质利益。这是指除财产之外的、以利益形式出现的法律关系客体。周永坤先生将之分为三个层次：①全人类的总体利益，包括人类的和平、进步与发展；②国家层面上的利益，如国家的主权、独立、安全等；③个体的非财富利益，例如个人的言论自由、通讯秘密、隐私、精神利益等。[4]

四、法律关系的过程

法律关系的过程，也即法律关系生存、发展乃至消灭的生命流程。具体而言，这又包括三种情况：①法律关系的形成，它指的是从一个临界点开始，在主体之间形成了法律上的权利与义务关系，例如男女从领取到结婚证的一刹那开始，即形成法律上的夫妻关系；②法律关系的变更，是指法律关系的主体、客体或者内容发生了变化，例如合同转让，就是主体上发生的变更；③法律关系的消灭，即主体之间权利、义务关系终止。例如合同因履行完毕，双方的权利、义务关系即不再存在。

然而，法律关系的形成、变更和消灭只是一种结果上的描述，是什么使得这种生命流程得以进行呢？具体而言，这包括两个要件：第一个要件是法律规范的存在，也就是

---

[1] 马俊驹、余延满：《民法原论》（上），法律出版社 1998 年版，第 89 页。

[2] 葛洪义主编：《法理学》，中国政法大学出版社 1999 年版，第 423 页。

[3] [俄]B. B. 拉扎列夫主编：《法与国家的一般理论》，王哲等译，法律出版社 1999 年版，第 176、177 页。

[4] 周永坤：《法理学——全球视野》，法律出版社 2000 年版，第 135 页。

说,法律规范确定了法律关系形成、变更和消灭的主要标准,由此加以衡量法律关系是否形成、是否需要变更以及何时消灭。例如继承关系的形成,是法律上确定被继承人死亡,即由此起点开始,继承关系产生。第二个要件则是法律事实的存在。在法学上,将凡能够引起法律关系形成、变更和消灭的情况和现象,称之为法律事实。

法律事实又可分为法律事件与法律行为两类。前者是指不以人的意志为转移而发生的客观情况,由于该种情况的出现,便引起法律关系的产生、变更和消灭。例如人的死亡,既可导致夫妻关系、父母子女关系的终止(法律关系的消灭),也可能导致法律关系的形成(继承关系);后者则是指能够产生一定法律后果的人们自觉的有意识的活动。例如合同的签订、婚姻的缔结,都必须通过主体自觉的、有意识的行为才能实现。两者的区别在于:法律事件是一种纯客观现象,是人力所无法控制的;法律行为则是一种主观现象,是具有自由意志的人所进行的自觉行为。

此外还必须注意的是,导致法律关系形成、变更和消灭的法律事实,往往是多个具体的法律事实的组合,这既包括法律事件、法律行为的各自组合,也包括法律事件与法律行为的并列存在。就后一种情况而言,遗嘱继承法律关系就是一个典型的例子。遗嘱继承法律关系能够得以形成,①必须是被继承人的死亡(法律事件);②是被继承人留有合法有效的遗嘱(法律行为);③是继承人接受继承(法律行为)。由此可见,只有上述各个具体的法律事实都存在的情况下,才会有真正意义上的遗嘱继承关系的形成。

第四节　法律争议

一、法律争议的内涵及特征

法律关系的成立,在法律实践的层面上相对固定地形成了人与人之间正常、合理的社会关系,是社会秩序稳定的基础。然而,不仅因为法律关系本身是个动态的法学范畴,往往因主体的参与或者退出、行为的常态与变量等因素的影响,使得法律关系处于不断的流变之中;同时,法律关系主体也往往因内容的不明确(例如合同纠纷)或者利益的相互冲突(如继承纠纷)而发生矛盾,由此形成法律争议。简单地说,所谓法律争议,即法律关系主体之间所发生的有关法律上权利、义务的争执。由此导致社会和国家权力的介入,维系、修正或者终止法律关系。如果将法律关系作为社会关系的第一次的法律化的话,那么,对法律争议的解决则是社会关系的第二次法律化。

由这一概念可以看出,作为法学概念的法律争议具有如下特征:

1. 法律争议是法律上权利与义务的争执。法律关系是以权利和义务作为其基本内容的,然而,权利与义务是由人们来感知并据以行为的,人们的立场不同、理解不同,也就会带来对权利义务的不同理解。所谓权利义务的争执,主要是权利被侵犯或者义务不被履行。例如目前常见的拆迁纠纷就是如此,政府一方强调的是公共利益,而个人一方则强调的是个人权利,在法律中并未对公共利益何时优于个人权利进行规定的情况下,这种纠纷自然就在所难免。同时,权利、义务关系的安排不尽合理,也常常是引发争议的主要原因。例如行政许可制度下,不同的人所提交的许可申请,往往就会有不同的结果,这自然也会引起人们对平等权的疑问。此外,义务人不按法律规定或者约定履行义务,使一方的权利遭受损害,这也会导致法律争议的产生。

2. 法律争议是发生于法律关系存续过程中的争执。法律争议概念本身,就是预设着双方是在法律关系的范围内所发生的争执。这是法律争议区别于其他类型的法律纠纷所不同的地方。例如杀人、抢劫等侵犯人身、财产的犯罪,就不是我们所说的法律争议,因为在这样一类行为中,加害人的行为并不仅是对受害人的侵犯,更主要的是对社会公正与社会秩序的挑战。这一特征所具有的另外一层意思就是,只有在法律关系存续期间所发生的主体间权利义务的争执,才属于法律争议的范围。例如诉讼法规定,当事人在诉讼过程中法律地位平等,由此对于法院、原告、被告所形成的三方诉讼法律关系中,法院的任务就是保证在诉讼过程中必须平等地对待当事人双方,不得对其中一方有所偏袒而加诸另一方以限制、歧视。至于在诉讼场合之外,两造的地位是否平等,就非法院所能左右。必须注意的是,这种法律关系的延续既可以是法律有明确的时间、空间和范围要求的,例如国家赔偿法律关系的形成,除了有国家机关及其工作人员违法造成公民、法人或者其他组织的损害之外,当事人还必须在两年之内提出赔偿请求,否则国家赔偿关系不再存在;也可以是派生性的,例如生产、销售厂商与消费者之间,就可能因为购买产品而导致新的法律关系的出现。

3. 法律争议是社会和国家必须予以解决的法律争执。在法律关系主体的利益、意志相互抵牾并因而影响社会秩序的稳定时,立法者就必须设定法律上解决纠纷的方式,以避免通过自身力量来实施报复的"私力救济"而导致社会的失衡。作为社会冲突的一种形式,法律争议如果不纳入公正的、程序的解决轨道,必然酝酿出更大的冲突。所以,"社会冲突的出现所表明的不是社会整合机能的健全,而恰恰是整合机能的病态。也正因为如此,消除冲突,减少避免冲突总是构成特定社会制度下社会控制的基本任务"。[1] 当然也必须注意的是,法律争议或者法律冲突虽然表明了社会的一种不正常运作,但是也不能完全抹煞这种争议的价值。特别是在个人与国家的关系上,通过个人对国家行为的抗议,这不仅是个人权利的一种宣示,同时也是促成社会良性发展的重要途径。法治社会所要求的是具有权利意识和自我保护意识的社会主体,而非盲目服从国家权力的"顺民"。德国著名思想家弗洛姆指出,对某个人、某种制度或权力的顺从实际上是屈从,它意味着放弃自己的自主以接受外界的意志或判断来取代自己的意志或判断,因此他认为,"通过学会对权力说'不'的不从行为,人才能成为自由

〔1〕 顾培东:《社会冲突与诉讼机制》,四川人民出版社 1991 年版,第 18 页。

的人。"[1]从这个意义上说,公民敢于对国家的行为表示怀疑,并通过有关法律程序表示自己的抗议,这不但是权利意识增进的结果,同时又推动着权利意识的发展。当然,尽可能地在法律的轨道上消弭冲突,仍然是社会和国家的重要议题。

二、法律争议产生的原因

(一)主体因素

法律争议的产生,与法律关系主体本身是密切相关的。一方面,虽然法律关系的确定化是形成良好的社会秩序的基础,然而,从人本身而言,他却不是甘于受秩序约束的动物。"人性不是一架机器,不能按照一个模型铸造出来,又开动它毫厘不爽地去做替它规定好了的工作;它毋宁像一棵树,需要生长并且从各方面发展起来,需要按照那使它成为活东西的内在力量的趋向生长发展起来。"因此密尔认为,欲望和冲动确是一个完善人类的构成部分,与信赖和约束居于同等地位。[2] 当整齐划一的规则将人性磨平之日,也就是社会丧失活力之时。另一方面,虽然人们也是需要规则来保障自己行为的安全,并协调好与他人的关系,然而,"却仍存在着这样一种可能性,即规则的内容与运作仍是苛刻的、非理性的和毫无人道的。"[3]特别是在极权社会中,虽然也有了完善的法律体系与法律规则,然而,这种规则的存在本身就是以维护极权统治为依归的。法律不再是人民自由的保障,而是限制人民自由的工具;法律也不再负荷着正义与良心,而是充斥着不公与邪恶,在这样一种规则下所形成的法律关系,无论其是否有着历史传统的背景以社会意识的支撑,同样可以判定是不公正、不合理的法律关系。例如我们常把政府比作父母、视为恩人,按照这种观念,政府通过法律所确定的管理措施,无论怎样都是为了我们的好而设置的,这在追求民主与法治的社会主义社会而言,显然背离了国家权力来源于人民的基本理论。从这个意义上说,人们对于既定的法律关系的反抗,就属于情理之中的事情。此外,即使是一种符合良性法律观念下所建构的法律关系,也未必就能使双方当事人完全信服。正如我们在本章第1节中所言,法律能力的主要要素体现为认知、判断与选择能力,这其中,最为关键的就是行为人对法律关系的主观判断。法律人士认为是公平合理的合同,合同一方则未必作如是观;法院认为根本无法胜诉的起诉,当事人也同样可以诉诸法律。正是从这个意义上而言,即使消除规则不合理这样一些外部因素,法律争议仍然可在行为人的主观判断下得以形成。

(二)利益因素

权利、义务是法律的基本内容,然而无论权利还是义务,都内含着利益的观念在

---

[1] [德]埃利希·弗洛姆:《人的呼唤——弗洛姆人道主义文集》,王泽应等译,上海三联书店1991年版,第8页。

[2] [英]约翰·密尔:《论自由》,程崇华译,商务印书馆1959年版,第63页。

[3] [美]E.博登海默:《法理学:法律哲学与法律方法》,邓正来译,中国政法大学出版社1999年版,第229页。

内。人们之所以选择行使权利，是因为该种权利能够为其带来财产上或精神上的利益；同样，人们之所以要依法履行义务，是因为不履行的行为就会带来法律上的不利益。所以，法律关系就其本质而言，仍然在于通过这样一种制度型的关系建构，为人们实现自己的利益提供良好的契机。然而必须注意的是，利益之所以值得人们去追求，本身就因为它是一种稀缺性的资源，这就意味着，"选择性"的法律关系（与"先在性"的法律关系相对应）虽然是以"双赢"作为基本的价值定位，然而，在大多数情况下，这种"双赢"并不一定能够实现。例如合同中的"信息不完全"，或者一方拥有比他方多得多的信息量，就很难保证这种合同会真正实现双方的利益期待，这样，当一方认为自己在合同中吃亏上当时，法律争议自然就难以避免。总之，社会上总有一部分人的利益得不到满足，否则像空气、阳光那样，利益就不会成为一种可欲的价值。同时，利益的主要特征又在于"相互性"，一个利益的实现总是要有赖于他方的配合，这就使得利益冲突的存在成为一种必然。所谓利益冲突，是指"当存在两种利益时，一种利益的满足必须排除另一利益的满足。"[1]当我试图在车道上纵横驰骋一试"飙车"的乐趣时，我就可能与行人行路安全的利益相抵触；当我议论他人是非以逞"口舌之利"时，我就可能涉入了他人隐私或名誉的范围……。与上述所言的主体因素相结合也可以看出，虽然利益源于社会的需求，但利益本身又涉及当事人主观的价值追求，并且个人的判断往往难以同社会观念相合拍。例如当事人将财产的利益置于人身利益之上，但不同的当事人可能又会有不同的选择。同时，对利益的追求又涉及"人性"的定位。按照经济学的观点，每个在市场交易中的主体都是经济人，具有寻求自身利益最大化的潜在动力，因而在法律活动的场合，必然会导致自身利益与他人利益、社会利益之间发生冲突的情形。我们自然可以设想，包括法律在内的社会规则为人们提供了"定分止争"的制度机制，能够使人们安于所得而不生非分之想，然而，由于社会资源本身总是处于稀缺状态，利益间的冲突自然也就不可避免。

（三）法律因素

法律规范是法律关系形成的前提，从这个意义上说，除了法律允许行为人之间自行约定的内容以外，可以推定，所有法律关系中所涉及的权利、义务问题，均应当以法律的规定为准。那么，这对法律而言承载了怎样的"责任"呢？①法律的规定必须是符合现实情况的，也就是说，法律上所作的界定能够将实际社会关系中的主要内容甚至细节问题均纳入法律的规定之中；②法律的规定必须是公平合理的，它不能像现今的某些法律那样，对某些主体以优待而对另外一些主体予歧视（例如国有企业与个体企业）；③法律的规定必须是明晰的，能够清楚地表达其含义。除了第二个条件属于"良法"的标准在上文已经叙及外，第一、第三两个条件，法律是否能够真正地加以实现呢？

---

[1] [美]肯尼斯·基普尼斯：《职责与公义——美国的司法制度与律师职业道德》，徐文俊译，东南大学出版社2000年版，第67页。

证诸立法理论与立法实践,可以断言,要满足这两个条件,实际上永无可能。

法律虽然必须来源于社会事实,从而体现其客观性;然而,法律所反映的社会事实又只能是一种近似的社会事实,也就是说,任何一个法条都不足以涵盖社会生活中林林总总的各种情况。立法者在立法时,至多也只能就最为典型的事件进行尽可能精确的描述,按照学者的话来说,是用一种"类型"思维的方法来确定法条的内容:"当立法者透过一个人工的过程,欲形成抽象的法律规范时,浮现在他脑海中的并不是过度空洞的法律理念,也不是过度繁复的生活事实,而是一个类型的图像,或者确切点说,是一个'典型案例'的图像"。[1] 举例来说,当立法者试图对"抢劫罪"进行定位时,其最先想到的必然是他亲眼所见或电视画面中常看到的那种"打家劫舍"的"强盗"形象,并由此为基点,来规定抢劫罪的主要特征及其量刑轻重。这种"类型"思维固然解决了"以点带面"、"举一反三"的问题,然而不可避免的,许多与这一类型有所背离的行为,就无法纳入法条的规定之中。

"不确定法律概念"的存在则使得法律的明晰性也大打折扣。根据我国台湾学者的看法,所谓不确定法律概念,系指某些法律概念(用语),其必须借助个案中之具体事实适用其上时,才能具体化其内涵,在此之前,该法律概念皆无法确定。[2] 例如我们通常所言的公序良俗、诚实信用、滥用职权、显失公正等。有人设想,可以通过在法律中疏释概念的意义来获得法律的明晰性,然而,"即使是一部法典,也不可能而且也不会对所有的概念都作出阐释;它在很大程度上需要借助于法学家们所提出的观点。"[3] 特别是社会生活的纷纭复杂,有时也使立法者不得不借助于某些模糊概念来进行法律规定,将解释的任务赋予司法者,以根据实际情况来进行不同的概念内容的定位。正是从这个意义上,学者们认为:"立法者必须采用不确定的法律概念来制定法规,是实证法主义国家永远无法避免之趋势。"[4]

从上述情形可以看出,作为法律关系依据的法律规范本身就具有不明确性,因而由此而导致的法律争议自然也就难以避免。人们都可以根据自己对法律的理解来主张权利,而同一个条文所可能产生的歧义就成为法律争议的法律因素。当然,导致法律争议产生的因素可能还有很多,然而,上述三个方面足以反映出法律争议作为法律关系存在的伴生物所具有的不可避免性,因而,设定解决争议的方式与途径,是恢复社会常态、保证社会和平的重要内容。

三、法律争议的解决方式

法律争议的存在虽然有其不可避免性,法律争议本身也自有其存在的价值,然而,

---

〔1〕 吴从周:"论法学上之'类型'思维",载杨日然教授纪念论文集编辑委员会编辑:《法理学论丛——纪念杨日然教授》,月旦出版社股份有限公司 1997 年版,第 331 页。

〔2〕 李震山:《行政法导论》,台湾三民书局 1998 年版,第 67 页。

〔3〕 [德]罗伯特·霍恩等:《德国民商法导论》,楚建译,中国大百科全书出版社 1996 年版,第 76 页。

〔4〕 翁岳生:《行政法与现代法治国家》,自印本,1976 年版,第 63 页。

法律争议所导致的冲突则可能危及社会秩序的和平与稳定，因而，如何通过建立一定的社会机制来化解法律争议，是各个国家所首要注重的任务。那么，通过什么途径来解决纠纷呢？美国法学家埃尔曼言道："解决法律争议的两种主要方式举世皆知。一是冲突的当事人通过协商自己来确定后果，这并不排除作为调解人的第三人可能在协商中协助他们。二是将冲突交付裁决，这意味着一位理想的不偏不倚的第三人来决定争论者的哪方要求优胜。"[1]具体而言，又大致可以分为几种主要类型：

1. 自决与和解。"自决的本质是冲突主体一方或多方凭借于一定的暴力或非暴力手段，使自己的某种权益得到实现或补偿，并使相对方得到一定的制裁和惩罚。"[2]例如原始社会盛行的"同态复仇"、欧洲大陆曾时兴的"决斗"等，就是其中的典型形式。然而，在现代社会，一般来说只有在特定场合下，才允许采用这种手段，例如"正当防卫"就属于这其中为数不多的例证之一。与"自决"多与暴力相伴不同，"和解"则是一种当事人双方理性协商的过程。"和解"简单地说，是指当事人就彼此之间争议的问题通过互谅互让达成使争议得到解决的协议。"和解"虽然可以分为诉讼外的和解和诉讼中的和解两类，[3]但其本质都是当事人所进行的理性选择。相对而言，"和解是社会冲突振荡最小的解决方式。在此意义上说，和解应当得到社会的充分肯定和倡导"。[4]

2. 调解和仲裁。调解是指在第三方的主持下，在查清事实、分清责任的基础上，当事人就争议的权利和义务关系通过互相协商而达成协议，最终达到解决争议的目的。这里所指的"第三方"，既可以是社会组织甚至个人，也可以是国家机关或者司法机构。当然，无论是何种形式的"第三方"，都是以中立者的形式出现的，否则，调解的结果就不可能为当事人所接受。现代社会的仲裁，则是根据当事人的合意，把基于一定的法律关系而发生或将来可能发生的纠纷的处理，委托给法院以外的第三方进行裁决的纠纷解决方法或制度。[5] 埃尔曼就调解、仲裁中的"第三方"与诉讼中的"法官"进行了有意义的比较，他认为，①在法官那里，任务是"整理过去的事件和挑出可适用的规范，从而决定哪种权利被取得或受到侵犯"，而调解员或仲裁员将在成败的关头鉴别当事人的利益，并使他们知道这种利益。这能使调解员或仲裁员为当事人估价延长冲突的代价，并将这种代价与发现一种解决办法的可能性相比较，即那种对当事人或社会的将来都可能是安全的解决办法。"把利益而不是规范置于重要的地位将不断促进和解"；②法官的独立性是通过与当事人双方保持同等距离和摆脱他们周围的影响来保

---

〔1〕［美］埃尔曼：《比较法律文化》，贺卫方、高鸿钧译，三联书店 1990 年版，第 155 页。

〔2〕顾培东：《社会冲突与诉讼机制》，四川人民出版社 1991 年版，第 37 页。

〔3〕汤维建、单国军：《香港民事诉讼法》，河南人民出版社 1997 年版，第 29 页。该书比较了诉讼外与诉讼内和解的异同，参见同书 29～31 页。

〔4〕顾培东：《社会冲突与诉讼机制》，四川人民出版社 1991 年版，第 40 页。

〔5〕范愉：《非诉讼纠纷解决机制研究》，中国人民大学出版社 2000 年版，第 192 页。

障的，"而熟悉冲突中出现的问题和当事人本身并不必定构成成功调解的障碍。"[1]甚至在某些情况下，熟悉双方当事人还是调解得以成功的要件，例如民间调解就是如此。

3. 行政救济。这主要发生于行政管理领域，在行政相对人对行政机关所作的行政行为不服的情况下，由作出该行政行为的上级机关对该行政行为进行审查，[2]并作出裁决的制度。相对于行政诉讼而言，这种行政救济的意义在于：①可以较为简便地解决争议，符合程序经济、效率原则；②通过专业型的上级行政机关来处理争议，有利于保证争议的正确解决；③在行政救济过程中，上级机关可据以检查下级机关依法行政的情况，有利于加强行政监督。然而，行政救济也存在着自身难以弥补的缺陷，这主要是因为，行政主体以裁判者的身份来解决行政主体与行政相对人所发生的争议，是一种"自己作自己案件法官"的解纷方式。即使假定上级行政机关可以跳出部门保护主义的圈子，但这同样无法为申请行政救济的行政相对人提供保障自己合法权益的信心。正是因为行政救济方式的缺陷，国家才有必要在行政救济之外另辟蹊径，以更好地保护行政相对人的合法权益。这就是行政诉讼制度存在的客观基础。

4. 诉讼。在现代社会中，诉讼是最为常见的法律争议解决方式，也是法院存在的标志之一。正如学者所言，"争议的解决是司法体系的首要职能。法院是由政府提供的一个论坛，争议的各方当事人通过它可以提出主张和证据。"[3]相对于其他解决争议的方式而言，诉讼是最为有效的方式，之所以如此，原因在于：

(1) 相对程式化的诉讼仪式与稳定的诉讼程序规则，有利于确立司法威信以及增加人们对司法机关的依赖，从而导致民众对法律的认同感与归属感。诉讼程序的运作使法律案件能在可预知的模式下进行审理、裁判，从而有利于提高人们对法律的预测性程度。同时，程序平等原则、程序公正原则等方面的要求，也使得法律在一种近乎刻板的情形下实现社会公正与社会正义。例如，平等地给予当事人辩论的机会，在诉讼中实行回避制度等，都有利于使民众树立对法律的信心。不仅如此，常为人们所忽略的诉讼形式，实际上也在潜移默化中影响着人们对法律的观念，这就是最高法院的全部仪礼程式："法庭的端庄严肃；大法官的黑色长袍；法庭的口头辩论和判决的程序仪式；判决会议时的保密及与外界隔离；正式意见中的援引宪法条文、先例和宪法保卫者，都和别的官场形式不同。"[4]

(2) 对抗制下所形成的诉讼"三角关系"，保证了案件能在中立的裁决者主持之下得以有效的解决："无论在何种文化中，当两个人发生冲突而不能解决时，最寻常的途径是请求第三者协助以达成之。这种'三角关系'的简单社会发明超越时间和空间，非

---

[1] [美]埃尔曼：《比较法律文化》，贺卫方、高鸿钧译，三联书店1990年版，第232、233页。

[2] 当然，在我国现行的行政法律制度中，也包括由作出行政行为的原机关来进行的行政救济（如复议），但这种类型的救济严格来说不符合行政救济制度的基本原理。

[3] [美]彼得·G. 伦斯特洛姆：《美国法律辞典》，贺卫方等译，中国政法大学出版社1998年版，第14页。

[4] [美]詹姆斯·M. 伯恩斯等：《民治政府》，陆震纶等译，中国社会科学出版社1996年版，第705页。

常普遍化,我们发现几乎没有一个社会不使用它的。由于这个原理全然诉诸普通常识,因此,无论任何社会都会产生法院的基本政治合法性。简言之,解决冲突为目的之'三角关系'是法院的基本社会原理;此原理是如此的显而易见,以至于法院变成一种普遍的政治现象。"[1]自然,要使"三角关系"不至于演变成为"二比一"的关系(即法院偏袒当事人一方),就必须严格实现诉讼公正,保障诉讼当事人平等的法律地位;

(3)司法判决的有效性以国家强制力为保障,接受裁判结果是诉讼主体唯一的正确选择。相对于其他所有解决法律争议的方式而言,诉讼是最后的一种手段,正是在这个意义上,人们将"司法最终裁决"视为法治的基本原则之一。虽然"诉讼程序鼓励通过协商解决冲突;但在不可能做到时,法院有能力裁决那些纠纷并作出权威性判决"。[2] 判决的既判力有利于从司法上最终解决由于法律关系所引起的法律争议。当然,裁判的作出并不意味着纠纷在社会上就已消失于无形之中,纠纷是否真正得以解决,还取决于当事人双方的认知,但它毕竟在一个阶段上,为纠纷的解决划上了一个休止符。相对于其他解决纠纷的类型而言,由于司法判决是以国家的强制力为后盾,同时又是以法院、法官的权威作为基础的,因而更为有效。

复习思考题

1. 为什么需要重构"法律能力"之概念?
2. 试述法律行为的主客观要素及两者之间的关联。
3. 怎样理解法律关系是一种思想意志关系?
4. 在当今科技发展的条件下,法律关系的客体有何发展变化?
5. 试述诉讼在解决法律争议中的特殊意义。

---

〔1〕 [美]格林斯坦、波尔斯比主编:《政府制度与程序》(《政治科学大全》第5卷),幼狮文化事业公司编译,1983年版,第434页。

〔2〕 [美]彼得·G.伦斯特洛姆:《美国法律辞典》,贺卫方等译,中国政法大学出版社1998年版,第14页。

第十章 法律发展

✣学习目的与要求

本章是有关法律发展的整体性描述，重点分析了①法律起源问题，论述了法律与习惯的关联，提炼了法律形成的基本标志，并进而阐述了法律形成的一般规律；②法律历史问题，从所有制形态入手，阐述了不同历史发展阶段法律的主要内容与其特征，着重比较了资本主义法与社会主义法的不同特性；③法治国家问题，阐述了法治的基本概念，明确了法治国家的基本标志，并就社会主义制度与法治国家的关系进行了分析。通过本章学习，有利于形成法律学习与研究的历史整体感，并对于法治国家作为人类法律发展的最高阶段有着明确的认识。

第一节 法律起源

一、法律起源于习惯

法律起源即法律的起始和发源，也就是追问法律是从什么时间开始产生的。在这里有两种主要观念：①强调法律与社会的关系，认为自有社会以来，即存在着确定人们权利和义务关系的法律规范，而无论是否将之称为“法律”；②强调法律与国家的关系，认为只有在国家正式形成之后，才会有真正意义上的法律出现。本书不介入这种争论，而是从“发生学”的角度，为法律寻找到一个合适的起点。[1]

一般而言，在初民社会，并无现代意义上的法律存在，然而这并不意味着这样一个时代，社会就处于极端的无序状态。可以说，只要是有人群存在的地方，就必然要建立一种规则，以免人类在相互侵犯中而濒临毁灭。在原始社会，主要是通过习惯性规范来调整人与人之间的关系。这种习惯规范，多表现为道德规范（代表人们的伦理观念及其行为）、宗教规范（主要是对祖先的崇拜及神的崇拜）以及行为习惯（即调整相互间关系的经验准则）。特别是行为规范，本身是在道德规范、宗教规范的支配之下，成为一种相对定型的行为规则，直接调控着初期人类社会的社会关系。由此，根据法人类

---

〔1〕 理论界有关法律起源的论争，请读者参见周永坤：《法理学——全球视野》，法律出版社2000年版，第472页以下。

学的研究结果,可以断定,维系社会的准则,在原始社会主要是习惯。

然而,正是这些习惯构成了日后所称为"法律"的萌芽。恩格斯在此有个经典的论述,他言道:"在社会发展某个很早的阶段,产生了这样一种需要:把每天重复着的产品生产、分配和交换用一个共同规则约束起来,借以使个人服从生活和交换的共同条件。这个规则首先表现为习惯,不久便成了法律。随着法律的产生,就必然产生出以维护法律为职责的机关——公共权力,即国家。随着社会的进一步的发展,法律进一步发展为或多或少广泛的立法。这种立法越复杂,它的表现方式也就越远离社会日常经济生活条件所借以表现的方式。"[1] 按照恩格斯的论述,可以看出:①法律的基础在于社会而非国家,也就是说,法律是由于社会生产、分配和交换的需要而形成的,这体现了法律具有满足人们普遍需要的"公共产品"的性格;②法律起源于习惯,是在人们自发的生产、生活过程中逐步形成的。后世大规模地通过立法来"定规立制",在初民社会中是不可想象的;③与习惯不同,"立法"是一种对社会生活的抽象。也就是说,习惯源于人们的日常生活、生活的实践,而立法则是对现有社会关系的一种重新整合,在这个意义上,立法越复杂,它离现实的生活条件也就越远。

革命导师的这段名言,是我们理解法律起源的关键。同时,它也告诉我们,法律并非以国家作为形成的起点,相反,按照恩格斯的理解,是法律导致了国家的产生。实际上,这在人类学上同样也可以得到证明,美国学者赞恩就言道:"认为这样的生物(指原始人)与法律相连是令人吃惊的,但他们确实有法——写在他们脑中的、固定的、抹不去的习惯,至今仍在潜意识的智力作用下统治我们。"[2] 当然要明确的是,法律并不是一种突变的产物,相反,它是随着社会发展而形成的一个由量变到质变的渐进过程。那么,法律起源的临界点是什么呢? 这就涉及法律得以形成的外部标志问题。

二、法律形成的标志

(一)"一致性法则"的定型

如果说法律的产生是人类的伟大创造之一,那么,法律的形成就表明了人类心智的巨大进步。从原始人的角度而言,初期的人类实际上与普通动物并没有多大区别,然而,"法律自始就有一个谜。为什么所有动物中只有人类形成和发展了自觉的判断力? 为什么只有人类逃脱了只作出动物反应的命运,可以通过有意识的行为在一定程度上改造和征服他的生存环境?"[3] 美国学者赞恩正是从人类心智的角度来追溯法律发展的认识根源。在他看来,原始人具有一种社会本能,这决定了集体的每个成员都不能做根据集体成员的习惯和经验判断为危害社会存在的事,由此导致了人与人之间行为的相似,因为在原始社会中,如果一个人行为乖违于其他社会成员,就有可能被逐

---

〔1〕［德］恩格斯:"论住宅问题",《马克思恩格斯选集》(第 3 卷),人民出版社 1995 年第 2 版,第 211、212 页。

〔2〕［美］约翰·麦·赞恩:《法律的故事》,刘昕、胡凝译,江苏人民出版社 1998 年版,第 18 页。

〔3〕［美］约翰·麦·赞恩:《法律的故事》,刘昕、胡凝译,江苏人民出版社 1998 年版,第 409 页。

出这个集体(正如古希腊时期的"贝壳放逐法"一样),而这对于外在的恶劣环境下只有依存集体才能生存的人而言,那是极为严厉的处罚。因此,这样一种社会本能导致了人性中根深蒂固的倾向性:"向其同伴的行为看齐,取悦与其每日相处的同伴以及被后者所取悦的欲望。这种倾向极为简单,却绝对是一切社会动物的指导规则。它是一切法律的基础。"[1]按照赞恩的说法,正是这种"一致性法则"形成了人们通常所具有的羞耻感。所谓"羞耻",也就是来自他人的赞誉或不赞成。早在人类能够自知地感觉之前,他就有原始的羞耻感,会在其同伴的面前感到羞耻。任何背离其同伴的习惯方式的行为都会使他认为自己未能达到行为标准,做了周围的人不赞成的事。这种行为羞耻性的评价,既可以是当事人本身从主观上来加以反省的结果,也可以是集体社会中人们评价的结果。但无论是哪种角度,结果都是相同的:"集体中的每一分子都被驱使着去符合习惯性的行为方式。这种根本的本能在我们当中与在原始人当中同样强烈。"这种本能决定着法的形成与发展,并由此形成了对后世社会法律原理至关重要的两个基本内容:①"法律不能比集体大众的观点和信仰变化得更快。最彻底的暴君、立法的力量或呼吁变化的不可抗拒的论点都不能把法的改变强加于人,直至集体大众准备接受或已经接受了这种变化为止";[2]②法律上作出正当的推定,所有的人都是知悉法律的,由此才决定"法律错误"并不能成为豁免责任的缘由。"法律用愉快的言词来安慰被告,认为人大概是知法的,即使律师和法官不这样认为。显然所有人大概都是知法的这一原则来自远古时代。"[3]之所以如此,是因为人类初期的法律,本身就取材于民众的日常生活,因而人均知法既是一个现实的描述,也是一个正当的推定。

(二)权利、义务的制度化

我国古代思想家将"定分止争"作为法律之所以缘起的基础,这典型地反映了权利、义务观念对于法律形成的重要作用。《商君书》就以形象的例子对此加以说明:"一兔走,百人逐之,非以兔可以为百,由名分之未定也;兔者满市,而盗不取,由名分已定也"。[4]"名分"也就是特定的主体对某物的所有权,所以,法律形成的标志之一,是人们的观念中已经形成了"这是你的"、"那是我的"这样一类权利、义务观念。恩格斯也从权利义务观念的形成这个方面来追溯法律的起源,他指出:"在氏族制度内部,还没有权利和义务的区别;参与公共事务,实行血族复仇或为此接受赎罪,究竟是权利还是义务这种问题,对印第安人来说是不存在的;在印第安人看来,这种问题正如吃饭、睡觉、打猎究竟是权利还是义务的问题一样荒谬。"[5]这说明权利、义务的观念本身就有

---

[1] [美]约翰·麦·赞恩:《法律的故事》,刘昕、胡凝译,江苏人民出版社1998年版,第22页。

[2] [美]约翰·麦·赞恩:《法律的故事》,刘昕、胡凝译,江苏人民出版社1998年版,第24页。

[3] [美]约翰·麦·赞恩:《法律的故事》,刘昕、胡凝译,江苏人民出版社1998年版,第23页。

[4] 《商君书·定分》。

[5] [德]恩格斯:"家庭、私有制和国家的起源",《马克思恩格斯选集》(第4卷),人民出版社1995年版,第159页。

一个发展的过程，当社会尚未区分出每个成员各自应当拥有的权利与义务时，自然也不需要用法律来加以调整；反之，一旦权利、义务的观念已经深深映入人们的脑海，那么，就必须通过法律来加以调整，保证“名分”在制度上的确定：“故圣人必为法令，……所以定名分也。名分定，则大诈贞信，民皆愿悫，而各自治也”。[1] 如果观念上或习俗上公认为某人所有的东西，而被他人占有，同时社会又无相应的规则来予以补救的话，那么，作为一个共同体的社会必然面临着解体的危险。正因如此，庞德明确指出：“各个特定时间与地点中的文明都具有一定的法律先决条件，这种先决条件不是法律规则，而是由法律制度、法律律令予以实现的权利观念。”[2] 没有权利、义务的形成以及成熟，也就无需法律规则来对人们的行为进行调整。所以说，只有在规则中正式纳入权利、义务的内容，并通过保障规则与补救规则的确立，才能够说有真正意义上的法律存在。

(三)裁决机构的设置

权利、义务的存在，就使得权利、义务的争执成为不可避免，由此，法律是否成立的标志，还在于必须有一个权威性的诉讼裁决机构，这可以是社会性的，如古希腊时期的陪审团；也可以是专业性的，如今天我们所言的法院。“法律的历史也告诉我们，在书面文字被发明以前人们就开始要求将法律付诸文字，以使之不再为某个阶级所特有。当法律形成书面文字之后，以法律为职业的阶层就出现了。我们可以透过这种发展清楚地看到一条为大家所普遍接受的经验，即对于某一特定问题的专门知识会使人比无知得出更好的结论。”[3] 法律诉讼和司法的出现，标志着公力救济代替了私力救济，文明的诉讼程序取代了野蛮的暴力复仇，使得人们之间发生的争端可以通过非暴力方式解决，从而避免或极大地减少了给人类造成巨大灾难的恶性循环的暴力复仇现象。自然，就人类社会初期的法律程序而言，它不可能像后世那样强调理性、公平，然而，“和平性”则是法律程序区分于其他一切非法律程序的准则，也是法律体系的基石之一：“缺少解决争议的法律程序，则争执有可能酿成暴力事件和血亲复仇。人们理性地期望刑法能预防暴力，基于同样的理由，人们也希望有和平的程序。”[4]

同样必须注意的是，裁决机构在现代称为“法院”，但实际上，作为一个专职的机构的法院的出现，并不是古已有之的。例如古代的希腊，“法庭实际上是由市民组成的民众法庭，他们中有许多法官，以至于他们被认为是集会的一个分支。陪审员实际上就是法官，因为裁决是由这些所谓的陪审员作出的。”[5] 而作为法律职业的法官的正式

---

[1] 《商君书·定分》。

[2] [美]罗斯科·庞德:《法律史解释》，曹玉堂、杨知译，华夏出版社1989年版，第145页。

[3] [美]约翰·麦·赞恩:《法律的故事》，刘昕、胡凝译，江苏人民出版社1998年版，第324页。

[4] [美]迈克尔·D.贝勒斯:《法律的原则——一个规范的分析》，张文显等译，中国大百科全书出版社1996年版，第34、35页。

[5] [美]约翰·麦·赞恩:《法律的故事》，刘昕、胡凝译，江苏人民出版社1998年版，第103页。

形成,据学者考证,是在古罗马时期产生的。当然,只要有裁决机构的存在,而毋论其为社会性的,还是专业性的;只要这种机构能根据法律来确定人们之间的权利、义务争执,那就可以说,法律制度已经形成并在社会中得以推行。

三、法律产生的一般规律

根据国内学者的一般见解,法律的发展在历史的过程中经历了长时期的演化,同时,各个民族由于传统与现实的背景不一,因而在法律产生方面也呈现出不同的样态。然而,在这其中,也存在着规律性的内容。这包括:

1. 法律的产生经历了从个别性调整到规范性调整的发展过程。个别性调整是针对具体人、具体行为所进行的只适用一次的调整,中国古代倡言的“议事以制,不为刑辟”就是如此。这一般出现于两种情况之下:①虽然有权利、义务的观念,但法律上并未形成调整权利、义务的一般通则,因而只能就个别情况进行个别调整;②法律虽然拟定了一般的调整权利、义务关系的通则,然而个案中显示的“特例”,使一般性的规则无法适用,因而必须适用个别性的调整方式。一般而言,个别性调整虽然针对性强,然而,当某些社会关系已经作为一种成型的法律关系而存在时,人们就必须找到解决这类争议的一般性规则,从而提高裁决效率、节约社会成本,由此,个别性调整就发展为规范性调整,即统一的、反复适用的调整。值得注意的是,法理学界往往将个别性调整排除在法律调整之外,这并不正确。即使存在规范性调整的一般法律规则,个别性调整同样没有失去其存在的价值。著名的《瑞士民法典》第1条即明确规定:①凡依本法文字或释义有相应规定的任何问题,一律适用本法;②无法从本法得出相应规定时,法官应依据习惯法裁判;如无习惯法时,依据自己如作为立法者应提出的规则裁判;③在前一款情况下,法官应依据公认的学理和惯例。[1] 只有在第①种情况下才是规范性调整,而后两种情况实际上都是个别性调整。这就是说,个别性调整的方式是特殊的,但它所调整的依据则是规范性的。简单地说,当法官依据自己的主观好恶来判案时,就不是法律意义上的调整,而只是一种任性与滥用职权。

2. 法律的产生经历了习惯到习惯法、再由习惯法到制定法的发展过程。如前所述,法律起源于习惯,体现了对人们行为习性、行为常态的尊重。习惯经立法的采纳,就上升为习惯法。实际上,在人类初期的法律规范中,绝大部分都是习惯的内容。虽然在这一过程中,离不开对生活习惯与日常经验的总结和抽象,但立法的底子毕竟就是源于普通人的实际生活。正是从这个意义上,人们把习惯赞誉为铭刻于民众的信念之中而并非少数杰出人物自觉的创造,梅因就指出:“可以断言,在人类初生时代,不可能想象会有任何种类的立法机关,甚至一个明确的立法者。法律还没有达到习惯的程度,它只是一种惯行。用一句法国成语,它还只是一种‘气氛’。对于是或非唯一的有权威性的说明是根据事实作出的司法判决,并不是由于违反了预先假定的一条法律,

[1] 《瑞士民法典》,殷生根、王燕译,中国政法大学出版社1999年版,第3页。

而是在审判时由一个较高的权力第一次灌输入法官脑中的。”[1]由此可见，初期的所谓法律，也只不过就是将人们公认的、习以为常的行为准则纳入到法律制度之中。

制定法则是在人类出现了文字以及人类的知识、智能达到了更高程度的产物。埃尔曼指出：“如果说习惯法和普通法是建立在人类以往经验之上的话，立法却是向前迈进，表明未来什么样的行为将被调整。习惯法从来不否定它是社会力量的产物，而立法却是在所有法律渊源中率先声称自己可以独立变化，并足以推动社会与政治的变革。如果说普通法乃是法律界优秀分子的产物，其内聚力分散地发挥作用的话，立法却是由一个最高权力之下的决策中心创制和强加的，这种最高权力可以是一个专制君主、一个诸侯、一个政治局、一个官僚统治集团或者一个立法会议。”[2]由此可见，就制定法与习惯法的比较而言，①习惯法主要是对过往经验的总结，而制定法则是面向未来的规划；②习惯法只能受制于社会的惯性力量，而制定法则可以引导潮流的变化；③习惯法是历代“无名氏”的创造，而制定法则表明了国家权力对社会的介入程度。

3. 法律的产生经历了法与宗教规范、道德规范的浑然一体到法的相对独立的发展过程。人类初期，并无严格的规范与规范之间的区别，因而，最早的法律规范也是和宗教规范、道德规范融为一体的。随着社会的发展，人们逐渐意识到三者之间并不等同，特别是宗教规范主要关乎人们对神、上帝的心态，而道德则是对社会成员一种更高的行为要求。由此时开始，法律规范从宗教规范、道德规范中分离出来，成为一种独特的社会调整工具。中国古代所言的“礼者禁于将然之前，法者惩于已然之后”，就典型地说明了道德（“礼”）与法的不同分野。当然也必须看到的是，法律与道德、宗教也不是可以截然分开的。不同规范既有个分离而又相对独立的过程，但同时也有个渗透而相互整合的过程。法律中完全剔除了道德与宗教的因素，就有可能使得法律成为“非人”的法律。

总之，法律的产生与演变是一个漫长的历史过程，代表着不同时期人们对法律的不同认识，也体现出一些固有的规律性，是我们必须予以认真总结的。

第二节　法律历史

一、古代法律制度

马克思、恩格斯于1845年合撰的《德意志意识形态》，第一次明确地阐发了生产力决定“交换形式”、“市民社会”决定上层建筑的历史唯物主义基本原理，并以此作为依据，深刻揭示法律的产生、发展及其消灭的历史运动规律，认为，“宗教、家庭、国家、法、

[1] [英]梅因：《古代法》，沈景一译，商务印书馆1959年版，第5页。

[2] [美]埃尔曼：《比较法律文化》，贺卫方、高鸿钧译，三联书店1990年版，第48、49页。

道德、科学、艺术等等,都不过是生产的一些特殊的方式,并且受生产的普遍规律的支配。"[1]

马克思恩格斯认为,第一种所有制形式是部落所有制,"它是与生产的不发达的阶段相适应的",人们生产生活的主要形式是狩猎、捕鱼、畜牧或者务农。在这个阶段里,"分工还很不发达,仅限于家庭中现有的自然产生的分工的进一步扩大。因此,社会结构只局限于家庭的扩大:父权制的酋长、他们所管辖的部落成员以及奴隶。"[2]在这个时代,由于没有阶级和国家,也就无法律制度的存在,"一切争端和纠纷,都由当事人的全体即氏族或部落来解决,或者由各个氏族相互解决"。[3] 如果将解决争端和调解纠纷强行归属于"司法"的名下,其在形式上的表现也是"粗鲁"的:"法的历史表明,在最早的和原始的时代,这些个人的、实际的关系是以最粗鲁的形式直接地表现出来的。"[4]之所以以"粗鲁"命名,①由于缺乏社会的分工,尚无专职的司法官吏,因而有关案件纠纷的裁决大多以"集体暴政"的形式作出;②由于当时的文明程度不高,因而在执行解纷的社会职能时,不可避免地带有野蛮的色彩。

第二种所有制形式是"古代公社所有制和国家所有制","这种所有制是由于几个部落通过契约或征服联合为一个城市而产生的。在这种所有制下仍然保存着奴隶制。除公社所有制以外,动产的私有制以及后来不动产的私有制已经开始发展起来,但它们是作为一种反常的、从属于公社所有制的形式发展起来的。公民仅仅共同占有自己的那些做工的奴隶,因此就被公社所有制的形式联系在一起。"[5]在这种社会关系之下,"积极公民"与"奴隶"之间的阶级对立已经得到充分发展:"基本的事实是奴隶不算是人;奴隶不仅不算是公民,而且不算是人。……在这些国家中,奴隶主享有一切权利,而奴隶按法律规定却是一种物品,对他们不仅可以随便使用暴力,就是杀死奴隶也不算犯罪。"[6]从这个意义上说,奴隶制法是一种违背正义、公道原则的"非法"。[7] 恩格斯就曾指出:"后世的立法,没有一个像古雅典和古罗马的立法那样残酷无情地、无可挽救地把债务人投在高利贷债权人的脚下,——这两种立法都是作为习惯法自觉

---

〔1〕 [德]马克思:"1844年经济学哲学手稿",《马克思恩格斯全集》(第42卷),人民出版社1987年第1版,第121页。

〔2〕 [德]马克思、恩格斯:"德意志意识形态",《马克思恩格斯全集》(第3卷),人民出版社1960年版,第25页。

〔3〕 [德]恩格斯:"家庭、私有制和国家的起源",《马克思恩格斯选集》(第4卷),人民出版社1995年版,第92页。

〔4〕 [德]马克思、恩格斯:"德意志意识形态",《马克思恩格斯全集》(第3卷),人民出版社1960年版,第395页。

〔5〕 [德]马克思、恩格斯:"德意志意识形态",《马克思恩格斯全集》(第3卷),人民出版社1960年版,第25页。

〔6〕 [前苏联]列宁:"论国家",《列宁选集》(第4卷),人民出版社1995年版,第32页。

〔7〕 李光灿、吕世伦主编:《马克思恩格斯法律思想史》,法律出版社1991年版,第226页。

地产生的，都只有经济上的强制。"[1]作为立法投影的司法，就是在这样一种生产关系之下，用所谓"契约必须遵守"的"公正"来放任债权人对债务人的摧残与奴役。这种情形，正可以借用莎士比亚的著名戏剧《威尼斯商人》中债权人夏洛克的语言来加以表现：

"我问他要的这磅肉是我花大价钱买的，它属于我，快给我，如若不然，我要诉诸国法！威尼斯城邦的法律等于一纸空文吗？

——我要求法律，

——我有证据在手！"[2]

对于白纸黑字的契约，无论法官怎样觉得不近人情，或许只有严格裁判一途了。有时，奴隶制下的法官为求得司法公正的形式，还常常借助于神明裁判的方式来进行判决。所谓神判，是一种企图以超自然力量来鉴别和判定人间是非真伪的习惯法，其方式往往是采取某种极端残酷、危险以至致命的方式加之于当事者身上，看其能否经得起带有"神意"参与的裁决。这些在现代看来，当然是极为愚昧，然而，"当人类的智力和科学技术水平还是处于相当落后的情况下，在发生疑难案件难以解决时，能够想象出运用超自然的力量来鉴别是非，这不能不认为是人类思维能力的一大进步。应当说，神判法实际上是从一个侧面反映了当时人们探求真理的迫切愿望，也是古代人类试图伸张正义，反对邪恶，在不得已的情况下采用的一种原始的、朴素的，当然也是唯心的判定是非的手段。"[3]例如，《汉谟拉比法典》第2条规定："倘自由民控自由民犯巫蛊之罪而不能证实，则被控犯巫蛊之罪者应行至于河而投入之。倘彼为河所占有，则控告者可以占领其房屋；倘河为之洗白而彼仍无恙，则控彼巫蛊者应处死；投河者取得控告者之房屋。"[4]在这里，当事者的命运就看"河神"对其的态度了。奴隶制法的唯一例外或许是罗马法，它被革命导师赞誉为"纯粹私有制占统治的社会的生产条件和冲突的十分经典性的法律表现，以致一切后来的法律都不能对它作任何实质性的修改"。[5]

马克思、恩格斯所言的第三种所有制形式是"封建的或等级的所有制"。"这种所有制与部落所有制和公社所有制一样，也是以某种共同体为基础的。但是作为直接进

---

[1] ［德］恩格斯："家庭、私有制和国家的起源"，《马克思恩格斯选集》（第4卷），人民出版社1995年第2版，第167页。

[2] 引自［德］鲁道夫·冯·耶林："为权利而斗争"，胡宝海译，载梁慧星主编：《民商法论丛》（第2卷），法律出版社1994年版，第41页。

[3] 夏之乾：《神判》，上海三联书店1990年版，前言第2页。

[4] 世界著名法典汉译丛书编委会编：《汉谟拉比法典》，法律出版社2000年版，第11页。

[5] ［德］恩格斯："论封建制度的瓦解和民族国家的产生"，《马克思恩格斯全集》（第21卷），人民出版社1965年第1版，第454页。

行生产的阶级而与这种共同体对立的，已经不是古代世界的奴隶，而是小农奴。随着封建制度的充分发展，也产生了与城市对立的现象。土地占有的等级结构以及与之有关的武装扈从制度使贵族掌握了支配农奴的权力。"[1]在这种生产关系之下，农民、农奴完全处于依附的地位，并且在当时战乱频繁、民不聊生的社会情形之下，依附封建主也往往成为小农的必要选择。流传至今的一份请求委身的文件，就典型地反映了当时"附庸"频仍的情况："如众所周知，我因衣食缺乏，无以为生，请求大人本笃信上帝之虔诚，与慈爱为怀之善心，准许我委身于大人监护之下，我已如此作了。以后你必须供给我衣食，予我以帮助与救济，我将尽我的力量为您服务，不负您的援救与保护。""在我活着的时候，我将在合乎我一个自由人身份的情形下，为您服务，维护您的荣誉。我不得脱离您的统治与监护，将毕生投靠在您的势力与保护之下。因此，您我之间，如一方欲解除此种契约，必须付给对方若干先令作为赔偿；此种谅解，永久不得破坏。"[2]与这种所有制形式相适应，中世纪的生产方式"在政治上表现为特权"，[3]法律也因之成为"特权法"、"等级法"。例如，在中世纪的法国领主法院，根据审判对象的等级不同，就采取不同的审判形式：在审判陪臣的案件时，就采用"平等法院"的原则，即由领主亲自主持法庭，并由与争讼对方等级相同的陪臣参加陪审，争讼双方在诉讼中居于平等地位；而审判农民时，则采用"臣民法院"的原则，审判时由领主指定的法官主持，法官则主要以严刑拷问的野蛮方式逼取口供，作为定罪判刑的根据。[4]

二、近现代资本主义法律制度

资本主义法律是在封建时代的后期孕育、萌发，通过资产阶级革命而最终确立的。随着商法的兴起、罗马法的复兴以及资本原始积累过程中带有资本主义因素的立法的出现，资本主义法律在封建社会中后期即以萌芽。建立资产阶级国家政权之后，资产阶级为了维护自己的统治，创设了宪法、民法、刑法、行政法等一系列法律制度，而其基本特征就是按资本主义市场经济和民主政治的本质要求，建立资本主义的法治国家，其原则可以归为三个主要内容：

---

〔1〕 [德]马克思、恩格斯："德意志意识形态"，《马克思恩格斯全集》(第3卷)，人民出版社1960年第1版，第27页。西方马克思主义的著名人物、英国学者安德森对"封建生产方式"也进行了定义，他言道："……西欧的封建生产方式……是一种由土地和自然经济占主要地位的生产方式，其中劳动力和劳动产品都不是商品，直接生产者(即农民)与生产资料(即土地)以特有的社会关系结合在一起。"在这种生产方式之下，占用和耕种土地的农民不是土地的所有者。农业财产由一个封建领主阶级私人控制，他们用政治—法律的强制关系向农民剥削剩余产品。因而，其必然的结果是形成"经济剥削与政治权威的一种法律融合体。农民归属于他领主的司法权下。"参见[英]佩里·安德森：《从古代到封建主义的过渡》，郭力、刘健译，上海人民出版社2001年版，第151页。

〔2〕 引自周一良、吴于廑主编：《世界通史资料选辑》(中古部分)，商务印书馆1981年版，第29页。

〔3〕 [德]马克思、恩格斯："德意志意识形态"，《马克思恩格斯全集》(第3卷)，人民出版社1960年版，第375页。

〔4〕 任允正、刘兆兴主编：《司法制度比较研究》，中国社会科学出版社1996年版，第59页。

1. 私有财产神圣不可侵犯原则。资本主义社会所实行的是生产资料的私有制，在这样一种所有制下，资产阶级成为在全国范围内的组织起来的社会阶级，它们的利益具有了一种普遍的形式，因而“国家获得了和市民社会并列的并且在市民社会之外的独立存在；实际上国家不外是资产者为了在国内外相互保障自己的财产和利益所必然要采取的一种组织形式”，[1]资本主义的所有制则是一种“抛弃了共同体的一切外观并消除了国家对财产发展的任何影响的纯粹私有制”。[2] 法律也由此观念出发，确定了私有财产的神圣不可侵犯的原则。早在1776年，当时作为英国殖民地的弗吉尼亚即通过《权利法案》规定：“一切人生而同等自由、独立，并享有某些天赋的权利。……这些权利就是享有生命和自由，取得财产和占有财产的手段，以及对幸福和安全的追求和获得”。法国1789年的《人民和公民权宣言》第17条也规定：“财产是神圣不可侵犯的权利，除非当合法认定的公共需要所显然必需时，且在公平而预先赔偿的条件下，任何人的财产不得受到剥夺。”[3]此后，美国宪法修正案等一系列宪法文件也确认了这一原则，由此私有制原则成为资本主义国家宪法的第一项基本原则。[4] 其他法律，尤其是民法更是对此作了详细的规定：“19世纪后西欧国家的社会情感集中倾注于对私有财产权，亦即民事权利的尊重和维护。私有财产权的神圣和绝对性构成近代西方文明的基调之一。这种神圣性和绝对性体现在两方面：①民事权利作为私有财产的法律表现，‘就是任意、和别人无关地、不受束缚地使用和处理自己的财产的权利；这项权利就是自私自利的权利’。②民事权利又是能够对抗他人、制约国家、具有强制实现力量的权利。任意处分与强制实现形成互补，共同作为民事权利的基本内容。”[5]

然而必须注意的是，这一原则表面上是为全体社会成员的财产提供了普遍的法律保障，然而，正如自由主义时期资本主义的发展所显示的，它在很大程度上是一种少数人占有全部生产资料，而其他人一无所有的不平等社会。这样，法律上确定的“财产神圣”只是保障少数人的特权，而无法为全社会提供相应的平等保护。自然，“能够拥有财产并把它传给自己的家属可以鼓励每一个人尽力生产，而且在为自己生产时也为了社会的共同利益而生产”，[6]由此可见，保障私有财产在促进社会稳定、人类进步上的重要意义，然而，私有财产必须在公平的制度上建立起来。如果人们获得财产的前提条件本身就是不平等的，那么私有财产的保障就毫无意义。同样，私有财产权也并非

---

[1] [德]马克思、恩格斯：“德意志意识形态”，《马克思恩格斯全集》（第3卷），人民出版社1960年版，第70页。

[2] [德]马克思、恩格斯：“德意志意识形态”，《马克思恩格斯全集》（第3卷），人民出版社1960年版，第70页。

[3] 转引自董云虎、刘武萍主编：《世界各国人权约法》，四川人民出版社1994年版，第355页、第29页。

[4] 龚祥瑞：《比较宪法与行政法》，法律出版社1985年版，第46页。

[5] 柴发邦主编：《体制改革与完善诉讼制度》，中国人民公安大学出版社1991版，第140页。

[6] [美]W.巴顿·奇利：“财产法”，载[美]哈罗德·伯曼编：《美国法律讲话》，陈若桓译，三联书店1988年版，第171页。

一项绝对的权利,它也应当受制于社会发展的整体目标。正因如此,德国的魏玛宪法率先开限制私有权之先河,其第153条规定:“所有权,受宪法之保障,其内容及限制,以法律规定之”。[1]

2. 契约自由原则。这与私有财产神圣不可侵犯一样,同为资本主义法律制度中涉及人权与经济体制的法律原则。按照学者的诠释,“契约自由”主要包括两个方面的含义:①契约自由意味着当事人选择合同形式的自由。实际生活中,合同的种类繁多,法国民法典只是对其中一些最常见的合同作了规定,但法律并不限制当事人依自己的意愿订立其他各种合同。虽然对无名合同的法律解释较之有名合同更为困难,但无名合同具有与有名合同相同的法律效力。②契约自由意味着当事人确定合同内容的自由。一般情况下,对于有效成立的合同法官无权依其意志进行变更,因为当事人通过合同而表示的意志已经具有法律强制力。[2] 由此可见,作为法律的一项基本原则,契约自由第一是将每个订约者视为独立的、自由的、理性的人,他们有权利决定与什么人签约和订立什么样的契约;国家只负有保障契约自由的任务而不介入人们的订约过程,这样就将机会与风险同时交由立约者本人来权衡;③契约自由也是一种“为自己立法”的形式,双方所签订的契约,具有法律上的约束力,一旦不予履行,就必须承担法律上的责任。显然,这一原则从历史上而言,是个巨大的进步。在“契约自由”预设当中,每一方当事人都是摆脱了封建桎梏、独立自主的个体,它可以通过平等协商的方式,寻求自己的合作伙伴。正如英国著名法学家梅因所指出的:“所有进步社会的运动,到此处为止,是一个‘从身份到契约’的运动”。[3]

然而同私有财产神圣不可侵犯的原则一样,契约自由也必须在条件平等、机会平等的情况下才可能实现。在资本主义制度之下,契约自由实际上无法完全实现,正如日本学者星野英一所言,其主要表现是:①雇佣契约虽然以平等的形式出现,然而劳工为了获得生计之资而不得不接受雇主提供的极其恶劣的条件缔结雇佣条约,去服劳务;②由于契约标的物供求关系的不平等而使一方当事人处于社会经济的劣势,结果出现契约内容的不合理而对一方当事人相当苛刻;③在卖主与消费者之间由于信息的掌握上的不平衡,使消费者处于一种极为不利的地位。[4] 因此,此后的法律也对契约自由原则进行了必要的限制。例如德国民法典第138条第1款规定,违反善良风俗的法律行为无效,同样,该法第242条也规定,必须遵守诚实信用与公平交易的规定。当然,这种限制也带来了法律上的困难,即一方面真正保障人们在意思自治的原则下订

---

〔1〕 转引自董云虎、刘武萍主编:《世界各国人权约法》,四川人民出版社1994年版,第74页。

〔2〕 尹田:“契约自由与社会公正的冲突与平衡——法国合同法中意思自治原则的衰落”,载梁慧星主编《民商法论丛》(第2卷),法律出版社1994年版,第253、254页

〔3〕 [英]梅因:《古代法》,沈景一译,商务印书馆1959年版,第97页。

〔4〕 [日]星野英一:“私法中的人——以民法财产法为中心”,王闯译,载梁慧星主编:《为权利而斗争——梁慧星先生主编之现代世界法学名著集》,中国法制出版社2000年版,第354、355页、第363~365页。

立相关契约，另一方面又要防止借契约之名来侵犯他人权益，所以，如何调停这一矛盾，仍然是法律必须进一步研究的问题。正如德国学者霍恩等言："在契约自由的四周，存在着许多的限制和禁止。但是在这种情况下，私法的灵活性是否还具有充分的展示空间呢？也许，契约自由就像是一块狩猎保护地，在这里，人们竭尽全力减少外来的危险，以使这一区域内的动物能够自由活动和自谋生存；但对于将来来说，仍然有一个问题，这就是，能否把这一边界划得使其中的居民在里面得到最大限度的发展。"[1]

3. 法律面前人人平等原则。法律面前人人平等，可以说是一项古老的人权诉求，但真正将之落实在制度上，则首推资产阶级的法律制度。被马克思誉为"世界上第一个人权宣言"的美国《独立宣言》开宗明义即宣称："我们认为以下真理是不言而喻的：人人生而平等；人人都享有上帝赋予的某些不可让与的权利，其中包括生命权、自由权和追求幸福的权利。"[2]那么，平等意味着什么？①平等意味着同样的尊严与同样的人格，它表明法律不得对人进行"有色眼镜"式的分类，而应当保障每个人都有平等的权利和地位参与国家事务，进行自己行为，表达自己主张，所以，这个意义上的平等也就是人权，"制宪者讲平等权是指每个人有同等权利受到保护，不被恣意对待，享有权利法案保证的自由权的平等权利受到新成立的全国政府通过的任何法律保护的平等权利"。[3] ②平等主要是指一种机会上的平等而不是结果上的平等。所谓机会上的平等，是指对参与政治、社会活动的初始资格以及必要条件方面应当平等对待。例如法律上的选举权，就不得因年龄、性别、种族、宗教信仰、教育程度等方面的不同而存在着差异；同样，为了保证初始条件的平等，国家法律还应当在必要时对特定人给予救济，以使他们获得同样的条件。例如法律援助制度的建立，正是要给双方当事人提供一个平等参与诉讼的机会，保证攻防双方"武器上的平等"。③平等还意味着必须对人们的行为给予同样的评价和同样的对待，不得在法律适用上因人而异。正是从这个意义上说，"法律行为"概念的创造成为人人平等的一种必然理论建构。正是在法律行为的意义上，适用法律不是以人分类，而是权衡法律行为的合法与合理与否；法律在加以保护和惩罚时，以行为作为唯一度量的标准与准绳。

制度上法律面前人人平等原则的确立，相对于以等级特权为核心的封建制度来说，是个伟大的进步，它表明社会不再是以人划界，而是赋予每个人同样的法律资格与法律能力。当然，也必须看到，在资本主义制度之下，法律平等原则未必就能真正地实现。正如学者所指出的，在近代资本主义法制中，法律上还大量充斥着不平等的内容，突出表现在：①对选举权和被选举权这一最重要的政治权利加以财产资格限制，从而使许多普通劳动者的权利被不平等地剥夺。②对工人的结社权加以限制，工会和工人

---

[1] [德]罗伯特·霍恩等：《德国民商法导论》，楚建译，中国大百科全书出版社1996年版，第94页。

[2] 转引自[美]卡尔威因·帕尔德森：《美国宪法释义》，徐卫东、吴新平译，华夏出版社1989年版，第3页。

[3] [美]詹姆斯·M. 伯恩斯等：《民治政府》，陆震纶等译，中国社会科学出版社1996年版，第158页。

阶级政党长期被宣布为非法。③法律公开允许种族歧视，在某些国家甚至使奴隶制合法化。④性别歧视也得到法律的承认，妇女与男性在基本权利的享有上是不平等的。上述不平等待遇直到20世纪上半叶，还普遍地存在于各资本主义国家的法律制度之中。从20世纪中期开始，由于以工人阶级为主体的各界民主力量的努力奋斗，在强大的社会压力下，资产阶级国家机构不得不对原有的法律规定加以废止或修改，这实际上是少数资本家阶级不得不作出的被迫让步。至20世纪后期，各主要资本主义国家的法律中，上述不平等规定已基本被人民斗争的力量所取消。[1]

除上述三项基本原则外，资本主义法律制度还存在着许多其他的重要法律原则，特别是以法治为核心的有限政府、权力制约原则等，对于维系资本主义制度的存在与发展，也具有重要的意义。

三、当代中国社会主义法律制度

当代中国的社会主义法律制度，是在摧毁国民党政府法律体系上建立起来的。当然，由于在认识上所存在的偏差，导致新中国成立以来，法制建设一波三折，举步维艰。党的十一届三中全会提出了“加强社会主义民主，健全社会主义法制”的口号，并将“有法可依、有法必依、执法必严、违法必究”作为社会主义法制的基本要求，由此带动了法制建设的发展。

就当代中国的法律制度而言，它除了具有其他法律类型所拥有的特征外，还有几个非常重要的本质特征：

1. 人民是法律的本体。我国宪法第2条明确规定：“中华人民共和国的一切权力属于人民”，由此决定了人民在国家生活中至高无上的地位。法律必须是人民意志的体现，应当反映人民的愿望、利益和要求。就此而言，法律要么是由人民的立法机关所制定的成文规则，要么是由人民所公认的习惯和价值观念等不成文规范。同时，在以往我们一直有个错误的提法，即将“人民”用来指称社会中的某些人而不是全体国民，这种理解实际上是故意地将某些社会成员排斥在国家的政治、社会生活之外，因而与民主的理念和主权在民的理念是背道而驰的。例如有学者提出：“目前我国人民是指社会主义的工人、农民、知识分子、一切拥护社会主义的爱国者和拥护祖国统一的爱国者。对敌人实行专政就要对作为人民对立面的那些敌视和破坏我国社会主义制度和人民民主专政国家政权的敌对势力和敌对分子，一方面依法不让他们享有人民所享有的民主权利，另一方面则对他们违法犯罪行为依法予以打击和制裁。”[2]按照这种理解，“人民”乃政治概念，其对立面是“敌人”；宪法是阶级力量对比关系的集中体现，因而，国家的权力属于人民而不属于敌人；所谓“人民”，在我国主要是指三种人：全体社会主义劳动者；拥护社会主义的爱国者；拥护祖国统一的爱国者。

---

〔1〕 张文显主编：《法理学》，法律出版社1997年版，第195页。

〔2〕 俞子清主编：《宪法学》，中国政法大学出版社1999年版，第87页。

这种解释正确吗？根据以上的释义，似乎可以得出这样一个结论：未成年人由于不是社会主义劳动者，更难说有作为“爱国者”的资格，因而它们不属于爱国者的范围，也就不是国家权力的拥有者和行使者；一个人，当其为人民的一分子时，他是国家的主人——但一旦成为敌人，国家权力则与其无缘。由此这里涉及两个既是理论的、也是逻辑的问题：①宪法将基本权利普遍地赋予中华人民共和国公民，但国家权力仅属于总量少于公民的人民，因此权力（或曰国家权力）高于权利。这一结论虽是顺“理”成章，但似乎与当下所要求建立的法治国家不相吻合。对于一个国家的权力总量而言，起码包括公民权利、社会权力与国家权力几个组成部分，国家权力超过前两者的总和，这是不正常的；②对于一个社会而言，危及社会整体利益的“敌人”的确是存在的，对“敌人”的镇压也是任何一个国家所拥有的基本职能。但在一国内部，对“敌人”镇压的依据必然是他同时也为该国的属民，同样属于国家权力的拥有者和行使者，否则国家就是对其管辖权范围外的民众行使专政权力。实际上，根据宪政原理，国家的权力建立在被统治者的同意基础之上，“民主国家对所有公民一视同仁。准此以观，凡系被故意排斥的人，或是在政治上永远为人鄙视的人，都不能承认这个宪法代表他们。”〔1〕由此可见，有意识地将某些人排除在国家权力的拥有者之外，这也不符合马克思主义者所倡导的解放全人类的目标。

2. 人权是法律的内容。按照马克思、恩格斯的设想：“国家是一个庞大的机构，在这里，必须实现法律的、伦理的、政治的自由，同时，个别公民服从国家的法律也就是服从他自己的理性即人类理性的自然规律。”〔2〕在这样一种国度里，自由成为人们基本的特质，人们对法律的服从也就是遵从自然的理性。著名的《共产党宣言》更是将未来的共产主义社会设想为“自由人的联合体”，在那里，“代替那存在着阶级和阶级对立的资产阶级旧社会的，将是这样一个联合体，在那里，每个人的自由发展是一切人的自由发展的条件。”〔3〕社会主义作为共产主义的初级阶段，同样也必须广泛地实现人民的自由，保障人民的权利。马克思指出：“一个人有责任不仅为自己本人，而且为每一个履行自己义务的人要求人权和公民权”，〔4〕以真正实现社会平等与社会公平。这同样意味着在法律制度中，应当以保障人权为己任，使人民的应然权利与实然权利在社会主义制度下得以高度统一。2004 年《宪法修正案》使人权保障入宪，是我国法制的一大进步。

3. 人的幸福是法律追求的主要目标。“当代中国社会主义法律制度最重要的本质

---

〔1〕［美］里普逊：《民主新诠》，登云译，香港新知出版社 1972 年版，第 124 页。

〔2〕［德］马克思：“《科伦日报》第 179 号的社论”，《马克思恩格斯全集》（第 1 卷），人民出版社 1995 年版，第 228 页。

〔3〕［德］马克思、恩格斯：“共产党宣言”，《马克思恩格斯选集》（第 1 卷），人民出版社 1995 年版，第 294 页。

〔4〕［德］马克思：“临时协会章程”，《马克思恩格斯全集》（第 16 卷），人民出版社 1964 年版，第 16 页。

规定性在于它的根本使命是为解放生产力和发展生产力服务,为最终消灭剥削、消灭两极分化和实现共同富裕服务。"[1]这就意味着,对于社会主义法律制度而言,它担负着崇高的道义目标,即消灭人剥削人的制度,保障社会公平,实现社会成员的共同富裕。简而言之,这是以追求"人的幸福"为己任的人道的法律制度。而社会主义作为人民选择的制度,其可欲性也恰恰在于能够保障每个人都平等地追求幸福的权利。恩格斯曾将共产党人的任务简单地概括为:"废除一切等级,建立一个伟大的、统一的、平等的公民国家"。[2] 只有在这样的制度之下,人们对幸福的追求才会有真实的制度保障。

此外,当代中国的法律制度从形式特征而言,还存在着一国与两制的统一问题。自1997年7月1日和1999年12月20日香港、澳门回归祖国之后,在一个中国的前提下,社会主义法律制度与资本主义法律制度并存,这样,就形成了一个以社会主义的中华人民共和国政权为统一前提,以大陆社会主义法律制度为主体,在香港实行具有英美法系传统的资本主义法律制度,在澳门实行具有大陆法系传统的资本主义法律制度的格局。在一个统一的国家主权之下,两种历史类型的法律制度和平共处,这是世界各国法律史上前所未有的状况,它既对中国法律制度的发展与完善提出了挑战,同时,也提供了互相借鉴、取长补短的巨大机遇。

第三节　法治国家及其构造

一、法治的基本概念

以法律在历史长河中的发展而言,法治国家是其顶峰。自然,这与上述的法律历史不同,"法治国家"这一概念主要是关注国家的治理模式和人类的法律追求,而不是从纵向的角度对法律的历史进行的一种归类。

什么叫法治?简单地说,法治是以保障人权为目的、以控制权力为核心的国家治理模式,标志着法律在社会中至高无上的地位的良好状态。理解这一概念,必须注意的问题主要有:

1. 法治的目的就是保障人权。法治的制度基础是人民主权。按照启蒙思想家的观念,人们通过社会契约建立国家,国家权力是由人们的自然权利转让或放弃而来的,是人民授予的,因此人民是国家权力的源泉和基础。正如美国《独立宣言》所称:"政府的正当权力,则系得自被统治者的同意。"所以,确立法治这一目标,就是要使权力服务于权利,而不是相反:"尽管法治概念内容常有所变化,但它仍然是对抗野蛮独裁的坚

---

〔1〕 张文显主编:《法理学》,法律出版社1997年版,第200页。

〔2〕 [德]恩格斯:"恩斯特·莫里茨·阿伦特",《马克思恩格斯全集》(第41卷),人民出版社1982年版,第155页。

固盾牌”。[1] 因而,在法治的制度建构中,首要注重的是对人民权利的保障,并且在权力滥用时,必须赋予人民控诉、抗议乃至建立新的政府的权利。我国已故著名学者龚祥瑞也认为,法治就是经人们同意的统治,就是民主的政治,而不是个人专断。在法治下,人们可以做立法机关所规定的事,也可以按照自己的意志做法律未加规定的事。[2] 正是因为法治体现了对人权的护卫,因而它才具有强烈的道义基础。

2. 法治的核心就是控制权力。法治理念所强调的是,权力行使者必须根据法律规定行使权力,法律是最高的权威,统治者也在法律支配之下。可以说,正是对权力可能造成的危害的关注,才产生了法治的观念。正如美国学者埃尔曼所言:“从古代起,‘西方人’便激烈而无休止地讨论着法律与权力的关系,这种争论奠定了法治观念的基础。”[3]法治的源头在于对国家权力的正确定位及法律控制。当权力的负面作用日益危及人民的利益与安全时,通过法律措施来监控权力的实施,就成为民主社会的必然要求。对国家权力进行合理的分工,这是权力监控的基本前提;分工的实质即在于明确各自的权力限度,对权力进行一定程度的量化。权力僭越是分工要求所严格禁止的,越权无效因之成为法律的基本原则。不仅如此,权力运行对社会的破坏性,更主要的是权力滥用。权力具有扩张性、侵略性、腐蚀性的特点,任何一种不受制约的权力最终都会成为社会的毒瘤,形成权力异化现象。因此,在权力合理分工的基础上,必须加强对权力的控制、约束。不如此,建立法治社会、形成法治机制都只能是一句空话。

3. 法治是一种国家治理模式。就治国的方式而言,既有依照法律的治理,也有依靠道德的约束、执政者个人的贤明以及政策的调控等其他方式,然而,从人类历史而言,治国方略可以分为法治与人治两端:前者强调的是一种规则之治,后者则力求找到一个“尧舜”式的君主。自然,法治本身也是有着极大的代价的,它在一定程度上牺牲了人的主观能动性,然而,相对于人治而言,法治则因它的客观性、稳定性而能够给社会提供更为安全的机制。因而,自亚里士多德以来,法治即成为人们的一种追求,[4]它表明了人类社会在经历了长时期的“试错”过程之后,终于为国家治理模式找到了一个相对理想的形态。自然,法治的存在并不排斥其他能够作为补充,然而,一旦将法治作为国家的治理模式,那自然意味着,在所有涉及国家管理、国家目标的治理模式中,法治居于最高的地位。

4. 法治代表着一种社会理想。作为人类社会所追求的目标,法治代表着人们对社会未来发展的一种观念与期望。如果说,社会科学的研究不仅是关注人、社会这样两

---

〔1〕 [美]埃尔曼:《比较法律文化》,贺卫方、高鸿钧译,三联书店 1990 年版,第 95 页。

〔2〕 龚祥瑞:《西方国家司法制度》,北京大学出版社 1993 年版,第 87 页。

〔3〕 [美]埃尔曼:《比较法律文化》,贺卫方、高鸿钧译,三联书店 1990 年版,第 92 页。

〔4〕 当然,如果从渊源上而言,亚里士多德的老师柏拉图可以说是主张法治的更早的思想家。柏拉图早年主张人治,强调“哲学王”在理想国家中的地位,然而,现实使其认识到,这样一种“哲学王”是不可能存在的,因而其晚年著作《法律篇》即转而寻求法治。

个基本范畴,那么,“社会理想”可以恰当地归入人类学术所必须追问的终极问题。法治正是如此。一方面,法治的理论与制度建构代表着人们对自身“恶性”的一种审视,它承认人非完人,没有制度的约束,任何圣人也都会犯错;另一方面,它也体现了人们对社会问题解决的乐观态度,它表明,人类已经找到了一种解决自我局限的办法,那就是通过客观的规则来约束人们的主观意志,从而可以保证人的主观与客观的统一与协调,从而达到人与社会的平衡与和谐。当然,既然是一种理想,那也就意味着法治永远不会有个尽头:只要人类法律问题存在,那么,如何找出最好的办法来解决人与社会之间的矛盾与张力,就成为法治永恒的任务。这也同时说明,法治无论在理论上还是在实践上,都是一个人们不断探索与实践的发展过程;人们总是在接近理想,使法律日益人性化、规范化。

二、法治国家及其标志

法治的制度形态,即法治国家。关于法治国家的概念,在法理上有诸多定义,[1]其核心则包含这样几个基本要素:①法律,这是实现法治的依据;②内容,主要是涉及国家权力与个人权利两个方面;③成效(或者说状态),则是指通过法律来调整国家权力与个人权利所达到的一种平衡与和谐的状态。许多学者则将法治分为法律与制度两个方面,认为法治国体现的是法律至上,而法律又是包括实体内容与程序内容的良法,同时,要建立权力制衡、司法独立、司法审查等基本的制度来维护、体现法治。[2]大致说来,法治国家是指以良法为依据,强调法律至上、依法办事所形成的控制国家权力与保护个人权利的国家政治状态。

那么,作为法治国家要具备哪些要素呢?国外有的学者将之归纳为六项:①公布一部宪法确立权力分立以限制国家权力的集中;②赋予保证公民免受他人侵犯或国家非法干预的基本权利;③行政机关依法办事;④对个人因征用、为公献身和政府滥用职权而造成之损失的国家赔偿义务;⑤法院为防止国家权力侵犯公民权利而提供法律保护;⑥司法独立审判制度和禁止刑法的追溯力。[3]实际上,以上所言学者有关法治国家的概念中也包含着法治国家的要素这样一些内容,为此,我们将法治国家的标志理解为以下几个方面:

1. 个人至上。个人至上是从国家的目标与法律的宗旨而言,也就是说,所谓法治,本身就是建立在“以人为本”的理念基础之上,[4]因而制度的建构也就必须体现对人的终极关怀,而不是仅将法律视为治人的工具,或者认为法律是一种在个人权利与国家权力进行平衡、折衷的手段。然而,相对于外在制度与权力而言,突出强调个人的地

---

〔1〕 例见张文显主编:《法理学》,法律出版社1997年版,第240、241页;北岳:“论法治国的理论基础”,载刘海年等主编:《依法治国建设社会主义法治国家》,中国法制出版社1996年版,第143页。

〔2〕 周永坤:《法理学——全球视野》,法律出版社2000年版,第528、529页。

〔3〕 转引自张文显主编:《法理学》,法律出版社1997年版,第241页。

〔4〕 参见本书第3章。

位,这应当是法治理论中更应当注重的问题。个人本位的延伸就是权利本位,它表明个人地位主要就是通过确立权利主体的地位而得以实现的。“人与法的关系实质上是主体与客体的关系。人既是法的实践主体,也是法的价值主体。……人在法律生活中具有自主性、自觉性、自为性和自律性,具有某种主导的、主动的地位”。〔1〕由此可见,与权利本位相对的是权力本位、义务本位的概念。也就是说,相对于国家权力而言,权利本位以个人权利作为国家权力的基础,权利高于权力而不是权力限制权利。权利既是权力运行的出发点,也是评价权力运行是否合理的标准与尺度;就权利与义务的关系而言,权利是主要的、根本的,而义务则是权利的界限,它在一定程度上也是表明个人对自己行为的一种自律性要求。所以,法治的理论更应当强调“以人为本”。正如学者所指出的,“所谓法治,即是以某种稳定的制度模式去限制、监控这些统治者或政治权威们的权力,以张扬(个人)是社会、国家、群体之本——本原、本身、目的的价值理念。亦即说,‘以人为本’的法治当:①以全体公民的意志为法治建设;②重在保障个人权利、自由;③因之必须重点设防政治权威的权力。”〔2〕

2. 法律优良。简单地说,这即是“良法”的理念。也就是说,对于成为法治依据的法律规范而言,它必须是“品质优良”的法律。这一观念从亚里士多德开始即已存在,他所定位的法治,就是制定的法律是良好的法律,并且这种法律能够得到切实的执行。所谓良法,具体而言,包括两个方面的内容:一是实体上的,二是程序上的。从实体上而言,“法律必须保障自由、平等、权利等基本人权,这是法治的根本目的之所在,是法治的灵魂”;从程序上而言,“良好的法律不但要求内在价值善,也要求有善的形式。良法的形式通常指:法不溯及既往、法的明确性、公开性、普遍性(不得制订针对具体个人的立法)、不矛盾性(法律不得相互矛盾)、可行性、安定性等等。”〔3〕或许用一句更为简洁的话来概括,那就是法律的确定性。从法理上而言,“确定性”是指法律规范的表述应当清晰、明确:“确定性可能意味着存在对于法律问题的惟一正确的答案,这个答案应该是可以复现的。换句话说,对于同样的法律问题,所有受过法律训练的人,借助于正常的推理程序,最终都能够得出同样的答案。”〔4〕虽然随着语言哲学和诠释学的兴起,人们对于法律语言所能表达、涵盖的思想容量日益表示怀疑,甚至得出了任何法律都不具有确定性的极端结论,然而,“那种认为法律完全是存在性的,完全以时间、地点的情境为转移,申言法律不能用真理或正当性的标准,只能以可行性的标准来衡量,主张法律‘不要求有神圣的渊源或者永恒的效力’的看法也不能自圆其说。……那种仅仅只是凭借‘预感’或实验来进行司法判决或制定法律的做法根本上不能赋予法律以

---

〔1〕 张文显、于宁:“当代中国法哲学研究范式的转换”,载《中国法学》2001年第1期。

〔2〕 程燎原、江山:《法治与政治权威》,清华大学出版社2001年版,第1页。

〔3〕 周永坤:《法理学——全球视野》,法律出版社2000年版,第529页。

〔4〕 梁治平:“解释学法学与法律解释的方法论——当代中国法治图景中的法解释学”,载梁治平编:《法律解释问题》,法律出版社1998年版,第97页。

可靠性，而这种可靠性却正是守法的最终依据。这里的'守法'不单纯是指民众恪守法律，它指的是我们大家的守法，特别是法官和立法者的守法。"[1]正是从这个意义上，学者们将法律的确定性视为法律正确发挥社会功能的前提："如果法律不能提供稳定性和一定程度的确定性，那么结果必将导致而不是抑制混乱。这便是以其正义意识和对社会功利的关注而著名的法官布兰克斯说以下话的原因：'法律规则的确定常常比正确地确定来得更为重要'。"[2]

3. 权力制约。法治的核心内容就在于对国家权力施以严密的控制，从而防止权力的集结所可能带给人们的危害。因而，从制度上而言，法治首先是要权力区分为主体不同、职能互异的几个部分，使权力不至于成为集权性的、专断性的权力形态。正如英国学者维尔所言："分权的'纯粹学说'也许可以这样表述：为了政治自由的建立和维护，关键是要将政府划分为立法、行政和司法三部门或三部分。三个部门中的每个部门都有相应的、可确定的政府职能，即立法、行政和司法的职能。政府的每个部门都一定要限于行使自己的职能，不允许侵蚀其他部门的职能。进而，组成这三个政府机构的人员一定要保持分离和不同，不允许任何个人同时是一个以上部门的成员。"[3]由此可见，分权体制下形成权力的三种主要特性：①专属性权力，即某种权力归属于特定国家机关享有，其他国家机关不得行使该种权力；②专业性的权力，即某一机关所行使的权力就是处理某一专业事务的权力，具有特定"行业"的管理经验与方法；③确定性的权力，每一部门都有其特定的权力范围、形式、手段。[4] 在权力分工的基础上，还必须建立权力制约机制，使每一种权力在违法行使时，都可能招致其他国家机关的限制、约束，从而保证权力不至于成为危害人民的力量。只有当权力在国家的社会生活与政治制度中真正得到限制时，才能够形成良好的法治状态。这正如学者所总结的，"制约与平衡使三种权力混合起来，让政府的三个部门互相限制。制约是指一个部门对其他部门职能的监督，从而造成权力的平衡。这一原则为各部门保护自己的职能，免受其他部门的干扰提供了宪法规定的手段。制衡原则把立法权、行政权和司法权混合在一起，把某些立法权给予行政部门，把某些行政权给予立法部门，如此等等，从而使任何一个部门不能支配另一个部门。"[5]

4. 司法独立。在法治的制度建构中，司法独立是其中关键的一环。个中原因在于：①对于个人的权利保障而言，司法是最为有效的渠道。自然，国家可以设定其他机关通过其他方式来行使保障个人的职责，然而，公民的权利纠纷只有转化为案件以后，才可以在理性的司法程序中得以解决；②就案件的解决而言，虽然并不排斥其他机关

---

〔1〕［美］伯尔曼：《法律和宗教》，梁治平译，三联书店 1991 年版，第 44、45 页。

〔2〕［美］埃尔曼：《比较法律文化》，贺卫方、高鸿钧译，三联书店 1990 年版，第 67 页。

〔3〕［英］M. J. C. 维尔：《宪政与分权》，苏力译，三联书店 1997 年版，第 246 页。

〔4〕胡玉鸿："行政审判权力来源探讨"，载《法学》2002 年第 1 期。

〔5〕［美］加里·沃塞曼：《美国政治基础》，陆震纶等译，中国社会科学出版社 1994 年版，第 23 页。

解决的可能，然而，司法最终裁决的特性恰恰证明，只有司法上的判定才具有最终的法律效力。司法独立是在国家权力进行内部分工的基础上，赋予司法机关以独立的政治地位，它表明司法权的行使是独立进行的，司法机关只服从法律而不受制于任何政治权威；司法权是有权威的，它所作出的判定是具有国家强制力的决定；司法权的运作是有法律保障，同时也受着法律约束的，在权力运作、程序规制等各个方面，都必须体现依法司法的原则。当然，从社会发展的终极目标而言，国家、法律制度可能都会因"不合乎人性"而走向消亡，但在现有的体制框架之下，保持司法的独立地位、克服司法权与其他形式权力的混杂以及其他权力对司法权力的僭越，才能够真正体现这样一种由相对独立于政治和社会的法官所行使的权力的意义。自然，有了司法独立不一定就有司法公正，但没有司法独立则绝对不会有司法公正。有关这一问题的具体内容，我们将在"法律程序"一章中再予论述。

三、社会主义制度与法治国家

1999 年，全国人大通过宪法修正案，规定："中华人民共和国实行依法治国，建设社会主义法治国家。"由此将建立法治国家的目标正式纳入根本大法之中。实际上，这是社会主义制度本身所要求的。从政治体制、法律制度上而言，社会主义制度本身要求最为完善、最为有效地保护人民的权利，体现"中华人民共和国的一切权力属于人民"的宪法规定。独裁、专制不是社会主义，权力滥用、漠视人权也不是社会主义。加强民主与法制建设，建立完善的人权保障机制与权力制约制度，这是社会主义制度的客观要求。

在以往，我们往往根据革命导师著作中的片言只语，来否定他们主张权力分工，从而使建立法治制度最基本的制度建构——权力分工与权力制约——无法得以实现。然而，综观马克思、恩格斯的著作，经典作家并未如此简单地否定分权与制约的合理性。相反，在他们看来，

1. 分权是绝对必要的制度设计。马克思认为，"为了自由的利益"，就必须有一种"十分必需的分权和权力互相监督"的制度安排，这是确保"立宪原则"得以实现的需要。[1] 虽然这一原则常被用来作为打压其他国家机关的借口，但并非这一原则就没有存在的价值。在谈到"分权"的历史意义时，马克思指出："中央集权的国家政权连同其遍布各地的机关，即常备军、警察局、官厅、教会和法院——这些机关是按照系统的和等级的分工原则建立的——起源于专制君主制时代，当时它充当了新兴资产阶级社会反对封建制度的有力武器。"[2]这也说明，如果没有"系统的和等级的分工原则"，就没有可能摧毁封建专制制度，从这个意义上说，"分权"代表着社会进步的发展趋势。在谈到巴黎公社的"伟大社会措施"时，马克思也将"用严惩的办法禁止雇主们以各种

---

〔1〕［德］马克思："危机和反革命"，《马克思恩格斯选集》（第 1 卷），人民出版社 1995 年版，第 314 页。

〔2〕［德］马克思："法兰西内战"，《马克思恩格斯选集》（第 3 卷），人民出版社 1995 年版，第 52 页。

借口对工人罚款以减低工资”这一措施纳入其中，因为“雇主们在这样做的时候集立法者、审判官和执行吏于一身，而且以罚款饱私囊。”〔1〕这也同样表达了立法权、行政权与司法权必须分开的思想理念。

2. 马克思、恩格斯对资产阶级制度下分权制度的批判，主要是有关行政集权问题。在谈到无产阶级的历史使命时，马克思指出，就是“把国家这个阶级统治的工具，也就是把集权化的、组织起来的、窃据社会主人地位而不是为社会做公仆的政府权力打碎。”〔2〕这种“政府权力”一是使得行政权成为架空立法权、司法权的集权形式，破坏了分权制度；二是由社会的公仆异化为社会的主人。恩格斯也对这一现象提出了严厉的批评，在谈到德国宪法时，恩格斯指出：“帝国宪法，以交给人民及其代议机关的权利来衡量，纯粹是1850年普鲁士宪法的抄本，而1850年宪法在条文里反映了极端反动的内容，根据这个宪法，政府握有全部实权，议院连否决税收的权利也没有，这个宪法在宪制冲突时期证明，政府可以对它为所欲为。”〔3〕实际上，资产阶级国家并未按照自己所标榜的“三权分立”原则来建构政权组织形式，往往是行政权过分庞大，而立法权只是作为一种陪衬而成为一种装饰品。在谈到法国宪法时，马克思指出：“总统不仅同样通过实行普选权而获得批准，并把分配在国民议会各个议员身上从而百倍分散的全部选票集中于一身，而且，总统还掌握着全部行政权，而国民议会则只是作为一种道义力量悬浮在行政权之上。”〔4〕宪法的措词同样反映了强行政与弱议会的特色，在法国宪法中，“一个是立法议会，一个是总统。只要把宪法浏览一遍，就可以看出：只有那些确定总统对立法议会的关系的条文，才是绝对的、肯定的、没有矛盾的、不容丝毫曲解的。……这样，宪法就把实际权力授给了总统，而力求为国民议会保留精神上的权力。”〔5〕在这样一种宪法之下，国民议会代表人民行使立法权的国家机关，实际上只是成为行政权的附庸。特别是在阶级矛盾激化的时候，行政权强化的趋势就更加明显，而作为制约行政权而存在的立法权就只有在行政权的进逼前步步退缩。马克思指出：“由于存在着无产阶级起来造反的危险，联合起来的统治阶级已在残酷无情地大肆利用这个国家政权作为资本对劳动作战的全国性武器。但是，统治阶级对生产者大众不断进行的十字军讨伐，使它不仅必须赋予行政机关以越来越大的镇压之权，同时还必须把它自己的议会制堡垒——国民议会——本身在行政机关面临的一切防御手段一个一个

---

〔1〕［德］马克思：“法兰西内战”，《马克思恩格斯选集》（第3卷），人民出版社1995年版，第64页。

〔2〕［德］马克思：“《法兰西内战》初稿”（摘录），《马克思恩格斯选集》（第3卷），人民出版社1995年版，第94页。

〔3〕［德］恩格斯：“1891年社会民主党纲领草案批判”，《马克思恩格斯选集》（第4卷），人民出版社1995年版，第410页。

〔4〕［德］马克思：“1848年至1850年的法兰西阶级斗争”，《马克思恩格斯选集》（第1卷），人民出版社1995年版，第417页。

〔5〕［德］马克思：“路易·波拿巴的雾月十八日”，《马克思恩格斯选集》（第1卷），人民出版社1995年版，第599页。

地加以剥夺。"[1]从而分权原则所寄寓的权力分工与权力制约的理念也丧失殆尽。

3. 马克思主要是在特定的环境中批判分权制度,这就是"革命"这一事关政权得失的时期。马克思认为,"在革命之后,任何临时性的政局下都需要专政,并且是强有力的专政。我们一开始就指责康普豪森没有实行专政,指责他没有马上粉碎和清除旧制度的残余。正当康普豪森先生陶醉于立宪的幻想时,被打垮的党派就在官僚机构和军队中巩固他们的阵地,甚至敢于在各处展开公开的斗争。为了协商宪法而召集了国民议会。它和国王是平权的。在一种临时局面下有两个平等的权力! 正是康普豪森先生想借以'拯救自由'的这种分权,正是临时局面下的这种分权状态,必然会导致冲突。"[2]这也说明,分权制度本身存在于和平时期,是对国家内部权力进行的一种制度分工;然而,在政权尚未稳固就进行权力分工,这只会使"江山易主"。从这个意义上说,在政权刚刚创建时期,主要的任务就是要实现"专政";而巴黎公社之所以失败,按照马克思的总结,在很大的程度上也就是对敌人姑息养奸,而未实现彻底的无产阶级专政。

由此可见,马克思、恩格斯的著作中并未排除分权的合理性与进步意义,相反,他们却常常认为一个国家的政权组织形式必须实现适度的权力分工与权力制约。以此为准据,法治也就是马克思主义法律思想中的重要内容。

从新中国建立以来权力运行的实践而言,建立法治,实行权力分工与权力制约也是当务之急。不容否认,我们的政府是人民的政府,国家机关及其工作人员在总体上都能恪尽职守,秉公执法,忠实地维护人民的利益。但是,也应当看到,在国家管理过程中,超越职权、滥用权力等违法现象依然存在,侵犯人民合法权益的现象也是屡见不鲜,要真正做到"人民政府为人民",就必须健全法治,加强权力分工与权力制约制度。党的十一届三中全会以后,中国的法制建设迈上了一个新的台阶,特别是随着《行政诉讼法》(1989 年)、《国家赔偿法》(1994 年)、《行政处罚法》(1996 年)等重要法律的颁布,中国的法治建设已经开始向权力制约、司法审查等制度迈进。自然,由于法治基础的先天不足,中国的法治建设事业还面临许多的难题与障碍,但可以乐观地相信:随着人们对法治认识的日益增强,中国的法治建设也必将迎来一个更为美好的明天!

复习思考题

1. 如何理解法律形成的标志?
2. 法律发展的历史规律是什么?
3. 如何正确理解社会主义国家法律的主要特性?
4. 如何理解法治的概念及其主要标志?
5. 社会主义制度与法治是否相容? 为什么?

---

[1] [德]马克思:"法兰西内战",《马克思恩格斯选集》(第 3 卷),人民出版社 1995 年版,第 52、54 页。
[2] [德]马克思:"危机和反革命",《马克思恩格斯选集》(第 1 卷),人民出版社 1995 年版,第 313 页。

第三编 运行论

第十一章 法律职业

✣学习目的与要求

本章是有关法律职业的分析论述,重点研究了①法律职业及其发展,明确了法律职业的概念与特征,叙述了法律职业在人类历史中的发展演变,分析了法律职业在促成法治事业中的重要作用;②法律职业机构,分析了法律职业机构的发展变化,阐述了法律职业机构对法律运行的主要影响,并就我国人民法院、人民检察院、律师机构的性质及功能进行了分析;③法律职业人员,分析了法律职业人员的素质要求及入门条件,研究了法律职业共同体的基本特点;④法律职业素质,从知识、能力等方面,概括了法律职业者所必需的职业素质要求;⑤法律职业伦理,探讨了法律职业人员职业伦理的重要性及其相关内容。通过本章学习,有利于使学生明确法律职业的职业特性及其基本要求,从而以法律职业人的标准要求、规范自己的行为。

第一节 法律职业及其发展

一、法律职业的概念和特征

职业是社会分工的产物。法律职业是随着社会关系日益复杂和法律不断专业化而从其他职业中分离出来的一种特殊职业。《不列颠百科全书》将法律职业定义为“以通晓法律及法律应用为基础的职业”。现代西方著作中,法律职业是指从事直接与法律相关的各种工作的总称。我国学者认为,法律职业是指受过专门的法律教育、具备法律预先规定的任职条件、取得国家规定的任职资格而专门从事法律工作的一种社会角色。尽管中西学者对法律职业的内涵表述不完全相同,但有一点是共同的,就是法律职业者必须精通法律且以法律工作为职业。[1]

然而,法律职业的外延在各国不尽相同,这主要是由各国的法律制度、历史传统以及行政体系、文化背景所决定的。在西方法律体系中,法律职业主要指两部分人,一是律师,二是法官、检察官等法律官员。[2] 由此可见,法律职业的典型是律师、法官和检察官。除此之外,还有其他的法律职业,如司法部门的非专业检察官、行政司法官员、法庭书记员、法警等;非司法部门的专利代理人、法律书记员、商标代理人、专利查询专家、合同书记员、地产契约书记员、所有权审查员等,这些都属于法律辅助人员。同样,由于各国的历史背景、法律传统存在差异,名称相同的法律职业,处理法律事务的范围也可能不同,一个国家的某些法律职业功能在其他国家也可能由不同的法律职业来承担,因此,在不同的国家就会有不同的法律职业名称。英美法系国家中,例如美国,几乎所有的社会问题均可转化为法律问题并提交法院解决,美国的律师可以为当事人提供任何方面的法律服务,其法律职业当然也以律师为主,所以,在美国法律职业系统中,一般均以律师资格作为从事其他法律职业的前提。在英国,法律职业一般仅限于律师,包括出庭律师和诉状律师,法官是由委任产生的,一般来自下级法院或具有一定资历的律师。在大陆法系国家,法律职业范围较广,一般包括法官、律师、公证人及法律教师。检察机关一般附设于法院内部,而不单独设立,但实行上下级垂直的领导体制。检察官从隶属关系而言是国家的行政官员,然而就其承担的基本职能来看,应归属于法律职业。大陆法系国家法律职业有一个重要特点,即各法律职业间的界限明确、相互隔绝,法律职业者一般将某一法律职业作为其一生的职业。

从法律职业的历史和现状看,法律职业具有以下几个明显的特征:

1. 法律职业的专门性。法律职业从其他职业中能够分离出来的根本原因之一,就在于法律职业的专门性。在法律发展的早期,由于社会生活比较简单,执法人员可以根据习惯规范来判断是非、解决纠纷,仅凭丰富的社会生活经验和阅历就完全能够胜任执法者的角色。因此,古代执法人员可以不必经过专门化的职业训练。但是,随着社会分工的日益细化,社会纠纷类型也日益复杂化,特别是市场经济条件下社会分工的高度发展,法律职业专门化在现代社会中已为必然。因而,法律职业要求的特定教育背景、良好的法律专业素养、统一司法考试已成为现代社会确保司法公正的前提条件之一。

2. 法律职业的独立性。司法体制的基本目标,是为了实现司法公正,从而实现法

---

〔1〕 关于法律职业的概念,理论上有两种观点,①广义上的法律职业概念,认为立法人员、司法人员、律师、政府机构中从事法律事务的人员以及法学研究和教学人员均为法律职业;②狭义上的法律职业概念,主要是指法制运作过程中从事法律实务工作的职业人员,主要指律师、法官和检察官,以及其他一些法律辅助职业。多数国家采用狭义上的概念,有个别国家的法律职业仅指律师职业。本书主要从狭义上使用法律职业概念。

〔2〕 朱景文:《比较法导论》,中国检察出版社 1992 年版,第 341 页。

治、保障社会公正。在这其中,司法独立是实现司法公正的必要条件。许多国家的宪法和法院组织法都明确规定了法官独立及保障法官独立的一系列物质条件和制度条件,有关国际会议的司法独立文件对此也做了相应的规定。[1] 法官独立在许多国家已深入人心,成为社会意识的一部分。如在德国,通常没有人去谈论法官的独立性问题,因为它是不言而喻的,属于社会意识。[2] 律师作为一个职业门类,也是以自由、独立为基本内容的,然而法律要求从事律师职业者不得兼事任何有损于律师独立性和律师职业自由性的活动。[3] 检察官的地位在西方法治国家中有所不同,但它多属于国家行政官员,代表国家追究犯罪和监督审判,实行垂直的上下级领导制度,不具有独立性。由于现代社会中两大最基本的法律职业——律师与法官——都具有很强的独立性,因此,我们仍可以说独立性是法律职业的重要特征之一。

3. 法律职业的技术性。英国法社会学家罗杰·科特威尔指出,法律业务包括极其多样的法律的和非法律的技能与服务。职业自治的权力通常要求建立在法律职业的知识和专长是独特的,并且完全不同于其他形式的知识的观念之上,因而法律职业的特殊业务能够清楚地区别于其他职业的业务。法律学说及解释法律学说的技术被认为是构成了这种特殊知识。科特威尔并指出,强调这种知识的独特性,业已成为西方律师在达到法律职业目标的策略中的中心点。[4] 事实上,法律的日益庞杂,法律渊源和位阶的多样化,法律内容与现代科学技术的日益渗透,法律专业功能的增加,使法律专业人士在履行完成协调法律体系、调处社会纠纷的任务时,必须拥有专门的业务知识和较好的技能水平。因为法律职业(或法律专业集团)的主要任务是维护法律原则体系的内部一致性,运用法律规定处置具体法律关系,平衡国家立法原意与具体司法实践的矛盾,兼顾法规明确性和原则一致性的需要。[5] 法律职业者要想圆满完成这些使命,决不像照葫芦画瓢或按图索骥那样简单,需要掌握娴熟的法律原理与法律技术。

法律职业的技术性决定了法律职业的专门性,法律职业的专门性又促进了法律职业的技术性。正是法律职业的这种专门性和技术性,形成了西方社会法律的最显著特征——相对处于与社会"隔离"的状态。

---

[1] 参见联合国《关于司法独立的基本原则》(1985 年 12 月联大核准)、《司法独立世界宣言》(1983 年 6 月订立)、《国际法曹协会司法独立最低标准》(1982 年 10 月订立)、《关于新闻媒体与司法独立关系的基本原则(马德里原则)》(1994 年 1 月订立)。

[2] [德]傅德:"德国的司法职业与司法独立",载宋冰编:《程序、正义与现代化——外国法学家在华演讲录》,中国政法大学出版社 1998 年版,第 17 页。

[3] 有关国家关于律师独立性的规定,参见司法部法规司组织翻译:《外国律师法规选编》,法律出版社 1992 年版。

[4] [英]罗杰·科特威尔:《法律社会学导论》,潘大松等译,华夏出版社 1999 年版,第 224 页。

[5] [英]罗杰·科特威尔:《法律社会学导论》,华夏出版社 1999 年版,第 100 页。

二、法律职业的历史发展

从历史上看，法律职业的产生发展与民主制度的建立、社会经济的发展和法学自身的发展密不可分。以法律工作为职业的前提是法律成为国家统治和管理社会的首要工具，成为人们进行各种社会活动所必须遵守的基本行为准则。在民主制度的发源地古希腊，人们通过自己选出的代议机关制定法律，国家按照代议机关制定的法律来进行管理，因此应用法律就成为经常的事，社会需要执行法律的部门和利用所掌握的法律知识为公众服务的人。真正的法律从来都与民主制度相伴而生，正因如此，法律职业起源于西方也兴盛于西方。其次，法律职业要成为职业，必须能满足人们生活的需要，或者借用经济学的话来说，要有消费市场。正因如此，哲学家不可能成为职业群体，但法律家则得天独厚，其原因就在于法律与社会经济生活的天然联系。经济的发展、贸易的频繁对法律产生了需求，市场需要充当协调人和代理人的法律职业者。古罗马不仅是法律发达的古老国度，而且也是法律职业的重要发源地。这取决于古罗马经济的发展和法律及法律教育的发达。在古罗马，“除军事生涯外，习法是通向财富、名誉和权势的主要途径。”〔1〕以五大法学家为代表的法律职业者，受到社会的普遍尊重和拥戴。当时的法律职业主要有专门解答法律问题及传授法庭技巧的法律顾问、研究法律原则的法学家、辩护人、诉讼代理人。

在近代西方社会，法律职业者对社会的变革和发展更是起了十分关键的作用。无论是在革命时期为新兴的资产阶级准备思想武器，还是在发展时期为减少贸易纠纷促进经济增长等方面，特别是在现代法治国家的建立过程中，法律职业及法律职业者的努力功不可没。有关法律思想史的资料，对此作了很好的注解。

在现代西方发达国家，随着社会生活的进一步复杂化，经济交往的异常频繁，尤其是公民权利意识的不断增强以及法律职业自身的良好声誉，使得法律职业已成为社会地位高、经济收入高、对人才要求高、职业变动性小、人们普遍向往的一种职业。

然而，现代法治国家也对进入法律职业的人员规定了很高的入门条件。在英文中，the Bar（法律职业）是“关卡”、“障碍”等词的引申意义，表明该职业设有进入壁垒，对人才的要求很高。在他们看来，法律职业首先要求从业人员要有“良知”，即正义感和责任心。法律职业对责任感的要求丝毫不亚于医生这种关系到人的生命的职业。“诉讼对双方当事人及其所赡养的人有直接的影响。司法判决往往会影响到其他许多人。因为法官说什么，法律也就常常变成什么。”“如果判决不公，社会就可能使某个社会成员蒙受一种道德上的伤害。”〔2〕由此可见，没有“救死扶伤”的良知，就不可能有好的法律职业者。其次，法律职业者必须有高深的法律知识。在现代法治国家，法官、律师等法律职业人才的学历起点一般为本科，有的甚至要求硕士学位。

---

〔1〕方流芳：“中国法学教育观察”，载贺卫方编：《中国法学教育之路》，中国政法大学出版社1997年版，第5页。

〔2〕［美］德沃金：《法律帝国》，李常青译，中国大百科全书出版社1996年版，第4页。

从以上的简要考察我们不难看出，法律职业在现代法治国家中起着非常重要的作用，它们“开创法院解决冲突的办法，以法庭的和平方式代替国家内部的恶性战争”。正因为法律职业在现代国家中起着“减压阀”的作用，所以对法律职业者的要求也非常严格，各国均把法律职业作为特殊职业进行管理，设置了很高的门槛，规定了严格且例外的管理制度。对法律职业，既重视知识能力，又重视实务能力。

三、法律职业与法治

一位青年法学家曾经指出：“如果说法治就是法律的统治，那么所谓的法律统治，又可以恰当地被归结为作为法律家的法律职业者的统治”。因为在现代社会中，“作为法律家的法律职业者，是法律制度的载体，是媒合法律制度和社会生活之间距离、实现法律对社会生活关系的有效调整的中介。在一个奉行法治的社会中，法律职业具有崇高的地位，其作用得以充分发挥。”[1]美国著名法学家弗里德曼也认为，法治的观念建立在三个核心原则之上。①法治的观念就是“有或者应当有一个自由、独立、不受来自权力领域直接控制的法律领域”；②“法律团体应当根据法律作出决定，亦即根据先前已知或已经确立的规范、原则和理论”；③法律面前人人平等的观念。[2] 由此可以看出，现代的法治首先要求有健全的法律制度，其次要求有高素质的法律职业者。因为，“法律制度像一架庞大的机器，你不能仅凭看看说明书，就说机器是如何运转，你必须在真实的生活中去观察，看它转动着的所有部件”。法律职业者就是法律制度这架庞大机器的一个关键部件，是“法律帝国”的官吏。

法治是现代社会的必然要求，在我国也纳入宪政原则之中。然而，“徒法不足以自行”，依法治国需要建立一整套适合现代市场经济规律要求的、内容完备的法律职业制度，并尽快造就一支高素质的法律家队伍。实际上，在法治和法律职业之间显然存在着一种“共生”关系：法治以法律职业为运作的载体，法律职业则维护法治并从中获得成就。[3]

第二节　法律职业机构

一、法律职业机构概述

法律职业机构，又称法律机构，是法律职业者履行职责、运用法律所依附的组织。法律职业机构也是社会分工和社会进步的产物，是随着法律职业从其他职业中的分离而出现的。

---

〔1〕 张志铭：“法治社会中的法律职业”，载《人民法院报》2001 年 11 月 23 日。

〔2〕 [美]劳伦斯·M.弗里德曼：“法治、现代化和司法制度”，载宋冰编：《程序、正义与现代化——外国法学家在华演讲录》，中国政法大学出版社 1998 年版，第 106、107 页。

〔3〕 张志铭：“法治社会中的法律职业”，载《人民法院报》2001 年 11 月 23 日。

在古东方奴隶制社会,国家一般没有专门的司法机关,司法权和行政权是密切结合的,两者既没有严格的划分,也不是由专门机关来行使。国王既有最高的立法权,也拥有最高的司法权,君主既可以亲自审理案件,也可以委托“王室法官”审理案件。地方上的司法权分别由国王下属的大小官吏来执行,他们既是行政官吏,又是一些案件的审判官。[1]《汉穆拉比法典》结语曾提到“法庭”一词,[2]但从现有史料来看,还不能认为当时已有独立的审判机构,而只能把它作为对行政官员审理案件时的场所和场景的指称。在古代中国,虽然朝廷中设有专理司法的官吏(如大理、司寇),但地方各级的司法与行政同样不分,司法与行政合而为一;在中央一级,皇帝集立法、行政和司法大权于一身,中央设置的专任司法的官吏、机关(如刑部、大理寺、都察院等)一般也置于行政官吏的管辖之下。

在古代希腊、罗马,司法权能最初也由行政机关行使,但法院出现较早。[3] 中世纪欧洲国家一般都设有专门的司法机关,如法国曾设立四种法院系统,即王室法院、领主法院、教会法院和城市法院。与此相适应,从腓力四世起建立了检察官一职,这被认为是现代意义上的检察制度的开端。[4] 英国11世纪就有从属于地方领主的郡法院和百户法院。13世纪亨利三世进行司法改革,将王室法院分为王府法院、民事法院和财务法院。资产阶级革命后,立法权和司法权从传统的行政权中分离出来的政治思想变成了政治现实,法律机构专门化步伐进一步加快,法律职业机构日益健全和完善,成为现代法治社会中的一道独特且亮丽的风景线,其健全和完善程度在一定意义上还成为衡量一国法治建设水平的重要参照系数。

现代社会的主要法律职业是法官、检察官和律师,与此相对应,法律职业机构主要有法院、检察院(署)、律师事务所和律师公(协)会。法院是行使国家审判权的机关,是一个重要的法律职业机构。各国法律都对法院的审判权力、机构设置、管理体制、管辖范围、审级制度、内部运行体制等作了明确的规定。西方各国由于受三权分立思想的影响,一般都把法院作为行使国家司法权的唯一机构,以形成与国会(行使立法权)和政府(行使行政权)的“三足鼎立”,相互制约。但在法院系统的设置上,也因各国的文化传统不同而有所不同。英美法系国家有一个统一的法院系统,这个系统呈金字塔状,最高法院位于塔顶,不论下属多少个审级,都分布在塔顶的下部。大陆法系国家特别是法国,法院则存在两个独立的法院系统,一个是普通法院系统,一个是行政法院系

[1] 陈盛清主编:《外国法制史》,北京大学出版社1982年版,第15、16页。

[2] 《外国法制史资料选编》(上),北京大学出版社,1982年版,第47页。

[3] 雅典梭伦改革时期设立陪审法庭,后不久又建立四十人法院;此外,还有主要审理民事的法庭以及处理各类案件的专门法庭。(参见陈盛清主编:《外国法制史》,北京大学出版社1982年版,第46页。古罗马共和国后期,设立了刑事审判的专门机构,从公元二世纪中叶起还建立了常设的刑事法院。参见《外国法制史资料选编》(上),北京大学出版社1982年版,第68页。

[4] 陈盛清主编:《外国法制史》,北京大学出版社1982年版,第96页。

统,它们各自都有其司法管辖、审级、法官和程序,分别行使着对普通案件和行政案件的审判权。

检察职业机构的设置也比较复杂多样,因为并不是每个国家都存在检察官和检察机构,一些大陆法系国家有检察官,但却把检察官设在法院系统中,如法国和意大利。英美法系的英国和美国以及大陆法系的有些国家如日本等国,都采用审检分立制。在这些国家,检察机关之间的关系也不尽相同,美国联邦检察组织系统和各州检察组织系统之间没有领导和被领导的关系,也没有监督和被监督的关系,而英国则建立以中央最高检察机关统一领导的全国检察机关。[1]

作为律师,也有自己的职业机构。在西方国家,私人开业的律师除了律师楼、律师事务所外,还有自己的行业组织,即律师组织,有的国家称为律师协(公)会。英国的律师组织分为律师学会和法律协会,前者负责出庭律师的职业培训,后者则负责诉状律师的职业培训。美国的律师组织是美国律师协会(ABA),它在美国法律界的权力极大,因为它有权认定法学院的资格,而在 ABA 承认资格的法学院修业期满,取得 J. D. 学位,是取得律师资格的前提。

法律职业机构的专门化,特别是司法机构的独立性,是现代法治的一个重要特点和标志。我们不能把法律职业机构仅仅看作通常意义上的、以文字规定的法律机构的配置,而应该把它看做一种与法律职业者活动有关的法律操作中的一系列因素的集合。这些因素包括法律活动的专业化、司法独立性、法律职业者的资格要求、执业环境等制度和非制度性的问题。

二、法律职业机构对法律运行的影响

法律机构作为法律职业者的组织机构,显然对于法律的运作会产生巨大的影响,因为法律本身即是通过职业者的活动而展开的。

从社会系统的观念上而言,法律机构具备一般社会组织所共有的特点,担负着参与社会变革,化解社会纷争,吸纳社会观念等方面的职能。著名的美国法律社会学家弗里德曼在分析法律制度时,就曾将包括法律机构(主要是指法院)在内的法律制度的工作流程分为四个部分:①“输入”,即有某些争端需要提请法律机构裁决,没有这些争端及要求裁决的行为,法律机构不会自发地开始工作;②“加工”,“法官和官员们行动起来,他们有秩序地加工原料。他们考虑、争辩、下命令、提交文件,进行审理。当事人和律师也各自起作用”;③“输出”,即法院作出裁决或判决,甚至制作一般规则;④“反馈”,即裁决结果如何对社会产生影响的信息反馈给相关的法律机构。[2] 这一流程实际上也就是法律运行的过程。在这一流程之中,弗里德曼认为,法律机构具体地行使如下职能:①保证在人们和团体间公正或恰当(可能是最不令人反感)的分配。在个别

---

〔1〕 陈健民主编:《检察院组织法比较研究》,中国检察出版社 1999 年版,第 166 页。

〔2〕 [美]劳伦斯·M·弗里德曼:《法律制度》,李琼英、林欣译,中国政法大学出版社 1994 年版,第 13 页以下。

诉讼和交易中,该制度应适用公正或恰当(可能是最不令人反感的)规则;②解决争端。"每个社会都会产生矛盾。一项基本的法律职能是提供机制和场所,让人们去消除矛盾,解决争端";③社会控制,即通过实施正确的行为规则而对社会进行控制,进而保证社会秩序的安定与和平。这又通过两种方式,一是制裁违法犯罪者(主要的社会控制),二是教育、劝告、改造(违法犯罪者),这是次要的社会控制;④建立规范本身,即社会控制的原料。"社会势力施加压力;这些要求'制造'法律,但是法律制度中的机构收获这些要求,使之具体化,变为规则、原则及对公务员和一般公众的指示。这样做,法律制度可以作为有秩序地变化和社会工程的工具"。自然,这类工作主要由立法部门完成,但"法院也建立规则";⑤"法律机构还起日常工作或记录的职能。它们充当现代世界千百万项必要的或想要的交易的储存库或记忆。它们存档、保留记录,它们把交易降为有效的日常工作。"[1]

总之,法律机构作为为保证法律得以实施而建立的组织形式,不可避免地要在社会生活中通过法律来彰显其成立、存在的价值,使具体结果的给定能符合广大民众对法律和法律机构的期望。并且,从某种意义上说,当人们感觉在个案中受到了不公正的待遇时,他不会想到法律本身的缺陷,而主要是联想法律机构及法律从业人员对其境况所起的"作用"。

三、我国的法律职业机构

我国的法律职业机构主要是人民法院、人民检察院和律师事务所。

人民法院是我国行使审判权的国家机关,负责审判刑事、民事、经济、行政及海事案件,是一个重要的法律职业机构。根据《人民法院组织法》的规定,人民法院的任务是通过审判活动惩办一切犯罪分子,解决民事纠纷和行政争议、经济纠纷,以保卫人民民主专政制度,维护社会主义法制和社会秩序,保护社会主义全民所有的财产、劳动群众集体所有的财产,保护公民的人身权利、民主权利和其他权利,保障国家的社会主义建设事业顺利进行。人民法院通过它的全部活动,教育公民忠于社会主义祖国,自觉遵守宪法和法律。

我国设立了四级人民法院,即基层人民法院、中级人民法院、高级人民法院和最高人民法院。各级人民法院内部都设有专业审判庭,包括刑事审判庭、民事审判庭、经济审判庭、行政审判庭、告诉申诉审判庭(或立案庭)、执行庭(局)等。根据需要,还可以设立其他审判庭,如知识产权审判庭、少年刑事案件审判庭等,中级法院以上的法院还设立办理司法和行政赔偿案件的赔偿委员会。根据法律规定,我国还设立了专门人民法院,如军事法院、海事法院、铁路运输法院等。这些设在特定部门或对特定案件设立的审判机关,不按区划设立,也不受理一般的刑事、民事、经济和行政案件,而是受理与

---

〔1〕 [美]劳伦斯·M.弗里德曼:《法律制度》,李琼英、林欣译,中国政法大学出版社 1994 年版,第 19 页以下。

设立部门有关的专业性强或机密性强的专门案件。[1]

我国人民法院上下级之间的关系是监督关系。最高人民法院监督地方各级人民法院和专门人民法院的审判工作,上级人民法院监督下级人民法院的审判工作。

我国人民检察院的机构设置大体与人民法院设置相一致,也分为四级。但我国人民检察院之间的关系则是领导关系。最高人民检察院领导地方各级人民检察院和专门人民检察院的工作,上级人民检察院领导下级人民检察院的工作。

我国的律师执业机构分为律师工作机构和律师组织。律师工作机构主要是律师事务所。律师事务所是司法行政机关依法核准设立的律师执业机构,是我国法律服务业务的执业主体之一。随着我国法律服务市场的不断健全和完善,以及律师管理体制的不断深入改革,目前我国有合作制律师事务所、合伙制律师事务所和私人律师事务所,并在部分城市允许外国律师事务所在华设立办事机构。我国加入 WTO 后,律师事务所的形式还将进一步多样化。我国的律师组织是中华全国律师协会,成立于 1986 年,是唯一的全国性律师组织。

第三节　法律职业人员

一、法律职业人员的素质要求

在法治国家里,法律职业主要指律师、法官和检察官三大基本法律职业。我们在论述法律职业的特性、品质、状况等特质的时候,也往往以这三大法律职业为依归,甚至仅以法官为代表来研究和探讨法律职业问题。这不仅说明了法律职业具有同质性,也说明了法官作为法律职业之一,是一国法治发展水平的标志。当然,就以法律为职业这样一个意义上的"法律职业"而言,它实际上还包括其他一些类型的法律职业者。

相对稳定且"滞后"的法律如何应对丰富多彩变化多端的社会生活,取决于法律规范自身的科学性和适应性,但归根到底取决于法律职业人员素质。王利明教授认为,保障法官能够依法办事、公正裁判的基本素质主要包括:①忠于祖国、忠于人民;②知法懂法,信仰法律;③心存正义、公正廉洁;④具备良好的分析和判断能力;⑤形成正确的思考方式。尽管不同法律职业对从业人员有着并非完全相同的素质要求,但上述几个方面的基本素质,则是从事法律职业所必须具备的。[2] 另外一位学者则认为,一个理想的法律职业人员应该具备四种有机联系的品质:即掌握专门的法律知识和技能,致力于社会福祉,实行自我管理,享有良好的社会声誉。[3] 总之,要使得法律职业能够担负起维护法治的任务,相关的从业人员就必须拥有良好的政治素质、业务知识与法

---

〔1〕 许崇德主编:《宪法》,中国人民大学出版社 1999 年版,第 262 页。

〔2〕 王利明:《司法改革研究》(修订本),法律出版社 2001 年第 2 版,第 450 ~ 453 页。

〔3〕 张志铭:"法治社会中的法律职业",载《人民法院报》2001 年 11 月 23 日。

律技术水平。

二、法律职业人员的入门条件

法律职业一直是奉行法治与权威的国家权力的支柱,因此现代国家一直追求"法律职业精英化"的目标,为实现这一目标,保证法律职业的良好素质,多数国家规定了严格的法律职业人员的入门条件。在美国,要想取得律师资格,首先必须在美国律师协会(ABA)承认资格的法学院修业满三年,取得"法律职业博士"学位(J. D.),然后经过由各州举行的律师资格考试。而美国的法学院不从高中毕业生中招收学生,即使相当于中国大专教育的两年制的社区大学的学生,也不能直接进入法学院学习。只有那些具有大学学士学位以上教育背景的人,才允许到法学院学习。美国的法官85%左右从律师中产生,其他则从法学院教授中产生,上级法院的法官也可以从下一级法院法官中产生。

英国的律师分为两大类:出庭律师和事务律师。一个公民必须在英国四大律师学院(林肯、内殿、中殿、格勒)中任何一个律师学院深造满3年,完成学业与职业的训练,经考试合格,才能授予出庭律师资格,律师学院的"门槛"也是很高的,须大学或高等专业学校学习已获得法律"学士"学位的人员,或年龄25岁以上,在非法律大学或法律实务或行政领域方面具有相当经验的成年人,应读1年课程考毕6个主要法律科目,并经律师学院监督特许发有"适合证书"的人员,才可以进入律师学院。事务律师的能力要求稍低一些。具有法律学位的学生和具有非法律专业学位的人员,以及在事务律师事务所工作一定年限的人员,经过法律专业学习或培训,经考试合格,授予事务律师资格。英国的法官从律师中选任,职业法官的最低能力要求是,具有10年以上出庭律师经历,或者任记录法官5年以上,经大法官推荐,由国王任命,兼职的记录法官则要求,凡出庭律师或具有10年以上事务律师资格者,须由本人向大法官申请并经大法官推荐,由国王任命。在英国四十岁以前被任命为法官是极为罕见的事情。

在德国,取得律师执业许可的资格,要通过两次国家考试。第一次考试的前提是起码在高等院校学习过三年半以上的法律。第一次考试通过后,到司法机关或特定的行政机关实习两年半以上,可以参加第二次国家考试。通过第二次考试,即可按规定程序申请律师执业许可。

在法国,申请取得律师资格者,首先必须取得法学硕士学位,然后通过考试参加律师职业培训中心为期1年的职业训练,学习结束时,还必须通过考试取得中心发给的律师资格考试合格证书。

在日本,实行法官、检察官、律师的一元化国家司法考试制度。欲任律师必须在大学法律系毕业后,参加司法考试,合格者到最高法院举办的司法研修所进行为期1年半的实习,实习合格者,可以从法官、检察官和律师中任选职业。选择律师职业者,仍需到司法机关、政府或法院工作5年以上,才能正式取得律师资格。日本法官法规定,最高法院的法官应从见识广博、有法律素养、年龄在40岁以上的人中任命,在15名法官中至少有10名法官必须担任过高等法院院长或法官10年以上,或曾担任过简易法院法官、检察官、律师、大学法学教授或副教授其中一职或两职以上合计年限达20年以上。高等法院的院长和法官,应具有担任高等法院候补法官、简易法院法官、检察官、律师、法院调查官、司法研修所或法院书记官研修所教官、大学法学教授或副教授其中一职或两职以上合计年限10年以上的资历。简易法院的法官,从担任过高等法院的院长或法官职务的,或担任过候补法官、检察官、律师、法院调查官、法院事务官、司法研修所或法院书记官研修所教官、法律事务官、法务教官、大学法学教授或副教授其中一职或两职以上合计年限达2年以上者中任命;或者虽未具有上述经历,但如果多年从事司法事务,有简易法院法官职务必要的学识和经验的,经过简易法院法官考选委员会考试合格,也可以被任命为简易法院法官。前已提及,日本实行律师、法官、检察官一元化考试和统一职前培训的制度,这是"日本制度的独一无二的特色"。

在我国,长期以来我国对法律职业人员的入门条件没有明确的要求。因为我们在很长一个时期内并未把司法人员当作专业人员来看待,而是作为一般的国家干部对待。司法人员与行政人员没有严格的区分。一方面,任何人都可以成为法官、检察官和律师,根本不需要具备任何的法律教育水平和法律教育背景;另一方面,司法人员行政化和司法机关管理行政化,法官、检察官都套用行政级别,法官被称为"审判员",检察官被称为"检察员",甚至连律师也被定位为"国家法律工作者"。司法人员的晋级和晋职更是完全依赖于当地党委和政府的"提携"。直到1995年,我国制定的建国以后第一部法官法和检察官法中才把称谓改为"法官"和"检察官",并对法官和检察官的入门条件进行了初步限定。要求担任法官或检察官,须高等院校法律专科毕业或高等院校非法律专业毕业具有法律专业知识。令人遗憾的是,即使这样的条件也没有得到彻底的贯彻和执行,大量没有受过法律高等教育的人员涌入法院和检察院,占据法官和检察官的职位,而越来越多的高等院校法律专业毕业生则只能另谋他就,从而形成了"具有中国特色"的法律职业人员状况,即一边由于素质太低不适应社会改革的需要,且丑闻频出,另一边则望"职"兴叹,被迫改行。

在律师职业方面,1986年司法部首先实行律师资格考试制度,规定从事律师业务必须参加全国统一的律师资格考试,成绩合格,取得律师资格证书。具有高等院校法学专科以上学历或者同等专业水平,以及高等院校其他专业本科以上学历具有法律知识的人员,经律师资格考试合格的,由国务院司法行政部门授予律师资格。

几十年来,特别是实行社会主义市场经济以来,我国的司法人员素质越来越不适应时代的要求,法律界的仁人志士为提高司法人员入门条件和素质要求奔走呼号,进行了大量的汗牛充栋的科学研究和纵向横向研究。终于,天道酬勤,工夫不负有心人,借天时(中国正式加入世贸组织),靠地利(中国确定依法治国宪政方略),于2001年先后修订了法官法、检察官法和律师法,提高了我国法律职业人员的入门条件,强调了法律职业人员的同质性和教育背景,正式确立了我国的司法考试制度。三部法律同时规定,国家对初任法官、检察官和取得律师资格实行统一的司法考试制度。三者的入门资格条件规定为,高等院校法律专业本科毕业或者高等院校非法律专业本科毕业具有法律专业知识。

根据司法部发布的首次国家司法考试公告,首次国家司法考试采用闭卷、笔试的方式。考试分为4份试卷,每份试卷考试时间为3小时。考试内容包括:理论法学、应用法学、现行法律规定、法律实务和法律职业道德。试卷的具体科目为:试卷一:综合知识。包括:法理学、宪法、经济法、国际法、国际私法、国际经济法、法律职业道德与职业责任;试卷二:刑事与行政法律制度。包括:刑法、刑事诉讼法、行政法与行政诉讼法;试卷三:民商事法律制度。包括:民法、商法、民事诉讼法(含仲裁制度);试卷四:实例(案例)分析。包括:试卷一、二、三所列科目。

试卷一、试卷二、试卷三为机读式选择题;试卷四为笔答式实例(案例)分析题(含法律文书写作)。每份试卷分值为100分。根据《国家司法考试实施办法(试行)》的规定,2002年国家司法考试的通过数额及合格分数线,待考试结束后,由司法部商最高人民法院、最高人民检察院确定公布。通过国家司法考试的人员,由司法部统一颁发《法律职业资格证书》。[1]

三、法律共同体的特点

法官、检察官、律师,包括法学教师与科研人员在内,虽然从事不同的职业,然而严格说来,它们却又是同质的职业共同体。[2] 法律共同体有共同的传统和理念,共同的思维方法,共同的语汇,甚至共同的看待世界的眼光。法律共同体是现代社会的必然产物,也是现代社会赖以建立的基础。"在庞德和卢埃林看来,法律专业集团对社会整体化以及法制观念和司法方式的培养,始终扮演一名举足轻重的角色。"[3] 因此,法律共同体是否建立起来,共同体中的法律职业人员的素质高低以及法律职业的发达程度,一直被看做是衡量法治建设和一个社会现代化程度的指标。从这个意义上说,建立一个高素质且具有同质性的法律共同体,就成了我国法律家的一个努力目标和国家法治建设的一个重要方面。

有的学者断定,"法律因为有了法官才具有了生命,法治因为有了法律共同体才具有了灵魂。现代法治绝不是一台自动运行的机器,它要法官掌握方向盘,检察官不断加油,律师踩住刹车,法学家指挥方向。"并斩钉截铁地指出,"法律共同体是我们现代法治的保护神"。[4] 那么,从现代法治的要求来看,法律共同体具有哪些主要特点呢?

---

〔1〕 参见《中华人民共和国司法部公告》,2001年12月30日。

〔2〕 例如我国学者强世功先生就论述了法律共同体问题,在他看来,律师、法学家、法官等"正在不断地聚集起来,形成一个独特的共同体,那就是我们这个时代的最伟大共同体——法律共同体,这些人我们概括地称之为'法律人'"。参见强世功:"法律共同体宣言",载《中外法学》2001年第3期。

〔3〕 [英]罗杰·科特威尔:《法律社会学导论》,潘大松等译,华夏出版社1989年版,第99页。

〔4〕 强世功:"法律共同体宣言",载《中外法学》2001年第3期。

这大致可以包括：

1. 共同的知识。法律是一门专业和技术，需要修习才能获得。法律的专业化特点要求法律共同体必须有共同的知识基础，否则便不会有共同的语言、共同的思维、共同的理想和共同的目标了。正缘于此，世界多数国家对法律职业共同体都要求有共同的教育水平和教育背景，这是保证共同知识的重要条件。

2. 共同的语言。语言是交流的工具。但每一个行业或职业都有基于共同知识和共同的思维方式而使用的自己独特的职业语言，否则职业内部则无法交流和沟通，也就谈不上独立性和同质性。法律共同体要求其中的职业人员必须使用法律概念、法律语言，使用法律共同体约定俗成的表达形式和理解方式。只有这样，法律共同体之间才能做到语言相通、行为互动，维护内部团结和统一。

3. 共同的思维。共同的思维是法律共同体的一个重要特征。正是这种专门的知识体系和独特的思维方法，使得法律共同体成为一个自治的共同体。法律职业人员应当"Thinking like a Lawyer"（像法律人一样思考问题），被看做法律职业人员应具备的基本素质。因此，许多国家把法律教育的目标确定为不仅是传授法律知识，更重要的是训练法律思维。法律共同体的这种共同的思维方式包括：以追求正义为自己的最高使命；注重程序的意义；注重事实问题和法律问题的区分；时刻注意司法标准的统一性。[1]

4. 共同的理想和目标。"一个高度自觉、宗旨明确、由职业道德维系和以公共服务为价值观念的专业集团，在促进和维护社会的凝聚力方面，无疑占有核心的地位。"[2]法律共同体也是如此。法律共同体以实现社会的公平正义为自己的理想和奋斗目标。在法律共同体的眼里，"为权利而斗争是自己的义务，而且是对社会的义务"。捍卫自己的权利是一种普遍的道德、一种普遍的善，是天经地义的事情。

四、法律辅助职业

（一）书记员

我国各级人民法院、人民检察院都设书记员。主要担任审判庭的记录工作，也办理有关审判的其他事项，如：开庭前准备工作、保管证据、整理卷宗、处理文书、办理司法统计、接待来访、处理来信、协助法官、检察官对案件有关问题进行调查，以及宣传政策、法律等。

（二）执行员

我国实行审判和执行分离制，法院的审判庭负责案件的审判工作，案件的执行由执行庭（局）负责。执行员是执行庭（局）的主要成员。其职责是：办理民事判决和裁定的执行事项，刑事判决和裁定中关于财产的执行事项，仲裁机构和其他机构的法律文

---

〔1〕 贺卫方："'外来和尚'与中国法官"，载宋冰编：《程序、正义与现代化——外国法学家在华演讲录》，中国政法大学出版社 1998 年版，第 469 ~ 471 页。

〔2〕 [英]罗杰·科特威尔：《法律社会学导论》，华夏出版社 1989 年版，第 99 页。

书中需要执行的事项。执行员根据审判员下达的执行书,当事人提出的申请执行书和作为执行依据的法律文书进行工作,有权了解案情,并且责令有义务的当事人限期履行义务,对逾期不履行义务的,执行员有权予以强制执行。

(三)法律助理

在西方法治国家中,由于主要法律职业者的少而精,为了完成日益繁重的法律工作,都专门配备法律助理,主要有法官助理和律师助理。他们从事法律事务工作,辅助法官和律师完成工作任务,是法官和律师的"左膀右臂"。没有他们的有效工作,单靠数量有限的法官或律师难以完成既定的任务。事实上辅助性法律职业者的人数远远多于主要法律职业的人数。

在我国随着司法改革的不断深入,以及法律服务市场的日趋规范化和专业化,法律助理尤其是律师助理已在一些大城市出现,并且越来越受到欢迎。可以相信,随着市场经济的不断完善和法律职业的不断分化,法律助理这种辅助职业必将发挥越来越大的作用。

除上述几类人员外,法律辅助职业还有法医、司法鉴定、司法警察等,在此不再一一叙述。

第四节　法律职业素养

一、法律职业素养的基本含义

法律职业素养是指由法律职业的特殊性所要求的、法律职业者在政治、思想、道德品质和知识技能等方面所应达到的一定水平。法律职业有别于其他一般的社会职业,它的基本职责是基于公平、公正的立场将法律运用到具体的人和事,因此,它要求法律职业者具有较高的职业素养。正如美国著名社会法学家罗斯科·庞德(Roscoe Pound)所说,在司法活动中,人比机构更重要。[1]

全美律师协会联邦司法委员会提出美国联邦法院法官的考核应当适用三个标准,即正直(integrity)、职业能力(professional competence)和司法品性(judicial temperament)。正直是指候选人的品格、在法律职业共同体中的威望,以及勤勉程度等品德;职业能力指候选人的智力、判断力、写作和分析能力、法律知识及执业经验等;司法品性指候选人的性情、决断力、开放性、敏锐度、礼仪、耐心、不抱偏见和对正义的追求等性格。[2] 美国没有为法官专设的单独的职业体系,法官绝大多数就是律师,他们是律

---

〔1〕 转引自[美]哈里·琼斯:"初审法官作用透视",载宋冰编:《读本:美国与德国的司法制度及司法程序》,中国政法大学出版社1999年版,第436页。

〔2〕 王晨光:"统一司法考试与法官素质和法官遴选制度",载《法制日报》2001年9月9日。

师行业的成员。[1] 法官的素质标准就是律师的素质标准，也是美国法律职业领域的素质要求。因此，普通法系的学者通常认为：法官素质应当包括一些共同的要素，如能力、独立性、正直品德、高度的道德水准、不偏不倚和公平待遇。在大陆法系国家，多数实行统一的国家司法考试制度，国家采用同一标准对律师、法官和检察官进行遴选。由此可以看出，各国对法律职业的素质都有很高的要求。

归纳起来，可以认为，法律职业素养应当包括专业素质和品德、才能两大方面。专业素质是指特定的法律知识水平和专业资历，即只有达到这一特定专业水平和具有特定专业经验的人才能从事法律职业；品德、才能则可以被称为是法律职业者的内在品质。法律职业者的职责是解决人们之间的纠纷，维护社会公正，因此人们往往对他们提出很高的品德和才能要求。

一般而言，对专业素质的审查主要通过法律职业从业资格标准的设定和适用来进行。而法律职业者的品德和才能以及法律实践能力，则很难在一两次考试中得到验证，也很难在专业培训中完全树立，它主要靠对法律职业者的任命、监督和惩戒制度的设计和实施来保障。

二、法律职业的知识素养

法律职业是以从事与法律有关的事务为内容的职业，因此，法律职业的首要素质应该是精通法律。从上述法律职业的入门条件的介绍中我们可以发现，法律职业的专业知识标准至少有两条，一是法学院本科毕业；二是必须通过律师资格考试或国家统一司法考试。概括起来说，就是法律职业者必须业务精良，这既包括知识渊博，也意味着技能娴熟。例如，“业务精良”对美国初审法官来说至少意味着：①法律知识面广，分析能力强；②掌握或有能力掌握错综复杂的法律程序和证据；③超凡的辨别事实和权衡相互冲突的证据的能力；④超凡的与陪审团和证人的沟通能力。[2] 在德国，一名职业法官的任用首先看重的是其法律知识，而不是生活经历，不是社会能力，不是审问技巧，也不是其稳重和谨慎。这种体制尽管在行政法官方面的缺陷是显而易见的，但它也显示，终身任职的受过专门知识训练的法官也许是对我们高度分化的、复杂而难以掌握的且不断处于压力之中的法律的唯一恰当的回答。[3] 其他国家对法律职业的专业知识要求也是很高的。具体而言，这种知识素养又大致包括如下几个方面：

1. 专业知识。法律职业者的专业知识包括一般法律专业知识和与本职业密切相关的专门法律专业知识。一般法律专业知识又包括法学理论知识和部门法律知识。

---

〔1〕［美］劳伦斯·M. 弗里德曼：“法治、现代化和司法制度”，载宋冰编《程序、正义与现代化——外国法学家在华演讲录》，中国政法大学出版社 1998 年版，第 121 页。

〔2〕［美］哈里·琼斯：“初审法官作用透视”，载宋冰编：《读本：美国与德国的司法制度及司法程序》，中国政法大学出版社 1999 年版，第 440 页。

〔3〕［德］韩内持：“德国的行政司法”，载宋冰编《程序、正义与现代化——外国法学家在华演讲录》，中国政法大学出版社 1998 年版，第 62 页。

作为法律职业者不能仅关注专门法律知识，而不注重法律理论知识。法律基础知识缺乏，必然根基不牢，实际工作中应用起来就不能得心应手，“知其然，不知其所以然”，其必然结果是不能正确适用法律，不能公正执法。

2. 文化知识。法律职业人员应受基础教育，有一定程度的文化知识水平。文化程度在一定意义上可以直接影响并决定一个人的认识能力、思维能力、表达能力等。美国的法科学生必须先取得其他学科的学士学位，包括中国在内的绝大多数国家对法律职业者的最低入门资格要求必须是本科毕业文化程度，这充分说明了文化知识在法律职业者知识素养中的重要地位。

3. 社会科学知识。一个法律职业者要想很好地履行自己的职责，除具备法律专业知识和文化基础知识外，还必须具备相关的社会科学知识。社会科学知识的浅薄是法律职业者不成熟的表现。社会科学知识主要指政治的、历史的、经济的、教育的、婚姻的、家庭的以及社会道德等方面的知识，也包括生活常识和经验。

4. 自然科学知识。自然科学不仅是改造自然的强大动力，而且也是法律职业者完成本职工作的有力武器。当今世界各国的法律实践中对自然科学知识的应用已经非常广泛。没有相应的自然科学知识，法律职业者也将寸步难行。自然科学知识主要指数学、物理、化学、医学以及电子计算机等方面的知识，还有诸如系统论、信息论和控制论等原理。

三、法律职业的职业能力

职业能力是从事法律职业的人基于职业道德，运用职业知识解决实际法律问题的能力。从某种意义上说，这种职业能力对于一个从事法律职业的人来说尤为重要。它是法律职业素养最重要的体现。一个人职业道德无论多么高尚，职业知识无论多么渊博，如果不具备相应的职业能力，那么，也不具备从事法律职业的应有素质。法律职业者的业务范围广泛，涉及社会生活领域复杂多样，因此，法律职业者的职业能力的内容也是非常丰富的、复杂的和多层次的。由于篇幅所限，对法律职业者的职业能力，我们不可能一一述及，仅从较高层次上做一简要论述，主要包括：

1. 综合运用能力。法律虽然可以分为若干部门或学科，但社会生活，尤其一个具体而又复杂的法律事件，它是不可能按照法的部门或学科来发生或表现的，在某种程度上是杂乱无章的，这就需要多学科的知识才能解决问题。因此，作为一个从事法律职业的人应当能够综合地运用法学及其他学科的知识，从而使所面临的法律问题得到公正的解决。从实质上讲，综合运用能力就是发现问题、分析问题和妥善解决问题的能力。只有这样，法律职业者才能算“胜任”[1]本职工作。

2. 文字表达能力。它既体现为口头表达能力，也表现为书面表达能力。法律职业

---

[1] 美国一位学者认为，“胜任”是在法律职业者的行为道德框架内，根据一定的标准，运用知识和技能解决特定问题的能力。转引自宋冰编：《程序、正义与现代化——外国法学家在华演讲录》，中国政法大学出版社 1998 年版，第 284 页。

是与人打交道的一种职业，正确、清晰地表达思想至关重要，对于检察官和律师来说，他们应当具备雄辩的辩论才能。从事法律职业的人需要通过法律文书表达自己的观点，因此，他还必须具备较强的文字表达能力。

3. 应变能力。诉讼的抗辩制的实行，越来越要求法律职业者具有较强的应变能力。无论是法官、检察官，还是律师，都应当具有这一能力。应变能力是法律职业者解决具体问题的能力在更高层次上的体现。

第五节　法律职业伦理

一、法律职业伦理问题的提出

伦理是指人与人相处的各种道德准则。法律职业伦理是法律职业人员在职业活动以及其他社会活动中所必须恪守的、由其职业特点所决定的各种道德准则，即法律职业道德。法律职业道德是基于法律职业的特殊要求而提出的，是从事该职业的人所必须遵守的一种行为准则。这种行为准则既有一般道德规范的特点，也有法律特殊的形式、内容和实施方式。法律职业道德中有部分内容是以法律的形式加以确认的，具有法律规范的性质，如美国的法官行为规范就是美国法典的重要组织部分，违反这些职业道德的行为会引起一定的法律后果。而大部分的法律职业道德没有被法律所规范，而由行业组织或民间协会来制定，如美国律师协会于 1908 年公布了它的第一个道德规范，因此法律职业道德的实现主要还是依靠法律职业者的信念、社会舆论以及包括职业纪律在内的社会力量。

美国法官行为准则对法官工作和生活的许多方面进行了规范。在所有法官从事的活动中，法官必须避免一切不当行为和看上去令人觉得不当的行为。法官的司法职责“高于一切其他活动”。法官在一切非司法活动中必须品行端正，不得因其行为而“招致人们对法官公正执行能力之怀疑，对司法机关形象之贬低，或有碍司法职责之履行”。法官不得兼做律师业务。

美国 1990 年制定的法官行为准则（1972 年文本中无此规定），还禁止法官参加包括俱乐部在内的，那些有令人反感的，有种族，性别，宗教或国籍等方面歧视行为的组织。[1] 行为规范还要求法官应公正和勤勉地履行职责，应维护司法机关的统一和独立。其他英美法系和大陆法系国家也都十分重视法律职业的职业道德。

历史上许多著名的法学家也都论述过法律职业道德，他们的主张至今仍然值得我们思考。英国法学家霍布斯认为，作为良好的法官的条件是：“第一，须对自然律之公

---

〔1〕 一个组织，如果任意拒绝妇女，少数民族或其他人加入，该组织便可以被视为执行“令人反感”的歧视政策组织。摘自［美］斯蒂芬·吉勒斯：“美国的律师业”，载宋冰编：《读本：美国与德国的司法制度及司法程序》，中国政法大学出版社 1999 年版，第 209 页。

道原则有正确解;此不在乎多读书,而在乎头脑清醒,深思明辨。第二,须有富贵不能淫之精神。第三,须能超然于一切爱恶惧怒感情之影响。第四,听讼须有耐性,有注意力,有良好之记忆,且能分析处理其所闻焉。"[1]美国学者认为,"诚实"是合格法官必须具备的品格。法院工作特别需要稳定的情绪、沉着的性情、丰富的知识和超常的心理承受能力。[2]这说明,对法律职业设置特殊的职业道德要求,已成为法治社会中各国政府和人民的一种共识。

二、我国法律职业伦理的构建

在我国,由于长期以来对法律职业者的素质没有给予足够的重视,没有把法律职业当作一个特殊的阶层来对待,因此对法律职业者不仅没有同质性的要求,也没有独特的与法律职业相适应的法律职业道德的要求。这不仅使法律职业者混同于一般公民,而且更由于本身素质的良莠不齐,再加上权力的腐蚀,使有些法律职业者的道德标准反而低于一般公民。当然,这种现象不仅引起当局者的高度重视,而且也引起了法律职业者自身的反思与反省。为了维护自身的声誉和声望,法律职业者包括法学家和法律家积极探讨,广泛借鉴,认真研究和归纳总结具有中国特色且与世界接轨的法律职业道德要求。特别是近几年来,司法改革呼声日益高涨,法律职业道德也是司法改革中的一项极为重要的内容,并且被放到了"保障司法公正"和"实现依法治国基础工程"的地位上。

由于一直没有明文规定,因此学者或论著对法律职业道德应当包含哪些基本内容,在论述上不尽一致,且多数是针对具体职业阐述的,很少有进行综合论述的。有的认为,法官的职业道德准则中应当强调:①法官不得私自会见当事人及其代理人;②法官不得从事营利性的兼职活动;③法官的行为必须检点;④法官必须严格遵守回避制度。[3]有的认为,检察官的法律职业道德应包括下列内容:①人民利益高于一切;②忠于法律,只服从法律;③秉公办事,廉洁自律;④钻研业务,提高能力。[4]有的认为律师应遵守的职业道德要求主要应包括:①忠于法律、维护正义;②诚实守信、勤勉尽责;③公平竞争、严格自律。[5]尽管各法律职业的业务范围有所差别,但作为法律共同体,其基本的职业道德内容是一致的。

随着依法治国思想的不断深入人心,司法改革步伐日益加快,特别是加入 WTO 要求对中国的司法体制进行较大的变革,其核心内容是在提高法律职业人员素质的基础上,实行司法独立。为此,我们先后修改了《法官法》、《检察官法》和《律师法》,规范我

〔1〕 转引自《西方法律思想史资料选编》,北京大学出版社 1983 年版,第 208 页。

〔2〕 [美]Harry Jones:"初审法官作用透视",载宋冰编:《读本:美国与德国的司法制度及司法程序》,中国政法大学出版社 1999 年版,第 438 页。

〔3〕 王利明:《司法改革研究》(修订本),法律出版社 2001 年第 2 版,第 490~493 页。

〔4〕 参见最高人民检察院政治部组编:《检察官道德读本》,中国检察出版社 2000 年 2 月版。

〔5〕 张福森:"贯彻纲要精神,加强律师职业道德建设",参见新华网 2001 年 12 月 3 日。

国主要法律职业的法律修改后，提高了三大法律职业的入门资格条件和业务素质要求，规定国家实行司法考试制度，公民必须经国家统一司法考试合格，才有资格担任初任法官、检察官，才能取得律师资格，从事律师业务。与此同时，司法部还规定，公证员也必须参加国家司法考试，将道德评价作为取得法律职业资格的实质条件。[1] 2001年10月，最高人民法院公布了《中华人民共和国法官职业道德基本准则》，这是我国第一个法律职业道德规范，意义十分重大。参照这一职业道德基本准则，本书认为，法律职业道德主要应包括以下几个方面的内容：

1. 坚持法律至上，维护法律公正。法律职业者应当忠于宪法和法律，坚持以事实为根据，以法律为准绳的原则，严格依法办事和依法执业，维护社会正义。要在保证法律职业专业化的前提下，保持法律职业的独立性，要信仰法律，坚持法律至上，自觉抵制其他机关、团体和个人包括执政党和上级领导人对法律工作的干预。法律职业者要做“法律的仆人”，而不是做国家的仆人，更不应当做权力的奴隶。

2. 坚持勤勉敬业，提高法律效率。法律职业者的形象和声望，直接影响法律在人们心目中的形象，影响法律权威的形成，最终影响人们对法律的信仰。法律职业者应当勤勉敬业，全身心地致力于履行职责，不得因个人的事务、日程安排或者其他行为影响职责的正常履行。

3. 坚持严格自律，保持清正廉洁。法律共同体的专业性、独立性和权威性要求在法律工作中必须坚持严格的自律性。严格自律是世界各国法律共同体普遍的职业道德标准。由于法律职业者是社会公正的守护神，他的最高价值理念就是维护公正正义，公众给予了很高的社会地位，因此，法律职业者必须遵守严格自律的道德规范，维护法律共同体的整体形象。

4. 坚持慎言微行，实现自我超越。这要求法律职业者，特别是法官，要有独立意识，在社会交往中需要保持一定的“距离感”，能够忍受寂寞，永远保持理性的头脑，保持公正的立场，不受来自外界的权力、舆论、亲情等的左右，保持与世俗社会甚至是亲朋好友之间的距离；同时，法律职业者在言行、举止等方面，应当谨小慎微，因为“一个谨慎的人未必就是一个有道德的人，但一个完全不谨慎的人将是一个极不负责任的人，从而不适于担任任何信赖的职位”。

实现自我超越，还要求法律职业者要遵守司法礼仪，并且有效地约束自己的业外活动。法律职业者从事各种业外活动，应当避免使公众对公正司法和清正廉洁产生合理怀疑，避免影响法律职责的正常履行，避免对法律的权威产生不良影响。法律职业者必须杜绝与公共利益、公共秩序、社会公德和良好习惯相违背的，可能影响法律共同体形象和公正履行职责的不良嗜好和行为。法律职业者在业外活动中，不得披露或者使用非公开的法律信息和在法律业务中获得的商业秘密、个人隐私以及其他非公开的信息。

---

[1] 参见新华网2001年12月26日。

复习思考题

1. 试从社会分工的角度，分析法律职业产生的必然性及其对社会发展的重要意义。

2. 法律职业有何重要的特征？其与法治之间存在何种重要关联？

3. 法律职业机构的主要特性是什么？其对法律运行会产生何种影响？

4. 根据你学习法律的经历，谈谈法律职业人员的入门条件问题。

5. 作为一个法律职业人员，应当具备怎样的法律职业素养与伦理？

第十二章　法律程序

✣学习目的与要求

本章是有关法律程序问题的论述，重点分析了①法律程序的概念、法律程序的构成以及法律程序的意义；②立法程序的概念、立法程序的基本内容以及完善立法程序的几个方面的问题；③行政程序的含义、行政程序的分类；④司法程序的概念、案件的构成要件以及司法程序的设置原则。通过本章学习，能够正确认识法律程序的运作过程，明确法律程序的基本内容，掌握法律程序的设置原则。

第一节　法律程序概述

一、法律程序的概念

法律程序一直是人们十分关注的问题，同时也是引起较多争议的法律概念。受古代程序观念的影响，人们一直把法律程序简单地等同于诉讼程序，程序法也就被诉讼法所替代。例如，"凡规定实现实体法有关诉讼手续的法的法律为程序法，又称诉讼法，如民事诉讼法、刑事诉讼法等"。〔1〕"程序法亦称'审判法'、'诉讼法'、'手续法'、'助法'、'实体法'的对称"。〔2〕这种对法律程序的解释所带来的消极后果是：①法律程序被视为实体法得以实现的手段，是实体法的工具，从而泯灭了法律程序自身的价值，造成了重实体、轻程序的程序工具主义理论；②人为地限制了法律程序的范围。按照这种理解，法律程序的任务仅仅是控制司法权，而对于立法权、行政权的控制则不属于程序所要解决的问题，这种推论显然是不合理的。

近年来，人们对法律程序的地位和价值进行了重新审视，突破了原有的法律程序即诉讼程序的理论框架，研究的范围大大拓宽。对法律程序的内涵和范围进行了界定，认为"法律程序是人们进行法律行为所必须遵循或履行的法定时间和空间的步骤或方式，它是对人们行为的抑制，是实现实体权利和义务的合法方式和必要条件。"〔3〕这是对法律程序所作的较为科学的解释，它指明了法律程序的范围、内容以及实质，因

〔1〕《中国大百科全书·法学》，中国大百科全书出版社1984年版，第80页。

〔2〕《法学词典》（增订版），上海辞书出版社1984年版，第914页。

〔3〕 孙笑侠主编：《法理学》，中国政法大学出版社1996年版，第149页。

而是可取的。①从法律程序的产生上看,它是在人们进行法律行为时才产生的。法律行为是与事实行为相对应的,事实行为是不能产生法律上权利义务的行为,也不需要程序的规制,如殴打他人。但法律行为特别是需要他人予以合作或需经过有关部门批准的法律行为,应当遵守法定程序。②从法律程序的范围上看,它既包括立法、行政和司法等国家机关进行法律行为的步骤,也包括公民、法人或者其他组织进行法律行为的程序;③从法律程序的内容上看,它是由法律行为的一系列步骤或方式所构成,简单地说,程序即是在时空转换过程中而表示出其规制性的内容;④从法律程序的结构上看,法律程序的步骤或方式并不是杂乱无章的,而是按照一定的逻辑标准排列的。

二、法律程序的构成

法律程序是以法律的形成、法律的运作、法律的监督为目标连续发展的一个系统过程,它具体表现为法律的时间要素、法律的空间要素。但这仅仅是法律程序的实质内容,除此之外,法律程序还应包括形式内容即法律的仪式。因此法律程序主要由时间要素、空间要素以及法律仪式所构成。

(一)时间要素

法律程序的设定体现了事物发展的基本规律,是对客观规律的科学概括,因此法律程序所包含的法律行为的步骤并非杂乱无章的,而是按照其自身的特点加以排列,这也是程序本身的应有之义。法律程序的时间要素包括法律行为各个步骤的顺序和期间。前者是指步骤的先后次序。如《治安管理处罚法》第四章所规定的"处罚程序",分为"调查"、"决定"、"执行"三个步骤。这里的步骤具有先后次序,在实践操作中既不能颠倒,也不能遗漏,否则即构成程序违法。后者是指每个步骤所能持续的期限。如我国《民事诉讼法》第 159 条规定:"人民法院审理对判决的上诉案件,应当在第二审立案之日起 3 个月内审结。有特殊情况需要延长的,由本院院长批准。"这里的"3 个月"即为二审判决的期间。

(二)空间要素

法律程序的空间要素是指法律行为的主体及其相互关系以及法律行为的表现形式。"主体"关注的是法律行为应当由谁作出,如行政行为必须由行政机关作出才属有效,其他机关作出的行为均不属于行政行为;"相互关系"体现的是主体之间在法律场合上的配合、协作过程及其行为内容,例如合同双方均必须真实地告知相关信息,法院独立行使审判权不受其他机关的干涉等;"表现方式"则是指法律行为应通过何种载体表现出来。例如,《民事诉讼法》第 109 条规定:"起诉应当向人民法院递交起诉状,……书写起诉状确有困难的,可以口头起诉,由人民法院记入笔录,并告知对方当事人。"该条表明,原告起诉原则上应使用书面形式,口头起诉仅作为特例对待。

(三)法律仪式

法律仪式即在法律程序过程中的仪礼及程式。在法律程序中,必要的法律仪式有着极为重要的意义。正如美国法学家伯尔曼所指出的:"仪式是法律的基本要素(或至少是'法律程序'的基本要素)——是法律本身的一部分,而不仅仅是达到法律目标的手段。"[1]因而,法律仪式尽管与法律的运作结果没有很大的关系,但它却可以保证法律行为的严肃性、庄重性、权威性。事实上,庄重的仪式可以从心灵深处增添法律对人们的震撼力与感召力,从而产生激发人们为法律献身的精神与动力,这种作用是任何理论的说教所无法达到的。美国政治学家沃塞曼专门对此加以了描绘,他言道:"最高法院有威望是毫无问题的。民意调查多次说明法官的职位是我们社会中最受尊敬的职位之一。尊敬不仅因为成为法官的人素质一般都比较高,而且还由于司法程序本身。任何看到过法院开庭的人都会知道,在执行法律程序过程中法庭的各方面情况:法官穿着长袍坐在高台上,人们正式发言时要称法官为'阁下',使用拉丁语,手按在圣经上宣誓。这些都创造出一种庄严肃穆和高贵的气氛,往往掩盖了这样一个事实,即法官只不过是一名处理纠纷的公务员而已。处于这一司法制度顶端的最高法院还另有一种权威,因为人们认为它是宪法的保护神,在人民眼里它就等同于宪法本身。"[2]由此可见,如果欠缺了这种仪式,法律潜移默化式的教育作用将难以发挥。当然需要说明的是,法律仪式并非是法律程序的独立步骤,而是与法律程序中的步骤为前提条件,每个具体步骤中都伴随着一种仪式。因此,法律仪式总是与法律步骤不可分离的,但它却不能独立存在。

三、法律程序的意义

(一)法律程序的内在意义

在法律程序的演化史上,程序法往往被视为实体法的附庸。因此,"重实体,轻程序"就成为中国的一大法律传统。在国外,程序法也同样被定义为"使法律权利得以强制执行的程序形式,而不同于授予和规定权利的法律;它是法院通过程序来管理诉讼的法律;它是机器,而不是产品。"[3]因此,无论是程序立法还是程序实践都受到工具主义理论的左右。甚至为了实体结果的获取,程序可以被设计得不择手段。然而,人权保障的诉求与司法公正的渴望,使得人们深刻地认识到,法律程序的存在不仅仅是保证实体法的公正运作的手段,而且法律程序有其自身存在的价值。如果说法律是国家民主建设的制度化、具体化的话,那么法律程序则是民主法治建设的重要标尺。专制社会的法律与民主社会的法律的重大区别就在于是否具有一套完善的法律程序。在实体法与程序法的辩证关系问题上,"只有当程序被抬高到与实体同等的高度,价值问题,如对公正、效益的探讨才不至于沦为空谈,而应成为司法现实。"[4]

(二)法律程序的外在意义

法律程序不但具有独立存在的价值,而且在制约法律主体、实现实体公正方面同

---

〔1〕[美]伯尔曼:《法律与宗教》,梁治平译,三联书店1991年版,第170页。

〔2〕[美]加里·沃塞曼:《美国政治基础》,陆震纶等译,中国社会科学出版社1994年版,第120页。

〔3〕[英]戴维·M.沃克:《牛津法律大词典》,北京社会与科技发展研究所组织翻译,光明日报出版社1988年版,第725页。

〔4〕李文健:"转型时期的刑诉法学及其价值论",载《法学研究》1997年第4期。

样起着不可替代的作用。

1. 制约国家权力。国家机关及其工作人员行使职权的活动，既要求有明确的实体根据，同时又必须严格遵守法定的程序规则，正如学者所指出的："法治社会的国家权力应当受到法律的严格约束，而法律程序是其中不可或缺的一种约束机制。正当的程序通过抑制、分工等功能对权力进行制衡。……法律程序以其特有的功能补充了实体法控制权力的不足，达到了权力与权利的平衡、效率与自由的协调、形式合理性与实体合理性的结合。"[1]因而，程序在设置权力主体行为时的障碍（表现为程序的不可遗漏性、不可逆转性等），加大管理过程的民主化（如陪审、听证、告知等）方面，具有非常重要的限制权力运行的作用。可以说，仅仅强调实体上的控权，在严格意义上是没有多大成效的。

2. 规制法律行为。法律行为从行为的性质上看，表现为民事行为、刑事行为、行政行为及相关的诉讼行为。从行为的主体上看，有国家机关的权力行为，如行政行为；也存在一般主体所进行的权利行为，如民事行为。因此，在对权力行为进行制约的同时，必须对一般主体的权利行为进行相应的规制。如当事人起诉必须按照诉讼法所规定的程序进行。由于当事人的利益呈多元化的趋势，那么法律主体为了使自己在裁判中处于有利地位，难免会从自己的利益出发，实行利益的保护主义。实践中，曲解法律，利用法律漏洞谋求不正当利益的现象并不鲜见。因此，为了实现法律公正，对法律主体的行为进行规制也就顺理成章。

3. 实现实体公正。实体法必须依赖于程序法才能运作，这已是人们的共识。离开了程序法，实体权利义务将无法实现。①程序法可以使公正的实体法得到公平的实施，其中关键因素在于程序如何被设计。因此，公平的法律如果缺乏公正的程序保障，根据法律的逻辑能推定出公平的结果则只能是幻想。事实上，"没有程序公平，公平的法律实现将会变形，将可能变成法官和执法者的良心产物，善者将会善，恶者将会恶，法律公平将失去保证机制。"[2]②即使是实体不公平的法律，如果有公平的程序法予以规制，可能也会产生公平的结果。科特威尔就曾指出："法律有时是会有失公平的，但法律实施程序却无可指责。反过来也是如此。不公平的法律能够得到公平的施行，这不是什么荒唐"。[3]

---

〔1〕 张文显主编：《法理学》，法律出版社 1997 年版，第 393 页以下。

〔2〕 邵诚、刘作翔主编：《法与公平论》，西北大学出版社 1995 年版，第 17 页。

〔3〕 [英]彼得·斯坦、约翰·香德：《西方社会的法律价值》，王献平译，中国人民公安大学出版社 1990 年版，第 111 页。

第二节　立法程序

一、立法程序概述

对立法程序的概念有许多不同的理解和争议。有的人认为立法程序是指我国全国人民代表大会及其常务委员会制定法律的程序。但大多数学者认为立法程序是指国家机关制定、修改、废止法律规范的步骤和方式。随着《立法法》的出台,这一争议暂告一段落。根据《立法法》的规定,法律、行政法规、地方性法规、自治条例和单行条例的制定、修改和废止均适用立法法所规定的程序。这表明,立法程序乃是有规范性法律文件创制权的国家机关在其职权范围内制定、修改、废止法律规范的步骤和方式。对这概念应作如下理解:

1. 立法程序规范的主体是特定的主体所进行的立法行为。所谓特定的主体乃是指具有立法权的国家机关,具体包括全国人民代表大会及其常务委员会、国务院、省级权力机关和较大市的权力机关。[1] 至于国务院各部、委以及省级人民政府等制定、修改和废止行政规章只是依照《立法法》的有关规定执行。

2. 立法程序规范的对象是立法行为,即产生具有普遍约束力的法律规范的行为。对于上述国家机关所进行的其他行为,如审议国民经济和社会发展计划纲要草案、审议国民经济财政预算草案等都不适用立法程序。

3. 立法程序规范的内容包括法律规范的制定、修改以及废止。"制定"是创制新的法律规范;"修改"是对原有的法律规范进行修订,使其能够适应新的发展变化;"废止"是将原生效的法律规范予废除,使之不再发生法律效力。无论是制定,还是修改、废除,都必须遵循严格的程序规则。

从上述分析不难发现,立法程序不仅包括国家最高权力机关制定、修改和废止法律规范的程序,同时也包括国务院以及有立法权的地方权力机关制定、修改和废止法律规范的程序。为了行文的方便,下面所提及的立法程序的内容专指最高权力机关的立法程序,至于行政立法程序与地方立法程序等,限于篇幅,兹不赘述。

二、立法程序的内容

(一)法律案的提出

法律案也称为法律议案,指有立法提案权的机关或个人向立法机关提出关于制定、修改以及废止某项法律的立法提案。法律案的提出是立法的第一道程序,而且也是必经程序。但是,法律案的提出只是为法律的产生提供了前提条件,它不一定会引

---

[1] 根据《立法法》第63条的规定,较大的市包括省、自治区人民政府所在地的市、国务院批准的较大的市以及经济特区所在地的市。本节一律简称为较大的市。

起立法的相关程序。根据我国《立法法》的规定,如果是法定的国家机关所提出的法律案,由主席团或由委员长会议“决定列入会议议程”,而对于有关人员所提出的法律案,由主席团或委员长会议“决定是否列入会议议程”。[1] 由此可见,如果是国务院等国家机关提出法律案后,必然会启动下一个立法程序;而对于有关人员所提出的法律案,则未必会产生下一个立法步骤。

法律案不同于法律草案。法律案是形成法律草案的前提,而法律草案则是法律案进入立法程序后的具体化。法律案的内容一般比较原则、概括,而法律草案的内容则比较具体、系统。法律案也不同于立法建议。立法建议是任何人都可以提出的,它不属于正式的立法程序,而法律案的提出则必须由具有法律授权的国家机关和人员进行,属于启动立法程序的必经阶段。

根据宪法和《立法法》的规定,有权提出法律议案的主体包括:全国人大常委会、国务院、最高人民法院、最高人民检察院等。[2] 提案人既可以提出法律案,同时也可以要求撤回。在交付表决前,提案人要求撤回的,应当说明理由,分别经大会主席团、委员长会议同意,并向大会报告后,对该法律案的审议即行终止。

(二)法律案的审议

法律案的审议是指立法机关对已经列入会议议程的法律草案进行审查。这是立法程序中具有实质意义的阶段。为了保证立法质量,使会议代表能充分发表意见,《立法法》规定,凡列入全国人民代表大会会议审议的法律案,应当在会议举行的一个月前将法律草案发给代表;列入常务委员会会议议程的法律案,除特殊情况外,应当在会议举行的七日前将法律草案发给常务委员会组成人员。

以何种方式审议法律案,各国的做法并不相同。以英国为代表的西方国家审议法律案往往实行“三读”制度:①由提案人宣读名称或全文并说明目的;②将法律案逐条朗读,议员进行辩论;③表决前进行全文宣读。在我国,全国人民代表大会审议法律案,一般由全体会议听取提案人的说明后,由各代表团或有关的各专门委员会进行审议,法律委员会在此基础上提出法律草案修改稿,经各代表团审议后,由法律委员会提出法律草案表决稿。全国人大常务委员会审议法律案,一般应当经过三次审议后再交付表决。在特殊情况下,也可以经两次审议后交付表决。部分修改的法律案,也可以经一次审议即交付表决。

必须注意的是,在法律案的审议过程中,因各方面对制定该法律的必要性、可行性等重大问题存在较大意见分歧而搁置审议满两年的,或者因暂不交付表决经过两年没有再次列入常务委员会会议议程审议的,由委员长会议向常务委员会报告,该法律案终止审议。

---

〔1〕 参见《立法法》第12、13、24、25条。

〔2〕 关于有权提出法律议案的主体及权限,请参见《立法法》第24、25条。

(三)法律案的通过

法律案的通过是指立法机关对法律草案表示同意,从而使法律草案成为法律。这是立法程序中最重要同时也是最为关键的阶段。

在通过方式上,一般采用多数同意原则。多数同意又分为绝对多数同意和相对多数同意。绝对多数同意主要适用于表决宪法草案。如我国宪法修正案须有全国人大代表的三分之二的多数同意才能通过。相对多数主要适用于表决普通法律。在我国,法律由全国人大或全国人大常委会全体成员的过半数通过。通过法律草案的方式有公开表决和秘密表决两种。公开表决包括举手、起立、鼓掌等方式,这种方式由于将表决人的意志公之于众,不利于反映表决人的真实意志,因而在现代立法程序上被大多数国家所废除。秘密表决也称为无记名投票,由投票人填写选票或通过电子手段投票,由于无须记名,能够真实反映表决人的意志,因此被大多数国家所采用。

但是,法律案一经通过是否立即就成为法律,各国采取的做法并不相同。大多数国家都是在通过后即成为法律。但是也有的国家即使立法机关通过了法律案仍不能成为法律,必须通过特别程序并获得通过后,才能成为法律。这些程序主要包括以下几类:一是复议。如美国,众议院通过的法律案必须送交参议院通过后才能成为法律。二是全民公决。只有通过全民公决并获得多数同意后才能成为法律。三是合宪性审查。如果与宪法相抵触的则不能成为法律。[1]

(四)法律的公布

法律的公布是指法律经表决获得通过后,由法定的国家机关公告于社会,要求人们必须遵守。法律的公布是立法的最后程序,也是法律生效的必经阶段。任何法律如果未经公布,则不具有法律效力,也不能要求社会民众予以遵守。正如《行政处罚法》所宣告的,"(对违法行为给予行政处罚的规定)未经公布的,不得作为行政处罚的依据。"

从各国的立法实践来看,对于法律的公布,有的是由国家元首予以公布,有的是由议会公布的。在实行国家元首公布法律的国家中,如美国,"公布权是行政方面对立法方面实行制约的一个手段。"[2]国家元首对于立法机关通过的法律如果不同意,可以要求议会再行审议,议会不得拒绝。但如果议会经审议后坚持原来的意见,则可以自行公布或依据有关法律要求国家元首公布。在我国,法律是由国家主席签署主席令予以公布。关于何时公布,也即公布的时间,有的国家作了具体规定,如意大利宪法规定,法律一般由总统在批准之日起1个月内公布。有的国家未作规定。我国以往的法律对公布的期限没有规定,《立法法》也未予以明示,但根据惯例,国家主席一般是在法律通过的当天即进行公布。法律签署公布后,应及时在全国人民代表大会常务委员会

---

〔1〕 周旺生:《立法论》,北京大学出版社1994年版,第142页。

〔2〕 周旺生:《立法论》,北京大学出版社1994年版,第144页。

公报和在全国范围内发行的报纸上刊登,但在常务委员会公报上刊登的法律文本为标准文本。

三、立法程序需要探讨的几个问题

任何法律程序都是一个静态的过程,它必须依赖于人的主观能动性才能得以运作,离开了人,法律程序就没有任何意义。立法程序也是如此。从立法程序的启动至新法律的诞生,都需要立法者进行操作。不但如此,立法者的各种素质进一步制约着立法程序的各项功能,使得良好的程序并不能“生产”出科学的法律,甚至有的法律存在严重的缺陷。因此,有必要对立法程序的主体——立法者——人大代表进行重新审视,使立法工作更为科学,这是完善立法程序的首要方面。

1. 关于人大代表的产生。各国的宪政实践表明,任何国家的立法机关都不可能由全体人民组成,而只能由人民选出自己的代表组成立法机关。人大代表行使立法权也就视为人民行使立法权,人大代表的意志也就视为人民的意志。根据宪法和选举法的规定,人大代表产生的方式主要有两种方式,即直接选举和间接选举。由于间接选举是由下级人大代表选举上级人大代表,因此,间接选举是建立在直接选举的基础之上的。直接选举的好坏决定着间接选举。但是,现行的直接选举制度确实存在诸多问题,尽管国家为此制定了许多规范性文件,但在具体的操作中并不尽如人意。如候选人对其不熟悉的选民既不见面,也不发表“演说”,在选举时仅凭介绍人文字性的介绍,而对于候选人的品行、素质等却一无所知。选民对候选人只是直观的印象而缺少理性的分析,这样也就出现了选民以自己的感觉、情绪投票的情况。如此选出的代表难以符合选民的意愿,人大代表也就失去了“代表”性,其所制定的法律是否具有人民性,也就理所当然地值得怀疑了。

2. 关于人大代表的素质。立法本身不是目的,立法的目的在于为社会主体提供行为规范。但是法律作为一种特殊的行为规范本身能否符合社会实践,关键要取决于立法者的素质。事实上,“立法者的素质决定着法律的生命力,立法者的法律经历、法律学识、法律修养、法律意识影响着法律的制定。”[1]实践中所产生的与社会实际相背离的法律,就是因为立法者的素质不高所造成的。以《公司法》为例,我国的《公司法》无论从形式上还是从内容上都与德、法、日等国的公司法“相似”,这表明中国的公司法制度实际是现代西方公司制度的“移植”。但由于中国与西方国家在法律观念方面并不能相提并论,因而公司法的实施也就存在诸多问题。[2] 因此,作为人大代表不应充当“凑数”的角色(即为了达到通过的法定人数),更重要的是应当对法律案进行实质上的审查,使法律既具有必要性,又具有可行性。这就要求人大代表应具备较深的社会阅历与较高的法律素养,否则《公司法》所面临的困境还将重演。

---

〔1〕 田成有:“立法:转型期的挑战”,载《东方》1996 年第 4 期。
〔2〕 张乃根:“论西方法的精神”,载《比较法研究》1996 年第 1 期。

3. 关于人大代表的职业。就世界各国立法机关的组成人员来看,有的属于专职的议员,有的属于兼职的议员。我国是采取专职与兼职相结合。即人大代表一般是兼职的,而人大常委会的组成人员则属于专职。我们认为,从有利于发挥人大代表职能的角度,应当实行人大代表的专职化。因为兼职很难使人大代表做到"专心致志",从而使人民的意志很难被充分地表达出来。表现在立法中,就会出现人民期盼的法律可能制定不出来,而可要可不要的法律却源源不断地产生。林肯即曾言道:"我所要的就是完成人民希望完成的事。对我来说,问题就是如何准确地找出这样的事。"[1] 如果人大代表不能实行专职化,甚至视"代表"资格为一种"副业",那么,对于"人民希望完成的事"就无暇顾及了。事实上,如果人大代表把主要精力放在其本身的事务上,把"代表"的职务看成是附带性的,恐怕就难以"代表最广大人民群众的根本利益"。

综上所述,对于立法程序,我们不能仅仅停留在其表面,而应当对其作出理性的分析。是否有立法程序不是主要的,重要的是立法程序应当如何运作,其中的关键在于立法者。要完善立法程序,首先就应当"完善"立法者自身。

第三节　行政程序

一、行政程序概述

(一)行政程序的概念与特征

行政程序是指行政机关依法作出行政行为时所应遵循的步骤和方式。行政程序作为法律程序的重要组成部分,是为规范行政行为,有效实施行政管理,保障公民、法人或者其他组织的合法权益,而由法律、法规以及规章规定的公正而民主的程序。行政程序具有下列特征:

1. 对象的特定性。行政程序是为制约行政权力而设立的,因而行政程序所针对的对象也就是行政机关行使行政权力时所产生的行政行为。行政行为由行政机关代表国家作出,对当事人的权益将产生实际影响,如权利的赋予、限制、剥夺,义务的增加等,因此不论是何种行政行为,都必须严格遵循行政程序。应当指出的是,行政行为是专指行政法律行为,对于行政事实行为,不属于行政程序所管辖的范围。

2. 种类的多样性。行政程序的多样性是由行政行为的多样性所决定的。行政机关承担着对社会事务的全方位的管理,而每一社会事务都有其自身不同的特点,这就决定了行政机关不能使用同一种管理手段,由此而形成了行政行为的多样性。如行政处罚、行政许可、行政合同等,行政程序也就呈现出多样性。

---

〔1〕 转引自[美]詹姆斯·M. 伯恩斯等:《美国式民主》,谭君久等译,中国社会科学出版社 1993 年版,第 331 页。

3.内容的分散性。西方有些国家为规范行政程序制定了统一的行政程序法典,但我国情况则不相同。在我国现阶段,规范行政程序的不是统一的行政程序法,而是由单行的法律、法规甚至规章进行规定。具体包括两种情况:①专门的行政程序法规,如《违反水法行政处罚程序暂行规定》;②行政实体法中的行政程序条款。如《治安管理处罚法》中的有关条款。

(二)行政程序与行政诉讼程序

行政诉讼程序是法院在审查行政机关所作的行政行为时应遵循的基本程序。行政诉讼程序与行政程序一样,目的都为了规范行政行为,促使行政机关依法行使行政权力。另外,"程序"的共性使两者的基本属性相同,都是由一系列的时间和空间步骤所组成。

行政程序与行政诉讼程序尽管有很多相同点,但两者毕竟是两种性质不同的程序规范。其区别主要表现在以下几个方面:①发生作用的时间不同。行政程序主要对行政行为作出的过程进行规范,发生在行政行为作出之前;而行政诉讼程序则是对行政行为的后果进行监督,发生在行政行为作出之后。②程序的性质不同。行政程序是行政法所调整的范围,行政性是其基本特点;而行政诉讼程序属于诉讼法所调整的范围,是法院司法程序的组成部分。③规范的对象不同。行政程序是规范行政机关的行政行为,即对行政机关的行政权力进行控制;而行政诉讼程序规范的则是诉讼主体的诉讼行为,包括法院、检察院以及诉讼参加人的行为。④后果的归结不同。行政程序是法院进行司法审查的标准之一,违反行政程序的,法院可以撤销行政行为;而"司法最终解决"原则的确立,意味着违反行政诉讼程序的,则只能由上级法院加以审查。

二、行政程序的分类

(一)具体行政程序与抽象行政程序

这是以行政程序所规范的行政行为的对象是否特定为标准所作的划分。具体行政程序是指行政机关实施行政许可、行政处罚、行政强制执行等具体行政行为所遵循的步骤和方式。抽象行政程序是指行政机关制定行政法规与行政规章、规定行政措施等抽象行政行为所遵循的步骤和方式。必须注意的是,抽象行政程序并不等同于行政立法程序。所有的行政机关发布规范性文件时都应遵循抽象行政程序,而行政立法程序只是针对有权制定行政法规和规章的行政机关而言的。因此抽象行政程序的外延比行政立法程序的外延大,换言之,行政立法程序只是抽象行政程序的组成部分,抽象行政程序包含了行政立法程序。

(二)内部行政程序与外部行政程序

这是以行政程序适用的范围为标准所作的划分。内部行政程序是指适用于行政系统内的行政机关之间、行政机关与行政机关工作人员之间、行政机关工作人员之间的行政行为所遵循的程序,如行政机关的设置程序、行政处分程序。外部行政程序是指行政机关对外部社会事务实施行政管理时所应遵循的程序,如行政许可程序。内部行政程序与外部行政程序的划分并不是绝对的,有时行政机关与其工作人员之间的行政行为不仅是适用内部行政程序,而且还应适用外部行政程序。如行政机关工作人员的行为不仅是违纪而且构成违法,此时,对该工作人员除给以行政处分外,还应当给予行政处罚。

(三)强制性行政程序与任意性行政程序

这是以行政程序对行政机关的拘束程度而作的分类。强制性行政程序是指法律对行政机关在适用程序方面作了明确规定,行政机关没有任何选择的余地,在任何情况下,行政机关只能加以适用,否则构成程序违法。如《行政处罚法》第23条规定:"行政机关实施行政处罚时,应当责令当事人改正或者限期改正违法行为。"这里"责令"当事人改正违法行为是行政机关的强制性义务。而任意性行政程序是指法律在规定行政程序时,赋予行政机关选择适用的程序,行政机关可以适用也可以不适用。如根据《行政处罚法》第36条的规定,行政机关必须全面、客观、公正地调查,收集有关证据;必要时,依照法律、法规的规定,可以进行检查。"检查"作为一种程序,并不是所有的案件都要采取,而是在行政机关认为"必要"的情况下才适用。

(四)行政立法程序、行政执法程序与行政司法程序

这是以行政机关的行政职能为标准所作的划分。行政立法程序是指享有立法权的行政机关依照法律的规定,在其职权范围内制定、修改、废止法律规范的程序,如行政法规的制定程序。行政执法程序是指行政机关将法律规范适用于具体的个人或组织的程序,如行政强制执行程序。行政司法程序是指行政机关以第三人的身份居间对当事人之间所发生的争议进行裁决的程序,如行政复议程序。

三、行政程序的立法

法律程序主要是由立法程序、行政程序和司法程序构成的。与立法程序、司法程序所不同的是,立法程序和司法程序都有专门的法律进行规范,而在我国,行政程序至今未能制定一部完整统一的法典。目前,规范行政程序的只是一些单行的实体与程序相混杂的法律法规,而且这些法律对行政程序的规定只限于"应当如何",至于违反了行政程序的法律后果即法律责任,法律规定几乎是空白。尽管《行政处罚法》对行政程序给予了高度重视,甚至规定了行政机关工作人员的法律责任,但由于其限于某一特殊领域,故不具有普遍意义。《行政诉讼法》也将违反行政程序的行政行为纳入了撤销的范围,但却未规定程序违法的具体标准,显示出其操作性不强的特点。这一状况与"依法治国,建设社会主义法治国家"的治国方略极不相称。因此,制定一部统一的行政程序法典势在必行。

对于行政程序法，人们提出了许多设想，对行政程序法的内容也进行了论述。[1]我们认为，不管如何对行政程序进行立法，作为未来的行政程序法至少应包含以下三个基本内容：

1. 立法目的的定位。立法目的是立法者制定法律所希望达到的预期效果，它既是统率全部法律条文的轴心，同时也是法律内容建构的基础。从一定意义上讲，立法目的如何定位决定了法律的成败。权力控制是法治的宗旨与归宿，对行政权力进行监控也就成为法治社会的基本要求。因此，行政程序法的首要任务就是控制行政权力，也即是通过程序上的"作茧自缚"，[2]促使行政机关依法行政，从而保护公民、法人或者其他组织的合法权益。

2. 程序内容的建构。行政程序的内容非常广泛，具体包括行政程序的基本原则、基本制度以及行政程序的步骤方式及其相互关系等，同时还应确定程序违法的具体标准。这既可以为执法人员提供执法的限度，也可以为法院提供对行政行为进行司法审查的依据。当然立法机关在建构这些内容时必须紧紧围绕行政程序法的目的进行。

3. 法律责任的设定。法律责任是行政机关违反行政程序所产生的法律后果，这必须在行政程序法中予以明确。因为，只有让行政机关工作人员时刻感到有来自法律的某种约束时，才会遵守每一行政程序。事实上，没有法律责任作为后盾，行政程序充其量只是一种法律摆设而已。从目前的立法状况来看，违反行政程序的法律责任无非是这样两个方面：①对违反行政程序的，给予相应的行政处分；②对于触犯刑律构成犯罪的，依法追究刑事责任。至于违反程序在行政法上的责任，法律上则是空缺。

第四节 司法程序

一、司法程序概述

司法程序是指法院审理各类案件所应遵循的步骤和方式。[3] 法院审理的案件范

---

〔1〕 在国内，对行政程序的研究已经取得了重大成果，出版了许多专著和发表了许多论文。在专著方面，如：应松年主编：《行政程序法立法研究》，中国法制出版社 2001 年版；杨海坤、黄学贤：《中国行政程序法典化》，法律出版社 1999 年版；皮纯协主编：《行政程序法比较研究》，中国人民公安大学出版社 2000 年版；章剑生：《行政程序法学原理》，中国政法大学出版社 1994 年版；章剑生：《行政程序法比较研究》，杭州大学出版社 1997 年版；王万华：《行政程序法研究》，中国法制出版社 2000 年版等。在论文方面，如：罗豪才、杜钢建等："促进行政程序的民主化、法制化"，载《中国法学》1995 年第 6 期；姜明安："我国行政程序立法模式选择"，载《中国法学》1995 年第 6 期；王连昌："行政程序法定义、宗旨、内容简议"，载《行政法学研究》1996 年第 3 期等。

〔2〕 季卫东："法律程序的意义"，载《中国社会科学》1993 年第 1 期。

〔3〕 司法程序有广义与狭义之分。广义的司法程序是指人民法院、人民检察院以及公安机关办理案件的程序；狭义的司法程序则是指人民法院审理各类案件的程序。本节所称的司法程序采用狭义上的司法程序。

围包括刑事案件、民事案件和行政案件,由于这三类案件的性质并不相同,相应的,司法程序也就包括刑事司法程序、民事司法程序和行政司法程序。尽管这些司法程序的内容特别是某些规则的适用方面有很大的不同,但作为一般意义上的程序要素却是相同的,例如都包含立案、审理、裁决等一系列过程。

司法程序作为法律程序的重要组成部分,与其他程序一样,都是为保障实体法的执行而制定的程序准则。但司法程序与其他程序又存在较大的区别,特别是与作为规范行政权运行的行政程序相比,具有自己的特点。

1. 程序设计的中立性。中立性是诉讼程序的基本特点,同时也是以司法为核心的所有解纷机制中最为重要的。中立性的司法程序是保证裁决结果走向公正的前提条件,尽管诉讼结果的公正性并不都是取决于中立的司法程序,但至少为其设定了基础。不具有中立性的程序,也就是不公正的程序。中立的司法程序意味着:①诉讼的主持者在双方当事人之间应处于中立的地位,做到不偏不倚;②对诉讼的参加者给予平等的对待,允许双方充分发表其见解;③要充分尊重参加者的合法意志等。

2. 程序启动的被动性。"从性质上说,司法权自身不是主动的。要想使它行动,就得推动它。"[1]在诉讼中,"推动"实际上即为起诉。当事人的起诉行为对于司法程序的启动具有决定作用,没有起诉,司法程序不可能发生,这是司法程序与行政程序的重要区别,同时也是"不告不理原则"的真实反映。当然,司法程序的被动性并不意味着在诉讼阶段法院的一切行为都是被动的,实际上,在诉讼开始后,诉讼行为都是以法院为中心开展的。不但如此,当事人在诉讼中的一切行为都要接受司法权的规制,如撤诉的裁决权等,特别是在职权主义的诉讼结构中,法院的行为对诉讼的进行起着主导作用。

3. 程序适用的强制性。司法程序的设定体现了事物发展的基本规律,是对客观规律的科学概括,它既是诉讼主体进行诉讼行为的客观要求,同时也为保护当事人的诉讼权利提供了有力的保障。因此,无论是法院抑或其他司法机关按照法定程序办理案件是其基本义务,同时也是唯一选择。"如果办案可以不讲程序,那是很危险的,人民的民主权利和生命、财产及至基本人权就会没有保障,违法犯罪者就可能逃脱法律制裁,法制就可能遭到破坏。"[2]对于违反法定程序并影响正确裁判的,都将成为撤销判决的法定事由。

二、司法程序的对象

司法程序主要是为规范审判权力和其他诉讼行为而设置的,它的最终目的也就是为了公正地解决社会纠纷,没有社会纠纷,司法权就没有存在的必要,当然也就无所谓司法程序。但是,并非所有的社会纠纷都能进入到诉讼中,作为司法程序主要解决的

---

〔1〕 [法]托克维尔:《论美国的民主》(上),董果良译,商务印书馆 1988 年版,第 110 页。

〔2〕 沈宗灵主编:《法理学》,法律出版社 1996 年版,第 339 页。

就是案件。

（一）案件的概念

“案件”是司法程序制度中的基本概念，同时也是常常被人忽视的概念，以至于在理论研究中把案件等同于纠纷或争议。这突出表现在对诉讼制度作出的概念界定上。人们在解释具体的诉讼制度时，把诉讼的对象定位为争议或纠纷。例如，“行政诉讼是法院在各方当事人的参加下解决行政争议的活动和法律制度。”“民事诉讼是当事人要求人民法院解决民事争议”等。这种解释对于具体的诉讼制度而论，也许有其合理性，但作为诉讼制度的对象，则显然是不恰当的。因为，诉讼解决的不是一般的纠纷，而是一种特殊的社会纠纷。

我国的法律也未对“案件”的内涵进行解释，但三大诉讼法却从其外延上进行了界定。行政诉讼法第3条规定：“人民法院依法对行政案件独立行使审判权，不受行政机关、社会团体和个人的干涉。”民事诉讼法第6条规定：“人民法院依照法律规定对民事案件独立进行审判，不受行政机关、社会团体和个人的干涉。”刑事诉讼法第10条规定：“人民法院审判案件，实行两审终审。”这些规定表明：①“案件”是一种社会纠纷，但社会纠纷未必能成为案件；②案件是须用法律加以评判的社会纠纷，对于用道德等社会规范加以衡量的纠纷，不能成为案件；③案件是由法院受理并加以解决的社会纠纷，对于由行政机关最终裁决或由仲裁机关仲裁的纠纷不能称之为案件。

综上所述，我们认为，所谓案件是指由法院受理，并依法利用司法权加以裁决的社会纠纷。

（二）案件的特征

1.利益内容的冲突性。任何案件都首先表现为一种社会纠纷，当事人之间利益的冲突是案件的基本特点。我国已初步建立起社会主义市场经济，市场经济社会将是人们逐步走向权利的社会，人们的权利意识不断觉醒，主体意识不断提高。因此利益的多元化也就使得社会纠纷的产生成为不可避免。社会纠纷从其内容上可分为两类，①私法利益的冲突，即表现为平等主体之间的利益冲突，如民事冲突；②公法利益的冲突，即表现为不平等主体之间的利益冲突，如行政案件与刑事案件等。

2.评价标准的法律性。法律是调控社会的主要手段，但不是唯一方式。除此之外，还包括道德、宗教、政策等调控措施。因此，“在任何社会中，能够受到法律评价的社会冲突仅是其中的一部分，纯粹从量上观察甚至可能不是主要部分。”[1]法律不是万能的，法律也不是人们生活的“大管家”，把所有的行为都纳入到法律的调控范围，不仅没有必要，而且也不可能。“何种冲突需要以法定的方式与程序来加以解决，取决于统治者的立法选择。”[2]事实上，许多社会纠纷都是通过当事人的合意解决的。但是，

---

〔1〕 柴发邦主编：《体制改革与完善诉讼制度》，中国人民公安大学出版社1991年版，第3页。

〔2〕 胡玉鸿主编：《行政诉讼法教程》，法律出版社1997年版，第16页。

评价案件的标准只能是法律，这是因为，上升为案件的社会纠纷已经不是一般的社会纠纷，而是严重影响到社会普遍利益的纠纷，不允许用非法律的手段加以排解。

3. 解纷机制的诉讼性。任何社会，解纷机制都不是唯一的，而是呈现一种多元化的解纷体制。在我国现阶段，已逐步形成了诉讼、调解、仲裁三位一体的解纷模式。但作为案件，则只能由法院通过诉讼途径来加以解决。所谓"案件，指一项独立的法律纠纷，尤其是引起诉讼的纠纷。"〔1〕因此，凡是通过其他方式解决的社会纠纷都不属于案件的范畴。事实上，在我国的立法当中，除却与诉讼有关的立法之外，也从来没有使用"案件"这一概念。

（三）案件与案例

案例是指由法院对社会争议裁判后所形成的权威性结论。在西方国家则称之为判例。它具体包括冲突双方的基本情况，争议的具体内容、司法机关的判决理由以及判决结果等。在英美法系国家，判例是作为法律的重要渊源而存在的，它是法官造法的重要途径。在我国，尽管案例没有普遍的约束力，但是，在具体的审判实践中却具有重要意义。特别是在疑难案件中，案例实际上已成为法官断案的事实依据。

但是，案件与案例是两个既相互联系又相互区别的概念。在案件与案例的联系上，一方面，案件是形成案例的前提条件，没有案件，法院裁判则失去了基础，当然也就无法形成案例；另一方面，案例是案件的必然结果。任何一个案件都必须由法院进行总结，无须法院作出结论的都不能称之为案件。这是因为："法律的诉讼性质要求必须有一方胜诉另一方败诉，义务是否被履行，契约是否被违反，财产是有还是无，被告是否犯了被指控的犯罪行为，都必须有一个明确的答案。"〔2〕

案件与案例的区别表现在：①形成的标志不同。案件是在当事人起诉并且由法院立案之后即已产生。由于我国诉讼法在当事人起诉问题上采取的是当事人主义，只要当事人"认为"即可，因此案件形成的标准是最低标准。而案例则必须是在法院进行裁判后才存在，法院判决裁定的作出是形成案例的标志。②反映的意志不同。案件反映了仅是当事人之间的权利义务关系，它反映的是当事人的意志。而案例所反映的不仅是当事人的意志，更重要的是，案例是司法机关利用国家权力作出的权威性结论，是国家意志的体现。③由于案件仅是当事人之间权利义务的争执，因此，对双方均无拘束力，但是案例形成之后，则产生强制执行力，双方必须按照其所确定的权利义务加以履行，否则将受到国家法律的制裁。

---

〔1〕［英］戴维·M. 沃克：《牛津法律大词典》，北京社会与科技发展研究所组织翻译，光明日报出版社 1988 年版，第 139 页。

〔2〕［英］彼得·斯坦、约翰·香德：《西方社会的法律价值》，王献平译，中国人民公安大学出版社 1990 年版，第 126 页。

三、司法程序的设置

(一)司法程序的法律设定

根据我国现行的诉讼法,司法程序的形式多种多样。从司法程序的具体步骤来看,有普通程序与简易程序;从对诉讼结果进行救济来看,有一审程序、二审程序与再审程序。这些具体程序构成了我国总的司法程序制度。

普通程序是法院审理诉讼案件通常所适用的最基本的程序,是整个司法程序中最完备的一种程序,从当事人起诉到法院受理并作出最后裁判,全部程序都有具体明确的规定,并作了科学合理的安排。在普通程序中,诉讼法的基本原则和具体制度得到充分的体现,能够保证法院查明事实、分清是非,正确审理诉讼案件,从而有效地保障当事人的诉讼权利。简易程序是指法院对于简单的诉讼案件所适用的程序。所谓简单的诉讼案件主要是事实清楚,无需调查取证或者社会危害性轻微的诉讼案件。简易程序的实质是对普通程序的一种简化,是建立在普通程序基础上的诉讼程序。

一审程序是指法院对诉讼案件进行初次审理时所适用的步骤或方式。一审程序是司法程序的基础,是法院行使司法权的关键,没有一审程序,其他程序无从谈起。二审程序是上一级法院根据当事人的上诉,对下一级法院未发生法律效力的判决、裁定进行审理裁判的程序。二审程序是以一审程序为基础的司法程序,它必须针对一审判决和裁定,而且是未发生法律效力的判决、裁定。对于已发生法律效力的裁判不能引起二审程序。再审程序是指法院对已经发生法律效力的裁判,发现认定事实或者适用法律确有错误时,依法提出并重新审判的诉讼程序。再审程序的对象是已经发生法律效力的裁判,这是与二审程序的主要区别。由于生效的裁判既可能是一审裁判,也可能是二审裁判,因此法院的再审既可能是适用一审程序,也可能是适用二审程序。

司法程序在各国的设置模式基本相同,已经呈现一种程式化的规定。这既反映了诉讼本身所固有的规律,同时也是对审判经验的一种总结。但我们要诘问的是:法律为什么要设置如此多的程序?为什么要在普通程序之外设置简易程序?在一审程序之外又设置二审程序与再审程序呢?这里不能不涉及程序的公正与效率问题。下面对这两个原则略加论述。

(二)程序公正原则

一审程序作为案件的初审程序对于解决社会纠纷起着基础性作用。但是,在一审程序外又设置了二审程序、再审程序,这主要是基于对法律公平问题的考虑。公平是法律的重要属性,同时也是法律所追求的重要价值目标。尽管效率也是法律所要考虑的因素,但在司法面前,公正比效率更为重要。这是因为,“公平问题是一个人类价值问题,是人类的一个恒久追求,是政治社会中所有价值体系追求的一个最高目标。”〔1〕一旦司法公正受到怀疑,社会公正便荡然无存了。但公正的实现是一个十分复杂的问

---

〔1〕 邵诚、刘作翔主编:《法与公平论》,西北大学出版社 1995 年版,第 2 页。

题。既有作为公正源泉的实体法,也有作为公正实现过程的程序法,同时审判人员对实体法的理解与对程序法的操作也是不可忽视的因素。实体法与程序法是否公正,取决于国家的立法选择,因而在假定实体法与程序法均属公正的前提下,审判人员也就成为公正能否实现的唯一因素。因此,国家在一审程序的基础上设置二审程序,其原因也就在于最大限度地减少审判人员由于主观和客观因素而导致审判结果的不公。[1] 一般说来,在审级与公正的关系问题上,呈现这样一种比例关系,即审级越多,公正实现的机率越大;反之,审级愈少,公正实现的机率也愈小。正是基于上述比例关系,有些学者提出了实现四级三审的立法建议。应当说,这些建议对于实现公正的价值目标是有益的,但是法律的价值目标体系是一种多元化的目标体系,公正应与其他价值目标进行整合,唯有如此,我们才不至于从一个极端走向另一个极端。

(三)程序效率原则

法律的首要价值应当是公平,但又不能仅仅局限在公平,效率同样是法律应考虑的问题。效率问题是法律尤其是作为规范诉讼活动的程序法所应直面的基本问题之一。“如果说公正是诉讼的最高价值的话,那么,效益或许应被视为诉讼的第二价值。”[2]这是因为,“无论审判能够怎样完美地实现正义,如果付出的代价过于昂贵,则人们往往只能放弃通过审判来实现正义的希望。”[3]任何一个社会,资源总是有限的。特别是在现代国家,资源还呈现相对短缺的状况。这就要求我们必须发挥资源的最佳配置,从而产生最大的经济效益。表现在诉讼中就是,诉讼主体能够以较小的投入获取较大的经济收益。作为法院在不增加人力、物力的同时,能够更多更好地解决社会纠纷;作为当事人而言,应当在付出低成本的同时,使自己的合法权益获得保护。正是基于此,《中华人民共和国法官职业道德基本准则》规定,法官必须杜绝粗心大意、无故拖延、贻误工作的行为,认真、及时、有效地完成本职工作,并做到合理安排各项审判事务,提高诉讼效率。高成本低效益,不仅是对国家有限资源的浪费,同时诉讼主体从心理上也往往无法接受,从而产生规避法律,对社会冲突进行“私了”,这一现象在实践中并不鲜见。因此,国家在普通程序的基础上规定了简易程序,正是对诉讼效率的考虑和重视。

---

〔1〕 在主观上导致审判结果的不公,主要表现在审判人员的职业道德方面,也即是说审判人员能够做到公正裁决但由于某种不正当目的的指引,而不正当地行使审判权,如贪赃枉法、徇私舞弊等。在客观上则表现在审判人员的业务素质方面。由于进入审判机关内的审判人员很多没有经历正规院校的专业教育,因而缺少公正裁判的法律素养。柯克就曾抨击道:“司法并不是每个人都能胜任的轻松活,由普通人直接来执法或直接操纵审判过程就像由普通人直接行医或控制治疗过程、由普通人指挥军队、控制军事专门技术一样,都是不太可能的。”柯克认为,“法律是一门艺术,它需长期的学习和实践才能掌握,在未达到这一水平之前,任何人都不能从事案件的审判工作。”转引自[美]罗斯科·庞德:《普通法的精神》,唐前宏等译,法律出版社 2001 年版,第 57、42 页。

〔2〕 柴发邦主编:《体制改革与完善诉讼制度》,中国人民公安大学出版社 1991 年版,第 3 页。

〔3〕 [日]棚濑孝雄:《纠纷的解决与审判制度》,王亚新译,中国政法大学出版社 1994 年版,第 266 页。

复习思考题

1. 什么是法律程序？法律程序的构成要素有哪些？
2. 法律程序对于法律的实现乃至法治的实现有何重要功能？
3. 简述立法程序的基本内容。
4. 什么是案件？社会冲突成为案件的条件包括哪些？
5. 司法程序的设置原则有哪些？

第十三章　法律适用

✣学习目的与要求

本章是有关法律适用问题的论述，重点分析了①法律适用的概念、特征，提出了法律适用应当遵循“正确、合法、及时”的要求；②执法的主体以及行政合法、行政合理等执法的基本原则；③司法的概念、司法的过程以及依法司法、平等司法、司法独立等司法原则。通过本章学习，能够了解执法与司法的界限，掌握执法与司法的基本原则，正确认识执法与法律监督、司法与法律监督之间的关系。

第一节　法律适用概说

一、法律适用的概念

对法律适用概念的理解通常有广义和狭义两种。广义的解释是指国家行政机关与司法机关在宪法和法律规定的职权范围内，按照法定程序将法律规范适用于具体的人或组织的专门活动。狭义的解释则专指国家司法机关按照法定程序审理并裁决案件的活动。本章所讲的法律适用主要是从广义上来理解的。因此，法律适用主要包括两方面内容，即行政机关的执法与司法机关的司法。

法律适用是法的实施的重要形式，也是法律规范在社会生活中的具体实现。严格来说，任何法律规范都只是一种对社会关系与社会行为的拟制，而要使这种立法意图在社会生活中得以贯彻，就必须有法律适用这个过程。如果将“立法”作为一个由个别到一般的过程的话，那么，法律适用则是一种将一般适用于个别的活动。正是这种活动，使抽象的规范能够结合具体的个案，在法律规定的场合呈现应有的法律意义。同样，法律适用的活动，也是发展法律的重要途径。“法律是普遍的。应当根据法律来确定的案件是个别的。”[1]就“事实”与“法律”的关系而言，法律是一种抽象的事实规定，它将必须予以规制的社会事实，以立法语言加以抽象的概括，使其具有描述类似、相同案件事件的穿透力。从这个意义上而言，“法律”是一个由个别到抽象的综合过程；而

---

〔1〕［德］马克思：“第六届莱茵省议会的辩论”（第一篇论文），《马克思恩格斯全集》（第1卷），人民出版社1995年版，第180页。

法律适用中的事实则是通过孤立的个案,来印证立法描述的准确与否。

法律适用与法律遵守是两个既相互区别又相互联系的概念。法律遵守也即通常意义上的守法,指一切国家机关、企事业单位、社会团体和公民恪守法律的规定,严格依照法律办事。在法学上,法律适用与法律遵守被统称为法律实现,两者都是以既存的法律规范为前提条件。但两者的区别也是显而易见的,主要表现在:①主体不同。法律适用的主体是特定的国家机关行使国家权力的行为;而法律遵守的主体则是指一般的主体,即公民、法人或者其他组织的守法行为;②表现形式不同。法律适用往往以特定的法律文件表现出来,如行政机关的裁决书、人民法院的判决书等;而法律遵守则无具体的表现形式,只要社会主体不做法律所不允许的行为或者在法律规定的范围内行为,法律就被认为得到遵守;③内容不同。法律适用是国家专门机关应用国家权力对社会关系进行调整或保护;而法律遵守主要表现为权利的行使、积极义务的履行以及禁令的遵守。

二、法律适用的特征

法律适用作为一项重要的国家活动,因之也呈现出一种以权力范围、手段和规制作为主要内容的外在特征。这表现在:

1. 主体的权力性。法律适用是国家机关及其公职人员按照法定职权,以国家名义执行法律的活动,是国家权力的具体表现形式。因此,只有特定的国家行政机关与国家司法机关才有权进行法律适用。除此之外的任何机关或组织均无权为之。另外,由于行政机关与司法机关都具有双重的法律身份,既可以作为权力主体,同时又属于民事主体的范畴,因此,并非行政机关、司法机关进行的所有活动都属于法律适用。只有以国家名义将法律运用于具体的人或单位的活动才属于法律适用。从行为的性质上讲,法律适用是国家机关的职务行为,而其他行为,如购买办公用品、进行法制宣传等,就不能归为法律适用这一概念之中。

2. 程序的法定性。法律适用必须严格依照法定程序进行,这是为制约国家权力而采取的有效措施。具体而言,行政机关的执法应当遵守行政程序,如行政处罚程序、行政许可程序、行政强制执行程序等;而司法机关的司法则通过司法程序加以规制,如诉讼法所规定的立案程序、审判程序、执行程序等。因此法律适用的全过程都离不开一定的程序要求。事实上,离开了法律程序,国家权力必将成为执法人员手中恣意妄为的工具,从而导致对个人权利的侵害。

3. 对象的特定性。法律适用与法律创制不同,法律创制是国家立法机关制定法律规范的活动,其特点是产生具有普遍约束力的行为规范。而法律适用则不同,它是国家机关针对具体的人或具体事项运用法律所作出的裁判,其特点在于这种裁判不具有普遍的约束力,只对当事人才发生法律效力。从法律调整的对象来看,法律创制属于一般性调整,而法律适用则属于个别调整。当然,在实行判例法的国度,判决理由可以对同类案件产生法律上的约束力,但这同样也有个识别、比照的过程,并非前案结论自然地适用于后案。

4. 效力的国家强制性。法律适用中效力的国家强制性是指国家机关依照法律所作出的裁决具有国家强制力，这种强制力表现在，对于国家机关而言，裁决一经作出，非经法定程序不得变更。对于当事人而言，法律裁决一经作出必须加以遵守，不得因怀疑其效力而加以拒绝履行。即使存在异议，也只能按照法定的途径寻求救济。不但如此，在法律救济过程中，法律裁判也不能停止执行。行政诉讼、行政复议中确立的具体行政行为不停止执行原则即是对国家强制力的有力再现。

三、法律适用的基本要求[1]

（一）正确

“正确”体现了法律适用在质量上的要求，也是法律适用正当与否的基本标准。正确适用法律主要包括三方面含义：①认定事实正确。这是法律适用的前提条件，如果事实不清或者认定不准确，那么适用法律以至于裁决结果是不可能正确的；②适用法律正确。适用法律正确包括以下三种情况：适用法律文件正确；适用法律条文正确；所适用的法律是正在发生效力的法律，对于已经失效或者尚未公布施行的法律不得适用；③裁判结果正确。裁判结果正确实际上就是指裁判结果的公正与公平。由于裁判结果是国家机关对社会冲突所作的一种权威性结论，是对冲突双方实体权利所作的第二次调整，具有国家意志性，并且由国家强制力所保障实施，因此裁判结果必须符合公正、公平原则，力戒在处理上畸重畸轻、区别对待，否则将会在社会主体之间酝酿新的社会冲突。

（二）合法

所谓合法是指法律适用在规则上的要求。具体包括：①主体合法。法律适用的主体只能是国家行政机关与国家司法机关，其他社会主体均无权进行法律适用。尽管当事人进行民事行为也要执行法律的有关规定，但这属于法律遵守而非法律适用；②程序合法。在法律适用过程中，必须严格遵循程序规则，不得以其他借口而颠倒次序先后或者遗漏相关程序。在我国现行法律中，程序违法构成裁决行为得以撤销的重要事由，因而，只有遵循程序规则的行为，才是真正有效的国家行为；③权限合法。权限是国家机关行使权力的范围或边界，作为国家机关必须在自己的职权范围内行使职权，否则即构成越权。而越权无效则是法律所确定的一项古老原则。因此无论是行政机关的行政行为抑或是司法机关所作的判决、裁定一旦构成越权，都成为撤销的法定事由。④时效合法。时效是国家机关追究行为人法律责任的时限，是指违法行为在一定的期限内未被发现的，一律不予追究。我国的许多法律对时效作了明确规定，如《行政处罚法》第29条规定：“违法行为在2年内未被发现的，不再给予处罚。”因此凡是在法

〔1〕 传统的法理学教材，一般都把“正确、合法、及时”作为对司法机关适用法律的基本要求，但是我们认为，在行政机关的执法上，同样要以此作为行使行政权力的标准。正是基于此，我们在“执法”一节中提出了行政执法的基本原则，即行政合法性原则、行政合理性原则以及行政效率性原则。

律所规定的时效之外进行制裁的,均属违法。

(三)及时

所谓及时是指法律适用在效率上的要求。尽管行政与司法在法律价值的重点选择上有所不同,但效率均可以成为它们的一大价值目标之一。因此无论是行政法律规范还是诉讼法律规范都规定了行使职权的时间范围,甚至在法律适用的每个具体阶段都有时间上的要求。如诉讼法中所规定的立案时间、审判时间等。“及时”意味着,①国家机关应当在法律规定的期限内完成法律行为。按照期限能否延长进行分类,法律期限可以分为绝对期限与相对期限。凡属绝对期限均不得延长,如简易程序的审理期限。相对期限则是可以依法延长的期限,但必须应当办理延长的手续。无论是绝对期限还是相对期限,国家机关都必须在规定的期限内完成法律行为。②如果法律期限属于一种自由裁量的规定,法律适用主体也应当最大限度地缩短办案期限,不能人为地拖延。那种能够在较短时间内完成法律的适用却等到期限届满时才结案的行为,即是违反法律的“及时”要求。这种行为尽管不能用违法与否来加以衡量,但绝不是法律所提倡的。正如西方谚语中所言的,迟到的正义不是正义。因而,法律适用主体应当本着对人民负责的态度,尽可能地在较短的时间内解决法律争议,从而稳定社会关系与社会秩序。

第二节 执 法

一、执法概述

(一)执法的概念与特点

执法是指国家行政机关及其法律、法规授权的组织在法定的职权范围内,依照法律程序执行法律的活动。它具有如下特点:

1. 执法主体具有行政性。执法的主体包括行政机关和法律、法规授权的组织。执法是行政权作用于社会生活的重要表现形式,因此,从严格意义上讲,执法的主体只能是享有行政权的国家行政机关。事实上,世界各个国家制定的法律、法规也主要是由行政机关予以执行。但是,行政机关在设置上必须遵循精简原则,而行政职能却不断扩大,特别是20世纪40年代以来,行政权已经触及社会生活的各个领域,这一矛盾就使得国家通过“授权”的方式将行政权力授予给非行政机关行使,而当这些非行政机关一旦被授予职权后,也就取得了行政机关的地位,其所作出的行政行为与行政机关作出的行政行为具有同等的法律效力。

2. 执法活动具有主动性。与司法的“不告不理”原则所不同的是,行政执法活动是一种主动的行为。行政机关不仅承担着大量的组织、领导和管理任务,而且要处理行政领域里所发生的各种社会纠纷。这一特点决定了行政机关只能以积极的行为方式介入社会生活,通过对合法行为的褒奖与对违法行为的制裁,使社会主体的行为合乎法律规范所确定的行为模式,保障社会秩序的稳定。另外,对社会事务进行管理也是行政机关行政职责的具体要求,如果行政机关怠于履行其职责,将要承担一定的法律责任。

3. 执法行为具有单方性。执法行为的单方性是指行政机关执法通常是其单方面的意思表示,无须征得任何当事人的同意。这是执法行为与民事行为的重大区别。在民事行为中,如果双方当事人未协商一致的,民事行为即不能成立或者无效。而行政执法行为只要行政机关一方的意思表示即告成立,对方当事人不得以未经其同意为由而拒绝履行。

4. 执法形式具有多样性。执法在实践中的表现形式多种多样。这主要是因为社会生活是丰富多彩、纷繁复杂的,每种社会事务都需要用不同的方式加以处理。对执法形式的"一刀切"既不符合哲学原理也不符合客观实际。因此,在具体的执法实践中也就存在多种方式。如行政处罚、行政许可、行政强制等。

（二）执法的种类

1. 赋权性执法与限权性执法。这是以执法的具体方式为依据所作的划分。赋权性执法是指国家行政机关根据法律、法规的规定,赋予行政相对人某种行为资格或能力,而当相对人获得了这种资格后,则取得了从事某种活动的权利,例如行政许可。赋权性执法的特点是当事人在事实上所行使的权利范围要广于一般人行使的权利范围。所谓限权性执法是指行政机关通过剥夺或限制行政相对人的权利,对相对人予以法律制裁的执法形式。限权性执法在实践中的表现是行政处罚,它是以限制或剥夺当事人的人身权、财产权为基础的。

2. 原始性执法与派生性执法。这是以执法的直接依据为基础所作的划分。所谓原始性执法是指国家行政机关直接依据法律、法规对社会事务进行管理。例如,《行政处罚法》第3条规定,没有法定依据的行政处罚无效。因此,现行的法律、法规是行政机关作出行政处罚的唯一根据。所谓派生性执法是指国家行政机关执法必须根据依法作出的行政决定进行,没有行政决定则行政机关不能进行此种形式的执法。派生性执法主要表现在行政强制执行中。行政强制执行的发生必须有行政机关作出的行政决定,否则无法强制执行。因此,原始性执法的直接依据是法律、法规,而派生性执法的依据则是根据法律、法规所作出的行政处理决定。

3. 行政性执法与司法性执法。这是以行政机关的具体职能为标准所作的划分。行政性执法是指行政机关直接针对行政相对人所作的某种行政决定,是行政机关主动行使行政权的表现。实践中,行政机关大多数执法均属于行政性执法。而司法性执法是指行政机关的执法具有司法性质,也即是行政机关以第三者的身份对当事人之间所发生的争议或者行政机关与行政相对人之间所发生的争议进行裁决的执法方式。如行政裁决、行政复议等均属于司法性质的执法。两者区别是行政性执法不以争议为前提，只要出现违法行为，行政机关即可行使行政权。但司法性执法一般应以争议为基础，没有争议，也就没有司法性执法。

如果依据不同的标准，对执法可以作许多形式的分类。但限于篇幅，仅介绍以上几种。上述对执法所作的分类也并不是绝对的，实践中往往存在相互交叉的情况。某一种具体的执法，可能既属于赋权性执法，同时也属于原始性执法和行政性执法。

二、执法主体

（一）执法主体的含义

执法主体是指行使国家行政权力，将法律、法规、规章等规范性法律文件具体应用于社会事务的国家行政机关及法律、法规授权的组织。执法主体是整个执法过程中不可缺少的重要因素，没有执法主体，法律的权利义务不可能实现。因为，“徒法不足以自行”的古老格言本身就表明没有主体的能动作用，法律是无法自动实施的。对于执法主体，应明确以下几个方面：

1. 执法主体与行政主体。在行政法学上，行政主体是指以自己的名义行使行政权力，并承担相应法律责任的行政机关或法律、法规授权的组织。由于行政机关委托的组织只能以委托的行政机关的名义行使职权，所产生的法律后果也由委托的行政机关来承担，因此，一般认为，被委托的组织不是行政主体。但是，我们不能据此认为其不属于执法主体。事实上，被委托的组织在实践中承担了大量的执法任务。

2. 执法主体与处罚主体。行政处罚是行政主体对违反行政管理法规但尚未构成犯罪的行政相对人所给予的行政制裁。处罚属于行政执法的重要方式，但并不是唯一方式。从行政主体的执法权限来看，行政机关拥有行政执法权却并不意味着拥有处罚权。例如，根据《文物保护法》的规定，行使文物管理权的是各级文化行政管理部门和文物保护机构，而行使处罚权的则是公安和工商管理部门。强调执法主体与处罚主体的区别，对于解决实践中存在的乱处罚特别是乱罚款具有重要意义。

3. 执法主体与强制执行主体。行政强制执行主要是执行已经发生法律效力的法律文书。在行政强制执行权的分配上，根据我国法律的规定，有一类是行政主体自身拥有强制执行权的，如公安机关、税务机关等；还有一类是没有强制执行权的，如人事机关等。这些机关要强制执行只能向人民法院提出申请，由人民法院强制执行。因此，执法主体与强制执行主体是一种包含与被包含的关系。

（二）执法主体的种类

执法主体在实践中的表现形式多种多样，依据不同的标准也可以作出很多形式的分类，但总括起来，主要有以下四类。

1. 人民政府。在我国，人民政府包括中央人民政府和地方各级人民政府。中央人民政府即国务院，它既是国家最高权力机关的执行机关，又是最高国家行政机关。根据我国宪法的规定，国务院行使的职权相当广泛，包括制定行政法规，规定措施，领导地方行政机关的工作等。凡涉及全国性行政管理的一切重大问题，国务院均有权全权决定。地方人民政府主要包括以下四种:即省、自治区、直辖市人民政府;自治州和设区的市人民政府;县人民政府和乡、镇人民政府。它们是中央政府领导下的国家行政机关,是地方各级国家权力的执行机关,负有执行国家宪法、法律、行政法规及地方性法规的重要职能。其执法权限和职能都由法律作出规定。

2. 人民政府的工作部门。人民政府属于综合性的行政机关,其管辖范围和领域相当广泛,为了更有效地对社会事务进行管理,许多具体事务往往由其具体工作部门承担,如工商局、税务局等。根据我国法律的规定,工作部门作为国家行政机关是我国最重要的执法主体,大部分的执法事务都是由其完成的。另外,有关人民政府的派出机关,包括行政公署、区公所、街道办事处等,尽管这些不是人民政府的工作部门,但是却属于行政机关的范围,因此它们也是执法主体。

3. 法律、法规授权的组织。从理论上讲,行政权只能由行政机关行使,非行政机关不能行使行政权。但由于"授权"的出现,使得一些非行政机关同样行使行政权,而当这些组织一旦被授予行政权力,就不再是单纯的民事组织而是具有行政机关性质的组织,其所作出的行政行为同行政机关所作的行政行为效力相同。以自己的名义进行执法,所产生的法律责任也由自己承担是其最大特点。在实践中,授权的组织包括三类:①对非行政机关的授权,如《食品卫生法》对卫生防疫站的授权;②对行政机关的内设机构进行授权,如《专利法》对专利复审委员会的授权;③对行政机关派出机构的授权,如《治安管理处罚法》对公安派出所的授权。应当注意的是,这里所指的授权必须符合有关条件:①仅限于法律、法规所确定的授权,其他规范性文件的授权不产生此种法律效果;②被授予的权力应是公有权力,对于行政拘留等专属权力不得授予;③必须遵循相关的法定程序,不得非法授权。

4. 行政机关委托的组织。一般说来,行政权力只能由行政机关自己行使,但在特殊情况下,法律允许行政机关将部分行政权力委托给有关的组织行使。但是,行政机关委托的组织与法律、法规授权的组织不同,委托的组织必须以委托的行政机关的名义行使职权,所产生的法律后果也由委托的行政机关承担。由于行政委托还未有统一的法律加以规范,所以在实践中必须加以监控,以免造成委托失控的局面。在这一方面,《行政处罚法》率先对处罚委托进行了界定,它不但规定了受委托组织的条件,而且规定了委托的一般规则。[1] 尽管这仅仅表现在行政处罚领域,但对于其他领域的执法同样具有借鉴意义。

---

〔1〕 参见行政处罚法第18、19条。

三、执法的基本原则[1]

(一)行政合法性原则

行政合法性原则也称为依法行政原则,是指行政机关行政权力的设立及运作必须依据法律规定,符合法律要求,不能与法律相抵触。这是现代法治国家对行政活动提出的最基本的也是最重要的一个原则。

任何国家权力必须受到制约,不受制约的权力必将陷入专制的泥潭,这是人们对权力运作进行科学判断后得出的基本结论。行政权力作为国家权力的重要组成部分,具有其他权力所不具有的特征。"在所有国家权力中,行政权是最为桀骜不驯的,因为它是唯一不需要借助程序就能行使的权力,所以它有极大的随意性和广阔的空间。严格的法治,首先应建立对行政权的严格控制制度。"[2]因此,在权力制约关系中,行政权首当其冲地成为被制约的对象。行政合法性原则的基本任务就是对行政权力的取得、行使加以规范,使行政权力在法律所设定的范围内正常运行。

行政合法性原则的具体内容包括:①行政权力的来源合法。行政权力从其来源上看,主要包括两类:一类是固有职权;另一类是授予职权。前者是随行政机关的设立而产生,也随行政主体的撤销而消灭;后者则是非行政机关在其成立之后由法律、法规将行政权力授予其行使。[3] 无论是固有职权还是授予职权,如果在来源上不合法,行政机关整个执法活动就失去了合法的基础。②行政权力的行使合法。"行使"合法也就是要求行政权力在具体运作中符合法律、法规的规定。具体包括:第一,权力行使的边界合法。行政机关应当在自己的职权范围内行使职权,如果超出法律、法规所规定的范围行使权力,即构成越权;第二,权力行使的程序合法。这是指行政机关作出行政行为时必须按照法定的步骤和方式进行;第三,权力行使的形式合法。如果行政行为的形式不符合法律、法规的规定,不仅会降低行政机关执法的威信,而且会使行政相对人在寻求救济时缺乏依据。③对行政权力的运行结果进行法律救济。"有权利必有救济",这是法治的基本精神和基本原则。行政机关一旦侵犯了行政相对人的合法权益,法律应当设定具体的救济途径。

应当注意的是,行政合法性原则中的"法"与行政诉讼合法性审查原则中的"法"的含义是不完全相同的。前者既包括全国人大及其常委会制定的法律,也包括行政法

---

〔1〕 孙笑侠先生并没有绝对区分执法原则与司法原则,而是整体性地提出了法律适用的原则即事实性原则、法律性原则、程序性原则、技术性原则。其中,事实性原则包括重视证据原则、证据合法原则、证据审查原则、证据确凿原则;法律性原则包括准确合法原则、正当合理原则、平等对待原则、权利本位原则、有错必究原则;程序性原则包括司法独立原则、权力制约原则、程序正当原则、工作效率原则;技术性原则包括遵守效力与逻辑原则、合目的性原则及部门法中的无罪推定原则、盖然推定原则等。参见孙笑侠主编:《法理学》,中国政法大学出版社 1999 年版,第 170~173 页。

〔2〕 徐显明:"论'法治'及其构成要件——兼及法治的某些原则及观念",载《法学研究》1996 年第 3 期。

〔3〕 也有学者认为,行政授权是行政主体(授权人)在法律法规许可的条件下,将自己行政职权的全部或者部分转让给有关组织(被授权人)行使。参见胡建森:《行政法学》,法律出版社 1998 年版,第 242 页。

规、行政规章甚至还包括其他规范性文件。这是因为,行政机关在体制上的双重性决定了它不但要执行上级行政机关的命令,而且对本级权力机关所发布的规范性文件也有选择适用的权力,更不得拒绝。而后者仅指法律、法规,行政规章在行政诉讼中只处于"参照"地位,对人民法院没有绝对的约束力。至于其他规范性文件,则根本不在考虑之列。

(二)行政合理性原则

行政合理性原则是指行政机关行使行政职权不仅应当符合法律、法规规定的条件、种类和幅度、范围,而且应当符合法律的意图或精神,符合公平正义等法律理性。这是继行政合法性原则之后对行政权力提出的又一重要原则。

行政合理性原则根源于行政自由裁量权,换言之,行政合理性原则仅存在于行政自由裁量权的场域。从理论上说,行政机关应当严格按照法律的规定进行执法,选择的余地越小,就越能体现法律的精神。但是社会生活总呈现丰富多彩、纷繁复杂的特点,法律不可能对社会事务进行巨细无遗的规定。因此,要求行政机关客观公正地处理社会事务,就必须赋予其灵活处置的权力。事实上,"由于行政管理要求有自己的权力和权威,有行使行政权力的自主性和自由度,因此,法律不可能也没有必要对行政的方方面面、层层级级事无巨细地都加以规范,机械地对行政实行法律统治。"[1]然而,行政自由裁量权并非是不受限制的权力,行政机关不能利用自由裁量权为所欲为。它同样要受到一定的约束,行政合理性原则也即应运而生。

行政合理性原则的内容包括:①行政权力的行使应合乎法律目的。法律目的是法律构成的重要条件,没有法律目的,法律也就没有制定的必要。赋予行政机关行政权力,正是为了实现该立法目的。因此,凡是与法律目的相背离的行为都是不合理的行为;②行政权力的行使应合乎社会情理。所谓合乎情理是指合乎事物的常规或规律。[2] 例如,行政机关在作出行政处罚时必须与违法行为的事实、情节、社会危害后果相适应。如果行政机关在对行为人进行处罚时,重者轻处,轻者重处,反复无常,都是违反行政合理性原则的。③行政权力的行使应考虑相关因素。行政权力的行使应建立在正当考虑的基础上,不得违背社会公平观念或法律精神。对于不应考虑的不予考虑,对于应当考虑的则必须考虑。实践中往往出现行政机关考虑违法行为人的身份和地位,而对同等情况进行不同制裁,或对不同情况给予相同制裁等,都是考虑了不相关

---

〔1〕 刘瀚等:《依法行政论》,社会科学文献出版社1993年版,第89页。

〔2〕 这正如波斯纳所言:"所谓合乎情理,就是不任性、不个人化和不(狭义的)政治化,就是既非完全的不确定,也不要求本体论意义上的或科学意义上的确定,而是只要有说服力的、尽管不必然是令人信服的解释,并总是伴随有这种解释,就可以修改答案。"参见[美]理查德·A.波斯纳:《法理学问题》,苏力译,中国政法大学出版社2002年版,第9页。

的因素,因而这种制裁也就是不合理的。[1]

(三)行政效率性原则

行政效率既是现代行政管理追求的目标,也是行政管理的核心问题,行政效率因之成为行政执法的基本原则。行政机关承担的是对国家事务进行日常的管理,特别是对有关危害人民利益的行为进行制止。如果行政机关不提高行政效率,那么社会的危害行为将得不到及时处置,国家利益将受到损害。从这一意义上说,"无效率即无行政"。

从我国现行的法律规定上看,许多法律法规都对行政效率给予了高度重视,赋予了行政机关一系列措施以提高行政效率。主要表现在:①规定了相对简易的行政程序。在行政处罚中,行政机关对于警告或者对公民处以50元以下、对法人处以1 000元以下罚款的,可以适用简易程序,无须经过繁琐的程序过程;②规定了行政行为的效力。在行政法上,行政行为具有拘束力、确定力和执行力,行政行为一经作出,即发生法律效力,行政相对人不得拒绝履行,即使依法提出了异议,行政行为也不停止执行;③规定行政机关的强制措施。行政机关在执法过程中,对于拒不履行法律义务的行政相对人可以采取强制措施,促使其履行法律义务。不但如此,行政机关在遇到情况紧急时,可以先行采取强制措施,而后补办有关法律手续。

第三节　司　法

一、司法概述

司法是指具有司法权的国家机关及其公职人员依照法定的职权与程序,将法律规范适用于具体的人和事的一种专门活动。它具有如下特征:

1. 司法是由特定的主体所进行的专门活动。司法的主体必须是国家司法机关,其他国家机关均不能进行司法活动。在我国,司法机关是指隶属于国家权力机关,以审判工作为核心,由人民法院、人民检察院、公安机关(含国家安全机关)所构成的法律适用机关体系。按照权力分工理论,只能由以上国家机关行使司法权,因此,司法活动也只能由特定的司法机关组织进行。

2. 司法是以社会冲突的存在为前提的。司法是以解决社会冲突为己任的,没有社会冲突,司法也就没有存在的必要。当然,并非所有的社会冲突都可以纳入法律评价的轨道。从进入司法程序的冲突而言,主要包括两类:一类是由于私法而产生的社会

---

[1] 近来,有学者对行政合理性原则提出了质疑,认为对合理性原则的理解存在诸如道德理念、多数认同、政策导向、客观规律等误区,并提出了行政合理性原则的合理标准,即符合法治观念的合理性、符合宪政民主的合理性、符合相关实体规则的合理性、符合法律形式要件的合理性等。参见关保英:"行政合理性原则的合理条件",载《中国法学》2000年第6期。

冲突;另一类是由于公法而产生的社会冲突。前者属于民事冲突,后者则属于行政纠纷或刑事纠纷。无论是何种纠纷,确定由司法程序加以解决,主要是为了排除“私力救济”所可能导致的社会无序。

3. 司法的结果具有终极性。这主要是从社会主体对社会冲突的救济途径而言的。任何社会冲突只要进入了司法程序,在效力上就具有了终极力,不得再寻求其他机关加以解决。这是司法判决与行政裁决在效力上的重大区别。行政裁决一般不具有终极力,当事人对行政裁决不服的,可以向人民法院提起诉讼。但司法裁判则不一样,如果司法裁判不具有终极力,那么所有的法律决定都将处于不确定的状态之下。

二、司法过程

司法过程是指司法机关从受理案件到裁判案件直至执行判决的一系列过程。具体而言,包括案件受理、认定事实、选择法律、作出裁判、裁判执行等五个方面的步骤。就每一具体的案件而言,并非所有的案件都要经历这些步骤,如法院裁定准予撤诉,但就司法机关的一般工作程序来说,司法过程都应当具备这些基本的步骤。

1. 案件受理。案件受理是司法程序发生的前提条件,因为司法实行的是不告不理,没有原告的起诉,司法程序无法启动。即便是刑事诉讼,也必须有控诉机关的控诉和被害人的自诉才能发生。根据我国诉讼法的相关规定,人民法院应当在收到起诉状之日起7日内作出是否受理的裁定。因此当案件被起诉到人民法院后,人民法院应当对起诉进行审查,对于符合法定条件的予以立案,对于不符合条件的应当作出不予受理或驳回起诉的裁定。

2. 认定事实。司法机关办理案件,坚持以事实为根据的法律适用原则。因此,在这一阶段,司法机关主要是收集有关证据以证明案件事实,从而为正确裁判奠定良好的基础。司法机关收集证据,必须按照我国有关法律的规定进行,特别是我国的诉讼法对收证据的途径和要求均作出了明确而具体的规定。按照这些规定,司法机关收集证据的途径主要包括对当事人提交的证据进行审查,进而确定其真伪,另外司法机关也可以亲自到案发现场收集证据。不管是通过何种途径所获取的证据,都必须符合证据本身的一般特征,如客观性、合法性、关联性,凡是不符合这些特征的事实材料一律不得作为定案的根据。

3. 选择法律。法律、法规是人民法院作出法律裁判的唯一依据。人民法院在对案件事实确定后,首先就必须适用法律对双方的权利义务作出裁决。人民法院在选择法律时,应当选择与案件争议有关的法律文件与法律条文。但是法律是对社会事务的高度概括,具有很强的弹性,这就使得法律有时与具体的案件之间无法“对号入座”,因此法官在选择法律的过程中也就不可避免地带有法官理解并解释法律的现象。尽管在我国现行法律中,并无法官可以解释法律的权力赋予,然而在司法过程中,伴随着法律适用的必然是法律解释。

4. 作出裁判。裁判是司法机关在审理案件完毕后,对当事人纠纷作出的权威性判定。这是司法机关适用法律的终结阶段,也是司法过程中最具有决定意义的阶段。司法裁判主要包括判决、裁定和调解三种,[1]它以相对确定的形式,对当事人双方的权利义务争执进行判定。

5. 裁判执行。这是司法过程的最后阶段,但不是必经阶段。裁判的执行实际上是在当事人拒不履行已经生效的法律文书所确定的义务时才发生的。如果当事人自觉履行了义务,就不发生强制执行的问题。但是,作为执行根据的法律文书必须具备两个条件:①必须发生法律效力,未发生法律效力的裁判不得作为执行的根据。生效的法律裁判主要包括最高人民法院的裁判、人民法院二审裁判以及超过上诉期限当事人未上诉的裁判。②必须具有给付内容,即具有可执行性。给付包括财产上的给付和行为上的给付,对于那些完全是授予权利或确认关系的文书,则不具有执行内容。

三、司法原则

(一)依法司法原则

依法司法原则是指人民法院审理案件时,应建立在事实的基础上,并且以法律作为裁断的依据。我国《民事诉讼法》第7条规定:"人民法院审理民事案件,必须以事实为根据,以法律为准绳。"刑事、行政诉讼制度也肯定了这一原则。它既是诉讼客观规律的真实反映,同时也是对我国多年司法实践经验的科学总结。它具体可外化为"以事实为根据"和"以法律为准绳"两个方面。

所谓以事实为根据,是指人民法院在适用法律时,必须从案件的实际情况出发,把案件的审理和判决建立在尊重客观事实的基础上,而不是以任何主观想象或主观臆断作为依据。事实是客观存在的,任何主观的事实都不能作为定案的依据,否则法院的裁判就失去了合法的基础。因此,办案人员必须深入实际,调查研究,仔细地查清与案情有关的证据材料,进行去粗取精、去伪存真、由表及里的分析研究。但是,"以事实为根据"是法律对司法机关所作的应然要求,它并不就意味着司法机关裁判所依据的事实就是案件的原本事实。由于司法机关再现案件的原本事实需要借助于有关的证据,而证据又存在证明力的问题。因此,案件的原本事实与司法机关所依据的事实能否达到一致,要取决于案件发生的时间长短、收集证据的技术水平以及司法人员的业务素质等因素。同样,事实虽然是客观的,但认定事实的过程却具有主观性。我们不能认为司法机关所认定的事实带有主观因素而认定其违法。事实上,如果要让司法机关必须依赖于案件的原本事实,那只能说是对司法机关的苛刻要求。

在司法过程中,除了坚持"以事实为根据"外,还必须遵守"以法律为准绳"的原则。"以法律为准绳"就是指处理案件的标准和尺度就是法律。这一要求,否定了主观臆断、徇私枉法的专横作风,另一方面,也对执法人员的法律素质提出了严格的要求。在执法实践中遵守以法律为准绳的原则,就必须坚持以下四个方面的要求:①依法正确

[1] 具体内容参见本书第15章。

认定案件性质，按照违法行为所侵犯的社会关系确定其适用的法律规范；②依法正确处理案件，即严格按照法律规定的标准、幅度处理有关案件，即使法律中有自由裁量权的规定，司法人员也必须根据当事人的具体违法犯罪情节，选择最适当、最合理的处罚措施；③依法纠正冤错案件。由于执法者的法律素质以及社会情况复杂等方面的原因，有时会发生一些违法处理或处理不当的案件，司法机关应当本着有错必纠的原则，对案件进行重新处理；④依法进行诉讼活动。诉讼活动是司法的中心内容，司法机关在处理案件时，必须严格遵守法定的诉讼程序，任何违反法定程序的行为都必须予以纠正。

以事实以根据、以法律为准绳是相互统一而不可分割的两个方面。其中，事实是前提，法律是标准。如果认定事实不准确或者适用法律不正确，那么我们都无法期望司法机关能得出满意的结论。

（二）司法平等原则

首先必须予以明确的是，司法平等原则，或者称“当事人在诉讼过程中法律地位平等”原则，并非实体法、尤其是宪法所规定的“公民在法律面前一律平等”原则的延伸。两者之间的区别体现在：①法律上的平等是一种人格的平等，它意味着国家对其属民赋予相同的人格，而诉讼地位平等则是诉讼权能的平等；②法律上的平等是一种不受时间、空间、场合等因素决定的一种普适性的平等，而诉讼地位平等则受着诉讼过程的限制；③法律上的平等是为了造就社会秩序的人道与安全，而诉讼地位的平等则更多地体现为实现自己所主张的利益，即诉讼请求为法院支持。因此，就司法中的“平等”而言，它主要是指当事人双方的诉讼角色的平等。也就是说，无论是原告，还是被告，都平等地享有法律所规定给“两造”的权利，法院不得对原告或被告实行歧视对待，而必须作为公正的裁决者，中立地处理双方的争议。

具体而言，平等司法原则的内容包括以下四个方面：①从时间上而言，诉讼地位平等是一种时间段内——即诉讼过程中的平等。这也就是说，法院并非一种直接对社会进行管理的机构，因而社会上的不平等问题非法院所能管辖而只能留待立法机关或行政机关加以解决。司法是被动的权力形态，社会的不平等只有转化为案件或争讼后，法院才有处理的资格。这一时间上的因素即是司法权运作的过程，也是司法权限度的体现；②从地点上而言，诉讼地位平等是一种在法院、法庭或法官面前的平等，也就是说，“平等”主要针对的是法院，它要求一个不偏不倚的公共权力机构平等地对待双方当事人，根据事实与法律作出公正的裁决。这正如学者所言，“法律面前”平等是在“正式的法庭面前”即在“法官面前”，并且是在审判过程之中的平等。[1] 正因如此，人们常将诉讼结构形容为一个“等腰三角形”的结构形式，“等腰”即意味着法院的角色就是

〔1〕 龚祥瑞：《西方国家司法制度》，北京大学出版社1993年版，第113页。

公正的仲裁人的角色;[1]③从场合上而言,诉讼地位平等是维护自己权益、提出自己主张的平等。也就是说,诉讼过程的设置,其本质就在于将诉讼中争讼的权利或利益通过司法的形式来加以确定或重新分配,以达到维护社会稳定的目的。按照这一要求,当事人在争讼前是否平等,非法院调查、审理的范围;在诉讼过程之外是否存在弱肉强食的状况,也并非法院所能过问。从这个意义上,诉讼过程是一种相对超越现实社会条件的对争议案件的“隔离”,它有利于法院按照法律标准而非社会标准对案件进行冷静的判断;④从内容上说,诉讼地位平等即“武器的平等”,即通过相应诉讼手段与诉讼权利的提供与协助,使原告、被告双方之间的攻击与防御能力尽可能处于平等的地位。[2] 作为一种法庭中的对抗主体,攻击者(原告)必须具有攻击所必须的条件(例如行政行为作出的事实材料与法律依据),而被告也必须具有防御的机会与可能(例如答辩、补证)。正如学者们所指出的,“平等是在一主体与其他主体的境遇比较之中而被感知的。……诉讼过程在一定意义上可以被视为冲突在特殊空间的延续,冲突主体的诉讼行为是一种特殊的对抗方式。为了保证这种对抗不致受冲突主体的社会身份、支持者的人数以及其他因素的影响,就必须赋予各方相同或者对应的对抗手段。相同的手段既指共同可以行使的诉讼权利,即各方可以同时行使的权利,如为证明自己主张而提出证据的权利,也指某些共同的权利机遇。”[3]有时为了保证“武器的平等”,国家还必须“抑强扶弱”,赋予弱势一方以特殊的待遇。例如“谁主张谁举证”为一诉讼通例,但在行政诉讼中,鉴于原告收集事实、理解法律的困难,举证责任更多地由被告承担。

坚持司法平等原则有利于反对特权思想,维护社会主义法制的统一与尊严,防止出现法律适用中因人而异、因事而异的弊端。但是,司法平等只是针对法律适用而言,“它并不规定法律自身是平等的。法律面前的平等表明所有阶级对一个普通规则的平等克制,这一规则并不是使用任何定性的观点而是适用所有人都受制约的一类法律。因此,法律面前的平等只是程序平等的形式而不是实质平等的保证。”[4]所以,司法平

---

[1] 当然,这是从“应然”意义上而言的。龚祥瑞先生即指出:“在人们的观念中,法院在一切国家机关中总是最受尊敬的,法官在所有官员中总是最不偏待人的。因此,受法庭的公正审判是人们申冤求生的一种权利,是人间疾苦的一种救济。但是法庭依法判决,有时也会显失公正,于是就有‘法律面前人人平等’、‘法律上的平等’、‘权利平等’、‘法律的平等保护’以及‘人权’、‘法治’等观念相继产生,并制定一系列规则,促进法院成为伸张正义的审判庭。”参见龚祥瑞:《西方国家司法制度》,北京大学出版社1993年版,第124页。

[2] 邱联恭:《司法之现代化与程序法》,自印本,1992年版,第268页。这一比喻也许是将“诉讼”的性质等同于“战争”。正如外国学者就民事诉讼所言,“民事诉讼乃是一场战争;原告武装以诉讼形式,仿佛佩上了刀剑,因此,被告要用抗辩装备起来,作为盾牌加以抵抗。”转引自贺卫方:“对抗制与中国法官”,载《法学研究》1995年第4期。

[3] 柴发邦主编:《体制改革与完善诉讼制度》,中国人民公安大学出版社1991版,第60页。

[4] [加]尤德·M.亨特莱弗:“人权:加拿大的经验——专论《加拿大权利和自由宪章》”,杨春福译,载宪法比较研究课题组编译:《宪法比较研究文集》(3),山东人民出版社1993年版,第121页。

等实际上是法律适用上的平等而不是指立法上的平等。

(三)司法独立原则

司法独立原则是指司法机关独立对案件进行审理和裁决,不受任何机关或因素的干扰。司法独立原则是在资产阶级革命时期,为反对封建的司法专制,由进步的思想家率先提出的,随后逐渐演变成一项普遍的司法原则,是"三权分立"原则的必然结果。在西方人看来,"司法机关为分立的三权中最弱的一个,与其他二者不可比拟"。[1] 因此,确立司法独立原则就有利于司法机关同立法机关、行政机关相对立,从而达到权力分立与制衡的目的。在我国,无论是宪法还是诉讼法都确立了"人民法院依照法律规定独立行使审判权,不受行政机关、社会团体和个人的干涉"的司法独立原则。

在论述司法独立原则之前,首先必须对司法独立进行界定。因为只有明晰了"司法"与"独立"的内涵,才能正确地理解司法独立原则本身。但"司法独立"却是一个争议颇大的概念,学者们从不同的角度对司法独立进行了解释。[2] 我们认为,对司法独立的理解应把握两个方面,即"司法权"与"独立权"。其中司法权是前提,独立权是基础。在现代社会,司法权已不再是司法机关的专利了,"那种认为除法院之外的任何机关都不能行使司法权的观点是错误的。"[3] 实际上,在世界许多国家,行政机关同样在行使着司法权,最明显的表现是法国的行政法院。"行政法庭分享司法职权,它行使的这种职权被冠之为'准司法',不过它行使的则是司法权。"[4] 由此可以看出,司法权可以分为行政司法权和诉讼司法权(我们暂且称为诉讼司法权,尽管这种定名并不一定准确)。人民法院等司法机关行使的则是诉讼司法权,"司法"独立实质上是诉讼司法权的独立。其次,"独立"所涉及的问题实质上指"谁独立"的问题。我们认为,司法独立的目的是为了排除干扰,不偏不倚地保证法律的实施,使案件得到正确、合法、及时的处理,而这种干扰可能是来自多方面的,既可能是外部因素对司法机关的干扰,也可能是内部因素对审判人员的干扰。因此,所谓司法"独立"也就包括两方面,即司法机关的独立与审判人员的独立。如果说司法机关的独立是"大环境"的话,那么审判人员的独立则属于"小环境"。

据此,司法独立原则包括以下几方面的内容:①国家诉讼司法权只能由国家司法机关统一行使,其他任何国家机关、社会团体和个人均无权行使国家诉讼司法权。另外,司法机关的诉讼司法权不能相互替代,而只能在法律规定的范围内独立行使自己

---

〔1〕 [美]汉密尔顿、杰伊、麦迪逊:《联邦党人文集》,程逢如等译,商务印书馆 1980 年版,第 391 页。

〔2〕 对司法独立的解释主要包括四种观点。第一种观点认为,司法独立可以包括对当事人的独立、职能的独立、机构的独立、内部的独立;第二种观点认为,司法独立作为一种制度包括实质独立、身份独立、集体独立和内部独立;第三种观点认为,司法独立仅指外部独立,而不包括内部独立;第四种观点认为,司法独立作为一项制度包括四个方面的独立,即司法权的独立、司法主体的独立、司法行为的独立和司法责任的独立。参见王利明:《司法改革研究》(修订本),法律出版社 2001 年版,第 83 页。

〔3〕 [美]伯纳德·施瓦茨:《行政法》,徐炳译,群众出版社 1986 年版,第 57 页。

〔4〕 转引自[美]伯纳德·施瓦茨:《行政法》,徐炳译,群众出版社 1986 年版,第 55 页。

的职权。②司法机关独立行使职权，不受行政机关、社会团体和个人的干涉。司法机关断案只服从法律，其他任何力量均不能对司法机关指手画脚。尽管为了实现司法公正，人们提出了要加大对司法机关监督的力度，如人大的个案监督、[1]新闻媒体的监督等，事实上，司法机关并不是在"真空"的状态下行使权力，但是，不论是何种形式的监督都应当以不侵犯司法独立为前提，不得以非法形式干涉司法机关正当的司法活动。③审判人员在具体断案时不受领导及审判委员会的干扰。司法独立在很大程度上体现在个案中，审判人员能否做到自主审判是衡量司法是否独立的重要标准。如果审判人员不能成为审判的"主人"，那么司法独立就无法具体落实。④司法机关独立行使职权，必须在法律规定的范围之内。如果司法机关逾越法律，违法裁判，则已经不属于司法独立的问题了。

司法独立不是一种理论的假设，也不是某种价值意义上的弘扬，而应是一种制度上实实在在的安排。为了实现司法独立，就必须创造相关的先决条件，否则"独立"也只能是一句空洞的政治口号。而现实的情况似乎正好相反，一方面强调司法独立，另一方面却没有相关的制度予以保障。典型的例子是司法机关的经费来源受同级政府的控制；司法机关工作人员的任职并不是终身制而往往取决于政府的人事安排等。当然，有了这些外在条件并不等于就实现了司法独立，然而反过来，如果没有独立的经费保障至少就没有了"独立"的基础。汉密尔顿曾指出，"就人类天性之一般情况而言，对某人的生活有控制权，等于对其意志有控制权。"[2]既然司法机关在人事、财政方面必须仰人鼻息，那么其听命于行政机关也就不足为怪。实际上，"我们的许多法官以及法院院长都具有很好的专业素养，并且极富正义感，但是现行的这种制度安排实在是令他们徒唤奈何。"[3]因此，要真正实现司法独立，就应当从相关的制度上予以保障。

复习思考题

1. 什么是法律适用？法律适用的特点与要求有哪些？
2. 简述执法的主体及我国现阶段在这方面存在的主要问题。
3. 简述执法的基本原则。
4. 如何认识司法过程？
5. 论述主要的司法原则。

---

〔1〕 近来，人们对司法公正给予了特别关注，提出了诸如人大的个案监督。个案监督对于加强司法公正也许会产生一些积极作用，但是否符合法学理论，是否会妨碍司法独立还有待于进一步探讨。

〔2〕 [美]汉密尔顿、杰伊、麦迪逊：《联邦党人文集》，程逢如等译，商务印书馆 1980 年版，第 396 页。

〔3〕 贺卫方："传媒与司法三题"，载《法学研究》1998 年第 6 期。

第十四章　法律解释

✣学习目的与要求

本章是有关法律解释问题的论述,重点分析了①法律解释的基本问题,包括法律解释的概念、权限、功能等;②法律解释的主体,论证了法律解释主体普遍性的原理,阐述了法院、法官作为解释主体在法律解释中的地位;③法律解释的原则,以合法性、合理性、客观性原则为纲,铺陈了法律解释应遵循的基本原则;④法律解释的对象,确立了以文本为中心的法律解释客体,论述了法律文本的内涵、外延及其解释形式;⑤法律解释的范围,就宪法、法律、行政法规、国际条约的解释问题进行了全面的分析。通过本章学习,有利于明确法律解释的基本原理,并据此分析中国现行法律解释体制所存在的弊端。

第一节　法律解释概述

一、法律解释的概念

法律解释是法律适用的前提。“法律不是摆在那儿供历史性地理解,而是要通过被解释而变得具体有效”。[1] 在这个意义上说,法律的生命力在于解释和适用之中,没有对法律的解释,也就无所谓法律的适用。[2] 所谓法律解释,是指在一定的法律适用场合,有权的国家机关或个人遵循法定的权限和程序,按照一定的原则和方法对法律文本所进行的阐释。这一概念包含着四层意思:①谁来解释(即法律解释的主体);②谁要解释(即法律解释的对象);③解释什么(即法律解释的范围);④怎么解释(即法律解释的原则和技术),其中有关方法和技术我们将在第20章“法律解释技术”中加以介绍。

---

〔1〕［德］伽达默尔:《真理与方法》,转引自郑戈:“法律解释的社会构造”,载梁治平编:《法律解释问题》,法律出版社1998年版,第65页。

〔2〕从宽泛的意义上讲,法律解释与法律适用实际上是同一个问题,那都是针对具体案件而进行的活动。但法理学还是对此加以区分:法律解释目的在于发现或形成一般法律规范,作为裁判的“大前提”;法律适用则是以事实认定为小前提,运用演绎的逻辑方式,推出结论,即裁判。参见杨仁寿:《法学方法论》,中国政法大学出版社1999年版,第17页。质言之,法律解释是法律适用的前提,法律适用则为法律解释的目的。

从主体上划分,法律解释可以有广狭二义,广义的法律解释既包括学理解释也包括法定解释,即任何人都可以对法律从学理上进行理解和解释,在这一点上解释主体应具有普遍性。狭义的法律解释仅指有权机关或个人所作的解释,也称之为有效解释或有权解释。本教材主要是从后一种意义上使用法律解释的概念。

二、法律解释的权限体制

把法律解释设定为是有权机关或个人对法律规定作出的解释,必然涉及一个权限划分的问题。从本质上说,法律解释权是国家司法权的重要组成部分,被视为国家一项独立的权能。然而这一问题在我国现行制度中存在着较大的争论。就制度的架构而言,现行体制将法律解释分为立法解释、司法解释、行政解释和其他解释(如地方立法机关的解释)等等。但学术界并不完全认同这种权限划分,分歧集中表现在:①立法解释究竟是一种立法权还是一种解释权?②法律解释究竟是一种针对普遍性问题的抽象解释,抑或是应当仅仅针对具体案件的个案适用解释?

我们认为,针对个案的具体适用而作出的相应法律解释似乎更符合解释学意义上解释的本意,证诸世界各国的法律制度,都可知所谓法律解释,主要就是指法院或者法官对法律的解释。然而,我国目前受现行法律体制所囿,只存在广泛意义上的抽象的解释。根据1981年全国人大常委会通过的《关于加强法律解释工作的决议》和2000年全国人大通过的《立法法》[1]的规定,我国现行的法律解释体制的内容包括:①法律解释权属于全国人民代表大会常务委员会。凡属法律的规定需要进一步明确具体含义的或者法律制定后出现新的情况,需要明确适用法律依据的,由全国人民代表大会常务委员会解释,是为立法解释;②凡属于法院审判工作中具体应用法律法令的问题,由最高人民法院进行解释,是为审判解释;凡属于检察院检察工作中具体应用法律法令的问题,由最高人民检察院进行解释,是为检察解释(二者又合称司法解释)。最高人民法院和最高人民检察院的解释如果有原则性的分歧,报请全国人民代表大会常务委员会解释或决定;③不属于审判和检察工作中的其他法律法令如何具体应用的问题,由国务院及其主管部门进行解释;④凡属于地方性法规条文本身需要进一步明确界限或作补充规定的,由制定法规的省、自治区、直辖市人民代表大会常务委员会进行解释或作出规定。凡属于地方性法规如何具体应用的问题,由省、自治区、直辖市人民政府主管部门进行解释。

此外,香港、澳门特别行政区的法律解释权分属全国人大常委会和香港、澳门特别行政区法院。全国人大常委会行使对香港基本法的解释权。香港法院的解释权有两部分:经全国人大常委会授权在审理案件时对基本法关于香港自治范围内的条款自行解释,对基本法其他条款可有条件的进行解释。基本法以外的其他法律由特别行政区

---

[1] 本来《立法法》的制定,有可能改变和取代原有的法律解释体制。但《立法法》只涉及了立法解释,理顺司法解释只能留待今后的立法加以完善。

法院解释。

从上述法律解释体制的框架来看,有突出的几个特点:

1. 立法主导性。现行法律解释体制带有强烈的立法主导的色彩,立法部门(全国人大常委会)居于支配地位。尽管在数量上,并非由其实际承担解释的任务。由此造成的结果是:①立法权与解释权混杂,"谁立法、谁解释"这种违背解释学常规的体制继续得以存在;②解释的主体、内容、对象都不是针对具体案件,如作为解释的主体的法院、法官法律上并未授予解释权,造成绝大部分解释不是针对具体案件寻找大前提的司法作业而是立法式的事前规设。因而完全是换一种名称、换一个部门的立法而已。

2. 缺乏制约性。从现行的法律解释文件而言,许多所谓的法律解释(司法解释)实际已越出被解释的法律规定以外,成为事实上的法律规范。同样,法律解释成为一种被争夺的权力资源,各级司法机关(同时也包括行政解释领域中)都在随意制订一些带有解释性质的规定,如意见、办法、会议纪要等等。而这些"非法"的解释都在实际的司法活动中起着相当于规范的作用。因而在法律解释领域,实际造成了体制上虽不允许各下级法院解释,但各级法院甚至基层法院都时时刻刻在解释法律的奇怪现象。

3. 政策诠释性。长期以来,政策一直是我国法律的主导者。在法律解释中也不例外。我国的许多法律解释并非严格意义上针对法律展开的解释,而是当前现行政策的诠释。解释者探究的不是立法原意、立法意图、立法目的,而是政策性内容,追求所谓政治效果和社会效果。

综上所述,我国现行的法律解释体制在许多方面存在不尽合理之处。如立法解释权的存在及其实际虚置的问题、司法解释双轨制问题、抽象解释问题、越权解释问题等等。进一步而言,这一体制从理论上背离了现代法治的基本要求,背离了解释学的基本原理,因而造成我国法律解释学的不发达,与西方国家所谓的法律解释处于两种不同的语境;一个强调的是解释本身,一个注重的主要是权力配置。

三、法律解释的意义与功能

"法律的实施以解释过程为前提"。[1] 任何一个法律规定都不可能与现实生活中的个案完全对应,因而,法律解释是准确实施法律的必然要求,它连接立法意图与司法目的,是将法律的抽象规定进行具体化、个别化的重要途径。

(一)法律解释的必要性

法律解释的必要性从根本上而言,源自社会生活的复杂性和法律本身的局限性。法律解释具有缓解这一矛盾的功能,并且通过解释的过程使它自身具有了独立的意义。

1. 法律本身具有抽象性、概括性、原则性,要将法律适用于具体的特定的案件,需要通过解释以实现这一转换。同样,法律是相对稳定的规范,而社会生活是千变万化

---

〔1〕 [法]勒内·达维德:《当代主要法律体系》,漆竹生译,上海译文出版社1984年版,第109页。

的。要使法律跟上社会生活发展的步伐,同时又保持法律的相对稳定,就需要借助于法律解释促进法律的安定性。

2. 法律是调整社会关系的专门技术,存在许多特有的专业术语、概念和逻辑构成,并且人们对此具有的知识能力、认识理解能力也存在着差异,需要通过法律解释加以明确和界定。

3. 法律不可能是包罗万象、完备无遗的规范,法律必然会存在空白与漏洞,甚至错讹的规定也难以避免,需要通过法律解释来弥补、修正。法律中大量存在的不确定法律概念,同样需要借助于法律解释来加以解决。

4. 法律的存在对于人们世界观、价值观都会产生相应的影响。通过法律解释可以促进社会共同价值观念、公共理性的形成。

(二)法律解释的功能

由于法律解释对于一个国家、一个社会来说是必不可少的,因而法律解释对于法律适用来说意义殊为重要,因而具有以下功能:①明确法律。通过解释,能够使法律意义更趋于明确,从而为法律职业群体和社会公众获取同一性理解的规范体系。②改良法律。法律是理性的产物,但任何理性都有一定的时代局限性。通过解释可以弥补法律的缺陷,使法律的不足之处得到纠正和改进。③发展法律。无论是制定法和判例法,疏漏在所难免。当社会生活发生变化,及时修改法律固然应属必需,而通过法律解释一方面可及时填补法律空缺、漏洞,同时也为查找法律空缺、完备法律奠定了基础。所谓"司法法"的存在,正说明了这一意义。④巩固法律。法律作为人们行为的一般规范,是司法适用的基本依据。法律适用过程,必定是法律的解释过程。通过法律解释所阐明的判决理由,能够增强法律本身的公正性、说明力,反过来提升法律的权威性、巩固法律的至上地位。

第二节　法律解释的主体

一、解释主体的普遍性

主体是行为的基础,作为一项有意义的法律活动,法律解释离开了能动的行为主体也就无法存在。然而,哪些机关或个人能够解释法律,这不仅涉及微观意义上的法律解释体制,从政治意义上说,它还牵涉到一个国家民主的程度。在历史上,就不乏禁止人们乃至法官对国家法律进行解释的例子。例如公元6世纪,罗马帝国皇帝查士丁尼在《国法大全》颁布的同时,立即禁止法官在裁判中参考任何法学家的著作,并禁止对《国法大全》作任何评注;弗里德力希·威廉二世主持编纂了包含多达17000多余条的《普鲁士邦法》,在该法典的颁行敕令中,他明确禁止法官出于任何理由对法律规定自作解释。随着主权在民原则确立于各国宪政制度之中,这一限制自然也就冰消瓦解了。

应当承认,谁能解释法律这并不能由国家垄断和控制,“解释主体可以是一切想要弄清楚法律意义的人和机构。”〔1〕①从解释学的意义上而言,“解释根植于理解,是理解的发展和实现,而理解又是人的基本构件之一,是人的存在方式——有人的存在,就有人的理解和解释;有人的活动,就有人的理解和解释活动。”〔2〕法律活动作为人们一种特定的活动,也必然是以对法律的理解和解释为前提的,否则,控诉、法庭论辩、裁判都将成为一种毫无意义的行为。②从政治学的意义上而言,人民主权决定了人民是法律内容的最终决定者,“立宪政体是立法在很大程度上要经过深思熟虑的政体。它是平民政体的一个特定类型,即通过法律运作的政体,而法律被适当地理解为必然以推理为基础。必要的推理不能仅仅是法院和法官的事”,〔3〕民众的参与实际上是司法民主的重要内容;〔4〕③从法律实践上来说,律师与当事人对司法问题的解释,有助于案件的正确处理,也导致了法律解释问题的显现。更为明显的例子是法律专家、学者的解释,即学理解释,在司法实践中具有非常重要的意义。

承认解释主体的普遍性,并不是承认所有机关和个人的解释都是具有法律约束力的解释,以免出现担心法律解释泛滥成灾的忧虑。实际上,“法律解释主体的范围取决于对法律解释场合的认识。”〔5〕解释作为一项活动,离不开特定的法律语境。根据不同的法律语境,可以区分出不同的法律解释所具有的不同法律效力。就学术界的通常划分,法律解释依其效力可分为:正式解释(有权解释、法定解释),非正式解释(学理解释、无权解释)。在此我们将一般意义上的解释,即不具有法定效力、不结合具体案件的解释界定为普遍主体的解释,视为一种学理解释,并将它划入法律注释的范畴之内(参见有关章节)。

学术界对法定解释的认识和阐述,在各种论著中和各类教材中略有不同,前者主要对立法解释和司法解释中的抽象解释展开了多方面的讨论,而在教材中则主要从主体上加以划分,通常把法律解释划分为立法解释、行政解释、司法解释、其他机关的解释。这种分类主要是基于我国的特有的法律解释体制。在西方国家中,所谓法律解释,即是指司法解释,也就是裁判机关在运用法律时所作出的解释。基于这样的认识,

---

〔1〕 陈兴良主编:《刑事司法研究》,中国方正出版社1996年版,第308页。

〔2〕 张志铭:“法律解释概念探微”,载《法学研究》1998年第5期。

〔3〕 [美]斯蒂芬·L.埃尔金:“宪政主义的继承者”,载[美]斯蒂芬·L.埃尔金、卡罗尔·爱德华·索乌坦编:《新宪政论——为美好的社会设计政治制度》,周叶谦译,三联书店1997年版,第163、164页。

〔4〕 一个典型的例子即陪审制度。陪审员作为“善良百姓”的代表,体现社会的良心参与审判,被誉为“人权的伟大而又几乎是唯一留存的堡垒。”(美国思想家潘恩语,转引自龚祥瑞:《西方国家的司法制度》,北京大学出版社1993年版,第146页)根据我国法律的规定,一审案件可以由审判员、陪审员组成合议庭,陪审员在执行陪审职务时和审判员有同等的权利和义务。显然,如果赋予法官以司法解释权,则陪审员自然也就可以就法律问题作出解释。

〔5〕 张志铭:“法律解释概念探微”,载《法学研究》1998年第5期。

在此我们不对立法解释、行政解释、其他解释的定义和范围作进一步展开，仅对解释学意义上的审判机关的解释进行论述。

二、作为解释主体的法院

对世界各国而言，法院就是司法机关。[1] 司法机关负有解释法律并“造法”的职责，似乎是现代法制史上的一个规律性问题。在以往，大陆法系国家囿于三权分立的原则，否定法院有解释法律、创制法律规则的权力，强调法院依法审判的职责。但是，“依法审判”作为一个原则，它必定隐含着几个基本的前提：①立法者最公正无私又高瞻远瞩，能切实根据人民的意志来创制法律；②所制定的法律对社会事务囊括无遗，司法机关只需根据条文来对案件作出处理即可；③法律的内容必须符合人类公平、正义的要求。显然，这只能是一种乌托邦式的理性幻想。实际上，法院、法官必须弥补法律缺漏。以实现法治的目的。被称为“现代立法者第一次以一般规定正式承认法官于立法不可缺少的作用”的瑞士民法典第 1 条第 2、3 款指出：“如本法没有可为适用之规定，法官应依据习惯法，习惯法亦无规定时，法官应根据其作为法官阐发的规则判案。在此，他要遵循业已公认的学说和传统。”[2] 普通法系渊源中的判例法、衡平法体系完全由法院一手建立，更是司法造法的明证。

有人认为，司法机关解释法律乃至造法，就侵入了立法领域，从制度上来说是不民主的。法律由人民的代表制定，而法院则非民选的机关，由少数人来实质改变多数人制定的法律，这符合国家民主的要求吗？然而实际上，在法律解释的场合，法官并不断言司法高于一切，他们仅仅是人民意愿的执行者。如果立法机关的一项法令被判为无效，那并不是因为法官对立法权有所限制，而是因为这项法令为宪法所不容，也是因为宪法所宣布的人民的意愿高于体现在任何法律中的人民代表的意愿。当然，即使以人民的意愿作为“造法”的根据，法院的解释权同时也受到诸多限制，例如强调“依法解释”、“遵循先例”，都是防止法院任意解释的重要制度和原则。司法机关在行使解释权的“自我约束”与“自我抑制”，也保证了司法解释权不致危及国家的政治原则。

以通行的司法理论和各国的司法实践来衡量我国法院的解释权限，则会发现存在着相当大的缺陷。在我国现行的法律规定中，将审判解释的权限赋予最高人民法院，而地方各级人民法院均无解释法律的权力。自然，确定最高人民法院有权就审判工作中具体应用法律的问题作出解释，这本身无可非议，将解释权赋予最高司法机关，一方面保证了解释工作的严肃性，另一方面也体现了司法制度本身的规律。现在的问题是，是否因为最高人民法院拥有司法解释权，就否定地方各级人民法院具有司法解释权呢？答案应当是否定的。我们认为，不仅最高人民法院拥有司法解释权，同样，地方各级人民法院均应当具有解释法律的权力，只有这样，才能保证法律的实效，发挥法院

---

〔1〕 龚祥瑞：《西方国家司法制度》，北京大学出版社 1993 年版，第 23 页。另据龚先生考证，我国《宪法》第 123 条在英译本中使用的文字也与各国一致。

〔2〕 转引自［德］K. 茨威格特、H. 克茨：《比较法总论》，潘汉典等译，贵州人民出版社 1992 年版，第 320 页。

实现法律价值的作用。

1. 从法律适用的实际情况来看。法律解释是适用法律的前提,任何一个具体案件在提交法院后,审理以及作出判决的第一步就是对法律的解释,只要是法院,只要有司法活动,就必然存在着司法解释。“司法过程是上至最高人民法院下至基层人民法院审理案件时都需要进行的审判过程,而每一个具体案件的司法过程都包含着理解、解释、运用法律三个环节,也就是说每一个具体案件审理过程中都存在着不同程度的对法律解释的问题,广义地说无论哪一层级的审判都存在着司法解释,这些解释对法律适用者面对的案件具有实在的法律效力。”[1] 同时,法律解释的“生存条件”是与具体的案件相联系,如果没有具体案件而作出所谓的解释,这就是立法而不是司法解释了。我国最高人民法院现在所进行的法律解释恰恰是一种与具体案件审理相脱离的抽象解释,这种解释是否可行,在此暂且不论,但一个明显的事实是,承认司法解释权“独此一家”的做法是与司法实践和设定法律解释制度的目的相背离的。实际上,这种限制本身也是乏力的,学者们早就意识到司法解释的“两张皮”现象,即一方面不承认地方各级人民法院具有法律解释权;另一方面各级法院又在每一个个案中具体地解释法律。

2. 从司法体制的基本原理来看。法院虽以等级式的审级来建构其内部体制,但要注意的是,法院的这种等级制结构中的上下级关系,与行政机关的上下级之间的关系是不同的,下级法院对上级法院具有独立性,在行使审判权方面上级法院不能对下级法院进行指挥命令。上下级法院之间只存在审级的关系,上级法院只能通过行使对上诉——当事人不服判决的申诉的审判权限来纠正下级法院的判决。各国的宪法中均包含“司法独立”的原则,法院的独立又可分为两个方面:①外部独立,即法院独立于其他国家机关、社会组织和个人之外,享有自治式的权力;②内部独立,即上下级法院之间保持相对的独立性而不容职权的相互蚕食或互为替代。虽然从重要性上来说,外部独立远比内部独立更为重要,但内部独立同样是审判独立的基本条件。任何一级法院要独立审判,就必须拥有与审判相联系的法律解释权。以这样一种理念来衡量,由最高人民法院来垄断司法解释权显然是不合适的,因为这样一种制发统一解释并强令地方各级人民法院遵守的做法剥夺(至少是部分剥夺)了地方各级人民法院的解释权力,从而使地方各级人民法院的由宪法赋予的独立审判权变得不独立、不完整。同样重要的是,如果最高人民法院未就某一具体案件的适用作出具体规定,那么地方各级法院同样还得审理案件,同样还得进行法律解释。按照诉讼的一般原理,“不告不理”,法院不主动受理案件,但同样重要的是,“一告即理”,法官不得以法无明文规定而拒绝受理案件。

3. 从司法民主的角度看。司法民主是现代社会对司法活动的基本要求,它又可以

---

〔1〕 董皞:“司法解释之管见”,载《政法论坛》1997 年第 6 期。

从外部与内部两方面言之。从外部看，司法民主主要是指人民群众与社会对审判活动的监督、参与；从内部看，司法民主既包括每一审级法院内部的运作（如审判公开、合议制度等），也包括上下级法院之间的关系。上诉制度为当事人表达抗议或不满提供了救济的渠道，但上诉中对下级法院裁判的改判并不意味着下级法院裁判的错误，而只是换了一个不同的解释主体对于法律所作的新的解释而已。上诉案件的审理，大多数国家的法律均限定为法律审而不涉及事实审，法律审也就是对于下级法院所作的法律解释进行新的解释罢了。只有各级法院具有平等的解释权，才形成了上诉机关新的解释余地，否则，上诉实质上并无太多意义，因为现代社会中的任何一个国家的法院，故意颠倒事实或出现明显的适用法律的错误这毕竟只是少数。

综上所述，在我国，司法解释权应平等地赋予每一级人民法院，而不能由最高人民法院垄断。同样，在我国尚未建立判例制度的前提下，比照英美法系（实质上大陆法系也是如此）"遵循先例"的规则，最高人民法院对具体案件的司法解释可以作为一种最高权威的司法解释，对其本身及下级法院法律适用的活动具有法律约束力。

三、作为解释主体的法官

在西方的政治学、法学文献中，法院与法官几为同义语，法院有权解释法律，也就是法官有权解释法律。当然，这种语境在我国是不存在的，新中国建立以来，法官作为制度掩饰下的个体一直是默默无闻，其权限与独立性在法律中难以觅见踪影。迟至1995年，我国才在《法官法》第8条中承认：法官"依法审判案件不受行政机关、社会团体和个人的干涉"。

强调法官作为法律解释的主体，还有其更深层次的内涵。首先，现代社会虽以制度、组织、机关、国家等集合概念来概括单个人的行为（作为一种正式适用国家法律的司法活动更是如此），但不容否认的是，只有自然人才是行为的主体，法人、团体的概念不过是法律上的抑制。

其次，"司法行为既是一种智慧行为，也是一种意志行为。"〔1〕说司法行为是法官的智慧行为，是因为司法离不开法官的创造性活动，司法本身需要知识、经验和技巧。面对着一个个事实悬殊、情况各异的案件，就需要法官在确认事实、分析法条、解释法律的基础上，将体现于法律中的权利和义务转化为实际生活中的权利和义务，创造性地执行法律。如果只知固守法典的字面意义，或者只懂得生搬硬套某个判例，那不仅使案件的公正解决无望，同时也丧失了人们对司法制度的信赖。"法律的生命就在于他们的适用与执行，适用法律的人必须使法律贯彻他的功用。除非把法典的适用及立法任务，付诸受过训练有经验有能力的法官，才不难有健全的司法。"〔2〕

---

〔1〕［德］罗伯特·霍恩等：《德国民商法导论》，楚建译，中国大百科全书出版社1996年版，第64页。

〔2〕［美］庞德："法律与法学家——法律与法律家于现代宪政政府中的地位"，张文伯译，载刁荣华主编：《法律之解释与实用》，汉林出版社1984年版，第420页。还必须说明的是，庞德将法官的条件分为品格、教育与经验三项。

再者,法官作为法治社会中的重要一员,同时还担任着发展法律的使命。现代国家无不以民主为标榜,而民主的最本质的含义即在于每个人平等地参与国家的管理。与立法活动相比,司法活动担负的民主职责相对来说要轻一些,但法官作为民主社会的一分子,同样应当对民主法治建设有所建树。法律的制定是个连续的过程,在这其中,既有立法者的智慧,也有法官以及其他社会成员的创造性劳动。当然,法官的解释权限在制度上可以进行适当限制,这包括:①遵守解释规则,例如法官必须适用法律一般上下文中的文字的通常的或(在适当之处)专门的含义,只有在适用通常含义会导致荒谬的结果时,才允许采用其他方法;②尊重立法机关的意愿,只有在法律不明确或者法律存在空白的情况下,才能进行法律解释。一般来说,不允许对法律已有明确规定或并不产生歧义的条款进行解释;③制作意见书,即阐述解释理由的正式书面报告。

这里涉及的一个问题是,既然在西方语境中法院与法官几乎为同义词,还有必要在解释主体上区分法院和法官吗?我们的理解是,虽然法院的活动有赖于法官的积极行为,但区分两种不同的解释主体还是有必要的。①决定法官之所以为法官的一个基本条件,即他处于一定的制度或权力场之中,由此他才有资格作出法律解释。但这并不意味着这种解释就是最为合理的,例如公共政策问题,或许政治家比法官更有发言权;显然,法官个人的解释只能融于法院的整体解释之中,才有生存的价值;②诉讼制度本身也可以说明这个问题。在合议制中,不同的法官肯定对不同的问题会有不同的解释,因而形成不同的意见,但对于个案所作的判决只能有一个而不是两个或两个以上,这就有必要形成统一意见(主要是大陆法系)或"多数意见"(主要是英美法系)。在美国,虽然少数意见同样可以公之于众,也可以为下级法院乃至学者引用,然而并不对本案具有法律约束力。这就说明,法官的个人解释只有为制度所接纳,才是一种有效的解释。

第三节　法律解释的原则

一、合法性原则

即法律解释不得超越法律,脱离法律,应受法律文本的约束和限制。这是法律解释的首要原则,也是法治的原则要求。具体包括:

1. 语词规则。解释法律语词、术语、概念首先应按日常生活最为通用的意义进行理解、解释,其次对专门用语应有特别的限定,同时在理解时应遵守语言本身的语法、逻辑规则。

2. 整体规则。应把法律作为整体看待,解释法律应当协调一致、相互关联,不能断章取义、孤立曲解。解释学理论中有所谓"解释循环"一说,即整体只有通过理解它的部分才能得到理解,而对部分的理解又只能通过对整体的理解,法律解释应受其制约。

在法律解释中对法律用语、条文、规则的理解应通过整个法律制度、体系进行把握,而理解整个法律制度体系又以理解单个法律用语、条文、规则为条件。

3. 位阶规则。正如法律存在效力位阶一样,法律解释似也应有一定的位阶,①不能对低位阶的法律作出违反高位阶法律的解释;②各种法律解释方法之间亦存在位阶关系,不得随心所欲地选择采取某种解释方法,应遵循位阶体系。只有当上位阶解释方法不足以解释时方可采用下位阶解释方法。

4. 例外、特权规则。对于法律的特殊规则规范(如刑法、税法等剥夺权利、科以义务的规范)应从严解释,从而防止滥用解释,防止司法专横、扩张特权,侵犯到人民的权利。

二、合理性原则

即法律解释必须合理,不得作非理性的解释,主要在于当法律出现空白、失误、内在矛盾、适用结果明显不合理等等情形时,法律解释者应本着理性、良心和社会公认的价值观念作出合乎情理的解释。实际上,法律解释本身与立法一样是理性的结果,有一定价值取向,解释的过程就是一个价值判断、价值选择的过程。人们创设并实施法律的目的在于实现某些基本价值,而法律解释就是要探求这些价值意旨。

三、客观性原则

合法性原则、合理性原则都部分重叠于客观性原则。因为合法性、合理性本身就存在着它是一种客观存在抑或为主观判断的问题。同样,客观性是否是法律解释的原则之一,是一个在学理上颇有争议的问题,它涉及法律解释的目标——法律解释者通过法律解释所探求和阐明的法律意旨。这个法律意旨究竟是立法者制定法律时的主观意思还是存在于法律中的客观意思,法律解释学中有主观说与客观说的对立。

主观说认为,法律解释的目标在于探求历史上的立法者事实上的意思,即立法者的看法、企图、价值观。因为:①立法者通过立法表示了他们的看法、企图和目的,法律解释应当表现这些目的;②立法者的意思通过立法文献资料是可以被发现的;③根据分权原则,法律只能有立法者制定,司法者只能服从于立法意旨。

客观说则认为,法律颁布之时就有了自己的意旨,法律解释的目标是探求这一内在于法律的意旨。因为:①所谓有意思能力的立法者并不存在。法律在起草制定过程中,意思未必一致,而且模糊不清,难以确认谁是立法者以及什么是立法者的意思;②法律一经制定,便独立于立法者成为了客观存在。立法者的立法期待、赋予法律的意义观念对后人无约束力,具有约束力的是法律文本内在的合理性及其目的,并且这合理目的也是发展的,法律解释就是寻找最合目的性的解释;③法律与立法者并非一体,审理案件是找寻法律、组合法律的过程;④法律制定以后,社会是不断发展的,人们难以寻求以往立法者的意思,只能按照现时的条件、观念加以理解,这样有助于法律的稳定性和确定性。

与两种学说相对应,也就有两种不同的解释观念:①严格解释。强调探求法律条文字面含义,要求精确地遵循某种既定规则,不考虑解释的结果,哪怕得到的结论不尽合理,这应是立法者考虑的问题。这种观念传统上为普通法系所采用。②自由解释。强调通过解释应获得合乎社会道德愿望的结果,不必遵循拘泥于规则和法律字面含义。传统上为民法法系所采用。就当代世界各国法律解释的具体运作而言,似乎都更倾向于采用自由解释。

第四节　法律解释的对象

一、法律解释对象的特征

法律解释的对象,是为了解决"解释什么"所提出的范畴。解释必须针对一定的事项而进行,否则解释就成为一种无意义的活动。值得注意的是,解释的对象又不同于解释的目的,前者是解释本身所面对的材料,而后者则是解释所要达到的目的。

关于法律解释的对象,学术界有各种观点:如"法律规范说"、"法律条文说"、"法律意义说"和"法律文本说"等等。本教材采取"法律文本说",这一观点是基于作为法律解释对象本身应具有的特征和条件来展开的。这些特征和条件包括:

1. 可解释性。这就是说,作为法律解释的材料本身应当是可解释的,即被解释的材料具有表达一个中心意义并一般来说有着前后一贯的内容,以及能够在解释者之间进行交流的符号体系的形式。

2. 与具体案件的关联性。解释者能够通过解释对象——法律材料对具体案件进行相宜的处理,既面对具体案情材料解决案件,又使静态的法律规定即解释对象能作用于具体社会实践。

3. 完整性。也就是说,作为解释对象,它本身即具备解释案件的完整性,意味着它本身的内容可解决案件的相关问题,而不需引用其他相关材料,或者只是以其他相关材料作为解释的辅助材料。

基于这样的特征,我们把法律解释的对象设定为法律文本。

二、法律文本

(一)法律文本的内涵和外延

法律文本,简而言之,就是隐含着立法者意思表示的法律规定。"文本"一词,借用于哲学解释学,意为"任何用书写固定下来的话语",[1] 所谓话语,就是表达者对世人所说的内容。解释源于对话,是说者与听者之间的一种思想交流,其方式有两类,言谈形式的交流称为话语,被书写固定了的话语就是文本。对于法律来说,也就是一些人(或个人)所制定的,其中隐含着作者对人们行为的某种期望,因而其表现为一种文本

---

〔1〕 [法]保罗·科科尔:《解释学与人文科学》,陶远华译,河北人民出版社1987年版,第148页。

的形式,即如一部文学作品一样。

关于法律文本的外延,学者有不同认识。有的认为包括"法律条文、立法文献和立法理由书、草案、争议记录"等,有的界定为"国家立法机关制定的成文法规范及习惯和判例规则"。对此,我们认为,法律文本不同于解释的辅助材料,解释的对象与解释的依据是两个不同的范畴。习惯如果未经立法确认上升为有固定形式的法律内容就不能成为解释的对象。判例主要是一种技术,而解释是基于制定法的一种方法,且判例属于司法创设,因而也不属解释对象。同时需要指出的是,这里所称的法律文本,并非只指一种单独的法典或规范性文件,还应包括由此而产生的次级文件即相关法规群,例如《劳动法》及其行政法规、地方性法规乃至行政规章。

(二)法律文本的特征

作为一种立法者意思表示的法律规定,法律文本同其他文本相比,具有如下特征:

1. 具有国家意志的权威性。法律文本是裁决争议、解决纠纷的依据,是能够为发生争议的权利和义务关系提供一个权威性的裁决的文本。从法律纠纷发生来看,当事人要求明确或重新界定法律上的权利和义务时,当事人和裁决者都承认在二者之外还存在有一个决定合法性争议的权威文本,将对参与的各方具有约束力。从诉讼结果来看,当事人服从的是法律文本所体现的国家意志的权威而非法官的一己偏见,否则当事人服从裁决的前提就会动摇。

2. 有明确完整的书面文字表现形式。这一点是法律要素的物质载体。无论每一个法律文件体现的内容如何,它总是要通过外在客观化、事实上独立的书面材料表现出来。如果法律的内容仅仅是立法者头脑中的某种观念,那只属于意识形态范畴而非立法文件。从另一角度说,法律系统由法律要素构成,而法律要素的具体内容则有赖于一定的立法文件才能表现出来。只有通过立法文件,人们才能明确国家的某个具体法律是按照什么样的原则制定出来的,以及在该法律中涉及的各种概念。同样,作为法律要素主体内容的法律规则,只有在完整的一个法律文件中才能表述其实在内容。没有法律文本,从形式上说,也就不存在特定法律部门的法律要素。

3. 以正式方式向社会公开。在立法史上,虽也曾经有过"刑不可知,则威不可测"的思想观念,立法者在制定法律后秘而不宣。然而法律的内容只有为全社会所理解、掌握,才能实现国家创制法律的目的。按照现代法治社会的要求,立法文件必须向全体社会成员正式公开,也只有正式公布的立法文件才是有效的。这一特征使得人们可以对法律文本作为一种对象加以怀疑、解构、联系,从而达到解释的目的。这里讲的正式方式,也即是成文形式,这就使法律文本区分于习惯、判例、观念等法律渊源。

(三)法律文本的解释形式

1. 法律概念的解释。在法律解释中,确认概念的意义、内涵、外延是法律解释者所面对的一个重要任务。诚然,立法者为了消除歧义,可以在立法的同时对有关概念进行诠释,明确其内涵和外延,但是由于社会生活纷繁复杂,不可能对所有的概念都作出阐释,立法者往往会借助于模糊概念进行规定,而将这些概念在实际适用中的具体含义和定位,赋予解释者或司法者。立法技术中常见的抽象——概括式就是一种例子。

2. 法律原则的解释。法律原则之所以需要解释,首先源于法律原则本身的概括性,法律原则从现实的社会关系中抽象和演化而来,是对法律活动目的、本质、特征及其规律的全面性和高度性的概括,体现了法律的精神。只有依靠抽象思维才能完整地予以把握。同样,法律原则既可以通过明确的法律语言表达出来,也可以作为隐含在法律规则与法律体系中的精神价值,昭示着法律未来的发展方向。从法律原则与具体的法律规则的关系看,法律规则以法律原则为基础而制定,法律原则因而实际上汇集了若干法律规则,甚至是全部法律规则的精华,所以表现出高度的概括性,对于法律原则的解释往往不能拘泥于文字的字面含义。通过对法律原则的解释,有助于人们确定和把握立法意图,因为法律原则能够较为直观地体现立法的本旨。

3. 法律规则的解释。法律规则本身具有普遍性、抽象性和概括性的特征。如何以抽象的概括的规则协调复杂的社会关系?作为法官总是以法律规则为起点,从而寻求某一法律问题的妥当解决方法。首先他需要找出法律适用时的事实和其他情节,以此作为前提条件;其次确定当事人行为的法律后果,以裁定的形式宣告国家的判决,这就要求法官在将法律规则适用于特定案件时,必须根据事实与法律,具体分析各规范的实际内涵以及冲突事实的本质,并参照法律原则的要求,在规范与冲突事实之间找出最佳的对应。

4. 立法意图的解释。法律文本是由法律概念、法律原则和法律规则所构成。法律文本的解释,也就是上述三个方面内容的解释。但是,从某种程度上说概念、原则和规则都属于法律的物质形式,其内在的精神要件只有通过立法意图来予以把握,才能避免出现法律上的偏差。探求立法意图,有助于对法律条文的理解。①立法意图是确定法律含义尤其是模糊不清的含义时的主要依据;②立法意图也是确定司法权是否侵犯立法权的唯一标准,即司法解释是否违背、超越了立法目的;③由于对立法意图的不同方法方式的理解和引用,造成不同解释方式的出现。

然而更为重要的问题是,什么才是立法意图,或者有没有一个贯彻始终的原意或目的存在于法律或法律条文之中,本身是一个颇具争议性的问题。前面谈到的主观说与客观说也正是围绕这一问题而展开。这里不妨赘述几句。

我们认为,从否定角度来说,①立法的过程往往是不同立法主体意志的一种综合,有的历时几年、甚至几十年,这时立法往往就体现为某种相应妥协的产物,在这种意义上说,假定法律文本总有立法意图在内,实际上并不科学也不实际。法律一旦制定出来,客观上就成为与立法者相脱离的一种存在,因而法律解释的任务并不是在于发现立法意图,而在于体现法律规定的内容和精神。当社会生活发生变化时,应以法律本身的意义为准。②立法时的意图总是受到当时一定条件、历史发展的限制,如果站在过去,而不是现实的立场上把握立法意图,法律总是落后于现实,要使立法适应时代的要求和变化,就必须通过“赋予”立法者新的意图的形式,使法律与社会生活合拍。③解释者由于其知识背景、价值立场等因素的影响,不仅会对文本、立法资料、语言产生不同理解,而且对找到的“意图”也会有不同理解。如果仅强调解释时考虑立法意图,那么不同的法官就可能会对同样的案件作出不同的处理。

尽管如此,尊重立法意图、立法原意仍应是法律解释的基本准则,否则必然导致无法司法、司法专横,正如立法专制、行政专制一样,司法专制同样会构成对人民利益的损害。而要迫使司法机关在规定的权限内活动,最好的办法莫过于使其执行以人民意志而表达出来的法律。因而,即使立法意图与时代要求相脱节,仍应当由立法机关加以改变,这也是立法意图的内在价值所在,尽管在理论上颇不周延。

第五节　法律解释的范围

一、法律解释范围概论

法律解释的范围,指的是法律解释究竟能解释哪些法律文本,也就是说,在解释权限上,法律解释在解释的文本上是否有所限制。首先必须明确的是,这一问题在西方国家并不存在,而是具有“中国特色”的问题。而且,这个问题只存在正式有效的法律解释中。学理解释不存在解释的范围。这里仅取狭义的法律解释即司法解释。根据现行的法律解释体制,法院的司法解释仅限于法院审判工作中“具体应用法律、法令的问题”。

什么叫“具体应用法律、法令”呢?有的学者认为,“具体应用的解释就是在具体应用法律时所作的解释,即对具体案件的决定、裁决或者判决的法律依据所作的说明,或者对具体案件如何适用法律所作的答复。”[1]这一概念所涉及的仅是形式问题,而没有关注到具体应用的法律、法令的范围。实际上,法律以调整权利义务关系为中心,任何法律的规定都有可能在实际生活中发生争执,因而诉诸法院,请求司法机关公断。这样,具体应用法律、法令并不限于今天法院所进行的民法、婚姻法、继承法、民事诉讼法、刑法、刑事诉讼法、行政诉讼法、合同法等法律,实际上它还涉及其他类型的法律、法规。例如,在人民法院进行行政诉讼案件的审理时,根据法律规定,在审理中以法律、行政法规、地方性法规为依据,以部委规章及地方规章为参照,这就涉及不同类型、不同层次的行政法渊源,应当也是“具体应用法律、法令的范围”。然而,根据现行的法

〔1〕 陈斯喜:“论立法解释制度的是非及其他”,载《中国法学》1998年第3期。

律规定,人民法院似乎对这类规范性法律文件没有解释的权力。[1]

在我国,宪法作为法律渊源的类别之一。法律渊源的基本意义,就是能够作为法官审判时所适用的不同层次的法律依据。任何法律渊源都存在适用的问题,法律的规定如果不能在法院适用,那就不是真正意义上的法律,而退化成一种静止的文献。在我国,宪法作为我国最主要的法律渊源,至今还没有成为法院判案的直接依据。[2] 也就是说,法院从来不会依据宪法某一条款来确定当事人的权利义务,公民个人也不能依据宪法具体条款向法院主张权利。这种做法本身实际上只是将宪法变为一种虚化的最高渊源,而没有真正发挥宪法的作用,必然会损害宪法的权威性。从法理上来说,一国与他国缔结或参加的国际条约必须转化为国内法,成为法院适用的法律渊源。

因此,司法解释除现有的范围[3]之外,还应当包括对宪法、行政法规及国际条约的解释,这既为发挥司法权的作用所必需,同时也是办理案件的实际需要。以下分别叙述之。

二、司法解释范围分述

(一)作为司法解释范围之一的宪法

宪法是国家的根本大法,是一个国家政治、经济、社会、法律制度的集中体现,具有最高的法律效力。然而,与其他法律一样,宪法本身也是需要解释的。宪法之所以需要解释主要是由于:①宪法本身的问题,如文字含义不明、与社会情形背离等,所以需要充实其新的内容,以免修宪之累;②法律体系的问题,即根据法制统一原则,普通法律不得违背宪法规定,因而需要对法律、法规是否违宪进行解释,作出判断。

宪法虽与普通法律在性质上不同,但宪法毕竟是法律体系中的一个组成部分,可实施性是法律的共性;要实施宪法,就必须解释宪法,以使宪法适应时代的需要,并裁决法律、法规的违宪性问题;解释宪法则需要由专门的人员、专职的机构,以督促宪法在社会生活中的全面实施。

然而,宪法的解释机构又是一个与法律传统和具体国情紧密结合的问题,在世界

---

[1] 《行政诉讼法》第12条规定:人民法院不受理公民、法人或者其他组织对"行政法规、规章或者行政机关制定、发布的具有普遍约束力的决定、命令"所提起的诉讼,即排除了人民法院对所谓"抽象行政行为"的审查权。第53条规定:"人民法院认为地方人民政府制定、发布的规章与国务院部、委制定、发布的规章不一致的,以及国务院部、委制定、发布的规章之间不一致的,由最高人民法院送请国务院作出解释或者裁决。"这一条款实际上是明令人民法院不得进行行政法规的解释,并以牺牲效率为代价来维护现行的法律解释体制。

[2] 目前仅见一例,涉及公民受教育权。

[3] 由最高人民法院原副院长林准主编的《新编常用司法解释手册》中,将我国现行的常用的司法解释分为:①综合性司法解释;②刑事司法解释;③刑事诉讼司法解释;④民事司法解释;⑤经济司法解释;⑥民事诉讼司法解释;⑦行政司法解释;⑧有关律师公证制度的司法解释;⑨其他常用司法解释等共九大类,大致概括了我国现行司法解释的范围,但其中行政司法解释,实际上主要是有关行政诉讼法的司法解释。参见林准主编:《新编常用司法解释手册》,法律出版社1996年版。

各国,虽然大都建立了宪法解释、宪法监督制度,但模式却是多种多样。总的来说,主要有三种模式:①立法解释制,即由国家立法机关解释宪法,以英国为典型。②普通法院解释制,即以普通的各级法院作为解释宪法的机关,最后的决定权则属于国家最高法院,以美国为典型。③专门机构解释制,即由宪法规定的专门监督宪法实施的机构来解释宪法,审查违宪的法律文件和法律行为,就其中所涉及的相关宪法条文的含义进行释义,以德国为典型。

我国将解释宪法的权限赋予全国人大常委会,法院无权对宪法进行解释。这种体制固然与议行合一的政制原则相符合,但同时也存在着较为严重的问题。例如,全国人大及其常委会通过的法律部分或全部有违宪法规定或与宪法不尽一致,由谁来进行解释呢?这样,势必造成了一个"死角",而使违宪的法律有可能得以施行。要克服这个死角,只有三种途径:①承认全国人大及其常委会不会制定违宪法律这一假设,但这种假设是不现实的;②把宪法解释授予全国人大及其常委会以外的专门机构或普通法院;③在全国人大设立专门的宪法委员会或宪法法院。我们认为法院应有权对宪法进行解释;法院对宪法的司法解释,可由全国人大常委会进行监督。因为:

1. 有宪法,必然会有宪法审判。宪法是确定公民基本权利和义务的法律,虽然其原则性规定可以通过相关法律、法规的细化而在社会生活中得以实施,但同时它也不可避免地存在几个问题:①根据宪法所制定的法律、法规是否符合宪法的原则与精神,如果法律、法规本身即违反宪法,其所规制的权利与义务,当事人不服的应当如何处理?②虽然强调应尽可能地完善国家的法律体系,以宪法为依据,制定相应的法律、法规,然而,任何一个国家的法律制度都是一个逐步完善与发展的过程。显然,在宪法中规定的权利尚无法律、法规细化的时候,公民可以根据宪法的原则规定主张权利。③社会情势的不断发展,导致宪法上原来没有规定的权利日益上升为基本权利的范围,因而必须根据宪法的立法意图来补充权利,这就意味着相关的机关可以在社会的现阶段将某项权利确认为基本权利,使其与宪法规定的其他权利具有同等的地位,如"隐私权"。宪法要在社会生活中得以实施,就必须成为人民主张权利、负担义务的根据,否则只能是一纸空文,毫无价值。如果宪法规定的权利受到侵犯,或者宪法规定的义务不予履行,那就必须由一个确定权利与义务归属的国家机构,通过国家权威与国家强制力来保证权利、义务的实现。这恰恰就是法院的职责。可见,以司法机关来解释宪法,以诉讼程序来解决宪法争议,符合国家设立司法机构的目的。

2. 相对于其他机关而言,司法机关或法官具有解释宪法、裁判宪法案件的优势。法院是专业性机关,法官是技术性人员,在人民的观念中,法官既是法律专家,同时又是公平与正义的保护神。

3. 由法院和法官对宪法进行解释,并不违背我国的政治体制。宪法与其他部门法相比,具有很强的政治性,因而也称为"政治法"。我国是实行人民代表大会制度的社会主义国家,一切国家机关都由人民代表大会产生,对它负责,受它监督,因而保证了国家权力真正掌握在人民手中。虽然在宪法中并未赋予法院以解释宪法的权力,但仅因宪法未作规定就否定这种权力,我们认为是不适当的。①宪法序言规定,"全国各族人民、一切国家机关和武装力量、各政党和各社会团体、各企业事业组织、都必须以宪法为根本的活动准则,并且负有维护宪法尊严、保证宪法实施的职责。"法院作为国家机关的重要组成部分,如果遇有违宪的情形,自然就可以依据宪法的规定对之加以处理,进行宪法解释以确认违宪行为的无效即为其中的内容之一;②《宪法》第123条规定:"中华人民共和国人民法院是国家的审判机关",从法律上确认了法院的宪法地位。这就意味着一旦发生宪法案件,人民法院也同样有权进行审判,即所谓"宪法诉讼",在审判过程中就必然要解释法律,因为这是适用宪法法律的前提。③承认法院和法官有权对宪法作出解释,并未否定人民代表大会作为国家最高权力机关的地位。由最高人民法院充当专门的宪法解释机构,但全国人大可以通过宪法修正案推翻最高人民法院的宪法解释。因为按照我国的政治体制来说,一切国家机关的职权都应当受制于人民主权。

总之,鉴于司法机关的职能、优势与政治体制等各方面的原因,我们认为,法院在诉讼案件中解释宪法、监督宪法实施,无论在理论上还是实践上都有其必要性。至于这种性质的法院属于立法体制、普通法院体制还是专门监督体制,则可以根据国情来加以构造。

(二)作为司法解释范围之一的行政法规

1989年4月4日,七届全国人大二次会议审议通过了《中华人民共和国行政诉讼法》,行政诉讼制度的发展,又必然带来了新的问题:人民法院能否对行政法规作出解释?同时,这里所说的行政法规是从广义上而言,即不仅包括国务院制定的条例、办法、规定,也包括全国人大及其常委会有关行政管理的法律(如《行政处罚法》)和国务院各部委及地方人民政府制定的行政规章和行政规范性法律文件。全国人大常委会《关于加强法律解释工作的决议》中并没有关于行政法规解释的内容,《立法法》也未对行政法规解释作出规定。根据国务院办公厅1993年3月发布的《关于行政法规解释权限和程序问题的通知》中,对行政法规的解释作了如下界定:①凡属于行政法规条文本身需要进一步明确界限或作补充规定的问题,由国务院作出解释;②凡属于行政工作中具体应用行政法规的问题,按照现行做法,仍由有关行政主管部门负责解释;有关行政主管部门感到解释困难或者其他有关部门对其作出的解释有不同意见,提请国务院解释的,由国务院法制局提出答复意见,报国务院同意后,直接答复有关行政主管部门,同时抄送其他有关部门;③凡属国务院、国务院办公厅文件的解释问题,仍按现行做法,由国务院办公厅承办。涉及行政法规的问题,国务院办公厅可征求法制局的意见;涉及法律解释的,按全国人大常委会1981年的法律解释决议办理。

行政机关固然对行政法规拥有解释权,但这并不意味着法院就无权解释行政法规。在《关于加强法律解释工作的决议》中,"凡属于法院审判工作中具体应用法律、法令的问题，由最高人民法院进行解释。”行政法规在行政案件的审理中是否需要“具体应用”呢？答案是肯定的。《行政诉讼法》第52条规定：“人民法院审理行政案件，以法律和行政法规、地方性法规为依据……。”第53条又规定，人民法院审理行政案件，可以参照规章。由此可见，“随着社会的发展，司法审判功能的不断扩张（一种以健全和完善为目标而非起点的扩张），事实上已不可能用‘属于’和‘不属于’这样的措词，在平行的意义上划分不同法律实施者的解释权范围，尤其是不可能用‘不属于’这样一种排他性的方式，去限定审判解释权的范围和划定行政解释权的范围。”[1]既然行政法规属于行政诉讼中必须具体应用的“法律、法令”，则法院就有权对之进行解释，这显然是顺理成章，也是符合《决议》精神的；其次，随着行政诉讼制度的建立与完善，行政机关的行政行为纳入了司法监督的范围，然而，法治社会又不允许法官擅自断案，而必须依法审判。这就必然牵涉到对适用的行政法规的解释问题，当法院和法官面对着具体的行政诉讼个案，首先就必须确定该法律、法规、规章的含义及适用范围，以期通过自己的理解或解释来决定该规范性法律文件的取舍。在行政诉讼法中，对于行政规章，法律规定人民法院可以“参照”而不是必须适用，“参照”按照通常的意义来理解，也就是人民法院对于合法的规章可以适用，对不合法的规章可以拒绝适用。实际上，这就包括对规章的解释问题，再者，行政诉讼的实践业已证明，不赋予法院对行政法规的审查权，行政诉讼就难以真正起到保护公民、法人或者其他组织合法权益，督促行政机关依法行政的作用。

（三）作为司法解释范围之一的国际条约

在我国的法律渊源中，国际条约是重要的渊源之一，凡我国同外国缔结或我国加入的国际条约，经我国有关机关批准，或者我国政府承认参加后，在国内即具有法律效力。国际条约一经缔结或者加入生效后，有关缔约方就应遵守条约的规定。“约定必须遵守”是一项古老的习惯法原则。国际条约一旦纳入国内法的范围，就必然会出现适用与解释的问题。我国三大诉讼法都分别规定了国际条约在国内的适用，适用法律的前提是解释法律，既然国际条约在国内具有法律效力（甚至优先于国内法的适用），那么，就必须对条约未明确的内容或有争议的条款进行解释。

谁能解释国际条约？这在我国国内法中并无规定。一般认为，外交行为属于国家行为，人民法院不得对该行为的合法性进行审查。但这只是就缔结条约本身而言，问题是，人民法院在处理涉外案件时，能否进行条约的解释呢？在一国执行国际条约处理具体案件时，既涉及涉外主体的权利与义务，也牵涉到国内法的法律效力问题，因而也应当允许法院对之进行解释。

---

[1] 张志铭：“中国的法律解释体制”，载梁治平编：《法律解释问题》，法律出版社1998年版，第193页。

复习思考题

1. 法律解释与我们通常所言的司法解释是否等同？试分析两者间的联系与区别。
2. 试述我国法律解释中应当遵循的基本原则。
3. 为什么必须将法官确定为法律解释的主体？
4. 为什么说各级法院均拥有法律解释的权限？
5. 法律解释的对象是什么？
6. 法律解释为什么应当包括宪法、行政法规与国际条约？

第十五章　法律裁决

✥学习目的与要求

本章是有关法律裁决问题的分析，重点研究了①法律裁决的概念、分类及意义问题，以全面了解和掌握法律裁决的基本类型及社会功能；②法律裁决的要求，从裁决的中立性、合法性、程序性、合理性、平等性方面入手，解构了现代法治社会对法律裁决的基本要求；③法律裁决的内容与形式，研究了法律裁决应当具备的最低限度的内容，并就法律裁决的说理与论证问题进行了分析。通过本章学习，有利于明确权威机关对法律争议解释的基本方式，树立裁判必须公平、合法的正确理念。

第一节　法律裁决概述

一、法律裁决的概念

法律裁决是指有权机关或个人对当事人提交的争议以明确双方之间权利和义务的方式作出的判断和决定，这是法律适用的最终结果。在这里，"有权机关或个人"也就是法律适用的主体，它是在制度化的框架之下，对引起争议的纠纷以程序化的方式加以解决，从而维护正常的社会秩序与社会关系。当然，就终局意义上的权利、义务的争执的判定而言，法律裁决主要是指司法裁决；而行政裁决虽然在实践中也往往具有终局性的意义（例如受公安机关行政处罚的当事人不再申请法律救济），然而在理论上而言，行政裁决并无终局裁决的效力。现代法治社会，是以"司法最终裁决"作为基本原则的。当然，这也不排除行政裁决在法律生活中的意义，实际上，如果从数量上而言，行政裁决在数量上要远远大于司法裁决。

当然，从学理上而言，理解法律裁决这一概念还需要注意如下问题：

1. 法律裁决的前提是规则先定，即裁决者是依先设的规则从事。裁决的过程是运用规则、展示规则、最终确认规则的过程（在特殊情况下还需创设规则）。在这一过程中，对法律规则的理解、运用、解释，对事实和法律的推理、推导，对规则和先例的演绎和归纳都将是必需的，法律裁决是也应当是法律适用一切过程的最终落实和体现。对于争议的权利义务的最终重新解析、明确最后都以一定的裁决形式加以固定和记载。

2. 法律裁决的框架是制度裁决。这是法律裁决与民间调解、私人协议所不同的地方。作为一种解决争议的方式，法律裁决无论是行政裁决还是司法裁决，都是以国家强制力为后盾，通过制度所安排的机构、人员、程序解决纠纷的活动，其所作出的裁决具有正式的法定形式，并具有相应的法律效力。这也同时体现了法律裁决的权威性与强制力，并且，法律一般也设定了对此类裁决的救济措施。例如不服行政机关裁决的，可以向法院提起诉讼；对法院一审判决、裁定不服的，可以向二审法院申请上诉。

3. 法律裁决的内容是对法律关系的国家调整。在现代民主制国家中，除了先在的法律关系外，选择的法律关系都由行为人根据自己的意愿自主安排。然而，自行选择而形成的法律关系（如合同关系、婚姻关系）又可能因双方当事人的利益冲突而发生争议。在这时，就必须由国家通过法律裁决的形式，对引起争议的法律关系进行第二次乃至第三次的调整，维护、变更甚至消灭某种原有的法律关系。

二、法律裁决的分类

（一）行政裁决

行政裁决，学界也称之为行政司法，它是指行政主体作为行政法律关系的第三方，依照国家法律授权和行政职权，对平等主体之间发生的与行政管理行为有关联的民事纠纷作出审查和裁决的具体行政行为。由此可见：①行政裁决不同于行政处罚、行政许可等行政行为，它不为争议双方赋予新的权利和设定新的义务，而只是对原有的纠纷进行处理，加以解决。②行政裁决不同于行政调解。行政调解是基于当事人同意的前提下对纠纷的调停，而行政裁决不以当事人同意为条件。③行政裁决也不同于行政仲裁。不服行政裁决的当事人可提起行政复议或行政诉讼，而不服行政仲裁者，只能另行提起民事诉讼。

严格说来，对权利、义务纠纷的判定，主要是法院的职责范围。为什么会出现司法权向行政权的转移呢？可以说，这是社会发展的必然结果：①现代社会生活日益复杂，迫使国家必须对社会进行行政方面的干预，这样，"一方面使得行政管理权的触角延伸到传统的'私法'领域；另一方面，使某些在过去看来纯粹是'私'的问题也具有了公共利益的性质。这就为行政司法的出现奠定了客观基础"。[1] 简单地说，现代社会不仅要求法院必须作为公正的裁决者，同时也要求行政机关担负起解决人们纠纷的任务，减少和制止社会纠纷的产生。②随着争议领域、争议类型的不断扩大，法院在解决纠纷方面也未必拥有更强的优势。特别是在涉及专业性非常强的行政纠纷中，由行政机关来予以解决，或许更拥有技术上、专业上的方便。例如像专利、商标纠纷之类的争议，由于涉及行政机关的专业范围，处理起来可能更能恰当地解决纠纷。正如美国行政法学家施尔茨所言，"行政机关拥有专业知识的一切优势。如果法院要全面复审行政机关（例如州健康检查委员会）的裁决，'它将发现自己在医疗学的迷宫中徘徊，或在

〔1〕 柴发邦主编：《体制改革与完善诉讼制度》，中国人民公安大学出版社1991年版，第596页。

秘密的药典面前蹉跎’。”[1]虽然这话并非完全针对行政裁决而言,但它却说明了专业优势在解决争议中的重要性。③争议的适时解决也是一个重要的因素。“当普通法院以昂贵的诉讼费用、繁琐的诉讼程序、旷日持久的讼累、受判例拘束而不敢越雷池一步的法官显示其无能为力的时候,行政裁判机构却以它低廉的争讼费用、简便灵活的程序、具有专业知识且不受判例拘束的行政法官、迅速处理的办案速度向人们显示着它的强大生命力。正是这种反差,使行政司法得以大行其道。”[2]

目前在我国,这类纠纷依照有关法律规定主要涉及这样几类:①对损害赔偿纠纷的裁决。主要是涉及行政管理事项、行政赔偿争议的行政裁决。如违反治安管理、交通管理、食品卫生、药品管理等有关规定造成损失或伤害的纠纷,行政机关对诸如医疗费用之类负担的裁决。②对权属纠纷的裁决。主要是对特定财产所有权、使用权归属争议的行政裁决。如对当事人林地、林木所有权、使用权争议所进行的裁决。③对侵权纠纷的裁决。主要是对一方当事人合法权益受到另一方侵害,当事人申请行政机关处理而产生的裁决。如商标、专利侵权纠纷的裁决。

（二）司法裁决

司法裁决,即法院代表国家对提起诉讼的争议,按照法定程序并依照法律规范所进行的权威性判断和处理。应当说,就当事人的权利义务争执得以解决而言,司法裁决与行政裁决实质上并无本质的区别。然而,为什么在行政裁决之外还必须有司法裁判的途径呢?这主要是因为,行政裁决的范围是有限的,也就是说,对于行政裁决而言,它只能是源于行政职权而产生的一种解决纠纷的权力。例如,根据《土地管理法》的规定,由国务院代表国家行使对国家土地的所有权,所以,在土地所有权和使用权发生争议时,根据该法第16条的规定,由当事人协商解决;协商不成的,由人民政府处理。在这里,明确了人民政府所能裁决的范围,只能是土地所有权与使用权的争议。这就意味着,这类权力的获得,并不是超出行政职权之外的,而是行政管理的伴生物,或者行政管理权限的必然延伸。对于与行政管理完全无关的事项,例如公民之间的相互侵害,行政机关即无从取得裁决权力。此外,在行政裁决中,难以保证像司法裁决那样能够获得公平的处理结果。美国学者贾菲即言道,“这些公正的情形,行政机构大体上不像法院做得彻底。”为什么呢?贾菲解释道:①职能上的原因。“行政机关是负责发展政策的。它们和它们的专业人员抱定了某些观点。当一个机构判定某一特定案件时,这些政策上的立场(有些批评家把它们称为‘偏见’)可能影响它对法律和事实的看法。”②程序上的原因,“由于判决的长官惯常征求属下的意见,有时还把判决权交托给属下,因而更增加了‘事前已予判决’的危险。其所以会增加‘事前已予判决’的危险,是因为做属下的固定公务员可能比较被委任的长官更有政策上固定的见解,且因

[1] [美]伯纳德·施瓦茨:《行政法》,徐炳译,群众出版社1986年版,第7、541页。

[2] 柴发邦主编:《体制改革与完善诉讼制度》,中国人民公安大学出版社1991年版,第597页。

身受影响的当事人不在场而仅听取属下的片面之词可能使属下占了上风。"[1]因此,在行政裁决之外,必须有司法裁决存在。同时,司法裁决相对于行政裁决而言,具有最终裁决的性质。也就是说,当一切解决争议的渠道都已穷尽,而仍未解决争议时,最终都可以也应当以司法裁决为准。法院或法官不能借口没有法律依据而拒绝进行审判和裁决。

然而要注意的是,即使司法裁决拥有最终裁决的地位,也并不意味着它的范围就可以不受任何限制。在这方面,有两个问题特别值得提出,这就是"政治问题"与"公共政策"。

按照西方司法节制主义传统,法院是不介入"政治"问题的,因而"政治问题原则"往往成为法院拒绝受理案件的借口。按照美国学者路易斯·亨金的解释,"政治问题原则的真正含义是指这样一项司法政策,它宣称某些案件或某些案件涉及的问题不具有可裁判性,即不适宜司法解决,尽管这些案件或这些涉及的问题属于宪法或其他法律规定联邦法院的管辖权范围之内,或者也符合法院受理诉讼的各项要求。"[2]也就是说,虽然政治问题与法律问题并无严格的界限,然而,法院不宜轻易介入政治纷争,否则就可能使其独立地位受到影响。在1962年的"选区划分案"中,美国联邦最高法院布伦南法官系统地提出了判断政治问题的标准:任何被认为涉及政治问题的案件,表面上都显著具备(下列特征):通过明文显示,宪法把问题委托给平行的政府部门;或在解决问题时,缺乏能被发现和易于控制的司法标准;或在作出决定之前,必须初步决定非明确属于司法裁量权的政策;或假若法院从事独立决定,就必然对平行政府分支有欠尊重;或存在非常需要,必须不加质询地服从已经作出的政治决定;或不同政府分支对同一问题的多种意见将产生潜在的困扰。[3] 只要案件具有上述特征之一,法院就应当以不可审查为由撤销案件,从而避免侵入立法部门、行政部门的权力范围,导致权力与权力之间不应有的摩擦。

"公共政策"问题也是如此。[4] 从权力分立所带来的机关职能分工看,立法机关重在"规制",即制定出调整社会关系的通则;行政机关重在"管理",根据法律规定和社会情形采取不同的管理措施;司法机关则重在"判断",即通过个案的审理来决定双方当事人之间的"对"与"错"。然而,公共政策问题往往无从判定对错,因而这类问题的裁决,司法机关的确不宜过多涉及。因为①从某种意义上说,解释法律和创造判例一般来说虽然是法院的普通司法功能,但"如果这种功能与立法机关的功能相冲突,具有

---

〔1〕[美]路易斯·L.贾菲:"行政法",载[美]哈罗德·伯曼编:《美国法律讲话》,陈若桓译,三联书店1988年版,第94、95页。

〔2〕[美]路易斯·亨金:《宪政·民主·对外事务》,邓正来译,三联书店1996年版,第118、119页。

〔3〕转引自张千帆:《西方宪政体系》(上册·美国宪法),中国政法大学出版社2000年版,第75页。

〔4〕"公共政策"的概念及作为法律渊源的意义,参见本书第5章第1节。

了明显的立法和政策功能，那就超出了纯司法功能的范畴”。[1] ②要判断公共政策的“对”与“错”、“是”与“非”，其前提必须对政策的制定、执行及评估有着相当的了解，然而，大量的事实证明，“法院常常不具备条件评估和控制那些靠积极性而不靠法规、靠非正式程序而不靠正规程序行动的政府行政部门。……当法院要求采取某项政策时，它时常忽略了执行这项政策的过程中所付出的意外代价。”[2] 例如，为避免判处藐视法庭罪，行政机构必须不惜代价地去执行法院所要求的甲政策，但可能就会因此放弃原定的乙、丙、丁政策的执行。③或许是最危险的，“法庭功能的政治性越强，法官的任命程序也就往往更加政治化。”[3] 这也表明，如果法院在公共政策的解释上太多地强调独立的判断，那么其独立性就难以得到政治上的保障。

三、法律裁决的意义

（一）解决纠纷，缓解社会矛盾

通过法律裁决，可以将社会上纷繁复杂的矛盾纠纷，以权利义务为载体加以重新明确，从而“定纷止争”，使社会矛盾得以缓解，社会生活得以安定。由于法律更多地属于一种抽象性的规范，人们在行为之前势必预测自己行为的结果，在行为之后势必评价这种行为的后果。在人们的交互行为中，也势必以这种先设的规范作为权衡自己利害关系的准则。一旦原有的权利义务发生冲突，必然会寻求法律的调整。法律的执行、适用过程因此而展开，通过法律适用的各种方式，其最终形成了对原有矛盾冲突利益的判断。以法律裁决的形式加以发布，以明确争议所在及法律对这种冲突的评价与衡量，最终回归法律的轨道，使社会关系得到恢复、调整、重新平衡和安定。

（二）实现正义，保障社会公正

正义是法律的价值所在。法律的正义表现在它对于全体社会成员是一视同仁、一律平等的。它平等地确认全体成员参与各种社会、经济活动的资格和条件，平等保护社会成员的人身与财产利益，合理地分配社会的财富和利益，使社会成员能够在平等、公正、安全、秩序、尊严的环境下生活。所有这些价值都要通过法律裁决加以实现。法律裁决通过确认权利义务、提供各种救济和补偿机制、公正解决纠纷，使法律的正义价值有了实现的渠道、体现的方式和宣示的形式。正因为法律的目的是在于实现社会正义，法律裁决因而成为任何一个法治社会实现法律目的的必要环节。

（三）确定效力，体现法律权威

法律裁决是使法律争议导致的法律关系中权利义务不确定状态归于确定，从而消

---

〔1〕 胡伟：《司法政治》，三联书店（香港）有限公司1994年版，第156页。或许正是从这个意义上，司法机关虽然也实际地制定政策（例如美国联邦最高法院关于黑人权利的判决），但在公共政策制定主体上却一般都不包括司法机关在内。

〔2〕 [美]詹姆斯·Q.威尔逊：《美国官僚政治》，张海涛等译，中国社会科学出版社1995年版，第347页。

〔3〕 [英]P.S.阿蒂亚：《法律与现代社会》，范悦等译，全兆一校，辽宁教育出版社、牛津大学出版社1998年版，第174页。

解矛盾,解决冲突。因而法律裁决具有确定性和既定力。法律裁决一旦作出便具有确定的法律效力。除非依必要的法律程序加以纠正和变更。既判的法律裁决对于接受裁决的各方、社会公众包括裁决者自身都具有法律的拘束力和自缚性。唯此,一个法律裁决才具有公信力,才能通过裁决形式体现法律的不可缺少的权威性,从而使全社会对法律产生信仰和尊奉。

(四)创设规则,弥补法律缺陷

法律裁决本身是依据规则,确认规则、适用规则的过程。法律裁决的前提是有事先设定的明确规则存在。但是不管人们主观上承认与否或者法律制度中地位如何,严格法律裁决必然是再次明确规则的过程。当先设规则是明晰有效时,它是再度宣示;而当法律没有先设的明确规定时,一个创设规则的法律裁决就成为必需。如果面对一个具有可审判性的具体纠纷案件,法律裁判者必须以其良心、经验、社会价值取向、公共政策和法律逻辑作出一个法律规则可能应该如何确定的裁决。这对于弥补法律漏洞、确立司法公正都是完全必要的。但是这种创设规则的裁决不应当是恣意的,必须有制度上的制约和保障。

第二节　法律裁决的要求

一、裁决的中立性

法律裁决应当是有权机关面对具体的纷争,在直接的近距离观察、聆听事实争议的基础上作出的判断。这样的活动必然首先要求裁决者应具有中立的立场。

所谓中立,即法律裁决者中立于争议双方的利益之外,而居于公断人的立场来裁决纠纷。美国哲学家戈尔丁以法院的角色为例加以了说明,他认为“中立”可以通过三个要求体现出来:①“与自身有关的人不应该是法官”;②“结果中不应含纠纷解决者个人利益”;③“纠纷解决者不应有支持或反对某一方的偏见”。[1] 前两个内容是中立的“客观”标准,即以“利益”为界,来确定解决纠纷者的资格;后一个标准则是“主观”标准,它意味着法律裁决者不能以自己的主观好恶来作为判断一方对错的标准。这正如美国联邦最高法院法官弗兰克所言,“作为法官,我们既不是犹太教徒,也不是非犹太教徒;既不是天主教徒,也不是不可知论者。……作为最高法院的一个法官,如果我把个人的政策好恶写进宪法,我认为是不正确的,不论那是我多么珍爱或多么厌恶的意见。”[2]既然法律裁决具有裁判性,是就个案双方所争议的问题作出法律上的判断,因而要保证裁判工作本身的公正性,必然要求行使裁决权力的人,是独立于争执之外的

---

〔1〕[美]戈尔丁:《法律哲学》,齐海滨译,三联书店1987年版,第240页。

〔2〕转引自[美]亨利·J.亚伯拉罕:《法官与总统——一部任命最高法院法官的政治史》,商务印书馆1990年版,第206页。

公断人，与争执双方及争执问题没有利益和感情上的纠葛，也不能从属于或受制于其中任何一方。行政裁决与诉讼中的回避制度，就是为防止这种情形而设的。

当然，能否真正地在裁决过程中实行中立，也取决于相关的制度设置。例如，裁决机构是否独立、裁决规则是否健全、裁决模式（例如诉讼结构问题）是否科学等，都影响着中立的结果能否实现。

二、裁决的合法性

既然名之为法律裁决，显然，裁决者在裁决过程中，就必须严格执行法律规定，从而作出相应的权利与义务关系的判定。这也是法律裁决能够成为权威性裁决的基础。如果法律裁决者不是依据国家制定的或者社会公认的准则来作出判断，那么，任何人都有权怀疑这种决定是否公正、公平。

从直观的意义上解释，裁决的合法性是指依照法律的规定来处理争议，然而，依照什么法律、怎样依照法律，远不是这一概念本身所能揭示出来的。正因如此，人们往往通过“模式”的归纳，来分析不同形式下的法律裁决形式。例如按照韦伯的观念，依法审判在理论上能够得以成立，是以存在着一个完美无缺的法律体系为预设的；在这一体系之内，法官可以依据法律原则和法律规则，通过逻辑和技术手段，将法律条文适用于个案之上。[1]

从具体内容而言，我们认为，裁决的合法性主要体现在四个方面：①维护法律尊严，法律裁判者应当尊重宪法和法律，不得背离法律的内容、精神和目的随意作出裁决；②正确理解法律，即对法律条款的含义、总则与分则的关系、前条与后条在内容上的衔接等问题，法律裁决者必须有着正确的认识；③准确解释法律。这就是说，当法律条款出现歧义，或者相关案件无法与条文“对号入座”时，法律裁决者能以创造性的解释，来弥补法律所存在的缺陷。

总之，法律裁决这一原则表明，凡是不援引法律规定的裁决是恣意裁决，而完全违背法律规定所作裁决是枉法裁决。二者均是不合法的裁决。在这个意义上也可以讲，法律裁决者只是法律的代言人，其所作裁决也不过就是将字面上的法律转换为现实中的法律。

三、裁决的程序性

法律裁决在运作中的特点，还表现在它是一种严格遵循程序的活动。现代法治社会所追求的法律公正，首先应当体现为程序上的公正。这正如美国最高法院大法官杰克逊所言的：“程序的公平性与稳定性是自由的不可或缺的要素。只要程序适用公平，不偏不倚，严厉的实体法也可以忍受。”[2]自然这话无限夸大了程序的作用，但却也道出了一个真理：不公正的程序不可能产生公正的实体裁判；实体的公正也只有在程序

---

〔1〕［德］马克斯·韦伯：《经济与社会》（下卷），林荣远译，商务印书馆1997年版，第18页。

〔2〕转引自［日］谷口安平：“程序正义”，载宋冰编：《程序、正义与现代化——外国法学家在华演讲录》，中国政法大学出版社1998年版，第375页。

的公正下才能获得。由此,法律裁决者不仅应当根据实体法的规定作出实体裁决,同时也应当按照程序法的规定,来保证争议的处理符合程序要求。

当然这也同时牵涉到程序本身是否公正的问题。我国学者陈瑞华以刑事审判为例,将程序最低限度的公正标准概括为六项:①"程序参与原则",即受裁决直接影响的当事人应充分而富有意义地参与裁决的制作过程;②"中立原则",即裁决者应在争议双方之间保持中立;③"程序对等原则",即争议双方应受到平等的对待;④"程序理性原则",即程序的运作应符合合理性的要求;⑤"程序自治原则",即裁决应从争议的解决过程中形成;⑥"程序及时和终结原则",前者是一种效率上的要求,后者则意味着裁决必须就有关争议的内容作出法律上的判定。[1]

四、裁决的合理性

法律的功能在于设范立制,要使法律本身固有的规范、指引和调整功能真正得以实现,就要求社会公众对于法律的适用、裁判的过程和结果产生某种意义上的认知和认同。因而法律裁决应当具有内在的合理性和因此产生的公众认同性。公众对于法律的认知固然首先通过对法律文本的解读,但更大量的是通过法律裁决实例来了解认知法律,这对于受裁决影响的当事人而言尤为如此。

法律裁决固然是运用法律解决争议的活动,但法律规则应当是寻找案件正确解决的向导而不是把一定的解决办法强加于裁决者的命令。法律裁决者应当适用合理的解释办法导致合理的公正的结局,使法律与正义、道德之间不至于脱节。即使在以判例为主的普通法法系中,"法首先是情理"这一古老的拉丁语格言也被作为法律的基础观念,作为经验主义的司法原则。找出每一个案件中最符合情理的解决办法是判例法体系赖以建立和存在的基础。

因而合理性是在严格法治化条件下进行法律裁决的核心观念。[2] 一个好的裁决应当是清晰明确的,能够合理化为公众所理解和接受,具有说服力和公信度的。同时,为了保证裁决的合理性为社会所接受,裁决必须采用说理的方式来进行。"陈述判决理由是公平之精髓",[3]法律裁决者在裁决书中阐述裁决的依据、理由及推导过程,是裁决活动合法、合理的集中展示。

五、裁决的平等性

"同样情况同样处理"是有关法律裁决的重要观念和原则。正是在这样的原则支配下,大陆法系强化制定法,试图把千变万化的社会生活中类似的情况都纳入其中,通过统一的立法加以判断、衡定和裁处。而英美法系实行判例制度也正是基于这一原则,通过对先例的尊奉,使得后来的案件纠纷能够获得相对一致的裁判。

---

〔1〕 陈瑞华:《刑事审判原理论》,北京大学出版社 1997 年版,第 60、61 页。

〔2〕 苏晓宏:"论法律解释的合理性",载《法学》1998 年第 11 期。

〔3〕 [美]彼德·斯坦、约翰·香德:《西方社会的法律价值》,王献平译,中国人民公安大学出版社 1990 年版,第 99 页。

自然，就法律裁决的过程而言，事实的认定和法律的适用，在一定程度上都是一种主观的价值判断。但是由于法律和案件事实本身具有某种客观性的存在，裁决者同样应当从客观存在的事实中寻找可适用的规则，使法律裁决尽可能具有客观性。由于某一特定的事实能够与特定的规则相联系，才能使当事人产生合理的预期。

同样，由于一国法律体系总是相对统一的整体，因而事实上不管人们承认与否，一定的裁决的作出，必然客观上成为一种"先例"。人们也必定会以此作为自己行为的参照体。哪怕是不承认判例制度的国家，判例仍会潜移默化，以或明或暗的方式影响到以后的判决。因而每个案件事实如果是相同或大致相同的，就应当有一个大体相同的裁判结果。至少不应彼此相矛盾，或有重大差异。唯此才能体现出法律适用的平等性和公平正义的社会价值判断。同时也只有使法律裁决能够保持大体的一致，才能够使法律保持其稳定性，使人们对他人和自身行为产生合理的法律预期。

第三节　法律裁决的内容和形式

一、法律裁决内容的最低限度

法律裁决是对当事人系争纠纷的争点和论点作出的判断，因而裁决必然包含了案件事实、建构解释论点所使用的法律规则和其他材料、具体的争点、解决争点的理由和最终的结论等这样一些基本要素。这些要素被有机地编排和组合来构成了一个法律裁决的内容。

毫无疑问，在不同法系的国家对法律裁决内容的要求会有些不同，但同样可以肯定的是，所有国家的法律裁决都会有最低限度的内容要求。通常被认为是衡量最低限度的标准是：一个受过法律训练但不熟悉案情的人能够无须借助书面判决以外的材料而评估判决在法律上的正确性。在普通法国家，法律裁决的最低限度内容是由惯例传统因循而成。而大陆法国家则一般有明文规定，通常包括有与裁决结果的正当性证明密切相关的六大事项：①案件所经程序的陈述；②当事人提交证据和所持论点的概述；③案件事实的陈述；④所适用的制定法规则；⑤支持判决的理由；⑥法院的最后判断和判决等。[1]

我国的法律裁决内容，大体与大陆法系国家相近，包括有：①案件受理审理的程序经过概述；②案件事实描述或诉称；③证据列举；④法院查明认定的事实；⑤法院的判断和理由；⑥裁决结论。

二、法律裁决的说理和论证

裁决理由是裁决内容的核心要素。作为对争议实体问题的最终确定，裁决书对实

〔1〕　张志铭：《法律解释操作分析》，中国政法大学出版社 1999 年版，第 202 页。

体公正的形成和表现集中体现在裁决理由中。裁决理由是公平、正义的外在具体表现。所谓正义要用看得见的方式实现,除了程序过程之外,就是要通过具体的裁决理由加以明确的宣示,从而充分体现合理、公正,令人信服、认同。

在论证的具体模式上,法律裁决怎样进行说理论证,是与裁决本身的逻辑结构尤其是其中包含的证明模式相关联的。这里的问题是,法律裁决是社会向公众提供的旨在说明其判断合法公正的法律文书,如何说明、说明到何种程度往往受到阅读对象的影响。在我国由于法制观念薄弱,裁决书的内容一般定位于普通公众,通俗易懂、明了简洁。而在法治发达国家,则是以职业律师为主要阅读对象,注重说理性。一般说来,判决越技术化、正式化、演绎化,能为未经法律训练的当事人和普通公众阅读理解的可能性越小。在这种情况下,说服当事人相信裁决充分合理以及使公众审查裁决的合法性和公正性这样的功能,就只能通过律师对裁决结果的说明工作才能较好地实现。[1]

通常在法治发达国家,流行的做法是撰写相当长的司法判决(当然并非绝对,美国法官也有直接用一句话背书于请求书的裁决),对事实和法律加以阐释和适用。

在论证的步骤方面,法律裁决的说理论证,是要求裁决者详细分析证据,根据证据认定的事实,具体阐述可以适用的法律,并依法作出逻辑合理、公平正义的判决。因而所谓说理充分就是对当事人各方请求进行分析、论说、支持或驳回,说明其合理与不合理的多方位论证。通常涉及的问题有:

1. 回答请求。裁决是针对当事人的具体请求作出的答复,因而裁决理由首先是回答当事人的请求,提出肯定或否定的理由。但当事人的意见不同于请求,裁决者固然需要在裁决过程中研究其意见,但在裁决理由中不一定全面回答,因为裁决所针对的是请求而不是理由和意见。裁决过程中当事人的意见是复杂的,而且请求和请求理由不一定一致,可能请求是合理的,请求理由则不一定合理。

2. 分析证据。证据是认定事实的基础。裁决应对证据是否可以认定、可以采用,为何采用或不采用,采用的证据可以证明并足以证明什么事实和法律问题,在裁决中加以说明。

3. 解释法律。裁决是将抽象法律规则应用于具体争议事实的活动。现有法条或规则能否适用,哪些法条或规则可以适用,需要法律裁决者寻找准确的法律依据,并加以诠释。如果没有相关制定法依据,则可以依照公平、正义观念和法理学说来加以判断。当然,在刑事审判中,必须强调罪刑法定原则,不得引用刑法以外的规范来确定当事人构成犯罪。

4. 列陈异见。一个争议的裁决,往往因裁决者有一人以上而存在不同的裁决意见,这些不同的意见是否应在裁决中列举、表述,各国有不同的做法,而且颇具争议。赞成者认为列举不同意见可以真正实现裁决公开,为社会监督法律裁决提供相关依

---

[1] 张志铭:《法律解释操作分析》,中国政法大学出版社 1999 年版,第 203 页。

据;反对者则认为,出现不同意见会削弱裁决权威,妨碍裁决执行。在司法中,英美法系国家历来强调不同意见列举;而大陆法系国家基本相反,不公布不同意见。

三、法律裁决的形式

(一)法律裁决的表达方式

裁决的表达方式有口头和书面两类,但以书面形式最为通用。

在审判过程中,关于裁决的表达采用何种方式取决于各国法律体制(并且更主要的受各国最高法院的裁决样式所左右)和案件性质、类别、难易程度等等因素,虽然我们通常所见的国外的判决书常常是长篇大论,但是,不加区分一味要求论文式的判决书,不符合诉讼经济原则。事实上,由于案件性质种类的不同,对所有的案件,特别是争议明确、程序简易的案件,不可能也不必要用详尽的法律判决的书面形式加以记载。在国外,也常有法官用一句话的司法命令方式下判的,[1]甚至采用口头方式。所以裁决的表达方式是以审理的程序繁简、长短、格式不违背当事人获得及时、准确、公正裁判的诉讼需要为前提。

(二)法律裁决的形式

法律裁决根据案件性质、所用程序、难易程度和处断的事项的不同,通常采用不同的形式,相应的也有不同的名称,并且在不同国家中也有所差异。如在美国有法律意见书(即判决)、司法命令等等。

在我国,有关行政裁决的形式,法律上多未作明文规定,实践中往往采用裁决书、决定书等方式来体现。在审判过程中,法律裁决的形式则较为固定,主要有判决书、裁定书和决定书三类。

判决书是法院审理案件完结时,依据事实和法律对案件作出的权威性判定。其特点是仅仅针对案件实体问题的决断,一般不涉及程序问题。而且适用于各类性质的案件和非诉案件。判决书必须是书面文书。这里存在的问题是,法院调解结案形成的调解书,具有与判决书同样的法律效力,是否列入判决书的范围,是可供讨论的。

裁定书是法院针对审判和执行程序中的问题以及个别实体问题所作的权威性判定。其特点是着重解决程序问题,并可适用于审判和执行阶段,一般采用书面,也可用口头形式作出。

决定书是法院就诉讼中的特殊事项依法所作的权威判定。其特点是既非针对实体问题也非诉讼程序问题,而是针对具有重要性和紧迫性的特殊事项,一般不可上诉。有口头、书面两种方式。

---

〔1〕 美国一审裁判中大约95%为独立存在的司法命令,不制作意见书,更有简单的背书命令,可直接书写于提出请求的纸张的背面,“兹命令,准予所请”,签上法官名字、职务,加上日期即可。

复习思考题

1. 什么是法律裁决？其在法律实现的过程中有何特殊意义？
2. 试述法律裁决的基本要求。
3. 简述行政裁决与司法裁决的区别。
4. 结合判决实例，试述在法律裁决中有关说理和论证的基本要求。

第十六章 法律监督

✣学习目的与要求

本章是有关法律监督问题的论述，重点分析了①法律监督的概念、结构、分类及意义问题，对法律监督的主体、客体与内容进行了明确的定位；②法律监督的主要形式，涉及了国家监督、社会监督等主要监督内容，结合现行法律的规定，对立法监督、行政监督、司法监督的内容进行了简要分析；③权力制约，研究了权力制约的概念与内容，论述了权力制约的学说与实践，并分析了权力制约与法律监督间的关系；④违宪审查，论述了违宪审查的概念及形式，并就当代中国的违宪审查制度进行了描述。通过本章学习，可以明确法律监督的重要性及主要渠道，并就当代中国法律监督的实际状况进行客观评价。

第一节 法律监督概述

一、法律监督的概念

(一)法律监督的语词涵义

“监督”一词，由“监”和“督”构成。监指监视、察看；督指督导、督促。据《辞源》考证，“监督”一词最早见于《后汉书·荀或传》：“古之遣将，上设监督之座，下建副二之任，所以尊严国命而鲜过者也。”其意是说，监督是指对派出去打仗的将军所设的官，目的在于保证军令的严格执行，减少失误。后来，“监督”一词，使用日趋广泛，但其基本含义仍然是指从旁察看、监视并督促、预防或纠正错误的一种机制或活动。

“法律监督”由“法律”和“监督”两个词构成。在“法律监督”这一概念中，“法律”是“监督”的一个限制词。它表明监督的性质，也表明监督的主体、范围、内容和手段的限制等。就严格的语词涵义来说，法律监督，就是指对法律活动的察看和督促。

(二)法律监督的法学涵义

什么叫法律监督？法学界认识很不一致。目前较多学者倾向于广狭二义说。狭义上的法律监督，是指由特定国家机关依照法定权限和法定程序，对立法、司法和执法活动的合法性所进行的监督；广义的法律监督，是指由所有国家机关、社会组织和公民对各种法律活动的合法性所进行的监督。[1] 笔者认为,广狭二义说似有欠缺。如前所述,法律监督的语词本意就是指对法律活动的察看和督促。作为制度的法律监督当然可以有而且应该有更多属性,但语词的涵义是其原始的意义。狭义说中有关国家机关或国家检察机关依法进行的监察和督促无疑是一种非常重要的法律监督,但监督主体绝不应限于国家机关或国家检察机关。广义说注意到了监督主体的广泛性,但却以法律实施作为法律监督的基本内容。法律活动包含法律实施但决不限于法律实施,它还包含法律制定。据此,法律监督的概念可作如下表述:所谓"法律监督",就是指国家和社会,对法律的制定、实施进行的监察和督促的活动。

二、法律监督的结构

法律监督一般由法律监督的主体、法律监督的客体和法律监督的内容三个要素构成。并且这三个要素缺一不可,缺少任何一个要素都不能构成法律监督的完整概念。

(一)法律监督的主体

法律监督的主体主要分为国家机关、社会组织和人民群众三类。

1. 国家机关。作为法律监督主体的国家机关一般指国家权力机关、行政机关和司法机关。这三种国家机关在不同国家的法律监督体系中的地位和作用不完全相同。国家机关的法律监督权限和范围由宪法和法律加以规定,并且严格按照法定程序进行监督。无论哪一国家机关的监督都不是以本机关的名义,而是以国家的名义进行。因此具有很强的国家强制性,被监督者必须接受,并且要做出某种相应的行为。国家机关的监督在法律监督体系中居于核心地位。其监督是具有法律效力的监督。

2. 社会组织。作为法律监督主体的社会组织,一般指政党、政治团体和群众组织。这类监督主体具有广泛的代表性。这类主体的监督特点是:①不以国家名义进行;②不具法律效力。社会组织的监督是法律监督体系中的一支重要的力量。虽然没有法律效力,但由于社会组织广泛的代表性而具有一定的权威性。特别是执政党的监督,在法律监督中具有特殊的地位和权威,也起着关键性的作用。

3. 人民群众。人民群众作为法律监督的主体,在不同社会制度国家中的地位和作用有很大的不同。这主要是由国家和法制的本质决定的。在社会主义国家,人民群众是最广泛的监督主体。人民群众的监督,特别是对国家机关及其公职人员公务活动的监督,是人民群众管理国家大事的民主权利的体现,它直接反映了人民群众的愿望和要求。

(二)法律监督的客体

法律监督的客体,是指法律监督权所指向的对象,对法律监督的客体,在我国法学界有两种不同的观点:一种观点认为法律监督的客体泛指国家机关、社会组织和公民所从事的各种法律活动;另一种观点认为法律监督的客体仅指立法机关、司法机关和

---

[1] 沈宗灵主编:《法理学》,北京大学出版社 2005 年版,第 398 页。

行政机关及其公职人员执行公务的活动。重要的是，即使前一种观点，也把国家机关及其公职人员执行公务的活动作为法律监督的重点。

（三）法律监督的内容

法律监督的内容即法律监督对象法律活动的合法性。但由于人们对法律监督的对象有两种不同的理解，对法律监督的内容也就有了广义和狭义两种理解。广义上法律监督的内容包括三个方面：①对国家机关制定规范性法律文件的合法性的监督，我们称为立法监督；②对国家行政机关和司法机关执法活动合法性的监督，我们称为执法监督；③对社会组织和公民法律活动合法性的监督，我们称为守法监督。狭义上的法律监督的内容是对国家机关及其公职人员执行公务活动的合法性的监督。具体包括两个方面：①对立法机关和行政机关制定规范性法律文件活动合法性的监督；②对国家行政机关、司法机关及其公职人员公务活动和司法活动合法性的监督。

三、法律监督的分类

对于法律监督可以按不同的标准，从不同的角度进行各种分类，基本的分类有以下几种：

1. 根据监督主体的不同，可以分为国家监督（又称国家机关的监督）和社会监督两大类。国家监督又可根据国家机关的不同，分为权力机关的监督、行政机关的监督和司法机关的监督；社会监督又可根据监督主体的不同，分为社会组织的监督和人民群众（公民）的监督。

2. 根据监督主体和被监督的国家机关的地位和相互关系的不同，可以分为纵向监督和横向监督。凡具有上下级关系的监督称为纵向监督；凡不具有上下级关系，处于同一层次的国家机关的监督称为横向监督。

3. 根据监督主体和被监督的国家机关是否属于同一系统，可以分为内部监督和外部监督。内部监督是国家机关对本组织系统内工作合法性的监督；外部监督是本系统外的国家机关和社会力量对本系统工作合法性的监督。

4. 根据监督实行时间的先后，可以分为事前监督和事后监督。事前监督是在被监督行为发生之前预先进行的监督；事后监督是在被监督行为已经发生后，对其行为的合法性进行的监督。

5. 根据监督的性质和效力，可以分为具有法律效力的监督和不具有法律效力的监督。前者如上级行政机关对下级行政机关的监督；后者如社会组织对国家机关的监督。

6. 根据监督的内容，可分为立法监督和法律实施的监督。前者如上级人大撤销下级人大与法律相抵触的规范性法律文件；后者如检察机关通过抗诉所形成的对审判的监督。

四、法律监督的意义

1. 法律监督是国家法制重要的组成部分。法制，首先是法律的制定和实施。法律的制定是以法律的形式确定体现掌握政权阶级意志的权利义务关系。法律的实施则是把这种法律确定的权利义务关系,转化为社会现实中实在的权利义务关系,从而保证掌握政权阶级意志的实现。法律监督则在法的制定和实施两个环节中,保证法的运行过程始终符合掌权阶级的意志。同时,法律监督又是法制系统的自我调节、自我保护机制。因此,法律监督成为现代国家法制的重要组成部分。现代法制应完整地包括立法、执法、司法、守法和法律监督诸部分。

2. 法律监督是维护法制的统一和尊严的重要制度。法制的统一和尊严是法制存废的关键,维护法制的统一和尊严是国家法制的基本要求。法制的尊严在于它的统一性。没有法制的统一就没有法制的尊严。法制的统一首先是国家法律体系内部的和谐统一。其次是统一的法律在主权范围内对所有国家机关、社会组织和个人是统一适用的。法律监督的意义正在于它从立法上保障法律体系的和谐统一,从法的实施上保证法律的统一适用和遵守,从而维护法制的统一和尊严。

3. 法律监督是制约权力、抵制腐败和保护公民的合法权益的重要手段。权力必须制约,不制约就会滥用,国家机关就会发生腐败,损害公民的合法权益。法律监督是对权力的一种制约,事前监督使权力的运行合法化,预防和抵制腐败的发生;事后监督使权力的滥用及时得到纠正,并惩治腐败行为。可见,法律监督在权力运行的全过程中都起着制约权力,保护公民合法权益的作用。

第二节 法律监督的主要形式

一、国家监督

国家监督,即国家机关进行的法律监督,是当代中国法律监督体系的核心部分,是具有法律效力的监督。对国家监督,我国宪法和有关法律作了严格的规定,2007 年 1 月 1 日生效的《中华人民共和国各级人民代表大会常务委员会监督法》(以下简称《监督法》)更对各级人大常委会的监督作了明确而详细的规定。根据有关规定,这种监督就其对国家机关活动的合法性的监督而言,主要有以下形式:

(一)对法的创制活动的监督

这种监督是指对一切有权制定规范性法律文件的国家机关制定、修改或废止法律、法规等活动的合法性所进行的监督。各国对于法的创制活动的监督的法律规定不同,形式也有所不同。在当代中国,根据宪法和有关法律的规定,对法的创制活动的监督主要包括:

1. 全国人民代表大会监督宪法的实施,有权改变或者撤销全国人大常委会不适当的决定。

2. 全国人大常委会监督宪法的实施,有权撤销国务院制定的同宪法、法律相抵触的行政法规、决定和命令，有权撤销省、自治区、直辖市国家权力机关制定的同宪法、法律和行政法规相抵触的地方性法规和决议。《监督法》还专门增设了“规范性文件的备案审查”制度。

3. 国务院有权改变或者撤销各部、各委员会发布的不适当的命令、指示和规章，有权改变或者撤销地方各级国家行政机关的不适当的决定和命令。

4. 县级以上地方各级人民代表大会有权改变或者撤销本级人大常委会不适当的决定。

5. 县级以上地方各级人大常委会有权撤销本级人民政府的不适当的决定和命令，有权撤销下一级人民代表大会的不适当的决议。

6. 县级以上地方各级人民政府有权改变或者撤销所属工作部门和下级人民政府的不适当的决定。

应当注意的是，对法的创制活动的监督不仅包括对创制的结果，即所产生的规范性法律文件的合法性的监督，还包括对创制活动本身的合法性的监督。也就是说，包括实体和程序两方面的监督。对此，《监督法》作了专门的规定。

（二）对行政活动的监督

这种监督是指对国家各级行政机关实施法律活动的合法性所进行的监督。各国对行政活动的监督的法律规定不同，形式和特点也不相同。当代中国，根据宪法和有关法律的规定，对行政活动的监督主要包括：

1. 国家权力机关对同级行政机关的活动的监督。这种监督主要有：①全国人大常委会监督国务院、中央军事委员会的工作，有权撤销国务院制定的同宪法、法律相抵触的决定和命令。国务院对全国人民代表大会负责并报告工作；在全国人民代表大会闭会期间，对全国人大常委会负责并报告工作。②县级以上的地方各级人大常委会监督本级人民政府的工作，有权撤销本级人民政府的不适当的决定和命令。地方各级人民政府对本级人民代表大会负责并报告工作；在本级人民代表大会闭会期间，对本级人大常委会负责并报告工作。

2. 上级行政机关对下级行政机关的监督。这种监督主要有：①国务院统一领导全国各级行政机关的工作，有权改变或者撤销各部、各委员会发布的不适当的命令、指示，有权改变或者撤销地方各级国家行政机关的不适当的决定和命令。地方各级人民政府都是国务院统一领导下的行政机关，都服从国务院。②县级以上的地方各级人民政府领导所属各工作部门和下级人民政府的工作，有权改变或者撤销所属各工作部门和下级人民政府的不适当的决定。地方各级人民政府对上一级国家行政机关负责并报告工作。

3. 审计机关的监督。这种监督主要有：①国务院设立审计机关，对国务院各部门和地方各级政府的财政收支，对国家的财政金融机构和企业事业组织的财务收支，进行审计监督。审计机关在国务院总理领导下，依照法律规定独立行使审计监督权，不受其他行政机关、社会团体和个人的干涉。②县级以上的地方各级人民政府设立审计机关。地方各级审计机关依照法律规定独立行使审计监督权,对本级人民政府和上一级审计机关负责。1995 年开始实施的《中华人民共和国审计法》(2006 年修订)是有关审计监督的专门法律。

4. 监察机关的监督。这种监督主要有:①监察部在国务院总理领导下,主管全国的行政监察工作;②县以上地方各级人民政府的监察机关分别在省长、自治区主席、市长、州长、县长、区长和上一级监察机关的领导下,主管本行政区的行政监察工作。

监察机关是人民政府行使监察职能的专门机构,负责对国家行政机关及其工作人员和国家行政机关任命的其他人员执行国家法律、法规、政策和决定、命令的情况以及违法违纪行为进行监督。1997 年 5 月开始实施的《中华人民共和国行政监察法》是有关行政监察的重要法律。

5. 检察机关的监督。这种监督主要有:①中华人民共和国设立最高人民检察院,最高人民检察院是最高检察机关。②设立地方各级人民检察院和军事检察院等专门人民检察院。

人民检察院是当代中国的法律监督机关,它通过行使检察权对行政活动进行法律监督。例如,由人民检察院立案侦查和决定是否提起公诉的贪污罪、侵犯公民民主权利罪、渎职罪以及人民检察院认为需要自己直接受理的其他案件中,就包括行政机关工作人员的违法犯罪案件。检察机关与监察机关一样,也实行法纪监督,但其监督的范围是构成犯罪的违法行为,而不是一般的违法行为。

(三)对司法活动的监督

这种监督是指对国家各级司法机关,包括审判机关、检察机关、公安机关适用法的活动所进行的监督。宪法规定人民法院和人民检察院依照法律独立行使审判权和检察权,不受行政机关、社会团体和个人的干涉。但当代中国司法机关依法独立行使职权的原则与西方国家的司法独立不同,对司法机关的活动也要进行法律监督。根据宪法和有关法律的规定,对司法活动的监督主要有:

1. 国家权力机关对同级司法机关的监督。这种监督主要有:①全国人大常委会监督最高人民法院、最高人民检察院的工作。最高人民法院、最高人民检察院对全国人民代表大会和全国人大常委会负责并报告工作。②县级以上的地方各级人民代表大会常务委员会监督本级人民法院、人民检察院的工作,地方各级人民法院、人民检察院对产生它们的国家权力机关负责并报告工作。

2. 上级司法机关对下级司法机关的监督。这种监督主要有:①最高人民法院监督地方各级人民法院和专门人民法院的审判工作,上级人民法院监督下级人民法院的审判工作。②最高人民法院对各级人民法院已经发生法律效力的判决和裁定,上级人民法院对下级人民法院已经发生法律效力的判决和裁定,如果发现确有错误,有权提审或者指令下级人民法院再审。③最高人民检察院领导地方各级人民检察院和专门人民检察院的工作,上级人民检察院领导下级人民检察院的工作。

3. 不同种类司法机关之间的监督。这种监督主要包括人民检察院对其他司法机关的监督和其他司法机关对人民检察院的监督。①检察机关监督审判机关的审判活动,地方各级人民检察院对于本级人民法院第一审案件的判决和裁定,认为有错误时,应当按照上诉程序提出抗诉。最高人民检察院对于各级人民法院发生法律效力的判决和裁定,上级人民检察院对于下级人民法院已经发生法律效力的判决和裁定,如果发现确有错误,应当按照审判监督程序提出抗诉。②检察机关监督公安机关的侦查活动,人民检察院对于公安机关侦查的案件,进行审查,决定是否逮捕、起诉、免予起诉或者不起诉;对于主要犯罪事实不清、证据不足的,可以退回公安机关补充侦查。人民检察院发现公安机关的侦查活动有违法情况时,应当通知公安机关予以纠正。③检察机关对于刑事案件判决、裁定的执行和监狱、看守所、劳动改造机关的活动是否合法,实行监督。④人民法院对提起公诉的案件进行审查后,认为证据不足,不能认定被告人有罪的,应当作出证据不足,指控的犯罪不能成立的无罪判决;认定被告人无罪的,应当作出无罪判决。⑤人民检察院对于公安机关移送的案件所作的不批准逮捕的决定、不起诉或者免予起诉的决定,公安机关认为有错误时,可以要求人民检察院复议,并且可以要求上级人民检察院复核。

二、社会监督

社会监督,即非国家机关的监督,是当代中国社会主义法律监督体系的重要组成部分。社会监督虽然不具有国家监督那样的法律效力,但它与国家监督之间有着密切的联系,它是国家监督的基础。两者的目的都是为了保证社会主义民主和法治的实现。同时,社会监督还有自己的独特意义,即它更能体现广大人民群众自己当家做主,直接参与管理国家和社会事务,直接监督国家机关及其工作人员的活动的重要作用。

当代中国,社会监督涉及的范围广,形式多,手段和途径也比较全,归纳起来,主要有以下形式:

1. 中国共产党的监督。中国共产党是中国社会主义建设事业的领导核心,它是执政党,所以它的监督在整个法律监督体系中占有十分重要的地位。但党的监督,不是要以党代政,而是通过党对国家的政治、思想、组织的领导以及对党组织、党员是否带头遵纪守法的监督来实现的。

党的监督主要体现在以下几方面:①党通过各级党组织和纪检部门,实行政治方面的监督;②党通过向国家机关推荐、选派干部,实行组织方面的监督;③党通过各级党组织和纪检部门,实行党纪监督。总之,必须充分发挥党在国家和社会生活各个方面的监督作用,才能保证一切国家机关、社会团体和组织以及公民的活动的合法性,密切党群关系,并从根本上清除各种腐败现象。

2. 社会组织的监督。社会组织的监督,主要指人民政协、民主党派和社会团体的监督。

中国人民政治协商会议(简称人民政协)是具有广泛代表性的统一战线组织。它是在中国共产党的领导下,由共产党、各民主党派、无党派民主人士、人民团体、各少数民族和各界的代表,港澳台同胞和归国侨胞的代表以及特别邀请的人士组成的。人民政协通过政治协商和民主监督,成为我国社会监督的重要力量。人民政协的监督主要有:①通过各种形式,参与有关国家事务和地方事务重要问题的讨论;②就国家的大政方针和群众生活的重要问题,提出建议和批评;③密切联系各界群众,倾听他们的意见和要求等等。

我国的各民主党派是各自所联系的一部分社会主义劳动者和一部分拥护社会主义的爱国者的政治联盟,是接受中国共产党领导的,同中国共产党通力合作、共同致力于社会主义事业的亲密友党,是参政党。中国共产党领导的多党合作和政治协商制度,能够有效地发挥各民主党派的监督作用。在长期的革命和建设过程中,中国共产党对各民主党派实行"长期共存、互相监督"、"肝胆相照、荣辱与共"的方针。各民主党派通过批评和建议的方式,对党和政府的工作进行监督。

在当代中国,工会、青年团、妇联以及城市居民委员会、农村村民委员会、消费者保护协会等群众性人民团体也是实行社会监督的重要力量。工会、青年团、妇联以及城市居民委员会、农村村民委员会、消费者保护协会除了进行一般的社会监督外,还可以在各自特定的领域发挥重要的监督作用。如各企业事业单位的职工代表大会(或职工大会)以及工会组织,就可以对涉及本单位的问题,发挥监督作用。

3. 法律职业的监督。这里讲的法律职业,专指律师和法学家。律师和法学家是人民群众的一部分,法律职业的监督当然属于人民群众的监督。但由于这些人专门从事法律职业,拥有关于法律的专门知识,有很多人还是精通法律的专家,因此,他们在法律监督体制中具有特殊重要的作用。律师在向当事人提供法律服务、代理当事人参与诉讼、为当事人出庭辩护和办理其他法律事务的过程中,可以监督和制约司法机关、行政机关的司法、执法工作。法学家以研究和教授法学为职业。法学家由于较强的法律意识、特殊的知识结构以及对于当事人和国家机关相对超脱的地位,可以在法律监督中发挥重要作用。

4. 新闻舆论的监督。新闻舆论的监督,主要是通过报刊、广播、电视等新闻工具,以揭露违法犯罪、批评法制工作存在的问题等方式,来进行社会监督。新闻舆论的监督具有广泛性、及时性等特点,是现代社会进行法律监督的强有力手段。通过新闻舆论的监督,可以使许多违法犯罪活动暴露于广大人民群众的视野之中,不仅在一定程度上可以有效地促进对违法犯罪活动的揭露和追究,而且可以教育广大人民群众,树立良好的社会风气。

5. 人民群众的直接监督。我国宪法规定:"一切国家机关和国家机关工作人员必须依靠人民的支持,经常保持同人民的密切联系,倾听人民的意见和建议,接受人民的监督。"从根本上说,我国是人民当家做主的。社会主义国家,国家的一切权力都是属于人民的。所以,人民群众有权通过各种方式和途径,对国家机关及其工作人员的活动,进行直接的监督。这种监督是多种多样的,主要有:①各级人大代表要受原选举单位或选民的监督,原选举单位和选民有权依照法律规定的程序罢免由他们选出的代表;②县级以上地方各级人大常委会受理人民群众对本级人民政府、人民法院和人民检察院及其工作人员的申诉和意见;③在各级国家权力机关、行政机关、审判机关和检察机关中专门设立人民来信、来访的机构等等。应当充分发挥人民群众的监督作用。正如彭真同志所说:"法律监督,除人大、国务院、最高人民法院、最高人民检察院需要加强这方面的工作外,很重要的一个方面是群众监督。一个社会主义国家,实行社会主义民主,如果群众不掌握法律,不能严肃依法办事,不能监督法律的实施,怎么也不行。"[1]

总而言之,实行社会主义法治,不仅要有完善的法律制度,不仅要加强立法、执法、司法和守法等各项工作,还必须重视和加强法律监督。建立有效的法律监督体系,实行严格的法律监督,才能真正树立宪法和法律的权威,严格维护法制的统一和尊严,切实保证公民合法权利的享用和法定义务的履行,促进国家的廉政建设,不断加强和改善党的领导,保证社会主义建设事业的顺利发展,实现长治久安。

第三节 权力制约

一、权力制约的概念与内容

权力制约是指为使国家权力与其责任相符并在法律范围内运行而对其进行的管理、监督、控制等活动。权力制约一词包含着丰富的内涵:从权力制约的组织结构、运行方式、制约功能及其相互关系而言,它代表着一种机制;从权力制约对权力运行所起的作用而言,它又是一种功能。

对权力进行合理的制约,这是历史发展的必然趋势。现代法治国家,无不建立起一套监控权力运行的制约机制。但是,我们这里所说的权力制约与资产阶级国家的权力制衡是不同的。"权力制衡,它的准确表述应该是'分权制衡',它是'三权分立、互相制衡'的缩写形式。权力制衡代表的是一种政治体制和权力结构……"。[2] 在这种体制下,各权力主体之间互相抗衡,互相牵制。权力制衡的原则并不适用于社会主义国家。在我国,人民代表大会是国家权力机关,它对行政、司法机关的制约具有单向性,不存在互相制衡的问题。

权力制约又是与权力分工紧密地联系在一起的。权力分工是前提,没有权力分

---

[1] 《彭真文选》,人民出版社 1991 年版,第 619 页。

[2] 刘作翔:《法律的理想与法制理论》,西北大学出版社 1995 年版,第 216 页。

工，也就无所谓权力制约；权力分工的必然结果则是权力制约，只有对权力主体、权力运行情况及运行结果进行合理的监督、控制，才能保证权力分工在法律上的实现。[1]

从内容上而言，权力制约大致包括以下几方面的内容：①对权力主体的制约。权力主体是国家权力的主要环节。对权力主体的制约首先要求一切行使国家权力的机关必须依法产生，在法律规定的权限范围内进行活动；其次，要通过法律措施加强对国家机关工作人员的选拔工作，真正把那些秉公执法、大公无私的人安排在权力岗位上。②对权力运行的制约。这是指对权力在社会生活中实际运行的情况进行监督。权力运行是个动态的发展过程，具有阶段性、时限性的特点，对运行过程进行制约，首先是为权力的行使规定具体的实体标准。权力主体只能在此范围内活动；其次是通过法律程序的规定，为权力运行设置严格的程序规则，使权力运行不为偶然性、随意性所支配。③对运行结果的制约。权力运行的结果，标志着权力"善"与"恶"的价值体现。法律作为行为规则，必须发挥惩恶扬善的作用，使不同的权力运行结果在法律上有不同的法律后果。

二、权力制约的学说与实践

权力制约从理论的脉络而言，经历了由阶级分权到职能分权的过渡。"阶级分权"强调的是不同的阶级、阶层应在国家政权中都有着一定的比例，防止某一阶级（阶层）独揽国家大权；"职能分权"则是强调由不同的机构来担负不同性质的国家权力，是一种民主制度基础上的内部权力分工。英国思想家洛克很早就提出了分权思想，他认为人类的弱点在于权力的诱惑力太强，因而需要将权力予以划分。为此，洛克将国家权力分为立法权、行政权、对外权三种，但严格说来，洛克所提出的分权，实际上是代表资产阶级利益的"阶级分权"，有关权力制约的理论并未成型。法国思想家孟德斯鸠继承、发展和完善了洛克的分权思想，他将国家权力划分为立法权、行政权、司法权三类，并且认为，要防止权力滥用，就必须以权力制约权力。孟德斯鸠的权力制约思想，此后成为西方一些国家普遍规定与遵循的宪法原则。美国汉密尔顿等联邦党人，不仅在美国1787年宪法中，开创性地规定了三权分立，并且在他们的著作中，强调三权之间的相互制约，使权力不至于集结为危害人民的力量。因而，权力制约表明了这样一种状态：不允许任何一种权力超越于其他权力制约之上，任何一种权力一旦出界，就会受到其他权力机关的牵制。

从制度实践上而言，西方资本主义国家的权力制约大致有以下几种代表性的模式：

1. 英国的议会至上制约模式。"议会至上"是英国政制的主要特征。按照英国学者詹宁斯的观点，"议会至上"基本上有两层含义：①议会可以合法地制定有关任何问题的立法，除受到政治权宜之计和宪法惯例限制外，不受任何限制；②议会可以为所有

---

[1] 有关权力分工的内容，参见本书第7章。

的人和所有的地方进行立法。[1] 在英国，总揽行政大权的内阁由议会下院中的多数党领袖组阁，阁员均是这个多数党的领导人物，内阁从属议会，对议会负责。最高司法机关的首脑——大法官——由议会上院的议长担任，司法权的监控实际上被议会所包容。由此，虽然英国政制是洛克、孟德斯鸠分权学说的客观原型，英国分权模式是美国分权模式的逻辑起点，但英国恰恰没有实行严格的三权分立和制衡。

2. 美国的平面与垂直相结合的立体权力制约模式。在制定美国宪法的过程中，政治思想家和政治家们在构筑国家政体的时候，根据英国资产阶级革命的成功经验和他们所敬重的洛克和孟德斯鸠的理论，一致认为，必须在政体的建设上彻底地贯彻立法、行政、司法三权分立和制衡的原则，[2] 否则，就会“既破坏了一切形式上的平衡和美观，又使大厦的某些主要部分由于其他部分的不相称的重量而破坏的危险。”[3] 因此，美国成了世界上第一个全面实践资产阶级思想家们倡导的“三权分立”理论的政治国家。由于美国不仅是三权分立的典型，从中央到各州政府都实行各自的三大国家权力系统之间的横向分权，而且是第一个近、现代意义上的联邦制国家，联邦政府和州政府之间实行纵向的分权，形成上中下、左中右的立体分权网络。因此，美国的权力制约模式充分体现出平面和垂直相结合的立体制约的特征。

3. 瑞典的议会督察专员权力制约模式。以“福利国家”政策和中立外交政府著称于世的瑞典王国，在政治体制方面亦有不少创新，其中最引人注目的当推它所创立的议会督察专员的监督体制。

瑞典的议会督察专员制度始建于1809年。所谓督察专员，简单地说就是议会任命的法官，所以又称司法监督官，其职责在于监督行政和其他系统行政官员的工作。专员由议会选举产生，当选者属“通晓法律，行为正直”，需征得各党一致同意，而且是必须具有高等法律学历的终生法官或律师，能胜任护法的工作。根据《议会监察专员指令法》第2条的规定，监察专员行使监察权的对象范围包括：①国家及地方的权力机构；②上述机构的政府官员及其他雇员；③从其活动的性质上看，工作或任务涉及公共权力行使的其他个人；④公共企业的官员和其他雇员，他们在公共企业的活动中代表该企业，而政府通过其在企业中的代理机关在活动中施加了决定性的影响。[4] 由此可见，这种制度在一定程度上弥补了三权分立机制的不足，成为维护代议制并保障人民权益的一种重要的制度模式。

三、权力制约与法律监督的关系

法律是权力的确认方式。国家权力由法律加以确认，对它的制约和控制也必须使

---

[1] [英]詹宁斯：《法与宪法》，龚祥瑞、侯健译，三联书店1997年版，第116、117页。

[2] 当然，就美国权力制约的渊源而言，实际上美国宪法之前的马萨诸塞州宪法以及弗吉尼亚权利法案中就已经存在相当完备的权力分立与权力制约体制。

[3] [美]汉密尔顿等：《联邦党人文集》，程逢如等译，商务印书馆1980年版，第246页。

[4] 转引自[瑞典]本特·维斯兰德尔：《瑞典的议会监察专员》，程洁译，清华大学出版社2001年版，第60页。

用法律的手段。从这个意义上说,法律监督是权力制约的有效方式。

分权与制衡的政治原则以法律形式加以确认和表达,这一选择与法治原则有着密切关系。资产阶级的法治(也称为法制),是同封建社会的"人治"相比较而提出和存在的。它同样是反封建斗争的产物。按照"法治"的理论,法律不仅是统治老百姓,也应约束统治者,"法治就是对权力的制约。""法治的基本要求是限制权力。"[1]资产阶级赋予了法律极高的权威,以对抗封建王权的无所限制。它要求任何权力都应来自法律,并受法律的约束和限定。作为革命成果和斗争旗帜,资产阶级在革命胜利以后,保留并发展了"法治"原则。当我们把法治理论和分权制衡的理论结合起来考察时,就会合乎逻辑地发现这样的事实:资产阶级国家必以法律形式来确定各种国家机关的权利和义务,同时,为了权力间的制衡,以权力制约权力,又对各种权力设置了由其他权力主体施行的制约和监督机制。这样,分权制衡的政治原则在法治理论的引导之下外化为法律监督的形式。资产阶级法律监督本身即为政治制度的表现形式和组成部分。

社会主义国家的一切权力属于人民。人民行使权力的机关是各级人民代表机关,其他的各类国家机关的权力都由权力机关授予,彻底、充分地体现了人民主权的原则。但由于人民代表会议制度是一种间接的民主制度,人民还必须通过各种途径和方式对国家机关及其工作人员的管理活动施行监督,这种最基本、最重要的监督形式与社会主义民主政治的理论相吻合。另一方面,为适应社会化大生产和国家管理科学化的客观要求,社会主义国家也有职能部门的分工;为了防止各种职能部门滥用权力,防止国家机关及其工作人员的腐化变质,也需要以权力制约权力,构建权力制衡的机制。从这个意义上说,资产阶级的权力制衡理论对于社会主义国家也有可以吸收和借鉴的合理内核。这正如学者所指出的:"要建立一套完整的、科学的权力制衡机制,必须实现分权制衡的法制化。"[2]我国长期盛行的靠轰轰烈烈的运动不靠实实在在的制度的治国之道已在实践中暴露出致命的弱点。理论和实践一再证明,要合理配制权力尤其是对权力的行使进行有效的监督和制约,就必须实行法制,用法律确定权力并以法律保障和监督权力。历史的责任要求我们必须学会使用法律监督的武器。

第四节　违宪审查

一、违宪审查的含义

违宪审查,是指对违反宪法的行为所进行的制约与监督。而所谓"违宪",简单地说,就是指国家的法律、法令、行政措施和法规以及国家机关或公民的行为与宪法的原

〔1〕 龚祥瑞:《比较宪法与行政法》,法律出版社 1985 年版,第 74 页。

〔2〕 孙洪敏:"关于制衡机制",载《江汉论坛》1988 年第 1 期。

则或内容相抵触。

关于违宪审查的渊源,西方学者有许多说法,有的认为它滥觞于中世纪基本法至高无上的传统和自然法学派的观念,特别是17世纪英国王座法庭首席法官科克关于普通法高于制定法的观点,是违宪审查的理论来源;而英国枢密院对其殖民地立法监督则被认为是违宪审查的先例。还有人认为,1799年法国宪法确定的"护法元老院"拥有撤销违宪法令的权力,因而是西方违宪审查机构的鼻祖。但西方法学家一般认为,近代的司法审查发源于美国。[1] 由于美国是以司法为核心进行违宪审查,因而又称为司法审查。美国宪法并没有规定司法审查制度,但在马歇尔任联邦最高法院首席法官时(1801~1835年),通过马伯里诉麦迪逊案确立了司法审查制度。在该案中,马歇尔指出:"假如法律与宪法相抵触,假如法律和宪法都适用某一具体案件,法院必须确定,要么该案件适用法律,而不顾宪法;要么适用宪法,而不顾法律。法院必须决定这些相互冲突的规则中哪一个管辖该案。这就是司法职责的本质。"[2]因而,根据马歇尔法官的理解,违宪的法律不是法律,当法律违反宪法规定或宪法原则时,司法机关可以对该法律拒绝适用。这一判例确定了美国的司法审查制度。在美国的影响下,一些国家如奥地利、西班牙、捷克斯洛伐克在第二次世界大战以前建立了专门机构,以保障宪法的实施。在第二次世界大战以后,又有50多个国家建立了司法审查制度,由法院审查违宪的法律、命令和行政措施等。还有20多个国家建立了宪法法院,这种法院并不受理一般的民事、刑事诉讼案件,而是专管有关法律和命令的合宪性问题,如意大利、德国、奥地利等国,都对宪法法院的权限、程序、裁决形式等作了详细的规定。学者们对这一制度给予了高度评价,例如美国法学家施尔茨认为:"实际上没有司法审查就没有宪法,……它是宪法结构必要的东西,""如果宪法不能由法院实施,它是没有价值的,而且是些空话。"[3]

关于违宪审查制度的必要性,西方学者有不少论述,其中主要有以下几点:①保障宪法的最高效力。宪法是根本法,它规定了国家的组织和基本原则,规定了人民的基本权利等,有高于普通法的效力,国家机关不能任意破坏它、违背它。②保障人民的权利。违宪审查是为了保障人民的权利和自由,国家机关不能侵犯宪法所规定的人民权利,不能随意限制人民的自由;相反,宪法中规定法律面前人人平等,禁止法律溯及既往,保障人民的各种自由等,都是为了限制立法机关、行政机构的权力。③体现和保障"分权和制衡"的原则。行政、立法、司法三权分立和互相制衡是国家的基本原则,司法机关或者立法机关进行的违宪审查正是这些原则的体现和保障。主张违宪审查权属于立法机关者认为这正是实现三权分立、其他机关不得干涉立法权的表现;主张违宪

---

〔1〕 胡伟:《司法政治》,三联书店(香港)有限公司1994年版,第158页。

〔2〕 美国判例:"马伯里诉麦迪逊",程梧译,载《外国法译评》1994年第3期。

〔3〕 [美]施瓦茨:《宪法》,麦克米伦出版公司1979年英文版,第3、4页。转引自萧蔚云等:《宪法学概论》,北京大学出版社1982年版,第46页。

审查权属于司法机关者认为,这是三权互相制衡、司法机关可以制约立法及行政机关的表现和保障。④宪法条文的意义不明确,因而必然会导致根据宪法所制定的规范性法律文件与宪法的内容存在矛盾,需要有违宪审查制度来加以纠正。⑤抵制多数决定论。持这种观念的学者认为,民主政治的原则是多数决定问题,但是多数人讨论和决定的事情,并不是每一件事情都是合理的,对于这种不合理的多数决定,须有一个抵制的办法,这个办法就是司法审查制度的建立。

二、违宪审查的形式

在现代西方国家中,审查违宪、保障宪法实施的机构的形式主要有三种:①代表机关;②司法机关;③宪法法院。

代表机关审查制即由国家立法机关或代议机关来行使违宪审查的权力。采取这种结构形式的国家认为,对于法律、法令、行政措施是否违宪的审查权或宪法的解释权应当属于立法机关。议会代表人民,其立法权没有限制,它能制定和解释宪法,监督宪法的实施,只有立法机关才能行使这个权利,行政和司法机关都不能行使这个权利。英国是实行议会制的国家,它强调议会的权利高于行政和司法机关,英国又是属于所谓不成文宪法的国家,宪法与法律没有大的区别,议会通过的法律如果和一般政治传统和习惯相违背,这项法律仍然有效,这被认为是议会代表人民改变意志,是人民的一种新的意志的表现,法院不能拒绝执行。在第二次世界大战以前法国也认为只有议会才有宣布违宪的权力,法院没有审查法律违宪的权力,否则就是违背1789年宣布的立法权与司法权分立的学说,使司法机关高于立法机关,甚至引起立法机关和司法机关的对立和冲突。

司法机关审查制也称为司法审查,是由法院行使违宪审查的权力。关于法院是否有这种权限,西方学者有不同的看法:反对者认为,司法审查违反了三权分立原则,侵犯了立法机关的权力,是司法机关对抗代表机关;赞成者则认为,司法审查并非侵犯代表机关的权力,因为司法机关只是审查违宪的法律,并非拥有立法权,司法机关是适用、解释法律的机关,当然可以解释法律和宪法,审查违宪的法律、法令和命令。在赞成司法审查的理论观念中,核心的问题就在于宪法是人民意志的最高体现,任何违反宪法的法律都是无效的;同样,即使法院判定法律因违宪而无效,也并不意味着司法权高于立法权,因为司法权是将宪法中隐含的人民意志表达出来而已。因此,遇有立法机关表现在法律上的意志和人民代表表现在宪法上的意志相反的时候,法官只有遵守人民的意志,而不受议会意志的约束。

宪法法院是审查违宪、保障宪法实施的另一种形式,在第一次世界大战后奥地利、西班牙、捷克等国建立了宪法法院,它不同于普通法院,专门审查法律的违宪问题,这就是设立一个专门机构来保障宪法的实施。按照西方学者的解释,设立这一类特别宪法法院所依据的前提只有一个:"除非受害人对于滥用职权和侵犯基本保障的官员的行为,能够直接提出控诉,所谓限制政府的权力,终久难以生效。"[1]而宪法法院审查违宪的方式大致又可以分为三种形式:①"抽象的原则审查",或称"预防性审查",如法国宪法规定,各项组织法在颁布前以及议会两院的规章在执行前,均应提交宪法委员会审查;而对于议会立法,若发生争议也可由法定人员提交宪法委员会审查,一旦审查为违宪,不但不能公布,且不得上诉。有的国家则规定宪法法院在法律公布实施后的法定时间内对其进行审查,如意大利。这种做法与"不告不理"原则是相悖的,是一种超司法功能。②通过审理具体案件进行违宪审查,这与普通法院的附带性司法审查相似,不仅可以对法律进行审查,而且可以裁决政治性争端,如政府和议会、联邦和州的纷争。③所谓的宪法控诉,倘若公民认为自己的公民权利遭到公共权力机关的侵害,所有公民都能向宪法法院提出宪法控诉。[2]撇开具体的形式不说,从违宪审查在法治国家所受的重视而言,有几个规律性的东西是必须注意的:

1. 宪法的实施必须有一定的机构的保障。在第二次世界大战以前,各国大都采用立法机关作为审查违宪、保障宪法实施的机构,部分国家采用法院审查违宪的制度,少数国家建立了宪法法院。第二次世界大战以后,采用司法审查和宪法法院保障宪法实施的国家日益增加。由此可见,设立违宪审查、保障宪法实施的机构,这在各国几乎是一致的。宪法的最高效力不能仅仅来自于本身的宣示,更主要的是,要设立相关机构来予以保障,否则宪法根本法的地位就可能名不副实。

2. 保障宪法实施的机构必须是有高度权威的机构。"权威"是违宪审查制度得以实施的重要条件。以美国为例,仅有 9 名大法官的联邦最高法院之所以维持了违宪审查制度的运作,关键即在于其以尊重宪法的态度、维护公正的立场以及精湛的法学素质与高超的司法技术,赢得了美国法律界和普通民众的一致好评。同样,德国宪法法院成立以来,裁决了一大批涉及宪法问题的争议,对于德国民主制度的维护与公民人权的保障起到了重要的作用,成为德国法院系统中实际的最高法院。[3]

3. 保障宪法实施的机构形式虽然各有不同,但究竟以哪一种形式较为适当,应当结合各国的具体历史情况和现实情况而定。这就是说,是立法审查制、司法审查制还是宪法法院审查制,这都只是形式的问题。关键在于,必须有一个能够真正保障宪法实施的机构,否则,宪法就可能成为一纸具文。

---

〔1〕[美]约翰·P. 道森:"法官的任务",载[美]哈罗德·伯曼编:《美国法律讲话》,陈若桓译,三联书店 1988 年版,第 14 页。

〔2〕胡伟:《司法政治》,三联书店(香港)有限公司 1994 年版,第 162 页。

〔3〕我国台湾学者施启扬认为,依德国基本法第 95 条规定,为维持联邦法的统一,应设立"最高联邦法院",于各种联邦法院间的裁判不统一而其意义重大时,即应由最高联邦法院来统一裁判。"唯因联邦宪法法院也裁判一大部分涉及各联邦法院间须'统一裁判'的案件,所以联邦宪法法院事实上也具有'最高联邦法院'的功能,基本法规定设立特别的最高联邦法院以维护联邦法(及裁判)统一的需要,也大为减少。最高联邦法院所以迄未设立,固有种种原因,联邦宪法法院的存在是主要原因之一。"参见施启扬:《西德联邦宪法法院论》,台湾商务印书馆股份有限公司 1971 年版,第 25 页注。

三、当代中国的违宪审查制度

现阶段中国宪法实施监督制度主要由《中华人民共和国宪法》、《中华人民共和国立法法》、《中华人民共和国各级人民代表大会常务委员会监督法》以及其他宪法性法律规定。内容主要是:①它明确肯定了宪法的地位和效力,郑重宣布,宪法是我国的根本法,具有最高的法律效力:“全国各族人民、一切国家机关和武装力量、各政党和社会团体、各企业事业组织,都必须以宪法为根本活动准则,并且负有维护宪法尊严、保障宪法实施的职责。”从而突出了宪法的地位,为建立权威的宪法监督制度奠定了基础。②恢复和扩大了全国人民代表大会及其常委会的宪法监督权。在人民代表大会系统建立了自上而下的监督体系。③规定了一些宪法监督的方式和程序。如设立专门委员会,在必要时成立特别调查委员会,依照法定程序提出质询案等等。④规定了公民的批评、建议、控告、申诉等权力,最广泛地扩大了宪法监督范围。这些特点表明,我国的现行宪法监督制度是由我国人民民主专政的国家制度和人民代表大会的政治制度所决定的。反映了我国在新的历史时期,发扬社会主义民主,加强社会主义法制的时代政治特点。《中华人民共和国立法法》根据1982年宪法的相关规定建立了法律、法规的效力层次规则、规范性法律文件的冲突解决机制、对不适当的法律法规的违宪审查权限、审查程序、制定规范性法律文件的备案制度等作出了具体而明确的规定(第78~91条)。《中华人民共和国各级人民代表大会常务委员会监督法》则对法规备案审查和司法解释备案审查的主体、范围、内容、程序等作了具体而明确的规定(第28~33条)。

如何评价当代中国的违宪审查制度,学术界的看法并不相同。有的学者认为,宪法中确立的二元违宪审查体制,全国人大及其常委会的立法违宪审查和最高人民法院的司法违宪审查不仅构成了相互补充的表里关系,而且形成了相互促进的互动机制。[1] 蔡定剑教授则认为,法规备案审查制度的完善虽有积极意义,因为法规备案审查也可能会涉及法规是否违宪的问题,能撤销违宪法规当然也是违宪审查的一部分内容。但这毕竟不是核心内容。它与违宪审查制有联系,但有很大的不同。现代违宪审查制的核心是要解决最高权力机构制定的法律是否违反宪法;法规备案审查制不包括审查人大制定的法律是否与宪法相抵触,它主要目的是维护法制统一的等级体系。法规备案制常常是一种事先的、主动的预防性措施,所以,它解决问题的方法带有很大的协商性。更关键的是,法规备案审查制是一种国家主导型,主要由审查机构自己审查,公民、社会组织只能提出审查建议。笔者赞同蔡定剑教授的观点,我国通往违宪审查的大道已经基本铺就,但更重要的是要落实。中国应向违宪审查迈进。[2]

---

〔1〕 强世功:“谁来解释宪法?——从宪法文本看我国的二元违宪审查体制”,载《中外法学》2003年第5期。

〔2〕 蔡定剑:“中国向违宪审查迈进”,载《南方周末》2005年12月22日。

复习思考题

1. 什么是法律监督？其意义与功能何在？
2. 如何理解法律监督的结构与分类？
3. 中国现行制度中的国家监督包含哪些内容？有何不足？
4. 试述权力制约的必要性及其主要形式。
5. 行政诉讼与违宪审查两者之间的联系与区别是什么？

第四编　技 术 论

第十七章　法律技术总论

✣学习目的与要求

本章是有关法律技术的总论,重点论述了以下问题:①法律技术的概念、特性及意义,尤其注重将法律技术视为是知识与技术、经验与理性、科学与人文的统一,否定法律技术上的简单工具论的观念;②法律技术的范围,将法律技术分为文本分析、事实发现、法律适用三大技术类型,并就其中的主要技术进行了提纲挈领的论述;③法律技术的正当性基础,着重从事物本质、法律原理、司法经验与社会常识四个方面,阐释了法律技术应受的限制和约束。通过本章学习,能够较为清晰地明确法律技术的内涵及范围,了解法律技术的基本规则类型,进而为分析和掌握司法中常用的法律技术奠定理论基础。

第一节　法律技术概述

一、法律技术的概念

在本书第一章中,我们专门就"法律技术"在现代法学教育中的地位进行了论述。简单地说,所谓法律技术,是法律职业者在解决案件过程中,针对法律文本的理解、法律事实的发现以及法律的具体适用所采取的技术或手段,从而使法律问题的解决具有科学性、合理性与权威性。根据这一概念,我们可以对法律技术作出这样的定位:

1.法律技术是法律职业者解决法律问题的基本方法。这有两个方面值得注意:①法律技术的主体是法律职业者,也就是通常所说的法官、检察官和律师,他们都属于法律职业共同体中的一员,拥有共同的法律思维方式,遵循共同的法律技术要求。因而,法律技术不是法律职业以外的人员分析、评价法律的方法,对于外行人来说,也无需进行法律技术的采择。②法律技术是面对法律问题所要采取的技术手段。这里所称的"法律问题",也就是在需要裁决的案件中所呈现出的现实问题,诸如是适用法律规则还是采择法律原则来作为判决的依据、对法律条文的意义该如何来加以明确等等。因此,这些问题不是臆想中的问题,而是现实存在并且法律职业者不得不予以解决的问题。

2. 法律技术是处理法律案件时所使用的技术,而不是法学研究的方法。所谓法学研究方法,是法学研究人员在研究过程中,为获取有关法律的新颖性、可靠性知识所使用的有规则、成系统的程序、途径、手段、技巧和模式的总称。法律职业者当然也可以同时是法学研究人员,但是,司法过程中的技术与法学研究方法之间毕竟存在着差异。前者是围绕个案的解决,寻求处理案件的最佳方式和手段,而后者是针对法学命题、法学理论如何来进行阐释、分析,其目的不外乎是获取新颖及可靠的法律知识,从而为法学理论深度与广度的展开提供方法上的支持。

3. 法律技术是法律实践过程中所采用的行为方式、手段、步骤的统称,是一个极为复杂而多元的技术体系。从内容上说,法律技术既包括对法律文本本身进行理解的方法,也包括法律事实的发现及法律适用的具体技术等;从种类上说,法律技术既有面对文本与事实时,如何发现、解释"意义"的问题,也包括在特定案件中,通过最佳手段来解决案件争议的问题。正是从这个意义上,法律技术也可以理解为一种司法技艺,是达到案件最好解决效果的一种规则支持。同时,在法律技术中,既包括技术与技术之间的相互配合,也包括在特定情形下,某种技术的优先使用问题。总之,法律技术并不是一种简单的司法上的手段,它与法律职业人员的学识、敏感及创造性密切相关。

二、法律技术的特性

(一)知识与技术的统一

就法律技术而言,它首先需要法律职业人员具备较为全面的法律知识和相关知识。在当今社会中,法律职业者必须对法律知识与法律原理有着精深的了解,否则就难以适应纷纭复杂的案件处理需求。从知识结构而言,主要是从事法律职业所需的基本知识与基本原理,它要求法律职业者既要掌握理论法学的内容,也要熟悉应用法学的理论;既注重实体法的规定,也明确程序法的价值;既了解中国法律体系的内容,也熟悉外国的相关制度。同时,职业知识还要求法律从业人员了解经济学、历史学、社会学等相关学科的内容。[1] 但是,单纯的知识只是办案的前提,实际上,法律职业者所面

---

〔1〕 美国法官勒尼德·汉德就曾言道:"我敢说,对于一名被要求审核一个有关宪法问题的法官来说,他除了要熟悉关于这个问题的专著,还要懂得一点阿克顿和梅特兰,修昔底德、吉本和卡莱尔,荷马、但丁、莎士比亚和弥尔顿,马基雅弗利、蒙田和拉伯雷,柏拉图、培根、休谟和康德。因为在这些知识中,每一种都会有助于解决摆在他面前的问题。他必须构筑的语言只是些空的容器,在那些容器里,他几乎可以随意装进任何东西。人们并不收集没用的东西,也不满足于从那些受到宗教或阶级局限的法官那里得到的说教。他们必须知道,放在他们面前的不只是空洞的语言,不只是根据普遍适用的概念对问题的最后解决。他们必须了解使每一个社会都成为一个有机体的那些变化着的社会紧张关系。这些关系要求新的适应方式,如果生硬地加以限制,就会毁了一个社会。"转引自[美]亨利·J.亚伯拉罕:《法官与总统——一部任命最高法院法官的历史》,姚诗夏、朱启明译,商务印书馆1990年版,第42、43页。

对的问题远比知识的结构更为复杂，它需要经验、技巧。如果只知固守法典的字面意义，或者只懂得生搬硬套某个判例，那不仅使案件的公正解决无望，同时也丧失了人们对司法制度的信赖。这就意味着在法律实践中，法律职业者必须将知识转化为技术，将法律的原理运用于解决具体的个案之中，从而使案件的解决既有充分的理论依据，也有高超的技术色彩，从而真正体现司法作为一种解决人类问题的艺术的特性。所以，法律技术是一种知识与技术的综合，也是法律原理与司法过程的完美结合。

（二）经验与理性的统一

法律技术也是融合经验与理性的专业技能。从技术的产生过程而言，"人类首先是通过摸索、试验和纠正错误来进行生产活动的。人类的操作逐渐固定下来并成为技术，然后，从事活动的人又进一步研究自己的技术以求改进并从中找出物体特性的结论。人从存在物到自身，又从自身再回到存在物，通过多次自省和退缩，人类的活动凝结成特定的举止行为，终于形成了自己的意识"。[1] 这就说明，法律技术既是经验的展现，也是理性加工的结果。人类与其他动物的不同，就在于他们既能遵循以往的经验，而又能对过往的经验进行理性的加工，从而使其更好地适合于当今的时代。正如霍姆斯所言及的那样，"法律的生命不是逻辑，而是经验"。[2] 在这里，"经验"指称着法官根据时代的需要赋予古代的法则以新的含义，而这种过程大多都是自发而非自觉的过程。正是"经验"与"理性"的相互交织，才使得人类的法律制度，包括法律技术在内，既可以延续司法的传统智慧，又能够获取时代精神的营养。由此可见，法律技术作为一种"理性所发展的经验和被经验所考验过的理性"，[3] 统合了人类认识社会问题的两种基本格式，从而有利于法律技术的良性发展。

（三）科学与人文的统一

法律技术还是科学追求与人文精神的统一，从而体现出科学性与人文性的双重特性。所有的技术手段都必然具有科学性质，它意味着作为一种合适的解决社会问题的工具或手段，能够对面临的问题作出恰当和合理的处置，这对于法律技术而言也不例外。大致说来，法律技术从三个方面体现其科学性的特点：①它是一种外在于法律职业者主观动机的、为同行业人们所共同遵循的技术规则，因而具有不依使用者个人意志为转移的中立性；②它是受历史和现实、理性和经验所共同陶冶出的技术规程，具有为人们所接受、认同的正当性；③它在案件的解决中能够有益于解决纷争，并使当事人心悦诚服地接受判决，因而具有任何科学手段所必需的有用性。总之，没有科学性，法

---

〔1〕［法］H. 列斐伏尔："人类的产生"，载复旦大学哲学系现代西方哲学研究室编译：《西方学者论〈1844 年经济学——哲学手稿〉》，复旦大学出版社 1983 年版，第 171 页。

〔2〕［美］小奥利弗·温德尔·霍姆斯：《普通法》，冉昊、姚中秋译，中国政法大学出版社 2006 年版，第 1 页。

〔3〕［美］罗·庞德：《通过法律的社会控制·法律的任务》，沈宗灵、董世忠译，商务印书馆 1984 年版，第 27 页。

律技术也就不具有正当性。

然而问题在于,法律技术不仅要体现科学性的要求,还必须注重技术适用过程中的人文性特色。法律技术所欲以解决的问题是人们在社会过程中出现的纷争,而这些纷争的背后又体现着人类的欲求、愿望。这正如伯尔曼所指出的:“法律不仅仅是规则和概念;法律还是并且首先是人们之间的一组关系。人对上帝的爱和对邻人的爱,包括耶稣所宣讲并实践的那种自我牺牲的爱,都体现在人们的法律关系之中,就如同他们体现在人们之间的其他关系中一样。突出法律与爱之间的差异,那就是夸大了法律中规则的作用,低估了其中人的自主决定和关系的作用。”[1]所以,法律技术本身也必须容纳人文的内容,如此才可能正确地解决人们之间的纠纷,达到社会的和谐。就此而言,所有法律技术的适用,都必须以保障人的尊严、体现人的价值为依归,例如,在法律上禁止以窃听、刑讯等有损人的尊严的方式来获取证据。总之,要使法律成为一种理性的活动,离不开相应的技术规则作为支撑,但技术同样必须体现“人性”的考量,有违人性的技术规则不允许在司法过程中采用。

三、法律技术的意义

(一)法律技术体现了司法经验的积累,是司法活动科学化、合理化的标志

法律技术是一种在历史中积淀而成的司法技能,具有历史性、传统性与正当性。自从人类出现司法活动以来,即有了法律技术的产生。法律职业者在面对具体的案件时,既要分析案件中的事实如何确证并予以采信,也要研究哪个规范性文件或哪个法律条文能够适用于个案之上,尤其是在面对复杂、疑难的案件时,多种选择及多种手段的采用就成为司法过程中的必需。正是在一代又一代法官试错的经验之上,才提炼出为法律职业共同体所遵循的共同的法律技术。不仅如此,这种法律技术的历史发展也是以淘汰某些不合时宜的规则为代价的,在某一个时期被广泛适用的技术(例如神明裁判的技术),很可能被证明是不正当的;而某些时期适用的技术规则,也有可能被此后所发现的更为合理的规则所取代。正是这种历史的延续与推陈出新,法律技术具有了体现传统的正当性。霍姆斯甚至断言:“直到今天,我们还是在重复罗马法律人的推理”。[2] 美国学者艾森伯格则将“可重复性原则”作为法院的重要司法准则之一,在他看来,“法院采用的推理过程是能被律师所重复的推理过程”,换句话说,法院根据约定俗成的技术规则进行裁判,从而可以为类似的法律职业者或当事人提供一个预测判决将会如何作出的渠道。艾氏将这一原则的优越性归结为四个方面:①“发挥了协调器的功能”,“使得私人行为者可以在法律基础上制定个人的或联合的计划,可以解决纠纷”;②“缓解追溯困境”,即法院径直采用业已为法律技术规则所证明的命题来解决纠纷;③“使得纠纷中的各方在审判过程中通过证据和详细论证的辩论成为积极的参与

---

〔1〕［美］伯尔曼:《法律和宗教》,梁治平译,三联书店1991年版,第101页。

〔2〕［美］小奥利弗·温德尔·霍姆斯:《普通法》,冉昊、姚中秋译,中国政法大学出版社2006年版,第17页。

者”,也就是说,知悉法院技术规则的诉讼当事人可以借助这些具有传统性的正当技术规则来积极主张自己的权利;④保证了法院判决的前后一致。技术的权威能够促使法院在前后的判决中保持大体上的一致,从而昭显“看得见的正义”。[1]

(二)法律技术突出了法律职业的技术特性,有利于社会控制机制的形成和发挥效力

法律职业是社会职业的一种,同时又是社会职业中专业性、技术性需求特别强烈的一种职业类型。从社会分工的角度而言,“在一切社会里,法官都自成一个阶层,因为他们的活动是如此有益,以致必须把他们从普通公民中区分出来。”[2]当然,法官能够成为一个独立的阶层,还不仅仅是由于他们“活动的有益”,更为主要的,法官是使用法言法语、深谙法律技术的专业人才,法律职业是一个相对独立、相对封闭的职业阶层,有着自己独特的技术与伦理道德。汉密尔顿早就指出:“由于人类弱点所产生的问题,种类繁多,案件浩如瀚海,必须长期刻苦钻研者始能窥其堂奥。所以,社会上只能有少数人具有足够的法律知识,可以成为合格的法官。”[3]否则,“常人的推理”或“社会的良心”这类名词,只会湮没法律职业的权威与尊严。我们可以想象,当法律职业失去了法律技术的凭借时,那么,这样一种职业只会沦为大众化的职业,技术性的阙如必然会使其不受尊重。由此可见,没有法律技术的专业性特色,就不会有司法的庄严与高贵。法袍、法槌、法警等等,只是造就法庭庄严的形式,而使法律判决为人尊重、信服、接受的,则是法官娴熟的司法技巧与精湛的司法技术。由此可见,法律技术保证了法律职业的“精英”性质,可以将未经此种“历练”的人排除在外;同时,它也有利于职业共同体相关传统与价值的建立与维系,从而形成法律权威的社会基础。

(三)法律技术有利于法律职业共同体的形成,因而成为联系法律从业人员的纽带

法律技术是法律职业者所共同遵守、尊重的司法规则,它与个人对法律的认识并不等同。简单地说,不同的法官对法律会有不同的认识,所以其思考问题的角度与分析问题的习惯自然也会有所不同。因此,认识法律的方法可以是多元的、个人的。然而作为“技术”而言,则意味着它是相对客观的,因之可以成为“法官社会”通行的准则。正因如此,法律技术是联系法官、检察官、律师的桥梁,检察官与律师的论辩,是在遵守共同的法律技术基础上的论辩;法官的判决也只有遵循了为司法界所认可的技术规则,才会为检察官、律师们所接受。由此可见,在共同的法律技术之上,法律职业者有个交流、对话的平台。不仅如此,法律技术作为法律职业共同体所一致遵守的相对固化、稳定的行为准则,也是限制和约束法律职业人员的一种有效工具。例如在判例的适用上,一方面要求法官必须遵循先例,另一方面则要求法官必须对先例与本案在事实、法律上进行比较,在此为法官们所承认的规则,就可以为法官所遵奉同时又可为社

---

〔1〕 [美]迈尔文·艾隆·艾森伯格:《普通法的本质》,张曙光等译,法律出版社 2004 年版,第 15、16 页。

〔2〕 [法]霍尔巴赫:《自然政治论》,陈太先、眭茂译,商务印书馆 1994 年版,第 179 页。

〔3〕 [美]汉密尔顿等:《联邦党人文集》,程逢如等译,商务印书馆 1980 年版,第 395、396 页。

会所检验的行为准则。总之,法律职业者正是在对于专业法律知识和技巧以及对于公平正义等法律价值的共同认可的基础上形成共识,并在这种共识的基础上构成了一个按照统一的理念和思维方式建立的解释和实践法律的共同体。而这种法律职业共同体的存在反过来又形成了一个场域,使其成员在这样一个氛围之中能相互制约,相互促进,相互补充,保证了这一群体的素质稳步提升,知识不断更新。

总之,法律技术凸显了司法经验的魅力,强化了法律的专业色彩,有利于法律职业共同体的形成,因而在当代社会具有十分重要的意义。如庞德所言,"发展和适用法令的技术、法律工作者的业务艺术",与法令本身"都是同样具有权威性的,也是同样重要的。"[1]因而,对于法律问题的研究,就不能仅仅停留在对立法的研究,还必须注重司法及法律技术问题。

第二节　法律技术的内容

一、文本分析技术

这是指针对法律文本所进行的技术性理解,或者按解释学的话而言,对法律意义的"前理解"内容。在这一部分,主要包括"类型及类型化思维"、"法律注释技术"、"法律原则的意义及适用"、"不确定法律概念及其判断"等技术。

1. 类型及类型化思维技术。法学中所称"类型",是一种"类"思维的方法论原则。它一般发生在抽象概念(或称一般概念)及其逻辑体系不足以掌握某生活现象或意义脉络的多样表现形态时,学者通过借助某种"典型"或者"标准形态"的设定,来诠释相关的类似情境。简单地说,概念虽然是人们用以分析法律问题的必要的抽象工具,然而概念相对于社会生活来说,往往过于呆板固定:"概念"往往将整体的行为、现象予以分割,使我们通过概念所获得的印象只能是一种断裂式的意义回忆。实际上,法律上的术语更多地并不是概念而是类型。例如,在法律中,人们往往将"抢劫"作为一个概念来加以理解,试图精确地对这一概念作出内涵及外延上的界定,但实际上,"抢劫"只是一种类型,指称致人不能反抗或不敢反抗情形下拿走别人钱财的行为。因而,抢劫既可以是粗暴型的,如使用暴力手段;也可以是温柔型的,如投放迷药而拿走别人财物。但无论哪一种行为方式,只要符合"致人不能反抗或不敢反抗"的本质,就可以以抢劫论处。所以,确定哪些术语是类型及对类型的分析技术,构成了法律技术中至关重要的一个内容。

2. 法律注释技术。人们对法律规范的理解,首先是从明白法律条款的意义开始

---

[1] [美]罗·庞德:《通过法律的社会控制·法律的任务》,沈宗灵、董世忠译,商务印书馆1984年版,第22、23页。

的;而法律能够作为一种调整人们行为的普遍规则,也正是在于它的基本含义能够为人们所理解。可以肯定地说,如果一个法律规则无法被社会上的人按照公认的语言规则所理解、所接受,那它根本就不可能起着规范、预测人们行为的作用。然而,如果将"法律文本"作为人们法律生活中需要解读的对象,那么,我们可以大致地将之区别为两个过程:①注释(或称"理解");②解释。虽然"注释"与"解释"往往被人们不加区别地应用,然而,适当地区别两者,既可以防止"解释"词义的泛化,也可以明确"注释"在法律理解与法律适用中的意义。

3. 法律原则适用技术。法律原则的重要性自不待言,法律原则在法律适用中的地位也为人们所公认。当法律规则不足以解决面对的个案时,法官往往引用法律原则来作为解决纷争的依据。至于法律原则适用于个案的技术,则大致包括三种情况:①"比附"。即先解释法律原则的具体内涵,认为其所欲规制的社会生活,恰是个案中所要解决的问题。②"还原",是先认定个案中的事实是否符合正常的社会生活模型,再根据法律原则来认定其合法与否。与"比附"不同的是,它是从个案中引申出社会生活的应然形态,再与之和法律原则相对应。可以说,这在法律原则的适用上,实际上是个逆推的过程。③"类型化"。这是指在积累大量判例的基础上,法官将本质相同的社会生活归类合并,[1]以确定其适用于哪一个法律原则处理。[2]

4. 不确定法律概念的判断技术。不确定法律概念是与确定的法律概念相对应而言的。从严格定义的立场而言,任何一个法律概念的给定都应当穷尽列举所包含事物的所有主要特征,从而可以通过逻辑的推论方式来对事物进行认识、评价。但这只是一种理想的概念图景,是否能通过概念确定地描述客观事物,在法律上而言实际是大有疑问的。实际上,在法律中"除抽象概括性概念外,所谓的'一般性条款'占据特殊的地位。它们涉及一些在很高程度上不确定的、意义有待于充实的概念。要想确定一个既定的案子是否符合既定的规范,那么法官必须对这些规范中没有说明的含义进行估计。这些'一般性条款'的例子如'善良风俗'、'诚实与信用'和'重大理由'等。"[3]这就涉及"不确定法律概念"的适用问题。如何将这些模糊、抽象的术语或标准适用于现实中的个案,就需要确定其适用技术及其范围。

二、事实发现技术

事实发现技术,主要是研究在法律适用中与"法律"处于同等地位的"事实"的认定与发现问题。正如学者结合刑事诉讼所指出的那样:"实际上的中心问题,仍在于事实

---

〔1〕 在个案中,所谓社会生活即体现为案件事实。个案所体现的社会生活虽然未必是正常的社会生活,例如犯罪行为,但判断这种行为违反常规同样是以正常的社会生活为依据。

〔2〕 胡玉鸿:"论私法原则在行政法上的适用",载《法学》2005年第12期。

〔3〕 [德]海尔穆特·库勒尔:"《德国民法典》的过去与现在",孙宪忠译,载梁慧星主编:《民商法论丛》(第2卷),法律出版社1994年版,第225页。

认定。倘若此种认定流于恣意，则刑事审判的正义从根底崩溃”。[1] 有关事实认定，主要包含以下几个主要的技术性问题：

1. 法律事实采证技术。这主要通过何种技术来发现法律事实的问题，例如事实调查技术、事实收集技术。需要注意的是，这部分的技术规则大多受制于伦理规则的限制。简单地说，在调查取证上的“合法性”实际上也就是“伦理性”，也即以符合人的尊严的方式来收集的证据方才能认定为合法、有效的证据。因而，所谓的法律事实的采证规则，必须同时结合技术与人文两个方面来予以确定。

2. 法律事实判断技术。所收集、调查的证据能否用作定案的根据，还必须通过相关的技术规则来予以确定。这一部分，像通常所言的“询问”、“质证”、“内心确信”等，均需要通过合乎程序与伦理的规则来进行。

3. 法律事实解释技术。法律事实的解释也即法律行为的解释。例如，在刑事案件中，当事人是否具有故意或者过失的心理状态，就必须结合行为来对之予以解释。“法律行为之解释，乃在确定构成法律行为要素之意思表示之意义。意思表示不明确或不完整时，必须透过解释技术予以阐明或补充，始能获窥当事人已为表示之正确含义，或当事人所为表示之合理的意思。”[2] 由此看来，对法律事实（或法律行为）的解释是必然的，但这与法律解释不同。如果将司法活动分为“事实”与“法律”两个层面的话，“事实”主要是法官通过诉讼活动，再现案件发生的整个过程，对于这一问题来说，关键的不是推断当事人内心的动机，而是要对其表现于外部的行为在法律上进行评价，然后根据具体的法律来对其进行处理。显然，“事实”本身着重于陈述，它不同于法律解释主要是寻求法律的意义之所在。

三、法律适用技术

法律适用技术，是指在法律适用过程中，法官如何引用相关的规则来解决面临个案的技术问题。具体包括法律渊源识别技术、判例识别技术、法律解释技术、法律推理技术、利益衡量技术、法律漏洞补救技术、法律说理技术等。具体内容见以下章节的阐述。

必须说明的是，考虑到本教材的特点，我们关于法律技术的论述，着重于法律适用技术的分析。有关文本分析的技术及事实发现的技术，本书暂不涉及。

第三节　法律技术的正当性基础

法律技术的正当性基础，是追问这样一个基本问题，一种法律技术从何种意义上

---

〔1〕 转引自黄东熊：《刑事诉讼法研究》，自印本，1985 年版，第 302 页。

〔2〕 杨仁寿：《法学方法论》，台湾三民书局 1987 年版，第 219 页。

说,它是正当的、合理的?实际上,法律技术作为人们在司法过程中的一种试错过程,未必每一种技术都具有正当性。因而,具有正当性基础的技术得以保留,而不合理的技术则被淘汰或被遗忘。那么,法律技术的正当性基础何在呢?以下我们就事物本质、法律原理、司法经验、社会常识四个方面,来加以简单的论述。

一、事物本质

在法学上,法律的基础,或终极依据,德国学者用"事物本质"一词作了极好的概括。什么是"事物本质"呢?德国学者德昂伯格有一段表述:"即使生活关系仍然包含着自身的标准和秩序,即使它或多或少的有所发展。人们将这种蕴藏在事物内部的秩序称为事物的本质"。[1] 质言之,所谓事物本质,是指存在于事物内部的固有、常态的秩序,它能够为理性的人们所理解、掌握。"举例来说,当我们遇到一产生于契约的法律问题时,我们首先必须弄清缔约双方想通过契约做什么交易,也就是弄清'交易的性质'"。[2] 不仅如此,事物虽然处于不断的发展变化之中,然而事物的本质并不会轻易地发生改变。立法者只有对事物的本质有着切实的了解,才能够做出科学而合理的立法决定;执法者同样只有明晰事物的本质,才不会被法条的字面含义所限,而将具有相同本质的事物用同样的法律规则来加以处理。

在法律技术的适用中,合理的技术必须是符合事物本质的技术。换句话说,所有的法律技术都不能违背基本的"事理"、"情理",否则这种技术就是武断的、专制的。对此魏德士明确指出:"如果适用者认为解决某一问题的方法……是具有说服力的、公认的,并且根据事物的状态而言是'理智的',也就是得到主体之间认同的,那么'事物本质'就是常常使用的论据。"[3]例如,在德国判例中,就有个法律渊源识别遵循"事物本质"的适例。一位妻子提起离婚诉讼,在其有过错的丈夫作了下列承诺以后,妻子撤回了她的诉讼:"丈夫承担在今后不单独进行业务旅行或娱乐旅行的义务。"虽然此项承诺旨在防止丈夫实施有害婚姻的进一步行为,以维护婚姻,双方当事人的意图在道德上均无可厚非,然而,帝国法院认为,这一承诺是违反善良风俗的,因为对丈夫的行动自由作出这样的限制,从根本上违背了婚姻的道德本质。[4] 也就是说,对丈夫不忠行为的防范,不应当损及婚姻的社会观念:男女结合的目的不在于丧失各自的自由,而是为当事人的身心健康及自由个性提供更好的发展余地。

更为重要的是,事物本质在一定程度上也就是人的本质,因而,以事物本质作为法律技术的正当性基础,也就是体现了法律对人的尊重与关怀。德国学者科殷就明确指出:"事物的本质""包括人的本质,他的天然的能力、本能冲动、意志目标等等,这些品质在不同的年龄阶段上都会有所表现。然而除此之外,它本身也还包括人的各种活动

---

〔1〕 转引自[德]伯恩·魏德士:《法理学》,丁小春、吴越译,法律出版社 2003 年版,第 393 页。

〔2〕 [美]约瑟夫·熊彼特:《经济分析史》(第 1 卷),朱泱等译,商务印书馆 1991 年版,第 168 页。

〔3〕 [德]魏德士:《法理学》,丁晓春、吴越译,法律出版社 2005 年版,第 381 页。

〔4〕 [德]迪特尔·梅迪库斯:《德国民法总论》,邵建东译,法律出版社 2000 年版,第 515 页。

领域和共同体所固有的、独特的客观规律性”。简单地说，在法律的场合，事物的本质既是对人自然本性的一种概括，也是对人类法律秩序规律性的一种表述。所以，“在社会的生活中，这种‘事物的本质’是建立在人的本性及其生存的世界的本质之上的”。[1] 拉伦茨也认为，事物的本质不只是个“纯粹的事实”，它们更包含“度量该生活关系中的个人行为的尺度”。在法律行为的解释中，就必须将“事物本质”的原理纳入其中，就特定当事人的行为与常人的需求与行为习性是否相当而判断该行为在法律上是否具有可责性。例如奥地利就有过这样一个判例，一汽车司机因为内急，所以在未及缴纳停车费时就将车子停放而冲向厕所，对这样一种“违法”行为，奥地利法院作了一个极具人性的判决。该法院指出：“内急对汽车驾驶人而言，是一种无法预见的紧急状况，迫使驾驶人未及遵守于收费停车格位停放车辆应先预缴停车费之义务，便刻不容缓冲向厕所，此乃不得不然之行为”。[2] 其他如以不合乎人的尊严获取的证据无效等法律规则，也同样印证着“事物本质”与人的本质的相通，并成为制约法律职业者行为的重要准则。

二、法律原理

法律技术是在法律适用时所采取的为实现法律目的、达至社会正义所采取的技术或手段，因而一个不言自明的道理就是，法律技术不得与法律原理相悖。法律原理也可简称为法理，是指体现法律存在的依据、表达法律的精神并进而为社会上人们所普遍接受的规范和道理。查士丁尼在《法学总论》所宣示的法律基本原则“为人诚实，不损害别人，给予每个人他应得的部分”，[3] 就可以视为是一种基本的法律原理。这种法律原理，或称为“自然正义”，或云“条理”，或名为“根本理念”，正如人们所指出的那样，“每一个法律体系，至少在暗中，必蕴藏某种价值系统，透过法条而表现出来。根本理念，即是价值系统的总纲。根本理念，可能只是约定俗成的自明之理，如美国，代表其社会中固有价值之种种原则，并未包含在一部特定的法典里面，而是由宪法的原则、习惯、法院的判决以及一些机构所呈现的悠久历史传统中，点滴汇聚，精炼而成”。[4] 所以，法律原理并不是写在法条上、或者由学者编纂而成的，它是在历史的长河中经过岁月的流变，所逐渐形成的为人们所公认的法律基础性原理。

在制定法业已成为法律形式主流的时代，似乎法律原理业已失去了其重要意义，但实际不然。我国台湾学者林纪东先生就此指出，在成文法时代，法律原理（林先生称之为“条理”）不仅没有消失，而且“条理之地位日臻重要，且将取成文法而代之，为现代最主要之法源”。林先生主要论及了这其中的三个原因：①从政治上来说，现代政府已

---

〔1〕［德］H. 科殷：《法哲学》，林荣远译，华夏出版社2002年版，第149～151页。

〔2〕奥地利行政法院1984年5月25日裁判，转引自［奥］鲁道夫·维瑟编：《法律也疯狂》，林宏宇、赵昌来译，商周出版社2004年版，第61页。

〔3〕［古罗马］查士丁尼：《法学总论》，张企泰译，商务印书馆1989年版，第5页。

〔4〕释昭惠：“戒律与政治、法律原理之同异”，载辅仁大学宗教系编：《东方宗教讨论会论集》新4期。

经从有限政府转向万能政府，人们期望政府在社会生活中扮演更为重要的角色，在此背景之下，当然不能以细密的法律条文来束缚政府的手脚，而更多的是通过法律原理的应用，规定抽象的、概括的法律条款，使政府能够因时制宜、因地制宜；②从思想上来说，文化进步的必然结果，是人们不愿受传统的束缚以及机械法治的约束，因而法律原理更多地给予人民以自由，符合时代的思想文化特征；③从社会上来说，20 世纪以来，“社会关系较前代为复杂，且又变化多端，欲以有限之法条，适应无穷之人事，在势显不可能，成文法既穷于应付，故条理将取而代之，而为最主要之法源矣”。[1] 自然，林先生所言，无限夸大法律原理的作用，这是不正确的，但是，法律原理并不因为制定法的存在而丧失其功能和意义，这是可以理解的。

那么，法律原理在法律技术上扮演着什么样的角色呢？

1. 一种法律技术的正当性根本上源于其与法律原理的一致性。以“类推”为例，我们都知道这是司法过程中常用的一种法律技术。那么，类推是否具有正当性呢？答案是肯定的，因为类推本身就是建立在“相同的事情同样对待”这一法律基本原理之上。[2] 对于类似的行为给予同样的法律处理，这当然是使公正得以昭显的技术。德国学者恩吉施曾以罗马法为例来说明类推的问题。他指出，根据罗马十二铜表法的规定，“四足动物”的所有者，对动物因其野性引起的损害负有责任，但如果是两脚动物（如非洲鸵鸟）造成损害了，动物所有者应当承担责任吗？罗马法学家对此作了肯定的答复。恩吉施引用另一位德国法学家巴托洛迈奇克的话来对此进行解释：“责任规定的法政策的目的是为动物确定特殊的责任，虽然动物能任意地行为，但它们不具有人的理性的能力，因此，根据其动物属性极易会造成严重的损害”，[3] 因而这样的类推适用就是合理的。当然，刑法中能否适用类推，类推是否可以分为法律类推与事实类推等问题，在学术界存在较大争论，兹不涉及。

2. 在应当优先适用何种法律技术上，可依法律原理作为判断的标准。例如我们前面提到的法律注释技术与法律解释技术就是如此。当使用法律注释的技术即可明确法律条文中概念的意义时，就没有必要使用法律解释的技术，因为法律解释是在法律对某一事项定位出现“沉默”而引发歧义时，才正式进入司法的技术。这正如卡多佐所言道的：“有时宪法或制定法的规则很清楚，因此，这些困难就会消失。即使出现困难时，它们有时也缺乏与创造能力相伴随的某些神秘因素。只是在宪法和制定法都沉默

---

〔1〕 林纪东：《“中华民国宪法”释论》，大中国图书公司 1981 年改订第 41 版，第 17、18 页。

〔2〕 自然需要明确的是，这里所指的“相同”，是在本质或核心方面的类似，而不是各方面都一模一样。对此拉伦茨曾有个清楚的说明，他指出：“二案件事实彼此‘相类似’，此意指：两者在若干观点上一致，其余则否。假使在所有可能的角度上，两者均一致，则两者根本就是‘相同的’。有关的案件事件既不能相同，也不能绝对不同，它们必须恰好在与法评价有关的重要观点上相互一致”。参见［德］卡尔·拉伦茨：《法学方法论》，陈爱娥译，商务印书馆 2003 年版，第 258 页。

〔3〕 ［德］卡尔·恩吉施：《法律思维导论》，郑永流译，法律出版社 2004 年版，第 181、182 页。

时,我们才踏上了这块神秘的土地。"[1] 因为按照法律理解的基本规则,"对具有本来的、规范的、常见的、一般的、公认的、普遍的和通用的含义的宪法文字显然应作一般理解,而不作专业解释"。[2] 所以,在不需要进行法律解释的场合而使用法律解释的技术,就是对法律原理的违反。

3. 在法律规则、原则缺位时,可以根据法律原理来作出判决。例如人的尊严是现代法律的伦理准则,保障人的尊严的实现自然也是法律的一项基本原理,因而,在司法实践中,人的尊严往往作为一项法律之上的规范而成为司法实践的依据。奥地利宪法法院就曾作过一判决,认为警察违法使用警犬来执行勤务,侵犯到人权,严重蔑视当事者身为人的尊严,"此乃一种不人道、蓄意侮辱的行为"。法院认为,即使让执勤的狗以尽可能缓和攻击性的方式去追捕对方,即致使当事人无法攻击、抵抗或逃跑即可,"但基于打斗时狗通常都会占上风,再加上动物之不可捉摸性,姑且不论放狗执行勤务的意图为何,从受攻击者的角度来看,这将使受攻击者觉得自己被当作狗一样对待"。[3] 这一判例很具有典型意义。表面上看,警察在这类事件中,并未直接作为侵犯人的尊严的主体,然而当将人作为可以被狗捕获的"猎物"时,这就是一种典型的对人的不尊重。从法律渊源识别的技术上而言,这实际上就是将人的尊严规范直接作为法律的渊源而在司法实践中适用。

三、司法经验

从司法经验的角度来说,法律技术既是司法经验的总结与概括,同时,一种法律技术的适用也必须与先在的司法经验相吻合,这同样是保证法律技术正当性、合理性的基本前提。

人类的法律制度都是不同时代的人们智慧和经验的结晶,这在向以习惯、判例作为法律基础的英美法系是如此,在一直主张法典编纂的大陆法系也是如此。"罗马法律体系是在几个世纪漫长的历史过程中,由无数人一步一步地逐渐地形成的,每个人都将其活动建立在经验和先例之上,总是受到既有的状态的影响。"[4] 在漫长的法律过程中,法律职业者不仅以其对法律的创造性理解和裁判丰富和完善了法律的内容,也积累起体系齐备、种类繁多的法律技术,从而使得司法活动能在常规的技术手段指引下,达到解决案件的最佳效果。卡多佐将司法过程中的技术作为限制法官自由裁量的基本准则,认为"这些限制是由多少世纪的传统建立起来的,是其他法官——他的前辈和同事——的范例建立起来的,是这一行当的集体判断建立起来的,以及,是由遵从

---

[1]　[美]本杰明·卡多佐:《司法过程的性质》,苏力译,商务印书馆 1998 年版,第 7 页。

[2]　[美]詹姆斯·安修:《美国宪法判例与解释》,黎建飞译,中国政法大学出版社 1999 年版,第 7 页。

[3]　奥地利宪法法院 1989 年 10 月 11 日裁判,转引自[奥]鲁道夫·维瑟编:《法律也疯狂》,林宏宇、赵昌来译,商周出版社 2004 年版,第 201 页。

[4]　[意]布鲁诺·莱奥尼等:《自由与法律》,秋风译,吉林人民出版社 2004 年版,第 211 页。

通行的法律精神的义务建立起来的”。[1] 虽然这并不排除法院能够在空隙中立法、在解释中创造,然而,一个技术的正当性正是通过其延续历史、锺继前贤而得以证明的。我们可以对先在的技术进行修正甚至废除,然而这必须是有更好的理由和更现实的需要才行。例如遵循先例历来是英美法系的重要法律技术,它意味着法官必须以以往的判例作为判决的基础,从而保证判决“历时性”的公平。[2] 司法的经验已经告诉我们,只有对两个类似的案件作出同样的判决,才能满足人们对公平、正义的情感需求。[3]

从法律发展的历史可以看到,案件由单一到多样、立法由简单到复杂,而法律技术也随之不断演进,形成了今日蔚为大观的综合体系。就这样一种意义上来说,法律技术不是由谁在理论上构想出来的,而是在司法过程中逐渐摸索而形成的;一种成熟的法律技术,也必然是积累了一代代法律职业者的智慧与经验,才得以形成今日的内容框架。所以,承认法官有自由裁量权,甚至承认法官有创造规则、发明技术的权力,并不意味着法官可以“为赋新词强说愁”,任意性地去抛开经验,创造技术。实际上,如果将司法视为是一种常规性的秩序,那就正如社会学界所提出的中肯意见那样,“当我们说到‘秩序’,我们意指诸事件以或多或少有规律的序列或模式发生,因而我们能够作关于一事件与另一事件在特定时间和特定条件下之关系的陈述,而这项陈述必须是在经验上可证实的。”[4] 由此而言,如果一种法律技术在司法经验上——或者法律技术本身就是司法经验的产物,或者这种技术被经验证明为恰当——不能得到证明,那么这种技术的合理性就会大打折扣。司法中的经验当然可以包括个人的经验,但是,作为一个司法体系的经验、一种司法传统的经验,比起单个人的经验而言,具有更强的合理性与正当性。这正如学者所指出的那样:“作为一种审慎的政策,法律中的经验,需要有确实的根据。情感、个人意见和推测——无论怎样真切或正确——简直无足轻重。直接或间接感觉到的事物,和具体观察到的可能发生的事物,才是重要的。具有特殊范围的经验——即在某一上下社会关系中能认出其范围的经验——比起被‘认识’得模糊的和个人的经验来,要好一些、多一些。具有明显效果的经验,比起较难显

---

〔1〕 [美]本杰明·卡多佐:《司法过程的性质》,苏力译,商务印书馆1998年版,第70、71页。

〔2〕 法律上的公平实际上可以分为两类:一类是横断面的,例如我们常言的“法律面前人人平等”就是对现实中的人,法律应当保证人与人之间的公平待遇,不得厚此薄彼;但另一类则是历时性的,也就是通过时间的延续来证成、保障其公平,例如我们常言的“代际公平”就是如此。

〔3〕 卡多佐曾引用 W. G. Miller 的一段言辞,生动地表达了感受判决前后一致的人的心态:“如果有一组案件所涉及的要点相同,那么各方当事人就会期望有同样的决定。如果依据相互对立的原则交替决定这些案件,那么这就是一种很大的不公。如果在昨天的一个案件中,判决不利于作为被告的我;那么如果今天我是原告,我就会期待对案件的判决相同。如果不同,我胸中就会升起一种愤怒和不公的感觉;那将是对我的实质性权利和道德权利的侵犯”。参见[美]本杰明·卡多佐:《司法过程的性质》,苏力译,商务印书馆1998年版,第18页。

〔4〕 [美]殷克勒斯:《社会学是什么》(修订版),黄瑞祺译,巨流图书公司1985年版,第42页。

示效果的事例中的经验来,又是较确定的,从而又是较真实的。"[1]以此立论,法律职业者除非有特别的理由选择采用新的技术,否则应当以为集体的、传统的、历史的司法经验所证明的法律技术为准。

或许正是司法经验往往是保证司法权威的基础,因而司法更多地与经验联系在一起。在人们的心目中,"较长的司法审判经历,通常能够使法官积累起许多独特的经验。这种经验对于法官认识冲突事实,缓解冲突的烈度以及恰当有效地解决冲突,都能够产生事半功倍的效果。实践中,许多冲突的解决并不在于程序形式的有效,而取决于法官以经验为支撑的直觉,以及在这种直觉基础上所选择的行为。"[2]换句话说,一个没有经验的法官可能无法找到解决案件的恰当技术,或者在众多的技术之间无法作出正确的选择。再一方面,法律科学具有明显的实践性特征,"正如 Richard Wilson 指出的那样,孤立地以讲座或阅读的方式传授律师从业技能,就如同通过阅读汽车操作手册来学习驾驶技术。"[3]只有经过实践的历练,我们才可能真正习得司法的技能与技术。

四、社会常识

司法虽然具有精英化的性质,但法律本身是一种大众化的事业,因而,司法活动必须吸纳社会的观念,保持判决与社会合理态势的互动;同样,作为法律职业者使用的法律技术,也同样必须符合社会常识。

在一定意义上,社会常识可以简单地定义为社会上一般人所共持的信念和平均化的知识水准。社会常识与法律的关联:①首先是体现在立法上,法律以"中人"或者说"普通人"作为调整的对象,尽可能地采纳社会的一般观念来作为定规立制的根据。例如对私有财产的保护,就符合人具有自利心这一基本常识,也是维持社会和平的先决条件。当财产打上了"你的"或"我的"的印记时,人们就不会因为产权不明而发生争执;当每个所有者都力求使自己的财产增值而达到效用最大化的时候,社会的发展才有了可靠的心理基础。②体现在司法上,司法者必须清晰地知晓社会常识,使法院的判决能够符合一般人的心态。例如法律虽然不言及人的"自控能力",但是在司法中,行为人在当时能否控制住自己的感情,应当成为衡量罪刑轻重的准据。正如哈特所举例说明的那样,"人们在面对一个开着的钱箱时具有自控力,但在面对一个与人通奸的妻子时则不然",所以,司法的任务并不是完全根据行为的客观结果来作出裁断,而是要通过询问一个"有理智的正常人"在此情况下是否会丧失(譬如因为激怒)自我控制,以限制对行为人的"心理状态"进行调查。[4] 自然这会增加法官在事实发现上的困

---

[1] [美]汉斯·托奇主编:《司法和犯罪心理学》,周嘉桂译,群众出版社 1986 年版,第 50 页。

[2] 柴发邦主编:《体制改革与完善诉讼制度》,中国人民公安大学出版社 1991 版,第 133 页。

[3] [美]刘小提:《亟待完善的中国法律教育》,载中国人民大学法学院编:《走向世界的中国法学教育论文集》,中国人民大学法学院 2001 年印行,第 767 页。

[4] [英]H. C. A. 哈特:《惩罚与责任》,王勇等译,华夏出版社 1989 年版,第 32 页。

难,然而这却是一种更为人性化的执法方式。实际上,司法史上的格言"审判别人者,必先审判自己",也就是将自己置于被告的同一类型的生活体验中,审察自己所作判决是否符合"人之常情"。③社会常识也是评价法律的基本依据。无论是对立法的评价,还是对司法的评价,人们最为有力的武器就是社会常识。当一个法律上的规定有悖于人情,当一个司法上的裁决不符合常理时,人们对之自然会予以负面的评价,而同时又因为社会常识本身的凝聚力量,这种负面评价就会形成强大的社会舆论。

法律技术要符合社会常识,这有太多的例子可以证明。例如逻辑推理的三段论的问题就是如此。虽然在很多人看来,简单的三段论推理在现代法律的适用中已经不起作用,因为作为大前提的法律的文本、法律的事实都处于极不确定的意义之上。但是,三段论永恒的魅力就在于,只要大前提、小前提正确,任何一个心智正常的人都会信服这种推理模式。同时,并非任何事实与法律都处于高度的不确定性中,事实可以通过发现而变得明朗,法律可以通过理解而回归清晰,因而逻辑推理并不会失去它的作用与功能。也正因如此,卡多佐法官将逻辑的方法(他也称为"哲学的方法")视为是所有法律技术中最该优先适用的方法。在卡多佐看来,人们对逻辑推理的尊敬"超过对其他每一个与之竞争的原则的尊敬,这是恰当的,并且无法以诉诸历史、传统、政策或正义来作出一个更好的说明。一切造成偏离的力量的出现也许都是想与类推争夺支配力,并且也吸收了类推的力量"。[1] 当然,逻辑的力量还是可以说明的,因为它是建立在一般人的推理能力基础之上的,只要人们有正常的心智,当然就会同意这种纯粹逻辑的推导,因而为裁判的说服力提供强有力的支撑。

法律解释也必须依据常识进行,这实际上也是一个司法的"常识"。从理论上来说,法律解释无论使用何种规则,但其所凭借的也无非是两个东西:①语言;②事理。法律解释是针对文本的解释,对文本的解读离不开语义、语法等基本要素,因而法律职业者在解释法律时必须以符合社会常识的语法规则来对法律条文进行解读,"事理"则要求对法律条文的解释应当与社会常态的现象相符,不得与情理相悖。英国法官谢伊尔指出:"如果法律直接规定了普遍影响当事人的事项,其文字意义就依附于民众和字典赋予它们的含义。如果一项已通过的法律规定特别的贸易、公务或交通,其文字就依附于人们所熟悉的贸易、公务或交通知识。"[2] 这里所提到的解释规则,也不外乎就是法律解释应当结合人们的通常理解来进行。如果得出的解释结论与民众对语词的理解有天壤之别,这显然就无法说服当事人接受法院的裁判。富勒也特别强调"常识"对法律实践的意义,指出:"在某些时候,获得清晰性的最佳办法便是利用并在法律中注入常识性的判断标准,这些标准是在立法会堂之外的普通生活中生长起来的"。[3]

---

〔1〕[美]本杰明·卡多佐:《司法过程的性质》,苏力译,商务印书馆1998年版,第17页。

〔2〕转引自[英]鲁珀特·克罗斯:《法律解释》,孔小红等译,西南政法学院法学理论教研室1986年印刷,第89页。

〔3〕[美]富勒:《法律的道德性》,郑戈译,商务印书馆2005年版,第76页。

总之，离开社会常识的解释是危险的，法官应当熟悉社会生活，并从中汲取营养。

以上我们从事物本质、法律原理、司法经验、社会常识四个方面，简要地叙述了法律技术正当性的基础。自然，也会有许多其他的因素制约着法律技术的提炼与运作，本章难以对此一一作出归纳。但是，以上列举的事项就足以说明，法律技术并非是法官滥用自由裁量权的保护伞，它需要接受多方面的限制和约束，从而使技术的运用能够真正地为实现司法公正、保障人权服务。

复习思考题

1. 法律技术与人们一般意义上对法律的理解、评价方法有何区别？

2. 怎样理解法律技术是科学与人文的统一？

3. 你认为将法律技术分为文本分析、事实发现及法律适用三大类型有无依据？你对法律技术的内容有何不同的理解？

4. 技术论上的事实发现与证据法上的事实发现有无差异？

5. 法律技术的正当性基础有哪些？

第十八章 法律渊源识别技术

✣学习目的与要求

本章是有关法律渊源识别技术的论述，重点分析了①法律渊源识别技术的含义及识别范围，阐述了法律渊源识别技术在法律适用中的重要意义；②上位法与下位法的识别技术，就不同位阶法律的优先适用问题进行了分析；③特别法与一般法的识别技术，提炼了在特别法与一般法并存时何种法律优先适用的规则；④后法与前法的识别技术，阐述了前后法规定不一致时的法律适用规则。通过本章的学习，可以使学生了解法律渊源纷纭复杂的现实状况，有利于掌握法律适用中渊源优先性的基本原理。

第一节 法律渊源识别技术概述

一、法律渊源识别技术的含义及识别范围

当一个法官面临要解决的案件，首先想到的就是要找出相关的法律依据来解决这一案件。如果应当依据的规范只有一种，那么，法官可以毫不犹豫地将该规范运用于这个案件的解决中。但是，如果有两个或两个以上的规范都与这一案件相关，法官就必须选择，哪一种规范最适宜于特定案件的解决，由此即出现法律渊源的识别问题。例如，公民的受教育权受到侵害，而宪法、教育法等法律文件都有关于受教育权的规定，这时，法官就必须选择：是适用宪法规范还是教育法规范来为这一公民提供法律救济。汉语中的“识别”，意指“辨认、辨别”、“区分、区别”，将之适用于法学上，所谓法律渊源的识别，也就是在一个案件面临两个或两个以上的规范可以作为依据时，选择何种依据解决案件的活动；法律渊源识别的技术，就是指用于法律渊源识别的各种专门方法或合理路径。具体地说，就是在众多法律渊源中寻找并确定适用于当前案件或行为的法律渊源的方法。

法律渊源的识别是法律适用的前提，因而法律渊源识别技术就成为一项实用性很强的法律技术内容，其主要目的在于为正确解决纠纷、处理案件找到最为合适的法律形式。因此，法律渊源识别技术所指向的对象，应当是现行有效的法律形式，而不应是已过时、失效或尚未生效的法律形式。法律渊源识别的范围应是现行有效的全部法律形式，既包括制定法，又包括非制定法；既包括国内法，也包括外国法；既包括国际条

约,也包括国际惯例等等。总之,凡是解决纠纷、处理案件有可能涉及的法律形式,在适用前或适用过程中都存在渊源识别技术的问题。不同国家中,由于其法律渊源的范围不同,所以法律渊源识别技术的对象范围也是有差别的。例如大陆法系国家中,不承认判例的法律效力,判例就不被纳入法律识别范围。[1]

二、法律渊源识别技术的意义

法律渊源识别技术是庞大繁杂的制定法体系得以正确适用和全面遵守的重要保证。现代法治要求法律十分健全和高度专业化,能够囊括社会生活的主要领域,从而保证人们的权利、义务安排都有确定的法律依据。社会对法律日益增加的需求和法律自身的日益发达,带来了法律适用和法律遵守方面依据的多元化。在现代社会中,随着法制建设的不断发展,法律制度日益完备和健全,法律、法规的层次和种类日益复杂化,数量也呈几何级增长。[2] 法律渊源的多元化,固然使社会生活的主要方面都纳入了法律调整的轨道,但由此也造成了如何将这些法律规范适用于社会的困难。从理论上而言,任何法律的制定都是为了在社会生活中得以实施;并且,任何法律的制定都不会是多余的。这样,在法律实施中就必须强调法律渊源的识别技术,使不同的规范用于解决不同的法律争议;同时,在出现多个法律规范调整同一事项的情形之下,正确地选择最适宜的法律规范,从而保证制定法在社会生活中的具体实现。

对于法律适用机关而言,法律渊源识别技术更是其工作的基本指针。"依法行政"、"依法审判"等口号,本身就包含着正确选择法律渊源的要求:"在程序形式公正的模式下,当适用于同一事实的法律的规范之间的内容彼此龃龉、互相矛盾时,司法者对规范适用的选择,首先应当考虑的是规范本身的法定效力层次。特别是尊重宪法这一根本法的规定,同时注重特别法规定的特殊规范力。在规范效力层次相同而内容相悖的情况下,对个体情境的最适用性则是规范适用的基本依据。在判例法中,具体情境的最适用性容易通过冲突事实同既往判决事实的比较而得到确定。但在实施成文法的环境中,则需要具体分析各规范的实际内涵以及冲突事实的本质,并参照法律原则的要求,在规范与冲突事实之间找出最佳的对应。"[3] 由此可见,如果对法律渊源的位阶顺序不熟悉,对诸如特别法与一般法、前法与后法的关系难以理清,就无法找出在法律规范与案件事件之间的"最佳对应",法律争议也就无法正确地、合法地得以解决。实际上,无论是制定法国家还是普通法国家的法官,都必须致力于他要判决的事实和法律问题。"法律是法官在证明其判决正当性时所运用的那些判例、规则、原则和政策

---

[1] 考虑到判例作为法律渊源的特殊性,因而本书专辟第19章,论述判例的识别技术问题。

[2] 截至2000年年底,我国现行制定法渊源中,仅法律、行政法规和地方性法规就达近9200件。其中法律390余件,行政法规800余件,地方性法规8000多件。我国的法律渊源中还有数量较大的部门规章和地方规章,还有自治条例和单行条例、经济特区法规和规章、特别行政区法律、我国签订和加入的国际条约,如果再加上实际上起法律作用的法律解释,我国法律渊源的数量将是极为庞大的。

[3] 柴发邦主编:《体制改革与完善诉讼制度》,中国人民公安大学出版社1991版,第56、57页。

的集合”;“法官有确认法律的职责。他们应当把法律运用于案件事实以形成法律理由,这些理由是守法者的行为的理由。”[1]在法律的表现形式即法律渊源种类繁多的情况下,“依据法律”首先要“确认法律”,而“确认法律”实质上就是从众多的法律渊源中进行适用性法律识别。由此可见,法律渊源识别是确保裁决正当性的首要前提,能否熟谙这门技术,在很大程度上也是衡量法律职业者是否称职的标准之一。

法律渊源识别技术也是公民全面正确地遵守法律、依法规范自己行为的前提条件之一。守法必须知法和懂法,知法本身就包含对法律的识别。“在多数政治的、经济的或与法律无关的社会经验方面(如竞选、产业计划、家庭危机或邻里世仇),人们觉得可以随意提出只考虑效用的行动方案;但是如果提出了法律问题,选择的办法差不多总是根据那些权威者制定的规则和判决来讨论的。”[2]既然人们的行为以生效的法律渊源为据,这就要求受法律规制的广大民众必须掌握法律渊源的识别技术,选择对自己行为最为有利的法律依据。对一个公民的具体行为来说,首先要求他明确在所有的法律渊源中,有无相应的法律形式对该行为进行规范;其次是在位阶不同的法律渊源中进行识别,找出适用于该行为的特定法律渊源,或者识别一般法与特别法以及识别前法与后法,从而最终确定行为所应该依据的法律渊源。如,公民要与他人订立一个合同,他首先应该明确调整合同关系,规范合同内容的法律渊源有哪些。在我国,目前对合同法律关系进行调整的法律渊源至少有《宪法》、《民法通则》和《合同法》。仅就这三个具体的法律来说,就涉及两个不同的法律部门,并且还涉及上位法与下位法、普通法与特别法等问题。也就是说,该公民要确定订立合同所依据的法律渊源,则必须从这三个具体的法律中进行识别,最后确定主要依据《合同法》,并应遵守《民法通则》规定的基本原则。

综上所述,法律渊源识别技术是一项非常重要的法律实用技术,它对于法律的实现具有十分重要的理论意义和实践意义。然而,长期以来,我国的法理学教材和专著中,对法律渊源识别技术却没有给予应有的重视,几乎没有任何一本教材或专著有此内容。可喜的是,近几年来国内的法学界进一步加强了法律技术的研究和探索,相继推出了一批专门阐释法律技术的专著;一些教材中也开始涉及法律技术问题,但主要是法律推理问题,[3]而对法律渊源识别技术则少有论及。我们相信,随着理论界和司法界对法律技术问题的普遍重视,法律渊源识别技术也会得到应有重视。下面分别就

---

[1] [美]史蒂文·J. 伯顿:《法律和法律推理导论》,张志铭、解兴权译,中国政法大学出版社 1998 年版,第 1 页。

[2] [美]伯尔曼:《法律和宗教》,梁治平译,三联书店 1991 年版,第 50、51 页。

[3] 自 1997 年新刑法典取消法律的类推适用以来,在法理学教材中原来占有较为重要位置的“法律类推”内容,就被“法律推理”所取代。参见孙笑侠主编:全国司法学校法学教材《法理学》,中国政法大学出版社 1996 年版;张文显主编:“九五”规划高等学校法学教材《法理学》,法律出版社 1997 年版;张文显主编:全国高等学校法学专业核心课程教材《法理学》,高等教育出版社、北京大学出版社 1999 年版;周永坤:《法理学——全球视野》,法律出版社 2000 年版。

上位法与下位法识别、特别法与普通法识别、后法与前法识别三个方面介绍法律渊源识别技术。

第二节　上位法与下位法的识别技术

一、识别上位法与下位法的意义

法律渊源的多元化使得在一个统一的法律体系之中，存在着上位法与下位法的区分。正确对此加以识别，是解决法律效力竞争与冲突的重要手段和措施。如我们在第5章中所言，在不同位阶法律渊源的适用顺序上，强调的是"下位法优先适用于上位法"；而在发生冲突时，则应当适用"上位法优先适用于下位法"规则。由此可见，正确地识别在两个以上的法律规范中，谁是上位法、谁是下位法，对于排除下位法与上位法矛盾和冲突，确保法制统一方面有着极为重要的意义。

上位法与下位法的识别技术，就是对同一法域中处于不同位阶的制定法的识别技术。必须注意的是，某一个法律渊源究竟是上位法还是下位法，这并不是固定不变的。上、下之分是相对于其他规范的存在而言的。例如法律相对于宪法而言是下位法，而相对于其他所有规范性法律文件而言，它又是上位法。在一个由众多法律渊源构成的法律体系中，往往由于法律的制定机关在国家政权中所处层级不同，因此而形成法律的位阶层次较多。这是我们在进行上位法与下位法的区分时所要特别注意的。

识别上位法与下位法的活动，是伴随着法律渊源多样化且出现层次高低之后而产生的。只要在一个法域内就同一社会领域的问题，出现了两个以上的法律渊源，且这两种法律渊源分别由地位不同的国家机关制定颁布，那么人们要正确适用和遵守这些法律，就必然以识别上位法与下位法为前提。尤其是在层次不同的法律规范出现矛盾和冲突时，识别上位法与下位法就成为必不可少的工作了。

二、上位法与下位法的识别技术

由于法律渊源的效力高低一般取决于法律渊源的制定者在国家生活中的地位，因此识别上位法与下位法的主要标准是法律渊源制定者的权威。例如，宪法原则上是人民意志的最高体现，因此在成文法国家中，宪法在法律位阶中地位最高，是一国法律体系中的最上位法，法律与宪法的内容相抵触时，法律自然无效，而不是相反。法律是由行使国家立法权的机关所制定的，它不得与宪法相抵触。相对于宪法，法律是下位法。行政法规是行政机关即权力机关的执行机关为执行民意机关的意志而制定的法律规范，因此它不得与法律相抵触，否则为无效。法律与行政法规相比，法律是上位法，行政法规是下位法。[1] 在现代西方国家中，法律位阶由高到低分为三级：宪法、法律和规

---

〔1〕 我国成文法体系中法律位阶的排列，参见本书第5章第4节。

章。其中法律是国会的制定法,规章是立法机关以外的其他机关经议会授权制定的法律。

从字面上区分法律渊源位阶似乎是比较简单的,但一涉及实际区分上位法与下位法,问题就变得复杂了。因为法律的实际位阶与制定法的机关在国家权力结构中的位阶并不是一一对应的关系,除了按法定职权制定的法律规范外,还有委托立法和授权立法等多种立法方式,造成法律位阶形式上的交叉。与此同时,在识别上位法与下位法的时候,还必然涉及立法权限问题。常见的情形是,从形式上看上位法、下位法是清楚的,但有可能制定法律的机关超越了自身的权限,致使所定法律效力不足。在这里,识别就包括区别和辨认(包括选择)两个步骤,即首先区别出该法目前位于哪一位阶,然后从立法权限上判断是否应位于该位阶,从而决定在法律适用中是否应选择该法作为处理问题的依据。只有这样,上位法与下位法的识别才是有意义的。因此,识别上位法与下位法主要应从两个方面入手:一是法律的制定机关,二是法律内容与制定机关的立法权限是否相对应。

1. 法律制定机关的权力位阶。按照人民主权理论,人民的权力是至高无上的,人民表达的意志就是国家意志,而人民主要是通过自己选出的代议机关——议会或人民代表大会来表达意志的,人民表达的意志就是国家法律。行政机关为了执行人民表达出来的意志而采取的一系列措施,包括发布命令和制定行政法规,都是执行行为,属行政权范畴。因此,人民代议机关制定的法律,其位阶高于执行机关制定的行政法规。任何时候行政法规都要从属于法律,这是法治的根本要求。

但问题也并没有至此为止。因为,无论是单一制国家还是联邦制国家,其代议机关和行政机关都有层次性,往往由许多层级构成,不同层级的代议机关和不同层级的行政机关的制定法律的活动,造成法律渊源的多样性和法律渊源位阶的复杂性,给识别上位法与下位法带来很大困难。

联邦制国家,联邦宪法对联邦和各邦(州)的权力进行了明确具体的划分,一般对联邦的权力进行列举式规定,凡不属于联邦的权力,则都由各邦(州)保留,各邦(州)都有极大的自主权:有自己的宪法、自己的邦(州)政府和自己邦(州)的最高法院。这种情况下,上位法和下位法是比较容易识别的,由联邦议会制定的涉及联邦事务的法律其位阶高于各邦(州)的相关法律,由联邦政府发布的行政命令和行政法规,凡属联邦事务范围内的,位阶都高于各邦(州)制定的相关法律规范文件。在各邦(州)内部,一般也按照三权分立的模式组织政权机构,邦(州)议会享有最高的立法权,邦(州)政府则拥有最高的行政权,邦(州)最高法院享有司法权,其内部的法律位阶也是容易识别的。

在单一制国家中,国家与各地方是中央和地方的关系,它要求法律统一,政令统一,全国上下行动一致,步调一致。尽管有的大国由于地域广阔、地方较多、发展不平衡,而赋予各地方较大的权力,以充分发挥地方的积极性,但总体上的统一是单一制的本质要求。这样一来,一方面要求整齐划一,另一方面又存在性质不同和层次复杂的规范性法律文件制定主体,使上位法和下位法的识别变得更加复杂。如在我国,有权制定法律、法规的民意机关的层次就有不下8个,包括:全国人大;全国人大常委会;省级人大;省级人大常委会;省会(首府)城市的人大;省会(首府)城市的人大常委会;国务院批准的较大的市的人大;国务院批准的较大的市的人大常委会。这样还没有将自治地方的民意机关计算在内,如果那样,民意机关的层次就会超过10个。而我国有权发布行政法律规范性文件的行政机关的层级也几乎同样多。如果在同一系统的内部,识别规范性法律文件的位阶那可能是轻而易举的事情,但事实上,民意机关制定的法律、法规与行政机关发布的法规、规章的交叉识别是经常的事情,特别是在不同层次的两类机关制定的规范性法律文件中进行识别,是一件十分复杂的事情。再加上委托立法和授权立法的大量存在,以至于难以完全按照法律制定机关的权力位阶来进行不同层次的法律渊源的识别。那么,如何解决这一难题呢?

我们认为,在这种相互交叉而又极为复杂的情况下进行上位法与下位法的识别时,应坚持这样的进路:第一步,先划定法律制定机关的层级,如在我国第一层是中央机关,包括全国人大及其常委会、国务院;第二层是省级机关,包括省级人大及其常委会、省级人民政府;第三层是省会城市人大及其常委会、人民政府,较大的市的人大及其常委会、人民政府。第二步,根据一切权力属于人民的权力归属理论,对位于同一层级上的不同性质的机关所制定的法律规范性文件,应按照人民意志表达优于意志执行的原则进行识别。第三步,对处于上一层级的政府制定的法规和处于下一层级上的民意机关制定的法规的位阶进行识别。应根据宪法和其他宪法性法律的规定来具体确定哪个属于上位法。如在我国,宪法规定地方性法规不得与行政法规相抵触。很明显,省级民意机关制定的地方性法规相对于中央行政机关制定的行政法规而言,地方性法规是下位法,行政法规是上位法。

值得注意的是,按照我国《立法法》规定,地方性法规与部门规章之间毋需识别其法律位阶,两者无上下之分。地方性法规与部门规章之间对同一事项的规定不一致,不能确定如何适用时,由国务院提出意见,国务院认为应当适用地方性法规的,应当决定在该地方适用地方性法规的规定;认为应当适用部门规章的,应当提请全国人民代表大会常务委员会裁决。部门规章之间、部门规章与地方政府规章之间具有同等效力,在各自的权限范围内施行,也无上位法与下位法之分。部门规章之间、部门规章与地方政府规章之间对同一事项的规定不一致时,由国务院裁决。

2. 法律制定机关的立法权限。在绝大多数情况下,依据法律制定机关的权力位阶就能比较准确地识别上位法与下位法,但少数情况下,如制定法律机关的造法活动涉及超越职权,那么单凭制定机关还不能完全解决法律渊源的识别问题。因为法律渊源识别的目的是为了在识别的基础上正确选择适用法律,而不是为识别而识别,更不是区分出上位法和下位法就万事大吉。因此,如果某一位阶上的法律内容的规定,超越了制定机关的立法权限，那就意味着该法律内容无效，不得具体适用，从而使第一轮识别归于无效，必须再进行识别。一般来讲，一国的最高立法机关可以制定和修改涉及国家性质、任务等重大事项和调整基本社会关系的法律，如刑事、民事、国家机构的和其他的基本法律。国家最高行政机关有权为执行法律的规定和实现行政管理职权而制定行政法规。有关的地方民意机关有权就地方性事务或者为执行法律、行政法规的规定而根据本行政区域的实际情况制定地方性法规。国家立法机关还可以授权行政机关和地方民意机关就本属于立法机关权限范围内的事项制定法律法规。某一机关如果超越职权制定了法律规范，那么本该适用的规范就不能适用。因此，识别上位法与下位法的依据，除了法律制定机关的权力位阶外，还应包括法律制定机关的立法权限，但应以制定机关的权力位阶为主要依据。

3. 授权立法的法律位阶识别问题。行政机关或地方机关在授权下制定的规范性法律文件的地位比较特殊。在西方国家，授权立法的授权对象一般是行政机关。西方国家对授权立法从理论上大都以民法中的“代理”理论为依据，将作出授权的一方视为被代理人，而接受授权的一方视为代理人，依据“代理人的行为视同被代理人作出”的原则，接受授权的行政机关或其他机关依授权所制定的规范法律文件应当与授权方制定的法律具有同等的地位和效力。(如法国)[1]

在我国，情况有所不同。从全国人大对国务院的授权来看，授权国务院制定的规定和条例都是暂时性的，是为全国人大及其常委会立法做准备，同时还强调授权立法不得同有关法律和全国人大及其常委会的有关决定的基本原则相抵触。从授权立法的意图和目的上看，全国人大绝没有要用国务院在授权下制定的法规来代替法律的意图，因此国务院依授权制定的行政法规其地位不同于法律，仍然低于法律。另一方面，制定一般行政法规属于国务院职权立法，是执行性立法，不得脱离法律自己创制权利义务，而授权立法可以在授权范围内创制权利义务，因此国务院依据授权所立之法，其位阶高于一般行政法规，介于法律与一般行政法规之间。

地方依据全国人大或其常委会对地方的授权而制定的法规的位阶问题，不应推定与授权方的法律具有同等法律地位，而应当依据其权力来源、授权目的、制定机关以及适用范围等多方面因素进行综合考虑。从权力来源看，依授权制定的法规其地位和效力应当高于本级地方人大依职权制定的地方法规；从授权目的、制定机关和适用范围看，这些授权往往只是授给经济特区，目的是积累立法经验，充当“立法试验者”的角色，但授权制定的法规仅限于本地区适用，因此地方依授权制定的法规仍属于地方级的法规，其地位不得等同于全国性法律和行政法规，更不能等同于授权法，这类法律的位阶应当在法律和行政法规之下、本级地方其他法规之上。

[1] 王春光：“我国授权立法现状之分析”，载《中外法学》1999年第5期。

第三节　特别法与一般法的识别技术

一、特别法、一般法并存的法律适用规则

根据法律适用规则，当特别法与一般法发生冲突时，特别法优于一般法。特别法优于普通法是一项法律适用原则，具体说，它是指当同一位阶的特别法和一般法产生冲突时，优先适用特别法。之所以如此，是因为特别法考虑了一些特殊的相关情况，而一般法则只是就普遍的情形作出规定。按照立法惯例，当一般法已经制定，而特别法作出不同的规定时，推定立法者已就一般法中的某些条款，根据实际情形进行了相应的调整，因而，在涉及该条款的事项范围内，应当适用特别法的规定。

附带指出的是，特别法的存在虽然难以避免，然而，这种立法的目的并不在于授权少数人以特权："公民不承认以特权形式存在的权利"，也不会认为在旧的特权者以外再增加新的特权者是正当的。[1] 列宁就曾用辛辣的讽刺语气，斥责沙皇政府违背法律普遍性的原理，对个人给予特权的行为："有一条法令，无论是从内容来说，还是从这条法令是政府在新世纪所采取的第一项措施来说，都应该列为独特的一类。这条法令就是：'关于扩充供应发展及改善皇帝狩猎之用的林区。'这才是无愧于堂堂大国的伟大创举！……这样丰富多彩的立法行政活动将保证我国在20世纪得到迅速的、不断的进步，这难道还用怀疑吗？"[2] 因而，在特别法所涉及的对象上，它只能是以"类"来作为单位（例如教师法中的教师、法官法中的法官），而不是就少数人、特定人来给予别的同类的人所没有的权利。例如，我国台湾地区所制定的《卸任总统礼遇条例》，规定卸任总统享有参加国家大典、终身俸、官舍、警卫及医疗之权利，直至逝世为止。[3] 这一法律颇为学者所诟病，关键之处就在于实际上不存在与该法相对应的一般法，同时，其所涉对象过于"特别"，业已违反了法律必须具有普遍性这一基本法律原理。

二、特别法与一般法的识别技术

事实上，特别法与一般法的划分也是相对的，而不是绝对的。某一具体法律此时可能是特别法，它时又可能是一般法。如《合同法》，相对于《民法通则》来说是特别法，而相对于《消费者权益保护法》来说则是一般法。这种复杂性给我们的识别带来许多困难。但在现实社会生活中，对特别法与一般法的识别是不可避免的。如何识别呢？我们认为，这应从两者的基本区别入手，包括：

1. 生效时间上。特定时间生效的法律，为特别法；平时生效或者在一个不特定的

---

〔1〕［德］马克思："第六届莱茵省议会的辩论"（第一篇论文），《马克思恩格斯全集》（第1卷），人民出版社1995年版，第156页。

〔2〕［前苏联］列宁："客观的统计"，《列宁全集》（第4卷），人民出版社1984年版，第378页。

〔3〕陈新民：《宪法学导论》，自印本，1996年版，第260页。

时期内生效的法律，为一般法。例如，1988 年 7 月 1 日第七届全国人大常委会第二次会议通过的《中国人民解放军军官军衔条例》为一般法，而同时通过的《全国人民代表大会常务委员会关于确认1955 年至1956 年期间授予的军官军衔的决定》则为特别法；《中华人民共和国国库券条例》是一般法，而《中华人民共和国 1988 年国库券条例》则是特别法。又如，在战争时期，专为战时制定的法为特别法，适用于平常时期的法则为一般法。在戒严时期或在紧急状态下制定的法，为特别法；正常时期或常态下适用的法，则为一般法。

2. 生效空间上。在特定区域内生效的法律，为特别法；而在全国范围内或者在某一不特定的区域范围内生效的法律，则为一般法。如，国务院关于鼓励外商投资的规定是一般法，而国务院关于鼓励投资开发海南岛的规定则是特别法。

3. 规定事项上。规范一般事项的法是一般法，规范特定事项的法是特别法。如，《民法通则》规定对民事法律关系进行调整的一般事项，应为一般法；《合同法》仅就合同的有关内容进行系统的单独的规定，相对于《民法通则》来说是特别法。同样，商法、婚姻家庭法等相对于民法来说也都是特别法。再如，《民事诉讼法》规定民事诉讼的一般规则，是民事诉讼的一般法；海事诉讼特别程序法规定海事诉讼的有关规定，适用于审理海事案件，相对于民事诉讼法来说是特别法。在我国，为数众多的特别法，都是为规范特定的事项而产生的。

4. 对人的效力上。对一般人生效的法是一般法，而对特定人生效的法则是特别法。如原《军人违反职责罪处罚条例》相对于 1979 年刑法来说，前者为特别法，后者为一般法。国务院关于鼓励外商投资的规定和国务院关于鼓励台湾同胞投资的规定，前者是一般法，后者为特别法。全国人民代表大会和地方人民代表大会选举法和关于县以下人民代表大会代表直接选举的若干规定，前者是一般法，后者则为特别法。

由以上四个特别法与一般法的识别标志，我们不难看出，特别法与一般法的识别技术中最关键的一点，是要确定两法效力范围之间的关系如何。在两法法律位阶相同的前提下，如果一部法律某一个方面的效力范围与另一部法律相应的效力范围之间是逻辑上的种属或包含关系，那么“种”对应的法律是特别法，“属”对应的法律则为一般法。

需要提出的是，法律渊源层面上有普通（一般）和特殊之分，作为法律渊源的构成要素的规范层面上也有一般与特殊之分。调整同一类型社会关系的法律规范之中，原则性规定和处于统帅地位的规范为一般规范，对具体事项进行规定的规范为特殊规范。同一部法律、法规中，总则部分为一般规定，分则部分为特殊规定。

第四节　后法与前法的识别技术

一、后法与前法的存在及其适用规则

世界上任何一个国家的法律都不是也不可能是同时出台的,立法从过程的角度而言,是个动态的、连续的过程,这样就形成了一国法律体系中的具体法律存在前后之分。加之一部法律或法规制定后,随着社会生活的不断变化,也必然要对它进行修改补充或者重新制定。这样,就出现了不同法律位阶的法律之间以及相同位阶的法律之间的前法与后法之分。对处于不同位阶的法律的前法与后法,我们可以运用上位法与下位法的识别技术进行法律渊源识别,并指导法律适用。而对于位于同一位阶的前法与后法来说,我们就必须对其进行识别。因为,在法律适用上有一项普遍原则,就是后法优于前法原则,即同一位阶的新旧法律之间在效力上发生冲突时,优先适用后法。其理论基础在于,一旦后法作出了与前法不同的规定,推定为同一法律制定机关业已更改了以前法律所表达的内容,因而应当适用后法的相关规定。

此外必须重点说明的是,这里所言"前法"与"后法"基于两个前提:①前法与后法必须处于同一法律位阶,处于不同法律位阶的前法与后法,应采用上位法与下位法的识别技术进行处理;②前法与后法的调整对象必须是同一的,否则,识别前法与后法就变得毫无意义。

二、后法与前法的识别技术

对后法与前法进行具体辨别的方法就是后法与前法的识别技术。后法与前法的识别看上去是很简单的,只要弄清法律的生效时间和失效时间就能解决问题。但实际上,还存在着一些特殊的问题,我们必须加以注意。

1. 正确认定法律的生效时间和失效时间。法律的时间效力既是理论问题,也是实践问题。一般来讲,法律的生效有三种情况:①法律自身规定自公布之日起生效;②法律规定具体的生效时间;③以特定事件的发生为标准确定生效时间。在这三种情况中,最容易判断生效时间的是第二种情况,第一种和第三种情况就极为不明朗,至少从法律条文本身看不出该法律的生效时间,判断起来就有一定的难度。法律的失效时间则有四种情况:①新法生效,旧法失效;②新法宣布废除旧法;③通过专门的决定废止法律;④法律规定的某一特定事件发生,法律失效。最常见的情况是第一种和第二种。第三种和第四种情况的失效时间就不太明确了。在这些情况下,要想正确识别前法与后法,要求我们密切注意立法动态和立法文件,明了社会发展形势,特别注意特定法律所规定的事项是否随着社会变化已不复存在。

2. 要正确认识法律的溯及力问题。识别前法与后法,仅仅知道法律的生效和失效时间是不够的,还必须注意法律有无溯及力。尤其是在后法生效之前发生、而在后法

生效之后进行处理的事件和行为，是适用前法还是适用后法，也存在识别问题。溯及力问题正是针对这一问题而产生的一个法律时间效力确定的原则。在这一问题上，也有不同的操作方法。但一般来讲早期的法律多采用有溯及力原则。而现代法治认为，用今天的法律处罚昨天的行为是对理性的蔑视，也是对人权的侵犯。因此，法律不溯及既往成为公认的法治原则。这就是说，后法对发生在它生效之前的行为，即使在它生效后才处理，也不可适用后法，原则上适用行为发生时有效的法律，即适用前法。正如美国的一位著名法理学家所说，公平与正义的一个基本要求是，构成一个法律纠纷的有关事实应当根据这些事实产生时现行有效的法律来裁定，而不应当根据事后制定的法律——因为在导致此一纠纷的交易或事件发生之时，该法律必然不为当事人所知——来裁定。[1] 但法律不溯及既往原则，通常不适用于那些具有程序性质的法律以及对人民有益的法律。这些内容我们业已在本书第8章中加以叙述。

在识别前法与后法时，同样会遇到与特别法一般法识别交叉的情况。如前法为一般法，后法为特别法时，直接根据后法优于前法、特别法优于一般法的适用规则进行法律识别和选择。如前法为特别法，后法为一般法，两者不一致时，根据《立法法》的规定：法律之间对同一事项的新的一般规定与旧的特别规定不一致，不能确定如何适用时，由全国人民代表大会常务委员会裁决；行政法规之间对同一事项的新的一般规定与旧的特别规定不一致，不能确定如何适用时，由国务院裁决；同一机关制定的新的一般规定与旧的特别规定不一致时，由制定机关裁决。

复习思考题

1. 什么是法律渊源识别技术？这一技术对于正确适用法律有何重要意义？
2. “下位法优先适用于上位法”与“上位法优先适用于下位法”两者之间是否矛盾？
3. 特别法与一般法在何种意义上的冲突是合理的冲突？
4. 后法优于前法与法不溯及既往原则的关系是什么？
5. 当在前的特别法与在后的一般法发生矛盾时，该如何解决其冲突？

---

[1] [美]E. 博登海默：《法理学：法律哲学与法律方法》，邓正来译，中国政法大学出版社1999年版，第417页。

第十九章　判例识别技术

✣学习目的与要求

本章是围绕判例适用中识别技术的分析，重点分析了①遵循先例原则及其意义，阐述了遵循先例原则的必要性、正当性问题，分析了该原则在英美法系、大陆法系及我国法律实践中的适用问题；②遵循先例中的判例识别技术，概括了遵循先例中判例识别的必需，通过事实关联与法律关联，研究了判例识别技术的具体适用情况。通过本章学习，有利于明确判例适用的动态过程，掌握基本的判例识别的方法。

第一节　遵循先例原则及其意义

一、遵循先例原则的含义

遵循先例（*stare decisis*）是拉丁语"stare decisis et non quieta movere"的简称，意谓遵循先例，不应扰乱已定问题。遵循先例原则的基本含义是：法官在审理案件时应考虑上级法院，甚至本法院在以前类似案件判决中所包含的法律原则或规则。其核心意思就是先例具有约束力。

遵循先例原则是判例法作为一种渊源和制度得以存在的基础。判例法，一般指上级法院的判决，确切地说是一个判决中含有的法律原则或规则，对其他法院（包括作出该判决的法院）以后的审判都具有约束力或说服力。这一原则就是"遵循先例"原则。因此需要强调的是判例法并非指某个案件的整个判决，而是指某一判决中所包含的某种法律原则或规则。而这种原则或规则与判决涉及的案件事实是密切联系的。所谓先例的约束力是指必须遵从的效力。先例的说服力则指不一定遵从，但会产生某种影响。至于这种影响的效果程度则要视各种因素而定（如作出先例的法院地位、法官的声望、先例本身的表达水准等等）。这种约束力和说服力在不同的法系、不同的国家产生了不同的效果。

遵循先例原则之所以在判例法国家受到尊奉，其原因在于这一原则被认为有几大优点：①平等。即体现了诉讼平等原则，保证同样情况能够同样对待。这实际上可以理解为司法机关对民众的一种承诺：参与诉讼的人会受到与以前同样案件判决所经原则同样的待遇，对今后将出现的情况也是一样。我国学者龚祥瑞先生指出：英国人有个古怪的看法:在任何一种法制中,"先例全然不起作用,这是难以设想的。因为法律的基本特征之一就是同样案件同样对待,这是一项带普遍性的法学原理。"[1]②可预见性。对于未来的纠纷案件,可从先例中预知相关结果。③经济。由于先例标准的存在,可节省法官的时间和精力。④尊重。遵循先例表现了处理案件的法官对前辈法官智慧和经验的适当尊重。⑤自我约束。遵循先例体现了法官的一种自我约束,这对于适当限制法官的自由裁量权有着重要的意义。"正如现在要求须具备判案理由说明一样,规定追随判例本质上是限制权力的一种方法。那是说法庭不能仅凭一时冲动判定新的案件,而必须与以前的判决采取一贯行动。也就是说,过去有理由说明的判决必须在这些理由适用于其他类似案件时遵照之;假如可以找到新的具有说服性的理由显示应作另一种决定者又当别论。在美国人的心目中那是保证权力不至于沦为专横的另一方法——那是任何配得上称得法律制度的体制大目标之一"。[2]

还有的学者认为,遵循先例也是法官实行自我保护的一种手段:"在普通法的逐渐构筑过程中,法官必须遵守先例的原则使他们得以免受国王发布的专横命令的制约。在这个盾牌之后,那些在事实上与土地所有者利益有密切关联的法官们不仅可以保持其本身的权力和利益,而且也似乎成了保护人民抵制行政权力的卫士。"[3]特别是在司法独立程度不够的国家,强调遵循先例有利于法官抵制来自外在的政治和社会压力,并形成同质性的法律职业共同体。

二、遵循先例原则在英美法系

正如前面所说,遵循先例原则根本上是判例法赖以产生和发展的基础和前提,因而是英美法系中最重要的原则。判例法在法学研究中往往被称为"法官创造的法律"、"法官立法"或简称"法官法"(judge - made law)。正确识别判例法,尤其是在英美法系中应注意以下几个相关之处:①判例法与习惯法。以往常常有认为判例法不属于成文法,因而就是习惯法,或者说判例法传统上来源于普通法,而普通法源自习惯法,故判例法等于习惯法。事实上,判例法本身也是成文法。英国中世纪的普通法在其形成过程中,无疑吸取了习惯,但其本身和体现普通法的判例法并不是习惯法。[4]②判例法与普通法、衡平法。普通法和衡平法在其形成和发展过程中都由判例法来体现,因而往往是通用的,但普通法、衡平法可能转化为制定法,而判例法则是对制定法的解释和发展。

遵循先例原则是在英国普通法发展过程中逐步确立的,从中世纪开始英国王室法院就形成了一个司法传统,定期公布重大案件判决,法官参引以前的判决作为案件的

〔1〕 龚祥瑞:《西方国家司法制度》,北京大学出版社1993年版,第156页。

〔2〕 [美]约翰·P.道森:"法官的任务",载[美]哈罗德·伯曼编:《美国法律讲话》,陈若桓译,三联书店1988年版,第17、18页。

〔3〕 [美]埃尔曼:《比较法律文化》,贺卫方、高鸿钧译,三联书店1990年版,第45页。

〔4〕 沈宗灵:《比较法研究》,北京大学出版社1998年版,第285页。

裁决依据。但遵循先例原则真正得以确立，则是19世纪司法改革和判例汇编质量改进的最终结果。

在英美法系，英国遵循先例原则体现得较为充分：①上议院的判决对其他一切法院均有约束力；②上诉法院的判决，对除上议院以外的所有法院（包括上诉法院自身）均有约束力；③高等法院的一个法官的判决，下级法院必须遵从，但对该法院其他法官或刑事法院法官并无绝对的约束力，而仅有重要的说服力。需要指出的是，遵循先例原则，一般来讲，法院同时也受到自身所作判例的约束，即所谓自缚力。但就法院能否改变自身以前的判例，即放弃先例的约束力尚存争议。例如，英国威格莫尔博士在其所著的《法律问题》一书中写道："把遵循先例作为绝对教条，在我看来，只是一种虚妄的迷信……。我们深受不确定性的困扰，而遵循先例旨在避免这种不确定性；同时，我们又受到古代法律中糟粕的损害，而遵循先例又显然带有这种糟粕——正如赫伯特·斯宾塞所说，它使活人受死人的统治。"〔1〕正因如此，作为英国最高法院的上议院也打破了判例不得变更的传统惯例，大法官于1966年宣布："上议院的贵族们……承认过于严格地恪守先例在特定情况中可能导致不公正，也可能过分地限制法律的适当发展。所以他们建议，修改他们现在的惯例，虽然认为本院先前的判决具有正式的拘束力，但可以背离先前的判决，如果这样做是正确的话。"〔2〕当然，这种改变先例的做法仍然受着极大的限制。在英美等国，仅仅错判还不足以抛弃原有的先例，打破惯例。根据英国判例，能够改变先例的情形只能发生于：①必须是"重大问题"；②必须是"极少发生"的问题的时候。如果既无重大的正义问题，又无重大的政策问题，也不发生法律上的原则问题，一般来说，改变先例是不被允许的。〔3〕

美国曾是英国的殖民地，美国独立之后，仍承继了英国的法律传统，这在遵循先例原则上也是如此。正如学者所指出的："美国人有关司法判例的观念一部分是他人本身特殊历史的产品，也有一部分是由于已发表的法院意见的现代惯例所形成，但它也建立在'公平'的基本观念上；亦即相同的案件应作相同的判决。此种观念似乎在任何法律制度里都可站得稳。"〔4〕因而在美国：①州下级法院在法律问题上受州上诉法院（其顶端为州最高法院）判决的约束；在联邦法问题上应受联邦法院，特别是联邦最高法院判决的约束。②联邦法院在涉及联邦法案件中受联邦上级法院判决的约束，但在州法律问题上，则受州法院的有关判决（前提是不违反联邦宪法）的约束。然而有关先例的约束力，美国联邦和州的最高法院并不认为自己必须严格受到本院以前判决的约

〔1〕转引自［英］H. D. 黑兹尔坦："法理学家对英国和其他地方法律发展的解释"，载［美］罗斯科·庞德：《法律史解释》，曹玉堂、杨知译，华夏出版社1989年版，总序第7、8页。

〔2〕［美］埃尔曼：《比较法律文化》，贺卫方、高鸿钧译，三联书店1990年版，第214页。

〔3〕龚祥瑞：《西方国家司法制度》，北京大学出版社1993年版，第159页。

〔4〕［美］约翰·P. 道森："法官的任务"，载［美］哈罗德·伯曼编：《美国法律讲话》，陈若桓译，三联书店1988年版，第17页。

束,常可推翻自己以前的判决,但新的判例对被推翻的先例,并无溯及力。美国政治学家伯恩斯等人指出:“遵守先例原则遍及于我国司法系统。法官应遵守他们所在法院的一切已有判决以及上级法院的所有裁决。虽然按常规来说应该遵守先例,但又并不像一些人想象的那样具有约束性。”[1]尤其是在宪法问题上,学者们认为,遵守先例原则用到宪法条文中更不合适。因为对宪法的解释不具约束力;只有宪法本身才具约束力,因此联邦最高法院多次地撤销它已经不再愿意遵守的先前的判决。[2]

三、遵循先例原则在大陆法系

从理论上或在法律上说,大陆法系国家不承认遵循先例的原则,即法官仅有权就具体案件适用立法机关制定的法律,而无权创制法律。《法国民法典》第5条明确规定,“审判员对于其审理的案件,不得用确立一般规则的方式进行判决”,否则就有篡夺立法权之嫌。“确立一般规则”即意味着在案件的解决中,为以后类似案件的判决提供了相应的法律准据。因此,法官无需受以前的判例约束,理论上有权作出与之相背离的判决,即使法官以判例为基础作出的判例,上级法院也可以以缺乏法律根据为由废除原判。

但是在理论上缺乏约束力的判例,在实践上并非没有说服力。从司法实践看,判例在大陆法系国家的法律发展中仍具有重要的作用:①尽管法律上并无确认遵循先例原则,但各级法院在审判实践上仍有遵循先例的强烈倾向,尤其是上级法院的判例。这一倾向基于的理由是:法律的平等适用原则;节省时间,法官可集中精力钻研没有判例的案件;符合当事人基于判例而产生的期望;减少诉讼和冗长的诉讼时间。客观上由于上诉制度的存在,一般法院在审理案件过程中不会不考虑上级法院可能会采取的态度。②尽管不存在判例法,但大陆法系各国都出版有官方和民间主持修订的判例汇编。③行政法院在审判实践中更多地依靠判例,有学者认为,行政法主要是依靠行政判例发展起来的。针对法国行政法,王名扬先生即指出:“判例是行政法的重要渊源,行政法上很多原则,在法律没有规定的情况下,由判例产生。即使在成文法有规定的时候,成文法的适用也由判例决定。而且成文法的规定限于某些方面问题,某类行政事项,行政法的总的原则由判例产生。”[3]由此可见判例在大陆法系国家行政法上的地位。

四、遵循先例原则在我国[4]

毫无疑问,我国的法律体系在传统上是带有浓厚大陆法系色彩的。为保证国家法制的统一,处理具体案件的唯一依据是国家制定的法律和法规,而且由于法律解释的集权化,各级法院(除最高法院之外)并无司法解释权,在审判实践中不能解释法律规

---

[1] [美]詹姆斯·M.伯恩斯等:《民治政府》,陆震纶等译,中国社会科学出版社1996年版,第690页。

[2] [美]詹姆斯·M.伯恩斯等:《民治政府》,陆震纶等译,中国社会科学出版社1996年版,第690页。

[3] 王名扬:《法国行政法》,中国政法大学出版社1989年版,第15、16页。

[4] 这里仅讨论当今中国内地的情况,台湾地区和港澳特别行政区情形不同,限于篇幅,不作展开论述。

则,因而判例并不是法定的法律渊源。近年来不断有学者提出应重视判例在司法实践中的地位和作用,但在立法层面上尚无反映。

判例在司法实践中有无作用和说服力呢?在我国,个案的判决并无确立规则和原则的详尽的判决理由,具体办案人员在案件适用过程中亦无法律解释,判决书本身缺乏说理性,致使先例无从建立规则并适用于将来,因而在严格意义上说中国无判例法,中国亦无判例可言。但是,从审判实践看,由于审级制度、错案追究制以及司法系统内部本身的考核制的客观存在,上级法院的判决势必会被下级法院所遵守。因为下级法院不会冒判决被改判的风险,同样,同一法院的法官也会遵守本院其他法官先前已经作出的判决(除非该判决已被上级法院推翻或有关法律或法律解释已改变)。这一点并非判决的自缚性使然,而是因为法官本身不具有独立性的表现。此外,最高法院审判委员会经常会精选一些案例在最高人民法院的公报上刊登,这也会为各级法院的审判起到示范作用。

当然这种"遵守"与我们所讲遵循先例的原则尚有距离:①这种遵守不具有法理上必然的约束力,完全有可能被大胆的法官所突破;②由于"判例"本身没有建立原则和规则,只是如何按照制定法认定事实适用法律的一种样式模板而已,因而也很难称得上有说服力。由此我们可以知道,我国不存在判例法。在理论上也不存在遵循先例原则,一切都是以事实为根据,以法律为准绳。先例没有既定的约束力、说服力。但判例(或者精确地说上级法院或本院先前的司法实例)仍会以不同的方式对下级法院的审判实践产生影响。

第二节 遵循先例中的判例识别技术

一、识别技术与遵循先例

如上所述,对于实行判例法的国家而言,存在着一个"遵循先例"的规则,这意味着法官在面临一个具体案件时,首先就要找出是否存在着相关的判例。正如学者所言,"与'遵循先例'原则相联系,还有一个法官在审理案件的过程中如何运用以前的判例,遵循先例中的哪些内容以及如果该案与先例有矛盾应如何处理的问题,这一问题在英美法系称为区别的技术"。[1] "区别的技术"也称之为"判例的识别技术"。正如成文的法律规则不会自动地与案件对号入座一样,判例与正要处理的案件也不会自动地发生关联,因而,只有通过识别,才能确定前例的判决中的事实或法律问题和现在审理案件中的事实和法律问题有什么同异,这种同异已达到什么程度。[2] 否则,将先例适用

〔1〕 朱景文:《比较法导论》,中国检察出版社1992年版,第258页。

〔2〕 沈宗灵:《比较法研究》,北京大学出版社1998年版,第289页。

于现在的案件就缺乏法律上的正当性。

从英美法系的司法实践而言,这种区别技术的作用在于:

1. 通过判例识别技术的应用,使先例更为具体化。正如大部分的法律都是经过不断的司法裁判过程才具体化的,许多法条严格来说是借助裁判才成为现行法的一部分那样,判例只有通过识别这一过程,才能给予法律上的重新认识,使之个别化、具体化于特定的个案。王亚新先生指出:"判例更具有普遍意义的作用在于,抽象的成文法规范通过包含着类型化案情和具体法律推论的判例积累,能够逐渐地明确可以被适用的范围、边界以及适用的内容。从这一角度来讲,判例首先是一种权威性的法律适用和解释技术,通过这项技术,司法可能以一种更具'客观性'外观的方式来发挥'划线'和'澄清'的功能。"[1]这就是说,制定法通过判例法而逐渐地呈现出其法律意义,同样,通过对判例的识别,可以对先例进行"划线"(即确定先例适用的范围)、"澄清"(即明确先例与本案是否存在关联),由此通过对判例是否援用的决定,使制定法的原则与精神也同时得以实现。

2. 通过判例识别技术,可以排除不相关的先例以及错误的先例在案件中的适用。英美法系的法院在考虑怎样把一个判例引用到一宗现有案件时,"法院也可以通过区分推翻、类比或直接适用等不同方法,作出灵活的处理"。[2] 而实际上,正如人们常说的世界上不会存在两片相同的树叶一样,案件与案件之间完全雷同的情形微乎其微。英国学者詹姆斯就指出,"法院可以因要判的案件和以前的案件在有些方面情况不同而认为自己不受上级法院判决的约束,法院以情况不同作为判决的理由。两案情形完全一致的情况如此之少,以致可以经常使用识别作为对以前的判决感到不恰当的否定手段。"[3]从这个意义上说,判例识别技术既是一种司法技术,也是一种法律原理的运用。它要求法官既要尊重固有的传统,同时又不能墨守成规,毫无作为。更为重要的是,通过判例的识别,可以否决以往错误的判决。"由于先例在当时是错误的,或者现在看来已经过时,或者适用先例会造成明显的不公正,在上述情况下法院可以拒绝遵循先例,并可以否定以前的判决"。[4] 虽然这可以说是判例识别技术中的最为极端的形式,但它却保持了判例法的与时俱进,促成了司法与社会之间的良性互动。

3. 判例识别技术严格来说就是一种解释技术,因而也就成为对判例的一种再创造。判例的识别实际上也就是对判例的解释,而解释本身就不仅仅是简单的比附、援引,而是一个判例的再造过程。正因如此,日本学者大木雅夫言道:"英美法的'区别'

---

〔1〕 王亚新:"民事诉讼中的依法审判原则和程序保障",载梁治平编:《法律解释问题》,法律出版社 1998 年版,第 148 页。

〔2〕 陈弘毅:"当代西方解释学初探",载梁治平编:《法律解释问题》,法律出版社 1998 年版,第 9、10 页。

〔3〕 [英]G. D. 詹姆斯:《法律原理》,关贵森等译,中国金融出版社 1990 年版,第 56 页。

〔4〕 朱景文:《比较法导论》,中国检察出版社 1992 年版,第 258 页。

工作毫无用途,需要的只是'解释'。"[1]自然这并不是否认判例识别的意义,关键的是强调判例识别就是一个具体的解释过程。陈弘毅先生也指出,因为任何一项普通法规范的内容(不像成文法规范)都没有经过立法权威性的语言文字固定下来,只能从法院过去判案时发表的判词中寻求。只有在研究判例的具体案情、法院判词的整体内容(尤其是判词中所反映的分析和推理过程)和法院的最终裁决的基础上,这件判例的"判决依据"才能被发掘出来。"所以判例法的法律解释方法和技巧,即是这样从判例中发掘出作为法源和构成法律规范的'判决依据'的方法和技巧。"[2]实际上,许多先例的判决依据正是通过识别过程而提炼、挖掘出来的。从这个意义上说,通过对判例与本案间关联的审察,遵循先例的法官又在同时创造着法律。

二、判例与案件在事实上的关联

判例的识别,首先就是要找出先例与案件在事实上有无关联。因此,判例与待处案件之间事实上的关联是遵循先例的前提条件。正如博登海默所指出的那样,"如果一个日后发生的案件所具有的事实与一个早期案件中所显现的那些事实相同,那么一般来讲,对日后发生的案件的裁定就应当均与该早期案件的裁定相一致,只要这两个案例都受构成该早期判例之基础的公共政策原则或正义原则的支配"。[3] 在很大程度上,英美法系的法官在区别事实方面用力颇勤。他们的判决书包含着极为广泛的内容,而其立足点则在于"详细地说明不同的争议事实如何解决"。[4]

如果将判例这种事实上的区别同法典相比,那么可以看出,法典虽然也规定事实内容,但主要是用一种抽象、概括的语言来说明案件事实,"相对于法典来说,判例所给出的法律适用的事实情境要具体得多"。[5] 简而言之,法典的事实是一种"拟制"的事实,它通过典型化的情境假设,来设定相关法律适用的前提条件;而判例中的事实则是一种"具体"的事实,它是通过前后两个案件中主体、行为、后果等方面的比较,来确定事实上是否存在关联,存在多大的关联。正因如此,通过事实之间的比较,可以确定该判例能否适用于本案。"如果提交到法院的每一个案件都是全新的,并且以其特殊方式表达,那么法官通过对似乎前后关联的一系列案件作出判决而赋予其活动以合理性便难以保持。"[6]也就是说,如果待处案件的事实与判例事实之间不存在相同之处,则不存在关联性。判例的法律理由对它不产生约束力,也不具备遵循先例的条件,就此而言,判例的事实区别过程也就是一个司法试错过程。

---

〔1〕 [日]大木雅夫:《比较法》,范愉译,法律出版社1999年版,第137页。

〔2〕 陈弘毅:"当代西方解释学初探",载梁治平编:《法律解释问题》,法律出版社1998年版,第9页。

〔3〕 [美]E.博登海默:《法理学:法律哲学与法律方法》,邓正来译,中国政法大学出版社1999年版,第552页。

〔4〕 [美]格伦顿、戈登、奥萨魁:《比较法律传统》,米健等译,中国政法大学出版社1993年版,第156页。

〔5〕 柴发邦主编:《体制改革与完善诉讼制度》,中国人民公安大学出版社1991版,第43页。

〔6〕 [美]埃尔曼:《比较法律文化》,贺卫方、高鸿钧译,三联书店1990年版,第45页。

需要指出的是,案件事实的关联性并非指所有事实的相同或类似。事实分为三部分:①必要事实(Necessary Fact);②非必要事实(Unnecessary Fact);③假设事实(Hypothetical Fact)。所谓必要事实,是指能够佐证判例结论的必要的基础事实。只有必要事实相同或类似,判例才对待决案件有约束力。如果案件必要事实之间存在着差异,则可能构成法官推翻先例的适用条件。

至于如何才能确认案件事实与判例必要事实之间有类似之处,或简言之,怎么才算相同,则取决于法官的主观裁量判定。然而,判例法的一大优点就是法官须详尽地阐释判决理由,并公之于众,这样就有了监督、评判,也有效地制约了法官的恣意妄为。

三、判例与案件在法律上的关联

先例能够适用于正待处理的案件,除了事实上的关联之外,还必须存在法律上的关联。当然,这里所指的"法律",并非是成文法的规定,而是法官在先例中所阐发的判决根据(或称为"判决理由"),即"概括性的法律原则或规则"。[1] 依照判例法国家的习惯做法,其法院判决一般由两部分构成。一部分为判决的必要根据即决定的理由,另一部分为法官陈述的意见,即附带意见,前者构成判例规范,即成为先例原则,供日后遵循。后者无权威约束力,仅仅具有说服力或劝导力。但实践中两部分并未在判例中被明确区分,而是由待处案件的法官进行区分的。实际上,一个判例之所以能够成为有约束力的判例,正在于它确立了新的法律原则和法律规则。例如,英国司法制度中,有一种情况是所谓沉默中作出的判决。也就是说,法院在做出判决时,并没有注意到有关的法律规则,或者没有按照对这些规则的规定进行充分的辩论。这就称为"沉默中做出的判决"。人们普遍认为,这类判决并不能成为有约束力的判例。[2]

在确定判例事实与待处案件的事实之间的关联性之后,法官在决定法律上的关联时通常采取下列三种情况:①如果先例提供了一项相当明确合理的准则,则必须适用,即严格意义上的遵循先例。②如果先例与待决案件在法律上关联程度较弱,先例并不完全适用于待决案件,此时,法官将采用区别技术,缩小先例判决理由中"决定的理由"的适用范围,把某些"决定的理由"视为作出判例法官的"附带意见"即认为这些理由不具有关联性,不是必须遵循的。相反,也可以把某些附带意见作为具有普遍约束力的"决定的理由"加以适用。③如果认为先例与待决案件在法律上完全无关联性,或者发现先例据以形成的法律原则与法律规则存在重大瑕疵,则可以抛开先例而径行作出判决。[3]

---

〔1〕 沈宗灵:《比较法研究》,北京大学出版社 1998 年版,第 290 页。

〔2〕 [英]G. D. 詹姆斯:《法律原理》,关贵森等译,中国金融出版社 1990 年版,第 58 页。

〔3〕 朱景文:《比较法导论》,中国检察出版社 1992 年版,第 258、259 页。

复习思考题

1. 遵循先例与司法公正的内在关联是什么？
2. 比较英美法系与大陆法系在遵循先例态度上的异同。
3. 判例识别技术对于正确适用先例有何重要意义？
4. 判例识别中事实区分与法律区分有何差异？

第二十章　法律注释技术

✣学习目的与要求

本章是有关法律注释问题的分析，重点论述了①法律注释与注释法学派，研究了法律注释的含义及其与法律解释的区别，肯定了注释法学派对于正确理解法律的历史贡献；②法律注释的范围、对象与技术规则，将法律文献、法律观念与法律文本作为法律注释的客体，就法律文本的格式、法条的中心内容及法律规则的逻辑结构的理解问题进行了叙述，并在此基础上提炼了法律注释的主要技术规则。通过本章学习，有利于区分法律解释与法律注释的差异，重视对法律文本本身的理解方法，为部门法的学习奠定扎实的理论基础。

第一节　法律注释与注释法学派

一、法律注释的含义

人们对法律规范的理解，首先是从明白法律条款的意义开始的；而法律能够作为一种调整人们行为的普遍规则，也正是在于它的基本含义能够为人们所理解。可以肯定地说，如果作为一个法律规则，无法被社会上的人按照公认的语言规则所理解、所接受，那它根本就不可能起着规范、预测人们行为的作用。对于法律职业者来说，能够按照职业共同体的准则理解法律的意义，这是其成为法律职业者的基本条件。“从原则上说，一个称职的律师能够根据现行法律大体正确地预见法官的判决。”[1]之所以能够如此，就是因为在法律规范里，存在着能够为人们所共同感知的法律意义存在。然而，如果将“法律文本”[2]作为人们法律生活中需要解读的对象，那么，我们可以大致地将之区别为两个过程：①注释；②解释。虽然“注释”与“解释”往往被人们不加区别地应用，然而，适当地区别两者，既可以防止“解释”词义的泛化，也可以明确“注释”在法律理解与法律适用中的意义。

所谓“解释”词义的泛化，是源于我们日常用语中对“法律解释”一词所作的不严谨

[1] 梁治平：“解释学法学与法律解释的方法论——当代中国法治图景中的法解释学”，载梁治平编：《法律解释问题》，法律出版社1998年版，第97页。

[2] 有关法律文本的概念及其特征，见本书第14章。

的界定。按照一般意义的理解,似乎所有的法律条款(包括内容上所体现的法律规则、法律原则以及形式上的法律概念、字、词、句乃至标点符号)都存在着解释问题,并且认为没有这样一个解释过程,法律的意义就不会呈现出来。然而实际上是否如此呢？未必！对于所有具有一般法律常识的人而言,《宪法》第36条所规定的"中华人民共和国公民有宗教信仰的自由","中华人民共和国"、"公民"、"宗教信仰自由"三词都只需根据约定俗成的词义来进行理解,实际上并不存在解释的问题。美国著名法官卡多佐谈到对宪法和制定法的解释时就指出,在解释和发展这些法律渊源的过程中,法官的工作确实会有一些问题和难题,那么,这些困难表现在什么地方呢？是因为"法律的沉默":"只是在宪法和制定法都沉默时,我们才踏上了这块神秘的土地,这时,法官必须从普通法中寻找适合案件的规则"。[1] 也就是说,法官作为法律解释者的出现,主要就是因为用以表达法律规范的字、词、句模糊不清,需要根据一定的规则来诠释其真实意义为何。德国学者拉伦兹也言道:"解释乃是一种媒介行为,藉此,解释者将他认为有疑义文字的意义,变得可以理解。对于适用者而言,恰恰就是在讨论该规范对此类案件事实得否适用时,规范文字变得有疑义"。[2] 显然,如果法律规范中的"文字"并无疑义,那就只是个注释的过程而不是解释的过程。

我国学者苏力也就注释与解释的不同进行了比较。他言道,司法中所说的法律解释并不限于对法律文本的解释,甚至主要不是对法律文本的解释:"尽管哲学阐释学意义上的解释存在于任何人类活动之中,因此必然存在于任何案件审理之中,但是司法上所说的法律解释往往仅是出现在疑难案件中,这时法官或学者往往将这整个适用法律的过程或法律推理过程概括为'法律解释',其中包括类比推理、'空隙立法'、裁剪事实、重新界定概念术语乃至'造法'。"[3] 虽然在此处,苏力先生并未提出"法律注释"的概念,然而其作出的分析则是就阐释学上的注释所进行的分析。实质上从这个意义上而言,以加达默尔为代表的西方解释学在某种程度上人为夸大了"解释"这个词的意义及其范围,而试图将人生的所有活动纳入这一框架之中。在就法官的工作过程("司法过程")进行考察时,卡多佐也指出,法官第一步的工作是考察和比较先例,如果先例清楚明了并且与待决案件相契合,法官就无须做更多的事情。然而,这并非法官的全部天职,如果说考察和比较就是法官工作的全部的话,"那么对案件卡片有最佳索引的人也就成为最睿智的法官了"。作为职业者的法官,它所担负的"造法者"的角色恰恰在于因为没有制定法的规定或者没有先例,或者制定法和先例出现错讹时出现的:"正是在色彩不相配时,正是在参看索引失败时,正是在没有决定性的先例时,严肃的法官工作才刚刚开始。这时,他必须为眼前的诉讼人制作法律;而在为诉讼人制作法律时,他

---

〔1〕 [美]本杰明·卡多佐:《司法过程的性质》,苏力译,商务印书馆1998年版,第7页。

〔2〕 [德]卡尔·拉尔茨:《法学方法论》,陈爱娥译,台湾五南图书出版有限公司1996年版,第217页。

〔3〕 苏力:"解释的难题:对几种法律文本解释的追问",载梁治平编:《法律解释问题》,法律出版社1998年版,第31页。

也就是在为其他人制作法律”。[1]

由此可见，区分法律注释与法律解释是非常必要的，将常人对法律的注释与法官对法律的解释混同在一起，实际上无法体现出作为法律家的法官在司法过程中的地位与作用。所谓“注释”，在哲学上是指一种对意义的理解过程。具体到法律上，所谓法律注释也就是一种对法律的理解方式和理解过程，具体而言，即人们通过对法律文本的解读，明确法律规范的含义、概念、内容的过程。

二、法律注释与法律解释的区别

1. 对象上的差异。就法律注释而言，它既包括对历史上法律文献的解读，也包括对现代法律的一种理解。例如，构成近代西方社会成形的动力之一的“罗马法复兴”运动，实际上就是在中世纪由法学家对罗马法的注释而形成的。在11世纪末至12世纪初，意大利波伦亚的法学家们为了使罗马法在当代大放异彩，“运用了艰巨卓绝、精研细致的分析方法，在罗马法的典据旁或字里行间进行了大量注释工作，他们的解释技术与具体解释内容，成为近代法制史上的重要篇章”。[2] 同样，对法律的注释，也可以成为社会上一般人理解现行法律内容的基本方式。在立法理论上，可以合理地假定，立法者制定法律“会运用一般的语言，因为他是针对国民而立法，希望他们可以了解”。[3] 正是通过这种对现行法律的注释式的解读，可以造就国民共有的法律意识与法律观念。然而，法律解释的对象则只能是一种对现行法律的意义的阐明。也就是说，就狭义的法律解释（或者说真正意义上的法律解释）而言，它是法律职业者立足于解决案件的角度，就该法中适用的法律条款所呈现的不同意蕴、内涵进行分析，从而找到解决本案最为恰当的法律依据。在这一过程中，虽然也不排除历史资料的运用，[4] 但这种引用只是为了证成自己所作的解释的准确性与完整性。

2. 主体不同。从“理解”意义上所言的法律注释，可以说是一般的社会大众均有权进行的活动。因为法律的重要特征在于其公开性，这也就意味着任何机构或任何人不得将之视为自己垄断的专利，而应当交由人们来自由理解和自由讨论，体现民主国家人民对法律的制定以及法律的运作的监督权利。然而，就围绕案件所作的法律解释而言，它只能是由法律职业者来进行的。如本书前面所言，法律职业者主要包括法官、检察官和律师三类人员，这些职业者在司法过程中所进行的活动，主要就是围绕案件本身来进行法律解释。其中，法官的解释处于最为重要的地位。因为无论是检察官抑或

---

〔1〕［美］本杰明·卡多佐：《司法过程的性质》，苏力译，商务印书馆1998年版，第8、9页。

〔2〕郭华成：《法律解释比较研究》，中国人民大学出版社1993年版，第14、15页。

〔3〕［德］卡尔·拉尔茨：《法学方法论》，陈爱娥译，台湾五南图书出版有限公司1996年版，第225页。

〔4〕这在法律解释学上又称为解释的辅助资料。英美法系中，解释所依据的材料通常分为两类：第一类是解释的内部辅助资料，包括一部制定法的立法成分、其他成分（序言、标题等）和语言规则三部分；第二类是解释的外部辅助资料，如历史背景、字典和其他书面材料、惯例、同一时期的解释、属于同类资料的其他法规等等。参见［英］鲁珀特·克罗斯：《法律解释》，孔小红等译，西南政法学院1986年印行，第130页以下。该书第5章为“解释的内部辅助资料”、第6章为“解释的外部辅助资料”。

律师,他们的解释都是为了使法官作出有利于自己(包括其所代理的当事人)的判断。而法官之所以处于这样一种地位,并非因为他们是权力的行使者,而主要是法律专家型的角色。人们之所以依赖司法、信赖司法,并不是穿上法袍后普通的人就变成了权力的化身,关键的仍然是他们所拥有的知识、专业的优势。美国学者赞恩指出:“有一种势力始终支持司法解释说明法律的职能,这就是法庭上的专家意见的力量。没有立场的变节分子没有做到这一点,但是来自法庭的巨大的道义力量从来没有减少过,因为每一位优秀的律师都知道,司法权是我们整个宪法体制的根基。”〔1〕因而,法官的解释既是法律适用的必需,同时也成为法律本身的组成部分。可以说,社会民众、法学专家、法律职业者尤其是法官,都负有发展法律的使命,然而,他们的任务或角色有所不同。在这个意义上,我们同意陈金钊先生的意见,“应从法律解释概念中剔除非正式解释部分,法律解释就是有权的机关对法律意义的阐明。学理解释和任意解释只是解释法律的组成部分,而不属于法律解释”。〔2〕

3. 效果不同。法律注释的活动效果是一种文化意义上的,即能够帮助其他人更好地理解法律的内容、界限以及相关条款之间的关系。这种功能更为主要地体现在两类人身上:一是法学家;二是法学教育家。前者通过对法律的研究,包括对法律文献的解读,能够使人们看到法律中主要条款的沿革、意义脉络及在历史上所起的作用;而后者则通过法律文献的讲解,培养学生的法律观念与法律意识。英国著名法学家梅因曾以“十二铜表法”为例对此进行了说明。他指出,在开始的时候,法学家们只是对该法进行解释、阐明,并引申其全部含义,然而结果是:“通过把原文凑合在一起,通过把法律加以调整使适应于确实发生的事实状态以及通过推测其可能适用于或许要发生的其他事实状态,通过介绍他们从其他文件注释中看到的解释原则,他们引申出来大量的、多种多样的法律准则,为‘十二铜表法’的编纂者所梦想不到的,并且在实际上很难或者不能在其中找到的”。〔3〕由此可见,法学家和法学教育家在传承法律文化中的重要意义。实际上,我们前面所言的法律继承与法律移植也都与法律注释的这一功能相关。相对于法律注释而言,法律解释则要实际得多,其根本目的就是要通过解释来得出判决的结论。也就是说,这种解释是一种“规范性”解释,其宗旨就是要为判决寻求到最为恰当的理论根据,从而加强判决的权威性和说理性;相对而言,法律注释是一种“义理性”解释,即重在阐发法律文本的基本含义,并由此而形成一种相对完备的知识体系。〔4〕

---

〔1〕[美]约翰·麦·赞恩:《法律的故事》,刘昕、胡凝译,江苏人民出版社 1998 年版,第 384 页。

〔2〕陈金钊:《法律解释的哲理》,山东人民出版社 1999 年版,第 43 页。

〔3〕[英]梅因:《古代法》,沈景一译,商务印书馆 1959 年版,第 20 页。

〔4〕“规范性”解释与“义理性”解释,是借用谢晖先生的术语,参见其所著“解释法律与法律解释”,载《法学研究》2000 年第 5 期。同时必须说明的是,谢先生所言“解释法律”即相当于本书所言的“法律注释”,而有关“解释法律”与“法律解释”的区别,该文有极为详细的论述。

当然,说明法律注释与法律解释的不同,并非要将两者分割为截然不同的两种行为。实际上,正如我们前面所言,两者在宽泛的意义上都可以归入当今所言“法律解释”这一范畴之内。[1] 同时,法律注释也是法律解释的基础。一个真正拥有法律职业素质的法律职业者,首先就必须熟谙法律注释的基本原理,能够对历史的法律文献与现行的法律文本加以理解、诠释,没有这一理论基础,要想从事法律活动就是不可想象的。然而,法律文本中往往会出现通常意义、通常原理和通常技术规则所无法处理的问题(例如学者经常言及的“疑难案件”),因而必须作出“进一步”的解释。这正如拉伦兹所言,司法裁判及法学以如下的方式来分配各自的解释任务:“后者指出解释上的问题,并提出解决之道,藉此为司法裁判做好准备;前者则将法学上的结论拿来面对个别案件的问题,藉此来检验这些结论,并促使法学对之重新审查。待判事件促请法官超越目前的程度,对特定用语或法条作进一步的解释。”[2] 由此可见,法律注释的水准促成了法律解释规范化程度的提高,反过来,法律解释又在很大程度上印证着相关的注释规则能否适用。

三、注释法学派及其贡献

言及法律注释,就不能不提到历史上著名的注释法学派。从法学发展史而言,注释法学派是中世纪法学家的一个派别,它源于11世纪在意大利波伦亚重新恢复对罗马法的研究时,借用注释或文字解释来研究法学的一个方法论学派。[3] 一般认为,注释法学派起源的标志是伊尔内留司在波伦那城开始讲授查士丁尼法(即罗马法),后来,这一学派从意大利发展到法国,并由法国经院哲学家进行了第一次的综合性工作。其中,1240年前后,阿库修将这个学派的理论成果作出了总结,写出了名著《注释大全》、《常规注释》,从而成为中世纪著名的法学学派。[4]

注释法学派又分前期、后期两个阶段。前期注释法学派的特点即在于“注释”,也就是在他们研究过的书籍文章页边空白之处和行距之间,加了注解说明。[5] 而这种方法的认识论基础则在于,将罗马法视为“成文的理性”和“社会生活中行为规范上与圣经在思想信仰上有同样绝对的权威”。[6] 因而在注释者看来,他们所能做的工作并不在于用自己的主观认识来使罗马法适用于现代社会,而是相反,“任何超出对这些法律文本纯粹的解释活动均为不可接受的狂妄。法学家的工作应该是一种小心翼翼而

---

[1] 本书第14章“法律解释”,遵从学界对法律解释的一般定义,而未就法律注释与法律解释作出明确的区分。

[2] [德]卡尔·拉尔茨:《法学方法论》,陈爱娥译,台湾五南图书出版有限公司1996年版,第219页。

[3] [英]戴维·M.沃克:《牛津法律大辞典》,北京社会与科技发展研究所组织翻译,光明日报出版社1988年版,第378页。

[4] [葡]叶士朋:《欧洲法学史导论》,吕平义、苏健译,中国政法大学出版社1998年版,第90页。

[5] 《苏联大百科全书》第3版第6卷,转引自徐步衡、余振龙主编:《法学流派与法学家》,知识出版社1981年版,第50页。

[6] 郭华成:《法律解释比较研究》,中国人民大学出版社1993年版,第15页。

又谦卑恭敬的注释,目的在于澄清词句的含义并且得出这些词句所蕴涵的真义”。[1] 所以,早期注释法学的重点与其说是罗马法文献,倒不如说是文献中的文字。当然,随着注释的发展,文字的解释逐渐转变为对具体问题知识性的概述,包括对各种原稿材料、平行段落和冲突段落的批评性注释,最后成为一种包括总结、解说性实例、一般原则推论和讨论现实问题的全面注释。[2] 在技术上,这个时期最为重要的成果是发展了注释法学的“区别技术”与“鉴别技术”:所谓区别,就是解决法律渊源矛盾或进行事实论证的一种技术。具体方法是,当法典出现一个上位概念时,法学家们根据语义逻辑列出其许多下位概念,从而建立一个上下有序的逻辑体系;所谓鉴别,则是用上述方法对法律的构成要素或法律效果进行逻辑分析工作。[3]

后期注释法学派,也称为评论法学派,这是13世纪中期继承注释法学派而出现的一个意大利法学派,其代表和核心人物为巴尔多鲁,因而这一学派也常被称为“巴尔多鲁学派”。[4] 与前期注释法学派不同,后期注释法学派在他们的评注中已不再研究罗马法结构的原始用意,而主要着眼于如何使罗马法与当时的法律相协调。在注释技术上,这一学派也达到了非常高的水平。根据葡萄牙学者叶士朋的归纳,后期注释法学派主要使用了8种研究方法:①对所考察文本的分析作引导,作文字上的初步解释;②将文本分解成逻辑性段落,借助种、属等辩证概念,给每个段落下定义并找出其逻辑关联;③在这种逻辑手法的基础上,对文本重新进行系统整理;④说明平行性案例、例证和先前法律的情况;⑤“完整”阅读本文,这就是说,在逻辑和制度的背景关联下对文本进行解读;⑥指出法律文本的性质、不同的特点、存在的原因及其目的;⑦外部考察,指出一般性规则(格言)和著名法学家的意见;⑧对提出的解释作出反诘,指出有关法律问题的意见的辩证性,并广泛使用亚里士多德——经院哲学的辩证工具以对问题作出解答。[5] 由此可见,这些方法不仅是逻辑意义上的法律解读,同时也是哲学意义上的理论建构。

从上述介绍可以看出,注释法学派在法学发展史和法律制度史上曾经有过非常重要的贡献,主要表现在:①为法学和文化的复兴奠定了坚定的理论基础,“因为当时的法学和文化由于西罗马帝国的崩溃几乎已全部破产”。[6] 正是通过注释法学派对罗马法的解读,使理性的力量重新在欧洲大陆上成为人们的一种理想追求,由此也奠定了罗马法复兴的基础。特别是后期注释法学派,重视罗马法与当时法律制度的协调,

[1] [葡]叶士朋:《欧洲法学史导论》,吕平义、苏健译,中国政法大学出版社1998年版,第91页。

[2] [英]戴维·M.沃克:《牛津法律大辞典》,北京社会与科技发展研究所组织翻译,光明日报出版社1988年版,第379页。

[3] 郭华成:《法律解释比较研究》,中国人民大学出版社1993年版,第17页。

[4] 何勤华:《西方法学史》,中国政法大学出版社1996年版,第75页。

[5] [葡]叶士朋:《欧洲法学史导论》,吕平义、苏健译,中国政法大学出版社1998年版,第116页。

[6] 《苏联大百科全书》第3版第6卷,转引自徐步衡、余振龙主编:《法学流派与法学家》,知识出版社1981年版,第50页。

使罗马法作为一种文化、法律传统在欧洲得以延续。这正如恩格斯对12、13世纪法学家的贡献进行评价时所指出的,“无论国王或市民,都从成长着的法学家等级中找到了强大的支持。随着罗马法被重新发现,教士即封建时代的法律顾问和非宗教的法学家之间确定了分工。不言而喻,这批新的法学家实质上属于市民等级”。[1] ②促进了法学教育的发展,在传播法律知识方面功不可没:“他们把罗马法研究作为法律方面的训练基础,这样吸引了无数学生到波伦亚学习,并对欧洲法律体系产生了普遍的和持久的影响”。[2] 法律作为一种制度,本身就离不开一个法律职业共同体的维持;而受着同样教育、有着同样法律理论背景的同质的职业共同体,对于法治的维护与法律的发展而言,是至关重要的。③结合本节的论题,注释法学派通过对罗马法的精深研究,形成了系统的、实用的法律注释技术,直接促进了欧洲大陆法律注释技术的进一步发展,也为法典化运动奠定了至关重要的理论基础。德国学者茨威格特、克茨在比较英国普通法与大陆法的区别时指出,大陆法的发展是自从继受罗马法以来,从查士丁尼的罗马法大全的解释中,在各国法典上向着抽象的规范化迈进:“大陆上的法律解释要探究的是,规范——还有对于没有预见的现代问题——大概是怎样规定的”。[3] 可以说,这正是注释法学派、特别是后期注释法学派理论的进一步发展。

第二节　法律注释的范围、对象与技术规则

一、法律注释的范围

法律注释的范围,主要是探讨法律注释应针对哪些事物来进行。与法律解释主要针对现行法律规范不同,法律注释的范围要广得多。具体而言,法律注释主要针对以下方面而进行:

1. 法律文献。这是指历史上存在的、或者国外历史的、现行的法律资料。这一方面的工作主要是从法律文化的角度,对古今中外法律文献进行现代性的解读,从而使这种注释能够为当今的法学研究和法学实践服务。从某种意义上而言,这可以归入比较法的范畴,但其范围却不像比较法那样,主要是着眼于某一国家整体性的法律制度的比较。在这里,学者所需要注释的对象,往往是某一国家影响巨大的法律经典文献。例如对美国宪法、法国民法典、德国民法典的注释就是如此。一般而言,这种注释既需要不失真地诠释法条的意蕴、生存的历史背景、立法目的及其条款的意义或者缺陷,同

〔1〕[德]恩格斯:“论封建制度的瓦解和民族国家的产生”,《马克思恩格斯全集》(第21卷),人民出版社1965年版,第454页。

〔2〕[英]戴维·M.沃克:《牛津法律大辞典》,北京社会与科技发展研究所组织翻译,光明日报出版社1988年版,第379页。

〔3〕[德]K.茨威格特、H.克茨:《比较法总论》,潘汉典等译,贵州人民出版社1992年版,第133页。

时又需要与本国现行的法律制度结合起来。否则,这就不是法学意义上的注释而仅为一种文化上的解读。日本学者大木雅夫指出,应然的法学,包括法解释学,至少应该是超越国境的;尤其是在同一法系内,作出相同解释的可能性肯定很大:“不言而喻,如果说现代的法律继受是折衷性的继受,那么,向着超越母国法律解释的普遍性解释方法而进化应是理所当然的。此外,如果是对相互抵触的法律规范进行解释的话,没有比较法也无法作出适当的解释”。[1] 也就是说,只有通过这种比较式的阅读、注释,才可以在不同国家的法律与法律之间进行比较,从而为本国法律的改进提供借鉴的资料。

2. 法律观念。这主要是指影响本国法制史乃至世界法律史的重要观念。例如中国古话所言的“杀人偿命,欠债还钱”,就深刻地体现了报应刑主义和契约必须信守的人类法制的愿望。随着历史的积淀,这种观念实际上已经演化成为一种人们内心根深蒂固的理念,它是维系法律得以存在的强大的社会基础和心理力量。可以说,如果人们没有相应的法律观念作为理解法律的前提,那么,对于法律秩序所期望的尊重、信仰就只能属于神话。我国刑法学家张明楷先生在谈到法律格言的意义时指出,法律格言是法律文化遗产的精华,虽然有许多法律格言现在已无从考证其源自何处、何时,然而这些格言却仍然有着强大的生命力,“不仅成为现代法学家们阐述自己观点的论据,而且作为立法的理由乃至成为法源。”[2]《简明大不列颠百科全书》也指出,把世界各地的格言进行比较,可以发现在不同的语言与文化条件下,智慧的核心是一样的。例如《圣经》里的“以眼还眼,以牙还牙”,在东非的南迪人当中类似的说法是,“羊皮换羊皮,葫芦换葫芦”:“这两者均构成行为的准则,并例证了格言的用处是传达部族人的智慧和行为的规范”。[3] 自然,历史上所积淀的法律观念并不完全就是法律格言,但格言却可以说是法律观念的浓缩与精华。正因为如此,除大陆学者张明楷先生撰有《刑法格言的展开》一书外,我国台湾地区学者也非常重视法律格言的收集与阐释。[4] 通过对这种法律观念的注释、引申,可以使人们了解法律的基本底蕴,从而真正认识法律所依赖的民众基础。

3. 法律文本。这主要是针对本国现行有效的法律文件所进行的注释。从法学研究的常态来看,一国的法学都是以本国的、现行的法律制度为重点的,因而对现行法律文本的注释也就成为法学界所关注的焦点。以往我们对“注释法学”大加鞭挞,但实际上,没有对现行法律的注释,特别是就其立法背景、法律沿革、适用对象、主要缺陷的分析,就无法给社会提供完整的法律知识,法学教育也因此而无法进行。鉴于我们以下

---

[1] [日]大木雅夫:《比较法》,范愉译,法律出版社 1999 年版,第 75 ~ 77 页。

[2] 张明楷:《刑法格言的展开》,法律出版社 1999 年版,第 15 页。

[3] 《简明不列颠百科全书》(第 3 卷),中国大百科全书出版社 1985 年版,第 402 页。转引自张明楷:《刑法格言的展开》,法律出版社 1999 年版,第 15 页。

[4] 例如,台湾地区著名法学家郑玉波先生即编有《法谚》一书,陈新民先生亦在《公法学札记》第 13 篇中,以“法律箴言、谑语 150 则选”为题,翻译了国外学者所编纂的法律格言。

内容即是围绕着法律文本的注释而展开，所以其意义、方法等也一并在下文中予以叙述。

二、法律注释的对象

就一部法律文件，或者说法律文本而言，注释的对象大致可以包括如下几个主要方面：

1. 法律文本的格式。“格式”是指具体法律文本的总体布局，它表明该法律文本的结构和框架，因而，对法律文本的格式加以理解，可以明确法律的立法目的、篇章结构等相关问题，从而可以对法律文本有个整体性的把握。在法律文本的格式中，尤其涉及以下几个主要部分：

(1)标题。就立法体例而言，每一法律文件都有一个标题，如《中华人民共和国反不正当竞争法》。从法律注释的角度看，标题是反映该法律文件所调整的社会关系及其主要内容的综合性概括，也是该法区别于其他法律的外在标志。在通常情况下，标题即告知了该法的立法目的及主要内容。例如“反不正当竞争法”这一标题，可以告诉我们：①这部法律的立法目的是反不正当竞争；②这部法律体现了国家对不正当竞争所持的否定态度；③这部法律的内容即在于明确什么是不正当竞争，以及如何对不正当竞争加以处理。

(2)序言。序言是在法律正文之前的叙述性和论述性文字，其内容一般是就该法制定的历史背景、制定目的及指导思想进行说明，以帮助人们认识该法制定的意义和作用。通过对序言的阐释，可以大致了解为什么要有序言这样一种结构，[1]以及序言的法律效力问题。我国现行宪法的序言就是宪法文本的重要组成部分，其有关宪法效力、地位的规定，是宪法作为根本大法的集中概括与法律表述。

(3)总则。许多法律设有总则，以明确法律对某一社会关系进行调整的总规划。总则多为一种原则性的规定，其内容主要包括目的条款(阐述该法律文件制定的目的)、法源条款(叙述该法以什么上位法为依据而制定)、原则条款(规定法律的基本原则)、执法体制(阐述该法实施中的管理机构、职责等)、适用条款(包括施行时间、空间、对象的规定以及有关行为、客体的适用条款)。

(4)分则。这是一部立法文件中对某一社会关系因涉及的主体、客体、行为、行为结果不同而分别进行规定的那一部分内容。对分则的注释是法律注释的重心，因为法律在何时适用、如何适用，一般都只有在分则中才有明确而具体的规定。

(5)附则。即法律文本的附属规定部分，它主要有委任条款(即授权其他机关制定从属性规范文件的法律规定)和本法与其他法律的关系条款等内容。尤其是后一部分的内容，在注释中是个非常重要的问题。例如《税收征收管理法》第92条规定：“本法

---

〔1〕 序言是不是法律的必备结构，这在法学上存在着争论。一般来说，就我国的立法体例而言，如果立法的主题具有非常重要的意义，例如宪法；或者立法试图解决复杂的例外性、地方性问题，例如《民族区域自治法》、《香港特别行政区基本法》等，需要通过序言加以说明。

施行前颁布的税收法律与本法有不同规定的，适用本法规定”。这从法理上而言，实际上就是一种“统括力”的规定，它昭示着《税收征收管理法》在税收征收管理事项的调整中，实际上起着总则、通则式的作用。

(6)附录、附件、附表、图表等。这一部分主要是有关该法执行时必须参照的资料，对于法律的实际执行而言具有重要意义。

2. 法条的中心内容。法条，即表述法律规范的条文。在立法上，法律的规定都是从第1条开始直至最后1条，每一个单独的条款即可称为“法条”。虽然从结构上而言，法条不外是“词语与词语的组合”，[1]然而，法条并不同于日常叙事中的词语组合，它具有规范性，通过词语与语词的分布，形成一个有机的意义脉络整体。因此，要理解法律规定的内容，就必须从每一个具体的法条究竟规定了什么内容开始进行分析。有的国家为了有利于立法者对整体法律文件结构的安排、帮助人们正确理解法律规定的内容，特意在法律条文条数之后和该条具体规定之前，用概括性词语来规定该条的中心内容，这在法学上称为“条标”或“条旨”。例如《德国民法典》第226条的规定是：“权利的行使不得以损害他人为目的”。立法者在此条上确定的条标是“禁止恶意”，[2]这就非常简洁明快地表明了该条的中心内容。对于我国的法律文件而言，虽然也不乏条标的规定，但极不普遍，[3]尤其是中央一级的立法基本上未设条标，因而需要法学家以及法学教育、研究工作者为该条“设置”条标。例如在我国刑法分则的规定当中，刑法学者就是通过“抢劫罪”、“盗窃罪”、“诈骗罪”等条标的拟定，来概括刑法分则各条的规定。可以设想，如果没有这些“条标”的确定，那么公民理解法律将会存在极大的困难。

3. 法律规则的逻辑结构。我们在第6章“法律结构”中业已指出，从逻辑上而言，法律规则必须包括行为模式与法律后果两部分内容，以此来体现法律对人们行为的规制及后果的拟定。对于法条而言，其本身就是用来表述法律规则的，也就是说，单独一个法条或者两个以上法条的组合，可以用来完整地表达出某一法律规则的内容。那么，对于法律规则的逻辑结构进行分析其意义何在呢？①通过逻辑结构的“应有要素”的注释，可以明确什么样的行为模式是恰当的，什么样的法律后果是适宜的，从而使对法律条款的分析并不仅仅是在一个静止的角度进行。而是涉及法条与法条之间、法律文本与法律文本之间规则的综合分析。例如宪法上所言基本权利条款，就是通过其他部门法来具体落实的，这样，对“人格尊严不受侵犯”这一宪法条款的分析，就可能同时涉及宪法、民法、刑法、行政法等不同的法律部门。此种分析有利于读者通过这种注释，了解法律作为一个有机体系的具体表现。②通过对法律规则逻辑结构的分析和注释，可以发现法律规则的漏洞。例如在我国现行法律体系中，有许多法律规定都只有

---

[1] [德]卡尔·拉尔茨：《法学方法论》，陈爱娥译，台湾五南图书出版有限公司1996年版，第150页。

[2] 《德国民法典》，郑冲、贾红梅译，法律出版社1999年版，第45页。

[3] 我国现行法律、法规的条标设置始于《上海市人民政府规章制定程序规定》，但这种做法并未推广。

行为模式部分而无法律后果部分，由此造成相关法律规定实际上乃一纸具文，在社会生活中毫无意义。

三、法律注释的主要技术规则

（一）“字义”的确定

构成法条内容的最小单位，可以说是字和词。因而，法律注释技术规则所指涉的范围，首先就是“字义”应当如何确定。与解释不同，注释上关于“字义”的内容界定，主要是通过字面含义来进行。这也可以说是“注释”与“解释”最大的不同。美国著名法官马歇尔就明言道：“无视法律的明确规定，竭力从外部条件中推测应予规避的情况是很可怕的。如果不改变文字本来和通常的含义，法律文字便会互相冲突，不同条款便会相互矛盾和互不协调，解释才成为必需。背离文字明确的含义才无可非议”。[1] 因而，常人均可理解的文字，或者社会上有公认的释义的词语，是不需要使用解释规则的。这在法律注释学上也称为“普通含义论点”，意指如果法律规定所用的是普通语词或词组，而且在普通语言中是明白的，那么除非有充分理由作出其他不同解释，就应当以普通说话者的理解为标准作出解释；如果可供选择的普通含义不止一个，那么在解释中应该优先考虑和采用相对比较明显的普通含义。[2] 当然，有时法律上使用的是专业用语，如“故意”、“过失”、“不可抗力”等，但由于法律职业者业已对这些词组的含义有着共同的理解，因而也只需要按一般的理解均可。

美国学者安修以宪法为例，对“字义”确定的规则进行了以下梳理，值得借鉴。以下我们将涉及“字义”注释的部分，胪列于后：[3]

1. 对具有本来的、规范的、常见的、一般的、公认的、普遍的和通用的含义的法律文字显然应作一般理解，而不作专业解释。当然，这不意味着对法律可以作出不合乎情理的解释，如果随着时间的变化，法律的文字含义业已发生了变化，可以通过解释来赋予文字新的含义。

2. 专业术语按专业含义解释。对既有专业又有常用含义的法律文字，法院一般按通常含义解释，除非所规定的事项的性质或上下文表明它用于专业含义。这意味着，在术语含义方面，普通含义优先于专业含义。

3. 不得忽略任一文字、词组、短语和句子。即对法律的字义解释要全面，每一个字、词、短语和句子均为有效，不应被忽略、遗漏、舍弃或闲置。简单地说，这是对立法者理性的一种推定，即认为立法者在制定法律时，不会将无关的词语置入法律文件内。

4. 对法律文本中不同部分的同一文字或词组作同一解释。在一般情况下，可以合理地假定，立法者是在同样一个意义上使用该文字或者词组，除非有明显的反例，不得

---

〔1〕［美］詹姆斯·安修：《美国宪法解释与判例》，黎建飞译，中国政法大学出版社1994年版，第1页。

〔2〕张志铭：《法律解释操作分析》，中国政法大学出版社1999年版，第108页。

〔3〕以下规则参见［美］詹姆斯·安修：《美国宪法解释与判例》，黎建飞译，中国政法大学出版社1994年版，第5~24页。

对法律文本中的文字或词组作出互为矛盾的理解。

5. 关注语法结构和标点符号。语法结构和标点符号代表着立法者对法律文本的语序的安排，在注释过程中，不得随意改变法条的语法结构和标点符号，以期实现对法律文本的准确理解。

（二）法条的位置

对于法条而言，它处于法律文本中哪一个位置，在许多情况下也是法律注释技术所要考虑的关键问题。一般而言，在注释上的通行规则是“后条优于与之冲突的前条”，[1]也就是说，在法律文本内，如果后面的条款与规定类似情况的在前的条款之间发生冲突，应当认定后条的规定优于前条。当然，这并非意味着前条就是无效的，因为法律中不可能出现两个完全一模一样的条款，而只是在规定的内容上存在交叉而已。

我国《行政诉讼法》就提供了一个极好的“后条优于与之冲突的前条”的例子。《行政诉讼法》第 30 条规定：“代理诉讼的律师，可以依照规定查阅本案有关材料，可以向有关组织和公民调查，收集证据。……”根据这一条的规定，可以明显地看出，这里所言代理诉讼的律师，既指代理原告的律师，也指代理被告的律师，他们都可根据该条规定查阅有关材料并调查取证。然而，《行政诉讼法》第 33 条又规定：“在诉讼过程中，被告不得自行向原告和证人收集证据”。这里就产生了一个问题，如果说被告不能在诉讼过程中调查取证，那么，被告的诉讼代理律师能否在诉讼过程中调查取证呢？按照诉讼代理的一般原理，被告只能将自己的诉讼权限代理给律师，而不能将自己并不拥有的权限委托律师行使。由此可见，《行政诉讼法》第 33 条的规定实际上就是对第 30 条的限制，因而，第 30 条所言的“代理诉讼的律师”，仅指原告的代理律师，而不包括被告的代理律师。

（三）特别条款的效力

在法律文本中，还存在着许多特别条款，需要在注释中加以正确对待。

1. 列举式条款。所谓列举式规定，即“为了预防法规在适用时发生疑义，特把具体的事物，以款项一一列举出来，用以说明某一上位概念的意义或该列举事物之总效果的法条”。[2] 例如我国《民法通则》第 37 条规定：“法人应当具备下列条件：①依法成立；②有必要的财产或者经费；③有自己的名称、组织机构和场所；④能够独立承担民事责任。”在该条款中，4 个条件各用分号隔开，意味着处于平行、并列的位置。对这一条款进行注释时，就应当明确，以上 4 个条件均属于“法人”这一上位概念所必须具备的条件，其中任一条件的缺乏，就无法成为“法人”。实际上，这种注释也可以使我们发

---

〔1〕［美］詹姆斯·安修：《美国宪法解释与判例》，黎建飞译，中国政法大学出版社 1994 年版，第 22 页。此外必须说明的是，这里所指的“前”、“后”，仅指在一部法律内法条顺序上的先后，而不涉及时间上的先后问题（例如法律的修正案与法律文本的关系），后者可根据“后法优于前法”的规则来予以处理。

〔2〕罗传贤、蔡明钦：《立法技术》，转引自周旺生、张建华主编：《立法技术手册》，中国法制出版社 1999 年版，第 375 页。

现立法中存在的许多弊端。例如,在《行政诉讼法》第11条第1款中,以列举方式明示行政诉讼的受案范围,其中第①至⑦项均为明确规定,然而第⑧项又是"认为行政机关侵犯其他人身权、财产权的",在列举式规定中混入概括式规定(或者称为"兜底规定")就显得极为不伦不类。

2. 但书条款。"但书"是在法律条文中,以"但"或者"但是"引出的一段文字。这段文字是对其前文所作的转折、例外、限制或补充。[1] 例如《行政诉讼法》第45条规定:"人民法院公开审理行政案件,但涉及国家秘密、个人隐私和法律另有规定的除外。"在这里,"国家秘密"、"个人隐私"和"法律另有规定"即属于但书条款,它是对"人民法院公开审理行政案件"这一法条主文的限制。必须注意的是,在对但书条款进行注释时,"但书不得与其所限制的先行条文分离"。[2] 也就是说,对但书条款不能孤立地进行解释,如果与法条的主文相脱离的话,但书本身就失去了意义。

3. "明示其一即排斥其余"的规则应用问题。在法条与法条的关系上,或者法条与其他相关事项上,这项规则有着重要的意义。这一规则的含义是:"提及某特定种类的一种或多种事物,可以视为通过默示的方法,排除了该种类中的其他事物"。[3] 例如《行政诉讼法》第47条就回避问题作出了规定,审判人员如果与本案有利害关系或者有其他关系可能影响公正审判的,应当回避,该条第3款规定:"前两款规定,适用于书记员、翻译人员、鉴定人、勘验人。"也就是说,根据法律的规定,审判人员、书记员、翻译人员、鉴定人、勘验人属于回避的对象。该条并未提及法院的其他工作人员,例如司法警察和执行官,可以合理地推定,这两类人员不属于回避的对象。

(四)总则与分则的关系

总则与分则的关系问题,也是必须在注释中加以明确的问题。就两者的一般关系而言,总则是规定立法目的、基本原则等重要条款的部分,因而其所作规定均可适用于分则。例如刑法总则部分规定了刑事责任能力,而这些内容在分则中并未出现,因而可以推定,刑法分则中所规定的犯罪,都是以具备总则所规定的刑事责任能力为基础的。但是,分则有时也会作出与总则不同的规定,在这时,应当适用的是分则的特别规则而不是总则的一般规定。这一规则早在我国唐律中就已作为一项基本的规则而加以确定,《唐律》第49条规定:"诸条别有制,与例不同者,依本条"。"诸条"即指《卫禁》以下各篇的具体条款,"例"即《名例》,是唐律的总则部分,与总则部分规定不同的,可依分则中的具体条款执行。现代法律也都沿用了此一规则。

---

〔1〕 周旺生、张建华主编:《立法技术手册》,中国法制出版社1999年版,第383页。

〔2〕 [美]詹姆斯·安修:《美国宪法解释与判例》,黎建飞译,中国政法大学出版社1994年版,第27页。

〔3〕 李国如:《罪刑法定原则视野中的刑法解释》,中国方正出版社2001年版,第208页。

复习思考题

1. 什么是法律注释？为何必须将对法律的理解分为“注释”与“解释”两个不同部分？

2. 注释法学派在法学史、法律史上起过何种重要作用？

3. 法律注释的范围及对象应当如何确定？

4. 法律注释的基本技术规则是什么？

第二十一章　法律解释技术

✣学习目的与要求

本章是有关法律解释技术的论述，重点分析了①法律解释技术的含义、历史发展问题，确立了法律解释技术所针对的对象及作用的场合；②文理解释技术，阐述了文理解释的含义和对象、基本要求及主要技术规则；③论理解释技术，研究了论理解释技术的概念，叙述了其主要规则内容，并就法律解释技术规则的适用位阶问题进行了分析。通过本章学习，有利于明确法律解释的基本技术规则，进而理解法律适用过程中解释规则的内涵以及所针对的对象。

第一节　法律解释技术概述

一、法律解释技术的含义

法律解释的技术，即在法律适用过程中，为解决面临的个案，由法律适用者使用的阐明法律意义的方法与准则。法律解释既是个法学理论、法律原理的问题，同时也是个法律技术的问题。前者指明解释的对象、范围、限度，后者则是如何通过一定的方式和手段来实现法律解释的任务。两者是一种相辅相成、缺一不可的关系。但是，理解这一概念仍然必须注意如下问题：

1. 法律解释的技术是在个案的解决中所使用的方法与准则，这是其与法律注释不同的地方。如本书第19章所言，法律注释技术是一种按照约定俗成的语法、意义规则来理解法律的活动，而法律解释技术则必须针对个案来进行，它不包括像法律注释所涉及的有关法律文献、法律观念等方面的解读技术，而主要是立足于如何通过科学的方法来使得该案所涉及的法律条款意义得以明确。“个案”在此有两个方面的意义：①它体现了法律解释技术运作的场合，没有个案的存在，也就没有法律解释，也不需要法律技术；②不同的个案应当使用不同的技术。例如有的案件涉及法条所使用的概念有争议，在这时使用的技术主要是文理解释的技术；而有的案件则涉及法条与法条之间出现冲突，在这里，就应当使用论理解释的技术，来消减法条之间的竞争，保持法律作为一个整体的有机和谐。

2. 就一般意义而言，法律解释就是司法解释，也就是法院、法官对法律所进行的解释,因而法律解释的技术,大多体现为法官在法律适用过程中如何发现法律意义的方法与准则。然而,这里还存在着几个特殊的内容,包括:①宪法的解释不是法院、法官的专利。与其他法律不同,宪法在理论上是由人民制定的,它规制着所有国家机关的权力界限,因而立法、行政、司法等部门都存在着如何适用宪法的问题,也都存在着如何通过一定的解释技术使宪法的条款能够适应于本部门法律执行的问题。正因如此,宪法解释的主体可以包括立法机关、行政机关以及司法机关。这在美国实行法官主导宪法解释的体制时同样是如此。美国加利福尼亚州法院在判例中就明确承认:"有一项既定的解释规则:尊重立法机关对宪法所作的解释。……如果某项宪法规定有两种含义,基本的解释规则是:立法机关的制定法采纳的那种如果不是绝对优先,也应极为尊重。"[1]行政机关对宪法的解释也是如此,法院在进行宪法解释时,也受着行政解释的影响,尤其是这些解释由来已久并为人们所接受时,以及当所解释的条文是有关行政权力和行政特权时更是如此。[2] 自然,在美国,法院解释宪法可以不受立法解释与行政解释的影响,但是,三权之间本身就应当是一种和谐、配合的关系,因而除非有特殊情况,立法解释与行政解释应当为司法机关所尊重。②行政机关也涉及对法律的适用问题,尤其是在中国,行政执法相对于司法活动而言更为普遍,行政机关根据行政法律、法规、规章进行法律适用时,自然也涉及对这些法律如何进行解释的问题,所以,法律解释的技术也涉及行政机关在法律解释时所使用的方法与准则。当然,由于在对公民权利、义务的判定上,行政机关并非终局机关,所以,按照司法最终裁决的原则,法院有权推翻行政机关不恰当的法律解释。③虽然检察机关究竟属于行政机关还是司法机关在学术界存在着争议,但无论如何,检察机关也存在着对法律的解释与技术应用问题。从这些角度而言,法律解释技术所涉及的主体是较为广泛的。当然,为了论述的方便,本章主要是阐述法院、法官解释法律的技术问题。

3. 法律解释技术从指涉的对象而言,又可以分为两个方面:①立足于法律文本的解释,即在法律的框架内适用相关技术来发现法律的意义;②当法律出现规定不明或者存在漏洞的情况下,如何通过一定的技术手段来解决法律的缺漏。德国法学家拉伦兹将前者称为"法律的解释",而将后者称为"法律的续造",然而,"超越解释界限之法官的法的续造,广义而言亦运用'解释性'的方法"。[3] "法的续造"主要有利益衡量与法律漏洞补救两类,所以,严格说来,利益衡量与法律漏洞补救同样属于法律解释的技术。当然,考虑到利益衡量与法律漏洞补救本身的重要性并且有着自己特殊的技术规则,因而本书将之单独成篇,不在法律解释技术中叙及。

4. 法律解释的技术从作用的场合而言,也可以分为平面与立体两个部分。前者是指按照一定的准则与方法来发现法律的意义,而后者则是在存在着两个或两个以上的

---

[1] [美]詹姆斯·安修:《美国宪法解释与判例》,黎建飞译,中国政法大学出版社 1994 年版,第 40 页。
[2] [美]詹姆斯·安修:《美国宪法解释与判例》,黎建飞译,中国政法大学出版社 1994 年版,第 41 页。
[3] [德]卡尔·拉尔茨:《法学方法论》,陈爱娥译,台湾五南图书出版有限公司 1996 年版,第 278 页。

技术规则时,应当确定具体适用哪一个技术规则的问题。例如,对一个有争议的法律条款,既可适用历史解释的技术,也可以适用目的解释的技术,在这时,就应当确定两种技术中何者优先。当然,这个意义上的法律解释技术,本身已接近于法律解释的基本原理,因为何者优先往往涉及不同的处理结果。这也说明,“法律解释规则完全有可能构成一个关于各种形态法律论点在运用中的优先性的模式或‘等级体系’,而且构建这种模式,正是基于操作层面经济、便宜的考虑”。[1] 因此,对于法律解释技术规则的研究,本身就包含着对“优先性规则”的分析与确定。

二、法律解释技术的发展

法律解释的技术,与一国法制的状况及司法传统密切相关,所以,在技术领域,不同的国家有着不同的技术规则。

在大陆法系,法律解释经历了一个从否认、禁止到承认、重视法官的法律解释的过程,法律技术也同样经历着一种由严格解释到自由解释的演变。[2] 在法律解释的技术方面,大陆法系在传统的文法解释、逻辑解释、历史解释、目的解释等规则方面,也根据社会情形的发展变化,提炼出一系列新的技术规则,使法院的司法活动能与社会的发展保持良性的互动。例如在德国,“可以说,在过去 90 年中‘法律的漏洞’始终是人们讨论的主题,而如何通过法律解释弥补这些漏洞,这个问题就像一根金线,贯穿于整个德国法哲学的始终。”[3] 例如,为了解决法律条款落后于现时代社会的实际状况时,德国人发明了一种用法典中的一般性规定解决个别性条款的技术问题。例如,像“诚实信用”、“善良风俗”等法律总则中的一般规定,往往可以用在解决个别案件中的疑义或者争议问题。一个著名的德国判例是,妻子提起离婚诉讼,在她有过错的丈夫作出了承诺以后,妻子撤回了她的诉讼。丈夫作出保证,今后不单独和其他女人在一起,以维持婚姻。虽然在道德上而言,这种承诺无可厚非,然而,法院认为,这一承诺是违反善良风俗的,因为对丈夫的行动自由作出这样的限制,违背了婚姻的道德本质。[4] 同样,法国的情形也是如此,法官不是法律的奴隶,他们可以在法典的字面含义已经不能有效地调整当今的社会关系时,站在立法者的立场作出补救性解释。例如,《法国民法典》第 1384 条规定:“每人不仅对他自己的行为所造成的损害负责,而且对他应负责的人或他保管的物所造成的损害负责”。按照这一条款的字面解释,这一条款所针对的对象主要是他人行为的责任、动物造成的损害的责任以及建筑物造成损害的责任,而不包括汽车所造成的致人伤害的责任,因为当时还没有汽车。然而,法官们并没有拘泥于法律的字面含义,而是对法律条款作出了扩充性解释,从而使得解释的技术规则

[1] 张志铭:《法律解释操作分析》,中国政法大学出版社 1999 年版,第 173 页。

[2] 郭华成:《法律解释比较研究》,中国人民大学出版社 1993 年版,第 24~30 页。

[3] [德]罗伯特·霍恩等:《德国民商法导论》,楚建译,中国大百科全书出版社 1996 年版,第 63 页。

[4] [德]迪特尔·梅迪库斯:《德国民法总论》,邵建东译,法律出版社 2000 年版,第 515 页。

弥补了法律所存在的缺陷。[1]

相对于大陆法系而言，英美法系在解释技术上更为系统、完整。按照英国学者克罗斯和我国学者郭华成的概括，英国法律解释规则上有四个主要的规则：①法官必须适用法规一般上下文中的文字的通常的或（在适当之处）专门的含义；他还必须确定这一上下文的概括性文字的范围。这一规则也称为"普通词义规则"，实际上主要是适用于法律注释的场合。②如果法官认为适用文字的通常含义必然导致某种荒谬的结果，而这种结果又不能合理地被认为是立法机关的意图，那么，他可适用这些文字的任一次要含义；法官可以将他认为必定已经暗含在法律文字中的文字插入对这些法律文字的理解之中，并有权在一定限度内添加、变更或忽略法律文字，以免规范晦涩费解、荒诞不经或毫不合理、不切实际或与法律的其余部分不可并存。这一规则也称为"黄金规则"，主要是用来弥补法律条款在表述上的缺陷。③在一些特殊的场合，法官可以通过探索法律规范所要弥补的缺陷或者所要达到的社会目的，找出据以解决疑难问题的参考。这也称为"不明文字解释规则"。④在适用上述规则时，法官可以借助于英美法系中的"解释辅助资料"（如立法背景材料）和各种"推定"来帮助作出正确的解释。[2]

总之，两大法系在法律解释技术方面日臻成熟，对于法律的正确适用以及司法的效率都起到了重要的作用，值得我们借鉴。以下我们分"文理解释技术"与"论理解释技术"两个方面，来具体论述法律解释技术的主要内容。

第二节　文理解释技术

一、文理解释的含义及其对象

文理解释，又有文字解释、语义解释、文意解释技术等不同称谓，其中心含义是对法律文本中的"字义"如何加以理解的方法与准则。法律文本不外乎是语言的应用及词汇的组合，因而，法律的解释技术，首先要遇到的就是通过一定的方式、方法来对法律中的"字义"进行确定。在这方面，它与法律注释有着相同的对象，也就是说，法律注释也主要是就字义进行诠释、阐述，以明确法条用语的基本含义。然而，法律解释技术中所言的"字义"又不是一般意义上的"字义"。按照德国学者拉伦兹的说法，解释的标的是"承载"意义的法律文字，所谓解释就是要探求这项意义之所在。然而，"假使要与字义相连接，则'解释'意指，将已包含于文字之中，但被遮掩住的意义'分解'、摊开并

---

〔1〕 郭华成：《法律解释比较研究》，中国人民大学出版社 1993 年版，第 35 页。

〔2〕 [英]鲁珀特·克罗斯：《法律解释》，孔小红等译，西南政法学院法学理论教研室 1986 年印行，第 59 页；郭华成：《法律解释比较研究》，中国人民大学出版社 1993 年版，第 57、58 页。并请参见[英]G. D. 詹姆斯：《法律原理》，关贵森等译，中国金融出版社 1990 年版，第 50 页。

且予以说明”。[1] 由此可见,文理解释技术所针对的“字义”,并非那些具有通常含义或者为法律职业共同体所普遍遵循的专业含义的法律文字的解释,而是指那些意义不明确或者有歧义的法律文字的解释。这是法律解释与法律注释的主要区别之一。

为什么法律中的“字义”会经常成为解释的对象?大致说来,这包括几个主要的原因:①法律虽然大多是借助于日常用语来加以表达的,但这种语言与数理逻辑的语言及科学性语言不同,“它并不是外延明确的概念,毋宁是多少具有弹性的表达方式”。[2] 因而,许多法律文字看似明白,但往往蕴含着非常丰富的意义,例如“诚实信用”一词,人们都可以通过日常生活的经验来加以理解,然而在什么情况下才算是背离了这一原则,那只有结合具体的个案才能予以确定。②法律的文字往往在社会的发展中添加不同的意义,因而对字义的确定,也就必须结合现实的社会理解和社会语言来进行。例如,美国宪法规定,“总统应为合众国陆军和海军的总司令”(第3条第2款),这是对总统最高军事统帅权的确定。按照文字的字面含义,显然这一条款不包括总统应为空军总司令的内容。但实际上,只是由于当时没有空军,所以制宪者不可能预先作出这类规定,而在今天的情形下,这里的总司令当然应包括指挥空军在内。③即使法律文字本身是较为明确的概念,但它也常常包含一些本身欠缺明确界限的具体要素。例如“死者的财产应该由继承人继承”这一法律规定,表面上其含义是相当清楚的,然而,如果继承人为了早日取得遗产而将被继承人杀死,那么,他是否还拥有继承权呢?如果固守法律的字面意义,显然就会得出极为荒谬的结果。在这方面,我国学者张志铭先生以“歧义”、“模糊”、“评价性”(指法律条文尤其是各种一般条款包含评价性用语,而这些用语所表达的概念并没有与其评价成分相对应的描述性含义,从而在理解上表现为某种开放性。例如“显失公平”、“实际可行”等词组就是如此)、“笼统”、“情况变化”等来概括法律词语“语义不清”的状况,值得参考。[3]

二、文理解释的基本要求

就文理解释而言,按照上面的论述,它实际上包含着两类基本要求:①消极性的,或者说禁止性的规则要求;②积极性的,或者说必须如何操作的技术性要求。拉伦兹引述德国学者的话说,“字义具有双重任务:它是法官探寻意义的出发点,同时也划定其解释活动的界限”,[4] 他指的正是这样的意思。

从消极性规则的要求角度而言,它实际上是划定了法律注释与法律解释的界限。按照这一要求,如果法律上的文字已经具有通常的含义或者说为法律界所共知的字义,那么,法院或法官不能作出背离这一通常含义或专业含义的其他解释,否则就违背了法官的角色要求,而构成对立法权的侵犯与损害。司法者的角色主要就在于执行立

[1] [德]卡尔·拉尔茨:《法学方法论》,陈爱娥译,台湾五南图书出版有限公司1996年版,第219页。
[2] [德]卡尔·拉尔茨:《法学方法论》,陈爱娥译,台湾五南图书出版有限公司1996年版,第217页。
[3] 读者可参见张志铭:《法律解释操作分析》,中国政法大学出版社1999年版,第129~132页。
[4] [德]卡尔·拉尔茨:《法学方法论》,陈爱娥译,台湾五南图书出版有限公司1996年版,第227页。

法者的法律规定,而这种执行既包括对法律的整体运用,当然也包括对法律语词按照立法者的界定来加以执行。在贝克诉史密斯案中,英国法官帕克就言道:“在法律解释中,坚持法律用语的通常含义和语法结构,这是一个极为实用的规则,除非从法律本身推断出这一含义同立法机关的意图会发生分歧,或者会导致任何明显的荒唐或矛盾时,这一用语才可以被变更或修改,以避免上述不便,但仅此而已。”[1]在这里,“仅此而已”一语就道出了普通词义对司法解释权的制约作用。因为对立法文件的局部背离与对立法文件的整体背离,只存在量上的差别,而无本质的不同。

从积极性规则的要求而言,文理解释技术则要求法官不能受制于错误的法律语词,而应当本着公平、公正的精神,根据法律的精神来重新疏释法律的字义。表面上而言,这似乎与前一个方面的禁止性要求相矛盾,然而,它的实质则同样在于为待决案件提供最佳的处理依据。因而无论就立法还是司法而言,“人民的利益”都是其最高的目标所在。当然,司法自由裁量权,包括在法律文字上“字义”的选择权,同样是应当加以注意的问题,因而,就此而论,法律解释学上提出了许多技术性要求,作为文理解释的基本限制:

1. 和谐性要求。它主要指的是,如果一项法律规定属于一个更大的系统——无论是一项法律还是一组相关的法律,那么就应该把这一项或一组法律视为一个完整和谐的体系,把所要解释的法律规定作为其中的一个有机部分、根据上下文的联系予以解释。[2]对于由立法机关制定法律的活动而言,应当合理地假定它们在作出规定的过程中,是使用同样的含义来表达一个词组或一个术语的。通过这种和谐性的要求,可以保证法律体系的有机统一。

2. 整体性要求。这主要是指在一部法律当中,对字、词、句的理解应当根据该部法律的整体状况来进行分析,而不是离开法律所存在的特定语境来加以理解。正如学者所指出的,“正确运用字面解释规则并不意味着特定的字词、短语、从句或款项能脱离其所属的法律整体而孤立地被确定”。[3]脱离了法律的整体理解,就可能意味着所作解释可能会成为一种荒谬的推论。例如,假设刑法分则中存在“杀人偿命”这样类似的条款,仍然不能对之进行孤立的解释,因为在许多情况下,杀人行为并不构成犯罪,例如因正当防卫而杀人、武警战士执行枪决而杀人以及士兵在前线杀敌等就是如此。

3. 一致性要求。同样的一个法律词语,原则上应当作同一理解。除非出现了明显的反例和特殊情况,一般情况下不得变更这一法律词语的固定意义。例如在法律上,关于行为人不能预见、不能避免以及无法克服的客观情况,统称为“不可抗力”。而这

---

〔1〕 [英]鲁珀特·克罗斯:《法律解释》,孔小红等译,西南政法学院法学理论教研室1986年印行,第20页。

〔2〕 张志铭:《法律解释操作分析》,中国政法大学出版社1999年版,第110页。

〔3〕 [英]鲁珀特·克罗斯:《法律解释》,孔小红等译,西南政法学院法学理论教研室1986年印行,第59页。

一概念所涉及的部门,包括刑法、民法、行政法在内,均应当以此基本含义作为诠释的基础,不得随意变更这一词语的固定含义。

三、文理解释技术规则的分类

(一)上下文连贯规则

对于立法中的文字表述,可以作出三个基本的预设:①一个理性的立法者会在立法中意图做到整个法律体系的连贯统一;②一个语词或词组在同一制定法的不同部分中具有相同含义;③具有权威的不同场境因素相互间具有和谐性。[1] 所以,法律文字特别是概括性文字,不能孤立地去理解,"它们的色彩和内容导源于上下文。……上下文不仅包括同一法律中的其他法律规定,而且包括序言、法律现状、其他的类似法规以及通过各种各样的合法手段可认识出意欲补救不明文字的法规。"[2] 例如我国刑法规定,"正当防卫明显超过必要限度造成重大损害的,应当负刑事责任。……"那么,根据这一条款,是否可以将"正当防卫"分为不超过必要限度以及超过必要限度两类呢?实际上,这是立法者用语上的错误,超过必要限度就不再是正当防卫了,因而可以根据上下文的规定,合理地推定这实际上指的就是防卫过当的情形。有关这一规则,在美国宪法判例中也有着明确的表述。1893 年,美国联邦最高法院菲尔德法官就指出:"参照上下文来解释宪法字义是一项众所周知的规则。'文理解释'是适用于一切成文宪法的解释规则。在任何孤立文字尚存疑义和含混时,可参照相关文字使之消除。文字含义可通过上下文来扩充或限制之。"[3] 实际上,没有这种语义上的联贯作为基础,一个法律文本就可能会因随意解释而面目全非。

(二)字义合理选择规则

这指的是,在一个语词存在着多个不同的含义的情况之下,应当根据具体的法律语境来确定应当适用的字义。一般情况下,法律的特殊语言用法通常应优先于一般的语言用法。因为法律毕竟是规范性的语言,它不同于日常生活中的规劝、宣传性语言,而是要用"法言法语"来正确界定人们的行为规则。因而,对"故意"、"过失"这类在法律中经常出现的词汇,就不能使用人们日常理解的意义来进行解释,而必须采用法律上的字面含义来进行理解。当然,这一原则也不是绝对的,英国法官伊谢尔勋爵的一段叙述就较好地体现了这种字义取舍的基本准则:"如果法规调整的是普遍影响到每一个人的事务,那么,它所使用的文字具有其在语言的普通的和通常的用法中的含义;如果法规调整的是有关特定的行业、交易或事务,而其文字的使用采用了每个熟习该行业、交易或事务者所知道并理解的这些文字的特定含义,那么,这些文字必须解释成

---

〔1〕 张志铭:《法律解释操作分析》,中国政法大学出版社 1999 年版,第 110 页。

〔2〕 英国法官西蒙兹语,转引自[英]鲁珀特·克罗斯:《法律解释》,孔小红等译,西南政法学院法学理论教研室 1986 年印行,第 66 页。

〔3〕 [美]詹姆斯·安修:《美国宪法解释与判例》,黎建飞译,中国政法大学出版社 1994 年版,第 17 页。

这种特定含义,尽管它可能不用于文字的普遍的通常的含义。"[1]在这里,以法律所调整的对象作为字义取舍的标准,应当说是非常民主,也非常科学的。

(三)法律文字的合理添加与忽略

这一规则所包括的内容是:法官可以将他认为暗含于法律文字中的文字插入对这些法律文字的解释之中,并有权在一定限度内添加、变更或忽略制定法文字,以避免规范晦涩费解、荒诞不经、毫不合理、不切实际或与制定法的其余部分不可并存。"添加"意味着法律缺乏更进一步的界定,因而需要通过解释性的说明,来进一步界定法律规则的适用条件;"忽略"则表征着法律可能在规定上有错讹,为此法官可以置这些语词于不顾。例如某一国外市政委员会,颁布了一项有关市区城管的法律条令。条令规定,在市区公园内不得通过或停放任何机动车辆。条令颁布后,各公园都严格执行,坚决不让各种车辆进入。一天,某军人团体将一辆第二次世界大战时它们使用的军用吉普车开进了市中心公园。公园管理人员依据法律条令的规定,拒绝该车的进入;军人团体则坚持要将车辆开进公园。军人代表以为,这车辆可非同一般,它象征国家军队在战争中的艰辛与光荣,将车辆摆在公园里,是为了让人们在公园享受幸福欢乐的时候不忘这些来之不易。就这样,车辆硬被摆放在公园的中心草坪上。公园管理人员无奈,只得向法院起诉,状告军人团体的不法。那么法院面对这一案件应如何处理呢?这里的关键就在于如何理解机动车辆。[2] 我们认为,应当支持军人团体关于军用吉普车可以进入公园并作为纪念物摆放在公园中的意见。①从实质价值而言,陈列、保护具有纪念意义的文物或者实物,对于振奋民族精神、凝聚民族力量具有非常重要的意义,这正如国家必须设立各种形式的纪念馆、博物馆一样,都意在提醒人们不忘历史。而公园作为公共场所,有义务担负起这一神圣职责。②市区城管的法律条令从其立法本意而言,的确是防止机动车辆随意进入而扰乱公园的宁静,但对于作为纪念品陈列的军用吉普车的问题,在立法上并未进行合理的界定,在此就应当通过添加文字来使该规定的实质意图进一步明确。至于我们前面所言的国内刑法有关正当防卫的规定,则应当合理地加以忽略。

(四)适度的字义扩张与限制

所谓字义的扩张,我国法学界也称之为"扩张解释",它是指法律用语字义从字面上理解过于狭窄,因而扩张其意义使之合乎法律的实质要求。例如我国《宪法》第33条规定"公民在法律面前一律平等",如果根据上文所使用的"法律"用语,例如《宪法》第5条规定的"一切法律、行政法规和地方性法规都不得同宪法相抵触",假设采用上下文的解释规则,第33条所用"法律"也是指全国人大及其常委会通过的规范性法律文件,则"平等"的依据与保障过于狭窄。为此,必须扩充该条中"法律"的词义,将之理

---

〔1〕 [英]鲁珀特·克罗斯:《法律解释》,孔小红等译,西南政法学院法学理论教研室1986年印行,第72页。

〔2〕 刘星:《西方法学初步》,广东人民出版社1998年版,第37、38页。

解为一切规范性法律文件。所谓字义的限制,通常也称为“限制解释”,是指法律用语过于宽泛,因而需要对之进行适当的限制,以更好地表达出立法原意。例如,我国《婚姻法》第21条第1款规定:“父母对子女有抚养教育的义务;子女对父母有赡养扶助的义务”。在该条中,前后两段所涉“子女”一词,就必须作出限制性解释:前者仅指未成年子女;而后者则是指成年子女。

当然,有关文理解释的技术规则尚不止此,例如还存在着主要含义与次要含义之间的选择性规则、次要含义与概括性文字的范围的确定规则等。同时,在文理解释的过程中,还必须借助相关的语法规则、逻辑规则来加以合理的确定。

第三节　论理解释技术

一、论理解释的概念

所谓论理解释,是指以发现立法意图和体现法律实效为目标,通过对法律文本相关的内在、外在资料的分析,来确定法律条款的真实含义,以解决面临的案件的解释方法。这一概念包含的主要内容是:①论理解释并不仅仅涉及对法律条款字义的确定,它更主要的是要使明显的或潜在的立法目的得以实现,或者为了使法律更好地适应社会需要,而由法官对法律所作的一种解释。②论理解释的依据主要是相关的法律资料,例如先例、立法背景材料、立法理由书等。③论理解释的目的仍然是确定法律条款的含义。在这点上,论理解释与文理解释并无不同。这也同时表明,同文理解释一样,论理解释也是立足于法律框架之内来进行法律的“续造”,而非脱离法律由法官另行其事。

但这一概念也表明,文理解释与论理解释存在着差异:①文理解释所针对的对象是纯粹的法律文本,它所确定字义的方式主要都是在法律文本所涉及的范围内进行;而论理解释不同,它需要借助相关的解释资料,来佐证这一解释的合理与否。②文理解释只要确定了法律字义的真实用法,即可视为业已达到了目的;而论理解释则更多地将法官放在“立法者”的位置上,由他们来衡量,如果立法者面对今天的情形将会如何规定?所谓法律意图的挖掘,以及法律实效的追求,都不外乎是将司法者与立法者放在同样一个平面,通过他们的活动来更好地规制人民的法律生活。③在适用顺序上存在着先后之分。一般而言,立法权与司法权的不同分工,决定了法官首先必须忠实于法律原意而执行法律,这就表明它必须优先适用文理解释的方法来处理案件,只有当文理解释尚不足以解决争议时,才需要考虑论理解释。美国的一个案件就很能说明问题。某一部法律禁止进口植物果实,但不禁止进口蔬菜;有人进口番茄,因此发生了番茄究竟属于植物果实还是蔬菜这样一个问题。不同的职业团体对这几个词的含义(以及与之相关的种属关系)发生争议。对普通百姓来说,更多的人会认为番茄是蔬菜,而对植物学家或海关人员来说,番茄则有可能被视为水果。[1] 就本案而言,关键的不是"字义"之争,而是立法者的意图究竟何在的问题。所以,对于这样一类问题,就必须综合考虑立法意图来加以确定。

二、论理解释技术规则的分类

(一)目的解释规则

目的解释规则是指如果可以确定一项具体的法律规定或者其所在的整个法律的一般目的,那么在个案中对该规定的解释适用应当与其一般目的保持一致。这种解释规则要求的是不仅要注重法律文本与法律条文,更应当注重指导文本与条文制定的立法目的或立法意旨。著名法官卡多佐将之称为"适合目的的原则",他认为:"我们一定不能为在个别案件中实现正义而完全不顾前后一致和齐一性的长处。我们必须保持在普通法的空隙界限之内来进行法官实施的创新,这些界限是多少世纪以来的先例、习惯和法官其他长期、沉默的以及几乎是无法界定的实践所确定下来的。但是在这些确定了的界限之内,在选择的活动范围之内,最后的选择原则对法官与对立法者是一样的,这就是适合目的的原则。"[2]

目的解释规则也是以三重假设作为前提的:①立法必有目的,因为立法是一种理性的活动,立法者不可能在没有目的的意识下制定法律;②立法目的高于法律条文,因为法律条文的安排与布局,都是为体现立法目的而设定的;③无论立法目的是否明确地规定在法律文本之中,它总是可以为法律解释者所发现的,也正因为如此,在通过对立法背景材料进行分析后,可以大致地确定立法目的是什么,从而用来判定某一法律条文是合乎立法目的的。当然,在法律解释学上,司法者是欲寻求"历史的目的"(即体现于法律文本制定时立法者要加以表达的目的)还是"客观的目的"(即法律结合现实的社会情形应当实现的目的),存在着较多的争议,但无论如何,在法律解释中考虑目的因素,这是极为关键的。实际上,在法官的判决活动中,也常常以立法目的来作为确定法律条款意义的依据。

美国的 Rector, Holy Trinity Ckurch v. U. S. (1892)案是经常被引用的通过立法目的来进行解释的经典判例。该案主要情节是:美国国会 1885 年的《禁止通过契约输入外国移民法》禁止任何公司、合伙、法人社团以获得"任何方式的劳动和服务"为目的,通过预先支付运费或者其他方法帮助和鼓励外国移民迁居美国。圣三一教会资助一个英国传教士进入美国而受罚,教会不服处罚提起诉讼。法院认为,该案关键问题是:像传教这样一种职业活动是否包括在"任何方式的劳动和服务"这一词组之内?从字面意义解释,"任何方式的劳动和服务"显然可以包括传教,但是法院认为,这应该从立法意图,而不是从字面意义得到解释。法院在此推出了所谓法律解释的"黄金规则":"显

---

[1] 苏力:"解释的难题:对几种法律文本解释方法的追问",载《中国社会科学》1997 年第 4 期。

[2] [美]本杰明·卡多佐:《司法过程的性质》,苏力译,商务印书馆 1998 年版,第 63 页。

示在法律文本字里行间的,未必包含在法律之内,因其没有进入立法意图。"立法意图是什么?立法意图是法律创制的背景性资料。《禁止通过契约输入外国移民法》的目的是防止美国商人大量输入廉价外国体力劳动者,从而减少美国劳动者的就业机会,造成社会问题。立法意图并不包括脑力劳动和专业服务。在美国这样一个基督教国家,精神生活至关重要,故输入牧师并不为法律所禁止。[1]

(二)历史解释规则

历史解释规则可以在两个场合下使用:①它属于目的解释的一种,意在探求立法者创设法律时所表现的价值判断及其希望达到的目的,从而推知立法者的意旨,其依据主要是立法史及立法过程中的有关资料如草案、审议辩论记录、立法理由书等。从这个角度而言,历史解释是依据立法的历史资料来推断立法者在当时试图表述的立法目的问题。②它属于一种独立的解释方法,即依据法律的沿革资料和历史过程中的法律观念,来确定特定情形下某一个条款是否恰当、可行的问题。张志铭先生对之进行的解释是:"如果对一项或一组制定法的解释逐渐并最终变成是按照对其要点和目的、或者对其所体现的正当性观念的业经演化了的历史理解,那么在个案中对该制定法的解释适用应当与这种理解保持一致"。[2] 在这里,"正当性观念"的历史理解,就是我们这里所要叙述的历史解释规则。

卡多佐法官也高度重要历史解释在法律实践中的运用。他言道:"某些法律的概念之所以有它们现在的形式,这几乎完全归功于历史。除了将它们视为历史的产物外,我们便无法理解它们",因此,"历史在照亮昔日的同时也照亮了今天,而在照亮了今天之际又照亮了未来"。[3] 在英美法系中,判例解释就是一种典型的历史解释,它意味着如果一项法律规定在先前的司法判决中曾有过该解释,就应该遵循此类解释。具体而言,如果上级法院已对某一法规作出了解释并据以判定案件,那么,下级法院或本法院在以后的判决中适用同一法规的有关内容,必须采用这一解释。上诉法院也必须遵循自己对某一法规所作解释的先例。[4] 这是体现同等情况同等对待这一公平原则的基本保证。

美国联邦最高法院在进行宪法解释时,更是大量采撷历史资料来作为确定某一案件争议焦点的根据。1960 年,联邦最高法院不准许地方政府对散发匿名传单者实行惩罚。大法官布莱克强调:这种宣传形式是美国历来广泛使用的,"匿名小册子、活页、手册或书籍一直在人类进步中扮演重要角色,甚至联邦党报也是以假名发行的"。[5] 正

---

〔1〕 方流芳:"罗伊判例中的法律问题",载梁治平编:《法律解释问题》,法律出版社 1998 年版,第 299 页注 22。

〔2〕 张志铭:《法律解释操作分析》,中国政法大学出版社 1999 年版,第 116 页。

〔3〕 [美]本杰明·卡多佐:《司法过程的性质》,苏力译,商务印书馆 1998 年版,第 31 页。

〔4〕 郭华成:《法律解释比较研究》,中国人民大学出版社 1993 年版,第 100 页。

〔5〕 [美]詹姆斯·安修:《美国宪法解释与判例》,黎建飞译,中国政法大学出版社 1994 年版,第 99 页。

是根据这一历史依据，最高法院保护了人民通过匿名传单进行宣传的权利。

（三）合宪性解释规则

合宪性解释指依据宪法和位阶较高的法律规范来解释位阶较低的法律规范的解释规则。这一规则首先涉及法律的效力位阶制度，也即下位法服从上位法的规则。因此，在解释时对低位阶的法律，应按上位阶法律解释的原则，从而保障法制统一和宪法权威。其次，合宪性解释与违宪判断之间应取得平衡。前者是要求法律解释不能违宪，后者则对违宪法律作出违宪宣告，两者的平衡点即在于尊重原意。合宪性解释不得违背法律原意，若法律本身违宪，不得随意更改，否则司法权就可能侵入立法权的范围。

（四）社会学解释规则

这是指运用社会学方法，依照社会效果、目的衡量、利益平衡进行法律解释的方法。有关具体内容，我们将在下章"利益衡量技术"中予以论述。

三、法律解释技术规则的适用位阶

以上我们分文理解释规则与论理解释规则，论述了法律解释中几种常见的法律解释技术规则。然而，不同的规则有着不同的结果，这就可能导致使用不同的技术规则，往往会使案件的处理结果出现大相径庭的状况。对这一问题如何加以解决呢？正如我们前面所言，法律解释技术规则本身就包含着技术规则存在冲突时的处理规则。一般情况下，在适用顺序上，应当先文理解释后论理解释，也就是说，只有当对法律的字面含义所作出的文理解释，存在多种结果即复数可能性时方可采用论理解释的其他技术方法，否则只可采用文理解释。然而，这仅为一种适用上的顺序，并不代表着解释的位阶也应当按此确定。严格来说，"当文理解释与论理解释相抵触时，原则上应当以论理解释为准，因为法律的文字只是立法者表达意思的符号或方法，我们不能以符号或方法来左右表示意思的本体"。[1] 至于论理解释的各种方法中，应当以何者为优先适用的规则，则应当根据具体情况而论，并无严格的顺序。[2] 总之，法律解释的目的就在于使法律的意义得以彰明，同时使法律调整社会的效果能发挥到极致，从这个角度说，能够符合这些目的的解释技术规则，就是最应当优先适用的解释技术规则。

---

〔1〕 张文显主编：《法理学》，法律出版社 1997 年版，第 381 页。

〔2〕 国内外法学界都曾对法律解释技术的优先性进行过探讨（参见张志铭：《法律解释操作分析》，中国政法大学出版社 1999 年版，第 170 页以下），然而，这种界定并不成功。因为许多规则，实际上难以处在一个层面之上。例如合宪性解释与社会学解释就很难严格区分其适用顺序，它们所针对的对象并不在同一个逻辑层次。

复习思考题

1. 法律解释技术在司法过程中的突出作用何在?
2. 从历史上看,法律解释技术发展的主要脉络是什么?
3. 试述文理解释技术的主要内容。
4. 在文理解释之外,为何还需要论理解释? 这一解释的主要技术规则有哪些?
5. 法律解释技术规则发生冲突时,应采取何种方式予以解决?

第二十二章　利益衡量技术

✣学习目的与要求

本章是有关利益衡量技术的论述，重点分析了①利益衡量存在的必然性、概念及其正当性问题，从而得以理解利益衡量的生存场域及其基本要求；②利益衡量的依据，将利益衡量置于社会环境之下，着重分析了公众舆论、社会价值观念及社会效果对利益衡量的指导及规制作用；③利益衡量的技术性标准，研究了利益衡量的范围、准则及类型；并以“公序良俗”为例，分析了利益衡量在司法实践中的具体应用。通过本章的学习，可以了解利益衡量在司法实践中适用的类型与场合，对如何正确进行利益衡量的问题，亦可以有基本的认识。

第一节　利益衡量的概念

一、利益衡量存在的必然性

在法学上，法律与利益是一对紧密联系的范畴：利益是法律形成与发展的内在驱动力，法律则是对利益的确认、界定及分配。也就是说，法律的产生、沿革与变化，在很大程度上都受着利益的驱动，例如人们的利益需要转化为法律观念，从而成为一种立法的推动力；同样，法律存在的目的本身，就是为了对不同主体、不同层次、不同标准的利益加以调整，从而稳定社会关系与社会秩序。正如我们前面所言的，权利和义务是法律的核心内容，但“权利”本身就与“利益”密切相关。权利权利，有权有利，也就是说，权利本身必然包含着利益的观念在内。例如我们常言“人有没有自杀的权利？”“人有没有绝食的权利？”等，在学理上实际是一个假问题，因为自杀、绝食等，对当事人而言并不会带来任何利益，因而根本就不属于权利的范畴所要界定的内容。

一个常态的社会，利益的存在是多元的而不是单一的。例如，我们为了加强社会的透明度，往往提出知情的权益问题，但知情权益也同时有可能损害他人的隐私权益。同样，当我们在夜深人静引吭高歌时，这实现了我们爱好音乐的利益追求，但却同时可能损害他人的休息权益。由此可见，法律必须对利益与利益之间的关系作出判断并进行调整：“当一种利益与另一种利益相互冲突又不能使两者同时得到满足的时候，应当如何安排它们的秩序与确定它们的重要性？在对这种利益的先后次序进行安排时，人们必须作出一些价值判断即‘利益估价’问题。这是法律必须认真对待和处理的关键问题。”[1]这一问题在诉讼中反映得更加明显。因为每一个诉讼请求背后，隐含的都是当事人的一种利益期待，因而，法院在办案过程中，主要的任务就是“权衡当事人的利益，并通过对个别案件的判决或对一般原则的阐释，使当事人的利益得到协调。”[2]但问题的关键是，不同主体的利益之间并不会安宁地在一个法律的共同体中相安无事地共存，有时某些利益的取得就必然会与其他的利益相互冲突。并且，如果国家政策和立法强行压抑某种利益而伸张另外一种价值，必然会导致社会的失衡。为此，对于司法活动而言，就有必要确立利益衡量的一般准则，消解、缓和诉讼主体间利益的冲突与矛盾。

简而言之，由司法机关来进行利益衡量的必然性的依据在于：①利益冲突的必然性。在这里所指的利益冲突，是指“当存在两种利益时，一种利益的满足必须排除另一利益的满足。”[3]例如，国家为建运动场馆就必然要拆迁居民房屋，由此导致公共利益与个人利益之间的冲突。在一定的意义上说，只要有不同的利益主体存在，利益的冲突就是不可避免的。②既然存在利益冲突，是否可以交由民众自己来解决呢？虽然不排除利益主体之间通过协商、谈判的方式解决利益冲突的可能性，但在利益的调整机制中，司法是最为关键的因素。法院的设立本身即是为了维护社会的和谐，它不是为了维护某些人或少数人的利益，而是为了维护全体民众的利益而存在的。因此，在利益冲突的前提下，法院应当责无旁贷地进行利益衡量，使发生争议的利益需求得以平衡、协调，从而缓和社会矛盾。严格说来，“司法权只有一个利益，就是在公众利益和公民权利间保持公正的平衡，无论其社会地位高低，也无论他有权有势还是平民百姓。”[4]正是从这个意义上说，司法是一种可以称为“平衡器”的特殊装置，司法的职责就包含着对不同利益的确认与合理分配。

二、利益衡量的概念

利益衡量，也称法益衡量，是指在法律所确认的利益之间发生冲突时，由法官对冲突的利益确定其轻重而进行的权衡与取舍活动。为使此一概念意义彰明，可诠释如下：

1. 利益衡量的前提是法定利益的冲突。从人类社会所存在的利益而言，有的是合法的利益，即由法律所承认并保护的利益，例如生命的利益、财产的利益等；但也存在非法的或者不正当的利益，例如酗酒、吸毒，在一定程度上也是有的人生活之必需。利益衡量得以存在的前提，是因为法律所确定和保护的利益之间存在冲突，而法律上又

---

〔1〕 张文显主编：《法理学》，高等教育出版社、北京大学出版社 1999 年版，第 218、219、223 页。

〔2〕 [德]罗伯特·霍恩等：《德国民商法导论》，楚建译，中国大百科全书出版社 1996 年版，第 65、66 页。

〔3〕 [美]肯尼斯·基普尼斯：《职责与公义——美国的司法制度与律师职业道德》，徐文俊译，东南大学出版社 2000 年版，第 67 页。

〔4〕 [美]约翰·麦·赞恩：《法律的故事》，刘昕、胡凝译，江苏人民出版社 1998 年版，第 383 页。

未确定何种利益优先,因而造成司法机关必须通过解释的方法来进行相关的利益衡量,对利益来进行立法之后的第二次调整。虽然说,司法并不是社会利益的规划者、设计者,但它本身又负有裁决利益纠纷的责任。

2. 利益衡量的结果是通过确定相互冲突的利益之间的位阶,从而决定应当保护何者。从这个意义上说,利益衡量明显地具有价值判断的性质。它意味着,一旦司法机关受理发生利益冲突的案件争议,就必须在相互冲突的利益之间,根据其“轻重”次序来确定应保护何种利益。这就表明,利益之间的衡量,必然会融入裁判者的价值判断:“何种利益优先?”“如何进行权衡?”等等,这本身就必须加入裁判者的主观体验、价值权衡等各种因素。当然,这并非说利益衡量是一种纯主观的活动,它必须结合相关的标准,方能使其“衡量”的结果达到为社会上大多数人所信服的结果。

3. 利益衡量是一种法律的解释方法而非法的创造。法律的解释与法律的创造虽均为司法实践中的常见现象,但两者存在较为明显的差别:①从发生的原因看,利益衡量是因为法律所保护的利益之间存有冲突,法官在裁判时不得不加以平衡、调和,而法的创造则是因为法律无相关规定,审判人员必须自拟规则来解决案件争议;②从活动的依据看,利益衡量的前提仍是尊重相关法律规定,只是在立法者未对利益的位阶或利益的选择规则作出界定时,方探询立法者在此场合下应作何种价值衡量,而法的创造则是法官在法律存有空白或漏洞时,以“天将降大任于斯人也”的立场,主动地对法的空隙加以填补;③从最终结果看,利益衡量仍为法律秩序范围内法律的平衡与调节,对法的安定性不会造成危害。同时,这种利益衡量的结果只是形成了某种利益平衡、调节的范式,而未创制新的规则。然而,法的创造则是突破现有的法律体系框架,在法秩序之外创制新的规则,因而被学者称为“超越法律的法的续造”。

以上就利益衡量的前提、实质、性质三个方面诠释了利益衡量的概念,应当说,利益衡量是个涵盖力强、目的确定的法学范畴,在其概念的内涵与外延等方面,均有进一步深化研究的必要。

三、利益衡量的正当性问题

利益衡量在当今世界各国的司法实践中,业已成为一种普遍的趋势,然而,利益衡量作为司法过程的伴生物,在其运作中也存在着极大的理论障碍:

1. 利益衡量究竟还算不算一种方法?如前所述,利益衡量是在个案中实现利益的平衡或调节,或者说,是实现个案的正义,[1]但个案正义能等同于法律的正义吗?日本学者加藤一郎就从这个角度提出了警告:“作为裁判,有这样的情形,即个别的看具有妥当性,但纵览全体,考虑对与之相同的事例进行裁判是否可行之后,认为不具妥当

---

〔1〕“对于利益加以衡量的主要目的,即是对于个案正义的追求。”参见马纬中:“应予衡量原则之研究——以行政计划为中心”,载城仲模主编:《行政法之一般法律原则》(二),台湾三民书局1997年版,第505、506页。

性。这种情形,同样必须体面地打住!"[1] 显然,如果利益衡量不能建立起一套相关的规则,并以法学理论与实证经验作为支撑,那或许只能是当事人幸运地在个案中遇到能够"正确衡量"的法官而已。正是从这个意义上而言,关键的不是存在利益衡量这种机制,更为主要的是要形成利益衡量的一般方法,使其可以作为一种相对固定的程式来加以运用。例如,我们经常所言的"人是第一位的",那么,在利益衡量的过程中,就意味着无论什么其他的利益,都不能与生命的利益相提并论;如果存在利益的冲突,那应当毫不犹豫地确定生命的利益在第一位的规则。现实生活中常见的医院"见死不救",其原因在于医院经常无法收取医药费,然而,无论医院持有怎样的理由,这种行为本身就是违反法律和道德的,因为它将经济利益置于人的生命利益之上。

2. 利益衡量有无客观性可言?之所以要采取利益衡量的方法,关键就在于法律上有关不同利益的规定,并没有作出像"图表"式的那样排列,可以明确地知道何者优先,何者次之,因而必须由法官来针对个案作出具体衡量。[2] 然而,在不同层次、不同类型的法定利益中,法官究竟根据什么标准判断甲种利益应当高于乙种利益呢?诚然,我们前面已经说过,"价值衡量"不可避免地会存在价值判断的因素,然而,如果法官根本没有相关原则所支持的标准,那么其所为的判决与"恣意"又有何区别?

上述两个理论上的障碍,都可以归结到一个问题,即如何发展出利益衡量的客观性标准,使其不仅能在个案中实现正义,并且能促成法律普遍正义的实现,从而真正实现如卡多佐所追求的"自由的科学研究"这一崇高的目的。[3] 也就是说,一方面要通过司法自由裁量权的运作,通过个案的审理来达到利益之间的平衡;另一方面,这种自由裁量又不是随心所欲的,必须借助于客观的、外在的标准来加以把握,就如科学研究活动一样,能够实现主体研究与客观世界的契合。

第二节　利益衡量的依据

一、利益衡量的社会渊源

利益衡量自然应当根据法律的一般原理、原则来进行,然而,利益衡量与其他法律解释技术不同的是,它主要是考虑社会的实际需求来对争议的个案作出判断。因此,对于司法活动而言,在利益之间发生冲突时,怎样按照社会民众对利益调整的要求来确定不同利益之间的位阶,显然就是一个关键的问题。利益衡量如果不考虑人们的现实需求,那么,这种"衡量"就难以具备正当性的基础。有活力的法律和法律实践并不

---

[1] [日]加藤一郎:"法的解释与利益衡量",梁慧星译,载梁慧星主编:《民商法论丛》(第2卷),法律出版社1994年版,第92页。

[2] [德]卡尔·拉尔茨:《法学方法论》,陈爱娥译,五南图书出版有限公司1996年版,第313页。

[3] [美]本杰明·卡多佐:《司法过程的性质》,苏力译,商务印书馆1998年版,第74、75页。

能与社会相脱节,司法独立的真义也并不是将法院与社会相隔离,而是在独立的环境下能使法官得以“冷静地判断”社会价值与社会期望。

自然,“社会需求”只是一个价值性的范畴,它必须借助某些行为化、客观化的标准方能得以体现。正如卡多佐所言,“作为一个法官,我的义务也许是将什么东西——但不是我自己的追求、信念和哲学,而是我的时代的男人和女人的追求、信念和哲学——客观化并使之进入法律。如果我自己投入的同情理解、信仰以及激情是与一个已经过去的时代相一致的话,那么我就很难做好这一点。”[1]在这段话中,卡多佐实际上阐明了法官的正当角色问题:①法官有义务将社会上人们的追求、信念和哲学融入案件的解决过程之中;②虽然在法律适用与法律解释的过程里,主观上的价值判断不可避免,但要使判决为人们所信服并赢得社会支持,法官就必须将社会需求通过判决文书予以客观化;③法官的判决不能脱离时代的精神,否则即可能落伍于时代。我们认为,作为利益衡量标准的“社会需求”,包括公众舆论、社会价值观念、社会效果等几个主要方面的内容。

二、公众舆论

何谓公众舆论?“顾名思义,舆论就是群众已经公开表示出来的意见。……确切地说,舆论是群众对国家的政治、政府决策、公共问题,和对负责处理这些政策和问题的人所公开表示的意见。”[2]法官必须重视舆论的导向,因为一方面,法院不能置社会舆论于不顾,否则即可能处于社会矛盾的中心,而这是与法院的社会角色不相称的;另外一方面,“公众舆论的背后是人类的欲望、希望和要求,它们通过人类本身使人类感到它们的存在,并使它们在司法中、在撰写法律著作和立法史中有所作用。这样,如果我们要充分地了解它的话,我们就不能忽视在这个过程中积极行为的人。”[3]法院通过舆论来了解社会大众对某种利益的观感、看法,从而决定其平衡与取舍,就能大体上使判决与人们的需求合拍。实际上,只有形成公众舆论与法院解释之间的良性循环,即公众舆论影响司法判决,司法判决促成健康的公众舆论,司法的社会功能才能真正地实现。

美国政治学家希尔斯曼也论证了法院与公众舆论的关系,并把判决理由作为一种与社会、下级法院和执行机关、国会沟通的一种手段:“任何法官都明白,他的意见,无论是多数意见、赞同意见或反对意见,都是一种传达信息的途径。一致的、有说服力的意见会争取到大众媒介、知识界和各种团体的头面人物、国会议员,以及一般公众的支持,而公众支持与否关系到判决得以顺利执行或者遭到强烈的反对。判决意见也是一种与下级法院和执法机关沟通的手段,使他们明白为什么要执行和如何执行这一判决。这还会吸引利益集团向法院提出其他案件。它还能要求国会纠正某项不好的立

---

〔1〕[美]本杰明·卡多佐:《司法过程的性质》,苏力译,商务印书馆 1998 年版,第 109 页。

〔2〕李道揆:《美国政府和美国政治》(上),商务印书馆 1999 年版,第 73 页。

〔3〕[美]罗斯科·庞德:《法律史解释》,曹玉堂、杨知译,华夏出版社 1989 年版,第 115 页。

法或提出新的立法以弥补其不足。”[1] 从利益衡量的角度而言，希尔斯曼实际上提出了接受公众舆论的必要性问题：如果某一个判决无法体现公众对利益衡量的期望，那么这一判决就不能得到公众的拥护和支持，然而判决为公众的接受度对法院来说又是非常必要的。在国家权力体系中，司法权是最弱的一环，它既无军权，又无财权，其主要的力量即在于民众对其判决道义性的信服与对其权威的尊重。

当然，法院在法律解释及利益衡量的场合对公共舆论的重视，也并非必定要迎合公共舆论。从本体上而言，公共舆论背后是所谓“群体”、“大众”等概念，然而，“群体”并非真正的“个人”，群体的意见也并非都是理性的产物，存在着不定性和易变性。由此看来，司法独立的社会意义首先就在于使法院适度地与社会隔离，而不至于在喧嚣的气氛中作出非理性的判决。[2]

三、社会价值观念

社会价值观念是社会经过对社会流行的各种评价进行反省而得出的价值观念。一种正确的价值观念，不仅为建构一个合理社会提供了思想基础，而且为一个民族的团结一致提供了凝聚力。[3] 法院在进行利益衡量时，不能“以它们自己的关于理性和正义的观点来替代它们所服务的普通人的观点。在这些问题上，真正作数的并不是那些我认为是正确的东西，而是那些我有理由认为其他有正常智力和良心的人都可能会合乎情理地认为是正确的东西。”[4] 因此，法官在作出利益衡量时，不是站在“法律家”的立场，而是立足于“外行人”的立场上进行平衡、取舍，就被认为可能更符合社会需要。[5]

社会价值观念作为一种流动的观念形态，可能因其易变性而导致司法活动的无所适从。就法律问题而言，社会价值观念能够成为司法（包括利益衡量在内）的依据，必须具有如下的基本特征：

1. 该种价值观念是为社会上大部分民众所接受的主流的价值观念。不同的阶级阶层、不同的地理区域以及不同的历史阶段，都会演化出不同的价值观念体系。然而，真正能够作为价值衡量依据的，却有着超越人类的集团意识以及超越特定时空的价值普适性。例如传统上人们对自然法的讴歌就是如此。所谓自然法，不过也就是体现着

---

[1] [美]希尔斯曼：《美国是如何治理的》，曹大鹏译，商务印书馆1986年版，第181页。

[2] 从这个意义上说，学者所言“与司法权相比，立法者对根植于日常生活的舆论更为敏感、或者更可能敏感，而司法权就显得不那么敏感了”并不一定就是缺点。参见[意]莫诺·卡佩莱蒂：《福利国家与接近正义》，刘俊祥等译，法律出版社2000年版，第229页。

[3] 王守昌：《西方社会哲学》，东方出版社1996年版，第207页。

[4] [美]本杰明·卡多佐：《司法过程的性质》，苏力译，商务印书馆1998年版，第54页。

[5] 此处借用杨仁寿先生的观点。杨先生云：“近人恒以法官为一法律专家，在法律技术方面，例如逻辑的推论，法律概念上意蕴以及沿革之了解等，固应由其为之，而‘利益衡量’或‘价值判断’，则宜自‘外行人’之立场为之，始能切合社会需要。”杨先生还举英美陪审制度及德国“外行法官制度”为例说明此一问题。参见杨仁寿：《法学方法论》，中国政法大学出版社1999年版，第178、179页。

人类共同信守的价值准则而已,它如不变的精神遗传,铭刻在一代代人的良心之上,是形成"人"这一动物类型与其他物种的本质区别之一。再如当今社会中人们所追求的共同人权观念及对人权标准的探讨,也不过是在综合各地区、各历史阶段的抽象的"人"的基础之上,对人类共有标准的厘定。

2. 该种价值观念是为历史证明为正当的价值观念。人类观念发展的历史,还是一个推陈出新、更生更迭的发展过程。在这其中,既有许多应当为人类珍惜的价值观念被迫让位于颓废的价值观念的历史,但更多的,则是一代又一代的人民在前人的基础上重塑新的正当的价值观念的历程。周永坤先生认为,"公认的价值"为法律的渊源之一,[1]在这里,"公认"即意味着"公共认同"。虽然观念本身如行云流水,很难用清晰的语言表达其内在的价值维度,然而,社会能够凝聚成一个有机的整体,毕竟要用许多为人们所公认的价值观念来作为其黏合剂,使社会群体能够依此共同的观念来进行可期待的行为;它也有利于形成社会通行的评价观念与评价体系,从而在正式的法律之外,用相应的社会观念来约束社会成员的行为。社会价值的公认性也是社会价值观念最能够发生效果的基础。作为法律渊源的公认的价值,具有较强的道德基质与说理性,因而,法官的判决能够为社会民众,特别是当事人双方所接受,就必须依赖于对公认价值的阐发。

3. 该种价值观念必须能够解决法律的缺陷或填补法律的空白。在法律渊源体系中,有的传统的、公认的价值观念业已转换为法律的原则、规则(如前述的"诚实信用"原则),或者固化为习惯、习俗或者惯例,可以作为独立的法律渊源发挥作用。而社会价值观念之所以有资格成为法律的渊源以及法官判决的根据,不仅因为法律以及司法活动本身就是社会场景的产物,更是由于成文法不可避免的缺陷。正如博登海默所言:"由国家确立的实在法制度必然是不完整的、支离破碎的,而且它的规则也充满着含义不清的现象。"这就需要用相关的非正式渊源来加以填补。虽然"有些理念、原则和标准同正式的法律渊源相比,可能更加不明确,但是它们不管怎样还是给法院裁决提供了某种程度的规范性指导,而只有诉诸这些理念、原则和标准才能克服实在法制度所存在的那些缺点。"在博登海默看来,如果没有包括社会价值观念在内的法律非正式渊源,"那么在确定的实在法规定的范围以外,除了法官个人的独断专行以外,就什么也不存在了。"[2]显然,社会价值观念同时也就成为制约法官自由裁量权的锐利武器,保证着司法判决与社会生活的基本关联。

以上所言主流性、正当性、关联性(针对具体案件而言)虽不能完全代表作为法律渊源之一的社会价值观念的全部特征,但是,在利益衡量的场合,上述三个基本的内容都应当是法官作出判决的准绳。

---

〔1〕 周永坤:《法理学——全球视野》,法律出版社 2000 年版,第 45 页以下。

〔2〕 [美]E. 博登海默:《法理学:法律哲学与法律方法》,邓正来译,中国政法大学出版社 1999 年版,第 445 页。

四、社会效果

这里所称社会效果,是指法官在进行利益衡量时,对可能效果的评估,或对以往判例中"衡量效果"的估价与检讨。实际上,任何法院或法官都是社会的一员,自觉地运用其知识或者经验来考察判决的社会效果,本身也是其职责所在。

社会效果的主要内容又通过具体的个案体现出来,它要求司法者通过对个案本身的裁断,确定其应采用的判决准则。为什么个案事实在利益衡量的场合如此重要?

1. 社会的发展常常导致利益衡量所依存的根据发生改变。例如人们通信自由的利益就会随着通信方式、通信地点、通信时间、通信内容等不同的情形而发生变化,因而在决定通信自由的利益与其他社会利益之间发生冲突时,就应当根据不同时期的具体情形进行权衡。[1] 特别是高科技时代,随着计算机网络等信息工具的使用,大量的新的利益不断派生出来,如网络自身安全、信息安全、网上名誉权、著作权、隐私权等。[2] 显然,在这种情形中,如何用新的标准来判定利益间的冲突,已不可能套用原有的规则(更何况本身很难说已有多少公认的规则),而需要根据个案所涉及的利益主体、利益范围等进行新的界定。

2. 个案的事实本身往往成为如何衡量的标准。例如在言论自由方面,美国联邦最高法院大法官霍姆斯所创立的"清楚与现存危险"标准[3]就是典型的一例。在判决中,霍姆斯法官言道:"即使对自由言论最严格的保护,也不会保护一人在剧院谎报火灾而造成一场恐慌。它甚至不保护一人被禁止言论,以避免可能具有的暴力效果。每一个案例的问题是:言论是否被用在如此场合,以至将造成清楚与现存的危险,并带来国会有权禁止的实际危害。这是一个程度问题。当国家处于战争时期,许多在和平时期可被谈论的事物,将对战备努力构成如此障碍,以至这类言论不能再被忍受,且法院不得认为它们受到任何宪法权利的保护。"[4] 这一判例说明,像言论自由这样的宪法基本权利也不是绝对的;对言论自由是否予以保护,必须根据个案所涉及的情形来具体确定。所谓"情形"包括:①时间,平常时期与战时应有区别;②场合,是普通场合抑或特殊场合,如判例中所言"剧院";③后果,是否会引发"暴力效果";④程度,这是最本质的标准,即能否带来"清楚"与"现存"的危险。只有在权衡以上各种具体情形,才能对当事人的言论自由权决定是否予以保护。

3. 对个案事实本身的权衡实质上就是关于社会效果的评价与分析。正如美国政治学家希尔斯曼所言:"在各种影响司法决定的因素中,决定本身可能带来的经济和社

---

〔1〕 [美]詹姆斯·安修:《美国宪法解释与判例》,黎建飞译,中国政法大学出版社1994年版,第149页。

〔2〕 吴弘、陈芳:"计算机信息网络立法若干问题研究",载《华东政法学院学报》2000年第1期。

〔3〕 此一标准在我国的学术著作中也多称为"明显与即刻的危险"。

〔4〕 张千帆:《西方宪政体系》(上册·美国宪法),中国政法大学出版社2000年版,第356、357页。但具有讽刺意味的是,创立这一规则的霍姆斯法官后来又作为少数派反对最高法院的多数派对此一规则的引用与延伸,特别是在"抵制征兵第四案"中,判例译文见张千帆先生同书,第359页以下。

会后果也是其中之一。无论作出决定的法律论据多么振振有词,但这一裁决可能使汽车制造、钢铁、石油等主要工业停摆时,大多数法官是会踌躇的。"[1]虽然希尔斯曼并非专就利益衡量立论,但其中有关"社会效果"的考虑,同样可以作为利益衡量的注脚。当然必须注意的是,以上所言的"社会效果"都是从个案衡量的角度上而言的,而并非如法理学、法律社会学中所说的"法律效果"那样,立足于经济、文化、政治因素等各个方面来分析法律的总体效果或整体效果。自然,个案的社会效果也并非完全脱离法律的整体效果而存在,正是单个个案的累积,才构成了衡量一个国家法律实践效果的主要指标。从这个意义上,在单个案件上正确地实现利益衡量,是完善法律实施机制的重要内容。

第三节　利益衡量的技术性标准

一、利益衡量技术标准概述

利益衡量的技术标准,即为利益衡量确定基本的运作规则和判断方法。这主要表现在衡量范围、衡量依据与衡量类型上。

所谓衡量范围,即指利益衡量应在何种场合下发挥作用。一般而言,从主体上说,利益衡量主要涉及公共利益与公共利益之间、个人利益与个人利益之间以及公共利益与个人利益之间三者的冲突问题,利益衡量就应当在此找到必要的规则,适度地调整三者之间的相应关系。应当说,既不能强调个人利益而牺牲公共利益,当然也不能将公共利益无限制地置于个人利益之上,从而以"公共利益"的名义侵犯、牺牲个人的利益。这种范围类型的确立本身,就是不单单以利益主体的多寡作为判断利益价值的高低。也就是说,拥护社会的支持者倡导的"公共利益"未必就高于单个人所拥有的个人利益,利益之间的高低还必须取决于政府的正当目的及利益本身与单个人的关联。

所谓衡量依据,则主要是指利益衡量应当以什么为尺度来进行。实际上,要防止法官滥用利益衡量的权力,就必须确立起相应的权威规则,以使得利益衡量能在法律安定的背景下运作。在这里,除法律本文以及立法目的之外,社会需求、公共政策以及个案事实等,都影响着利益衡量的正当性问题。而"衡量依据"概念本身同时又昭示着一个最基本的理念:司法为人民而存在,司法本身不能背离人民的利益取向和价值追求,否则,这种司法仅依存于政治强势而难以成为真正意义上的司法。

衡量类型则主要指法院通过解释方法进行利益衡量时,应对利益的哪些生存形态进行评估,从而确定其应否予以保护。与衡量范围(针对利益涉及的主体而言)相比,类型主要针对的是各个不同的利益形态。之所以提出这一问题,首先就是由于利益之

---

[1]　[美]希尔斯曼:《美国是如何治理的》,曹大鹏译,商务印书馆1986年版,第189页。

间并不都具有法律地位上的同阶性，也就是说，如果利益之间的位阶大小是很明确的，一般而言不允许法官滥用权力进行衡量。例如，在涉及人身权与财产权冲突的场合，自然应保护人身权，而不应顾及财产权而减损人身权的法律保护。

此外，利益衡量也必须考虑形式上的妥当性与合理性。一方面，利益衡量的结论必须建立在法律渊源（既包括正式渊源也包括非正式渊源）的基础之上，使所得出的结论立基于规范的正当要求基础之上；另一方面，利益衡量也必须有合乎逻辑的法律理由，也就是说，法官在进行利益衡量的同时，必须给出为何作出如此衡量的说明，从而防止衡量成为一种恣意的判断或任意的裁量。

二、利益衡量的范围

"衡量"发生于利益冲突的场合，但也并非所有的利益均需要衡量。例如根据法律的一般原理，明显地可以推断出某种利益的重要性高于其他利益，法官即可宣布该种利益的保护更值得关注。如在行政诉讼中，国家行为的争讼排除在法院的受案范围之外，因而，即使当事人因国家行为而受损害，其利益在法律上也难以得到肯认，法官因而可以拒绝受理案件或驳回起诉。但反过来，法官在应当予以衡量的场合却未予衡量或未充分地予以衡量者，则是一种显失正义的行为。特别是在国家利益与个人利益相冲突，或"重要利益"与"次要利益"相冲突时，不能一味强调前者而置后者于不顾。当然，这个范围本身也存在着许多的不确定因素，个中的关键问题就是难以判断相互冲突的利益中什么才是"重要利益"。

上述问题也同时说明，某些利益的冲突是不需要加以衡量的，或者说，在此时需要的不是"平衡"而是"取舍"，〔1〕例如，在美国的司法审查中，对于某些政府行为就不需要作出衡量而直接予以宣布无效："①案件所涉及的政府行为超越宪法明确授权于该组织或机构的权限；②案件所涉及的立法根据本国惯用的任何规则，如含混或不确定规则而无效；③授予公共官员权力但却缺乏足够的准则；④所涉及的政府行为不必要过分宽泛地影响了相冲突的社会利益；⑤政府行为显然不为受这类行为所保护的利益所必需；⑥政府行为显然严重影响了某些重要的社会利益，且对这些社会利益毫无好处，从而无法证明其行为的正当性。"〔2〕

同时，即使属于应当衡量的范围，法官也必须自我克制，正如加藤一郎先生所言："依利益衡量考虑妥当的解释的场合，必须充分注意，利益衡量不应是毫无节制的、恣意的。这种考虑，也可以说是一种广义的利益衡量。例如，是否有害于法的安定性，或

---

〔1〕 自然，正如我们前面在概念中所说的，"平衡"与"取舍"均可以说是利益衡量的个中之义。但从"衡量"的实质情况而言，"平衡"是正面的衡量，而"取舍"只能是负面的衡量，因为其本身即决定某一种利益不在衡量的范围之内。

〔2〕 ［美］詹姆斯·安修：《美国宪法解释与判例》，黎建飞译，中国政法大学出版社1994年版，第149页。

者仅此而言虽说可以，还必须考虑此后的裁判中是否要有所节制等。"[1]之所以存在这样的情形，原因不外乎这样几个方面：①利益衡量本身仍然是法律范围内的活动。自然，这里所称的"法"是广义的，包括制定法之外大量的非正式渊源，然而，"我们必须坚持认为，即如果我们赋予法官以实施个别衡平的权力，……这种权力的行使不应达致侵损规范性制度的程度"。[2] 法官毕竟是法律的阐释者而不是法律的创造者，这本身就要求司法的自我克制。②利益衡量涉及大量的政治与社会政策问题，在这样一些场合，司法应当以公共政策、主流价值观念等为依据，来确认个案中各种利益的保障程度。显然，利益衡量本身也必须依赖于相对客观的法律和社会依据，而不纯为司法官的自由裁量。③职业规则本身的限制。对于司法活动而言，同等的事情同等看待，这是公正的基本内涵，因而必须在个案的审理中尊重先例，严禁在无特殊情形下对先例的随意变更。

三、利益衡量中的公序良俗及其运用——利益衡量技术的实证分析

在民商法领域中，"公序良俗"成为民商活动的基本准则。我国学者将公序良俗原则解释成"民事主体在进行民事活动时不得违反社会公共秩序和善良风俗，不得违反社会一般道德准则和国家的一般利益。"[3]自然，公序良俗的要求也不仅限于民商法的规定，其他部门法中也有相同或类似的规定。[4] 学者们指出，公共秩序与善良风俗表现了社会对于个人行为的影响与规制，它意味着人不仅是单独的个人，同时还是一种具有社会责任、履行社会义务的主体。因此，法官在解释法律时，可以公共秩序、善良风俗为由，来平衡相互冲突的利益。

在法院适用"公序良俗"原则解决案件时，有几个问题是特别值得指出的：

1. 公序良俗作为法律的一种渊源，只能在"实在法模棱两可或未作规定的情形下"才能加以适用。[5] 提出这一限制是必需的。司法与行政的共同特征，均在于执行立法机关所制定的成文法律，使代表人民意志的立法决定能适用于解决具体案件的场合。因而，对法律的尊重是法律职业者的必备素质，接受法律约束是形成法律共同体的条件。"公序良俗"作为一项概括性规定，就是适用在法律没有明确规定或者法律规定有缺陷的场合，以使得法律与社会能协调起来。

---

〔1〕［日］加藤一郎："民法的解释与利益衡量"，梁慧星译，载梁慧星主编：《民商法论丛》（第2卷），法律出版社1994年版，第78页。

〔2〕［美］E. 博登海默：《法理学：法律哲学与法律方法》，邓正来译，中国政法大学出版社1999年版，第462页。

〔3〕马俊驹、余延满：《民法原论》（上），法律出版社1998年版，第70页。

〔4〕例如我国《刑法》第2条规定："中华人民共和国刑法的任务，是……维护社会秩序、经济秩序，保障社会主义建设事业的顺利进行"；《行政处罚法》第1条规定："……为了……维护公共利益和社会秩序，……根据宪法，制定本法。"

〔5〕［美］E. 博登海默：《法理学：法律哲学与法律方法》，邓正来译，中国政法大学出版社1999年版，第465页。

2. 公序良俗作为公共政策的一个内容，同时也必须随着时代的发展而不断充实其价值内容。正如著名法学家科宾所告诫的，“必须牢记，时代改变了，公共政策也必定随着改变。今天被相信为与公共福利相一致的一项判决或一项规则，明天可能与之不相一致。人们的道德观念，那些一般最通行的惯例，以及关于什么促进福利及生存的意见也会慢慢地随着时间、环境而逐渐改变。”而如果法院和法官拒绝这些影响，则他们在实际上不能恰当地履行他们的职能。[1] 正因为如此，卡多佐将法官的任务定位为“翻译者”，“他阅读着外部给予他的符号和记号”，[2] 从社会的需要、社会的反应中读出公序良俗的信息。

3. 最为困难的，是公序良俗的标准究竟如何确定？作为一种不确定性的规则，公序良俗虽然在法律中得以承认并赋予法律原则的地位，然而其本身又是一个需要由法官加以具体充实的一般条款。“法律并没有为不确定规则确定明确的特征，以使法官可据以进行逻辑操作。它只是为法官指出一个方向，要他朝着这个方向进行裁判，至于在这个方向上法官到底可以走多远，则让法官自己去裁判。”[3] 由此，法官认为某项行为是否符合公序良俗的要求，必须根据相关的个案作出具体的判断。那么，据以判断的标准又是什么呢？

从社会及当事人对司法判决的期望角度而言，确定公序良俗的标准应当是社会的标准而非个人的标准。在德国法学上，善良风俗的行为标准就常常被描述为“所有能正确思考问题的人都感到适当”，[4] 显然，按照这一准则，公序良俗的标准就应当来自于社会而不是法官个人的内心求证。美国一家地区法院在判例中即专门指出：“在裁定良好的道德品德问题时，法院的个别态度并不是标准。由于这种标准具有公认的缺点与可变性，所以就时间和地点来看，所适用的标准应当是整个社会接受的行为规范。”[5] 法官的判决能够为社会民众，特别是当事人双方所接受，就必须依赖于对公认价值的阐发。正因为如此，利用公序良俗的原则来对待可能具有违法性的法律行为时，法院必须小心谨慎。

至于公序良俗的标准获得的途径，一般而言有两种主要的学说：①经验主义的观点，它主张应根据具体的时间和地点，考察某一行为是否正常和符合习惯。因而，公序良俗标准的确定，不应根据宗教的或哲学的思想，而只能根据事实和公众舆论；②唯心主义的观点，主张应由法官根据社会生活中居主导地位的道德准则去判断行为是否违

---

〔1〕 [美]A. L. 科宾：《科宾论合同》（一卷版）（下），王卫国等译，中国大百科全书出版社 1998 年版，第 723 页。

〔2〕 [美]本杰明·卡多佐：《司法过程的性质》，苏力译，商务印书馆 1998 年版，第 109 页。

〔3〕 沈敏荣：《法律的不确定性——反垄断法规则分析》，法律出版社 2001 年版，第 107 页。

〔4〕 [德]罗伯特·霍恩等：《德国民商法导论》，楚建译，中国大百科全书出版社 1996 年版，第 92 页。

〔5〕 转引自[美]E. 博登海默：《法理学：法律哲学与法律方法》，邓正来译，中国政法大学出版社 1999 年版，第 466、467 页。

反道德。因此,对行为是否合乎道德无须作具体考察,而只需作出判断即可。[1] 自然,这两种观点都是为避免公序良俗的过于主观而作出的规制,但后者更为推崇法官的理性判断能力;或者换句话说,在唯心主义的观点看来,法官可以对什么是主流的道德标准作出选择。显然从这个角度来说,经验主义的观念或许更为可取。科宾也曾言道:"关于公共政策的一种意见的合理正确是取决于经验,而且与过去的知识和持有意见人的智力是成正比的。智慧就是拥有最多的知识和最好的智能,因而聪明人的判断就常更多地受到新经验的支持,并由后继者的经验加以证实。"[2]

4. 与前一个问题相关,即如何防止法官适用"公序良俗"的主观恣意甚至滥用这种权力?德国学者梅迪库斯指出,裁判者可以将那些异于自己看法的思想,作为不公平的和非正义的思想予以铲除。例如,纳粹时期的德国帝国法院在1936年的一项判决中,就将善良风俗等同于"人民的健康感受",而又将"人民的健康感受"等同于"国家社会主义的世界观"。[3]

要防止类似情形的发生,就必须确立相应的规则。综合起来可以有这样一些对公序良俗判断的限制:①法官在作出判决之前必须具备有关问题的"证据",即专家意见以及无偏见而有经验的观察者们的证词。[4] 有时,这种对社会观念的吸纳还包括尊重公共舆论,因为从某种意义上说,主流的公共舆论本身就是公序良俗的一部分。②对公序良俗的判断,还必须受到司法职业准则的限制。这一方面要求法院在处理案件时,必须遵循先例,当然,其适用的条件必须是社会环境相对稳定、公共政策并无重大变化的情形之下;另一方面,要使判决为人们所信服并赢得社会支持,法官就必须将其判断理由通过判决文书予以客观化,以接受社会及后人对其判断的检验。③法院关于公序良俗的认定只能结合个案,形成调整个案的判决规则,而不能够代替立法者作出有关公序良俗的一般准则。这可以从国外相关的判例中得到证明。例如,德国合同法律实务上就有一个重要限制,"不允许法院建立一般的公平原则,法院不能以自认为更为公平合理的结果来取代合同的效力或制定法规范。"[5]这种限制的目的,说到底也就是考虑法院在政治结构中的"从属"地位。因为社会管理的主体在于政府而不在司法部门,司法只是在人们需要的时候,根据政治机构的行为规范来对具体案件作出判断。

---

〔1〕 尹田:《法国现代合同法》,法律出版社1995年版,第169页。

〔2〕 [美]A. L. 科宾:《科宾论合同》(一卷版)(下),王卫国等译,中国大百科全书出版社1998年版,第721页。

〔3〕 [德]迪特尔·梅迪库斯:《德国民法总论》,邵建东译,法律出版社2000年版,第513页。

〔4〕 [美]A. L. 科宾:《科宾论合同》(一卷版)(下),王卫国等译,中国大百科全书出版社1998年版,第723页。

〔5〕 转引自郑强:《合同法诚实信用原则研究——帝王条款的法理阐释》,法律出版社2000年版,第73页。

复习思考题

1. 什么是利益衡量？为什么法律适用过程离不开利益衡量？
2. 利益衡量的正当性何在？如何防止法官在利益衡量过程中滥用自由裁量权？
3. 利益衡量为什么必须借助法律的社会渊源？
4. 在利益衡量中如何以社会效果作为其正当性基础？
5. 结合实际案例，分析在利益衡量过程中应当采纳的技术性标准。

第二十三章　法律推理技术

✣学习目的与要求

本章是有关法律推理技术的论述，重点分析了①法律推理的含义、特点及意义问题，着重分析了法律推理与一般推理的差别；②形式推理技术，研究了形式推理的含义、种类及可能存在的谬误，重点分析了演绎推理与归纳推理的异同；③实质推理技术，分析了实质推理的概念及适用情形，提炼了其特点、形式和技术规则。通过本章学习，可以使学生掌握法律推理、形式推理和实质推理的概念，熟悉形式推理、实质推理的理论，了解各种法律推理的运用方式和局限性。

第一节　法律推理概述

一、法律推理的涵义

法律推理作为法哲学的基本问题之一，从理论源头上虽可追溯到亚里士多德，但它真正成为西方法理学研究的热点则始于20世纪60年代。[1] 北京大学沈宗灵教授1990年出版的《法理学研究》，在国内法学著作中第一次辟专章论述了法律推理问题。其后，国内法理学教科书开始关注法律推理，有关的研究论文也陆续出现。但总体来看，我国法学理论界对法律推理的研究不多，存在的问题不少。本章试图结合我国法制实践从理论上对法律推理的若干问题，特别是它在法律适用过程中的作用，加以阐述。

要把握法律推理的涵义，需要先对它的属概念“推理”作一些考察。从汉语语义上看，一般认为推理有两个含义：①指“由一个或几个已知的判断（前提）推出新判断（结论）的过程”，[2] 这类似亚里士多德的必然推理（证明的推理）；②指论证，即通过辩论，运用论据来证明论题的真实性的过程，目的是为所获得的结论提供理由，这类似亚氏的辩证推理或修辞推理。推理有两个重要特点：①推理是一个发现新知识的思考或思维过程。②推理特别是辩证推理不仅指个人思考或头脑内部的“推想”，还具有“辩论、

---

〔1〕 张保生：《法律推理的理论与方法》，中国政法大学出版社2000年版，第5页。

〔2〕 《现代汉语词典》，商务印书馆1996年修订本，第1385页。

讨论”的公开性论证特点。这个特点反映着人与人之间的社会关系。[1]

注意到了法律推理与推理的联系，有的法理学教材认为，“推理通常是指人们逻辑思维的一种活动，即从一个或几个已知的判断（前提）得出另一个未知的判断（结论）。这种思维活动在法律领域中的运用就通称法律推理（Legal reasoning），它大体上是对法律命题运用一般逻辑推理的过程”。[2] 这种定义在国内法学界出现的比较早，影响比较大，也很好地反映了法律推理的思维活动特点，但不足之处在于没有很好地反映法律推理的独特性。比如，哪些主体在法律领域中运用这种思维活动？在西方国家法学中，由于法律发展的不同历史背景，法律推理的研究对象就有所不同。“普通法法系（英美法系）国家中关于法律推理的著作集中在法官上，他们已发表的判决意见含有大量推理，而在民法法系（大陆法系）国家中，则更多地集中在法学家的著作上，因为他们的作品，即‘学理’，被认为是‘什么是法律’的重要证明，同时也因为法院判决在推理方面太不周详。”[3] 国内法学界关于法律推理的主体也有很大分歧。

有的法理学教材认为，“法律推理是指以法律与事实两个已知的判断为前提运用科学的方法和规则为法律适用结论提供正当理由的一种逻辑思维活动。”[4] 这种定义把法律推理限于“为法律适用结论提供正当理由”，虽有明确法律推理主体、强调法律适用的特点，似有以偏概全之嫌。①法律适用主要是司法机关的活动。即使广义的法律适用也主要是司法、执法机关的活动。司法机关适用法律时的推理属于司法推理。司法推理属于法律推理，但法律推理却不限于司法推理。法律推理在法律领域中是广泛运用的，从立法、执法、司法、对法律实施的监督以至一般公民的法律意识中，都有法律推理的活动。一个明确的例证是刑事案件的侦查活动，侦查员往往要从某种现象（前提）推论出结果。例如，从犯罪现场是否留有痕迹来推论罪犯是初犯或累犯，从一件衣服的外形来推论这一衣服主人的精神状态等等。这种思维活动就是推理。所以，侦探小说又被称为“推理小说”。有的法理学家更主张，研究法律推理的对象不应限于法官的推理，还应包括研究公民的推理。因为“法律在法院外的作用就像在法院内的作用同样繁多和重要”；“法律是供普通的男男女女之用的，它被认为是他们对怎样生

---

[1] 张保生：《法律推理的理论与方法》，中国政法大学出版社 2000 年版，第 62 ~ 65 页。

[2] 沈宗灵主编：《法理学研究》，上海人民出版社 1990 年版，第 337 页。

[3] [英] J. W. 哈里斯：《法律哲学》，英国巴特沃思公司 1980 年版，第 193 页。转引自沈宗灵主编：《法理学研究》，上海人民出版社 1990 年版，第 338、339 页。

[4] 张文显主编：《法理学》，法律出版社 2007 年版，第 257 页。

活而进行推理的某种结构。”[1]②法律推理还有一些不为司法推理所垄断的特征。例如，法的创制过程中的立法推理就不具有司法推理诉讼双方势不两立的竞争性，而是具有明显的互补性；侦查过程中的法律推理则缺乏辩论的公开性等等。[2] ③从法律推理概念的外延上看，形容词法律的（legal）与司法的（judicial）有明显区别。法律推理属于法理学范畴，是法学的一个普遍概念；而司法推理则属于诉讼法学的范畴，是部门法学的特殊概念。[3]

美国法学家伯顿认为，“法律推理就是在法律论辩中运用法律理由的过程”。[4]在把握法律推理概念时，法律理由确实是一个非常重要的概念。法律理由既存在于规则中，又存在于原则中。这表明法律理由具有层次性，较低的理由（目的）应当服从于更高的理由（目的）。法律理由的强弱之分使不同的法律理由之间具有一种竞争关系，法官的推理在某种程度是对不同的法律理由做出权衡，从而做出更具权威性的结论。但是，把法律推理仅仅说成是运用法律理由的过程，似乎忽略了法律推理本身还是一个制造法律理由的过程。实际上，法律推理通过将大前提和小前提结合起来得出一个必然的或可以接受的结论，也就是提出一种新的法律理由。就是说，法律理由虽然存在于作为大前提的法律规则和原则中，也存在于作为小前提的案件事实中，然而，法官的推理绝不只是发现这些理由，而是在将大小前提结合起来的过程中，运用理性思维的加工能力提出适合于具体案件的特殊法律理由。[5]

基于以上分析，笔者赞同如下的定义：法律推理是人们从一个或几个已知的前提（法律事实或法律规范、法律原则、法律概念、判例等法律资料）得出某种法律结论的思维过程。[6]

二、法律推理的特点

法律推理与一般推理相比，有这样几个特点：

1. 法律推理是一种寻求正当性证明的推理。自然科学研究中的推理是一种寻找

---

〔1〕［美］N. 麦考密克：“公民的推理及其对法理学的重要性”，载《国际法律哲学和社会哲学世界大会全体会议论文集》（英文本），日本神户出版社1987年版，第10页。转引自沈宗灵主编：《法理学研究》，上海人民出版社1990年版，第338页。张保生博士也正确地指出：法律推理是一个综合概念，根据推理主体的不同，它首先可以分为职业法律工作者“职事的”法律推理和普通国民“日常生活的”法律推理两大类。在职事的法律推理，除司法推理外，还包括立法推理和执法推理，以及法律服务、法律教育和研究中的法律推理。再往下分，司法推理还可以分为认定事实的推理和适用法律的推理；执法推理可以分为行政执法推理和刑事侦查推理等等。参见张保生：《法律推理的理论与方法》，中国政法大学出版社2000年版，第68页。

〔2〕张保生：《法律推理的理论与方法》，中国政法大学出版社2000年版，第67～69页。

〔3〕张保生：《法律推理的理论与方法》，中国政法大学出版社2000年版，第68页。

〔4〕［美］史蒂文·J. 伯顿：《法律和法律推理导论》，张志铭、解兴权译，中国政法大学出版社1998年版，第1页。

〔5〕张保生：《法律推理的理论与方法》，中国政法大学出版社2000年版，第80、81页。

〔6〕张文显：《二十世纪西方法哲学思潮研究》，法律出版社1996年版，第16页。

和发现真相和真理的推理。而在法学领域，因为法律是一种社会规范，其内容为对人的行为的要求、禁止与允许，所以法律推理的核心主要是为行为规范或人的行为是否正确或妥当提供正当理由。法律推理所要回答的问题主要是：规则的正确含义及其有效性即是否正当的问题、行为是否合法或是否正当的问题、当事人是否拥有权利、是否应有义务、是否应付法律责任等问题。

2. 法律推理要受现行法律的约束。现行法律是法律推理的前提和制约法律推理的条件。法律的正式渊源或非正式渊源都可以成为法律推理中的“理由”，成为行为的正当性根据。在我国，宪法、法律、行政法规、地方性法规都是法律推理的前提。在缺乏明确的法律规定的情况下，法律原则、政策、法理和习惯也会成为法律推理的前提。在普通法法系的国家，来自于判例中的法律规则，也是法律推理的前提。

3. 法律推理的结果涉及当事人的利害关系。在许多情况下，法律推理的结论事关当事人是否拥有权利、是否应有义务、是否应付法律责任等，而这些问题直接关系到当事人的利益。

4. 法律推理需运用多种科学的方法和规则进行。法律推理的方法中不单纯使用逻辑推理方法，特别是不单纯使用形式逻辑的方法，还存在非逻辑的分析与论证，如价值分析判断等；因此其规则也多样化。[1]

三、法律推理的意义

法律推理与司法公正有着内在的联系，开展法律推理是实现司法公正的一个重要途径：

1. 法律推理的规则与司法公正的要求是一致的。法律推理对逻辑一致性、不矛盾性、同样案件同样处理的要求，同时也是形式公正的要求。依照法律根据推理的逻辑规则对法律命题进行推理的过程，同时也是实现司法公正的过程。

2. 法律推理的目标与司法公正具有一致性，法律推理与司法公正的关系是一种形式与内容的关系，法律推理的过程也是追求公正的过程。这是因为，法律推理是一个正当性证明的过程，它的目标是为法律规范及人们的行为提供理由。公正是法律及行为正当的一个重要理由，是正当性证明得以成立的充分必要条件。

3. 法律推理是法治国家的必然要求。法律推理与法治有着密不可分的关系。在非法治社会，法律的制定与适用，或者依靠统治者的个人权威与魅力，或者依靠传统社会的道德与习俗，而不需要追求合理性、特别是形式合理性。法治社会，是法律的制定和法律的适用都具有合理性的社会。法律推理，就是提供法律制定与法律适用的正当

---

〔1〕 张保生博士把法律推理的一般方法分为4类、7属、13种。4类是：逻辑方法、科学方法、哲学方法和经验方法。7属是：传统逻辑方法、现代逻辑方法、自然科学方法、社会科学方法、辩证逻辑方法、因果关系方法和实践理性方法。13种是：演绎推理、归纳推理、模糊推理、概率推理、自然科学推理、经济分析推理、社会心理推理、辩证推理、因果推理、常识推理、直觉推理、类比推理、解释推理。参见张保生：《法律推理的理论与方法》，中国政法大学出版社2000年版，第233～319页。

理由，是实现法治社会中法律制定与实施的合理性的必由之路。

4. 法律推理是通过职业自律实现司法公正的重要方法。法治社会的实现要通过法律职业者的职业化努力。通过长期的、各种形式的法律教育，使法律职业者运用共同的法律语言、法律思维，形成一种符合法治社会要求的理性的思维方式，这对在法律职业内部弘扬正气、公正司法、公正执业，具有更为长远的意义。法律推理是在法治社会中，培养法律职业理性思维方式的重要方法。这是在保证司法独立的前提下，通过法律职业共同体的自律或自治，避免司法腐败、实现司法公正的重要方法。通过先例约束法院和法官，使下级法院受上级法院判例的约束，上级法院受自己判例的约束，就是在司法职业内部建立的一种自律机制。法律推理是制作具有约束作用的判例体系的理论武器。

5. 通过法律推理保证裁判公正。法院是解决纠纷的地方。法院之所以能解决纠纷，是因为她讲理。法院的讲理，一方面是提供判决的理由，另一方面是说明这些理由与结论之间的合乎逻辑的联系。也就是说，讲理包括前提的合理与过程的合理两个方面。法律推理就是这两方面合理的保证。

第二节　形式推理技术

一、形式推理的涵义

正如学者所指出的那样，“虽然法律推理的范围很广泛，但我们也应承认，在法律执行和适用，特别是法官对具体案件作出判决或裁决的过程中，法律推理占有显著地位。”因此，“法律推理在法律适用过程中是一个必不可少的组成部分，没有法律推理，就没有法律适用。”[1]本着这一理念，我们的探讨将集中在法律适用中的法律推理。就法律适用中的法律推理而言，面临的问题也远比想象的复杂。一方面，法律适用并非简单的事实加法律规范等于判决，“目光在事实与法律规范间‘来回穿梭’是法律适用的普遍特征”，[2]另一方面，法律适用不仅包括司法判决推理而且包括法律规范（规则和原则）推理和事实推理”。[3] 鉴于本教材的特点，本章重点探讨司法判决推理。

休谟指出：“一切推理可以分为两类：一类是证明的推理，亦即关于观念之间的关

---

〔1〕 沈宗灵主编：《法理学研究》，上海人民出版社1990年版，第338、339页。

〔2〕 [德]伯恩·魏德士：《法理学》，丁小春、吴越译，法律出版社2003年版，第296页。

〔3〕 舒国滢主编：《法理学导论》，北京大学出版社2006年版，第215页。王洪对此也作了同样的区分，只是用了不同的名称，如事实推理、法律推理和审判推理，并强调它们是三种性质不同的推理。参见王洪：《司法判决与法律推理》，时事出版社2002年版，第10页。

系的推理;另一类是或然的推理,亦即关于事实与实际存在的推理。"[1]这两类推理可以概括为形式推理和实质推理。[2]

一般而言,形式推理是形式逻辑推理方法在法律推理中的运用,它所体现的是一种分析性的思维方法;实质推理是辩证逻辑方法在法律推理中的运用,它所体现的是一种整体性的思维方法。[3]

在法律适用过程中通常使用的,以及在法学著作中通常讨论的法律推理,一般是形式逻辑的推理,即不是对思维实质内容而仅对思维形式的推理。在有的法学著作中,这种形式推理又称分析推理、先例逻辑或形式逻辑。

二、形式推理的种类

(一)演绎推理

演绎推理是由一般到特殊的推理,即根据一般性的知识推出特殊性的知识。其特点是结论寓于前提之中,或者说结论与前提具有蕴含关系,所以它又是必然性的推理。只要前提真实,推理形式正确,结论就必然是真实的。演绎推理主要表现为三段论推理。

所谓三段论是由三个直言判断组成的演绎推理,它借助于一个共同的概念把两个直言判断联接起来,从而推出一个直言判断的推理。三段论的逻辑形式是:"所有 A 是 B,C 是 A;因此,C 是 B。"这种形式换上其他内容仍然会保持同样有效的效果。例如:

所有的人终有一死(大前提),

苏格拉底是人(小前提);

所以,苏格拉底终有一死(结论)。

在此三段论中,第一段代表大前提,第二段代表小前提,第三段代表结论。它体现了由一般到特殊这一演绎推理的主要特点。在一个三段论中,大前提通常表示一般原则,小前提表示特殊情况。根据一般原则推定特殊情况,从而对这一特殊情况作出结论。法律适用中运用三段论的情况很多。比如:

未满 16 岁的人是未成年人,

李四未满 16 岁;

所以李四是未成年人。

演绎推理的基本方法:"①识别一个权威性的大前提;②明确表述一个真实的小前

---

[1] [英]休谟:《人类理智研究》,Ⅳ,20~25,28~30,32,载北京大学哲学系外国哲学史教研室编译:《西方哲学原著选读》(上),商务印书馆 1981 年版,第 524 页。

[2] 张保生:《法律推理的理论与方法》,中国政法大学出版社 2000 年版,第 240 页。

[3] 张保生博士认为这种二分法过于简单。参见张保生:《法律推理的理论与方法》,中国政法大学出版社 2000 年版,第 242、243 页。郑永流教授更从小逻辑观出发,认为推理形式仅有演绎,表现为三段论;归纳和设证由于结论均只具有或然性,可称之为亚推理;至于"实质推理"或"辩证推理",并不一定要称为推理,其功用可由论证理论、修辞学和诠释学方法等担负。参见郑永流:"义理大道,与人怎说?——法律方法问答录",载《政法论坛》2006 年第 5 期。

提;③推出一个可靠的结论。"[1]

演绎的法律推理常常由于其简单和直接而为人们所轻视,被轻蔑地称为"规则加事实产生结论"。但实际上,任何正常的思维都不能违反形式逻辑,法律思维同样如此。

演绎法在法律推理中发挥着重要作用:

1. 三段论推理虽然简单,但运用这种推理从有关前提中得出的逻辑结论在形式上是无懈可击的,因此它为解决法律问题提供了一种有效的方法。亚里士多德说:"三段论是一种论证,其中只要确定某些论断,某些异于它们的事物便可以必然地从如此确定的论断中推出。所谓'如此确定的论断',我的意思是指结论通过它们而得出的东西,就是说,不需要其他任何词项就可以得出必然的结论。"[2]演绎法律推理的基本特点是,"法院可以适用的规则和原则(大前提),通过审理确定的、可以归入该规则或原则的案件事实(小前提),由此法院可以作出判决(结论)。"[3]因此,黑格尔把审判行为称作"法律对个别事件的适用"。[4] 在演绎推理中,联系大小前提的是一个"共同概念",例如刑法中的"罪名"就起着把法律规定和犯罪事实联系起来的中介作用。

2. 三段论推理是公正执法的重要思维工具,它可以使判决更具有客观性,起着维护法治的"过滤器"作用。博登海默认为,"法官有责任按照某一明显应适用于一个诉讼案件的法律规则来审判该案件。在这种性质的情形中,形式逻辑是作为平等、公正执法的重要工具而起作用的。它要求法官始终如一地、不具偏见地执行法律命令。例如,如果有一条法规规定对政府官员行贿受贿加以处罚,而且已经确定某个人已为了这种行贿受贿之行为,那么法官或陪审团便应当得出三段论逻辑所要求的必然结论,还应当制止用偏见或其他无关的考虑来解决该案件。"[5]在适合使用三段论推理的情况下弃之不用,就会损害法律的稳定性和一贯性,破坏法治的权威。因此,否认或贬低形式逻辑在法律推理中的作用是不恰当的。

与实行判例法制度的国家不同,中国是以制定法为主要法律渊源的国家,判例不被认为是法律渊源之一。根据中国政治制度,审判机关仅有权适用法律,并无创制法律、法规的权力。因而"以事实为根据,以法律为准绳"这一原则中所讲的"法律"仅指制定法,而不是判例法,在中国不存在判例法。因此,在适用法律过程中运用的形式推理主要是指演绎推理,或者说,主要是指通常讲的三段论的推理方式,即从一个共同概念联系着的两个性质的判断(大、小前提)出发,推论出另一个性质的判断(结论)。具

---

〔1〕［美］史蒂文·J.伯顿:《法律和法律推理导论》,张志铭、解兴权译,中国政法大学出版社1998年版,第54页。

〔2〕苗力田主编:《亚里士多德全集》(第1卷),中国人民大学出版社1990年版,第84、85页。

〔3〕张文显:《二十世纪西方法哲学思潮研究》,法律出版社1996年版,第16页。

〔4〕［德］黑格尔:《法哲学原理》,范扬、张企泰译,商务印书馆1961年版,第233页。

〔5〕［美］博登海默:《法理学——法哲学及其方法》,邓正来、姬敬武译,华夏出版社1987年版,第478页。

体到法律适用过程中来讲，法律规定（一般由行为模式和法律后果二者构成）是大前提，案件事实是小前提，结论就是判决或裁决。

例如一个法院审理一个重婚罪刑事案件，如果它判决被告（甲、丙）有罪并判刑，那么这一判决中所体现的三段论推理大体上是：大前提是《刑法》第 258 条规定："有配偶而重婚的，或者明知他人有配偶的而与之结婚的，处 2 年以下有期徒刑或者拘役。"小前提是经查证属实的案件事实，甲已有配偶乙而又与丙结婚；丙本人虽末结婚但明知甲有配偶而与之结婚，因此甲丙二人均犯有重婚罪。在这里，重婚是联系大小前提的共同概念，通过这一概念的中介作用，使大小前提联系起来，即法律规定重婚罪，案件事实表明甲丙二人行为都构成重婚，因而通过从一般到特殊的推理，判决二人均犯重婚罪。判决中对二人的判刑可能不同，例如甲被判处 2 年徒刑（最高刑），丙被判处 15 日拘役（最低刑）。这可能是因为法院根据刑法中关于量刑的规定，考虑到二人犯罪的不同情况，例如甲负有主要责任，因而才作出轻重不同的处刑。这又涉及另一推理问题。

从以上可以看出，法律推理的首要作用在于为结论提供正当理由。上述重婚罪的结论（判决）的正当理由就是《刑法》第 258 条规定的以及甲丙二人行为均构成重婚的事实（处刑轻重的理由这里暂且不论）。

演绎推理的局限性主要表现在两个方面：①方法的简单性与法律问题的复杂性的矛盾，决定它只能在处理简单案件中发挥作用。作为一种必然推理方法，演绎推理的特点在于其结论是包含在前提中并从中必然地引出的。大小前提好像是一个箱子（所有 A 是 B，C 是 A），结论（C 是 B）是这个箱子里惟一有的东西，因此当我们把结论从箱子里拿出来的时候，给人的感觉好像是"只不过拿出了我们先放进去的东西"。[1] 实际上，许多案件并不是这么容易就能放进演绎推理前提之箱的。在疑难案件中，要么是因为规则是复数而产生出选择箱子的问题，由于演绎推理不能为这种选择提供什么帮助，需要法官运用价值判断；要么是法律规范模糊不清需要法官解释，这类似于在没箱子的情况下要造箱子，只有等到新箱子造好以后才能进行演绎推理。所以，博登海默说："形式逻辑解决法律问题时只起到了相对有限的作用。当一条成文法规则或法官制定的规则对审判案件的法院具有拘束力时，它就起着演绎推理工具的作用。另一方面，当法院在解释法规的词语、承认其命令具有某些例外、扩大或限制法官制定的规则的适用范围、或废弃这种规则等具有某种程度的自由裁量权时，三段论逻辑方法在解决上述问题方面就不具有多大作用了。"[2] ②演绎推理的第二个局限性是：在大小前提都虚假或其中之一虚假的情况下，其结论却可能是真实的。这是它遭贬抑之词最多的缺陷。例如：

---

〔1〕［美］波斯纳：《法理学问题》，苏力译，中国政法大学出版社 1994 年版，第 49 页。

〔2〕［美］博登海默：《法理学——法哲学及其方法》，邓正来、姬敬武译，华夏出版社 1987 年版，第 477 页。

所有的斯巴达人都是聪明的，

苏格拉底是斯巴达人；

所以，苏格拉底是聪明的。

这里的大小前提都是假的，结论却是真的。那么，人们自然问：结论与前提到底还有没有必然联系呢？伯顿说："一个三段论表面上看起来多么具有逻辑性，实际上它不过是其大小前提及大小前提的逻辑关系而已。虽然有效性在法律推理中是必需的，但就法律推理本身而言，有效性的重要程度是微末的。"〔1〕可见，三段论的有效性主要不取决于推理的逻辑形式，而是取决于推理内容即大小前提的真实性。演绎推理的大小前提的真实性需要推理者自己去发现。发现大前提的法律解释令所有的研究者感到头痛，因为它主要依靠价值判断和政策分析，逻辑在其中几乎不起作用；而发现事实的真实性则完全不是一个逻辑的问题。关于逻辑方法的局限性，库恩曾经指出，"逻辑尽管是科学探索有力的、最后总是不可缺少的工具，但人们也有某种可靠知识在形式上并不需要逻辑。同时我还要提示，逻辑证明的价值并不是为了逻辑本身，只是在条件需要而且需要到一定程度时才有。"〔2〕

（二）归纳推理

严格地说，只有演绎推理才是传统逻辑的推理方法，它代表着人们对法律推理的传统看法，即认为法律推理就是演绎推理。所以，在很长的时间内，人们并不承认归纳推理是法律推理的一种有效的方法。归纳推理在许多法学论著中没有得到应有的重视，原因在于人们普遍认为法律推理所需要的是证明的逻辑而不是发现的逻辑。从归纳推理是"由特殊观察事例导出一般原理的推理方法"〔3〕的性质来看，它确实与演绎推理所具有的证明作用不同，具有发现逻辑的明显特征。

那么，法律推理在哪些情况下用得着这种发现逻辑呢？在适用法律的一些情形中，"法官会发现没有任何法规或其他既定规则可以指导他的审判工作，但他也许能够从对一系列早期判例与判例价值所进行的比较中推论出有关的规则或原则。如果发生这种情况，那么我们就可以说，法官是运用归纳推理方法从特殊事例中推论出一般规则"。〔4〕法官在没有法律规则作为他的审判依据时，他从一系列以往判决的比较中推理出有关的一般规则或原则。〔5〕从发生学上说，发现的逻辑应该先于证明的逻辑而存在，归纳推理先于演绎推理而存在，因为演绎推理的大前提是由归纳推理发现并提供的。从适用法律的推理过程来看，归纳推理的运用也往往在演绎推理之前。培根

---

〔1〕［美］史蒂文·J. 伯顿：《法律和法律推理导论》，张志铭、解兴权译，中国政法大学出版社 1998 年版，第 54 页。

〔2〕［美］托马斯·S. 库恩：《必要的张力》，纪树立等译，福建人民出版社 1981 年版，第 281 页。

〔3〕崔清田主编：《今日逻辑科学》，天津教育出版社 1990 年版，第 220 页。

〔4〕［美］博登海默：《法理学——法哲学及其方法》，邓正来、姬敬武译，华夏出版社 1987 年版，第 473 页。

〔5〕张文显主编：《法理学》，法律出版社 1997 年版，第 258 页。

认为,英国法律就包含根据个案的习惯法判断以归纳方式建立法律规则或准则。[1]“一旦法官心中形成了他认为早期案例中所包含的规则,他将用演绎推理方法把该规则适用于他所受理的诉讼案中的事实之上。”[2]

归纳推理的基本逻辑形式是:

A_1是 B,A_2是 B,A_3是 B……A_n是 B;

所以,一切 A 都是 B。

演绎推理是从一般到特殊的推理,归纳推理则是从特殊到一般的推理。在法律适用过程中运用归纳推理的典型是判例法制度。[3] 在这种制度下,法官受理案件,要将本案事实与以前类似案件的事实加以比较(区别),从这些事实中归纳出一个比较抽象的法律原则或法律规则。

中国的司法实践同样运用归纳推理的方法。①最高人民法院通过对下级法院对类似案件的若干判决进行比较,从中归纳出各种一般原则或规则,以司法解释等形式公布出来或下发给有关下级法院,指导下级法院的审判活动;②最高人民法院通过对下级法院对类似案件的若干判决进行比较,从中选择出个别可供其他法院“借鉴”的案例(归纳推理与类比推理的结合)。

归纳推理的方法。归纳是同比较、分类密切联系在一起的;对大量个别的经验事实进行归纳,最重要的是要正确选择归纳的根据,即确定归纳得以实现的经验事实中那些共同的特征、属性;这就需要比较。进而在大量个别的、分立的现象中,发现某种共同的特征、属性;并在思维中形成某种具有普遍性的判断。

归纳推理的优点主要在于:①同样案件同样处理。这既是一种公正的处理方法,又符合人类心理中以相同方法处理相同情况的自然趋向。②归纳推理是一种不断积累经验、修正错误的过程。避免由于法官业务素质不高而误解法律或者由于有意进行“暗箱操作”、枉法裁判、造成“同案不同判”的不公正结果;另一方面可以在相当程度上填补制定法的空隙、弥补制定法的不足。

显然,归纳推理的结论包含了前提中所未给出的 A 的某些知识。波斯纳认为,归纳方法可以挑出先前案例的共同点,“先前决定的案件为律师和法官应当如何决定一个新案件提供了大量有关的事实、理由和技巧。案例总是有共同点的”。但归纳法的致命弱点是它无法确立这种“共同点”不可缺少。归纳法在确定法律推理的大前提时常常遇到两难处境:①在从许多判例中发现许多可能适用的一般规则时,不能确定选择哪一种规则最好;②在从许多判例中发现一种普遍适用的一般规则时,仍然不能确

[1] [英]L. 乔纳森·科恩:《理性的对话——分析哲学的分析》,邱仁宗译,社会科学文献出版社 1998 年版,第 77 页。

[2] [美]博登海默:《法理学——法哲学及其方法》,邓正来、姬敬武译,华夏出版社 1987 年版,第 474 页。

[3] 关于判例法制度属于归纳推理还是类比推理,法学界看法有很大分歧。沈宗灵教授认为属于归纳推理,张保生博士认为属于类比推理。这也许是由于判例法制度兼有两种推理的特点所致。

定将这种规则适用于当前的案件是否最好，因为“十件案件都是以一种方式定了案不能证明下一个案件也应当以同样的方式来决定，而且下一个案件肯定不会与任何先前案件在各个方面都完全相同”。[1] 由于归纳推理不可能以对某类事物或现象的全部对象的考察为前提，所以它是一种或然推理，其结论具有或多或少的可能性（“大概是”）。科恩说：“归纳支持是一个程度问题，不是绝对的成就。”“就归纳推理而言，我们在哲学中和科学中都应该是可错论者。”[2] 法律归纳推理当然也是可错的，因为归纳总不能从其论据获得充分支持，总是存在着众多相似的但又有差别的案例，法官要从这些案例中推出法院判决所依据的法律规则，就必须从遍及所有相似案例的特点中挑出那些被认为与类比或概括有关的特点。“缩小这种选择范围和为这种选择辩护的惟一方法是，根据先前的约束进行演绎，依据以前确定的知识和政策，如对可接受的术语和内容的限制，对简单性的具体标准的承诺，或注意某些实用的、评价性的或本体论的考虑。”[3]

佩顿认为，归纳方法实际上常常作为演绎推理的一种补充理论，法官如果不能从一般的规则开始，他就必须转向有关的判例，去发现判例中包含的一般规则。两种方法的明显区别是大前提的来源不同：归纳法将大前提归于从特殊案例中所得到的发现，而演绎法则把这种发现视为既定的东西。[4] 显然，人们在运用演绎推理时一般可以不考虑其大前提的来源，但是，当大前提的存在成为问题时，就需要通过归纳推理来为演绎推理发现某些大前提。而在某些大前提发现之后，正如本章关于演绎推理的研究所表明的，归纳推理往往就要让位于演绎推理了。这确实说明，归纳推理和演绎推理是互相补充的。

三、形式推理中的谬误

在法律适用过程中，形式推理是经常使用的一种方式，但经常发生一些谬误。常见的谬误是实质内容的谬误，大体上有以下几种形式：①偶然的谬误，即将一个一般规则适用于不应适用该规则的特殊情况。例如，《刑法》规定，犯罪者应受刑罚，但如果将这一规则适用于不能负刑事责任的精神病人就是错误的。②偶然谬误的反面，即与偶然谬误相反，将一个仅适用于特殊情况下的规则适用于一般情况。例如，《民法通则》规定，合同当事人可以选择处理合同争议所适用的法律。但如果将这一仅适用于涉外经济合同的特殊规则适用于一般经济合同当然是错误的。③文不对题的谬误，即改变前提中的要点。例如一个辩护人为被告甲所作的辩护要点是，甲是好人，所以他不会

---

〔1〕［美］波斯纳：《法理学问题》，苏力译，中国政法大学出版社1994年版，第114、115页。

〔2〕［英］L. 乔纳森·科恩：《理性的对话——分析哲学的分析》，邱仁宗译，社会科学文献出版社1998年版，第78、119页。

〔3〕［英］L. 乔纳森·科恩：《理性的对话——分析哲学的分析》，邱仁宗译，社会科学文献出版社1998年版，第127页。

〔4〕转引自张保生：《法律推理的理论与方法》，中国政法大学出版社2000年版，第252页。

犯这种罪。④循环论证的谬误,即用以证明论题的论据本身要靠这一论题本身来证明。例如以甲有权利来证明乙负有义务,反过来,又以乙负有义务来证明甲有权利。⑤根据不足的谬误,如某商店有一天被窃,甲在那一天曾去购物,因而认为甲是偷窃者。⑥许多问题的谬误,即对一个包含若干问题的问题或必须推定前提的问题,要求推出一个简单的答案。

形式推理中的谬误还有文字上的谬误,通常是指用词上的失误。例如在前提和结论中使用多义词、模棱两可的词,用代表事物部分的前提来论证事物整体的结论等等。此外,还有通常形式逻辑中讲的三段论推理中的谬误。

第三节　实质推理技术

一、实质推理的概念

(一)实质推理的涵义

形式推理(分析推理)是在法律适用中具有重要作用,而且也是经常使用的推理方式。这种推理正好符合人们在心理上对法律的要求。例如要求法律有确定性、稳定性和可预测性。但这种推理方式一般仅适用于简易案件。例如,一个城市的交通法规明文规定:凡在交通管理当局明令禁止停车的地点停车,罚款5元。因而,不论是谁,也不问动机,只要一违反这一规定,就应交5元罚款。有的国家可以将这类案件的处理简易到这样的程度:交警在违章汽车驾驶人不在时,在这一汽车上留下罚款通知,要求驾车人(或车主)在期限内将罚款支票寄往有关部门。在一般情况下,这类案件根本无需开庭、讯问、查证、辩论、申诉等等活动。罚款通知就是行政裁决。但法院所审理的案件不可能都是简易案件,更不可能都简易到像上面所说的违章停车事件那样的程度。因此,法官的作用不可能消极到仅仅是“宣告法律的嘴”。电子计算机尽管对司法工作可以有很大作用,但从至少到今天为止的实践来看,人们也不能设想可以完全用机器人来代替法官。至少就法律推理而论,它并不像使用电子计算机那样操作。

法律推理的复杂性,不仅在于它并不是机械的操作方式,还在于它并不限于上面所讲的形式推理(在我国主要指三段论式推理),在有的情况下,特别是在所谓疑难案件中,必须进行一种高层次的实质推理,即这种推理并不是指思维形式是否正确,而是关系到这种思维的实质内容如何确定的问题。按照亚里士多德的讲法,这种推理方式称为辩证推理或辩证逻辑,也有人称为非分析逻辑、结果逻辑,分别与形式推理、形式逻辑、分析逻辑、先例逻辑相对应。

(二)需要进行实质推理的几种情况

一般地说,在疑难案件的情况下就需要进行实质推理。但通常所说的疑难案件可以有不同情况。例如有的仅仅是有关案件事实的疑难,如案件情况复杂,难以查证,难以认定事实等;有的仅仅是有关法律规定的疑难,如法律中没有明文规定,法律规定本身模糊不明等;也有的是案件事实和法律规定结合在一起的疑难。就研究运用法律推理而论,我们所讲的疑难案件主要是指有关法律规定的疑难案件或法律规定与案件事实结合在一起的疑难案件,仅仅有关案件事实的疑难案件并不直接涉及法律适用过程中法律推理问题。

在我们所讲的疑难案件中,有以下几种情况可能需要进行实质推理。

1. 法律规定本身意义含糊不明,而且这种含糊不明并不是文字上的含糊。这里讲的是法律规定本身意义含糊是指实质内容的含糊。如果要进行法律解释,这种解释已不是文字解释而是实质内容或价值观的解释,已属于实质推理的范围。例如,对法律规定中所讲的“公平”、“正当”、“公共利益”之类概念的解释都涉及实质内容或价值观的解释,这就属于实质推理的范畴了。

2. 在法律中对有关主题本身并无明文规定,也就是出现了法学著作中通常所讲的“法律空隙”。出现“法律空隙”的现象可能有各种原因,它可能是在制定有关法律时由于某种原因而未加规定,也可能是在有关法律制定后出现了难以预料的新情况。例如,由于科技的发展所带来的新情况,出现人工授精、安乐死等,它们都使原有的法律中出现了某种“空隙”。

3. 法律规定本身可能有抵触。

4. 法律中可能规定两种或两种以上可供执法者、司法者选择适用的条款。

5. 出现通常所说的“合法”与“合理”之间的矛盾。即某一行为或关系,在法律上讲是“合法”的,但从经济、政治、伦理等角度讲,却是“不合理”的,或反过来,从法律上讲是“违法”的,但从其他角度讲,却是“合理”的。在出现以上这些情况时,执法者、司法者在适用法律时显然已不可能运用形式推理,因为在这些情况下,或者是大前提含糊不明,或者是缺乏大前提,或者是有几个大前提,或者是原有大前提不合适,必须另找一个大前提。这种思维活动就是实质推理,即根据一定的价值观来作出判断。在出现以上这些情况时,对健全法制来说,主要的解决办法当然是修改原有法律或制定新的法律。但在法律适用过程中遇到这些情况又如何处理呢?我们很难设想:一个法院在受理一个在它管辖范围内的案件时,可以以它自己认为某一法律规定含糊不明为理由而拒不作出判决。

二、实质推理的特点

按照沈宗灵教授的观点,形式推理和实质推理方法有以下区别:①形式推理一般是指形式逻辑的推理,即不是对思维实质内容而是仅对思维形式的推理。实质推理不是指思维形式是否正确,而是关系到这种思维的实质内容如何确定的问题。②形式推理一般只适用于简单案件,实质推理则适用于复杂案件,它们有低级方法和高级方法的区别。③形式推理是一种形式逻辑思维,要求推理结果具有确定性、稳定性和预测性,但在许多情况下容易出现实质内容的谬误;实质推理是非形式逻辑思维,要求根据一定的价值观来作出判断,具有一定的灵活性,但也为法官留下了滥用权力的空隙。[1]

我们不妨以上面所说的违章停车事件为例来说明形式推理和实质推理的区别。违章停车应处罚款的规定是大前提,甲违章停车的事实是小前提,结论(裁决)是甲违章停车应处罚款5元。上面已讲过,这是最简易的案件之一,也是一种最简易的形式推理。这里并不涉及对法律规定或事实的实质内容的评价,不涉及价值观。但假定事实是甲之所以违章停车是由于他在驾车行驶时心肌梗塞发作,只能被迫停车。在这种情况下,执法的交警或受理这一案件的法官又该如何处理呢?假定法律上对这种意外情况既无明文规定,也无类似规定,他们显然就需要另一种高层次的推理了。他们可能作出这样的结论:根据交通法规,对甲应处罚款,但他之所以违章停车是由于不可抗力的原因,因而应免于追究法律责任。这种推理已不是形式推理,而是涉及对法律规定和案件事实本身的实质内容的评价。执法和司法人员可能既要考虑法律的确定性(这当然也是一种价值),但更要考虑例如人道主义等价值。这也就是说,在这种复杂情况下,形式推理已不再适合,必须代之以实质推理。

概括地说,法律适用中的辩证推理具有以下特点:

1. 辩证推理是法官面临两个或两个以上相互矛盾的命题时所进行的选择过程。这些可供选择的命题都存在其必要的理由或合理性,只不过是确定哪一个命题更合理的问题。因为法律适用只能有一个并且是明确无误的结论,而不应当有两个或多个、含糊不清的结论。

2. 辩证推理的作用主要是为了解决因法律规定的复杂性所引起的疑难问题。法律的复杂性包括含糊、漏洞、抵触、矛盾等情形。比如法律上的“公平责任”、“正当防卫”、“合理竞争”等等,虽然字面上是清楚的,但是其实质内容和意义却很难适用;再如“法无明文规定”的情形、“法律规范竞合”等等,这些问题的解决只能求助于辩证推理。

3. 辩证推理是法官的主观辩证法对法律或案件客观事实的辩证关系的认识的推出过程,它必须建立在事物的辩证法的客观基础之上。无论是对法律疑难内容的解释还是对案件疑难事实的分析,其结论的推出都必须是从对事物的具体矛盾的分析中得出来的,而绝不应该是从法官的主观想象中得出结论。

4. 辩证推理是法官经过对具体事物的矛盾运动的研究而作的较长的复杂的推出过程。它不排除运用演绎、归纳和类比的形式推理方法,但这些方法只是其中的一个环节或阶段,如果从其中的某个环节或阶段来讲,它们的结论属于局部结论而不是整个辩证推理的全面结论。形式推理方法在辩证推理中还存在运动转化的特点,同时,运用这些形式推理的目的与结果是要最终获得符合法律或案件辩证发展规律的合乎逻辑的结论。

---

〔1〕 沈宗灵主编:《法理学研究》,上海人民出版社1990年版,第339~349页。

三、实质推理的形式

(一)实质推理的主要形式

从各国法制实践来看,在适用法律时主要通过以下一些形式来进行实质推理。①通过司法机关对法律的精神进行解释(仅仅文字上的解释一般不能列入实质推理范畴)。②提出新判例,修改或推翻前判例。③通过衡平法来补充普通法。④根据正义、公平等法律、伦理观念来作出判断。⑤根据习惯、法理(权威性法学著作中所阐述的学理)来作出判断。⑥根据国家的政策或法律的一般原则来作出决定。由于各国社会制度、历史文化传统的不同,采取的形式各有不同。在我国法制实践中,法律适用过程中的实质推理形式主要是司法机关对法律的精神进行解释以及根据国家的政策或法律的一般原则来作出判断。

在我国,全国人大常委会有权解释法律。但这种立法解释实际上很少使用。使用较多的是正式的司法解释,即由最高人民法院和最高人民检察院在审判和检察工作中就具体应用法律所进行的解释;此外,国务院及其主管部门对有关法律,省级人大常委会和人民政府对有关地方性法规,也都分别有权进行解释。在我国,国家的政策和法律的一般原则,实质上是党的有关政策通过"国家意志"的体现,一般都规定在法律中,成为法律本身的组成部分,《民法通则》更明确规定:"民事活动必须遵守法律,法律没有规定的,应当遵守国家政策。"

(二)类比推理

类比推理,法学上通称为类推适用或比照适用。作为一般的推理方法,因为其具有从特殊到特殊的逻辑形式,所以,长期以来被人们认为是形式逻辑的推理方法。[1]但通过考察,我们确实发现,法律推理中的类比方法主要不是逻辑推理,而是经验推理或价值推理,应该属于实质推理的范畴。尽管严格地说类比推理兼有形式推理和实质推理的双重特性,然而从分类的唯一性考虑,还是将其归入实质推理。波斯纳等人也很有见地的把类比推理视为实践理性的方法,而不是形式逻辑的推理方法。[2]

类比推理是根据两个或两类对象某些属性相同从而推出它们在另一些属性方面也可能存在相同点的推理。将它运用到法律适用中就是类推推理。类比推理在法律适用过程中的公式大体上是:甲规则适用于乙案件,丙案件在实质上都与乙案件类似,因此,甲规则也可适用于丙案件。有的著作认为类比推理的特征是既非从一般到特殊,也非从特殊到一般,而是从特殊到特殊,因为这些推理是以丙案件与乙案件类似这一前提为基础来进行的。

美国法学家伯顿认为类比推理要求 3 个步骤:①识别一个权威性的基点或判例;②在判例和一个问题案件间识别事实上的相同点和不同点;③判断是事实上的相同点

---

〔1〕 沈宗灵主编:《法理学研究》,上海人民出版社 1990 年版,第 339 ~ 342 页;[美]博登海默:《法理学——法哲学及其方法》,邓正来、姬敬武译,华夏出版社 1987 年版,第 470 ~ 479 页。

〔2〕 张保生:《法律推理的理论与方法》,中国政法大学出版社 2000 年版,第 244 页。

还是不同点更为重要，并因此决定是依照判例还是区别判例。[1]

类推推理的特征在于：①它属于间接推理。②类推推理是从特殊推到特殊，由个别推到个别的一种推理。③类推推理是从法律的精神中推出新的意思，它与单纯扩张法律文义的扩张解释不同。④类推推理的推理根据是不充分的。它是根据两个或者两类对象在一些属性方面的相同，就推出它们在另一些属性方面相同的结论。而事实上，客观事物之间既有同一性，也存在差异性。

在我国法律中，类比推理在我国旧刑法中规定得最为明显。“本法分则没有明文规定的可以比照本法分则最相类似的条文定罪判刑，但是应当报最高人民法院核准。”（第79条）1997年10月1日起施行的新刑法第3条规定：“法律明文规定为犯罪行为的，依照法律定罪处刑；法律没有明文规定为犯罪行为的，不得定罪处刑。”新旧刑法的上述变化，标志着我国刑事立法从允许“类推适用”向彻底贯彻“罪刑法定”原则的飞跃。

类比推理在刑法中被禁止是一个巨大的进步，但不能由此“推出”类比推理在所有法律领域都应被禁止。比如在我国民事司法中就不但不应禁止，反而应该确认类比推理。因为：①民事类推对于民法之漏洞具有显著的补充作用。②类推推理的或然性虽然是其弊端，但它与民事纠纷的解决方式是相互吻合的。许多情况下，民事纠纷总是通过自愿程度较高的模糊解决方式来实现的，类推结论的或然性并不会影响民事纠纷的解决。它不会像刑事案件那样带来严格要求上的不妥当。类推虽然在结论上具有或然性，但仍不失为一种有效适用方法。③类推推理无非是思维方法，从法律角度而言，类推推理是否合法、合理，“并不取决于演绎逻辑，而是取决于对政策与正义的考虑。正义的一个基本原则要求，法律应当以相同的方法处理基本相似的情形。对规则进行类推适用的目的就是要通过同样对待属于相同政策原则范围内的案件来帮助实施正义的这一原则”。[2] ④可以在民事立法之外由法官进行有一定限制的类推，这种限制的规则可以通过法律规定来约束法官的类推行为。[3]

四、实质推理过程中应注意的问题

实质推理过程中有两个值得注意的问题。第一个是关于法律推理中的非逻辑思维问题。在19世纪西方国家的法律适用过程中，形式推理占统治地位，它几乎被认为是唯一的推理形式。西方法学界在20世纪初曾对这种倾向猛烈地加以攻击，认为它是机械论、概念论的法学。然而在批评形式推理是唯一的法律推理形式这种错误认识的同时，有些法学家鼓吹法律适用过程中，特别是法官在审判活动中的非理性的、非逻辑思维，即法官仿佛没有客观根据，不讲理性，不讲逻辑思维，而仅凭个人的想象、直

---

〔1〕［美］史蒂文·J.伯顿：《法律和法律推理导论》，张志铭、解兴权译，中国政法大学出版社1998年版，第49页。

〔2〕［美］博登海默：《法理学——法哲学及其方法》，邓正来、姬敬武译，华夏出版社1987年版，第476页。

〔3〕张文显主编：《法理学》，法律出版社1997年版，第384页。

觉、灵感或个性等来作出判断。这种非理性的法学思潮直到第二次世界大战后才逐步衰落。

非逻辑思维在人们的思维活动中是存在的,而且在有些场合,例如对文艺创作或科学研究等活动来说,还具有相当重要的作用,但适用法律必须以事实为根据,以法律为准绳,它主要是一种理性的、严密的逻辑思维的活动,无论对形式推理或实质推理,都是一样的。当然,在适用法律过程中,例如刑事案件中的侦查、检察和审判工作人员,也可能对某一现象有某种程度的"直觉",但这种直觉必须服从理性的逻辑思维,它本身绝不能作为结论的基础。

另一个应值得注意的问题是必须慎重使用实质推理。如上所述,在法律适用过程中,实质推理在有的场合下是必需的,如果使用得当,它可以成为推动法律发展的一个重要形式。但这种推理形式意味着赋予执法、司法工作者在运用形式推理条件下所没有的权力,因而必须慎重地使用这种形式。执法、司法工作者本身应注意自我约束,更重要的是在制度上加强对执法、司法工作者在运用实质推理时的制约和监督,以防止他们滥用权力。

复习思考题

1. 什么是法律推理?法律推理与一般推理有何异同?
2. 如何理解形式推理的概念和种类?
3. 怎样理解实质推理的意义和需要注意的问题?
4. 法律原则中的"禁止类推"与法律推理中的类推适用是否矛盾?为什么?
5. 结合实际案例,分析形式推理与实质推理在司法实践中的具体应用。

第二十四章　法律漏洞补救技术

✣学习目的与要求

本章是有关法律漏洞补救技术的论述，重点分析了①法律漏洞的概念及其成因、法律漏洞的种类及其补救办法等；②法律类推技术，涉及了法律类推的概念、适用的条件；③立法目的的瑕疵及其补救问题，重点说明了目的性限缩与目的性扩张技术在司法过程中的运用。通过本章的学习，可以了解法律漏洞存在的必然性及其判定方法，并掌握填补法律漏洞所必需的技术规则，从而为查找漏洞、填补漏洞提供理论基础。

第一节　法律漏洞释义

一、法律漏洞及其成因

在汉语中，“漏洞”一词意味着“孔洞”、“空隙”。用于表述事物的场合，则意味着事物存在某种不完满性而影响其原有功能。因此，“漏洞”一词，指所描述对象在品质上有影响其功能的缺陷。将“漏洞”一词用于法律的场合，则所谓“法律漏洞”，是指现行法律体系存在影响法律功能，且违反立法意图之不完全性。这一概念可以从三个方面加以理解：①指现行制定法体系存在缺陷，即不完全性。这里所言“制定法体系”是法律漏洞的生存条件，也就是说，它仅指现行有效的制定法无法对相关案件加以处理，因而发生法律空缺的情况。②由于此缺陷的存在影响现行法应有的功能。法律是为了调整社会而存在的，一旦法律对现有的社会关系无法作出适时的调整，那就意味着法律的功能实现存在阻隔。③缺陷之存在违反立法意图。从立法原理上而言，立法行为是理性行为，立法者的意图就是要将社会生活纳入法律的框架中予以规制。一旦法律出现空缺，则表明立法意图并未完全实现。德国学者拉伦兹言道：“当而且只有当法律……对其规整范围中的特定案件类型缺乏适当的规则，换言之，对此保持‘沉默’时，才有法律漏洞可言”。[1] 然而，这种漏洞并不包括立法者有意不作规定的情形。有时，立法者在社会关系尚未定型时，有意不作出某种规定，在这时，不能视为存在漏洞。所以，法律漏洞与法律未作规定并不是一回事。例如，关于人们的思想意识，法律上一

---

〔1〕［德］卡尔·拉尔茨：《法学方法论》，陈爱娥译，台湾五南图书出版有限公司1996年版，第281页。

般都不规定调整的方法，在这时，司法者不能通过判决来解决人们的思想认识问题，因为民主的社会，思想意识属于人们意思自治的范围，而不能纳入法律调整的框架。

法律漏洞是否存在，在学术界认识并不一致。自然法学、纯粹法学、概念法学一般都认为法律漏洞是不存在的，而自由法学、科学学派、利益法学和现实主义法学则对此持肯定态度。"可以说，在过去90年中，'法律漏洞'始终是人们谈论的主题，而如何通过法律解释弥补这些漏洞，这个问题就像一根金线，贯穿于整个德国法哲学的始终。"[1]其实，法律是否存在漏洞这一问题的答案与论者对"法律"概念的外延的界定密切相关。如果法律渊源从广义上界定，即认为法律包括各种法律规范，甚至像现实主义法学那样包括行政官员、法官的行为，或者像凯尔森那样包括作出裁决的"个别规范"，那么，法律确实是没有漏洞可言的。但是，"法律漏洞"之法律是指制定法。就制定法而言，20世纪的法学家几乎没有不承认法律漏洞的存在的。[2]

那么，法律漏洞是如何形成的呢？在法律漏洞形成的原因上，学者们也从各自的立场出发进行了诠释。我国台湾学者黄茂荣先生对法律漏洞产生的原因作了这样的概括：①立法者思虑不周。这又可分为两种情况：一是根本就没考虑到该种案件类型；二是虽曾考虑到，但规定上很不周详。②在法律上有意义之情况的变更，例如高科技时代所带来的人工授精、网络隐私权问题，都与原有的社会生活样态不同。③立法者自觉对于规范的案件类型的了解还不够，而不加以规范。[3] 当然，如果根据我们前面所言的法律漏洞的定义，实际上第三种情形并不属于法律漏洞的范围。我国学者董皞则从分析立法的局限性入手，阐述了法律漏洞的成因。他认为，立法客体对立法者的制约、立法者自身的局限以及法律载体本身的局限性都是影响法律的明确性和产生漏洞的重要因素。立法从动态的角度看，是立足于当时的社会条件而制定适用于未来社会的规范，因而在一定程度上是带有预测性质的行为。立法者对未来事件认识的能力总是有限的。立法者对规范对象的认识的局限性一方面取决于时代的局限，另一方面又决定法律的完整和准确度。立法者在克服立法客体制约和本身局限性的同时，还要面对表述和展示成文法律的语言载体的选择，而作为法律载体的语言本身也存在局限性。[4] 所有这些原因都造成了法律的漏洞。总起来说，导致法律漏洞存在的原因主要有三：①立法本身的问题，例如立法者欠缺立法能力，对社会关系没有作出适当的调整；或者由于对社会关系的认识不够，导致在立法上应当作出规定而未作出。②社会发展的问题，社会生活的千变万化，必然使得原有的相关规定难以适应社会的变化。例如"买卖"这样一个在法律上原本有着固定含义的名词，随着网上购物形式的出现，自然就需要作出新的界定。③法律本身的问题。法律是通过语言来加以表述的，而从

〔1〕［德］罗伯特·霍恩等：《德国民商法导论》，楚建译，中国大百科全书出版社1996年版，第63页。

〔2〕周永坤：《法理学——全球视野》，法律出版社2000年版，第394、395页。

〔3〕黄茂荣：《法学方法论与现代民法》中国政法大学出版社2001年版，第335页。

〔4〕董皞：《司法解释论》，中国政法大学出版社1999年版，第78～85页。

解释学的角度来说,任何语言实际上都无法完全达到与主体间的合一。因而,在法律上大量存在"滥用职权"、"显失公正"等此类不确定法律概念。

二、法律漏洞的种类

德国学者拉伦兹对法律漏洞进行了以下的分类:①"开放的漏洞"和"隐藏的漏洞"。前者是指法律欠缺应当具备的规则,例如关于某种犯罪的惩罚规定;后者则是指法律上所作规定并不周全,例如对利益冲突法律上未作出相关规定。②"自始的漏洞"与"嗣后的漏洞"。"自始的漏洞"既包括法律制定时立法者就已经意识到的漏洞,也包括立法时并未意识到的漏洞。例如立法时虽然知道这一漏洞的存在,但交由司法者根据个案来予以补充。在大多数情况下,漏洞的存在则是由于立法者对之并未有清醒的认识;"嗣后的漏洞"则是由于时空的变化,出现了法律未加规定的新的问题,而现行法律又无法对此加以调整。例如转录他人文学作品的朗诵或音乐到自己的录音带上,这一问题法院通过认定为"复制",而弥补了法律上对之未加规整的空缺。[1]

日本学者石田穰先生将法律漏洞分为:明显漏洞与不明显漏洞两类。[2] 所谓明显漏洞,指某种事件依照法律所使用词语的意义和依照立法者意思或准立法者意思均不能涵盖。明显漏洞又分为:①"授权型漏洞",指立法者或准立法者关于某种事件任由解释者进行价值判断,而不设任何规范的情形;②"消极型漏洞",指关于某种事件,法律未设任何规定,但立法者或准立法者已有消极的价值判断情形,如关于婚约,我国《民法通则》及《婚姻法》均未规定,是因为立法者对此有否定之意;③"预想外型明显漏洞",指立法者或准立法者由于对某种事态不知,因而未设任何规定的情形。

所谓不明显漏洞,又可称为隐含漏洞,指某种事件依照法律所使用词语的意义,已被法律所涵盖,但依照立法者及准立法者的意思,本不应该被法律所涵盖。隐含漏洞又分为:①"白地规定型漏洞",指立法者只规定一个原则或标准,而未加以具体规定的情形,如诚实信用原则,滥用职权的禁止等等,任凭解释者对内容进行补充;②"预想外型隐含漏洞",指依照法律条文所使用词语的意义,涵盖了本不应被涵盖的某种事件,而此隐含漏洞的产生,是由于该事件超出立法者或准立法者预想以外;③"冲突型漏洞",指关于某一事实有不同的法律规定,这些法律规定的立法者或准立法者的意思互相矛盾,而又不能依照"后法优于前法"或"特别法优于普通法"等法律原则处理的情形;④"立法趣旨不适合型漏洞",指法律规定的立法者意思或准立法者意思,恰与自己设定的立法趣旨相反。即在法律的目的与手段关系中,某个别规定与该个别规定的立法趣旨或全体立法趣旨之间发生矛盾,以及个别立法者的趣旨与全体立法者的趣旨之间发生矛盾。[3]

总之,由于学者分类的标准不同,因而关于法律漏洞的种类问题也是个见仁见智

---

〔1〕 [德]卡尔·拉尔茨:《法学方法论》,陈爱娥译,台湾五南图书出版有限公司 1996 年版,第 287、288 页。

〔2〕 转引自梁慧星:《民法解释学》,中国政法大学出版社 1995 年版,第 261~263 页。

〔3〕 转引自董皞:《司法解释论》,中国政法大学出版社 1999 年版,第 247、248 页。

的问题。国内有关这个方面的研究还处于"初级阶段",需要认真地结合本国的立法、司法实践来加以研究。然而,不管是持有什么样的观点,为了维护法制的统一,保证同等事情同样看待,在出现法律漏洞时,就必须积极地予以填补。对此问题,我国台湾学者黄茂荣先生从目的与体系两个角度进行了分析。从法律的目的看,法律的任务在于帮助人类社会实现正义,一旦社会生活因法律漏洞而无法体现正义时,司法者就必须补救此一漏洞,这既是司法的权力,也是司法的义务;从法律的体系方面说,法律漏洞的存在即意味着法律体系的不完整。然而,对于法律体系而言,它所追求的却正是外在的与内在的体系上无矛盾性,这也意味着无论是立法者还是司法者,都必须积极地填补所存在的漏洞,真正使法律体系成为一个内在和谐的有机整体。[1]

三、法律漏洞的补救及其方法

尽管在当今世界,法律漏洞的存在与补救普遍得到承认,然而法律漏洞的补救究竟属于何种性质,则有不同的看法。一种观点认为,法律漏洞弥补属于广义的法律解释活动。例如有的学者认为,填补法律漏洞是广义法律解释制度的一部分,这成为现代法律制度的一大特色。[2] 也有的学者认为,司法中的"法律解释"应主要是填补法律"空隙"。[3] 按照上述理解,法律漏洞补救是法律解释的基本功能和目的。另一种观点认为法律漏洞的补救是造法的尝试:①法律漏洞补救是针对一个待决案件采取的一个法律见解,表现于裁判之中,属于司法权的行使,而不是针对一种案件类型补充一个一般性规范。②判决先例并不具有法律上的约束力,判例并不构成法源,且违反判决先例的裁判也不构成违法。③法院对既存判例只有斟酌而并无遵守的义务。所以,"法院的法律漏洞补充活动,在性质上充其量只能说是一种造法的尝试,而非终局的法律之制定。"[4]

我们认为,法律漏洞的补救严格说来只是法律解释的一种方法而非造法。"造法"这个词虽然也可笼统地归入法律解释一类,但它毕竟完全混淆了司法与立法的区别,使这种活动的民主正当性受到怀疑。同时,法律漏洞的补救并非凭空架构一种新的规则,正如我们前面所言,当立法者有意"沉默"的时候,并不构成所谓的法律漏洞;而是相反,法律漏洞的补救同样是立足于法律规范本身而进行的一种法律的适用与法律的完善工作。正如我们经常言及的那样,法官不得因法无明文规定而拒绝受理案件,也不得因法无明文规定而拒绝裁决争议,在这时,法官可以通过为国家所承认的法律漏

---

〔1〕 黄茂荣:《法学方法与现代民法》,中国政法大学出版社 2001 年版,第 349 ~ 351 页。

〔2〕 周永坤:《法理学——全球视野》,法律出版社 2000 年版,第 395 页。

〔3〕 我国学者苏力在通过对司法实践中的"解释"进行经验性分析后指出,"司法中所说的法律解释其实并不限于对法律文本的解释,甚至主要不是对法律文本的解释。法律解释往往出现在疑难案件中,而且整个适用法律过程或法律推理过程都为法官概括为'法律解释',其中包括类比推理、'空隙立法'、裁剪事实、术语的重新界定,甚至'造法'"。参见苏力:《解释的难题:对几种法律文本解释方法的追问》,载《中国社会科学》1997 年第 3 期。

〔4〕 梁慧星:《民法解释学》,中国政法大学出版社 1995 年版,第 261 ~ 263 页。

洞的补救方法,来弥补立法所造成的空隙。

有关法律漏洞补救的方法,大致说来有三种主要情形:①依习惯加以补救。例如,《瑞士民法典》第1条规定:"凡依本法文字或释义有相应规定的任何问题,一律适用本法;无法从本法得出相应规定时,法官应依据习惯法裁判;如无习惯法时,依据自己如作为立法者应提出的规则裁判;在前一款情况下,法官应依据公认的学理和惯例。"[1] 我国民法上最高法院依习惯弥补法律漏洞的例子是1984年8月30日《关于贯彻民事政策法律若干问题的意见》第85条第2款关于房屋典权回赎期间的规定:"典期届满逾期10年或典契未载明期限经过30年未赎的,原则上视为绝卖"。②依法理弥补。一般认为是依照由法律的精神演绎出来的一般法律原则进行弥补。其方法有:类推适用、目的性限缩、目的性扩张等。③依判例弥补,即依据以往的判决先例进行弥补。依判例弥补其实也是引用其中的理论,所以弥补法律漏洞的主要方法是法律解释学上的方法,主要是类推适用、目的性限缩和目的性扩张。以下分别介绍这三种法律漏洞的弥补方法。

第二节 法律类推技术

一、法律类推的概念

法律类推,也称类推适用或比照适用,指就法律未规定之纷争事项,比附援引最相类似之规定,以为适用。[2] 通俗地讲,类推适用是指适用法律的机关在处理某个案件时,由于法律没有明文规定,可以比照最相类似的法律条文,或者根据现行法律的基本精神、原则和国家的现行政策进行处理的制度。[3] 有的学者对之还进一步进行了分类,例如俄罗斯法理学家将类推分为法律类推和法的类推。法律类推是指在调整与被审理的关系相似的关系的法律基础之上对案件作出判决;法的类推是指在法律基础原则和意思基础之上判决。[4] 前者是本文所言的法律类推,而后者则是一种在法律存在空白时的法律适用。

为什么会存在类推这种制度?这主要是由于社会生活是极其纷繁复杂的,任何国家的现行法律无论规定得如何详尽,也不可能把社会上各种各样的生活现象都罗列进来,更不可能预先把社会生活中一切可能发生的案件规定得包罗无遗,因此,很难避免法律规定的漏洞。补救法律漏洞的措施,既可以通过法律的创制活动,也可以采取类推制度来实现。但是,采取类推适用的措施,既有利于保持法律的相对稳定,又可以适

---

[1] 《瑞士民法典》,殷生根、王燕译,中国政法大学出版社1999年版,第3页。

[2] 杨仁寿:《法学方法论》,中国政法大学出版社1999年版,第146页。

[3] 孙国华主编:《法理学》,法律出版社1995年版,第369页。

[4] [俄]B. B. 拉扎列夫主编:《法与国家的一般理论》,王哲等译,法律出版社1999年版,第197页。

应不断变化的社会关系的需要，避免动辄变更法律，影响法律的权威。

历史上，类推适用是相沿已久的一项法律制度。荀子《王制》中就有"其有法者以法行，无法者以类举"的说法。秦汉决狱时就有"比附援引"制度，唐时遂成定制，以后历代相沿不断，大清律有"律无正条，比引科断"的规定。清朝还编制了一系列比附成例供审判时遵循，如遗失京城门钥匙比照遗失印信论罪。在资产阶级革命时期，为了反对封建的擅断和专横，排斥类推适用，主张"罪刑法定"原则。1787 年的美国宪法和 1789 年的法国《人权宣言》都规定了这一原则。其后，各资本主义国家的立法一般都仿此作出规定。但是，在资本主义国家的法律实践和法学理论上，既没有完全否定过类推，也没有完全实现过罪刑法定原则。从近代以来的各国立法看，在刑事法律中采取类推制度的已日趋减少，多数实行"罪刑法定主义"，但在民商法、行政法领域中依然存在类推制度。

我国早在民主革命时期，革命根据地的刑事法律中就规定了类推制度，新中国成立初期的刑事立法同样有此规定，1979 年颁布的《刑法》中也规定了有严格限制条件的类推适用，并随着经济体制改革和经济建设的发展，在民事法律、行政法、经济法等部门法中也作了比照刑法有关条文追究刑事责任的规定。[1] 1997 年 10 月 1 日起实行的中国新刑法典将这些"依照"、"比照"条款经修改后统一编入，明确规定了罪刑法定原则，并废止类推，成为刑法典修订和我国刑法发展的一个重要标志。

类推适用与类推解释不同。类推适用是本着"相类似案件，应为相同处理"的法理，依逻辑三段论推演而成；而类推解释，则是在文义范围内作成解释，仅于解释法条用语之文义时，用体系解释方法，类推其他法条用语之涵义加以阐释而已，无须经过三段论加以推演。[2]

类推适用具有下列特征：

1. 类推适用为间接推论，不同于直接推论。从逻辑上看，类推适用的间接推论过程是，凡 M 是 P，S 类似于 M，则 S 是 P。

2. 类推适用是由特殊到特殊，由个别到个别的推论，既非一般到特别的演绎，也非由特别到一般的归纳。这是因为类推是立足于个别事例的类似，而不是从普遍的规则中得出个案的结论，也不是由个案形成一般的法律规则。

3. 类推适用的操作媒介是"类似性"。德国学者拉伦兹指出，类推适用系指：将法

---

〔1〕 自 1979 年刑法典颁行后至 1997 年新刑法典通过前的 17 年间，中国设有附属刑法条款的法律已达 90 余部，据统计，这类在民事、经济、行政等非刑事法律中规定了"依照"、"比照"刑法的有关规定追究刑事责任的附属刑法条文共 130 余条。转引自高铭暄主编：《刑法学》（新编本），北京大学出版社 1998 年版，第 9 页。尽管上述条文并非都为类推适用，绝大多数应为准用性规定，但仍不乏类推适用之规定。

〔2〕 我国台湾地区学者杨仁寿先生主张此说，大陆学者梁慧星先生也承此说。分别参见杨仁寿：《法学方法论》，中国政法大学出版社 1999 年版，第 161 页；梁慧星：《民法解释学》，中国政法大学出版社 1995 版，第 273 页。

律针对某构成要件(A)或多数彼此相类的构成要件而赋予之规则,转用于法律所未规定而与前述构成要件相类的构成要件(B)。"转用的基础在于:二构成要件——在与法律评价有关的重要观点上——彼此相类,因此,二者应作相同的评价"。[1]

4. 类推适用所得出的结论,并非绝对真实,仅具有某种程度的概然性和妥当性。这是与"类似性"这一特征所分不开的。如果说案件事实彼此完全等同,那就不是类似而是相同,在这种情形下,没有适用类推的必要。正因为类似并不是完全等同,所以相关结论在一定程度上就具有"或然性"的特征。

二、法律类推的条件

类推适用基于平等原则的理念,普遍为法院所使用。类推适用的基本原理是"相类似之案件,应为相同之处理"的法理。法律秩序应具有统一性,法律就某事件所确定的规范,对于其他相类似的事件,也应规定同一的规范,进行相同的处理,这样才能适合社会的共同要求和基本理念,才能实现法律生活的公平及维护法律秩序的稳定。如果法律就此未设定规范,则应该援引类似的规定,加以适用。

法院进行法律类推适用时:①应就法律所没有设定的规范,确认其究竟是有意的不规定,还是立法者的疏忽、未预见或者是情况变更所致,如系有意不规定,则不产生弥补问题。就一般而言,法律的沉默,多为有意的沉默而非无意的疏忽,因此,在不能确定法律未设规定,是出于立法者的疏忽、未预见或者情况变更以前,不能草率将法律的有意沉默误认为无意的疏忽。[2] ②必须探究法律规范的意旨,找出彼此相类似之点,建立可供比附援引的共通原则,然后将此一类型的法律效果,适用于另一类型之上,即完成类推适用过程。③类推适用所要弥补的法律漏洞,必须是公开的法律漏洞。法律依其规范目的,原应积极地设定某个规定,而未规定,则称为公开的漏洞。如依其规范目的,原应消极地设限,而未设限,则属于隐藏的漏洞。[3] 对公开的漏洞,由类推适用加以弥补,而隐藏的漏洞则由目的性限缩来弥补。

根据法治原则的要求,对法律进行类推适用时应注意以下几个方面的问题:

1. 仅在完全没有法律规范或法律规范不完整时,允许依类推判决;

2. 类推分析的情况与已有规范规定的情况相似应是在根本的具有同等法律意义上的特定的相似;

3. 如果法律明令禁止或法律将法律后果的发生与具体的规范联系在一起时,不允许依类推作出结论;

4. 普遍法律规则中的特殊规范和例外,只能在被审理的情况也特殊时才能适用;

---

[1] [德]卡尔·拉尔茨:《法学方法论》,陈爱娥译,台湾五南图书出版有限公司1996年版,第290页。

[2] 关于适用法律类推的情形,俄罗斯法理学者认为,在没有专门禁止和立法者本人没有将法律后果的发生与具体法律联系起来的所有地方,都允许类推。参见[俄]B. B. 拉扎列夫主编:《法与国家的一般理论》,王哲等译,法律出版社1999年版,第197页。

[3] 杨仁寿:《法学方法论》,中国政法大学出版社1999年版,第147页。

5. 在适用类推过程中制定的法律规范不应违反任何现行的法律规范；

6. 类推判决要首先以在某一法律部门查找规范为前提，并且只有在没有该规范时才可以借助其他部门或整个立法。[1]

类推适用的具体操作过程如下：①明确法律某项规定订立之际，立法者或准立法者预想事件的利益状况；②然后确定立法者或准立法者最重视其中的什么利益要素，而赋予其法律效果；③分析待处理案件的利益状况，将其与上述法律规定中立法者或准立法者预想事件的利益状况作对比；④如待处理案件的利益状况，包含了立法者或准立法者预想事件最重要的利益要素，则准用该法律规定处理待处理案件。须加注意的是，假如立法者或准立法者预想事件最重要的利益为复数，则只在待处理案件的利益状况全部包含此最重要利益的情形，始得进行类推适用。[2]

第三节　目的性限缩与目的性扩张技术

一、立法目的瑕疵及其补救

所谓立法目的瑕疵，是指"立法当初如立法政策计划技术不圆满、程序草率，不符合立法上一般之明确、平等、比例、合乎体系之要求，或因立法后时空环境已有转变，以至于形成立法技术上的缺失，或造成法律的漏洞，而无法实现立法原有或适当之目的"。[3] 这意味着"立法目的瑕疵"在两种情形下出现：①立法时的缺漏；②环境的变化。

纠正立法目的的瑕疵，应当说主要是立法机关的职责，然而，当立法机关尚未对有瑕疵的立法目的予以纠偏，而所涉案件又不能等待立法机关填补漏洞再行判决时，就发生司法机关不得不对立法技术或法律漏洞中的问题加以救济的问题。而其核心问题，就在于"以内存于法律中的目的为根据，对过窄或过宽的法律文字所作的修正"，同样，从事这种技术性纠偏是以下列条件为根据的："能清楚地确定法律的目的，并且，假使不为此等修正，则法律目的在部分事件中即不能完全实现，不可避免将发生严重的评价矛盾或明显的不正"。[4] 也就是说，立法目的虽有瑕疵，但人们肯认这种目的的存在及其合理性，如果对此类瑕疵不予修正的话，要么立法者的预期无法实现，要么在个案的审理中将会造成明显的不公正。

---

〔1〕［俄］B. B. 拉扎列夫主编：《法与国家的一般理论》，王哲等译，法律出版社 1999 年版，第 197 页。

〔2〕［日］石田穣：《法解释学的方法》，转引自梁慧星《民法解释学》，中国政法大学出版社 1995 版，第 274 页。

〔3〕蔡达智："从行政法学观点论立法目的"，载城仲模主编：《行政法之一般法律原则》（二），台湾三民书局 1997 年版，第 92 页。

〔4〕［德］卡尔·拉尔茨：《法学方法论》，陈爱娥译，台湾五南图书出版有限公司 1996 年版，第 306、309 页。

如何对立法目的瑕疵进行修正呢？一般而言，有目的性限缩与目的性扩张两类主要技术。

二、目的性限缩技术

所谓目的性限缩，指由于立法者的疏忽，没有将应当排除的事项排除在外，因而在司法过程中，为贯彻法律的真实意图，将该项事项排除在外以弥补法律漏洞的方法。其方法是：将原为法律条文的文义所涵盖的类型，剔除其与规范的真实意图不相吻合的部分，使之不在该法律条文适用范围之内。目的性限缩所弥补的法律漏洞是一种隐藏漏洞，而其法理基础则是"不同类事件作不同处理"。

目的性限缩与限缩解释不同。所谓限缩解释，是指法律的用语失之过宽，不符合立法原意时，对文字的含义加以限制，以符合法律真意的解释方法。限缩解释虽也有目的上的考虑，但与目的性限缩不同。区别在于，限缩解释为法律解释方法之一，目的性限缩则为弥补法律漏洞方法之一；限缩解释是消极地将法律用语局限于其核心部分，而目的性限缩则是积极地将不符合法律意旨的部分予以剔除。

目的性限缩解释有如下的特征：

1. 目的性限缩属于间接推论的一种。其推论过程是：凡 M 是 P，M_1 非 M，故 M_1 非 P。由此可见，这是一种典型的三段论形式。

2. 目的性限缩是由一般到特殊的推论，属于演绎而非归纳推理。它的根据是现行的普遍适用的法律规则，通过该规则来衡量特定的个案并不应当包含在这一规则所涉及的范围之内，因而将之排除在外。

3. 目的性限缩是从法律条文的规范目的出发来考虑的，即依法律目的而分类型，将不符合规范目的部分予以剔除。例如著名的王海故意买假行为，就可以通过目的性限缩来将此一行为排除在《消费者权益保护法》之外，因为法律确定的目的不在于人们可以从中获得不正当的利益，而主要是保护消费者因日常消费所导致的权益损害。

三、目的性扩张技术

所谓目的性扩张，指由于立法者疏忽未将应涵盖之事项涵盖在内，为贯彻立法者目的，将应涵盖之事项予以涵盖的弥补法律漏洞的方法。如我国《民法通则》第 120 条规定，公民的姓名权、肖像权、名誉权、荣誉权受到侵害的，有权要求停止侵害，恢复名誉，消除影响，赔礼道歉，并可以要求赔偿损失。这里的赔偿损失，是指赔偿精神损害。为贯彻本条的立法目的，应采目的扩张方法，对于其他人格权如人格尊严、自由、隐私、婚姻自主权等受侵害的，亦应适用本条。

目的性扩张与扩张解释不同。二者的区别如下：目的性扩张为法律漏洞弥补方法，而扩张解释为法律解释方法之一；目的性扩张是将原本未为法律文义所涵盖的事项，采用符合规范目的的方法，将其包括在该法条适用范围之内，而扩张解释，则是因法条文义失之过窄，不足以表示立法之真意，于是扩张法条之意义，以达到正确适用之目的；目的性扩张的结果，已在法条文义"预测可能性"之外，而扩张解释的结果，仍在法条文义“预测可能性”之内。

目的性扩张与类推适用也不同。两者的共同点都是扩张法条的适用范围。但却存在本质的差别:类推适用是以纷争事项与法定事项之间有“类似性”为前提,而目的扩张则不存在“类似性”关系,只是纷争事项与法定事项同为法律目的所涵盖。

目的性扩张的逻辑特征如下:

1. 目的性扩张属间接推论之一种。其逻辑关系是:凡 M 是 P,M_1 为 M,故 M_1 是 P。这同目的性限缩一样,为典型的三段论。

2. 目的性扩张是由一般到特殊的推论,属演绎而非归纳推理。这其中有一个典型的案例。美国联邦最高法院法官威尔逊在 1793 年的“奇赫姆诉佐治亚州案”中写道,参阅宪法序言中的这些文字,法院“从所宣告的目的和美国宪法的基本精神中推断出”制宪者们赞同各州在联邦法院有起诉权的结论。[1]

3. 目的性扩张是把法条的立法目的作为考虑的依据,即将法律条文之文义所未涵盖,而合乎法律目的的事项,纳入该法条适用范围之内,以弥补其法律漏洞。

复习思考题

1. 在法律中法律漏洞的存在有无必然性?为什么?
2. 对于法律漏洞,立法者与司法者各自的立场应当是什么?
3. 法律类推在何种情形下方能适用?
4. 当立法目的出现瑕疵时,应当采取何种方法予以补救?

---

〔1〕［美］詹姆斯·安修:《美国宪法解释与判例》,黎建飞译,中国政法大学出版社 1994 年版,第 25 页;具体案由则请参见王希:《原则与妥协:美国宪法的精神与实践》,北京大学出版社 2000 年版,第 170 页。

第二十五章　法律说理技术

✣学习目的与要求

本章是有关法律说理技术的论述，重点分析了①法律说理技术的概念、场合及其意义，将法律说理与法律民主紧密结合起来；②法律说理的技术规则，研究了法律说理的范围及技术性要求问题，力求使法律说理具有明晰性、逻辑性、关联性等特征，从而为民众服从法律、尊重裁决提供基础。通过本章的学习，可以了解法律说理在法律过程中的特殊意义，并据此掌握法律说理的基本要领。

第一节　法律说理的概念及意义

一、法律说理的概念

如果说法律的制定是个理性协商的过程，那么，在法律的运作中，通过平等地交换各自在法律上的主张及其理由，就是法律实际运行过程理性化的重要内容。所谓法律说理，从广义上说，也即行为人就自己某个法律上的主张，申明其理由，表达其观点，从而使对方接受自己主张的一种活动。当然，狭义的法律说理则是指国家机关就自己所作的影响公民、法人或者其他组织权利、义务的决定，所提供的证成其决定的相关观点。例如，学者对裁判文书的说理曾进行过如下表述："说理（论理）……指法官或者法院在当事人（刑事案件中包括公诉人）举证的基础上，对某一特定案件如何认定、如何确定性质、如何分清是非（如何定罪量刑）、如何进行法律推理得出处理结论所发表的法律观点。"[1]同样，在行政执法中，说理的相关内容也同样为法律所注重。例如，根据我国《行政处罚法》第41条的规定，行政机关及其执法人员在作出行政处罚决定之前，不依照规定向当事人告知给予行政处罚的事实、理由和依据，行政处罚决定不能成立。在这里，是否有相关的处罚理由，成为衡量行政处罚合法与否的重要标志。

本章所言"法律说理"以行政执法和司法活动为重心，但考虑到立法同样是一种重要的影响公民、法人或者其他组织合法权益的活动，因而在论述中也兼及立法（包括行政立法）问题。

---

〔1〕　唐文：《法官判案如何讲理——裁判文书说理研究与应用》，人民法院出版社2000年版，第2页。

二、法律说理的场合

(一)法律制定

法律的制定必须有充足的理由,这是立法者表明其立法正当性的重要内容。对于立法活动而言,从某种意义上说,其所作规定较诸对单个公民所进行的行政裁决和司法裁判而言,具有更为广泛的社会影响。因而,立法必须是有理由的立法,立法活动本身也必须附之以明确而正当的立法理由。在法律制定中,立法理由的阐明往往通过法律说明报告来进行。也就是说,立法机关在制定法律时,应当就该法律制定的背景、意义、基本原则和主要内容制作说明报告,以便委员们进行法律审议;在法律正式通过后,法律说明报告一般也正式公布,因而可以视为与立法相配套的正式法律文件。在法律说明报告中,关于法律理由的内容占有较大比重。以王汉斌同志《关于〈中华人民共和国行政诉讼法(草案)〉的说明》为例,就涉及了受案范围宽窄问题、行政诉讼案件审理不适用简易程序问题、管辖问题、审判依据与审判形式问题等方面的说明,从法律说明报告关于法律理由的内容来看,虽然多为国家立法理由的整体概括,但也不乏具体法律理由的阐释。例如国家赔偿的范围中民事审判、行政审判发生错判时国家是否承担赔偿责任的问题,《关于〈中华人民共和国国家赔偿法〉(草案)的说明》即进行了明确的规定:“对于民事审判、行政审判中的错判,经法院改判后,应当按照改变后的判决,由一方当事人向对方履行义务,不宜列入国家赔偿的范围。国外一般也是这么做的。”

行政法规的制定同样也必须进行说理:“在行政条例有可能损害某人的权利、自由或利益的情况下,有关人士应被告知实行该条例的理由,可以就条例本身陈述理由,或者应要求在合理的时间内单独传达给有关人士。”[1] 从这个意义上说,行政立法首先必须是公开的而不是秘密的,其所作规定应为社会所周知;同时,每一个涉及人民权利、自由或者利益的行政法规、规章的拟定,都应当以充足的“立法”理由作为依托。

(二)行政执法

行政执法,简单地说,即行政机关及其工作人员将法律规定适用于行政相对人的活动。对于公民、法人或者其他组织而言,行政执法活动虽然从维护公共秩序的角度而言,能够为其提供宏观意义上的制度保障,但从微观的场合而言,任何一个行政决定的作出,都必然会对其权利与义务进行相应的处置。“在现代行政权基本上是自由裁量性质的情况下,要使行政主体的行政行为能够为社会一般人和行政相对人所接受,行政行为仅仅符合合法性的要求显然是不够的,因为行政行为的合法性只解决了以力服人的问题,没有解决以理服人的问题,后者的问题能否解决取决于行政主体是否就作出的行政行为向行政相对人说明理由”。[2] 由此可见,行政主体是否能够给予当事

---

〔1〕 [新西兰]杰里米·波普:《反腐策略——来自透明国际的报告》,王淼洋等译,上海译文出版社 2000 年版,第 94、95 页。

〔2〕 章剑生:《行政行为说明理由判解》,武汉大学出版社 2000 年版,作者自序第 1、2 页。

人作出行政裁决的理由说明,不仅仅是其执法正当性的标志,也是强化执法效果的关键。当一项规定被行政相对人心服口服地接受时,执法的价值才能得以真正地体现。正因如此,美国学者森斯坦指出,近年来行政法中也许是最重要的学说创新是“表面严格原则”。从它目前的具体内容来看,这个原则有四个主要的特点:“行政机构必须详细解释它们的决定;必须说明与过去不同的做法的理由;准许广泛范围内的有关团体参加管理过程;考虑合理的代替方法;以及说明为什么这些特点遭到拒绝。”〔1〕联邦德国宪法法院在判例中也明确指出,依法治国家之基本原则,干涉人民之权利行为,应说明其理由,人民始能保护其权利;因此,凡是“干涉行政”(行政干预人民之权益)之行为,均应说明理由。〔2〕

（三）司法裁判

法院或者法官在适用法律对争讼双方的权利、义务进行判定时,提供相关的裁判理由就成为司法活动的核心问题。法院判决的最佳效果,在于当事人双方心悦诚服地接受法院的判决,从而保证这种法律争议再次进入诉讼程序。然而,法院的裁判要达到这一目的,又是与司法裁判所提供的理由分析是分不开的。“法官之所以有资格判决输赢,是因为他们能够提供判决理由。体育裁决也有自己的理由,只是体育规则本身比法律规则简单、明确,裁判需要当场宣布胜负而没有时间陈述理由。法官需要告诉当事人:决定胜负的规则从何而来,规则如何适用于争议事实,规则的适用是否遵循先例等等”,〔3〕正是从这个意义上而言,“判决理由实际上成为有关当事人主张和判决本身合法性的解释。因此,问题不在于同一教育背景的法官如何对同一事实和同一法律产生分歧,而在于他们如何运用基本相同的合法性渊源建立不同的审判理由。审判理由就是法律解释,就此而言,一个没有审判理由的裁定不能算是司法裁定。”〔4〕

还必须注意的是,在司法裁判中的法律说理,除了可以通过统一的判决书的形式表现出来外,法官的不同意见也往往成为法律说理的重要方式。在合议制中,不同的法官肯定对案件所涉及的事实与法律问题会有不同的解释,因而形成不同的意见,但对于个案所作的判决只能有一个而不是两个或两个以上,这就有必要形成统一意见(主要是大陆法系)或“多数意见”(主要是英美法系)。但是,在美国,少数意见同样可以公之于众,也可以为下级法院乃至学者引用,由此往往成为法律说理的重要素材。法官的不同意见书通常把事实和案件的过程及历史作详尽阐述,然后对可适用的法律理论作一个很精密的讨论。在这项讨论中几乎总会提及以前的判决并申述其与目前

---

〔1〕 [美]卡斯·R.森斯坦:“共和主义的永久遗产”,载[美]斯蒂芬·L.埃尔金、卡罗尔·爱德华·索乌坦编:《新宪政论——为美好的社会设计政治制度》,周叶谦译,三联书店1997年版,第232页。

〔2〕 翁岳生:《行政法与现代法治国家》,自印本1985年版,第215页。

〔3〕 方流芳:“罗伊判例中的法律问题”,载梁治平编:《法律解释问题》,法律出版社1998年版,第273页。

〔4〕 方流芳:“罗伊判例中的法律问题”,载梁治平编:《法律解释问题》,法律出版社1998年版,第273、274页。

问题的关系。[1]

三、法律说理的意义

（一）法律说理是法律民主化的重要措施

法律既是国家的一项制度安排，同时更是大众的事业。只有在人民群众理解法律活动及其法律理由的正当性时，法律才能真正融入民众的社会生活，从而使法律能够在人民的参与下，实现其秩序与正义价值。“任何法官都明白，他的意见，无论是多数意见、赞同意见或反对意见，都是一种传达信息的途径。一致的、有说服力的意见会争取到大众媒介、知识界和各种团体的头面人物、国会议员，以及一般公众的支持，而公众支持与否关系到判决得以顺利执行或者遭到强烈的反对。”[2]虽然这只是就司法活动而言，但无论是立法还是行政执法，相关的说理都是必不可少的。如果一项影响人们权利和义务的决定并无任何适当的理由来作为依据，那么所谓的执法活动就是一种法律上的擅断。恩格斯就明确指出，民主的审判制度是“审判庭的每一个成员必须在公开开庭时单独提出自己的判决并陈述其理由”。[3] 在这里，司法的民主性通过两个方面体现出来：①在审判庭中，每一位法官都是平等的主体，法庭不得剥夺他们平等的审理权，因而他们都有权提出自己对该案的判决意见；②法官必须陈述自己的判决理由，以避免司法擅断。实际上，判决理由书的公布，本身也是司法民主的必要内容。

（二）法律说理也是减少国家机关作出错误决定的重要途径

通过法律说理，特别是相关观点的陈述，可以使国家机关通过对自己所作决定的分析，减少其可能会出现的错误。例如，在行政执法中，决策者就必须问自己：“我是否出于正当的理由行使权力？我是否已经考虑到了所有有关的情况，排除了所有无关的动机？”“如果我应该说明行使权力的理由，这些理由是否正确？是否经得住法官独立的、方方面面的检查？”[4]……这就是说，法律说理本身就在于先要说服行为者自身，否则这种说理根本不可能为受影响的相对方所接受。我国台湾著名行政法学家翁岳生先生亦指出，“行政官署作成行政处分时，如必须说明理由，将能使其就事实上与法律上，作较慎重之考虑，减少行政处分之错误或其他瑕疵。并且一般人将有机会，了解行政措施是否合理，又当事人在明白行政处分之理由后，亦较能与行政机关合作，减少争讼之发生，所以民主法治国家之行政行为，亦应尽可能说明其行为之理由。”[5]就这层意义上的法律说理而言，它是国家机关对自己所作决定是否合法、合理的先行检验，

---

〔1〕［美］约翰·P. 道森：“法官的任务”，载［美］哈罗德·伯曼编：《美国法律讲话》，陈若桓译，三联书店 1988 年版，第 18 页。

〔2〕［美］希尔斯曼：《美国是如何治理的》，曹大鹏译，商务印书馆 1986 年版，第 181 页。

〔3〕［德］恩格斯：《反杜林论》，《马克思恩格斯选集》（第 3 卷），人民出版社 1995 年版，第 453 页。

〔4〕［新西兰］杰里米·波普：《反腐策略——来自透明国际的报告》，王淼洋等译，上海译文出版社 2000 年版，第 98 页。

〔5〕翁岳生：《行政法与现代法治国家》，自印本 1985 年版，第 215 页。

使其在引起新的纠纷争议前,有对拟议中的决定加以重新修正的可能。

(三)法律说理也有利于形成国家机关与公民之间的合理互动

法律说理本身,就是建立在国家机关与公民的平等关系之上。在这种制度建构之下,国家机关再也不是像以往专制制度下那样,通过强制力来保证相关法律决定的执行,而必须以一种平等协商、理性沟通的方式,通过详尽的说理,来阐述行为的理由。例如,就行政活动而言,“行政行为是以力服人还是以理服人直接影响到行政行为的实效。行政行为说明理由可以使行政相对人对行政权产生一种亲近感,为行政主体和行政相对人之间合意、协商构建一个制度性平台,以适应现代社会‘服务行政’、‘善良行政’的需要。”[1]因此,法律说理这样一种活动,使得相关国家机关通过昭示其充足的执法理由,使人们可以增强对国家的信赖,从而形成国家机关与公民之间的合理互动,密切国家机关与人民之间的关系。

第二节　法律说理的技术规则

一、法律说理的范围

法律说理的范围,可以从两个方面来加以理解。

1. 法律说理的对象。一般而言,法律活动主要涉及“事实”与“法律”两个方面。例如,在诉讼过程中,法院的任务就在于查明事实,[2]然后适用相关的法律。而对于案件事实而言,首先是因为它是一个社会事实,其次才是一个引起争议的纠纷事实。这种意义上的区别在于,所谓纠纷事实本身也是以社会事实为基础的,是一种经过法律提炼、浓缩后的事实形态。然而,法律作为抽象的行为规则,它并非是一种就所有个案事实的完整描述,而是就所有个性的共性问题所作出的一种概括性的语言定位。这就带来一个相关的问题,即所有法律条款有关事实的陈述,未必就能完全切合某一特定个案的实际情况,因而必须就事实方面进行解释或者作出判断。就这个意义上而言,“事实”的查明是指通过诉讼活动,再现案件发生的整个过程。[3]“法律”也是如此,任何

---

[1] 章剑生:《行政行为说明理由判解》,武汉大学出版社2000年版,作者自序第2页。

[2] 法庭的审理过程,在很大程度上就是再现案件的发生过程;诉讼当事人的举证、质证、辩论,说到底都是为了给法官及旁听者提供一个场所,使其通过实物的提供与言辞的交锋,了解案件发生的原因、性质、过程、后果,从而激发法官、陪审员、听众内心潜在的正义感,争取上述人员对诉讼主体境况的同情。

[3] 这正如学者所言:“事实是指真实情况。但是,在司法活动中,要查证的事实都是过去发生的情况,无论是法官还是律师都没有亲身经历过,因此需要通过一系列的取证、质证和认证的活动来确定它。也就是说,作为客观存在的事实不能自行说话(自证),而一定要通过当事人或其他人的陈述被人们了解。审判案件在很大程度上就是让与事件无关的人(法官)通过对实物的观察和人们的叙述查证案件真实情况的过程。证人证言是否可靠的问题是一个长期争论不休的难题。”参见王晨光:“从‘错案追究制’谈法律运行中的不确定性”,载梁治平编:《法律解释问题》,法律出版社1998年版,第257页。

法律条款都只有在经过法官的解释之后才能适用于具体的个案，而“不确定性法律概念”等内容的存在，又只有在融入司法者的主观价值判断之后，才能成为真正意义上的法律条款。因而，从法律说理的角度而言，主要是就事实的取舍进行说明，即为什么要把案中的某一事实确定为法律事实；同时必须说明为什么要适用该法律条款而不是另外一个法律条款，从而为应对当事人的质疑提供明确的法律依据。此外，案件事实与法律条款之间存在着怎样的关系，也是法律说理的重要内容之一。“法律”是一个由个别到抽象的综合过程；而案件中的事实则是通过孤立的个案，来印证立法描述的准确与否。也就是说，每一个特定的个案，首先就在于它表征着不同的事实；这一案件能否适用于拟定的法律条文来予以处理，关键就是能否发现事实与法律条文之间的关系。

2. 法律说理的详略问题。也就是说，在法律说理的范围上必须注意的是：“裁判理由也要与重要性相称：对重要的问题要详细讨论，不存在问题的事项则相应地简略讨论。”[1]这意味着，在法律说理的过程中，并非要对所有相关的内容均平均分配说理的分量，而是要根据与裁决重要性程度的关联，来决定何者详细说理，而何者可简略论述，从而突出说理的重心与分量，同时也避免繁琐论证。例如在我国《行政诉讼法》中，将具体行政行为可以被撤销的事由之一定位在“主要证据不足的”，在这里，法律说理就应当围绕着主要证据来进行，次要证据由于与案件本身关联不大，可以适度省略。

二、法律说理的技术要求

德国学者克罗林庚认为，在司法审判中，虽然在裁判理由的结构上并不存在普遍适用的方法，但仍然有着共通的一般准则，这包括：①简单明了；②事物的逻辑性；③不断控制所起草的内容是否真的仅为论证判决主文之用，进而避免多余说理（对裁判无影响的内容）。[2] 由此而言，在法律说理的过程中，有三项基本的技术规则是必须遵循的：

（一）法律说理的明晰性

法律说理是沟通社会大众与专职国家机关的纽带，因而法律说理所使用的语言文字应当清晰明了、简洁易懂。就司法裁判而言，美国学者伯尔曼对此有着精辟的论述：“所有的审判都应该具有教育意义，而不只是确定罪行。……法院的审判应当帮助人精神净化，而不应在我们的尊严之上再施暴行。它应该把蕴含在法律程序中的价值戏剧化，而不是漫画化。”因而，“法律不应只图方便；它应当致力于培养所有有关人员——当事人、旁观者和公众——的法律情感。”[3]然而，法律教育性的实现，首先就有赖于法律说明本身的清晰、明确，这意味着：①法律说理是面向普通的民众，它是以“中人”作为其合理的预设背景，因而法律说理的相关文书不应当是论文、专著式的词语堆砌，而是以普通人能够理解作为其主要的价值追求；②法律说理必须关注人的精神净化，有利于培养符合社会正常观念的法律情感，这就要求在明晰之外，相关的法律

---

〔1〕［德］狄特·克罗林庚：《德国民事诉讼法律与实务》，刘汉富译，法律出版社2000年版，第109页。

〔2〕［德］狄特·克罗林庚：《德国民事诉讼法律与实务》，刘汉富译，法律出版社2000年版，第114页。

〔3〕［美］伯尔曼：《法律和宗教》，梁治平译，三联书店1991年版，第59页。

文书还必须具有打动人的情感的作用,能够成为公民接受法律、信仰法律的良好素材。

(二)法律说理的逻辑性

作为一种与行为人沟通的艺术,在法律说理的过程中,国家机关及其公职人员还必须正确地借助逻辑手段,使相关问题的论述具有较强的感染力。"司法活动是以成文法为前提的一种三段论式的逻辑推理过程。如果大前提是正确的,小前提——法官应当查明的案件事实是否真实可靠,那么,结论——也就是司法判决必定是公正。"[1]由此可见,逻辑既是保证结果公正的一个重要标志,同时也是加强说理力量的重要手段。事实上,无论是法律理论还是法律观点,其打动人的力量往往来自严密的逻辑论证,它通过相关陈述格式的规范化、科学化,能够引导读者随着文书的表述而思考相关内容。因而,从法律说理的角度看,它不应当是事实和法律的堆砌,而是在逻辑规则的指导之下,通过演绎、类比等逻辑手段的引用,逐步地展开案件发生的基本脉络,阐明适用法律的主要理由。这正如学者所言:"一项公正的裁判应当建立在逻辑推理的基础上。法官的任务在很大程度上是要详尽地阐述有关证据的分析、事实的认定、援引的法律条文的含义、裁判结果等相互之间应具有的内在逻辑联系。"[2]

(三)法律说理的关联性

法律说理的关联性,主要是指法律说理的内容必须围绕着需要解决的法律问题来进行。这就是说,法律说理并非无目的、无主题的文字游戏,而是必须结合相关论题的阐述,来表达法律决定的正当性。在法律实践中,这种说理的关联性主要表现在:①与法律依据的关联。这里所言"法律依据",既包括制定法的相关规定,也包括习惯、学理、公认价值等,它们构成了法律说理的权威依据,是为当事人所信服的必备材料。②与事实的关联。这里所言事实,既包括作为案件证据的事实说明、分析,也包括诉讼过程中相关的法律事实,例如当事人所提诉讼请求是否合理,本案中尚有哪些不明的争点等。③与社会效果的关系。任何一个法律决定,必然会对社会关系进行一定程度的重新塑造,这就意味着如果在存在几个可能的裁决结果的情况下,法律适用者必须解释为何要选择此裁决决定而不是另外的裁决决定,从而加大法律说理的公信力。

复习思考题

1. 为什么说法律是一项说理的事业?

2. 在法治原则之下,法律说理技术有何特别的重要意义?

3. 法律说理的技术性要求有哪些?

4. 试结合法院判决,说明法律说理技术在司法过程中的实际应用。

---

〔1〕 肖建国:"程序公正的理念及其实现",载《法学研究》1999年第3期。

〔2〕 王利明:《司法改革研究》,法律出版社2000年版,第351页。

图书在版编目（CIP）数据

法律原理与技术／胡玉鸿主编．—北京：中国政法大学出版社，2002.3
ISBN 978-7-5620-2216-9
Ⅰ.法...　Ⅱ.胡...　Ⅲ.法的理论 - 教材　Ⅳ.D90
中国版本图书馆CIP数据核字(2002)第013827号

出版发行　中国政法大学出版社
经　　销　全国各地新华书店
承　　印　固安华明印刷厂

787×960　16开本　28.25印张　560千字
2002年5月第1版　2007年9月第2版　2007年9月第1次印刷
ISBN 978-7-5620-2216-9/D•2176
定　价：29.00元

社　　址　北京市海淀区西土城路25号
电　　话　(010)58908325（发行部）　58908285(总编室)　58908334(邮购部)
通信地址　北京100088信箱8034分箱　邮政编码 100088
电子信箱　zf5620@263.net
网　　址　http://www.cuplpress.com （网络实名：中国政法大学出版社）

本社法律顾问　北京地平线律师事务所